南亚研究丛书

印度文明

INDIAN CIVILIZATION

刘　建　朱明忠　葛维钧　著

中国大百科全书出版社

图书在版编目（CIP）数据

印度文明 / 刘建，朱明忠，葛维钧著. -- 北京：中国大百科全书出版社，2017.5

ISBN 978-7-5202-0089-9

Ⅰ.①印… Ⅱ.①刘… ②朱… ③葛… Ⅲ.①文化史—印度 Ⅳ.①K351.03

中国版本图书馆CIP数据核字（2017）第111428号

责任编辑： 鞠慧卿

封面设计： 春天书装工作室

责任印制： 乌 灵

中国大百科全书出版社 出版发行

（北京阜成门北大街17号 邮政编码：100037 电话：010-68315606）

网址：http://www.ecph.com.cn

新华书店经销

北京杰瑞腾达科技发展有限公司排版

北京汇瑞嘉合文化发展有限公司印刷

开本：710毫米×1000毫米 1/16 印张：36 彩插：24面 字数：607千字

2017年7月第１版 2017年7月第1次印刷

ISBN 978-7-5202-0089-9

定价：98.00元

丛书前言

自古以来，南亚地区就是丝绸之路的要冲，是东西方物质文化和精神文化交流的中间站。中国和南亚又是山水相连的近邻，其直接交流的历史异常悠久，而且内容丰富。当前，中国与南亚各国领导人之间的互访频繁，国家关系紧密、合作空前良好。中国与南亚各国的民间交往也空前活跃，经贸往来、旅游开发，前景广阔。我们需要彼此了解、加深友谊。因此，不论从历史的角度看，还是从现实的角度看，深入开展对南亚各国的研究都显得格外重要。

恰在此时，中国大百科全书出版社决定出版一套《南亚研究丛书》，这是具有远见卓识之举。受出版社委托，由吾人出面组织这套丛书，不胜荣幸。吾人者，五人也，按印度的传统，可以叫作“般遮耶多”（Pancayata，今译潘查雅特），即五人会议或五人小组。由五人小组负责组织稿件、审查质量、决定取舍。

经与出版社协商，这套丛书拟出版两个系列：一是研究系列，二是翻译系列。吾人欢迎学风严谨、有独创性的研究专著和文集，也欢迎文笔流畅、具有出版价值的翻译作品。专著和译著的内容可以包括南亚学的方方面面，如历史、地理、宗教、哲学、语言、文字、文学、艺术、社会，以及政治、经济，等等。

长河浩荡，不弃一涓一滴；高山嵬嵬，不遗一草一石；广厦千寻，有赖一砖一瓦。愿吾人的工作有助于中国南亚学研究的深入，增进国人对南亚文化的了解和认识，促进中国与南亚各国人民间的友谊。

有不足之处，还望读者指教。

《南亚研究丛书》编审五人小组

2014年10月28日

目录

中编　中世篇

下编　近现代篇

绪论

印度

——伟大的东方文明古国

印度是世界文明的主要发祥地之一，同中国一道跻身于世界四大文明古国之列。印度文明在众多领域的辉煌成就，以及它独特的价值观念和思想体系，使它在整个世界文明中占有极其重要的地位。同时，印度文明又具有强大的辐射力，数千年来对亚洲乃至世界产生了十分深刻的影响，为人类社会的不断进步做出了卓越的贡献。印度同中国两文明间更是血脉相连，渊源殊深。不可否认，在长久的历史发展过程中，印度文明既曾繁荣昌盛，亦尝衰微低迷，但它却历经劫难，踣而复起，四千余年，绵延不绝，并在20世纪中叶再获新生。这充分说明，印度民族是一个伟大的民族，而其文明，亦具有非凡的生命力。印度文明是在怎样的环境中孕育和成长起来的？是谁创造了它？印度的名称由何而来？今人对于印度文明的发展又是怎样划分阶段并加以评述的？在就这一文明的各个方面详细叙述之前，我们似乎应该先对这些问题做一回答。

一、印度文明所处的自然环境

古代印度包括今天的印度、巴基斯坦和孟加拉国，面积约410余万平方千米，远大于古代埃及与巴比伦的面积之和。印度位于亚洲南部，是一个半岛，其状略如不规则的倒三角形。也有的学者将印度形象地比喻成一只硕大无朋的牛乳，并相应将印度洋上的明珠斯里兰卡比做从这乳房流出的一滴乳汁。

莽莽苍苍的喜马拉雅山脉横亘在印度北部，将其与亚洲大陆隔离开来。因此，这一地域又被称为南亚次大陆或印度次大陆。喜马拉雅山脉拥有多座世界高峰，海拔达到或超过7 300米的就有110余座。世界最高峰珠穆朗玛峰即在其中。这些傲然耸立的山峰顶部终年白雪皑皑，位于永久雪线之上。数千年来，喜马拉雅山脉对南亚民族产生了人格化的深刻影响。这在他们的文学、政治、经济，以及神话和宗教中，都有反映。冰川覆盖的浩茫高峰早就吸引了古代印度朝山进香者们的瞩目。印度神话认为，司毁灭的大神湿婆和他的妻子雪山神女就居住在喜马拉雅群山中的盖拉娑山上，而喜马拉雅（Himalaya）之名，则来源于古印度梵语词hima（雪）和alaya（域）。

喜马拉雅山脉构成印度次大陆与亚洲大陆之间几乎不可逾越的屏障。喜马拉雅山脉的主体在查谟和克什米尔地区的帕尔巴特峰至中国西藏南迦巴瓦峰之间，从西向东绵延2 500千米。两个喜马拉雅山王国尼泊尔和不丹就位于山脉东西两端之间。喜马拉雅山脉在西北与兴都库什山脉和喀喇昆仑山脉交界，北面则是西藏高原。喜马拉雅山脉的南北宽度在200~400千米。

喜马拉雅山脉是从阿尔卑斯山脉到东南亚山脉这一连串欧亚大陆山脉的组成部分。6亿年前，这一地区的绝大部分还淹没在汪洋大海之中。大约18亿年前，古老的冈瓦纳超级大陆开始解体。冈瓦纳的碎块之一，也就是形成印度次大陆的岩石圈板块，在随后的13亿年间向北运动，与欧亚板块发生碰撞，形成了西藏高原。在高原的南缘，外喜马拉雅山脉成为这一地区的首要分水岭和气候屏障。60万年前，喜马拉雅山就已成为地球上最高的山脉。

从印度方向看，喜马拉雅山脉像一弯硕大的新月，主光轴超出雪线之上。雪原、高山冰川和雪崩都向低谷冰川供水，使之成为大多数喜马拉雅山脉河流的源头。古代印度的主要河流如印度河、恒河、布拉马普特拉河等均发源或流经喜马拉雅山脉。水是生命之源。没有水就没有生命，也就没有人类文明。正是这些水量丰沛、浩浩荡荡的河流，吸引了印度先民前来定居，并滋养了印度文明。印度人对这些河流充满感情，恒河更是他们心目中伟大的

0–1 恒河沐浴

圣河。

印度河发源于中国西藏境内冈底斯山西侧，上游一段称狮泉河和噶尔河，入印度后先向西北流经克什米尔，再向西南纵贯今巴基斯坦，最后注入阿拉伯海。印度河全长3 180千米，流域面积96万平方千米。印度河流域是印度古代文明的摇篮之一。恒河发源于喜马拉雅山南麓的冈戈特里冰川，向东流经印度斯坦平原，最后在今孟加拉国境内与布拉马普特拉河汇合，形成世界上最大的三角洲，并注入孟加拉湾。恒河全长2 700千米，流域面积106万平方千米。恒河流域是世界三大宗教之一——佛教的诞生地。布拉马普特拉河发源于中国西藏境内喜马拉雅山北麓，上游为中国西藏的雅鲁藏布江。它在穿越喜马拉雅山脉，流经阿萨姆平原，与恒河汇合后，水势异常壮阔。布拉马普特拉河在古代印度境内长约1 130千米，流域面积58万平方千米。这三条大河分别与其支流形成三大水系：杰卢姆河、奇纳布河、拉维河、比亚斯河与萨特莱杰河属于印度河水系；亚穆纳河、拉姆甘加河、卡利河、卡尔纳利河、拉普提河、甘达克河、巴格马蒂河属于恒河水系；蒂斯塔河、赖达克河与马纳斯河属于布拉马普特拉河水系。

喜马拉雅山脉还是一个气候大分界线，对印度次大陆和北面的中亚高地的气象状况能够产生重大影响，使山脉两边形成迥然不同的气候与生态环境。喜马拉雅山脉在冬季阻挡来自北方的大陆冷空气流入印度，使之冬无严寒，同时迫使暖湿的西南季风在印度一侧形成巨大的降水量。例如，西姆拉和穆索里的年降水量为1 530毫米，大吉岭则达到3 060毫米。然而，在喜马拉雅山脉北侧，位于印度河谷查谟和克什米尔地区的斯卡都、吉尔吉特和列城等地，年降水量只有70~150毫米。

印度半岛的东面是辽阔的孟加拉湾，西面是浩瀚的阿拉伯海，南端逐渐缩小，伸入印度洋中。喜马拉雅山脉与半岛三面的水域构成古代印度的天然屏障，使印度文明处于相对封闭状态，从而形成了独特的面貌和个性。古代印度北部与中国和尼泊尔山水相连，西北部与阿富汗接壤，东部与缅甸相邻，南部与斯里兰卡一衣带水，隔海相望。印度拥有数以百万平方千米计的海洋国土，蕴藏着丰富的鱼类与其他海洋资源。可以说，印度的自然地理条件是得天独厚的。

印度地貌呈现多样化的形态，地势从北到南逐渐降低。印度本土大体可以分为四个地区，即大山区、印度河与恒河平原区、沙漠区和南部半岛区。喜马拉雅山区除拥有丰富的水力资源之外，尚有众多的动植物资源。那里至今林木葱茏，水流清澈，空气清新，风景如画。印度河平原与恒河平原长约2 400千米，宽约320千米。从流经德里的亚穆纳河至孟加拉湾，在1 600千米的范围之内，海拔落差仅有200米。因此，恒河平原可谓坦荡如砥。这些平原地区河流纵横，水量丰沛，土地肥沃。在五河之邦的旁遮普地区，距今四千余年以前就已经出现了高度发达的城市文明。不过，恒河平原的西部，即从德里至巴特那这一地区，历来被认为是印度的腹心地带。印度历史上的诸多强大王朝，都将统治中心置于此地。印度河与恒河平原是人口高度密集的地区，非常适宜农业文明的发展。沙漠地区主要集中在印度西北部拉贾斯坦邦。塔尔沙漠是印度最大的沙漠，面积约20万平方千米。由于风化作用和洪水侵蚀，北部为沙砾沙漠，南部为岩石沙漠。这里夏季酷热，最高温度可达51℃。半岛高原区与印度河平原、恒河平原之间横陈着山脉与丘陵。它们的高度在海拔460~1 220米之间，与喜马拉雅山相比，可谓小巫见大巫。其中最重要的是文底耶山脉和萨特普拉山脉。它们实际上是南北印度之间的屏障或分界线。萨特普拉山脉以南是著名的德干高原。半岛两侧离海岸线不远分列着东高止山与西高止山。东高止山平均高度约为海拔610米，西高止山在海拔915~1 220米，少数山峰高度在2 440米以上。东高止山与孟加拉湾之间，西高止山与阿拉伯海之间，是两条狭长的沿海平原。两山最后在半岛南端合为一体。其实，德干高原的平均海拔高度不过600米，与其说是高原，毋宁说是高地或台地。半岛地区也有许多河流，如纳巴达河、哥达瓦里河、克里希纳河、科佛里河等。它们的水源主要来自降雨。

印度大部国土处于热带和亚热带地区，气候基本上属于热带季风类型，主要受东北季风和西南季风影响。东北季风在冬季1~2月从陆地吹向海洋，西南季风又名夏季季风，每年6~9月掠过印度洋、阿拉伯海与孟加拉湾由海面吹向陆地。在经历3~5月的热季之后，西南季风给印度次大陆送来丰沛的雨水。对于印度人民来说，在久旱和酷热之后，雨水开始从天而降犹如盛大的节日来临。雨季可以持续数月。天空乌云翻滚，电闪雷鸣，豪雨滂沱。但是，淫雨间或导致江河暴涨，洪水泛滥，也会给人民造成深重的灾难。

远古时代的印度，许多地方森林密布。充沛的雨量和炎热的气候特别宜于林木的生长。梵文史诗《罗摩衍那·森林篇》描绘了罗摩一行从宫廷流放到森林之后的生活。其中有几行诗写道：

这些林子里开满了花，
有丰盛的根、茎和鲜果，

成群的鹿常到这里来，
还有成群成群的鸟鹊。

有成片的盛开的荷花，
有许多水清的小河，
河里面落满迦兰陀鸟，
有许多池塘和湖泊。

你将会看到那些山泉，
看上去真正悦目赏心，
还有那些美妙的山林，
响彻孔雀鸣叫的声音。

森林常常就是印度古代仙人静思悟道之地。另外一部梵文史诗《摩诃婆罗多》中的某些故事和古代戏剧《沙恭达罗》也有森林生活的背景。广阔的林海为印度先民提供了丰富的食物，使智者们得以沉湎于精神追求而无腹中之忧。可以说，森林是印度文明发育的一个重要场所。现在，印度依然拥有6 373万公顷的森林，约占其国土面积的19.39%。[①]

雄伟的山脉、浩瀚的海洋、奔腾的江河与茂密的森林表现出自然的强大力量。自然力愈显得强大，人就愈觉得自己渺小。生活在古代独特地理环境下的印度先民，对自然怀有普遍的敬畏心理。人们在无法理解与解释自然现象时，就容易将之归于超自然的力量，并把这种力量神格化。在史前时代，自然神崇拜和巫术在印度已经相当流行。它们成为后世印度众多宗教的滥觞。印度成为宗教王国并产生独特的宗教文化与印度相对封闭的地理环境不无关系。我们甚至可以说，那样的环境特别适于宗教的产生和流传。印度教、佛教、耆那教等印度宗教的诞生就远早于基督教和伊斯兰教。众所周知，耆那教中有一个派别被称为天衣派。他们主张过简朴的生活，反对积蓄私财，因此以不穿衣服为他们的鲜明标志。这样的教派只能出现并存在于冬无严寒的印度。

虽然印度在地理上相对封闭，但天然障碍并非全然不可逾越。自古以来，

① 印度政府新闻与广播部编:《印度年鉴》，2002年版，第189页。

外来的商贾、移民与僧人就知道从喜马拉雅山较低处的山口进入印度。同样，印度商贾与僧人也循这些山口与外界交通。古代印度与阿富汗接壤。横亘在两国西北边境的兴都库什山脉有一些重要的山口，其中以白沙瓦附近的开伯尔山口最为知名。在公元前1500年左右，来自中亚的雅利安人就是通过这些山口进入南亚次大陆的。历史上，这些山口具有十分重要的军事意义。例如，马其顿国王亚历山大大帝、突厥人帖木儿等世界的征服者以及莫卧儿开国皇帝巴卑尔，都是通过这些山口进入西北印度的。近代以来，情况有所变化。掌握先进航海技术的西方殖民者，更多从海路进入印度。印度文明在其发展过程中曾经多次受到外来文明的冲击和影响。

中世纪穆斯林的入侵给印度带来了新的文明因素，使印度的宗教和社会状况趋于复杂。伊斯兰教与印度教的冲突始终不曾中断。1867年，赛义德·艾哈迈德·汗爵士（Sir Sayyid Ahmad Khan，1817~1898）率先提出印度教徒与伊斯兰是“两个民族”之说。1929年，全印伊斯兰联盟主席、诗人和哲学家阿拉马·伊克巴尔主张建立一个“统一的伊斯兰国家”。1933年，法学家拉赫马特·阿里等人将这一尚未问世的国家命名为巴基斯坦。1940年，巴基斯坦国父穆罕默德·阿里·真纳系统阐明“两个民族”理论，使之成为建立独立的伊斯兰国家的理论基础。1947年8月14日，巴基斯坦国成立，使印度东西两翼失去约94万平方千米的土地。东巴基斯坦于1971年12月16日脱离巴基斯坦，建成独立的孟加拉国。

印度现有国土面积为300余万平方千米。南北最长距离为3 214千米，东西最大宽度为2 933千米，陆地边界约1.52万千米，包括一些群岛在内的海岸线总长约7 517千米。印度共设28个邦和7个中央直辖区。然而，需要说明的是，在28个邦中有两个尚存争议，未能得到国际社会的一致认可。位于印度次大陆西北部的查谟和克什米尔是印度与巴基斯坦均声称拥有主权的地区，双方现在分别控制着其中一部分；印度1987年2月20日成立的阿鲁纳恰尔邦约9万平方千米的土地与中国存在争议，最终归属尚未确定。

今日的印度在西北部与巴基斯坦及阿富汗接壤，在北部与中国、尼泊尔及不丹相邻，在东部与缅甸和孟加拉国毗连，在南部与斯里兰卡隔海相望。

印度文明就是在这样一片辽阔的土地上兴起和不断发展的。

二、印度文明的创造者

印度文明的悠久历史和辉煌成就表明，印度民族是一个富于创造性的伟大民族。印度民族从何而来？经历过怎样的发展与演变？显然，弄清这些问题将有助于理解印度文明的方方面面及其特点。

大约在距今200万年以前，原始人类就已经开始出现并生活在印度次大陆。和世界上许多地方的情形一样，北印度也曾经历过冰川期。在第二次冰川期之后，也就是在第二个间冰期，人类在印度持续生存了数万年，在北方和南方都留下了石制工具等文明的遗迹。然而，这些人从何而来，他们的基因是否依然留存在现代印度人的身上，却是个不解之谜。

旧石器时代的印度先民，主要靠狩猎和采集维持生存。他们逐食物之源而迁徙，一般居无定所。后来，他们学会用火烧烤食物，并用动物皮毛和树叶遮蔽躯体，也开始驯服野狗。大约在距今12 000~8 000年期间，印度先民开始种植谷物，驯养家畜，制作陶罐，同时学习缝纫衣服。考古学家们在印度各地，特别是在印度西北部和德干高原，均发现了大量新石器时代的打磨精致的石制工具。这一事实说明，印度先民的分布已经相当广泛。

印度地域辽阔，物产丰饶，对于远古人类来说显然是一片乐土。除了夏季炎热之外，印度的自然环境是十分优越的。由于自远古时代起就非常适宜人类生存，印度对不同地区的人类具有巨大的吸引力。从非洲、大洋洲和欧亚大陆，先后有不同的种族侵入或移居印度。现代印度人，基本上就是这些种族的混血后裔。即使在今天，印度的人种依然相当复杂。因此，印度历来有人种博物馆之称，也有人类学的天堂之说。西方一些大学的人类学专业，常以印度作为学生进行实习和研究的基地。

对印度种族的划分，历来聚讼纷纭。目前，受到学术界普遍公认的划分方法，是由B.S.古哈于1935年提出来的。他将印度的种族划分为六个主要类型：尼格罗人（the Negroids）、原始澳大利亚人（the ProtoAustroloids）、蒙古人（the Mongoloids）、地中海人（the Mediterraneans）、阿尔卑斯迪纳拉人（the AlpoDinarics）以及北欧人（the Nordics）。

尼格罗人是最早来到印度的一个具有鲜明特色的种族实体。“尼格罗”的含义是“黑人”。因此，所谓尼格罗人即黑人。按照人类学家的描述，尼格罗地理人种亦称非洲地理人种，原住于非洲南撒哈拉地区。非洲的刚果人种和开普人种就是典型的尼格罗人种。这一人种的特征是：皮肤呈中等乃至深度黑色，头发纤细卷曲，身材短小，前额小而凸出，鼻子扁平，嘴唇宽厚。今天，在印度喀拉拉邦的卡达尔人和普拉衍人身上，在曼尼普尔邦和库奇山区的安加米那加人身上，在南印度森林居民乌拉里人和安达曼群岛的原住民身上，都还可以看到这些特征。显然，他们与非洲黑人存在血缘关系。一些人类学家根据印度尼格罗人目前的居住地点提出一种假说，即尼格罗人曾遭到前达罗毗荼人和达罗毗荼人的驱逐。与尼格罗人相比，这些新移民既强壮又聪颖。尼格罗人或被他们同化，或被他们驱赶到人迹罕至的丛林以及孟加拉湾中的岛屿上。对于榕属树木的崇拜，在世界上的许多地方都曾与繁育和灵魂相联系，在印度也很流行。这可能与尼格罗人的原始信仰有传承关系。在印度流行的某些对鱼类、动物和植物的图腾崇拜观念，也同样可能源于尼格罗人。部分印度尼格罗人使用弓箭打猎。因此，有些人类学家认为，应当将这一起到延伸人类臂膀作用的原始工具的发明归功于他们。印度尼格罗人的存在，也为现代人类起源于非洲然后四散开来的流行学说提供了佐证。

在尼格罗人之后，原始澳大利亚人大规模迁入印度。他们亦被称为前达罗毗荼人。至于原始澳大利亚人从何而来，学术界众说纷纭，迄无定论。一种学说认为，他们很可能是在冰河时期沿着陆桥来到印度的，就像印第安人在冰河时期穿越白令海峡，从亚洲迁徙到美洲那样。还有一种学说认为，原始澳大利亚人未必来自大洋洲，只是他们在血统上与一些属于大洋洲的南太平洋群岛上的土著人种关系极为密切。另外一种流行的观点认为他们可能来自巴勒斯坦。这一种族的特点是，头发卷曲，肤色发黑，鼻子扁平，嘴唇宽厚。显然，他们在体貌特征上与尼格罗人有相同之处。现今居住在印度西部、中部和东部广阔地带的蒙达人、高尔人、桑塔尔人和比尔人被普遍认为就是原始澳大利亚人的后裔。他们至今保留着自己独特的体貌特征、生活方式以及语言和信仰。生活在南印度的琴楚人、库龙巴人和耶拉瓦人也是原始澳大利亚人的后裔。原始澳大利亚人信奉泛灵论。见于上述印度部落民中那些带有泛灵色彩的仪式，即为原始澳大利亚人的遗风。泛灵论可能是一些原始宗教的前身，至今依然为印度东北部梅加拉雅邦等地的若干部落民所笃信。他们轻易不对树木等施以斧斤，因而该邦还拥有很高的森林覆盖率。也有的学者，如英国著名人类学家阿瑟·基思爵士（Arthur Keith），对于印度人种外来说持怀疑态度，认为印度次大陆原先不可能是一片人种的真空。

以蒙古人为主体的亚洲大陆先民移居印度，形成了外来种族迁入印度的第三波。起源于中国北部的蒙古人，是经西藏高原辗转进入印度的。现今生活在印度的蒙古人可以分为两个主要族群，即古蒙古人和藏蒙古人。古蒙古人主要生活在那加兰、阿萨姆山区以及印缅边界。阿萨姆和孟加拉地区的查克马人、莫卧儿人和雷布查人等皆为其典型代表。人是环境的产物。由于地理环境的改变等原因，古蒙古人的体貌特征已经不很鲜明。藏蒙古人则带有明显的蒙古人特征。他们身材高大，鼻子宽阔，体毛与胡须都不浓密。生活在锡金（今印度锡金邦）和不丹的主体民族即是藏蒙古人。

可以说，目前印度为数不少的部落民，基本上是尼格罗人、原始澳大利亚人与蒙古人的后裔，而印度人口的主体却是地中海人、阿尔卑斯迪纳拉人与北欧人的后裔。

印度最主要的种族是地中海人。然而，地中海人并不是一个统一的族群。他们可以分为三个类型，即肤色浅黑的古地中海人、肤色黄褐的所谓正宗地中海人以及东地中海人或称闪米特地中海人。古地中海人血统主要存在于今南印度的泰卢固人与泰米尔婆罗门中。地中海人曾广泛分布在印度次大陆的中部、北部和西北部。学术界普遍认为，他们就是公元前3千纪印度河流域城市文明的创造者。该文明是印度文明史与世界文明史上极其重要的一章。因此，它的创造者自然拥有受人尊敬的历史地位。但是，由于印度河文明尚有许多不解之谜，因而它的创造者又多少带有一些神秘性。他们也被称为达罗毗荼人。今天南印度的泰米尔人、泰卢固人、马拉雅兰人和巴基斯坦的布拉灰人等就是他们的后裔。

对印度文明产生重大影响的外来种族还有阿尔卑斯迪纳拉人。这一种族来自南欧沿亚得里亚海岸绵延的迪纳拉山脉，该山脉属阿尔卑斯山脉的东南段。阿尔卑斯迪纳拉人的肤色比地中海人白皙。在今比哈尔邦与奥里萨邦以东和阿萨姆邦以西的地区，主要的种族血统就来自阿尔卑斯迪纳拉人。在古吉拉特、孟加拉、奥里萨和卡纳塔克邦古尔格县，都可以看到他们的后裔。他们已经与地中海人融合在一起。阿尔卑斯人其实又是高加索人种的一个分支。类似亚美尼亚人的体貌特征，在印度帕西人身上十分明显。

最初居住在俄罗斯南部与南乌克兰草原地区的一支具有北欧日耳曼民族体貌特征的原住民，约在公元前1500年前后穿越西北部的山口来到印度。他们肤色白皙，头型偏长，鼻梁窄细而隆起，身躯高大。他们是游牧民族，逐水草而居，迁徙性很强，曾在许多世纪中不断寻觅新的草地，先后到达伊朗、叙利亚等地，有的分支也散布到安纳托利亚、希腊以及东欧各处。到达伊朗的分支有一部分经阿富汗从西北方向进入北印度。他们因此又有印度-伊朗人或印度-欧罗巴人之称。这些外来游牧民族的文明程度低于印度的土著，但却弓马娴熟，善于作战。他们凭借武力优势征服了相对柔弱的土著，并逐渐分布到印度次大陆的许多地区。他们接受了后者的部分文化并逐渐与之混合起来。语言学家则从历史比较语言学的角度将他们称为雅利安人。这一名称历来争议不断，但却变得十分流行。因此，今天的克什米尔人、旁遮普人、孟加拉人、拉贾斯坦人，巴基斯坦的信德人、俾路支人、帕坦人以及斯里兰卡的僧伽罗人等，都可以说是雅利安人或混血的雅利安人。他们带来的所谓雅利安文化，成为印度教以及印度文学、哲学和艺术的源头。“雅利安”一词主要是一个语言学术语。英国语言学家弗里德里希·马克斯·穆勒不赞成将这一术语用于指称种族。然而，有一点确凿无疑，即他们是源于欧洲的种族，是白种人。

经过通婚与往来，不同的种族血统多有混合。尼格罗人走向边缘，近乎灭绝。原始澳大利亚人散布在印度南部、西部和中部的部落之中。蒙古人与其他人种融合最少，分布在印度东北部、西孟加拉邦和喜马拉雅山山麓。地中海人是辉煌的印度河流域文明的创造者。在这一文明衰亡之后，他们向东迁徙并分散在恒河流域。来自阿尔卑斯山的种族渗透到恒河流域之时，不同的种族血统的融合开始大量出现。地中海人主要生活在恒河上游，阿尔卑斯山人主要生活在恒河下游。在印度南方，则以达罗毗荼人和前达罗毗荼人为主。

无论来源如何，众多的种族在印度的熔炉中创造了灿烂的文明，形成了带有鲜明特色的共同文化。他们尽管纷繁歧异，千差万别，却不难识别。印度首任总理尼赫鲁说得好:“不管我们属于什么民族，什么信仰，不论我们走到哪里，我们都是印度人，世界其他国家的人也都认为我们是印度人。”这可能就是共同的生活环境、共同的文明历程与共同的文化传统所产生的效应。

如果说种族是具有共同起源和共同遗传特征的人群，那么民族则是具有共同语言、共同地域、共同经济生活以及共同文化心理素质的人的共同体。印度一方面拥有尼格罗人种、原始澳大利亚人种、蒙古人种和欧罗巴人种，另一方面又拥有众多的民族。

印度的民族多达百余，主要有印度斯坦族、孟加拉族、泰卢固族、马拉提族、泰米尔族、比哈尔族、拉贾斯坦族、古吉拉特族、马拉雅兰族、旁遮普族、坎纳达族、马拉雅兰族、奥里雅族和阿萨姆族。此外，还有500多个表列部落。

它们属于印度的少数民族。

根据印度2001年人口普查统计数据计算，印度斯坦族人口约为3亿，约占印度人口总数的30%，系印度人数最多的民族。该民族主要分布于恒河中上游的印地语地区和印度斯坦语地区，如北方邦、哈里亚纳邦、拉贾斯坦邦和中央邦等。该民族绝大多数人信奉印度教，少数人信奉伊斯兰教、佛教、基督教、耆那教等。他们主要操印地语，大体可分为雅利安人和达罗毗荼人两大类。前者主要包括阿里尔人、查特人、洛蒂人、马利人、卡狄贡比人、拉其普特人、查米达尔人等；后者有邦多人、科尔巴人、白伽人、莫特拉人、恰布阿人、沙哈利埃人和高尔人等；高尔人又有不少支派，如帕特拉人、牟利亚人、高亚人、波尔伽人、波罗坦人、波尔海亚人、拉吉衮德人、拉吉牟利亚人等。可见，印度斯坦族是一个总的称谓。上述各色人等的存在，保留了远古部落生活的气息，说明印度斯坦民族的融合还没有达到高度统一的程度。

孟加拉族也是次大陆最大的民族之一，人口约2.2亿。这是一个古老的民族，有文字记载的历史可以追溯到公元前4世纪。我国唐代高僧玄奘在《大唐西域记》中对孟加拉人有所记述。该民族属欧罗巴人种。一般前额较宽，眼窝较深，肤色浅黑，身材中等。孟加拉人文化发达，热情好客，善于交流，酷爱音乐。1947年印巴分治，孟加拉省被分为东西两部分，西孟加拉属印度，东孟加拉划归巴基斯坦；孟加拉族也被一分为二，分别居留在印度的西孟加拉邦和东巴基斯坦。后者于1971年独立，成为孟加拉国。居住在孟加拉国的孟加拉族主要信奉伊斯兰教，人口约为1.4亿（2003）；居住在印度西孟加拉邦的孟加拉族人数约8 000万，约占印度人口总数的8%，主要信奉印度教。孟加拉族人操孟加拉语。印度著名诗人泰戈尔就主要用孟加拉语写作，从而使之成为世界上最重要也最有影响力的语言之一。我国著名画家徐悲鸿旅印期间所创作的名画《愚公移山》以孟加拉人为模特绘制，成为中印文化交流史上的一段佳话。

泰卢固族又称安得拉人。人口约7 500万，约占印度人口总数的7.5%。主要分布在南印度的安得拉邦、卡纳塔克邦和泰米尔纳杜邦的部分地区。在印度两大梵文史诗《摩诃婆罗多》和《罗摩衍那》中，他们被称为达罗毗荼人。阿育王石柱铭文也曾提及安得拉人。《爱达罗氏梵书》说他们是众友仙人的后裔。他们是雅利安人与达罗毗荼人的混血种。最早的安得拉人可能是脱离本族加入达罗毗荼族的雅利安人，或是同雅利安人混合后脱离了本族的达罗毗荼人。玄奘在《大唐西域记》中描绘安得拉人时说他们“貌黧黑，性猛烈，好学艺”。今天的安得拉人中，除了少数土著依然保留着原来的纯正血统外，多为混血种。其外貌兼有雅利安人、达罗毗荼人和蒙古人种的特点，肤色偏黑。他们操泰卢固语，绝大部分信仰印度教。

马拉提族又称马拉塔人，人口约9 000万，约占印度人口总数的9%，主要分布在西印度马哈拉施特拉邦，此外在古吉拉特邦和中央邦也有少量分布。该民族属雅利安人与达罗毗荼人的混血后裔，后又融入古贾尔人和拉贾斯坦人的成分。玄奘在《大唐西域记》中描绘马拉提人时说："其形伟大，其性傲逸，有恩必报，有怨必复，人或凌辱，殉命以仇，窘急投分，忘身以济。"泰戈尔在《故事诗》中曾经歌颂其英勇反抗莫卧儿王朝的民族英雄西瓦吉。该民族操马拉提语，大部分信仰印度教，少数人信仰耆那教、伊斯兰教以及基督教。他们主要从事农业。

泰米尔族系印度乃至世界上最古老的民族之一，有五千年独立发展的文明史，主要分布在南印度的泰米尔纳杜邦，人口约6 200万，约占印度人口总数的6%。他们在安得拉邦和喀拉拉邦也有少量分布。泰米尔族还是斯里兰卡的第二大民族，人口约340万，约占该国人口总数的18%，系从印度移入。此外，在马来西亚等国尚有数百万泰米尔人。该民族属达罗毗荼人种类型，身材较矮，肤色较黑，多数信仰印度教，文化发达，善于航海，主要从事农业、渔业和畜牧业。该民族操泰米尔语。泰米尔人在古吉拉特邦和中央邦也有少量分布。

比哈尔族人口约8 000万，约占印度人口总数的8%，主要分布在北印度比哈尔邦及邻近的一些邦，属雅利安人种，但也融入了达罗毗荼人的特征。大多数人信仰印度教，也有些人信仰伊斯兰教，主要从事农业和畜牧业。该民族操比哈尔语。

拉贾斯坦族人口约5 600万，约占印度人口总数的5.5%。主要分布在北印度拉贾斯坦邦，此外在中央邦、马哈拉施特拉邦和安得拉邦也有分布。该民族操拉贾斯坦语，大多数人信仰印度教，少数人信仰伊斯兰教和耆那教。他们主要从事农业，也有人从事商业。手工业比较发达。

古吉拉特族人口约5 000万，约占印度人口总数的4.9%。主要分布在古吉拉特邦，此外在其他邻邦也有分布。该民族兼有雅利安人、达罗毗荼人和蒙古人种的特征。他们操古吉拉特语。大多数人信仰印度教，少数人信仰伊斯兰教、耆那教和基督教，主要从事农业及工商业。

旁遮普族也是印度次大陆最古老的民族之一，人口约8 400万，属欧罗巴人种，为雅利安人后裔。1947年印巴分治后，旁遮普省被分为东西两部分，穆斯林占多数的西旁遮普划归巴基斯坦，东旁遮普则划归印度。印度旁遮普族人口约2 400万，约占印度人口总数的2.4%，主要居住在旁遮普邦，大部分人信仰印度教或锡克教，少数人信仰伊斯兰教。巴基斯坦的旁遮普族人数约为6 000万，居住在旁遮普省，主要信奉伊斯兰教。该民族操旁遮普语、印地语或乌尔都语。旁遮普族历史悠久，文化发达，人才辈出，且有尚武传统。泰戈尔在《故事诗》中热情歌颂了锡克教徒在反抗异族入侵时慷慨赴义的牺牲精神。

坎纳达族人口约5 000万，约占印度人口总数的5%，主要分布在南印度卡纳塔克邦，系达罗毗荼人后裔。该民族操坎纳达语。他们大多数人信仰印度教，也有一部分人信仰伊斯兰教，主要从事农业。

马拉雅兰族人口约3 000万，约占印度人口总数的3.1%。主要分布在南印度喀拉拉邦，系达罗毗荼人后裔，操马拉雅兰语。大多数人信仰印度教，也有一部分人信仰伊斯兰教或基督教，主要从事农业及渔业。

奥里雅族人口约3 500万，约占印度人口总数的3.5%，主要分布在奥里萨邦，属原始达罗毗荼人与雅利安人的混血后裔，肤色较黑，操奥里雅语。他们多数信仰印度教，也有一部分人信仰基督教，主要从事农业。

阿萨姆族人口约2 500万，约占印度人口总数的2.5%，主要分布在阿萨姆邦，属蒙古人种，肤色发黄。该民族操阿萨姆语，多数人信仰印度教，也有一部分人信仰伊斯兰教，主要从事农业和畜牧业。

除了以上人口均在千万以上的主要民族外，印度还有许多散布在全国各地的部落。根据最新统计资料，印度大大小小的表列部落达565个。人口总数约8 000万，占印度人口总数的8%。他们是印度最早的居民。一些印度语言中用以指称部落的词如adivasi的含义就是“原住民”或“土著”。从人种上讲，部落民或属尼格罗人种，或属蒙古人种，或属原始澳大利亚人种。尼格罗人种仅存在于为数不多的部落之中，如南印度的卡达尔人、伊鲁拉人、帕尼衍人以及安达曼群岛的安达曼人等部落。蒙古人种则广布于印度的北部和东北部。部落民的主体属原始澳大利亚人种，分布于印度中部和西部。大多数部落都有自己的语言。他们或匿深山，或藏密林，或栖海岛，处于相对封闭状态和落后的社会发展阶段。大部分部落都有自己的头人和长老会，以解决纠纷，指导生产。各个部落人数相差也悬殊。大的部落人口可达百万之众，小的仅有数百人乃至更少。在印度社会长期发展的过程中，这些部落保留了自己的传统地域和传统生活方式。某些部落可能是印度次大陆最古老的民族群体。

大约12%的部落民生活在喜马拉雅山区。他们分布在东北部的阿萨姆邦、梅加拉亚邦、西孟加拉邦大吉岭地区、那加兰邦、曼尼普尔邦、米佐拉姆邦、特里普拉邦；中部北方邦的德赖（Terai，印地语，意为湿地）地区和比哈尔邦，以及西北部的喜马偕尔邦与查谟和克什米尔地区。

大约55%的部落民生活在印度中部地区，分布在比哈尔邦、西孟加拉邦、奥里萨邦和中央邦。大约26%的部落民生活在印度西部地区，分布在拉贾斯坦邦、古吉拉特邦、马哈拉施特拉邦、果阿邦以及达德拉和纳加尔哈维利中央直辖区。大约6%的部落民生活在印度南部地区，分布在安得拉邦、泰米尔纳杜邦、卡纳塔克邦及喀拉拉邦。0.13%的部落民生活在位于孟加拉湾中的安达曼和尼科巴群岛中央直辖区以及位于阿拉伯海中的拉克沙德韦普群岛中央直辖区。

部落民栖息地的自然环境决定了他们的经济生活。靠山吃山、靠水吃水成为他们经济生活的显著特点。大部分部落民生活在森林里，用简单的工具从事采集和狩猎活动。他们靠采集可食用的根、果、菜、花、蜜和捕捉游鱼、飞禽、走兽维持生活。所捕猎物包括鸽子、猴子、兔子、野猪等。一些农业部落也严重依赖森林谋生。部落的所有成员几乎都从事生产活动。例如，在中央邦和马哈拉施特拉邦的比尔人部落中，男子负责耕耘采集，女子拾柴煮饭，儿童照料弟妹和牛羊。部落民在建房犁田等需要人手的生产活动中相互帮工。除依靠狩猎和农业为生的部落外，还有一些部落民从事手工艺生产，如编织筐篮，打造工具，烧制陶器等；有一些部落从事放牧，养牛取奶；有一些部落从事民间艺术活动，靠走江湖为生，或耍蛇，或歌舞，或演杂技，或变把戏；有一些部落靠出卖劳力生活，在附近或外地的茶园或矿山打工。还有一些部落从事商业活动，如北方邦的一些部落民就靠与中国西藏地区进行边境贸易谋生。一般来说，部落民所处地区自然条件较差。他们的生产力水平也十分低下。

部落民大多保持着较为原始的制度、风俗和信仰。其宗教体系基本属于图腾崇拜和泛灵论的范畴。在婚姻方面，大部分部落实行一夫一妻制，而且夫妻关系十分稳定。在有些部落，也可以离婚和再婚。也有些部落实行多配偶制。例如，喜马拉雅山区的那加人部落以及中印度和南印度的一些部落便实行一夫多妻制。在喜马拉雅山区以及南印度，有极少数部落实行一妻多夫制。例如，在台拉登的卡萨人部落中，虽然现在一般实行一夫一妻制，但还在一定程度上保留着一家兄弟共娶一妻的习惯。长兄结婚时，他的妻子也被当成自己弟弟的妻子。这种婚姻制度，在远古时代可能就已经存在。它的产生，在一定程度上与经济发展状况有关。有些部落实行抢婚，但要在事先协商和安排好。还有些部落实行买卖婚姻。

无论从哪一方面看，印度的部落民都属于弱势群体。印度独立以来，为了改善他们的处境和保护他们的利益，印度政府做出了一定的努力。印度宪法将这些部落划为表列部落，予以专门保护，并拨付资金助其发展。随着印度社会的前进，部落民的生活方式不能不受到影响乃至冲击。例如，有些部落民到种植园和工厂矿山做工，势必要接触现代社会。这样一来，他们或是被同化，或是走向进步。也许，在印度社会发展起来之后，这些残存的部落可能走出与世隔绝的状态，最终消融在大一统的民族社会之中。

这些不同的种族与民族创造了并继续创造着印度文明。

三、印度国名的由来与演变

同世界上的所有文明古国一样，印度也是在部落融合成为社会之后才建立国家的。印度历史上最初的国家大约于公元前1000年出现在恒河流域，但它们都不太大。公元前7世纪至前4世纪为古印度的列国时代。公元前321年，摩揭陀帝国的孔雀王朝首次统一北印度。随后的几个王朝，都没有取得孔雀王朝那样辽阔的版图。笈多王朝之后，印度再次陷入分裂。玄奘在7世纪游学印度时，足迹遍及五印度。他的《大唐西域记》所记当时国家的数目达138个。即使在莫卧儿王朝和英属印度帝国时期，印度也只是相对统一，各地大小土邦为数众多。可以说，古代印度大部分时间处于小国林立的分裂状态。印度诗人泰戈尔在一篇关于历史的文章中说过，印度从来就不是一个国家，而是一个地理概念。这一论断反映了历史事实。

印度诸语言中称印度为“婆罗多”。这一名称最早出现在梵文史诗《摩诃婆罗多》及《莲花往世书》中。《摩诃婆罗多·初篇》有一段插话讲述国王豆扇陀与净修林仙人义女沙恭达罗的爱情故事。两人结婚后生有一子，名婆罗多。婆罗多长大后成为转轮王。他的后代被称为婆罗多族。因此，印度诸语言又名印度为Bharatavarsa，意思是婆罗多子孙之国或婆罗多族之国。沙恭达罗的故事后经笈多王朝著名诗人和剧作家迦梨陀娑改编为剧本而传遍印度乃至全世界。这似乎就是印度语言中国名“婆罗多”称谓的来源。印度古人亦称印度次大陆为瞻部洲（Jambudvipa），佛经及《西游记》中提到的南瞻部洲即指称或包括此地。

至于印度的英文名称，则源于印度河，它是印度文明的主要摇篮。印度河原文Sindhu，本义为河流，中国古代音译为“身毒”等。但印度的近邻波斯人在说Sindhu时对其首母S存在发音困难，同时他们的语言中又无送气浊辅音dh，遂将该名讹读为Hindu；而Hindu一词传入希腊后，送气音H失去，成为Indu或Indus。希腊人以印度西部的这条河流的名字指称整个印度地区。现在，Indus成了西方语言对印度河的通用名称。中世纪穆斯林入侵印度后，又依波斯语称印度为Hindustan（印度斯坦），意思是“印度人生活的地方”或“印度国”。同理，他们将印度教徒称为Hindus。英国殖民者来到印度后，称印度教为Hinduism，称印度为India。India显然是从Indus演变而来的。

中国人至少在西汉时期已经知道印度之名。《史记·大宛列传》载：“其（大夏）东南有身毒国。（张）骞曰：‘臣在大夏时，见邛竹杖、蜀布。问曰：“安得此？”大夏国人曰：“吾贾人往市之身毒。”身毒在大夏东南可数千里，其俗土著，大与大夏同，而卑湿暑热云。其人民乘象以战，其国临大水焉。以骞度之，大夏去汉万二千里，居汉西南。今身毒国又居大夏东南数千里，有蜀物，此其去蜀不远矣。……’”引文中所谓大夏为中亚古国，《史记正义》释大水为河，则此河显系印度河。《史记》之后，《汉书》与《后汉书》等史籍对印度均有记载。东汉时，月氏居大夏故地。《后汉书·西域传》写道：“天竺国一名身毒，在月氏之东南数千里，俗与月氏同，而卑湿暑热。其国临大水，乘象而战。其人弱于月氏，修浮屠道，不杀伐，遂以成俗。”《后汉书·西域传》与《史记·大宛列传》有重复之处，但也增添了一些内容。“修浮屠道”指信仰佛教，而“不杀伐”正是佛教等印度宗教的基本教义。除了“身毒”、“天竺”之外，中国古人对印度尚有贤豆、忻都、欣都思、捐毒、印毒、印都、哂度等众多称谓。显然，它们基本是Sindhu的音译，只是不同时代不同译者选用了不同的汉字，但在读音上还是十分接近的。因此，初唐训诂学家颜师古云：“捐毒即身毒，身毒则天竺也，塞种即释种也，盖语音有轻重也。”然而，这些译名用字大多缺乏美感。随着对印度了解的增多，玄奘认识到了中文译名的混乱。所以，他在《大唐西域记》卷二《印度总述·释名》中说：“详夫天竺之称，异议纠纷，旧云身毒，或曰贤豆，今从正音，宜云印度。”从张骞通西域到玄奘万里求法，中国人经历了七百余年才最终确立了印度的译名。一名之立，诚非易事。

四、印度文明发展的三个阶段

本书将印度文明数千年的发展历程大致划分为三个阶段。史前至公元10世纪，为古代文明阶段；10~17世纪，为中世文明阶段；17世纪至今，为近现代文明阶段。8世纪初，阿拉伯穆斯林开始入侵印度次大陆，包括佛教在内的印度古代文明开始衰落，但穆斯林在印度的推进也使印度文明呈现出新的面貌。10世纪后，穆斯林入侵频繁，对印度的影响明显加大。13世纪初，德里苏丹国建立，穆斯林在印度的统治开始。18世纪，盛极一时的莫卧儿王朝由于自身的没落和西方殖民者的入侵而衰微。18世纪中叶至20世纪中叶，印度基本处于英国殖民主义的统治之下。古老的印度文明受到西方文明的冲击与欺凌。印度的有识之士开始自觉学习和了解西方文明，反省自己民族文化中的弊端。印度人的现代意识和民族意识逐渐觉醒。印度社会开始从保守的传统社会向开放的现代社会艰难跋涉，并最终在20世纪40年代，以非暴力手段战胜殖民主义，赢得民族独立。印度文明的这三个阶段，均有其各自的鲜明特点和非凡成就。

印度文明的古代阶段是其发祥、孕育并臻于成熟与全盛的阶段。在旧石器时代，原始人类就已经开始在印度生活，并留下史前文明的种种遗迹。考古学家在北方旁遮普地区梭安河谷曾经发现大量用鹅卵石敲制的工具。与此同时，在印度南方马德拉斯地区，原始人类已经能够制造石斧之类的工具。与梭安文化相比，马德拉斯文化似乎更为先进一些。大约1万年前，在印度河平原的西缘，已经出现印度最早的村庄。随后，外来移民纷至沓来。他们或携带货物寻求商贸机会，或披坚执锐以图占领土地；游牧部落驱赶着牲畜寻找肥美的水草，农耕部落则挈妇将雏寻找宜农土地与栖身之所。他们渡过印度河，不断向东向南推进。到公元前3500年时，农业文明已经遍布整个印度河平原。在公元前3000~前2500年，许多村落在印度河中下游流域涌现。农业文明的发展虽然以自给自足为动力和特点，但也与外部文明如两河流域文明等建立了联系。

印度河流域农业和原始文化的发展，为随后出现的印度河文明奠定了坚实的基础。公元前3千纪中叶，在印度河流域出现了分布广泛且高度发达的城市文明。其地域面积大致与埃及文明或美索不达米亚文明相当。这是古代世界最重要的文明之一。城市街道宽阔，住房设施完备。妇女已经知道使用口红等化妆品和首饰。印章得到广泛使用，青铜雕像也已出现。更重要的是，人们已经结束结绳记事的时代，开始创造并使用文字。这些文字主要保存在大量印章上。

0–2 在印度，即使是街角小店也是红沙石建筑

虽然世界各地古文字学者做了大量研究工作，但这些文字的意义迄今尚未破解。有人认为，这些文字很可能是现在南印度广泛使用的达罗毗荼诸语言的早期书写形式。在今天的巴基斯坦与阿富汗边界地带，依然有25万人讲属于达罗毗荼语系的布拉灰语。这或许是印度河文明语言的孑遗。中国有学者甚至认为印度河文明时期的文字可能与彝族语言存在联系。目前看来，这种说法还只能是一种假想。至于在度量衡方面，则已经出现二进法和十进法两种。印度河文明在其全盛期曾经一方面沿着印度西海岸向南印度扩展，另一方面沿陆路往东向恒河流域推进。大约从公元前2000年起，这一文明在二三百年之间冰消瓦解。原因何在，众说纷纭。近年来，不少学者似乎更倾向于过度开发说、自然灾害说与生态演变说。印度河文明虽然由盛而亡，但毕竟播下了文明的种子。它的若干特征，也为后来者所继承。

在公元前2千纪中叶，随着雅利安人的到来，北印度进入吠陀时代。印度古代文明的又一辉煌篇章由此展开。雅利安人属于游牧部落，他们的活动加速了印度河流域原本半干旱地带的荒漠化进程。后来，他们继续向东，进入恒河流域。印度文明的中心随之从印度河畔逐渐转移到恒河之滨，确切地说是恒河与亚穆纳河之间的平原地带。雅利安人在征服印度河流域的原住民达罗毗荼人之后，于数百年间逐渐使自己的雅利安文化与达罗毗荼文化融合起来。印度教的前身吠陀教就在此时诞生。公元前1500~前1000年左右出现的梵文经典《梨俱吠陀》，是吠陀教产生的标志。它是印度历史上最早也最重要的文献，被认为是印度文学和哲学的源头。印度社会特有的种姓制度也形成于这一时期。吠陀文明即雅利安文明由此兴起，为日后印度教的发展和印度文明的腾飞奠定了基础。

公元前7~前4世纪，从喜马拉雅山南麓至半岛边缘地带的这一辽阔区域处于不同国家的统治之下。史学家将这一时期称为列国时期。它与中国历史上的春秋时期大致重合，特点相似。北印度的16个强国彼此对立，互相攻伐，争战不已。其中势力最为强大的国家是摩揭陀；此外还有许多蕞尔小国。这一时期是印度社会发生剧变的时期。公元前6世纪，印度社会出现了类似中国春秋时期思想活跃、百家争鸣的局面，诸家并起，异说纷呈。形形色色的哲学流派和社会理论应运而生，形成印度文化史上灿烂的一章。世界三大宗教之一的佛教便是这场思想文化较量的产物。佛教创始人释迦牟尼与中国孔子几乎生活在同一时代。印度与中国同时出现思想巨人既非巧合，亦非偶然。这一事实说明，两国社会发展阶段大体相当。由于政治、经济与贸易的发展，许多城市在广阔的恒河平原崛起。其中一些一直存留到现在，历经沧桑成了历史名城。公元前4世纪，印度富庶的名声传到欧洲。觊觎东方财富的亚历山大大帝挥师东征"古老而腐朽"的亚洲，饮马印度河边，但却不敢贸然进犯恒河流域军事实力强大的摩揭陀国的难陀王朝。亚历山大虽然很快退出了印度，但一些希腊人却留在了旁遮普及西北边境。他们带来的希腊文化对印度西北部十六国之一的犍陀罗的佛教造像艺术产生了巨大影响。最初的佛像带有明显的希腊化风格，只是到了后期才逐渐印度化。然而，这毕竟是印度文明与西方文明的一次重要接触与交流。

公元前321年，在亚历山大撤离印度河之后不久，月护王建立孔雀王朝，统一了北印度。到其孙阿育王时代，孔雀帝国国力强盛，领土几乎囊括整个次大陆，成为印度历史上第一个大一统的专制帝国。阿育王在征服位于今奥里萨邦的羯陵伽国后，面对众多涂炭的生灵油然而萌生恻隐之心，于是幡然悔悟，放下屠刀，皈依佛法，施行仁政，成为一代开明君主。他对佛教在印度本土和国外的传播功勋卓著。此外，他又在全国各地以摩崖或石柱刊布诏书，其铭文为研究当时印度的历史提供了宝贵资料。这些铭文大多是用俗语写成的，以使当时的普通百姓能够领会王命；在印度西北边境发现的铭文则使用了希腊文。阿育王石柱是珍贵的历史文物，其柱头则是石雕艺术精品。阿育王逝世后半个世纪，孔雀帝国土崩瓦解。与贾谊《过秦论》将秦朝二世而亡的原因归结于“仁义不施”相反，印度有学者将阿育王的仁政当作孔雀帝国覆亡的根源。印度当代著名历史学家罗米拉·塔帕尔（Romila Thapar）则认为，孔雀王朝之所以覆灭，原因在于阿育王的后继者无力供养帝国庞大的官僚体系与军队。

笈多王朝统治时期（约320~550年）是印度文化发展的一个黄金时代。在这一时期，科学、文学、艺术等文化领域里的几乎所有方面都取得了辉煌的成就。这是一个基本相当于中国唐朝的盛世，但在时间上早了几百年。笈多帝国的疆域与孔雀王朝大体相同，仍然以北印度恒河流域为政治中心。在位近40年的旃陀罗·笈多二世统治期间，为笈多王朝的鼎盛时期。当时印度与阿拉伯、东南亚以及中国的贸易规模相当可观。国王本人主张宗教宽容，同时热衷赞助文学艺术。印度古代最杰出的诗人和剧作家迦梨陀娑生活在这一时代。举世闻名的文化瑰宝阿旃陀石窟中的一些最精美的壁画也创作于这一时期。公元4世纪末至5世纪初，我国东晋高僧法显西行求法，称当时的印度“民人富盛，竞行仁义”。然而，这一强大的王朝却由于哌哒等外来民族的频繁入侵而最终倾覆，印度再度分裂为许多大小不等的王国。这一时期的某些王朝，如南印度的朱罗王朝等，在印度宗教艺术的发展上同样颇多贡献。

印度中世文明阶段的前期是以阿拉伯与中亚的穆斯林侵入印度并建立政权为标志的。印度内部的分裂、战乱和财富吸引了入侵者。从总体上看，印度古典文明的衰落由此开始。阿拉伯人在公元712年到达信德。中亚穆斯林伽色尼王朝在公元963年建立以后，东向打败了印度的萨希王朝。进入11世纪，其苏丹马茂德17次侵印，大肆掠夺粮食与寺庙财产，以支撑其在中亚的战事。虽然遭到各种英勇的抵抗，穆斯林入侵者却几乎每战必胜。马茂德的接连胜利大大削弱了印度的经济和军事实力，挫折了印度人抵御外敌的信心，为随后穆斯林的长驱直入铺平了道路。与此同时，印度教和佛教也不断遭受沉重打击。玄奘与义净曾经留学的印度佛教中心那烂陀寺在12世纪被入侵的穆斯林焚毁。侵略者以反对偶像崇拜为由，凿毁印度教神庙中的人物雕刻，并以暴力和经济手段迫使印度人改宗伊斯兰教。到13世纪初，佛教在印度趋于消亡。梵语及其文学也逐渐被新兴的地方俗语和俗语文学所取代。

随后入侵的穆斯林不但在印度定居下来，而且建立了自己的政权。他们先后以德里为首都建立了5个伊斯兰教王朝，并最终建立了强大的莫卧儿帝国。在莫卧儿王朝统治中期，印度国力臻于鼎盛，堪与我国康乾盛世媲美，其版图最大时囊括了除半岛南端之外的整个次大陆。莫卧儿王朝的第三代皇帝阿克巴（1556~1605年在位）奉行开明的宗教与文化政策，主张不同教派相互宽容。他倡导坚持不同信仰的人们进行对话。他主张"追求理性"，反对"倚重传统"。这种在文化政策上的宽容，直接导致了莫卧儿帝国国力的强盛和文化的繁荣。随后，莫卧儿帝国与处于上升时期的清王朝同时创造了当时的亚洲经济奇迹，使两国的国民生产总值占到世界的一半。阿克巴的宽容精神和宗教文化政策对于印度民族产生了持久的影响。

0–3 泰姬陵背视

莫卧儿王朝的几代帝王都醉心于建筑。他们在印度建造了大量宏伟的城堡、清真寺和陵墓。阿格拉城堡、德里红堡、德里大清真寺、胡马雍陵等都是这一时期的重要建筑物。蜚声世界的泰姬陵则是这一时期最具代表性也最为瑰奇的建筑。这些石造建筑经历数百年风雨仍旧巍然屹立，成为这一王朝永恒的纪念碑，向人们述说着当时印度雄厚的国力和印度人民的创造精神。莫卧儿皇帝还在克什米尔修建了一批精美的花园，以供自己避暑之用。莫卧儿时期的细密画也取得了独特的艺术成就。

印度近现代文明时期虽然始于17世纪中叶英国人着手建立殖民政权之时，但西方殖民者早在15世纪末期就开始叩击印度的门户了。1498年，葡萄牙航海家瓦斯科·达·伽马率船队经好望角抵达印度西海岸。当时正在崛起的葡萄牙、西班牙、法国、英国等西方列强纷纷把贪婪的目光转向印度。17世纪时，荷兰阿姆斯特丹股市的波动，已经与从印度返航的货船是否平安到港息息相关。

英国人最初到印度的主要目的是开展贸易，18世纪中叶以后则转为直接剥削。他们在印度建立的三大海港马德拉斯（今称金奈）、孟买和加尔各答成为印度政治、经济和社会活动的新的中心。到19世纪中叶，英国完成了对印度的征服，使之完全沦为自己的殖民地。英国在奴役与剥削印度人民的同时，也将西方文明传入印度。印度教的一些陋俗如寡妇殉夫的萨蒂制被明令废除。从19世纪中叶起，铁路与工业使印度人的传统生活方式特别是经济生活发生了很大变化。推行英语教育对印度社会进步产生了明显而长远的影响。在西方文化的猛烈冲击下，印度传统文化开始发生变异。印度学者P.C.甘古利认为，“印度十九世纪最显著的特点就是从中世纪观念向现代观念的迅速转变”。印度民族意识的觉醒和民族主义运动的兴起，最终导致了英国殖民统治的崩溃。

0–4 德里印度门前的无名战士纪念碑

印度独立以来，印度文明获得了自由发展的机会和空间。今天，在印度加速实现经济和社会现代化之时，印度历史悠久而又丰富多彩的文明日益显示出巨大的价值和无穷的魅力。印度社会和印度文化的复兴已经成为历史发展的必然趋势。根据美国高盛公司最近的预测，在今后的半个世纪中，印度经济将一直保持5%~6%的增长率。到2050年时，印度的人均收入将是目前的35倍。届时，中国将超越美国成为世界第一经济强国，而印度将成为仅次于中国的世界第二经济强国。实际上，进入21世纪以来，印度的经济增长率一直在节节攀升，在2007年3月底结束的上一财政年度达到了前所未有的9.4%。

印度文明作为一个整体，其古代部分绵延时间最长，内容最为丰富；同时，它也是后来印度文明展开的根基。因此，本书的侧重点将放在印度古代文明部分。印度中世文明的重要发展时期相对较短，本书安排的篇幅也相应较小。印度近现代文明是其古代文明的继续。这是一个印度文明发生重大变化的时期。了解这一阶段印度文明的演变，对于我们了解今日的印度具有重要意义。因此，我们对这一阶段印度文明的各个方面也落墨较多。不过，由于篇幅的限制，我们在本书中只能介绍印度文明中的荦荦大者，因此不免有遗珠之憾。

印度文明最显著的特色是宗教性。印度历史上曾先后产生并流行过多种宗教，其中以印度教最为古老和正统，对印度社会和文化的影响也最为广泛而深

0–5 在恒河边做瑜伽

刻。多种宗教的长期共存和印度人民对宗教的虔诚信仰，是造成印度文化浓郁宗教性的主要原因。历史上，宗教文化一直是人们精神生活的中心。印度教、佛教和伊斯兰教都在印度创造了辉煌灿烂的文化。印度教丰赡的典籍和瑰奇的神话令人赞叹，其巍峨的神庙和精美的雕刻是世界上独具特色的人文景观。卷帙浩繁的佛教三藏典籍本身就是一个光彩四射的思想文化宝库。印度佛教雕刻、绘画和建筑蔚为壮观，达到了很高的艺术水平。莫卧儿王朝时期的印度伊斯兰教风格的建筑达到了建筑艺术的顶峰。印度文化所涉及的种种方面，如文学、建筑、雕刻、绘画、音乐、舞蹈、民俗等，无不渗透着强烈的宗教性，而宗教性则把崇高、壮丽、灿烂和精美赋予了所有这些文化形式。

印度文明的另一个鲜明特色是多样性。这种多样性是先后来到印度的不同种族与民族造成的。其们都有自己的宗教信仰和文化传统。印度还是一个多语言的国家。这些语言可以划分为4个语系，占世界语系总数的1/4。印度目前使用的主要语言有18种之多，其中13种属于印欧语系，4种属于达罗毗荼语系。虽然印地语和英语同为印度联邦的官方语言，但后者才是印度实际通用的语言。一言以蔽之，操不同语言并信仰不同宗教的不同民族创造了不同的文化，使印度文明呈现出举世罕见的多样性。

印度文明还具有很强的包容性。每次外来民族的入侵，都给印度文明带来新的成分。它们与本土文化融为一体，使之不断更新，不断丰富。与此同时，外来民族也无不在历史的长河中为印度民族所同化。此外，印度文明虽然呈现出引人瞩目的多样性，但也具有明显的同一性。这种同一性体现为对精神生活的重视，也体现为鲜明的地域特色。

近代以来，印度文明在从传统向现代转型的过程中，也呈现出一些新特点。

首先，宗教色彩逐渐淡化。这一历史进程始于19世纪中叶。在文学创作中，泰戈尔早就认识到宗教题材的局限性和与现实世界的脱节。他的短篇小说和中长篇小说就不再具有宗教特色。他的部分诗歌虽然在形式上具有浓厚的宗教色彩，但在实质上已全然不同于以往时代的宗教诗歌。印度独立之后，首任总理尼赫鲁把世俗主义作为建国的重要方针之一，旨在遏制教派冲突和防止国家政治宗教化。这一方针取得了积极的成果，也从根本上影响了印度文明的走向。今日，现实主义以及各种现代流派已经成为印度文学艺术的主流。随着经济的发展和科学的昌明，印度文明表现出来的现代性和世俗性已经十分明显。与那些政教合一或政治宗教化的国家相比，印度社会发展的活力和成就是显而易见的。

其次，珍视民族传统。印度社会没有经历过带有激进色彩的新文化运动，更不曾发生过像中国“文化大革命”那样的浩劫，因此，印度独立以来的社会和文化的发展相当平稳，传统文化没有遭到人为的禁锢和破坏。印度人十分珍视自己的文化遗产和优良传统。例如，为了保护遍地文物古迹的历史名城德里，印度人将它整体保留下来。当年的决策者在德里之南辟荒另建新都（即新德里）的远见卓识令人钦佩。他们完整地保留了一座古都，也就完整地保存了珍贵的历史和文化。

第三，奉行拿来主义。印度文明从来就不是凝固的，一成不变的，而是在不断吸收异族文化的过程中发展和丰富起来的。如果说印度在殖民地时代曾经被迫接受西方文化，那么现在的印度可以说是在积极吸收世界上的所有先进文化，用以丰富并发展自己的民族文化。本来，印度文化与西方文化的联系就十分密切。20世纪90年代以来，印度实行经济改革，又向世界敞开了自己的大门。可以说，当代印度人的心态是相当开放的，也是善于学习的。凡是受过高等教育的印度人，都可以直接阅读英文原著并用英语工作。在吸收外来文明成果方面，印度人具有得天独厚的语言优势。印度软件业的崛起，既得益于印度人的数学逻辑能力，也得益于他们的英语能力。

印度文明在世界上曾经产生过巨大的影响。印度文明在近代的衰落不过是一时的历史现象。随着印度经济和社会现代化进程的推进，印度文明终将大放异彩。尽管印度人在种族和语言等方面与西方存在亲缘关系，尽管印度文明还会不断地吸收西方文明的营养，但是它却始终并将继续保持自己独特的个性和价值体系。印度文明的变化只能是自身的一种嬗变。它既不会因循守旧，也不会抛弃传统。它植根历史，面向现实，在从传统向现代的转换过程中，正焕发出无限的生机。

上编

古代篇

第一章

史前文明

印度史前时期的历史只能靠考古发掘来了解。20世纪许多重大考古发现，对我们重构这一时期那里人类的生活画面，提供了很大帮助。在年代上，这一时期跨度很大，从200万年以前粗糙打制石片的出现，到公元前3千纪印度河流域文明的产生，都在其内。印度河流域遗址的考察明确地显示着发达的城市文化的存在。尽管如此，其时其地的历史状况，仍旧要靠出土文物来讲述。石板、印章以及其他器物上的铭文迄未成功解读；而即使解读出来，一般认为，也不会对已有的考古结论做出根本的修正。这就是为什么会将这一文明归入本章叙述的原因。

一、旧石器和中石器时代

南亚次大陆最早的人工制品，发现于今巴基斯坦北部拉瓦尔品第附近的西瓦立克山（Shiwalik）西端。那里考古所得的工具和石片多用石英石打制而成，据古磁学分析，其时代约在200万年以前。一般认为，印度的早期旧石器时代即始于此。在同一沉积层里还有众多的兽骨化石，可惜迄无人骨化石发现。在同一地区还发现过石制手斧，可定在约50万年以前。横跨今印巴边境南段的塔尔大沙漠在20世纪后期也发现了若干旧石器时代遗迹。拉贾斯坦邦的迪德瓦纳（Didwana）发现的石斧与西瓦立克形制相似，唯年代略迟，约在40万年前。最典型的早期旧石器时代文化，是取名于印度河上游支流梭安河（Sohan）的梭安石器文化，以及发达于印度南部和中部的马德拉斯手斧文化。前者也曾发现于杰卢姆河流域和南印度安得拉邦库诺尔等地，年代约在40~10万年或5

万年前，以砍斫器为代表性器物，初为十分原始的砾石工具，粗大而厚重；后出现刮削器，乃至石片石器。这时的人已经学会了利用并控制火，能够驯养动物，使之帮助狩猎。他们也开始使用树皮、树叶和兽皮来御寒。后者的发现从次大陆中部到南部有渐增趋势，而以马德拉斯（今金奈）附近的遗址所得最为典型。它以两面打制的石斧和石片制成的砍劈器为代表器物，前期主要用石核做成，原料以石英石为主；后期则往往利用石片，原料以玄武岩居多。手斧形制规整，有椭圆、杏仁和心形等形状，有的刀刃呈S形弯曲；石器数量也很可观。南印度克里希纳和通加巴德腊两河的河谷地带，西印度孔坎和马拉巴尔海岸，也有类似文化遗址发现。对于塔尔大沙漠的地层分析表明，自14万年前到2.5万年前，约相当于旧石器时代中期，这里气候潮湿，生态环境十分利于狩猎。在沙漠西部边缘今巴基斯坦国贾克巴巴德县罗赫里山（Rohri Hills）中，产有可供打制工具和武器的燧石。在这些燧石产地周围，曾有若干属于旧石器时代中期的石料加工场发展起来。从4万年前开始，这里的气候趋于干旱。旧石器时代晚期也就在此时开始，一直延续到1.5万年前。这一时期的代表性器物是由经过初步打制的石核做成的两面平行的石片。至于石片的形制，则取决于不同的加工对象是皮革、木头，还是骨骼。旧石器时代的其他遗址亦广泛见于古吉拉特、中央邦、孟加拉、奥里萨等地。20世纪90年代发掘的重要遗址还有卡纳塔克邦的汉斯吉、文底耶山区以及巴基斯坦西北边境省的散高洞。在文底耶山区，考古工作者发现了一件已经风化的属于旧石器时代晚期的石灰岩雕刻品，看上去似乎是一尊母神像。旧石器时代晚期也出现了最早的岩画。

印度中石器时代的石器尺寸明显变小，出现了所谓细石器，如刮削器、小手斧、砍刀、钻头等，材料主要是燧石。中石器时代遗址分布十分广泛，其中以古吉拉特的朗格拉杰、拉贾斯坦的巴戈尔和纳巴达河畔的阿达姆加尔等最为重要。此时人们的谋生手段已经变得多种多样，除狩猎、采集、捕鱼外，某些地方甚至出现了养殖和小规模的农耕。狩猎文化和农耕畜牧文化共存并互相影响的例子亦为数不少，只不过其存在状况和影响程度常依地区环境和气候等的差异而有所不同。在中印度的山洞中和人类可以避居的山岩附近，自旧石器时代晚期已有的岩画大量出现。它们题材广泛，如狩猎活动、各种猎物、采集蜂蜜、跳舞欢歌等，生动地展示了当时人们的生活状况。从这些艺术作品中，我们还可以清晰地看到某些岩洞已经成为宗教活动的场所。印度中石器时代约存在于4万年前至5 000年前（或更早）之间。

二、新石器时代

新石器时代遗址在印度的分布更为普遍，泰米尔纳杜邦的萨勒姆、喀拉拉邦的马拉巴尔、卡纳塔克邦的迈索尔、卡提阿瓦半岛、信德、俾路支斯坦等地都有发现，最常见于山坡、河谷、湖滨及海岸。这一时代的石制工具种类繁多，制作精细。抛光石器大量出现。所用材料是一种比石英更加坚硬，加工起来也更为困难的黑色岩石。各地石器的风格不尽相同。这时的人对于颜色已经相当敏感，他们常选择玛瑙、长石、黑燧石和绿帘石等颜色不同的岩石来打制工具。陶器的制作已经比较普遍，也已知道使用陶轮，常见的器物有圆形的水壶、水罐、钵、花瓶等。已发现的陶器一般可分两类：朴素的和经过装饰的。前者又有多种，如粗面的、光面的、抛光的、着色的。后者的装饰方式也有压印花纹、刻花和线条描绘等诸多不同。这一时期陶器的另一突出特点是色彩变化丰富。人们通过选用不同的黏土，添加不同的颜料和控制不同的火候来求得色泽的变化。最常见的颜色是红、黄、棕和紫灰。陶器上的装饰图案多是各种自然物，如叶子、花朵等。

渔猎仍是新石器时代人最主要的生产活动之一。在沿海地带曾经出土大量网坠，说明当时有大规模的捕鱼活动，很可能是若干人共同协作，用大网兜捕鱼类。栽培谷物的活动较前更为普遍。出土的石器中已经有了碾子和石臼，比哈尔邦的奇兰德遗址发现了烧焦的稻壳和麦粒。经过长期实践，人们学会了建造水库，并发明了打井和制绳的技术。豢养动物的种类也多起来，先是狗，然后是母牛、公牛和山羊。食物比以前丰富了，除根茎、水果和坚果外，还有野菜、豆类和谷子，以及兽肉、鱼和乳制品。制作奶酪和酥油的技术也已发明出来。这时的衣饰十分简单，一般穿得不多。除了用树皮和兽皮遮身外，又发明了用棉和毛做的衣服。男人用一块布围在腰际，甩出一头披在肩上；女人则穿一件及膝的裙子。

金属的发现使人类文明进入了一个新阶段。最早使用的金属是金，新石器时代已经开始用它来做装饰品。最先发现金的地方在印度南部。一些考古学家认为埃及和美索不达米亚等地都从南印度进口过黄金。美索不达米亚一份迦勒底铭文曾经提到经常有船只从那里开出去，航行很远的路，到印度贩回金子来做装饰品。随后使用的金属是铜。它逐渐取代石头，成为制造工具的主要原料。但是印度各地使用金属的情况并不一致。北印度不少地方出土过铜制的工具和武器，但南印度在石器时代以后，紧接着就是铁器时代，其间并无铜器时代作为中介过渡。铜器和铁器时代的一个重要特征就是人们放弃了以狩猎和采集为主的经济生活，转而开垦田地，进行农耕。随着铜器和铁器时代的来临，印度的史前时期便结束了。

新石器时代的人第一次有了真正的宗教意识。他们相信生命的循环，崇拜祖先和神灵。为了使死者安宁，他们开始建造坟墓。新石器时代结束时，焚化尸体和瓮藏骨灰的风俗流行起开来。同骨灰一起掩埋的还有生产工具、武器和陶器等。人祭已经普遍存在。这时的人们已经具备初步的天文知识，知道在日常生活和举行祭祀时通过立竿见影的方法确定时间。这就是原始的日晷。

1-1 印度河流域文明时期的动物雕像，公元前2500 ~ 2000年

三、新石器时代的典型遗址

新石器时代文化的遗址遍及南亚次大陆，它们内容丰富，却又各有特点，显示出发达程度的不同。以下是几个典型的例子。

（一）几处北部遗址

这里着重选择几处南亚次大陆北部的文化遗址予以叙述，主要是因为，在它们新石器时代的特征中，多少预示着嗣后就在同一地区繁荣昌盛的印度河流域文明的诞生，其间体现着一定的承袭关系。有的早期印度河流域文明便是就地建立在既往的新石器时代末期遗存之上的，如下面提到的科特·迪季遗址。正因为如此，这里提到的某些遗址有时又径称前印度河流域文明的遗址。

基利·库尔·穆罕默德遗址（Kili Ghul Mohammad Site） 此遗址位于

今巴基斯坦俾路支省基达河谷，所属时代约在公元前6000~前2400年。这里的居民已能打制石锄、石犁和石镰用于农耕，也出现了加工谷物的石磨。粮食用陶罐贮藏。陶罐常在外表施以红色或黑色图案，成为双色或多色彩陶。陶轮的使用已较普遍。铜器的使用也已出现。人们住在干打垒或用土坯砌成的房屋里。他们开始聚居，并逐渐形成村落。

阿姆里文化（Amri Culture） 阿姆里位于南亚次大陆北部信德地区，印度河下游右岸。这里所显示的，是一种铜石并用的早期村落文化，年代约在公元前3000~前2300年。出土陶器的特点是器壁较薄，呈粉红色；亦有的陶衣呈淡黄色或奶油色。花纹装饰丰富整齐，带有几何图形的倾向；后期出现了鱼鳞纹图案和动物图案，瘤牛之类的装饰图案数量增多。中期的器物中有带底座的盘。该文化前期没有发现建筑物，后期出现了用石料和土坯建造的房屋，并且显示出由村落向设防的城镇转化的趋势。

布尔扎霍姆文化（Burzahom Culture） 布尔扎霍姆在克什米尔地区。它所代表的该地区这一文化，年代在公元前2400~前1400年，可以分作两期。前期居民住在深约2米的地穴之中，所用陶器亦较粗糙，有碗和侈口瓶等。后期居民开始在地面筑起干打垒或土坯房屋，制陶已经使用陶轮，成品有灰、黑、红等色，常予抛光，较为精致。生产工具主要为石制，有斧、锛、磨、带孔刀等，多经磨光。其他还有骨制的针、锥，骨、角制的鱼叉等。大量骨、角制品的发现，说明渔猎经济仍占重要地位。当时的人也进行农耕，作物有大麦、小麦、稻米、扁豆、豌豆等。曾有一件铜镞发现于该文化的末期，似乎表明冶金技术已经开始为当时的人们所掌握。

科特·迪季遗址（The Site of Kot Diji） 这一遗址也在信德地区，年代可上溯至公元前2800年左右。它主要是一座长约152米、宽约107米的城堡和城外低地的居民区。城堡四周有高而厚的围墙，系在岩石地基上垒以毛石，另外加砌土坯而成。早期陶器形态粗笨，罐口无外伸的唇边；晚期的则不仅有侈唇，亦有明显的颈部，并绘有水平线、波纹和环状曲线等几何图形纹饰。陶轮已在使用。出土的除有打磨精细的薄刃石刀、各种陶器、石弹和陶弹外，还有手镯、珠饰和小赤陶牛偶等。从上述建筑的形制看，这里似乎已经出现了具有高度组织性的社会。

库里文化（Kulli Culture） 名为库里的山丘村落遗址，在今巴基斯坦俾路支省南部，存在于公元前2700~前2400年。它属于一种铜石并用的文化，出土有铜镜、铜别针和铜斧的毛坯，以及以瘤牛和地母神为主要形象的大批陶偶。人们居住在粗陋的房屋里，房屋用泥浆砌合卵石和方形石料而成。

（二）中印度和南印度

在恒河流域以南的文底耶山山地中，也曾有若干新石器时代的发现，统称“文底耶山新石器时代遗址”，其年代有的可以上推到公元前7千纪，如科尔迪赫瓦（Koldihwa）；而最近的则已进入公元前2千纪。这里的原始人类居住在用原木搭建的圆形棚屋里，上苫茅草，所用工具和器皿有石刀、磨光的石斧、骨器以及粗糙的手制陶器，陶器上时有绳纹。遗址中发现过一处小的牛栏，也曾见到稻壳，唯所食稻子是野生还是种植的，目前尚无法判断。

印度半岛上迄今发现最早的定居点时间属于公元前3千纪初，生活于此的居民多营牧业。当初利用放射性碳进行测定年代工作，曾从当地牛栏里焚烧的大堆牛粪中取样。这说明，这里最早的定居者是些半游牧民，他们豢养了大批的瘤牛。已知最早的定居点在科德卡尔（Kodekal）和安得拉邦的乌特努尔（Utnur），时间在公元前2900年左右。其他重要的遗址还有卡纳塔克邦的婆罗门吉里（Brahmagiri）和提克勒科塔（Tekkalkota），以及安得拉邦的纳加拉居尼孔达（Nagarajunikonda）等。提克勒科塔曾有3件黄金饰物出土，但未见其他金属制品。在这些地方还发现了石斧、骨制尖状物、优质的磨光灰陶以及少量的红底黑花彩陶等。断面呈椭圆形的石斧多半做成三角状，装有带尖的把柄。出土的动物骨骼中，牛的占大多数，山羊和绵羊的很少。在南印度发现的石斧形制普遍相似，这说明在公元前2千纪这里曾有大量的放牧者广泛游徙。

（三）梅赫尔格尔遗址

梅赫尔格尔（Mehrgarh）在今巴基斯坦俾路支省格奇县，在距基达市不远的锡比镇附近。20世纪后叶梅赫尔格尔遗址的发现，将古代印度的文明史推前了约4 000年，其意义可以说是革命性的。

梅赫尔格尔诸遗址的年代跨度很大，达5 000~6 000年，可以分为两期：一为公元前8~前6千纪，二为公元前5~前4（或3）千纪。年代最早的遗迹由厚厚的冲积土掩埋着，距离地表约7米。第一期又可以发现器物的不同而下分为特征明显的两个阶段。

第一期前段为公元前8~前7千纪，可以称作新石器时代无陶期。这一时期典型的工具是石刀，有半月形的，也有三角形的，有的还装着木柄，用黏合剂粘牢。此外还有一种抛光的石斧，但数量较少。就在这一时期中，当地人学会了种植大麦和小麦，豢养绵羊和山羊。不过，动物骨骼遗存中大量瞪羚骨的存在，说明当时人的生活主要还是依靠狩猎。人们住在泥砖构筑的房屋里。葬俗简朴，陪葬品有贝壳或石珠做的项链和篮筐等，偶尔也有杀殉的羔羊。

第一期后段为公元前7~6千纪。在这一时期内，陶器出现了，农耕有了进一步的发展。骨骼发掘证明，在此期开始时，瘤牛和山羊、绵羊的数量已经大于狩猎所获动物的数量。值得注意的是，此时出现了一种不大的新型建筑。它们形状相似，一般认为就是谷仓。显然，谷物生产在当时已经常有剩余。葬俗较之前复杂。构筑墓室时，先挖一个竖坑，然后横向掏洞，尸体入葬后，用泥砖墙将洞口封住。在第一期结束前，还出现了未经烧制的手捏女性泥偶。

梅赫尔格尔遗址提供了一幅清晰的早期定居农耕生活的图景。这里有适合定居生活的建筑，人们手艺不同，各有营生。海贝和各种次等宝石如绿松石和天青石的使用，意味着贸易的存在；商旅所行，很可能已达到沿海地区，或者中亚。

与第一期相比，第二期变化明显。公元前5500年左右似乎发生了一次地壳构造上的大变化。变化导致大量泥沙沉积，将第一期的遗存完全掩埋起来。不过，几乎所有第一期的文化特征都还保留着，只是形式发生了变化。陶器的使用更加普遍。谷仓的数量增加了，有时甚至增加得很快。若干厚实的砖墙和台基的存在，表明某种大型的纪念性建筑已经矗立起来。最早的铜制品和象牙制品也出现了。聚居地的面积显著增大，以适应人口的不断增加。

在这一时期的生产活动中，一个明显的趋势是外来材料的使用越来越多，加工手段也变得越来越复杂。考古材料说明，在公元前4800~前3300年这一段时间里，这里生产了很多用软石料如皂石和石灰石做成的石珠。用来打孔的可能是铜制或石制的钻头。至于对付玛瑙、碧玉之类较硬的材料，则需要特别坚硬的石料来做钻头。当地还生产过各种海贝做的装饰品。所有这些石珠和海贝饰物，以及它们的加工工具，都需要外来材料。加工手段的复杂，则表现在产品往往需要经过多道工序和多位工匠之手。这里的陶工和模具工手艺很好。他们能做出各式各样的陶器和细致精巧的偶像，有动物形，也有人形。烧制陶器常用直焰窑，有时为了成批烧制水缸之类的大件，也用大型的地窑。不过，烧制釉陶的窑址尚未发现。

梅赫尔格尔的存在，预示着公元前4千纪南亚次大陆北部原始城市形态的发展。梅赫尔格尔以及类似遗址实为印度河文明繁盛时期成熟城市的最早雏形。通过它，人们还可以了解人类和动、植物最初的关系是怎样的。学者们认为，梅赫尔格尔并不是那一时代文化现象的孤本。有迹象表明，同样的遗址还广泛存在于俾路支地区。这些农业定居地在经济上自给自足，逐渐发展成由商业往来联系起来的各种生产中心。到公元前4千纪中期，它们扩展到了印度河流域的平原地带。到该千纪末期，某些最初形式的设防城市开始出现，面积2~20公顷不等。这些可以称作早期印度河文明的定居地具有相近的制陶风格，即前面提到的科特·迪季风格，文化也表现出趋于一元的倾向。

四、早期印度河流域文化

约自公元前5000年开始，在今巴基斯坦和伊朗边境就有越来越多的定居点建立起来。当地的居民靠经营农业生活，主要种植小麦、大麦和其他作物，并饲养牲畜，如牛、山羊、绵羊等。各定居点的生产技术水平大体相同，所用工具和器皿既有石制的，也有黄铜和青铜制的。彩陶的制造水平已经很高，不同地域和人群所制陶器在形制上可以看出明显的差异来。到公元前4千纪中叶，这样的农业定居点已经开始在印度河流域广泛扩散开来。在以后的数百年间，不少地方出现了向城市社会的逐步转化。到公元前2600年左右，在哈拉帕（Harappa）等地已经有了发达的城市文化。这一时期通常称作早期印度河流域文化时期。它的遗址分布很广，南自印度河三角洲，北沿印度河直到旁遮普，更向东延至哈里亚纳，东南可达卡提阿瓦半岛的索拉什特拉（Saurashtra）。值得注意的是，这类遗址在有些地区，特别是旁遮普，并没有发展成后来成熟的印度河流域城市文明。

五、高度发达的城市文明

成熟的印度河流域文明存在于公元前3千纪中叶到前2千纪初叶，前后约600年。它是古代世界最优异的文明花朵之一，包括的地域也十分广阔。北起萨特累季莱杰河（Sutlej）上游，南到坎贝湾，西起阿拉伯海的马克兰海岸（Makran Coast），东到恒河与亚穆纳河的交汇处，都在它的范围之内。在已经

1-2 摩亨佐达罗遗址

发现的数百处城市和村镇遗址中，最重要的是哈拉帕、摩亨佐达罗（Mohenjo Daro）、昌胡达鲁、卡利班甘、巴那瓦里和罗塔尔，其中又以哈拉帕和摩亨佐达罗两城最为典型，也保存得最为完整。

两座城市的周长均约5千米左右，都是由一座建筑在6~15米高的人工土丘上的平行四边形城堡，和一个地势较低但面积更大的市区组成。城堡和市区之间隔有沟渠（人工河或一条大河的支流）。城堡内筑有防御工事，以及谷仓、公共浴室、会议厅、作坊、住房等。作为城市主体的市区是居住区，摩亨佐达罗的街道都是东西向和南北向的，直角相交，定位准确，而且大多数修得笔直，最宽可达9米。在主要街道上，每隔一段距离有一个灯柱，供夜间照明使用。这些大街把城市划分成一个个小的街区，每个街区内又有很多纵横交错的小巷。城市建有统一的排水网，每户的污水都通过水沟排到街巷的下水道里。下水道连着巨大的涵洞，使污水最后排入河流。城市看来是经过周密规划与设计后才动手兴建的。房屋多用土坯或尺寸划一而又烧制得很好的砖块建成，有仅有两间屋的小住宅，也有占地广阔的大寓所，间或还有两层的楼房。房舍规模的不同似乎透露出贫富不均的迹象。几乎每家都有水井、浴室和下水道。城堡内的大谷仓长45米，宽22.5米，高墙厚垒，十分坚固，其中的十字通道可以保证仓内有良好的通风。这里还有一座24米见方的圆柱大厅，带有长长的走廊和低矮的坐凳，是举行公共集会的地方。大公共浴池，长12米，宽7米，深2.4米，建在一个庭院内。院子四周有回廊。浴池的底部和壁部的砖缝都灌了浆，后面还衬有隔水层，以防渗漏。一般认为这样大的浴池是与该城的宗教活动有关的。市民们在参加宗教仪式之前，可以在这里沐浴。在公共浴池的北面，还有8个独间小浴室，磨砖对缝，非常坚固。它们估计是给有圣职的人员准备的，他们住家就在浴池顶部的二层楼上。整座城市的规划和建设虽然说不上艺术，但是非常实用。

六、印度河流域文明时期的经济生活

这里的居民多从事农业生产，主要的粮食作物是小麦和大麦，可能也有水稻。谷物一般是在坚实的平地上或鞍状的石板上碾的，有时也放在木臼里舂。这里的人还种棉花、胡麻、芝麻、芥菜、椰枣、豌豆、甜瓜及其他蔬菜和水果。饲养的动物则有牛、山羊、绵羊、骆驼、禽、鱼、狗，甚至还养了猫。印度河流域城镇的手工业也很发达，在制陶、纺织、染色、造船等方面已经表现出很高的技艺。不少住宅里都有纺锤和纺轮，说明棉纺和毛纺在这里是很普遍的。他们已经能够利用金、银、铜、锡、铅等金属制造各种器物，但最重

1-3 印度河流域文明时期的泥偶

要的手工业还是制陶。陶器可以分为两类：手制的和陶轮制的。也发现了一些烧制陶器的窑。在陶制容器中，有些是普通家用的，做得比较朴实；有些是贮藏贵重物品用的，加工甚为精巧，或者加上彩绘。他们常用的工具和家什有针、钻、刀、斧、锯、镰，形状和图案各异的彩陶、大理石制品、苇席、骰子等；武器有矛、弓、箭、匕首、钉头锤、投石器以及黄铜和青铜的剑。由于有玩具泥车发现，推测他们已经发明了牛拉的车子。这在当时无疑是一项巨大的技术成就。

1–4 抛光的石柱柱础，公元前2600年

印度河流域文明时代的商业十分发达。摩亨佐达罗和哈拉帕等都是重要的贸易中心，同中亚、波斯、阿富汗、古吉拉特、南印度等地有着广泛的商业联系。进口的主要有金、银、锡、铜、玉石和大理石。出口的大宗是布匹。在印章和陶片上出现过船的图形，意味着可能有过航运贸易。船的两头明显上翘，与克里特、埃及、苏美尔的极为相似。有的船上有桅和樯，有的有舱和橹。尽管看上去像河船，但也有人推断它们曾被用于海上航行。罗塔尔有一个考古学家认为是船坞的建筑。在美索不达米亚发现过形制与摩亨佐达罗完全相同的印章，而在摩亨佐达罗也发现过美索不达米亚风格的盒子，这些证据都支持了当时印度河流域城市与西亚、埃及有过海上贸

1–5 印度河流域文明时期的青铜铸像，公元前2000年

易的说法。随着商业的发展，度量衡系统也变得完备和精确起来。这里的砝码一般用燧石、石灰石、片麻岩等做成，多是立方体的，间或也有圆形或圆锥形的，大小不等。大的必须穿上绳子或金属环才能提起，小的则只有首饰匠才用得上。也发现过金属和陶制的秤盘，但没有秤。估计秤杆是木头做的，年代久远，已经朽坏。考古工作者仔细核查了这些砝码的重量，发现它们相当精确地构成了一个按1，2，4，8，16……这一级数递增的完备系统。在摩亨佐达罗发现过带有刻度的贝壳，在哈拉帕发现过一根铜杆的残段，估计都是尺子。长度的计算大约是十进位的，但长度单位似乎还未统一。

居民中男人和女人的衣服区别不大。他们用一块布围在腰际，上身搭一条披巾。性喜修饰是他们的共同特点。男人蓄各式各样的胡子，女人戴扇形头饰。饰品用金、银、铜或其他金属做成，镶嵌着珠子或次等宝石，常见的有天青石、绿松石和紫水晶等。首饰上雕刻着这样那样的图案，表现出很高的艺术水平。妇女也使用口红和其他化妆品。她们有椭圆形铜镜和象牙梳子，甚至还有小型的梳妆台。

七、印度河流域文明时期的宗教信仰和文化

当时流行的宗教信仰，一般认为是以母神为形式的女性能力崇拜，这在西亚的古代文明中甚为习见。大量存在的小型女像说明了这一点。当地的居民可能在女像面前焚烧油膏和香料，甚至举行人祭。在男神中，有一种三首塑像很引人注意，某些学者认为它就是后世印度教湿婆神的原型。还有很多圆柱形和圆锥形的石头，也被认为是湿婆的另一形象，并由此推断这里存在着阳物崇拜。除此以外，对于树木、动物、水、火和太阳的崇拜也很盛行。至于前面提到的大浴室，有人认为是河神的庙宇，有人认为它只不过是祭祀之前例行沐浴的地方。

印度河流域的居民已经有了自己的象形文字，它们大量见于印章、石板、铜板和陶器之上。在已发现的3 000多份铭文中，有的只有一个书写符号，有的多达26个。几十年来，专家们在解读这种文字上做了不懈的努力，然而至今还没有哪一种理论获得圆满的成功，因此它仍旧是个谜。我们目前只知道它在印度河流域文明存在的整个时期内是一致的，无大发展。这说明此前它已达到了成熟的地步。此外，由于它符号众多（到底有多少，说法不一，有人统计为

396个），所以不会是拼音文字。它的书写规则是一行向左，一行向右。印度河流域文字之谜一旦解开，我们对于这一文明的了解将会大大加深。

我们还没有在工艺和美术上发现什么惊人之作，然而大量出土的印章还是雕刻得十分出色的，其中动物的形象尤其生动。各种小塑像和护身物也做得相当细巧。有一座青铜塑像风格独特。这是一个裸身舞女，左臂上的镯子直套到肩部，蓬松的发髻垂在脑后。她右手叉腰，左手搭在翘起的腿上，做出一副挑逗的姿态。有人推测她是寺院的舞伎，当时的中东就有此类女子；寺庙蓄妓也是后世印度教的一个突出特点。

1-6 印度铜车马，出土于今马哈拉施特拉邦的戴马巴德村遗址，制作于公元前2000年

八、印度河流域文明的衰亡

关于印度河流域文明存在的年代，现在尚无统一意见。一般认为它的繁盛期在公元前3千纪中叶到前2千纪初叶之间。这一文明的创造者，不少学者认为是达罗毗荼人，但也有人说是苏美尔人，或者是混居的原始澳洲人、地中海人及阿尔卑斯人。至于这一文明是怎样突然消失的，学者们做过各种各样的推测。过去，通常的看法是雅利安人的入侵给它带来了致命的打击——雅利安人受到这里繁华城市和巨大财富的吸引，从西北方侵入并毁灭了这一地区。促使人们做出这一假定的主要根据，是在摩亨佐达罗发现过狼藉陈列的38具人体骨骼，上面有明显屠杀致死的痕迹。同时，在雅利安人的圣典《梨俱吠陀》中又一再提到他们曾攻打过土著带有高墙厚垒的城市；他们的战神亦即古代酋长因陀罗也因此而被称为“堡垒的破坏者”，他“撕裂城堡就像岁月毁掉衣服一般”。但是，这一假定目前还缺乏更有力的考古学证明。另外有人认为，印度河流域文明并不是突然毁灭的。不是由于河流改道，就是由于长期缺雨，也许由于灌

溉系统遭到破坏，或者由于过分砍伐森林造成了水土流失——总之，是某种生态环境上的原因使土地贫瘠下去，乃至变成沙漠，结果这里的人们放弃旧居，迁移到别处去了，比方说到古吉拉特。不过，这也仅是假说而已。真正的原因还有待于进一步的考察来弄清。但有一点可以肯定，就是印度河流域文明同以后的印度教文明是有内在联系的，印度教三大神之一的湿婆、阳物崇拜以及某些动植物崇拜，都可能是雅利安人从印度河流域居民那里继承来的。

第二章

吠陀时代

吠陀时代名称的由来，是因为这一历史阶段出现了印度最早的文献“吠陀”，其在印度人心目中的神圣不可亵慢，远胜于孔孟之于中国人，而我们对于当时社会生活的认识，又在颇大程度上要靠对于这一经典的读解。当然，考古证据也是异常重要的。没有相应文物的支持，任何推断终难成立。吠陀神圣经典的纂集者和吠陀文化端绪的开启者是雅利安人。他们大约在公元前2千纪中叶开始从西北方入侵，后逐渐散播到南亚次大陆各地，成为这里的主要居民，并创造了如今人们所知的印度主流文化。

一、雅利安和雅利安人的入侵

雅利安（Aryan）这个词实际上有两重意思，一是语言名，一是由学者构拟的操此语言的种族名。它源于梵语“雅利阿”（arya），而“雅利阿”这个词一说派生于印度古代梵语动词√ri，意为“升高”、“上行”，因而有“高贵”之义。其内涵经引申又有“可敬”、“忠诚”、“信仰正确”等意义；词类再转，即包括了具有这样品性的人，也就是高贵的人、高种姓者、自由人、精英等。“雅利阿”另说衍自名词arya，意为“家主”，而“家主”之义又源于它的原义“殷勤（待客）”，后者更来自ari，意为“陌生人”。这一说法看来勉强，但相信它的学者并不少。此外还有来自伊朗语、某些欧洲语言如爱尔兰语等各种说法，不一而足。

雅利安作为语言名有广、狭二义。广义上与印欧语这种理论上认为存在过的原始母语同义。印欧语系的构建，其功首属英国东方学家威廉·琼斯爵士（Sir William Jones，1746~1794）。不过在他以前，已经有若干学者注意到了不同语言的亲缘关系。16世纪末，意大利语言和历史学家约瑟夫·斯卡利杰（1540~1609）曾将欧洲语言归为罗曼、日耳曼、希腊和斯拉夫四语族。1767年，英国皇家学会会员詹姆士·帕森斯写了一部书《雅弗的后裔》。雅弗是挪亚的第三子。《圣经·创世记》说挪亚的三个儿子闪、含和雅弗是人类三大支系闪米特（犹太人、阿拉伯人等）、含米特（埃及人、库什人等）和北方民族（包括大多数欧洲人）的祖先。这些民族各说自己的语言。18世纪的历史学家和宗教学者热心于在《圣经》和古代历史之间建立联系。帕森斯受时风影响，从语言方面着手，对比了凯尔特、希腊、意大利、日耳曼、斯拉夫、印度（用孟加拉语）、伊朗等语族的词汇，特别是基本数字，指出它们有明显的类似之处。于是他得出结论：欧洲、印度和伊朗诸语言皆出同源，即雅弗后代所说的语言，这些后代从挪亚方舟登岸的亚美尼亚流徙到了不同的地方。真正建立历史比较语言学，并提出印欧诸语同出一源的，是皇家亚洲学会的建立者威廉·琼斯。1786年，他在学会的一次演讲中指出了梵语同希腊语和拉丁语的内在联系。他说："梵语尽管古老，却有着精妙的语法结构。它比希腊语更完美，比拉丁语更丰富，也比它们更优雅。然而，在动词字根和语法上，它又与它们相似。其相似程度之深，已不可能纯出偶然，而任何语言学家倘能对三者加以考察，都很难对它们来源相同的说法避而不信，只是这来源恐已不复存在。我们还可以假定，虽然已经夹杂了各自的独特方言，哥特语和凯尔特语亦与梵语同出一源。原因同上，虽然说服力稍逊。此外，波斯语似乎也可以归入这一语族。"后来，丹麦语言学家拉斯姆斯·拉斯克（1818年）、德国语言学家法兰兹·博普（1816年、1833年）、雅各·格林（1822年）等经过研究，再申同样观点。印欧语系由此构拟出来，而最早提出这一名称的，则是英国学者托马斯·扬（1813年）。一般认为，属于该语系的诸语言在公元前2~1千纪通行于欧洲大部及西亚和南亚部分地区，后广泛传至世界其他地方，希腊、意大利、日耳曼、凯尔特、亚美尼亚、波罗的–斯拉夫、阿尔巴尼亚、安纳托利亚、吐火罗、印度–伊朗等语族，皆在其列。

狭义上的雅利安语，仅指印欧语分布区东端的印度–伊朗语族，且往往特指所属两语支中的前者，即印度语支。印度语支又称印度–雅利安语支，包括最古老的吠陀梵语和以后的古典梵语、俗语，以及现代的印地、孟加拉、旁遮普、古吉拉特、马拉提、僧伽罗、信德、乌尔都等语。

雅利安曾被用作种族名，其义也有广狭之分。广义上指亚洲和欧洲一切操印欧语系语言的人。研究者们认为，远古时，他们的祖先可能共同生活在一个地方。19世纪中叶以前，学者大多认为这个地方在兴都库什山或喜马拉雅山附近某处。60年代，一些学者，主要是语言学家，对旧说提出质疑。随之新说层出，至今已有多种，如德国、西南乌克兰、南斯堪的纳维亚、高加索、北极、波罗的海、南俄罗斯和南乌克兰草原，等等。苏联学者伊万诺夫等还曾提出亚美尼亚说，恰与前述帕森斯的看法相合。不过诸说中以南俄和南乌克兰草原一说学界应和较多。据推测，原始印欧人生活的地域大约在25万到100万平方千米之间，时间为公元前4500~前2500年。可能因为人口增多，社会压力加大，这些印欧人的祖先从他们的原始聚居地迁移出来。向西向北的几支形成后来说凯尔特、希腊、意大利、日耳曼、波罗的－斯拉夫等语的民族。南下一支中的赫梯人大约在公元前2千纪初到达小亚地区。其余部分几经徘徊，后在阿姆河与锡尔河两河平原略事居留后，于该千纪上半叶开始进入西亚、伊朗和印度北部。中叶前后，来到伊朗的雅利安人又分出一部分向东，穿过阿富汗，侵入印度。这些东迁者以留居伊朗者并不崇奉的《梨俱吠陀》为圣典。有人认为该圣典的最早部分形成于伊朗，说明大迁徙之前分裂已成定局。前后分批入印的雅利安人靠畜牧业为生，能征惯战，用他们灵便的马拉战车和青铜（一说铁制）武器降服了土著。那些居民此时已经进入农业社会，并有城市可住，虽文明程度更高，但也相对柔弱。他们大部分由达罗毗荼（Dravida）人构成，被入侵者称为“达萨”。此词在新来者使用的梵语中与“雅利阿”相对，有“奴隶”之意。雅利安人很快学会农耕，并在宗教文化上积极吸收当地因素。有影响的当地人不久亦开始踏入新来者的上层社会。随着雅利安人向恒河流域和中印度的不断推进，两者间的同化也在不断进行。作为狭义种族名的雅利安，则指操印－伊语族诸语，留居伊朗和长驱入印的那一部分人。更狭一些，则往往指伊朗人。有学者指出，波斯古经《阿维斯陀》中的“埃利阿”（Airya）即“雅利阿”，曾是波斯人的自称。公元前6~前5世纪波斯名王大流士一世也曾自称“雅利安的后代”。近世伊朗（Iran）更是由此得名。

对于前面的传统说法，也有一些研究者不表赞同。印度学者潘德（G. C. Pande）认为，西方学者所说的雅利安人侵入印度并征服了当地扁鼻子、黑皮肤的土著“达萨”，而《梨俱吠陀》的若干内容正是这一斗争的记录等，只不过是一种假设。实际上，《梨俱吠陀》里的雅利阿指“虔诚的家主”，而“达萨”

则指恶魔或不信神的人。对于雅利阿和达萨对举，古代印度的吠陀注释家从来不曾说过有什么种族含义。吠陀人也从来没有过什么种族意识。他甚至认为，没有人确知有一个雅利安种族作为征服者进入印度，而从印度河到阿姆河这一带很可能原来就是一部分说印欧语者的栖息地。印度著名历史学家罗米拉·塔帕尔也说：“以前的那种理论现在已不能接受。这种理论主张有一个雅利安种族侵入北印，征服了当地的土著，并且建立起雅利安文明，而后世印度文化的精髓便是自这一文明而来。”他认为完全可以抛开入侵假说，转而研究另外的相关问题，如印度–雅利安语言是如何进入印度的，它又是怎样在北印度逐步取得主要语言体系地位的，等等。语言并非一定要靠大规模的入侵手段来传播。移民、游牧民、商人等皆可传播语言。只要一种语言有优势，它就会为人所接受。因此他主张不提印度–雅利安人，而说“操印度–雅利安语的人”。这些印度学者的观点似乎可以从另一位英国学者那里获得支持。剑桥大学教授柯林·伦弗雷认为，印欧人是8 500年前从今土耳其中部迁移出来的。当时他们已经掌握了农业技术，人口迅速增加，不得不向外扩张。其扩张速度平均为每一代30千米。他们向西穿越今希腊、南斯拉夫、德国等国家所在地域，于公元前7000年左右到达大西洋之滨。东移的一支于公元前6000年到达印度次大陆。印度河流域文明即为他们所创造，而并非如传统所说是在他们打败达罗毗荼人时摧毁的。

但是，古代雅利安人入印后的活动和生活状况，至今人们能够了解的，毕竟不早于公元前2千纪中叶。实际上，这种了解也只是概略的，因为我们所凭借的基本上是他们古老的圣典“吠陀”和后世考古成果。“吠陀本集”计有四种：《梨俱吠陀》、《娑摩吠陀》、《夜柔吠陀》和《阿闼婆吠陀》。《梨俱吠陀》约产生在公元前1500~前1000年；其他几部，以及附属于“吠陀本集”的若干文献，则产生于公元前1000~前600年。为了研究的方便，历史学家把这两个阶段分别称作“前吠陀时期”和“后吠陀时期”。

二、前吠陀时期

吠陀文献尽管不是历史著作，但对于我们了解其成书时代的社会经济文化状况，还是提供了极大的帮助。《梨俱吠陀》提到了喜马拉雅山和旁遮普的各条河流，但没有提到文底耶山和其他印度大河。由此看来，前吠陀时期的雅利安人还只是活动在阿富汗、旁遮普至德里一带，尚未涉过亚穆纳河。梵语雅利安一词的意思，如前所述，是高贵者。雅利安人把自己的敌人称为达萨（Dasa）或达斯由（Dasyu，两者皆有恶魔的意思），说他们是“黑皮肤”、“无鼻子”和“不事献祭”的人。这显然是指种族和宗教皆与雅利安人不同的土著。他们被雅利安人战败，逃到山林里去，留下的便沦为奴隶。久而久之，达萨在梵语中就成了奴隶的代名词。

前吠陀时期的雅利安人从事畜牧业和农业的混合经济。牛是他们饲养的主要牲畜。《梨俱吠陀》中表示战争的词是“求牛”，女儿又叫“挤牛乳者”，可见牛群是当时雅利安人财富的主要形式，牧牛在他们的经济生活中占有重要地位。母牛一天挤三次奶，常用的燃料是牛粪饼子。雅利安人畜养的其他牲畜还有山羊、绵羊、马、骆驼和大象等。农业发展起来，其作用亦日趋重要。基本作物是大麦和小麦，一年两熟。雅利安人已经认识到耕作的意义。他们给土地施肥，驾二牛犁地，并用镰刀收割。为了进行灌溉，他们开凿了水渠。村子里有自己的手工业。木匠制造车辆、船只、犁、家具和其他家什。铜匠制造工具和武器。金匠制造各种装饰品。妇女主要的工作是纺织、染色和刺绣。也有专门行医、理发和以唱歌跳舞为业的人。医生受到普遍的尊重，他们用草药给人治病，间或也动些小手术，而以巫术符咒替人驱除邪魔则是他们的另一专长。商业也已发展起来。《梨俱吠陀》里提到一种叫“尼湿迦”的东西，有人说是钱币，但也有人说是装饰品，如项链。不过即使当时还无通货，至少以物易物已十分发达。母牛和“尼湿迦”都曾当作一般等价物使用过。远途贩运主要靠马匹和牛车，内河航运可能也已开始。同巴比伦和其他西亚国家的通商关系始终未断，出口的主要物品是布匹和皮革制品。

雅利安人在《梨俱吠陀》时代的生活是部落性质的。最基本的社会和政治单位是家庭。家庭由一个年长的男子掌管，所有家庭成员都要听命于他。

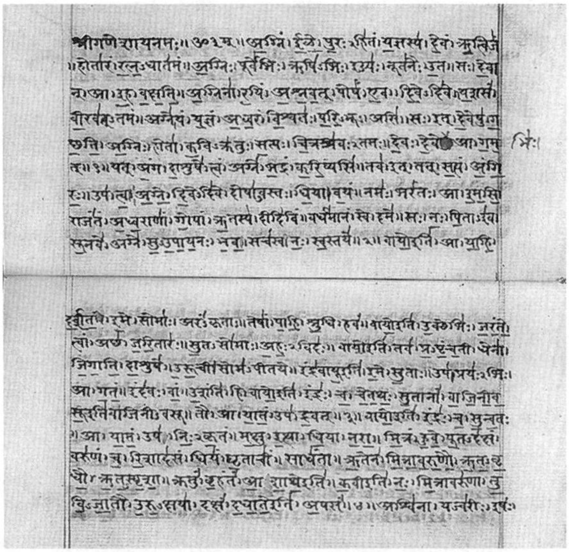

2-1《梨俱吠陀》天城体手写本，19世纪初

同一氏族的若干家庭组成一个“格罗摩”（grama）即村，村有村长。上一级的单位是“维舍”（vis）即氏族公社，以及“阇那”（jana）即所谓“国”（有学者认为是部落）。这里各级组织的关系以及“国”的性质还不十分清楚。国与国之间争夺霸权的战争时有发生，胜利者往往可以将远近若干个国置于自己的宗主权下。国王一般是世袭的，权力很大，但他还不能过分独断专行，而必须考虑民众的意见。民众可以撤掉他们不满意的国王而从王族中另选一个。约制王权的主要有两个机构：“萨密底”（samiti）和“萨帕”（sabha）。前者是全体公民大会，主要进行选举国王和决定对外宣战等重大事宜。后者是一种元老会议或是各村长的联席会议，讨论各种政治性和非政治性事务，兼理诉讼。国王身边有一位世袭的“国师”，是他的大祭司和最高咨政。国师也跟随国王参加征战，为他祈祷安全和胜利。

战争虽然经常发生，但是并没有常备军队。每个适龄公民在战时都要参军上阵。重大战役国王常亲自率兵冲杀。军队由步兵、骑兵和战车组成，国王和贵族在战车上作战。战士们身披铠甲，头戴铜盔，常用的武器是板斧、长矛、弓箭、投石器等。箭身用苇秆做成，箭镞是牛角或金属的，有的浸过毒汁。指挥战阵使用军旗，并有鼓乐助威。临阵脱逃被视为奇耻大辱，所以每个战士都能勇往直前。

前吠陀时期的雅利安人虽然已经进入父系社会，但妇女依然很受尊重，在许多方面可望得到与男子相同的待遇。一家之主是最年长的男子，全家的财产都归他所有，仅某些动产如牛、马、金银等有时可属于家庭的个别成员。家产一般由儿子继承。不过如无男性后嗣，女儿也可以提出继承要求。妻子同丈夫一起参加家庭的宗教活动，是祭祀仪式中不可缺少的一员。妇女也同男子一样受教育并参加各种学问的讨论。《梨俱吠陀》中有的圣诗就是精通圣典的女学者创作的。青年女子在选择配偶上有相当大的自由。这方面虽应征得父母的同意，但并非绝对必要。一个不受欢迎的女婿可以用彩礼买得岳家的欢心。同样，一个生理上有缺陷的女子在结婚时往往也要陪上大笔妆奁。婚姻纽带已经具有神圣的性质。基本的婚姻形态是一夫一妻，但国王和其他贵族可以纳妾。寡妇一般不再改嫁，不过还没有后世罪恶的殉夫制度。早婚和深闺制度也还没有出现。

教育采取口耳相传的方式。老师凭记忆口授吠陀经文，学生一段段跟着背诵。至今还没有任何证据，说明当时已有文字。

宗教信仰在这一时期还比较单纯。人们崇拜各种自然现象和自然力，把它们当作神，但又赋予它们以人的性格。《梨俱吠陀》时代雅利安人崇拜的主要神明有：天神伐楼拿（Varuna）、黎明女神乌莎斯（Usas）、太阳神苏罗耶（Surya）、火神阿耆尼（Agni）、雷雨之神因陀罗（Indra）、风神伐由（Vayu）、地神波里蒂毗（Prithivi）等。崇拜的方式非常简单：点上一堆火，向火里投放一些祭品，同时唱几首献给众神的优美的赞歌，以博得神的欢心。祭品都是普通的食物和饮料，如谷物、酥油、肉、牛奶、苏摩酒等。一般人都可以在一家之主的主持下，在家里进行这类献祭活动。不过国王和贵族的祭典要盛大和豪华得多。

2–2 火神

2–3 太阳神苏利耶

三、后吠陀时期

后吠陀时期是指《娑摩吠陀》、《夜柔吠陀》、《阿闼婆吠陀》及附属于“吠陀本集”的诸“梵书”、“森林书”、“奥义书”产生的时期，大约从公元前1000年到公元前600年。在这一时期内，雅利安人扩大了自己的生活区域，东面到达孟加拉，南面到达文底耶山，而在印度半岛的西部，则通过古吉拉特和马尔瓦进入了德干高原。旁遮普失去了昔日的重要地位，政治生活中心已经移到了恒河和亚穆纳河之间的地区。

此时雅利安人的经济生活已经以农业为主。土地开始为私人所占有。耕作技术比以前有了很大提高，据说最重的犁需要24头牛来拉。作物的种类增加了，除大麦和小麦外，还有稻米、豆类和芝麻等。他们已经掌握了各种作物不同的播种和收获时间，认识到农时的重要。农民在播种和收获的季节常常诵唱圣歌，祷告天神，希望摆脱旱涝灾害，获得丰收。我们可以在《阿闼婆吠陀》中见到此类圣歌。他们也豢养了大批的牲畜，并开始为它们建造棚舍，以遮蔽烈日和风雨。母牛已变成神圣的动物，宰杀母牛要受严厉惩罚。商业进一步发达起来，贸迁有无，逐利远近的商人把货物带到各处。大宗的商品是衣服、羊皮、首饰等。交易可以是物物交换，也可以以现金为中介进行。当时通行一种圆形的金块，但它是否是现代意义的钱币，还不清楚。专门以食利为生的放债人出现了。商人公会似乎也已开始萌芽，社会上职业的划分比以前更为精细，主要有陶工、木工、金匠、冶炼工、织匠、屠夫、理发匠、洗衣匠、编篮匠、绳匠、首饰匠、商人、术士等。妇女主要做染织、刺绣和编制器皿的工作。运输方面较前吠陀时期有了一定改进。道路的修整受到重视。主要运输工具是牛车和船。马和象的使用也越来越普遍。

随着生产力的提高和大量剩余产品的出现，征税代替了以前的自由纳贡。地域性的王权已经形成。部落或小国之间竞逐最高统治权的斗争经常发生。一个取得了宗主地位的国王常常举行一种叫作王祭的盛大仪式来宣示他的霸权。所有宾服的国王届时都要参加，在献祭仪式中充当陪侍的角色。也有些强大的国王以马祭的形式争逞雄威。马祭的举行方式可见后文婆罗门教有关章节的叙述。

政治体制方面，后吠陀时期继续盛行君主制度。王国比以前大了，君主的世袭地位更形稳固，有的可达十代以上。有关王权产生的理论也出现了。《爱达罗氏梵书》中有一个故事说：天神和妖魔之间发生了战争，天神屡败。他们分析失败的原因，发现是没有一个统一的首领。于是他们选出苏摩为王，结果战胜了妖魔。《百道梵书》也说：最初，人们生活在自然状态之中，那时暴力横行，人人自危。为了摆脱这种不安定的社会状况，大家公推一人为王，他保证人民生活的安全，而人民则以奉献贡品作为报答。这些王权产生的理论显然带有社会契约思想的痕迹。但是，到了后吠陀时期，逐渐取得统治地位的已是君权神授理论。《阿闼婆吠陀》说，国王乃是人中之神。一国征战的胜利，也常常被解释为因陀罗神对国王宠佑的结果。但是，这时的君权还不是无限的，国王也不得事事独断，牵制他的还有宫廷大臣和“萨密底”、“萨帕”两种会议。传说称这两种会议为生主神的双生女，可见它们在理论上还保持着神圣性。不过其权威较之前吠陀时期已经下降。“萨帕”的政治职能日益丧失，逐渐变成只管诉讼的司法机构。“萨密底”在文献中提到得越来越少。王国扩大以后，地方官员就出现了。有一种叫作“舍得波地”（satapati）的官员，负责管理一百个村庄。还有一种叫作“斯它波地”（sthapati）的，驻在偏远地区，管理当地的土著。一般的司法事务由村里的审判官主持，有一个小法庭协助他。传统和习惯是司法准绳，有时也用水或火的神裁法。对犯法者的惩处相当严厉。当场抓获的小偷可能被判截手或死刑。小罪可以罚金相抵。肉体折磨也是惩罚手段之一。

妇女的地位明显下降了。她们不再像前吠陀时期那样受到普遍的尊重，也不再能染指祭祀活动。拥有财产和继承财产的权利取消了。她们挣得的一切，都归父亲或丈夫所有。她们被完全排除在政治生活之外，连到“萨帕”旁听的资格也失去了。一夫多妻的现象越来越常见，尤其是在统治阶级之中。“萨蒂”（sati）即夫死妇殉的习俗开始萌芽。不过，妇女在知识界似乎还保留着施展才能的机会。有些有学问的妇女不但常为人师，个别的还能参加宫廷的学术论辩。

印度社会所独有的种姓制度，到后吠陀时期开始定型。种姓制度把社会中的人分成四个等级，或称四瓦尔那。梵文“瓦尔那”（varna）原意是“颜色”、“特征”或“种类”。这种制度规定一个人生而属于某一瓦尔那，终身不变。瓦尔那有高下之分，理论上，其次序为婆罗门（Brahmana）、刹帝利（Ksatriya）、吠舍（Vaisya）和首陀罗（Sudra）。婆罗门是精通吠陀圣典、掌管宗教事务的僧侣；刹帝利是掌握政权和兵权的王室贵族及武士；吠舍是占人口大多数的农民、手工业者和商人；首陀罗是被视为不洁，专服贱役的人。前三者可以在参加一定的宗教仪式后获得“再生”，所以又称为“再生者”；首陀罗则没有这种资格。在雅利安人进入印度以后的最初时期是没有种姓制度的，那时只有两类人：高贵的、白皮肤的雅利安人和被征服的、黑皮肤的土著奴隶“达萨”。渐渐地，雅利安人内部出现了阶级的区分。由于祭祀时用的吠陀梵语在俗常生活中日见废弃，难于通晓，而崇拜仪式又发展得极为繁缛复杂，普通人已无法自己行祭，非敦请专门研究圣典，精通祭祀仪节的人代庖不可，这就产生了一个专职的婆罗门僧侣阶级。他们除解释圣典，代人行祭外，还负责青少年教育。随着雅利安人的定居和扩张，以及众多王国的出现，战争频繁了，规模也在扩大，这就为军事贵族的产生创造了条件。他们掌管国家行政，领兵抵御外敌，从而形成了刹帝利阶级。其余的大多数雅利安人则构成吠舍阶级，他们从事工农业生产、经商或凭各种技艺生活。原来的达萨，现在变成了首陀罗，留给他们的只是那些肮脏、繁重而卑下的工作。社会虽然划分了四个等级，但是在形成僵化的种姓制度以前，也还经历了漫长的变化过程。最初，一个吠舍仍然有可能变成婆罗门或刹帝利，只要他从事了相应的工作。同时，这三个阶级也可以互相通婚，乃至与首陀罗联姻。到前吠陀时期结束时，种姓之间的界限变得分明起来，高级种姓为维护自己的特权而编造的种姓起源说也出现了。《梨俱吠陀》第十卷也即最后一卷中，有一首《原人歌》。在这首歌里，作者把婆罗门、刹帝利、吠舍和首陀罗分别说成是从原人布鲁沙（purusa）的口、臂、腿和脚转化而来的。在以后的年代里，有关种姓内部通婚、共食和职业世袭的规定逐步建立并严格起来。种姓制度在后吠陀时期趋于定型，并开始向僵化状态过渡。吠舍的地位日渐下降，首陀罗的处境更为悲惨。婆罗门和刹帝利高居于统治地位，既互相利用，又为夺取最高地位而明争暗斗。

文献的大量出现，说明后吠陀时期人们的知识水平已经普遍提高。教育制度也有很大进步。男孩子长到一定年龄需要行拜师礼，然后住在老师的家里接受教育，直至学业完成。这期间，他不仅要学习各门功课，还要服侍老师，为老师拾柴、看牛，外出乞求施舍。学生按规定应过一种贞洁的生活，并在学习期间努力养成道德。学业圆满结束后，学生或他的父母要送给老师一定数量的祭品作为束脩。

一个雅利安再生者，一生要经历四个阶段，即四行期（Asrama）。这四个阶段是：

梵行期（Brahmacarin） 5~8岁开始，到25岁。这主要是学习期。在这个时期内，学生和老师住在一起，由老师对他们身体、心理和精神的发育负责，其关系有如父子。学生过着简朴纯洁的生活，不接触任何享乐手段，一心从师学诵吠陀经典，了解在戒行方面对再生者的种种要求。他同时还学习日后于生计有用的种种知识和技艺。在老师家里，不论出身如何，所有学生都受着一视同仁的对待。这可以说是一个体力和精神的养成期。

家居期（Grihastha） 25~50岁。学业完成后，他要回到家里，开始家庭生活。在这时期内，他结婚、生子，以一定的职业养活家人，并履行属于自己的社会职责。作为一家之主，他还要保持好祭火，按时照规定的仪节，举行必要的祭祀。这是一个典型的世俗生活期。

林栖期（Vanaprastha） 50~75岁。一个人完成了家庭和社会的责任，到50岁就应离开家庭和自己的村庄，到森林里去居住。在这里，他放弃肉食和其他美味，仅以蔬菜和水果为生。他不再注重衣着，只拣些别人丢弃的褴褛披在身上，四方流浪，行无定踪，旁观世事，荣辱不惊，在断绝一切世俗的欲望之后，专心致力于“吠陀”和其他经典的钻研和思考。他还可以去修苦行，以获得控制自我的能力。这是一个无家，无火，无快乐，无保护的生活阶段，实际上是谋求最后解脱的预备期。

遁世期（Sannyasin） 大约到75岁以后，他就进入了遁世期。从此他完全弃绝人寰，住在森林里，身穿树皮衣或兽皮衣，仅靠野果和植物的根、茎为生，每天做五次祭祀。他把自己感官的感受能力限制到最低程度，摒绝一切爱和恨的冲动，既不关心自己的生死，更无喜怒哀乐之情。他逐渐放弃食物，只喝白水；最后甚至连白水也不再喝。这是对人世彻底冷漠，只待最后解脱的阶段。经过后世的发展，它更成为专心追求对于最高本体梵的亲证，以实现梵我合一为目标的最后人生阶段。印度教传统认为遁世期是人生的极致。在这样的遁世者面前，任何人都要躬身施礼，把为他服务视作莫大光荣。

四行期的制度虽然早在前吠陀时期就已经提出，但真正严格遵照实行的并不多。理论上也承认人可以越过某些中间阶段，而直接去修苦行。不过总的来说，这种制度对于雅利安人的社会和精神生活还是有深刻的潜在影响的。

宗教信仰的情况在后吠陀时期也有了相当大的改变。前吠陀时期诸神虽然仍旧是崇奉的对象，但是各神的地位却有所升沉。崇拜仪式变得异常繁复，充满陋规。有些祭祀长达12天乃至一年，一两个婆罗门难以胜任，不得不用一批。他们各司专职，有的针对不同祭祀选择不同的圣诗，有的备办当用的设施，有的专管献祭的仪节并吟唱圣歌，有的全面督导，以杜绝任何纰漏。苦行成了表达信仰的重要方式。很多人弃绝尘世，遁入山林，修炼各种折磨自身的苦行。他们相信苦行可以带给人神秘的超自然能力。与此同时，也有很多人对靡费不赀却又鲜见功效的祭祀活动产生了怀疑。他们转而对宇宙和人生进行哲学性的探讨。尽管他们的思辨活动带有浓厚的神学味道，但比起陈腐的祭祀却是一种进步。他们把自己的观点表达在各奥义书中，认为：无所不在的最高实体是梵，而物质世界乃是它的幻象；个人生活应以自身灵魂与梵的合一为目的；肉体可以消灭而灵魂不会死亡，它要附着在另外的肉体上进行永无休止的轮回，而来世命运又取决于现世的行为，这就是所谓业报；只要认识到梵的本性并达到梵我合一的境界，就能超出轮回，摆脱生死，达到解脱。这些思想加上日渐僵化的种姓理论，就构成了这一时期产生的婆罗门教的基本精神。

第三章

从分裂走向统一

吠陀时期的雅利安人在其东进的过程中，除与土著居民屡有冲突外，为谋求政治优势而进行的内部斗争同样经常发生。梨俱吠陀时期爆发的大规模“十王之战”即是一例。当时据有西北印度的婆罗多族在苏达斯王的领导下甚为强盛。以布鲁族和雅度族为首的十国联合起来，企图抑制它的发展，却在波鲁希尼河（今拉维河）一役惨遭失败。尽管以强凌弱的并吞不断进行，但是直到吠陀时代末期，印度社会仍旧处在多国并存的分裂之中。这样的局势，在吠陀时代以后又继续了三四个世纪。这一阶段，史称列国时期。

一、列国时期

公元前7世纪到前4世纪是印度历史上一个列国纷争、攻伐不休的年代。思想界和宗教上也是异说蜂出，宗派林立，各执一端，争鸣激烈，很像大约同期中国的春秋时代。到公元前6世纪初，印度，主要是北部，出现了16个强国，它们是：

迦尸（Kasi） 在今北方邦南部。都城波罗奈是佛教文献所列八大城市之一，地处恒河北岸，水陆交通方便，工商业发达，市场繁荣。迦尸曾经十分强盛，但为时不长。此时已渐趋衰弱，到公元前6世纪中叶为憍萨罗所吞并。

3-1 迦尸国都城波罗奈（今瓦腊纳西），该城始终是印度教和佛教的圣地

憍萨罗（Kosala） 在今北方邦，位于恒河中游北部，都舍卫城。国王是吠陀文献中提到过的甘蔗族的后裔。憍萨罗此时正十分强盛，到公元前5世纪上半叶被摩揭陀国所灭。名王波斯匿是释迦牟尼同时代人。建于舍卫城的祇园精舍是佛教传道的重要圣地之一。

鸯伽（Anga） 在今比哈尔邦东部，恒河下游，是十六国中最东面的一个，都城瞻波。公元前5世纪并于摩揭陀国。瞻波亦为佛教文献所列的八大城市之一。它是恒河南岸重要的商业中心，经海路与南印度和缅甸皆有贸易往来。

摩揭陀（Magadha） 处于恒河中下游，在今比哈尔邦的中南部，都王舍城。早期由于远离吠陀文化中心，摩揭陀曾被视为落后地区，但到列国时代，却已成为最强大的国家之一。王舍城攻守皆宜，为形胜之地，亦是佛教和耆那教的重要圣地。

弗栗恃（Vrijji） 在恒河中下游北部，是由弗栗恃、离车、毗提诃等八个成员组成的部落联盟，以离车部落贵族为首组成寡头统治。都城毗舍离是离车首府。公元前5世纪灭于摩揭陀国。

末罗（Malla） 在今北方邦东部，是由九个宗族部落组成的部落联盟，最高权力机构是所谓“五百末罗”会议。都城在拘尸那伽，即释迦牟尼涅槃的地方。

车底（Cedi） 占有今亚穆纳河下游以南，纳巴达河上游以北地区。都城为叟格底麻底。车底国早期奉行君主制度，后来似乎变成了一个共和国，最后为摩揭陀所吞并。

伐蹉（Vatsa） 佛陀时代的四大强国之一，位于亚穆纳河流域，在今阿拉哈巴德以南，亚穆纳河沿岸，都城为憍赏弥。该国优填王是佛教的崇信者，传说曾在释迦牟尼去世后为他铸造金像。伐蹉一度与另一强国阿槃底处于敌对状态，后亦为摩揭陀所吞并。

俱卢（Kuru） 在恒河上游，今哈里亚纳邦东部，都天帝城。大史诗《摩诃婆罗多》所描绘的大战就发生在俱卢国。传说国王坚战将国祚付与其弟之孙环住王，后者的次子林军从象城徙往天帝城，继续沿用俱卢国名。但这时它的重要地位已经失去，最后为难陀王朝所兼并。

般遮罗（Pancala） 原为一古老部落，在今北方邦的西北部。恒河横贯其境，北部首城为阿喜制多罗，南部首城为剑毕离。般遮罗原为君主国，到公元前6世纪至前5世纪成为由若干部落联合而成的共和国，后灭于难陀王朝。

摩差（Matsya） 在今拉贾斯坦邦东部，亚穆纳河上游以西，都城为毗罗陀纳伽罗。它在史诗《摩诃婆罗多》中也是一个强国，一度成为车底的一部分，最后并入摩揭陀国。

修罗塞那（Surasena） 在今北方邦西部，都城摩头罗在亚穆纳河右岸。国王阿槃底普特罗崇信佛教。在他的支持下，佛教传播到了恒河上游地区。修罗塞那后来亡于难陀王朝。

阿萨卡（Assaka） 十六国中唯一的南印度国家，在今哥达瓦里河中游，都城在波坦那。该国强盛时，曾发动过对羯陵伽（在今奥里萨）的战争，后为难陀王朝兼并。

阿槃底（Avanti） 在今乌贾因地区，都城优禅尼，是列国时代四个强国之一。它的国王普罗调陀是佛陀的同时代人。后该国于公元前4世纪末并于孔雀王朝。

犍陀罗（Gandhara） 在今巴基斯坦北部白沙瓦和拉瓦尔品第周围地区，都城呾叉始罗为古代印度西北重镇，发达的商业与学术中心。恒河流域的很多婆罗门学子和刹帝利王子等都到这里来学习吠陀经典和其他各种科学和技艺，包括医学。

甘谟惹（Kamboja） 在犍陀罗以北，今克什米尔西部，都城为罗阇补罗。公元前6世纪末以后200年间先后被波斯和马其顿人所控制，至公元前4世纪后期被孔雀王朝并吞。

这十六国不过是列国时代大量小国中比较强大的。它们多数是王国，但也有个别共和国。这些国家之间经常发生摩擦和战争，在两败俱伤之际，它们的统治者又往往以互相联姻取得暂时和解。经过长期兼并，憍萨罗、摩揭陀、伐蹉和阿槃底的势力逐渐壮大，成为霸主，其中以摩揭陀国最为强大。

二、摩揭陀国建立霸权

在十六国不断的争斗中，摩揭陀逐渐崭露头角。摩揭陀具有优越的地理条件，是一个四周有山脉和河流保护的国家。首都王舍城外有五座小山作为屏障，攻守皆宜。摩揭陀国土地肥沃，农业发达。宋河可以淘金，流经境内的恒河和穿过加雅城的大路也为经商提供了有利条件。公元前6世纪统治摩揭陀的是诃里央迦家族。约在公元前546或545年，瓶沙王（Bimbisara，汉译佛典意译“影胜”）登上王位。不久，他吞并了东面的鸯伽，并通过与憍萨罗和离车统治者的联姻，获得了大量土地和丰厚的收入。摩揭陀国迅速富强起来。公元前516（又说493）年，阿阇世（Ajatasatru）弑父继位。他继续奉行扩张政策，但是很快陷入了憍萨罗、弗栗恃和末罗等国的包围之中。为了抵御弗栗恃人，他在恒河与宋河交汇处的华氏村构筑了工事。这个地方后来发展成为有名的华氏城。阿阇世有一批多谋善断的能臣。在他们的协助下，他吞并了弗栗恃，削弱了憍萨罗，迫使憍萨罗国王嫁女赔地。约在公元前489年，阿阇世的儿子优陀夷袭位。他进一步扩建了华氏城。据佛教文献记载，优陀夷以后的几代国王，都是些弑父篡位者。人民反叛了，起而拥戴一个名叫湿术那伽（Sisunaga）的大臣为王。

湿术那伽的儿子迦罗输伽继位后，把首都迁到华氏城。迦罗输伽死于一次原因不明的暗杀。他的几个儿子幼弱无知，王权遂为一个名叫摩诃波德摩·难陀的人所得，时间在公元前4世纪中叶。

一般认为，刺杀迦罗输伽的就是摩诃波德摩·难陀。他出身微贱，父亲是理发师，母亲为宫廷的高等妓女（另说父亲是国王，母亲是一个首陀罗女子），但意志坚强，精力充沛。他因为颇受王后宠爱而得以出入内廷，谋害国王，后又以摄政身份杀死王子，篡得王位，建立难陀（Nanda）王朝。摩诃波德摩迅速清除了所有对他构成威胁的刹帝利，大权独揽，然后放手扩张领土。他征服了憍萨罗，进而把难陀王国领土的西境推到比亚斯河。在东南方，他的势力延伸到了羯陵伽（在今奥里萨）。

摩诃波德摩的王位先后由他的8个儿子继承，最后一个叫达那·难陀。据希腊作家说，他的王朝拥有巨大财富，还有一支由2万骑兵、20万步兵、2 000辆战车和3 000头战象组成的军队。为了搜刮财富，维持庞大的军队，他横征暴敛，终于激起了人民的反抗。年轻的冒险家月护·孔雀（Candragupta Maurya）乘机率领一支军队参加了推翻难陀王朝的起义，最后力挫群雄，建立了孔雀王朝。

三、波斯人和希腊人入侵印度

波斯人的入侵发生在公元前6世纪至前5世纪。居鲁士（约公元前600~前529年）在波斯建立阿黑门尼德王朝后，曾发兵远征印度，使印度河以西的地区成为他的属国。大流士（公元前550~前486年）即位以后，继续奉行扩张政策，派斯凯莱克斯率兵进攻印度河流域，占领了直到拉其普他拿沙漠的广大地区，把它归作波斯的第20个行省。此地贡物数量巨大，超过了所有其他各省。大流士的儿子泽克西斯保持了对这一地区的某些控制，还从这里征集了一支部队。不过叛乱时有发生。以后，波斯的控制日益削弱，到公元前4世纪中叶，这里已经分裂成若干独立的小国。

小国之间的对立使它们忘记了共同的利益，分裂的局面再一次导致外族的入侵。公元前336年，亚历山大即位为马其顿王，两年后开始远征东方。公元前330年，亚历山大消灭了波斯阿黑门尼德王朝。三年以后，他越过兴都库什山，企图占领西北印度。公元前327年冬，他征服了库纳尔河和斯瓦特河一带的土著部落。次年春天，他利用船搭的浮桥，在奥辛德渡过印度河，呾叉始罗王安皮献城归降。经过短期休整，亚历山大又向杰卢姆河进发。在这里，隔岸陈兵以待的是波罗斯王强大的军队。亚历山大用声东击西的方法转移了波罗斯的注意，在上游27千米的一个急转弯处渡过杰卢姆河。前来阻截的一小队印度兵被希腊人驱散，不久，两军主力在伽里平原接战。波罗斯有3万名步兵、4 000名骑兵、300辆战车和200头战象。但是亚历山大凭借灵活机动的军队，利用波罗斯的轻敌思想和战略错误打败了他。波罗斯王陷入重围后仍奋勇厮杀，但败局已定，终因身负重伤，力尽被俘。亚历山大问他愿受何种待遇，他傲然回答："待我一如国王！"亚历山大释放了他，并且把王国归还给他，以为抚慰。波罗斯在希腊军队离开以后的情况不得而知。亚历山大继续东进，蹂躏了杰卢姆河以东的许多部落和王国，然后渡过奇纳布河和拉维河，袭取桑伽罗城，来到比亚斯河畔。他希望渡河向东，占领恒河地区，但是被热带病和连年苦战拖得疲惫不堪的士兵再也不愿与顽强抵抗的印度军队作战。他们拒绝前进。亚历山大只好在岸边垒起十二座高耸的祭坛，以志其东征的极点，然后班师杰卢姆河，再沿印度河南下，回到巴比伦。从公元前326年3月渡过印度河，到公元前325年9月离开俾路支，亚历山大在印度共停留了19个月。19个月内，无数手无寸铁的男人、妇女和孩子惨遭屠杀，大批城镇遭到焚掠。亚历山大在扫荡过的地区建立了若干城堡，屯兵据守，其他大片土地则委诸曾经投附他的印度王公。就在他撤离印度的次年，印度人杀死了他的西旁遮普省总督菲利浦斯。他安排在其他各地的留守官员也始终未能对当地建立有效的统治。

波斯人和希腊人的入侵，使印度第一次和西方发生了接触，商业和文化交流的渠道从此打开。波斯人带来的阿拉米字母，经过演化，在印度变为佉卢体文字。这种文字在西北印度一直通行到3世纪。孔雀王朝时代的建筑和宫廷礼仪，据某些学者说，也受到波斯的很大影响。希腊人把他们的钱币带到了印度，使印度的铸币技术获得了很大提高。印度天文学家亦从他们的希腊同行那里学到不少东西。反之，印度在哲学、艺术、数学和医药方面也影响了希腊，并进而影响了基督教。

亚历山大在印度西北部的征略活动削弱了这里众多的部落和王国。他也曾尝试在杰卢姆河以西建立两个行省，留军屯守，委派总督，并使河东诸小国受其节制。这一切都为新的孔雀王朝建立较为持久的统一帝国铺平了道路。

四、月护王与孔雀王朝的建立

难陀王朝的腐败和亚历山大的撤退为孔雀王朝的建立提供了条件。新王朝的建立者是月护·孔雀。月护·孔雀据说出身寒微，是达那·难陀王和一个漂亮女仆的私生子。但佛教和耆那教经典另说他出身刹帝利种姓。孔雀族是一个小国毕波利伐那（在今北方邦哥拉克浦尔北面）的王族。该国在公元前4世纪处境窘迫。月护是在猎人、牧人和孔雀驯养人中间长大的。传说他年轻时胆识非凡，热衷冒险，曾在旁遮普会见过亚历山大，结果由于出言狂傲，惹怒了这位大帝，险些丧命。后来，他在文底耶森林地区遇到呾叉始罗的婆罗门憍底利耶（Kautilya）。憍底利耶精明过人，曾到华氏城谒见难陀王以求一申，不意反遭难陀王的侮辱，只好愤而出走。在他的协助下，月护找到一笔财宝，并用它募集了一支雇佣军。他率领这支军队来到摩揭陀，推翻了难陀王达那，杀死了这个家族的所有男性成员，接着乘亚历山大回军之机，占领了旁遮普。

月护在公元前321年（一说前324年）左右称王。他的军事实力迅速扩大，不久即拥有了一支由9 000头战象、3万名骑兵和60万名步兵组成的庞大军队。运用这支军队，他征服了整个北印度，包括马尔瓦和卡提阿瓦半岛，向南直打到纳巴达河。当时受亚历山大指派统治叙利亚的是他的部将塞琉古。他逐渐把势力扩展到印度河，并想进一步袭取河东土地，恢复旧日亚历山大的声威。公元前305年，月护王击败了塞琉古，使他不得不割让今喀布尔和坎大哈以东的大片土地并嫁女和亲，所得回报不过是500头大象。此后塞琉古又向孔雀王朝派了一位使节麦伽斯提尼。

作为一个乱世夺权的枭雄，月护王一向以胆略和坚忍著称，他的统治是严厉而粗暴的。断肢、肉刑和死刑常常使用。他使用身高体壮的妇女充当卫队，因为她们不会滋生推翻他的野心。为了躲避行刺，他从不在同一卧室内连宿两夜，白天的睡眠亦无定时。晚年他皈依了耆那教。公元前297年（？），他放弃王位，漫游到南方的迈索尔，在那里按照耆那教的习俗绝食而死。

五、孔雀王朝的政治经济状况

麦伽斯提尼约在公元前302年来到孔雀王朝宫廷。他在印度北方进行了广泛的游历并动手写了一份报道，名为《印度》。《印度》一书已佚，他的报道只能散见于其他引用过该书的希腊和拉丁作家的作品之中，而且多有舛误。尽管如此，它还是后世了解孔雀王朝初期情况的重要材料。

憍底利耶在孔雀王朝建立后担任月护王的宰相，在完善帝国行政，巩固帝国统治方面提出过很多重要建议。他的《利论》一书全面反映了他的政治理想和统治手段。关于这部书的作者和成书年代尽管还有很多争论，但历史学家大多承认它能够反映孔雀王朝时代的政治情况。

孔雀王朝在印度历史上第一次实行了中央集权的统治。原来的小王国和共和性质的部落联盟失去了独立，一概纳入帝国政府统一的管理之下。只是为了统治上的方便，某些部落内部还允许继续保留原有的政治组织形式及其首领的若干特权。国王的权力加强了，并且在理论上把他和神联系起来。大臣会议可以制约王权，但最后的决定权已操控在国王手里。他还可以通过选择会议成员的方法来加强对它的控制。帝国分为若干省区，由王子或国王的其他近亲充任总督。省内小区的统治者可能选自地方。在这里保持低水平的地方自治，有助于安抚当地臣民。省区政府的臣僚会议权力较大，并可与国王直接交通，目的在于节制王子，防止他们利用总督地位谋反。中央还向地方派出各类监督官，在各行政中心工作，起联系地方政府和中央的作用。他们也监管商业、农业、纺织、林业、酿酒业、屠场、仓库、兵工厂、度量衡、娼妓、军队，等等。地方上还有为完成税收而设的土地丈量员、收税员、会计员等。省区的数目不详，至少有四个：北方省，首府呾叉始罗；西方省，首府优禅尼；东方省，首府托萨利；南方省，首府苏伐剌拿吉里。此外可能还有一个由华氏城直辖的省区。国王雇用大批间谍，作为他了解民情和各类官员工作情况的耳目。他们是行政系统的一部分。利用他们是众所周知的常规统治手段。间谍是从社会各阶层中招募来的。他们把自己装扮成商人、隐居者、苦行僧、工匠、乞丐、妓女各色人等，混入社会，搜集情报，报告国王。侦查罪犯也是他们的任务。

农业早已取代游牧业，成为社会经济的主要基础。根据土地的好坏，农民要向国家缴纳收获的1/4~1/10作为捐税；通常是缴1/6。在政府注册的手工业行会已经普遍建立起来。以固定工资为生的自由雇工也出现了。工业生产要向国家缴税，并由主管官员在已纳税的产品上加盖印章。税率一般是产品价格的1/10。在产地购买未经上税的商品要受严厉的惩罚。国家对商品的价格实行监督，禁止商人在商品的尺寸和重量上做手脚。外国货可以免税，以鼓励国际贸易，但外国商人本身并不受欢迎。从北方运到南方的大宗产品有皮革、毛毯、马匹。从南方进口的主要有钻石、螺钿，宝石、珍珠、黄金等。向西方出口的主要是胡椒、桂皮及其他香料、珍珠、玛瑙、棉布、孔雀、鹦鹉、象牙制品。来自西方的则是马匹、红珊瑚、亚麻布和玻璃等。

为了官员来往和通商的方便，公路大批地修建起来。孔雀王朝的行政机构内专门设置了负责修建和养护道路的官员。大路上置有醒目的路标。从西北重镇呾叉始罗到首都华氏城的大道在几个世纪内都是国内和国际贸易的重要通道。

帝国军队由骑兵、步兵、战车队、象营、水军和给养部门组成。按官兵来源不同可分为世袭军队、雇佣军队和属于各个社团的军队。最重要的是世袭军队，由他们组成国王的常备军。他们是战斗力量的核心，享受特殊待遇，和平时优游度日，战争时冲锋陷阵，薪俸甚厚，因此有余裕资助别人。

孔雀王朝时代有无奴隶劳动是一个长期争论的问题。现在多数学者认为当时是有奴隶劳动的，从事家务是他们的主要工作。他们所受的压迫不及希腊罗马的奴隶那么残酷，而且可望得到一定的社会地位，并有自己的收入和积蓄。雅利安人也有暂时沦为奴隶的。奴隶的来源主要有三种：从父亲那里继承来的，买来的或作为礼物送来的，以及在自己家里生的。在社会中地位最低的是被排除在种姓制度之外的贱民而不是奴隶。奴隶一般并不像贱民那样被当作污秽不洁之物。

六、宾头沙罗与阿育王

约在公元前297（或298）年，宾头沙罗（Bindusara）继承了月护留给他的王位。后世人对他了解很少，只知道他有一个绰号叫“杀敌者”，说明他卓有战功。他可能向南方派遣过军队，征服了文底耶山以南直到佩内尔河的地区。在外交方面，他与塞琉古的继承人安条克一世保持着友好往来，接待过塞琉古王朝派来的使节代马库斯。他在位约25年到28年。

公元前272年宾头沙罗病笃，他的儿子阿育（Asoka）闻讯从优禅尼（今中央邦的乌贾因）总督任上赶回。不久老王病逝，阿育同长兄苏深摩展开了激烈的夺取继承权的斗争。在宫内大臣的帮助下，他取得了胜利。公元前268年，阿育正式灌顶即位。执政初期，阿育王的主要活动是镇压叛乱，巩固政权，并继续扩大疆土。

公元前260年，阿育王对位于今奥里萨邦的羯陵伽国发动了一场大规模的战争。战争打得非常残酷，不但消耗了大量财物，仅阵亡和被俘的人就有20多万，还有几十万人死于随战争而来的饥馑和瘟疫。孔雀帝国虽然取得了胜利，但是战争造成的深重灾难却给阿育王留下了深刻印象，日渐成为他难以摆脱的精神负担。此外，羯陵伽战争以后，孔雀王朝统一帝国的大业在当时的条件下已经完成。南亚次大陆虽然还有若干地区未被囊括进来，但是已经不存在与孔雀王朝抗衡的力量了，再向南端或从西北向小亚细亚发兵，已经不会给帝国带来更大好处。有鉴于此，阿育王断然放弃了战争手段，改行和平政策，以期创造出和平的环境，在一个民族众多、信仰复杂、对于刚刚实行的中央集权还不习惯的国家里，通过怀柔安抚和促进融合的办法来发展经济，提高文化，巩固政权，巩固帝国。

阿育王的新政策叫作正法政策，这是他从非暴力原则出发制定的一套广泛适用于个人伦理、社会政治和国际关系各个方面的温和政策。正法的基本原则有六条，即：少行不义、多做善事、慈悲、慷慨、真诚、纯洁。它要求人们做到：尊敬父母、年长者和老师，服从他们；慷慨对待婆罗门、沙门和其他出家人；忠于朋友，尊重奴隶和仆人；怜悯穷人和不幸的人；放弃杀生，放弃战争，保持各宗教派别之间的和睦团结，等等。由于孔雀王朝正处在一个教派林立、矛盾复杂的时代，所以阿育王格外重视宗教团结。他不仅积极倡导宽容精神，更提出了若干缓和教派对立的具体办法，如宣传构成一切宗教本质的共同东西，作为各派的共同语言和调和基础；要求人们克制对于异己派别的批评，学会互相尊重，进而培养各教派之间的团结意识；召开宗教会议，使不同教派的代表人物会面，以缩小他们之间的距离；提倡学习别派经典，使各派信徒都成为多知多闻之人，以摆脱狭隘的宗教观念。他自己是一个虔诚的佛教信徒，但他也同样尊重其他教派，甚至专门为它们的僧侣开凿洞窟。他的这种态度曾经影响了不少后世的开明君主。

为使正法政策深入人心，阿育王采取了如下措施：（1）颁布有关诏书，将它们镌刻在石壁或石柱上。在这些诏书中，他一一罗列正法的具体内容，反复譬解，号召人民努力遵行。（2）设置正法监督官，专司正法的推行和实施。他们的活动范围非常广泛，上自皇室贵族的宅第，下至农民工匠的茅舍，旁及拘押囚犯的监狱，到处都有他们的足迹。（3）身体力行，从事有益于国计民生的活动，建桥修路，植树凿井，开设医院，引种药草，如此等等。他还放弃了历代帝王游山玩水的习惯，代之以宣教旅行。通过旅行，他广泛接触各派僧侣和寻常百姓，向他们施赠钱财，宣传正法。

3-2 刻有阿育王诏书铭文的石柱，德里

正法政策的实施带来了有益的结果。在阿育王统治的后30年里，孔雀帝国内部没有出现过大的战争，也不曾发动对邻国的侵略。印度人民在经历了十六国以来300年攻伐不休的动乱以后，第一次获得了30年的和平。农村人口增加了，大规模的水利工程兴建起来，加上铁器的普遍使用，农业生产获得迅速发展。手工业行会普遍建立，经官方注册后取得了稳固的地位。它们在组织生产、保存技术、传授经验等方面发挥了积极的作用。从出土的陶器看，当时产品的制造工艺已经达到了很高水平。帝国的统一减少了税卡，许多重要的官路修建起来，社会的稳定保障了商旅的安全，这一切使得原已十分发达的商业变得更加兴旺。国内的阶级矛盾和宗教矛盾趋于缓和，各阶层人民的生活都在稳定中有所提高。

大约在公元前259年，阿育王开始接近佛教，利用它更加有效地统治这样一个疆域辽阔、种族众多、文化类型又往往歧异很深的国家。他一方面广建寺塔，对佛教大力扶植；另一方面又直接参与指导僧团的活动，加强对它的控制。王子摩哂陀和公主僧伽蜜多先后被派往僧伽罗国（今斯里兰卡），在促使该国将佛教定为国教上，起了很大作用。阿育王也是佛教第三次结集的赞助者。这次结集不仅重新整理了三藏经典，使古佛经最后定型，还派出了由著名长老率领的九个大型使团，到边远地区和国外进行传教活动。正是在阿育王的支持和鼓吹下，佛教从一个印度的地方教派迅速发展成为徒众遍布全国、影响远播境外的大教，奠定了日后成为世界宗教的基础。

阿育王建立了古代印度最大的帝国，其版图东起布拉马普特拉河，西至今巴基斯坦西境及阿富汗的一部分，北自迦湿弥罗（今克什米尔），南抵佩内尔河。阿育王铭文的语言，除西北边境即今阿富汗地区使用过希腊语和阿拉米语以外，大部分使用的都是古代俗语。至于文字，除前述边疆地区曾用希腊文和阿拉米文，今巴基斯坦西北部曾用佉卢文外，南亚次大陆大部分地区使用的都是婆罗谜文。由此可见，到阿育王时代，孔雀王朝已经比较成功地实现了语言和文字的统一。阿育王长达40年的统治基本上是稳定的。但他到晚年后变得昏聩而迷信，常把大量财物滥施给佛教僧伽，以致影响了财政平衡和皇室收入。最后他丧失权力，在郁闷中离世。

阿育王的继承人究竟是谁，迄今并无统一的意见。佛教经典说他的孙子三波地是储君，而克什米尔史书《王河》却说是他的儿子迦鲁伽继承了王位。印度近现代史家一般认为，孔雀帝国在阿育王去世后很快就分裂了，包括犍陀罗和迦湿弥罗在内的西部由阿育王的儿子鸠那罗统治，东部归他的孙子十车王。估计从阿育王去世到孔雀王朝灭亡的52年间共有六代国君。最后一代是波罗诃德罗陀。他在公元前185年被自己的婆罗门元帅布舍密陀罗·巽伽所杀，孔雀王朝遂告灭亡。

第四章

各种宗教和思潮的兴起

列国时期的印度经济发展迅速，国家之间战争频繁，阶级矛盾尖锐复杂。与此同时，思想界的斗争也异常激烈，代表新兴社会势力的宗教和思想流派纷纷产生，而旧的传统宗教势力依然固守阵地，双方的矛盾冲突不断。婆罗门教是印度产生最早的一种宗教，在思想文化领域一直处于主导和垄断地位。但是，到了列国时期，印度出现了反对婆罗门教的强大思潮，即“沙门”思潮。佛教和耆那教就是在反婆罗门教的运动中产生和兴起的，它们是“沙门”思潮最突出的代表。

一、婆罗门教

婆罗门教是印度最古老的宗教，起源于印度河流域文明时代。公元前1500年左右，属于印欧语系的一批雅利安人部落从中亚高原南下侵入印度河流域，征服了当地的土著民族——达罗毗荼人。雅利安人虽然是征服者，但是他们原来的经济文化水平并没有当地人发达，因此他们在许多方面还需要向当地居民学习。在与土著民族的长期共处和交往中，雅利安文化与达罗毗荼文化经历了一个相互冲突、磨合而又相互影响和融会的过程。婆罗门教就是这两种文化相互融合的产物。或者说，它就是在雅利安文化的基础上，吸收了达罗毗荼人的许多宗教文化因素形成的。在那个时代出现的经典《梨俱吠陀》，是婆罗门教产生的重要标志。

雅利安人在进入印度之前是一个游牧民族，因此，他们的宗教和文化也带有明显的游牧民族特征。在他们的氏族部落中，父权占统治地位，他们所崇拜的人格化自然神大都是男神，女神寥寥无几。由于游牧生活的流动性，他们没有偶像崇拜的习俗，也不修建永久性的祈祷场所。在他们崇拜的自然神中，最大的是战神因陀罗，其次是火神阿耆尼、风神伐由和太阳神密多罗等。雅利安人非常重视祭祀活动，当时已经流行盛大的祭神和献祭习俗。在游牧社会中，由于迁徙不定，他们的财物不易积累储存。因此，他们经常进行财产的再分配，而每次分配财产都要在祭祀活动中进行，以求神灵的保佑。另外，雅利安人的部落之间经常发生战争，每次战争之前，他们要举行祭祀仪式，祈祷神灵保佑自己的部落获得胜利。战争胜利后，他们更要举行大型祭神庆典，宰杀牲畜，为神祭奠，高唱赞歌，颂扬神威，感谢神灵的福佑。雅利安人把这种祭祀活动看作战争胜利和部落昌盛的保证，尤其是部落首领和祭司们都可以通过这种仪式，在整个部落面前显示他们的重要作用。首领们在仪式中被视为英雄，受到整个部落的尊敬，他们也认为通过祭神活动，必然得到神灵的佑护，从而增强了胜利的信心。而祭司们通过这种仪式，充分显示了自己呼唤神灵的本事，亦受到部落的极大崇敬。此外，他们还可以在祭祀中得到首领们分给他们的大量战利品。有证据显示，雅利安人的祭祀习俗由来已久。

进入印度以后，雅利安人结束游牧生活，开始定居下来，从事农业生产。在从游牧社会向农业社会的转化过程中，他们不得不向当地居民学习农业生产和管理城市的知识和方法，因此也逐步吸收和接受了当地居民的宗教信仰和风俗习惯。由于农业生产的需要，雅利安人接受了达罗毗荼人所崇拜的大地之母——萨克斯女神，因为她是庄稼增产、牲畜繁盛的象征。他们进入印度后，经常征战，原来的雷电之神因陀罗由于形象凶狠，具有雷霆万钧之力，因此随着战争的需要，也就慢慢地演化成能够摧敌降魔的战争之神了。没有偶像崇拜习俗的雅利安人，在与达罗毗荼人的共处中，也学会了制作神像和修建永久性祈祷场所了。他们所修祭坛十分讲究，祭坛的位置、布局都经过精心设计，祭祀的程序和各种祭司的职责也都有严格的规定，不得有丝毫差池。起初，雅利安人对达罗毗荼人的一些宗教习俗很不理解，甚至仇视，例如崇拜男性生殖器等，但是随着时间的推移，这些习俗也就逐渐地被容忍和接受，甚至融合到雅利安人的宗教生活之中。

编订于公元前1500年~前1000年左右的《梨俱吠陀》，是初期婆罗门教最重要的经典，全书共有10卷，里面收集了1 028首赞诵神灵的圣诗。由于当时的雅利安人非常重视祭祀活动，这些颂诗都是为了祭神用的。另外，这些诗歌也不是某一个人的创作，而是由那些宗教祭司们在几百年间陆续创作出来的。因此，从《梨俱吠陀》的内容，可以看出初期婆罗门教的基本特点。其特点有三：

其一，多神崇拜。它首先把各种自然现象或自然物，如风雨雷电、日月星辰等人格化并神圣化，然后加以顶礼膜拜。据《梨俱吠陀》记载，当时婆罗门所崇信的神灵非常多，他们让这些神分别归属天、空、地三界。归入天界的为日月星辰之神，空界的为雷电风雨之神，地界的为山河草木之神。

在天界，主要的神灵有：宇宙之王伐楼那（Varuna），他是天界最有势力的大神，是主管宇宙秩序和道德的司法神。天神特尤斯（Dyaus），他是太阳光的神格化，常常被称为天父，在神话中被描绘为牧牛者的形象。还有几个代表不同性质的太阳神：苏利耶（Surya），是代表太阳具体形象的天神，在神话传说中他乘坐七匹马拉的车子，穿过天空，驱赶黑暗，带来光明，又是天的眼睛，监视下界众生的行动；萨维德罗（Savitri），是代表太阳活动性能的天神，他全身发光，乘金色的车子，由两匹发光的马牵引，奔驰于天界；密多罗（Mitra），是代表白天光芒四射的太阳的天神；乌莎斯（Usas），是代表清晨放射美丽朝霞的黎明女神。

在空界，主要的神灵有：雷神因陀罗（Indra，后被佛教所吸收，称为“帝释天”），身躯高大，力量无穷，手持金刚杵，发怒时毛发直立，是空界最有威力的大神。后来，他由雷神逐渐演化为能消灭敌人、象征胜利的战争之神。风暴之神楼陀罗（Rudra），主管风暴，他全身褐色，头披发辫，手持弓箭，十分凶恶。风神伐由（Vayu），行动迅速，与因陀罗为友，常同乘一车，由千匹马拉着，迅猛异常。还有雨神帕阇尼耶（Parjanya），水神阿帕斯（Apas）等。

在地界，主要神灵有：火神阿耆尼（Agni），全身红色，发光如太阳，无头无足或三头七舌，威力无比，能破除黑暗，烧尽不洁，降魔除妖；在祭祀时，他还能把祭品传送给神，是神与人之间的使者；在家庭中，他是灶主，能保护人与住宅，并监视人的行为。酒神苏摩（Soma），是苏摩酒的神格化，古代印度常以此酒祭神，以为诸神皆喜酒，酒可使诸神兴奋，勇气备增。此外，还有地母神波里蒂毗（Prithivi），河神萨拉斯瓦蒂（Sarasvati），马神陀帝克罗（Dadhikra），管理地狱之神阎罗（Yamaraksas），魔鬼罗刹（Raksas）等。

其二，盛行祭祀之风。雅利安人在进入印度之前已有重祭祀的习俗，进入印度后随着生产力的提高和物质的丰富，再加上各种神灵的增多，祭祀之风更加盛行。此外，吠陀时代婆罗门祭司的地位逐步上升，由于祭司们在祭祀活动中不仅可以向公众显示自己的本领，提高身价和社会威望，而且还可以获得大量的馈赠品，所以在他们的鼓励和倡导下，祭祀活动越来越兴盛。当时，祭祀的种类和名目已经相当多，祭祀的仪式也很烦琐。据《梨俱吠陀》记载，在家庭祭和火祭中使用的祭品主要有牛乳、谷物、肉类、苏摩酒等。在一首“原人歌”中，还提到“诸神以人为牺牲”，说明当时已出现把人做牺牲品，奉献神灵的祭仪。

其三，“瓦尔那”等级制度，亦即种姓制度开始确立。在梨俱吠陀时代的后期，大约公元前1100年左右，婆罗门教社会已经出现了许多等级不同的社会集团，这些集团被称为“瓦尔那”。“瓦尔那”（Varna），原意为“颜色”或“肤色”，此词起初是用来区分白皮肤高鼻梁的雅利安人与黑皮肤扁鼻梁的达罗毗荼人的，如“雅利安瓦尔那”或“达萨瓦尔那”。但是，后来它逐渐演化为“种”、“族”或“类”的意思，以代表不同等级的社会集团，如“婆罗门瓦尔那”、“吠舍瓦尔那”等，我国古代将其译为“种姓”。

雅利安人在进入印度之前，属于氏族部落社会。在他们的部落中原来就存在着三种人：出征打仗的首领和武士，主持宗教祭祀的僧侣和从事放牧的一般牧民。但是，当时这三种人的界限并不明确，也不是一成不变的。他们之间可以相互通婚，职业也不是世袭的。进入印度之后，雅利安人由游牧生活逐渐过渡到农业定居生活。随着生产力的提高和经济的发展，雅利安氏族社会逐步瓦解，开始阶级分化。原来的三种人则演化为有明显差别的三个等级。当时，由于神灵崇拜盛行，祭拜神灵已经成为部族兴旺和战争胜利的保证，所以主管祭祀和宗教神权的僧侣阶层权势逐渐扩大，上升为第一等级，成为婆罗门瓦尔那。原来的军事首领和武士，在征服土著民族的战争中起了重要作用，掠夺了大量的财富和人口。随着财富和势力的增长，他们形成武士贵族集团，成为第二等级，即刹帝利瓦尔那。那些从事农业、畜牧业、手工业和商业的一般平民，则变成了第三等级，即吠舍瓦尔那。那些沦为奴隶的土著，以及那些违反族规被高级瓦尔那开除出来的雅利安人，被迫从事最低贱的职业，如洗衣、理发、清扫、屠宰、制革、收尸等，构成第四个等级，即首陀罗瓦尔那。这四个瓦尔那就是早期婆罗门教社会的四大等级，这种瓦尔那制度也就是后来僵化的种姓制度的雏形。

身居首位掌握神权的婆罗门瓦尔那，为了维护自己的崇高地位，想方设法为这种等级制度制造理论根据。他们通过宗教的方式把这种制度神圣化、固定化，早在《梨俱吠陀》中就出现这样的记载：婆罗门出自“原人”的口，刹帝利出于“原人”的双臂，吠舍生于“原人”的双腿，首陀罗生于“原人”的脚。“原人”即原初之人。让四个瓦尔那从他的不同部位演化出来，这既突出了瓦尔那的等级差别，也使瓦尔那之间的关系神圣化。当时，各瓦尔那之间的差别是很明显的，每个瓦尔那严格按照血统世代保持不变。为了保证等级的洁净，各瓦尔那之间不得通婚，各自的职业世袭不变。

《梨俱吠陀》产生的时代被史学家称为前吠陀时期。其后大约从公元前1000~前600年，则被称为后吠陀时期。在这个时期，婆罗门教许多新的经典陆续出现。例如，阐述如何举行祭祀的《夜柔吠陀》和《娑摩吠陀》，汇集大量巫术和咒语的《阿闼婆吠陀》，讲述祭祀目的和方法的梵书，讨论世界本质、人与世界关系以及人的命运的森林书和奥义书等。大约在公元前7世纪左右，即四部吠陀本集（指《梨俱吠陀》、《夜柔吠陀》、《娑摩吠陀》和《阿闼婆吠陀》）和各种梵书形成以后，婆罗门教便从幼年走向成熟，它的特点也发生了变化。原来以《梨俱吠陀》为圣典，以祭祀为中心的早期婆罗门教，上升到一个以“吠陀天启”、“祭祀万能”、“婆罗门至上”三大纲领为特征的新阶段。

吠陀天启　所谓“吠陀天启”，就是把四部吠陀本集以及后来出现的梵书等经典，看作“天神的启示”，要求信徒们绝对遵守服从。《梨俱吠陀》和《娑摩吠陀》中的那些圣诗和赞歌，本来都是古代雅利安人对大自然神秘力量的敬畏感和崇敬感的自然流露。这些赞歌由祭司们口耳相传，一代一代流传下来。掌握和垄断这些赞歌和知识的祭司们，在宗教仪式上把它们当作呼唤神明的工具，并把自己打扮成人、神之间的沟通者。因此，随着祭祀的日趋制度化，祭祀仪典上所用的颂诗、赞歌、祷词、咒语等越来越被人们视为神圣。为了突出自己的地位，掌管祭祀的婆罗门又有意编造各种神话故事，把祭仪中的一切事项都说得神乎其神。他们宣扬吠陀经典是“神的命令”或“神的启示”，经典中的一词一句都代表神的旨意，因此要求信徒绝对忠诚于吠陀经文，从而也忠诚于他们。

祭祀万能　在前吠陀时期已经形成祭祀之风，到了后吠陀时期，随着研究祭祀理论和方法的各种梵书的出现，祭祀之风愈演愈烈。梵书的著者们都是一些婆罗门祭司，他们为了自身的利益，故意夸大祭祀的作用，故意把祭祀仪礼弄得非常复杂。在他们看来，祭祀是万能的——祭祀不仅可以消灾祛病，降魔驱妖；可以请神助佑，保证战争胜利，国家昌盛；还可以使祭祀者直接成为神或众神之王。当时，不仅祭祀的种类繁多，形式烦琐，而且规模也越来越大。从祭祀种类上看，一般可分两大类：一类是家庭祭，一类是天启祭。家庭祭，又分好多种，主要是在家庭内举行。天启祭，是指大型的公共祭祀活动，大致可分两种：供养祭，是以动植物供奉诸神的祭祀；苏摩祭，是以苏摩酒供奉神灵的祭祀。无论是供养祭还是苏摩祭，下面又分许多种。例如，苏摩祭通常分为六种：（1）火神祭，对火神阿耆尼的祭祀；（2）力饮祭，为使国王获得更大权力而举行的祭祀，在仪式上奉献大量苏摩酒，供神畅饮；（3）马祭，婆罗门教最重要的祭祀，在祭仪中要杀马祭神；（5）人祭，施祭的目的是乞求获得在马祭上尚未得到的东西，据考证，此祭要以人作为牺牲品；（6）全祭，是为婆罗门长者出家到森林中静修而举行的祭祀，出家者在仪式中要将他所有的财产都奉献于人与神。

当时最大型的祭祀要数马祭。马祭只能在王室中进行，正式仪式为期三天，而准备仪式却要持续一年以上，甚至两年。参加祭仪的有4位婆罗门祭司，国王的4位妻子，400名侍从，以及大批教徒。一匹专门用于献祭的马，不受羁绊，任其自由奔跑，漫游一年，并由一队400名经过挑选的武士随后护卫着。假如这匹马在奔跑中遭遇到任何国王的阻拦或捕捉，跟随的武士就要与之战斗。如果此马在一年之内未被人掳获，那么它所到之处的国王就要向纵马之国的国王称臣。祭马回到京城后，国王则举行盛大仪式欢迎，在仪式中此马与600头牧牛将作为牺牲品而被杀掉。这匹献祭的马，代表着在世界上空运行的太阳，象征其国王将主宰大地。一旦马祭成功举行，这个国王即可号称“王中之王”。据《百道梵书》记载，当时经常举行这种大型的祭祀典礼。虽然上述的各种数字多有夸张，但从马祭的过程来看，足以说明当时祭祀的规模之大，形式之复杂。

婆罗门至上　所谓“婆罗门至上”，是说婆罗门祭司阶级在当时的宗教和社会生活中占有至高无上的地位。婆罗门祭司们千方百计地鼓吹祭祀万能，实际上是为了通过祭祀来显示自己的本领，提高自己的地位。他们不仅主管各种祭祀活动，负责创作种种圣诗、颂歌、咒语和神话传说，而且承担着传授一切吠陀经典和祭祀知识的任务。因此，随着祭祀之风的盛行，他们不仅成为宗教的主宰者，而且成为文化知识的垄断者。他们往往以人与神灵之间的联系者自居，俨然变成了“人间之神”。此外，在社会生活中祭司们也享有种种特权，如接受布施、豁免赋税、犯重大罪行可以免死，等等。正因为婆罗门拥有特殊地位，所以他们所指导和传播的宗教被称为“婆罗门教”。

二、佛 教

公元前6世纪初，南亚次大陆处于列国时代。其时重要的国家有16个，如恒河中下游的摩揭陀、迦尸、憍萨罗，印度河上游的犍陀罗、甘谟惹，南印度的阿槃底等。但是，重要的大国主要集中于恒河流域，这表明印度社会经济发展的中心已经由西部的印度河流域转移到东部的恒河中下游一带。由于社会和经济的飞速发展，当时的阶级分化非常激烈，因而新旧社会势力的斗争异常突出。这种新旧势力的斗争也必然反映在意识形态领域之中，当时出现的沙门思潮就是这种意识形态斗争的集中表现。

所谓“沙门思潮”，是指当时兴起的反对婆罗门种姓和他们所控制的精神武器——婆罗门教的各种思想潮流。“沙门”（Sramana）一词，是指一批新的思想家，即那些敢于否定和反对吠陀天启、祭祀万能和婆罗门至上三大纲领的学者和新兴宗教的领袖们。这些人过着与婆罗门祭司不同的生活，有的隐居于森林，进行各种苦行和瑜伽修炼；有的从事某种社会职业，如医生、星相家等；有的创立新兴宗教派别，传播新的思想。总之，他们对婆罗门教的教义、仪礼和种姓制度极为不满，对宇宙和人生的各种问题有着自己不同的观点和看法，并且组织了许多新的沙门团体和派别，在群众中宣传自己的信仰和主张。

佛教是沙门思潮的主要代表之一，是在反婆罗门教的运动中产生的一种新兴宗教。其创始人为乔达摩·悉达多（Gautama Siddhartha，约公元前565~前486年）。他原是迦毗罗卫国释迦族净饭王的太子，属刹帝利种姓。创立佛教后，佛教徒尊称他为“释迦牟尼”（Sakyamuni），意思是“释迦族的圣贤”；又称他为“佛陀”（Buddha），即“觉悟了的人”。古印度的迦毗罗卫今天属于尼泊尔南部与印度毗邻的提罗拉科特地区。他的母亲摩耶夫人在他出生7天后去世，后姨母将他抚养长大。释迦牟尼自幼聪慧，受过传统婆罗门教的教育，16岁结婚并生有一子，名罗睺罗。他虽然生活在条件优裕的王族中，但是社会上的种种现象却使他深感人生的痛苦和世间的不公正。传说他在29岁时决心离家出走，以寻求解脱人生痛苦的途径。出家后，他先到摩揭陀国跟随当时的婆罗门学者阿罗逻·迦罗摩和优陀迦·罗摩子学习禅定，后到尼连禅河畔的密

4-1 佛教创始人释迦牟尼

林中独自苦行。前后6年的修炼并没有使他得到如何实现精神解脱的满意答案。此后，他又到菩提伽耶的一棵菩提树下，静坐冥想，沉思人生的真谛，终于达到彻底觉悟，悟出了一套使人摆脱人生痛苦的理论和方法，即一种新的宗教学说。那时他35岁。从那以后，释迦牟尼即创立了佛教，开始到各地传教说法。最初他在波罗奈城附近的鹿野苑说法，即所谓的“初转法轮”，后主要在中印度恒河流域各地漫游传教，扩大影响，从而使佛教思想传播开来。他在传教过程中建立了宗教组织——僧伽，参加者主要是商人、手工业者和城市平民等。

4-2 鹿野苑遗址，释迦牟尼初转法轮处

4-3 释迦牟尼诞生图

佛教是当时反婆罗门教思潮中的主要代表。它代表势力逐渐强大的刹帝利种姓和吠舍种姓中工商业主的利益。这些新兴的社会势力对婆罗门种姓的专横腐败和种种特权深感不满，对婆罗门教的教义和大量杀生献祭深恶痛绝，因此在初期佛教的理论中有许多思想都是针对婆罗门教的。首先，它否定吠陀的权威，反对婆罗门教所宣扬的神主宰一切、世界万物皆由神创的理论。在世界起源的问题上，释迦牟尼提出了一种新的学说，即“缘起说”。这种学说否定了婆罗门教的神造万物的观点，并且包含着无神论的因素。他认为，世间一切事物都是由“因缘”决定的。“因缘”，指“条件”和“关系”，也就是说，万物是由各种条件和因果关系的凑合而生成的。如果离开了条件或因果关系，一切事物和现象都不能产生。他曾说：“此有则彼有，此生则彼生，此无则彼无，此灭则彼灭。”这句话的意思是：此是彼的条件，彼也是此的条件；此依彼而生，彼依此而生；彼此互为条件，离开了条件，一切都不能产生。释迦牟尼这种事物互为因果、互为条件的思想，带有明显的辩证法因素。

佛教也反对婆罗门教的“祭祀万能”，否认一切依靠祭祀，通过祭祀取悦于神，进而获得解脱的观点。这种思想表现在佛教的人生观上。释迦牟尼认为，人生充满着各种苦难，苦难的根源在于人的无明和欲望，只要人们能够认清这个道理，通过自己的修行来消除无明和欲望，就一定能从痛苦中解脱出来。从这里可以看出，佛教寻求解脱的道路完全是依靠个人的努力，依靠个人的道德修养和精神修炼，而不是依靠祭祀，依靠神灵的拯救，这就彻底改变了婆罗门教那种通过祭祀而达到神人结合的解脱模式，打破了祭祀万能的神话。

在社会问题上，佛教反对“婆罗门至上”，反对种姓歧视，主张众生平等。早期佛教对婆罗门教等级森严的种姓制度极为不满，否认婆罗门是从神口中所生，其他种姓是从神的四肢或足中所生的理论，提出四种姓同出一源，同为一色。他们认为，四种姓如同一棵树上生出的花果，“可无有异”。此外，他们不仅认为四种姓同源，而且主张四种姓平等。如《杂阿含经》卷二十说：“……四种姓者，皆悉平等，无有胜如差别之异。”释迦牟尼认为，种姓之间没有贵贱之分，看人不应分种姓出身，应当看其行为和才能，出身卑贱的人也可以成为贤达。在《别译杂阿含经》卷五中有这样的记载：当佛陀来到憍萨罗国的孙陀利河岸时，有一个婆罗门问他：你生在何处？为何种姓？佛陀答道：“不应问生处，宜问其所行，微木能生火，卑贱生贤达。”[①]早期佛教的这种众生平等的思想，在一定程度上也代表了低级种姓和下层群众的意志，反映出他们反对种姓歧视、要求社会平等的愿望。

此外，佛教还反对大量宰杀动物和牲畜，用以祭献神灵的习俗。在他们看来，婆罗门祭司所提倡的烦琐祭仪和大量宰杀牛马，只能给他们个人带来好处，而给社会带来巨大的危害，浪费了人力物力，破坏了农业生产。因此，他们主张戒杀一切生物，并把“戒杀”和“素食”作为两条重要戒律，要求佛教徒严格遵守。

三、耆那教

耆那教产生于公元前6世纪，也是当时沙门思潮的一个重要流派。“耆那”（Jaina）一词，意为“胜利者”或“完成修行的人”，指那些战胜情欲从而得道的人。信仰此教者都自称“耆那”，故他们信仰的宗教也被称作“耆那教”。

耆那教的创始人尼乾陀·若提子（Nigantha Nataputta，公元前599~前

① 参见崔连仲著:《从佛陀到阿育王》，沈阳：辽宁大学出版社，1991年版，第176~177页。

527年）是与佛陀同时代的人，其信徒都尊称他为“大雄”（Mahavira），即“大英雄”。他曾是刹帝利贵族的一个王子，30岁时父母双亡，出家修习苦行，寻觅真理。42岁成道，创立耆那教，后一直在现今印度的比哈尔邦、北方邦和奥里萨邦一带组织教团，传播教义。教徒主要来自刹帝利种姓和吠舍种姓中的大商人，该教早期经典被称为《十一支》。

同佛教一样，耆那教也对婆罗门教在思想领域的垄断地位提出了挑战。它否定“吠陀天启”，反对神造万物的婆罗门教神学理论。在宇宙起源上，他们主张世界万物都是由灵魂和物质组成的。物质分为两种：一种为定形的物质，一种为不定形的物质。定形的物质是由最小的物质颗粒，即“极微”所组成的。不定形的物质包括空间、时间、法和非法等。耆那教的这种理论带有明显的唯物主义因素。它与婆罗门教所主张的梵天大神创造万物的学说截然不同，从理论上否定了“神造万物”的观点。

4-4 耆那教创始人大雄

在人生问题上，耆那教主张通过个人修行来实现解脱，反对婆罗门教无休止地举行祭神仪式，幻想依靠神明的帮助来获得解脱的观点。在他们看来，世界上的一切事物，从岩石、草木到人和鸟兽，都有灵魂。灵魂是自生的，永恒的，无限清净和圆满的。人由于肉体欲望和各种行为（业），使灵魂受到污染，因而陷入生死轮回之中。一个人只要严格修炼自己，消除私欲，行善积德，就可以使灵魂摆脱轮回，获得解脱。具体的修炼方法是持五戒、修三宝、习苦行。五戒为不杀生、不欺狂、不偷盗、不奸淫、不蓄私财。三宝指正智（正确地学习和理解耆那教的经典）、正信（正确地信仰耆那教的教义）、正行（正确地履行耆那教的戒律）。苦行包括节食、不贪美味、闲居独坐、限制言行、禅定、忍受各种肉体痛苦等。耆那教徒非常重视苦行，他们认为只有苦行才能排除旧业，不生新业，达到清净，使灵魂恢复原有的本性和光辉，从而摆脱轮回，获得解脱。

4-5 耆那教寺庙，加尔各答

耆那教亦反对婆罗门至上和祭祀万能。他们认为，婆罗门祭司是不学无术的人，他们鼓吹的知识是虚伪的，他们的优越地位是靠欺骗得来的。一切吠陀和祭祀都不能使有罪的人获得解脱，也不能通过神圣的语言“唵”（婆罗门教呼神用语）使人成为婆罗门。各种祭祀本身就是一种罪孽，因为在祭祀中宰杀动物是有罪的。

耆那教徒特别强调不杀生的重要性。他们认为一切生物都是有灵魂的，杀害生物就是犯罪。因此，他们主张素食，不吃一切动物的肉。凡出门行走，都要用细布罩上口鼻，以防不自觉地吸入各种微小的飞虫，伤害它们的生命。走路不小心踏死一只蚂蚁，对他们来说也是一种犯罪。在婆罗门教大量杀生的条件下，耆那教徒主张不杀生，显然是一种正义之举，但是他们有些做法又走入另一个极端，显得多少有点可笑。

后来，由于在戒律上的分歧，耆那教分裂为两派：一派为白衣派，一派为天衣派（即裸体派）。白衣派主张：一个人不抛弃衣服，也可获得解脱；允许崇拜穿衣服和有修饰的祖师偶像；出家人可以拥有一定的生活用品；男女一样，都可获得解脱；低级种姓首陀罗和高级种姓一样，皆可解脱。因此，该派成员都穿白色衣服，拥有一定的生活必需品，并且不歧视妇女和低种姓者。天衣派则比较极端，他们认为一切私财都不应该占有，甚至包括衣服，主张以天为衣，以地为床。因此，该派的得道者都裸体行走，手持一个葫芦做的水壶，还拿一束孔雀毛以清扫坐处，而低级的信仰者则用一块极小的布来遮盖下身。

四、顺世论与其他沙门思潮

公元前6~前5世纪，即沙门思潮盛行的时期，在印度历史上是一个百家争鸣的时代。这个时代与我国春秋战国时的“诸子百家”时代、古希腊苏格拉底和柏拉图的时代，大体相当。当时，除了佛教和耆那教以外，在印度还出现了许多别的思想家和思想流派。据佛教文献记载，有所谓的“六师”、“六十二见”和“九十六外道”等说法。按照耆那教文献，有“三百六十三见”之说。这些数字足以说明当时的思想流派是相当多的。但是，有许多流派大同小异，势力不大，很快就销声匿迹。真正有影响的是所谓“六师”，再加上释迦牟尼，共七位思想家。“六师”，是佛教的说法，是指佛教之外的六位思想家和他们所创立的学说。这“六师”包括：尼乾陀・若提子和他创立的耆那教、阿耆多・翅舍钦婆罗和他主张的顺世论、富兰那・迦叶和他主张的道德否定论、婆浮陀・伽旃那和他主张的七要素论、末伽梨・俱舍罗和他提出的命定论、散若耶・毗罗梨子和他主张的不可知论。

顺世论是古代印度唯物主义的代表，亦是沙门思潮中的一个重要流派。顺世论的名称出自梵文“路伽耶陀”（Lokayata），“loka”意为“世间或人民”，“yata”意为“流行”，两者合起来，意思就是“在世间或人民中流行的观点”。故汉译佛经把它译为“顺世外道”或“世间行”等。它还有另一个名称叫“斫婆伽”（Carvaka）。斫婆伽是顺世论重要的思想家。这一学派早在公元前10世纪即已出现，到列国时代最为流行，当时的代表人物是“六师”之一的阿耆多・翅舍钦婆罗（Ajita Kesakambali）。作为一个唯物论学派，顺世论受到历代统治者的打击和镇压，其经典和文献均被销毁，所以有关它的学说只能从佛教、耆那教或婆罗门教的文献中去寻找。

顺世论广泛流行于民间，自从它产生起，就一直与婆罗门教正统思想进行着激烈的斗争。它主张无神论，反对任何神造世界的学说。顺世论者认为，世界是由地、水、风、火四大原素组成的，并不是什么神创造的。地、水、风、火是组成万物的四种基本原素，不仅非生物是由四大原素组成，而且人和动植物也是由四大原素混合而成。据佛经记载，顺世论认为“人依四大种所成，若命终者，地还归地身，水还归水身，火还归火身，风还归风身，诸根归入空虚”。①

在灵魂与肉体的关系上，顺世论者反对婆罗门教宣扬的灵魂可以脱离肉体，往生天堂的说法。他们认为，灵魂与肉体是统一的，两者并不可分。灵魂只能在肉体之中，不能在肉体之外。灵魂是肉体产生的，就像火能放出光和热一样，如果火灭了，光和热也消失了。实际上，他们把灵魂看作人的某种精神或意识，只是肉体的属性，肉体不存在了，灵魂也就不存在了。这是一种原始的唯物论思想，它彻底否定了婆罗门教的灵魂不死和业报轮回的说教。

顺世论者不承认吠陀的权威，认为任何知识都只能从直接的感觉或实践中来，没有什么神的启示。吠陀不过是一些骗子、伪君子和贪婪者的作品，没有什么价值。他们也反对婆罗门教大量杀生的祭祀活动。在他们看来，婆罗门所鼓吹的各种祭仪只是他们的谋生之道，祭司们的花言巧语也都是骗人的。如果在祭祖中死者可以吃到献祭的食物，那么，为什么世间的旅行者在出发之前还要带上许多食品呢？如果在祭祀中被杀的牲畜能升到天堂，那么，为什么祭司们不杀了自己的父亲，让他们也早赴天堂呢？

顺世论者主张人与人是平等的，没有贵贱之分。他们坚决反对种姓制度和婆罗门至高无上的地位。他们说，无论是婆罗门还是旃荼罗血管里的血，颜色都是红的，没有区别。旃荼罗是指那些比首陀罗种姓还低下的不可接触者，这些人主要从事搬运尸体的工作，是社会中最受歧视的阶层。据佛经记载，顺世论者言：“婆罗门从胎而有，旃荼罗亦复如是，而言殊胜，是事不可。婆罗门死人所畏恶，旃荼罗终亦无欲见。若言贵贱而有相异，何故生死而无差别。”②

此外，顺世论反对各种禁欲主义和苦行。在他们看来，人生的目的是追求现世的欢乐和幸福，而不是追求死后的解脱。在现实世界之外，没有另外的世

① 《长阿含经》卷十七《沙门果经》。

② 《摩登伽经》卷上，“明往原品”第二。

界，也没有地狱和天堂。灵魂和肉体是不可分的。通过控制本能和感觉，修习各种苦行，并不能使灵魂上升到天堂。宁可此生为鸽子，不可死后成孔雀。因此，佛教徒又称顺世论为“现世涅槃论”，其他派别也称它为“斫婆伽”。

顺世论代表了广大下层民众的利益，反映出他们热爱生活、追求社会平等的心声。广大民众在生产劳动和实际生活中，积累了丰富的经验和知识，发现了婆罗门祭司的许多说教都是虚伪的和骗人的，吠陀神学理论和祭祀万能的学说也是不切实际的。顺世论正是这种普通民众意识和利益的反映，在民间广为流行。因此，它在否定吠陀权威和反对婆罗门教的思想运动中起了相当重要的作用。

在“六师”的学说中，除了上述的耆那教和顺世论外，比较重要的还有道德否定论、命定论和不可知论。道德否定论的提出者是富兰那·迦叶（Purana Kasyapa），传说他是一个奴隶的儿子，生于牛棚。因此，他的学说代表下层群众的心声。他认为，世界上一切事物的产生和发展都是偶然的，它们之间没有必然的联系和因果关系。从这种观点出发，他对社会上的各种伦理道德和宗教戒律都持怀疑和否定的态度。他说：“不论自作（什么事）或教人作（什么事），截、使截，苦、使苦，恼、使恼，粟、使粟，残害生命，取非所与，窬人家墙，劫盗掠夺，与人妻通，口为妄语，行如此事，非为恶也……从事布施，或教布施，从事祭祀，或教祭祀，不因此事，而生功德，亦无福报。”[①]这反映出，当时深受压迫的下层群众对婆罗门教所宣扬的善恶标准、道德伦理和业报轮回等观念的强烈不满和反抗。

命定论的倡导者是末伽黎·俱舍罗（Makkhali Gosala），他的生卒年月不详。在世界的起源上，他提出一种“十二原素”说。这种学说认为，世上万物和人都是由灵魂、地、水、风、火、虚空、得、失、苦、乐、生、死十二种原素所构成的。地、水、风、火是物质原素，苦、乐、生、死是精神原素，虚空是其他原素存在的场所，灵魂是更高级的精神原素，既存在于地水风火之中，也存在于动植物之中。各种原素的结合是自然的、机械的、无因果关系的。在社会问题上，他提出了命定论。他认为世界上的一切事物和人都是受命运支配的，在命运的发展中人的意志和努力都是无能为力的，各种道德伦理也没有意义。这是古代印度的一种宿命论，是当时社会大变革中一些不能支配自己命运

① 《长阿含经》卷十七《沙门果经》。

的人的消极反应。

不可知论的提出者是散惹耶·毗罗梨子（Sanjaya Belatthiputta），据说他有许多弟子，释迦牟尼的两个大弟子舍利佛和大目犍连原来就是他的弟子，后来才皈依佛教。散惹耶认为，世界上的一切事物和真理都是不可知的。据佛经记载，摩揭陀国的一个国王曾向他提出四个问题：有没有来世？有没有自然化生的生物？有没有善恶果报？修行完善者死后是否存在？他的回答是：可以说有，可以说无，可以说亦有亦无，也可以说非亦有非亦无。散惹耶对事物的这种模棱两可、难以捉摸的态度和观点，被人称为"不可知论"。当时的列国时代，国家之间战争不断，社会动荡不定，人们对自己的前途感到渺茫，这种理论正是那个时代下层民众彷徨矛盾心理的反映。

五、沙门思潮对婆罗门教的冲击

在公元前6~前5世纪兴起的沙门思潮中，有的代表刹帝利和上层吠舍种姓的利益，反对婆罗门的特权和至高地位；有的则代表广大下层民众的利益，向婆罗门教的整个思想体系和种姓歧视制度发起冲击。总之，沙门思潮是代表新兴的社会力量向保守、腐朽的婆罗门精神贵族和他们所垄断的婆罗门教发起的一次总攻击。沙门思潮的兴起，尤其是佛教和耆那教的迅速传播，对婆罗门教造成极大影响，使之在以后几个世纪中处于衰败不振的状态。这种影响表现在以下几个方面：

（一）沙门思潮动摇了吠陀的权威，打破了婆罗门教的一统天下

在沙门思潮兴起之前，婆罗门祭司长期垄断知识和文化，控制着人们的思想和精神世界，鼓吹吠陀天启和祭祀万能的教义。佛教、耆那教的产生和发展，结束了婆罗门教的精神垄断地位，打破了它的一统天下，开始了三大宗教并驾齐驱，竞争发展的局面。原来的吠陀权威在人们心目中的地位动摇了，取而代之的是几种教义并存流行。当时，在各种沙门思潮中，佛教发展最快。佛陀去世以后，佛教徒曾举行了几次有名的结集大会。第一次是在佛灭不久，在王舍城，受到摩揭陀国王阿阇世的支持，有500名比丘参加。第二次是在佛灭100年后，在毗舍离城，有700名比丘参加。第三次是在佛灭200年后，即阿育王时代，在首都华氏城，有1 000名比丘参加。从这些结集大会的规模，足见佛

教的发展势头。受到阿育王的鼎力支持，佛教的影响在其统治时期迅速扩大，在许多地方甚至超过了婆罗门教。尼赫鲁谈到佛教在印度的影响时说："佛教从许许多多方面影响了印度人的生活，事实必然如此，因为应当记得，一千余年来，佛教一直是印度的一种充满活力的、生气蓬勃的和传播广泛的宗教。即使在它于印度衰落之后的漫长岁月中，在它后来实际上已不能算是印度的一种独树一帜的宗教之时，它的大量遗产依然是印度教信仰的组成部分，并存留在民族的生活与思想之中。"①

（二）沙门思潮在低级种姓和下层群众中得到广泛传播

沙门思潮的各个流派普遍反对婆罗门的特权和至上地位，反对种姓制度，主张社会平等。这些观点对于那些深受歧视和压迫的低级种姓者是有极大吸引力的。另外，佛教、耆那教和顺世论反对祭祀万能和宰杀牲畜的观点，以及它们对人生、解脱的看法也受到广大下层群众的欢迎。因此，有许多低种姓者和下层群众脱离婆罗门教，而改信佛教和耆那教。在最早的佛教僧团中，除了一些刹帝利种姓外，主要是那些属于吠舍种姓的商人、手工业者和农民，还有不少首陀罗，如理发匠、制革匠和洗衣匠等，甚至还有贱民和妓女。据记载，作为佛陀十大弟子之一的优波离，就是首陀罗出身。他精通律藏。在佛教第一次结集大会上，他曾背诵佛陀制定的各种戒律。佛教的人生观、伦理观和社会平等观在普通民众中产生了很大的影响。尼赫鲁指出："佛教首先在婆罗门教势力薄弱的印度北部即摩揭陀扎根。它逐渐向西面和北面传播，以至许多婆罗门也入了该教。一开始，它实质上是一种刹帝利的运动，但却对一般民众具有吸引力。"他进而指出，佛教的"这种持久的影响，与教条或哲学理论或宗教信仰几乎没有什么关系。是佛陀道德的、社会的和实践的理想主义以及他的宗教影响了我们的人民，并在他们身上留下了不可磨灭的印迹，如同基督教的道德理想影响了欧洲那样……"②

（三）在沙门思潮的冲击下，婆罗门教开始了自身的改革

在佛教等沙门思潮的冲击下，婆罗门教有相当一段时间处于消沉或沉寂的状态。但是，佛教在印度从来不曾完全取代婆罗门教。即使是在佛教极盛的时

① ［印］J.尼赫鲁著：《印度的发现》，伦敦：子午线书局，1960年版，第165页。
② 同上书，第165~166页。

代，婆罗门教也一直流行着。面对佛教和耆那教巨大的反对思潮，婆罗门教不得不重新审视自己，逐步走上改革的道路。在以后的改革道路上，婆罗门教吸收和融会了佛教和耆那教的许多思想，以改变自身那些陈腐和落后的东西。例如，佛教和耆那教反对杀生献祭，倡导“戒杀”，主张不伤害一切生物，并把它作为一条主要戒律，要求教徒严格遵守。其实，这种“不杀生”思想早在吠陀和奥义书中就出现过，但是并没有得到婆罗门教的应有重视，因而婆罗门教仍然盛行大量杀生的献祭活动。由于佛教和耆那教对“不杀生”的极端重视和宣传，婆罗门教也慢慢地接受了这种观念，并把它作为自身的一种戒律。在后来的婆罗门教经典——《摩奴法论》中曾写道：“杀驴子、骆驼、鹿、象、山羊、绵羊、鱼、蛇或水牛，应被理解为沦为杂种姓罪。”①此外，佛教和耆那教亦坚决反对婆罗门教的有神崇拜和各种烦琐的祭祀仪式。在佛教和耆那教的反对和冲击下，婆罗门教的祭祀制度逐步减弱，婆罗门祭司的地位也随之下降。《印度教和佛教史纲》一书对此评论说：“佛陀对婆罗门的仪式和哲学都加以抨击。在他的时代以后，祭祀制度虽然没有消亡，但是从未再度获得其旧有的威信。”②

---

① 蒋忠新译:《摩奴法论》，北京：中国社会科学出版社，1986年版，第222页。

② ［英］查尔斯·艾尔奥特著，李荣熙译:《印度教和佛教史纲》第1卷，北京：商务印书馆，1982年版，第7页。

第五章

笈多王朝与6~10世纪的南北印度

孔雀王朝时期，印度实现了有史以来的第一次统一。在其第三代君主阿育王的统治下，印度人民获得了30年的休养生息，经济文化皆有长足发展。佛教也开始从印度走向世界。然而，阿育王死后仅仅半个世纪，孔雀王朝即告灭亡。此后的印度不仅很快陷入分裂，外族的入侵亦接踵而至。入侵者改变了印度的政治版图，对印度的文化发展也产生了重大影响。笈多王朝的建立，使印度再次得到了统一的机会。社会生活的稳定和经济的发展，为文化的繁荣创造了条件，梵语文学和多种自然科学的成就斐然可观。不过，印度古代的历史，似乎注定分裂久于统一。由此招致的边患，也就一次比一次严重。笈多王朝以后的情况，就是如此。

一、孔雀王朝以后的北印和南印

（一）巽伽王朝和甘婆王朝

布舍密陀罗篡得王位以后，建立了巽伽王朝（Sunga Dynasty）。巽伽王朝的领土范围比孔雀王朝小得多。羯陵伽重新独立出去。希腊人在北方吞并阿富汗和旁遮普的一部分后，建立了一系列小的公国。布舍密陀罗的统治权向南可达纳巴达河，向北仅及旁遮普的贾朗达尔和锡亚尔科特。他在位34年，其间希腊王弥兰陀曾率兵入侵北印，围攻沙祇大国（在今北方邦东北部），进逼华氏城，但被他的儿子和孙子击退了。他举行过两次马祭，意在炫耀自己建立新帝国和战胜希腊人的武功，同时宣示婆罗门教的复兴。据说著名的梵语文法家波颠阇利曾经为他主祭。继承布舍密陀罗王位的是他的儿子火天友。其后诸王同

5–1 巽伽王朝石雕，中印度

西北边境的各希腊公国保持着友好的关系，也间有希腊大使驻节巽伽王廷。巽伽王朝的统治延续了112年。

巽伽时代的建筑艺术达到了很高水平，现存桑奇大塔和拜鲁特塔的残存部分可以作为当时建筑艺术的典型代表。生活在这一时代的梵语文法家波颠阇利写成了名著《大疏》，开一代论说散文和注疏文体之风，内中亦有反映古代印度社会情况的重要史料。

巽伽王朝末期，统治权逐渐落入婆罗门大臣手中。约在公元前73年，甘婆家族的婆薮提婆废黜了最后一位巽伽国君提婆菩提，自立为王。甘婆王朝（Kanva Dynasty）的4位国王统治了45年。关于这个王朝的情况，现在的人几乎毫无所知。公元前28年，它被南方案达罗王朝的建立者西穆伽推翻。

（二）案达罗王朝

案达罗人属达罗毗荼人种。案达罗王朝（Andhra Dynasty）统辖地域在哥达瓦里河与克里希纳河之间。它又称萨陀伐诃那（Satavahana）王朝，因为它的奠基者西穆伽籍属萨陀伐诃那（今卡纳塔克邦贝拉里附近）。关于这一王朝的建立年代，延续时间和历代统治者的情况，诸说不一。一般认为它建立于公元前1世纪中叶至末叶，共有王30代。该王朝真正强大起来是在西穆伽的儿子（或侄子）萨陀伽罗尼一世统治的时代。他举行了一次马祭，以宣示他在整个德干地区的霸主地位。他将首都建在波罗底湿陀那，即今马哈拉施特拉邦的派坦。在他死后，案达罗王朝受到塞人的侵犯，逐渐衰弱下来，但是第23代王乔达迷布陀罗推翻统治案达罗的塞人，重建了对德干地区的权威。他的儿子伐色湿底布陀罗娶了优禅尼的塞人总督楼陀罗陀曼的女儿，然而不久他的岳父又从他手中夺走了其父在世时所恢复的土地。案达罗王朝最后灭亡的原因不甚清楚。该朝君主都是正统的印度教徒，他们坚持种姓制度，重视吠陀祭祀，但对佛教和耆那教等异教尚能采取宽容态度，给予布施。

案达罗王朝在公元3世纪中叶衰亡。在它的废墟上出现了一系列由甘蔗族人、布提人、鸠都人和伐迦陀迦人等统治的小王国，其中伐迦陀迦人在4~6世纪德干地区的历史上起过较大的作用。

（三）南端诸王朝

在克里希纳河与通加巴德腊河以南有3个较大的国家，附属于它们的还有若干小国。这3个国家是朱罗（Cola）、哲罗（Cera）和潘地亚（Pandya）。阿育王在他的碑铭中曾经提到过它们。

朱罗即我国古代史书中的注辇。它的国土在科罗曼德耳海岸从内洛尔到普杜科泰之间。文献记载最早的朱罗王是公元100年左右在位的迦厘迦罗。他和僧伽罗国（今斯里兰卡）进行过长期的战争，并驱使僧伽罗俘虏沿科佛里河修筑了160千米长的堤岸。随着北方波罗瓦和南方潘地亚的强大，朱罗国逐渐衰微下去。到公元7世纪玄奘访问印度的时候，它已臣服于波罗瓦人，偏处于今安得拉邦的库达帕县境内。

潘地亚的所在地约当今马杜赖、提鲁讷耳佛利和特拉凡哥尔的南部。据孔雀王朝时访印的麦伽斯提尼（公元前4世纪）说，它是一个母系社会国家。在公元初希腊和罗马作家的笔下，潘地亚繁荣昌盛，与很多滨海国家有着通商联系。传说公元前1世纪它还向罗马皇帝奥古斯都的宫廷派遣过外交使节。

哲罗又称喀拉拉，中国史籍作鸡罗，在潘地亚的西北方，约当今马拉巴尔、科钦和特拉凡哥尔的北部。它的历史不甚清楚。传说一位名叫森古图瓦的国王曾经远征喜马拉雅山。这显然是夸大的说法，难以置信。

（四）外族入侵和贵霜王朝

孔雀王朝灭亡以后，印度西北部连续遭到外族入侵。

最初是希腊人。公元前3世纪50年代，安条克二世派驻大夏的总督脱离塞琉古王朝，宣布独立。公元前190年前后，大夏王德米特里东侵印度，从孔雀王朝手里夺走了包括阿富汗、信德和旁遮普在内的广大领土。但是正当德米特里忙于同印度作战的时候，公元前175年，他留守本部的将领欧克拉提德反叛称王，并从德米特里手中抢去了一大片印度领土。欧克拉提德定都旁遮普西部的呾叉始罗。东旁遮普依旧归德米特里。后来呾叉始罗的安提耳契德王曾向巽伽王朝派出过使节。不少希腊王公和大臣深受当地环境影响，皈依了佛教和印度教，其中就有佛经上提到的弥兰陀王（Milinda）。希腊人的长期统治也在多方面影响了印度文化。印度人向希腊人学会了精巧的铸币技术，并像希腊人一样开始在钱币的正反面都压制图案。他们还在绘画、雕刻、建筑等方面学习了希腊风格。后来著名的犍陀罗艺术就是希腊技法和佛教主题结合的产物。在宗教上，有人认为印度的偶像崇拜就是从希腊人那里学来的。最后一个统治西北边境的希腊国王是赫梅奥斯，他是在1世纪时被贵霜人推翻的。

随希腊人之后入侵印度的是安息人。公元前3世纪中叶，在大夏宣布独立的同时，安息也爆发了反塞琉古王朝的人民起义。帕勒–达依人的领袖阿尔萨克在起义中称王，建立阿尔萨克（即安息）王朝。公元前2世纪中叶，安息王密特里达提一世乘塞琉古王朝衰弱不振，积极扩张领土。他向西推进到两河流域以北，向东则一直攻打到信德和杰卢姆河。1世纪后叶，阿尔萨克王朝解体，最后被贵霜人消灭。

游牧民族塞人（Sakas）是入侵印度的另一支力量。塞人原为中亚游牧部落，操印欧语系印度–伊朗语族语言，公元前8~前7世纪曾活动于锡尔河以北、伊犁河及天山北麓。约公元前165年前后，月氏人在匈奴的袭击下徙入伊犁河流域，该地的塞人遂有一部分向南逃至印度西北部，在今克什米尔及喀布尔河下游地区建立了罽宾国。公元前145~前140年，他们向印度移动并击败了衰弱的希腊统治者。不久，密特里达提二世又领导安息人把他们推向阿富汗南部，这块地方后来被称为塞克斯坦，即今天的锡斯坦。公元1世纪初，塞人从南阿富汗向东扩张，通过俾路支和信德，逐渐向印度内地深入，占领了直到哥达瓦里河的印度西部地区，包括卡提阿瓦半岛。他们在这里建立了若干小国，小国的统治者称总督或大总督。在阿富汗的卡皮萨，西旁遮普的呾叉始罗，亚穆纳河流域的马土腊和马尔瓦的优禅尼等城，都有这样的大总督。塞人历史上最有名的大总督之一是优禅尼的楼陀罗陀曼（公元130或128~150年在位）。据他的宫廷诗人说，他的领土北起信德和马尔瓦尔（在今拉贾斯坦邦），南至孔坎（在今马哈拉施特拉邦）。此外，他还颇有些才情，爱好哲学、文法和音乐。约在公元388年，印度西部的塞人政权亡于笈多王朝（Gupta Dynasty）的旃陀罗·笈多二世。通过同印度人的长期接触，塞人逐渐接受了印度文化。他们皈依了印度教，并最终完全融入了印度民族。

推翻希腊和安息政权的贵霜人乃是中国史书所载的大月氏人。大月氏人最初居住在中国河西敦煌和祁连山一带，公元前2世纪初被匈奴人击败，向西迁入伊犁河流域，复至阿姆河，以后消灭大夏（约公元前130年），统治了整个阿姆河和锡尔河流域。公元前2世纪末，大月氏分为5个部分，首领称“翎侯”。后来，贵霜翎侯丘就却灭其余四翎侯称王，建贵霜帝国。1世纪中叶，丘就却攻取罽宾和阿富汗，占领了印度西北边境地区。他的继承者阎膏珍（约公元78~120年在位）继续扩张领土，建立了对旁遮普乃至恒河流域的统治。后来，他皈依印度教，成为湿婆神的崇拜者。贵霜帝国在他的继承者迦腻色伽（Kaniska，约公元120~162年在位）时代达于鼎盛。他在西面击败了安息，征服了疏勒、莎车与和阗，并在印度西部向南扩张，建立了西起呼罗珊（Khurasan，约今伊朗），东至波罗奈（Baranasi，今瓦腊纳西），北自和阗，南抵孔坎的广大帝国，都城设在富楼沙（Purusapura，今白沙瓦）。

贵霜帝国的中心是横贯中亚丝绸之路的枢纽，商业繁盛。迦腻色伽时代，中国的丝绸、漆器、铁器，印度的珠宝、香料，埃及和西亚的玻璃在贸易中经过贵霜，使贵霜商人获利巨大。从各地出土的钱币看，当时贵霜帝国的货币经济已经非常发达。在同各国人民的接触中，原是游牧民族的贵霜人迅速吸收了较高的文化。佛教经典说迦腻色伽是一个热诚的佛教信徒，[①]佛教的第四次结集就是他在2世纪初组织的。这次大会对佛教经典做了权威性的诠释，并将它们镌于铜板，藏入石柜，妥存于克什米尔的贡达罗伐纳寺内。著名的佛教作家马鸣、世友等都生活在他的时代。作为一个广大地区的统治者，迦腻色伽对于不同的文化和宗教信仰采取了兼容并包的态度，贵霜文化也就因此而成为印度、波斯、希腊等文化的综合产物。考古所得的贵霜钱币上镌刻着多种神像，希腊的、佛教的、印度教的、波斯袄教的，以及罗马密特拉教的都有。贵霜时期在

① 迦腻色伽时代的钱币上多见波斯神，故有的学者认为他是袄教信徒。

5-2 弥勒菩萨，贵霜王朝，2世纪

5-3菩萨头像，贵霜王朝，3世纪

西北犍陀罗地区雕凿的佛教艺术作品吸收了希腊的现实主义注重细部的特点，更带有典型的混合风格。这里的释迦牟尼像和太阳神阿波罗非常接近，药叉和财神也同希腊神祇差不多。佛教大乘派在贵霜时期形成并发展起来，原来的佛教各部派受到贬抑，被称作小乘。迦腻色伽信仰大乘佛教。1世纪以后，大量佛教僧人来到中国传教并翻译佛典。贵霜帝国作为当时的佛教中心，在这方面起过巨大的作用。汉魏之际在中国活动的大批支姓高僧如支娄迦谶、支谦等，不是大月氏人，就是祖籍月氏而世信佛教的侨民。

贵霜王朝在迦腻色伽以后继续统治北印部分地区近一百年。取代它的是新兴的那伽族人。但是它在阿富汗和旁遮普的政权仍旧维持了相当长的时期，史称后贵霜王朝。贵霜人在印度接受了当地的文化。3世纪有一个贵霜王用的就是典型的印度名字“世天”，由此可见该王朝统治者受印度文化影响之深。

二、笈多王朝

贵霜帝国入侵浪潮退去之后，北印又分裂为许多独立的君主国和共和国。当时统治今西孟加拉邦北部和比哈尔邦南部的是一个叫室利·笈多的国王。他的王国在他孙子旃陀罗·笈多（Candra Gupta，公元324~300年在位）的时代强大起来。旃陀罗·笈多因同离车族公主拘玛罗·提毗结婚而扩充了自己的实力。他自称“伟大的王中最高的王”，不仅统治了阿拉哈巴德、奥德和南比哈尔，还将势力扩展到原属于那伽人的恒河和亚穆纳河流域。他定都于华氏城，建立了以公元320年为元年的新纪元——笈多纪元，并且发行了新的金币，金币上刻有他和王后以及盟国离车的名字。

5-4 佛陀头像，笈多王朝，5世纪

第二代笈多国王是三摩答剌·笈多（Samudra Gupta，约公元330~380年在位）。这位国王以武功著称，在漫长的统治生涯中四处征战，并吞了今孟加拉、阿萨姆、北方邦以及马尔瓦地区的若干王国和部落，推翻了贵霜和塞人的统治。他也曾率兵远征东南印度，最远到达建志（今康契普腊姆），迫使当地的国王和酋长们称臣纳贡。这样，到他去世的时候，笈多帝国已经占有了东起布拉马普特拉河，西至亚穆纳河与昌巴尔河，北起喜马拉雅山，南到纳巴达河的广大领土。宫廷诗人诃利尸那将他的武功写成赞颂文，镌刻在阿拉哈巴德的阿育王石柱上。碑文中虽多有谀辞，但笈多王朝的确是从他开始进入了鼎盛时期。三摩答剌精通印度的传统经典，雅好诗歌音乐。当时发行的钱币上就有他抚奏维那琴的图案。他自己也从事创作，号称“诗王”，常有一批当时著名的诗人和学者聚集在他的周围。在宗教方面，他的政策是宽容的。他自己是一名印度教信徒，但他并不排斥其他宗教。大乘佛教瑜伽行派创始人之一世亲是他宫廷里的常客。僧伽罗国王麦伽伐罗曼为了本国佛教徒朝圣的方便，就曾征得他的同意，在菩提伽雅建立了一座佛寺。

超日王（Vikramaditya，公元380~415年在位）是印度古代最有名的帝王之一。他是三摩答剌的儿子和继承人，正式称号为旃陀罗·笈多二世。他承袭前代君主和亲与武力开边的两手政策，娶了那伽族酋长的女儿，并把自己的女儿嫁给德干的伐迦陀迦国王，然后出兵赶走了最后一个塞人西方总督楼陀罗

5–5 恒河女神像，笈多王朝，5世纪

5–6 毗湿奴像，笈多王朝，5世纪

辛哈三世，取代了他对西马尔瓦和卡提阿瓦半岛的统治。首都也从华氏城迁到了优禅尼。至此，除旁遮普西部和克什米尔以外，北印度几乎已全部入其版图。超日王极其注重对于文学和艺术的奖掖。在他的宫廷里，有所谓“九宝”，印度历史上最伟大的梵文诗人和剧作家迦梨陀娑就在其中。在建筑、雕塑和其他艺术方面，超日王时代也成就斐然。我国高僧法显曾在超日王统治期间访问印度。他居留印度六年，在所撰《佛国记》中具体而生动地记载了当时印度社会和人民生活的情况。

鸠摩罗·笈多（Kumara Gupta，约公元415~455年在位）基本上是一个守成之主，他的晚年连续出现了外患。名叫布湿耶密多罗的部落民首先从南方侵入帝国。这次入侵虽然被太子塞建陀击退，但却成为导致笈多王朝衰落的最初一击。这位太子未及喘息，又不得不掉头迎战从西北方涌来的哌哒人。塞建陀·笈多（公元455~468年）在位的13年战事频仍。他不得不倾全国之力，对付哌哒人的不断入侵。即位之初，他励精图治，企图重振国威。他废除劣质货币，发行了成色和分量具足的金、银、铜币。但是连年的战争消耗迫使他在十年后又复重铸劣币。笈多王朝在塞建陀以后迅速衰落下去。占领了犍陀罗和西北旁遮普的哌哒人多次入侵北印，笈多帝国的统一也随之逐渐解体。公元533年左右，曼达索尔（在今中央邦）的统治者耶输达曼击败哌哒人，乘机扩大了自己的势力。穆克里人（在恒河流域）和高达人（在孟加拉）相继趁笈多帝国的衰弱而独立。与此同时，地方政权也纷纷出现。所有这些都加速了笈多帝国的瓦解。到6世纪中叶，笈多王朝即使在它的中心摩揭陀也已无法行使有效的统治，因此可称谓名存实亡。

关于笈多王朝的社会和人民生活情况，法显的记载提供了极其生动的图画。他说："……人民殷乐，无户籍官法，唯耕王地者乃输地利，欲去便去，欲住便住。王治不用刑罔，有罪者但罚其钱，随事轻重；虽复谋为恶逆，不过截右手而已。王之侍卫、左右皆有供禄。举国人民悉不杀生，不饮酒，不食葱蒜，惟除旃荼罗。旃荼罗名为恶人，与人别居，若入城市则击木以自异，人则识而避之，不相唐突。国中不养猪、鸡，不卖生口，市无屠、酤及估酒者，货易则用贝齿，唯旃荼罗、猎师卖肉耳。"[①]值得注意的是这时的种姓制度非常严格，"不可接触"制度已经根深蒂固。

三、古代文化的黄金时代

经过了孔雀王朝灭亡后五百年的战争和分裂，北印在笈多时代获得了政治统一。统一带来了社会稳定和经济繁荣，也为文化的兴盛创造了条件。此时梵语文学的发展达到了光辉的顶点，伟大的作家和伟大的作品层出不穷，其中最杰出的是迦梨陀娑（Kalidasa）和他的剧本《沙恭达罗》、《优哩婆湿》、抒情长诗《云使》、叙事诗《罗怙世系》、抒情短诗集《时令之环》等作品。一般认为著名作家首陀罗迦及其剧本《小泥车》、毗舍红达多及其剧本《指环印》等也属于这一时期。大史诗《摩诃婆罗多》和《罗摩衍那》、最重要的法论书《摩奴法论》等，都是在这一时期前后固定为目前形式的。生活在笈多时代的还有著名字典编纂家长寿师子（Amarasimha，九宝之一），数学家和天文学家圣使（Aryabhata）、彘日（Varahamihira）和梵藏（Brahmagupta），印度医学分科的创始人、外科鼻祖妙闻（Susruta）等。十进位制也在这时形成，并通过阿拉伯人传到欧洲。建筑、雕塑、音乐和绘画也获得了很高成就，在占西、坎

① 法显撰，章巽校注：《法显传校注》，上海：上海古籍出版社，1985年版，第54页。

普尔和阿旃陀石窟均能见到优秀的笈多时代作品。至今矗立在德里的笈多铁柱一直没有生锈。

古代的婆罗门教在二三世纪以后，吸收了佛教和耆那教的某些教义，糅合了各地的民间信仰，逐渐向印度教转化，出现了对湿婆（Siva）、毗湿奴（Visnu）、苏利耶（太阳神）、罗克湿弥（幸运女神）等神的多神崇拜。印度教在笈多时代获得了稳定的发展。笈多诸王都是印度教的信徒。佛教在印度境内日渐失去活力，开始被印度教所同化。

四、北印度的分裂和戒日王

笈多帝国在哌哒人屡屡入侵和地方政权纷纷独立的冲击下崩溃以后，一些小国在它的废墟上涌现出来，它们互争雄长，残酷厮杀，形成印度历史上一段黑暗时代。此时活跃在北印政治舞台上的主要力量有:（1）后笈多王朝。该王朝占有摩揭陀地区，其统治者很可能只不过是笈多王朝的封臣，而不是笈多王族的真正后裔。它于6世纪中叶灭亡。（2）哌哒人。在最强大的统治者密希罗古罗被耶输达曼击败以后，哌哒人还剩下一些小酋长继续在西北印度和马尔瓦个别地方行使着统治权。他们同当地的王公们不断发生摩擦和冲突，直到最后被吸收为拉其普特人。（3）曼达索尔的耶输达曼。他曾经给哌哒入侵者以致命打击，并严重威胁过后笈多王朝的安全，但是曼达索尔的势力在他死后便迅速衰落。（4）伐腊毗王国。由弥陀罗迦部族在卡提阿瓦半岛所建，都城为伐腊毗。它是笈多王朝瓦解后最早宣布独立的王国之一，国祚也最久长，达到近三个世纪，最后被来自信德的阿拉伯人所灭。（5）穆克里王国。由依萨那跋摩建于公元554年。它占有今北方邦东部及加雅附近地区。其北方邦东部的一支一度是恒河上游最强大的力量，曾战胜案达罗人、高达人（在今孟加拉）和修立伽人（在德干地区）。它的末王迦罗诃跋摩在同摩腊婆王国（在今中央邦东部）的斗争中被杀，后穆克里王国归他妻子的兄弟戒日王所有。（6）塔内萨的布舍菩地王国，该王国在戒日王统治期间盛极一时。

6世纪，布舍菩地王朝（Pushyabhuti Dynasty）始建于今德里附近的塔内萨。6世纪末，它战胜哌哒人和古吉拉特的瞿折罗人，逐渐强大起来。7世纪初，新即位的罗阇伐弹那发兵攻打摩腊婆侵略军，为他的妹夫、死去的穆克里王迦罗诃跋摩复仇。虽然他轻易地击溃了摩腊婆王，但是后者的盟友，高达王设赏迦却设计害死了他。公元606年，年轻的戒日（Siladitya）继承其兄罗阇伐弹那的王位，旋又因穆克里王位空缺而取得了对于该国的统治权。他将国都迁到原穆克里王国的首都曲女城（今卡瑙季）。不久，他同迦摩缕波国（约当今阿萨姆、不丹和孟加拉的一部分）结成同盟，使设赏迦腹背受敌，终于战胜了这位强大的高达王。公元620年设赏迦死后，他和迦摩缕波国王薄私迦跋摩瓜分了高达人的国家。戒日王前后征服了摩揭陀、克什米尔、古吉拉特和信德，他的霸权在北印获得了普遍的承认。但是他公元634年进军南印的计划在纳巴达河畔被遮娄其王国的军队挫败。

中国唐代高僧玄奘访问印度时，曾受到戒日王的隆重接待。他对于戒日王的行政有过简要的描述，说他“务修节俭、营福树善，忘寝与食。……于五印度城邑、乡聚、达巷、交衢建立精庐，储饮食，止医药，施诸羁贫，周给不殆。圣迹之所，并建伽蓝。五岁一设无遮大会，倾竭府库，惠施群有。……巡方省俗、不常其居、随所至止、结庐而舍。……孜孜不倦，竭日不足”。[①]但是戒日王时代的刑罚较为严苛，常见的有徒刑、流放、截肢等，唯轻罪可用钱赎。

戒日王原名曷利沙伐弹那，即位后至公元612年始称戒日王。他最初是一个湿婆神的崇拜者，晚年热心于大乘佛教，修建了不少佛塔和寺庙。他曾给著名的佛教研究中心那烂陀以大量捐赠，并同佛教的重要人物如玄奘保持着很深的友谊。不过一般认为他并不曾改宗佛教。他只是在宗教方面采取折中主义态度，对于社会上流行的各种信仰均能给予必要的尊重。戒日王也很重视学术活动，曾拨出大量款项奖掖学者文人。优秀的梵语文学家波那（Bana）即生活在戒日王时代，他的重要作品有《戒日王传》和《迦丹波利》（未完成，由他的儿子菩商那续毕）。戒日王自己也好舞文弄墨，有3个剧本归在他的名下:《璎珞传》、《妙容传》、《龙喜记》，但它们是否真正出自他本人之手，一直存在争论。

到公元647年去世，戒日王共在位41年。他在一个动乱的年代里使印度北部保持了一代人的相对和平与稳定。戒日王的后代力图保持布舍菩地王国的霸权地位，但是群起争雄的小国使他们的希望落空。布舍菩地王国迅速衰落下去，北印度重又陷入野心勃勃的王公们竞相征逐和外国侵略者焚掠烧杀相互交替的混乱局面，直到200年后布罗蒂诃罗的波阇王再次取得霸位。有的史学家认为戒日王没有子嗣，王位在他死后为大臣阿罗那顺所得。新旧《唐书》称，唐太

① 玄奘、辩机著，季羡林等校注:《大唐西域记校注》，北京：中华书局，1985年版，第429页。

宗派往戒日王宫廷的使臣王玄策正在这时到达印度。他和随从30人悉为阿罗那顺所执，财物也被抢掠一空。王玄策宵遁后到西藏西境，得吐蕃和泥婆罗国（今尼泊尔）协助，复攻至中天竺，大破敌兵，俘阿罗那顺等回归长安。

五、戒日王以后北印度的混战和拉其普特人

7世纪中叶以后统治北印的主要有以下势力:（1）占据曲女城的耶输跋摩（约公元690~740年在位）。他战胜了孟加拉的高达人，但败死在北面克什米尔王罗利陀地陀耶的手中。（2）占据信德的罗依王朝。它在8世纪初受到阿拉伯人的侵略。阿拉伯人卡西姆占领了木尔坦，成了信德的统治者。（3）从7~9世纪，统治克什米尔的迦尔古陀王朝。它在9世纪中叶以后被乌托巴拉王朝所取代。（4）迦摩缕波的薄私迦跋摩。他在戒日王死后宣布独立，并夺取了比哈尔和奥里萨的一部分土地。他后来被湿罗私坦帕所取代，后者的家族统治迦摩缕波直到9世纪初。（5）孟加拉的波罗王朝。孟加拉在戒日王死后陷入长期混乱，为了结束这种局面，传说人民选举勾波罗为他们的最高统治者，由此开始了波罗王朝。波罗王朝为在北印称霸，曾同占据拉贾斯坦和马尔瓦的瞿折罗－布罗蒂诃罗人及从南印来的罗湿陀罗拘陀人激烈角逐达数十年（8世纪末叶至9世纪初）。这一王朝在9世纪中叶开始衰落，但到12世纪才彻底灭亡。波罗诸王（共18代）都是虔诚的佛教信徒。著名的那烂陀寺和超戒寺曾长期接受他们的大笔捐赠。

另一支参加争夺霸权，并且从7世纪中叶至12世纪末叶在印度历史上扮演过重要角色的是拉其普特人。拉其普特人素以笃诚信仰印度教，热爱自由，侠勇善战和忠于团体著称，但因为宗派观念根深蒂固，所以又很难团结一致，共赴急难。关于他们的起源，诸说不一。他们自称是古代日种和月种王朝刹帝利的后代，其祖先的事迹曾经构成《摩诃婆罗多》和《罗摩衍那》两大史诗的咏唱主题。但是拉其普特人崭露头角却是在7世纪以后，所以两者之间很难说有什么真正的联系。事实上，拉其普特人的来源是复杂的，有些的确是印度土著，有些却是外国人，只不过来到印度，为印度教社会所同化，在通过武力获得统治权后，充当了刹帝利的角色。有些拉其普特人的祖先并不是刹帝利，而是其他种姓，如婆罗门。拉其普特人分为36个氏族，其中最有影响的是瞿折罗－布罗蒂诃罗人、兆汉人、遮娄其人、波罗摩罗人、旃代罗人、多摩罗人、迦罗丘

利人、迦诃德伐罗人、罗湿陀罗拘陀人等。

瞿折罗-布罗蒂诃罗人　他们自称是大史诗《罗摩衍那》的主角之一罗什曼那的后裔，但不少学者认为他们源出中亚，到5世纪末才随哌哒人进入印度。他们最初定居于拉贾斯坦中部的曼多尔，在戒日王时代保持着独立，后来一部分移向东南，控制了马尔瓦地区。公元725年，他们的酋长那伽波陀一世成功抵挡了来自信德的穆斯林侵略者，建立王朝。为了争夺北印的霸权，他的继承者们同波罗王朝和罗湿陀罗拘陀人展开了长期的角逐，逐渐把领土扩大到拉贾斯坦、旁遮普和瓜廖尔。10世纪初叶，瞿折罗-布罗蒂诃罗人的王朝开始衰微。1019年，它的最后一个统治者罗阇波罗在伽色尼的苏丹马茂德的逼迫下退位。

旃代罗人　他们在9世纪崛起于班德勒坎德，10世纪初叶，在摆脱了对于瞿折罗人的臣属地位以后，独立并强大起来。11世纪北方各国抵御伽色尼王国的入侵时，他们曾经给予积极的支持。

迦罗丘利人　在9世纪后叶兴盛起来，占据着纳巴达河与哥达瓦里河之间的地方。迦罗丘利人的王朝曾在9世纪末击溃来自信德的阿拉伯人的侵略。他们曾同瞿折罗人、旃代罗人、遮娄其人发生过多次冲突，最后在13世纪初亡于旃代罗人。

波罗摩罗人　他们曾臣服于瞿折罗人和罗湿陀罗拘陀人，但是在后两者衰落以后，他们就在马尔瓦独立了。波罗摩罗人的王朝和所有在北印争雄的势力及突厥入侵者打过仗，其中同遮娄其人的斗争尤为持久。它的衰败是从11世纪中叶开始的，以后作为一个有限的地方力量又存在了很长时间。

兆汉人　他们的祖先也是在五六世纪随哌哒人进入印度的中亚部落之一，长期居住在拉贾斯坦中部，以阿季米尔为首府。他们的首领曾经是瞿折罗人的封臣。10世纪初脱离瞿折罗人而独立后，他们战胜遮娄其人，把疆土扩大到纳巴达河北岸。1191年，兆汉人击退了从西北入侵的廓尔的穆罕默德。次年，穆罕默德召集大批军队卷土重来。他战胜了兆汉人，开始建立穆斯林对印度的最初统治。兆汉王朝在马尔瓦的政权继续维持到14世纪末叶。它的最后一个国王在1401年被穆斯林废黜。

六、6世纪以后的南印度

4世纪初，在案达罗王朝灭亡的废墟上建立起若干小王国，其中最强大的是伐迦陀迦和波罗瓦。

伐迦陀迦王朝早先统治着班德勒坎德和彭甘加河之间的地区，4世纪初向南扩张到海得拉巴。4世纪末，为了加强自己的地位，它同笈多王朝联姻。但是以后它却极力利用笈多王朝的衰败来扩大自己的势力，逐步吞噬了今古吉拉特、中央邦和马哈拉施特拉这一广大地区。公元550年以后，伐迦陀迦王朝开始衰落，不久就灭亡了。著名的阿旃陀石窟有些是在该王朝的盛期开凿的。

波罗瓦人的起源不详，他们很可能是北方婆罗门同南方达罗毗荼人的共同后裔。波罗瓦王国据有今泰米尔纳杜邦东北部从阿尔科特、金奈到提鲁契腊帕里和坦焦尔一带地方，首府为建志（今康契普腊姆）。4世纪中叶受到三摩答剌·笈多的侵略，国王一度被俘。波罗瓦人所建立的王国在6世纪末叶强大起来，接下来两个世纪的历史就是为了争夺南印的霸权而同遮娄其人和罗湿陀罗拘陀人持续不断的战争史，其间他们曾占领朱罗并向南跨海征服过僧伽罗国。但是，长期南北受敌，加上后期内部的王位之争，消耗了国力，使它终于在8世纪中叶为北方的遮娄其人所败，首府建志失陷，从此一蹶不振。潘地亚人乘机北上至科佛里河，打击这个已经疲惫不堪的王朝。最后在9世纪末，朱罗人给了它致命一击。波罗瓦时代的建志是南印度重要的文化城市和梵文中心。据传著名的梵文诗人檀丁（Dandin）就生活在7世纪的波罗瓦王朝，他的著作有诗体文论《诗镜》和小说《十王子传》。这一时代留下的艺术珍品也很多。摩摩罗补罗（今泰米尔纳杜邦马哈巴利普兰）的“七塔”即是其一。它们是用巨石雕凿的塔庙、石庙壁上饰有各种精美的浮雕，完成于7世纪。

6世纪以后南印度的主要王国还有遮娄其、罗湿陀罗拘陀、耶达瓦、曷萨罗、迦迦蒂耶、潘地亚、朱罗和哲罗等。

遮娄其（Calukya）王国建于公元6世纪中叶。遮娄其人自称拉其普特，最初生活在阿逾陀城，是古代月种王朝的后裔。另有学者认为他们是瞿折罗人的一支，是从拉贾斯坦来到德干的。7世纪补罗稽辛二世（公元608~642年）在位时，遮娄其王国达于鼎盛，领有纳巴达河到科佛里河之间的大片土地，首府建在伐达比（今卡纳塔克邦的巴达米）。北方的瞿折罗和摩腊婆表示臣服，戒日王也正是在这时受挫于遮娄其人的。补罗稽辛二世向东征服了羯陵伽，打败了强大的波罗瓦人，一直把军队推进到他们的首都建志附近。但是他的第二次东征失败了。公元642年，波罗瓦人反攻的军队直捣伐达比，杀死了补罗稽辛二世。此后13年间，遮娄其政权衰微不振。公元655年，超日王一世宣布复国，后与潘地亚及迈索尔的恒伽王国结成联盟，击败波罗瓦人，洗劫了建志。超日王二世（公元733~746年）在位时又一次攻陷建志城，但他在勒石记功后便撤离了。他还打退了信德阿拉伯人对于德干的入侵。公元753年，他的儿子和继承人被罗湿陀罗拘陀人推翻，遮娄其国遂告灭亡。220年后，一个遮娄其王族的后裔逮罗推翻了最后一个罗湿陀罗拘陀王迦伽，恢复了遮娄其人的统治。新政权定都卡利亚尼（在今卡纳塔克邦），史称后遮娄其王朝。逮罗夺取了恒伽王国的一部分土地，逐渐在通加巴德腊河与纳巴达河之间建立起自己的统治权。后遮娄其王朝的突出事件是同坦焦尔的朱罗王朝长达一百余年的战争。它在12世纪中叶以后开始衰落，12世纪末叶被耶达瓦人和曷萨拉人所瓜分。两个遮娄其王朝的统治者都是虔诚的印度教徒，但对佛教和耆那教也能采取宽容的态度。他们建造了很多寺庙和洞窟献给印度教各大神。

公元611年，遮娄其王补罗稽辛曾封其弟拘阇·毗湿奴伐弹那为文吉（在克里希纳河与哥达瓦里河之间）的统治者。公元615年，拘阇宣布独立，建立东遮娄其王国（因此前述王国也可称西遮娄其王国）。第26代王罗阇罗阇与朱罗王的公主结婚，其子又继续与朱罗王室联姻。到第三代，两国合并，成为遮娄其–朱罗王国，时在11世纪末叶。

罗湿陀罗拘陀人也是拉其普特。他们原是遮娄其王朝治下的世袭酋长。公元753年，弹底·杜罗伽推翻遮娄其王，建立罗湿陀罗拘陀王朝。该王朝活跃于南印度政治舞台达2个世纪以上，直到公元973年复为遮娄其人的后裔所推翻。它在鼎盛时期地域广阔，占据着北起马尔瓦，南到建志的大部分中印和南印土地。罗湿陀罗拘陀王朝末期曾与朱罗人陷入旷日持久的战争，最后被后遮娄其王朝所取代。

朱罗国在臣服于波罗瓦后变得默默无闻。玄奘7世纪访问该国时，说它“土野空旷，薮泽荒芜，居户寡少，群盗公行”①。但是到8世纪中叶时，它又获得了复兴的机会，因为公元740年宿敌波罗瓦人受到了遮娄其人的沉重打击。9世纪中叶，朱罗王毗阇耶罗耶占据了坦焦尔。他的儿子阿选打一世（公元880~907年）继位后，协助波罗瓦人攻打潘地亚，有功，又得到一些土地。不久他乘波罗瓦国衰微之机侵入并占领了它。波阑陀迦（公元907~947年）在位时进一步吞并了潘地亚。以后，朱罗王的扩张因同罗湿陀罗拘陀作战失利而一

① 玄奘、辩机著，季羡林等校注:《大唐域纪校注》，北京：中华书局，1985年版，第846页。

度受挫，大片土地因此丧失，潘地亚等亦相继独立。但是，公元985年罗阇罗阇王即位后，励精图治，迅速摆脱了不利局面，不仅收回了原有失地，还向西征服了潘地亚、哲罗和恒伽，向北征服了羯陵伽，向南渡海占领了锡兰岛的北部，使朱罗王国进入了全盛期。他的儿子罗金陀罗（1016~1044年在位）继续奉行侵略政策，运用手中强大的海军，征服过安达曼和尼科巴群岛、缅甸南部的勃固区以及苏门答腊和爪哇。他还从陆路远征比哈尔和孟加拉，但未能在那里建立永久政权。11世纪末，朱罗与东遮娄其合并，成为遮娄其－朱罗王国。

遗留下来目前可见的朱罗建筑，都是纯粹达罗毗荼风格的，很少受到外来影响。坦焦尔供奉湿婆神的大寺可作这方面的典型。它是罗阇罗阇利用从被征服国家掠夺来的大量财富建造的。寺内塔高56米，分14层，塔顶是一块重80吨经过雕凿的独石。为了运送这块巨石，曾经铺设了长达6千米的坡道。塔身用无数精致的雕塑和像砖装饰着，显示出宏伟和精巧的完美结合。这种体现在波罗瓦和朱罗建筑中的达罗毗荼风格不仅遍见于南印度，也对整个东南亚产生了深刻的影响。类似的建筑在柬埔寨、越南和爪哇都不难发现。

比起前述几国，其他南印度小国在6世纪以后都比较弱小。它们虽然间或取得短暂的独立，但在大多数情况下只能做别人的属国，或作为附庸，卷入大国之间的争端，无法在南印度政治中发挥重要作用。

第六章

博大精深的古代哲学

6-1 中国关于印度古代六派哲学的著作

要了解印度文明，就必须了解印度哲学，因为印度哲学是解读印度文明的钥匙。印度自古以来就是一个多宗教的国度，居住在这片土地上的各个民族，也都是笃信宗教的民族。印度古代文化的基础，扎根于各种宗教的教义与哲学之中。无论是婆罗门教，还是佛教、耆那教，它们在教义和哲学上都具有一种重精神，轻物质；重灵魂，轻肉体；重直觉，轻理性的倾向。在这种倾向的影响和熏陶下，印度人养成了一种竭力追求精神而蔑视物质的价值观和生活方式。这种人生价值观念表现在印度文化的各个领域，如道德、法律、诗歌、戏剧、音乐、舞蹈、美术、建筑等。所以说，印度哲学，尤其是宗教哲学，是印度文化的核心或精髓。下面概要地阐述博大精深的印度古代哲学的产生和一些重要的哲学流派。

一、奥义书——古代哲学的源头

奥义书是印度古代哲学的源头，不仅婆罗门教的各个哲学流派发源于它，就连佛教、耆那教的哲学也深受它的影响。奥义书最早出现于公元前7世纪，即吠陀时代的晚期。奥义书不是一本书，而是一批专门阐述婆罗门教宇宙观、人生观和解脱观的哲学经典。“奥义”一词来自梵文Upanisad，原意为“近坐”，是指一批隐居于森林的婆罗门圣贤与弟子“围近而坐所秘密讨论和传授的深奥教义”，故在汉译佛经中译为“奥义书”。它的另一个名称是“吠檀多”，意思是“吠陀（文献）的最后部分”或“吠陀的最高意义”。现在保存下来的奥义书还有100多种，大都产生于公元前7~前5世纪，其中最重要的有13种:《广林奥义书》、《歌者奥义书》、《爱达罗氏奥义书》、《憍尸多基奥义书》、《鹧鸪氏奥义书》、《由谁奥义书》、《伊莎奥义书》、《迦塔奥义书》、《蒙达伽奥义书》、《疑问奥义书》、《白骡奥义书》、《慈爱奥义书》和《蛙氏奥义书》。这些奥义书所阐述的许多哲学理论后来不仅成为婆罗门教的基本教义，而且被佛教、耆那教和其他思想流派所吸收，成为几乎所有古代印度哲学的重要源头。

6–2《奥义书》中文译本

奥义书以前的吠陀文献，如吠陀本集和梵书等，都是以婆罗门教的祭祀活动为中心的，讨论的是举行祭祀的时间、地点、方法、目的和意义等。但是，奥义书则完全摆脱了对祭祀的讨论，开始以理性思维的方法展开对于宇宙本源、人的本质、人与自然的关系、人生最终命运等哲学问题的探索。隐居于森林中的奥义书作者们崇尚自由，追求永恒，善于思索。他们探求宇宙起源和人生真理，对各种人生问题，如苦与乐、生与死、灵魂是否存在、死后的命运、如何解脱等，都做出了自己的解答。因此，奥义书从理论上解决了婆罗门教的宇宙观和人生观问题，为以后婆罗门教的发展奠定了理论基础。

奥义书讨论了各种各样的问题，创造出许多新的学说和理论。其中有四种学说对后世影响最大。

（一）“梵我同一”学说

人的本质是什么？宇宙的本质是什么？人与宇宙的关系如何？为了回答这

些问题，奥义书的作者们提出了“梵我同一”的学说。

在奥义书之前，已经出现“梵天”的概念。在梵书中，梵天作为一个宇宙大神，创造了世界万物并掌管着天、地、空三界。继之而来的森林书，又进一步发展了梵天，宣称“万物皆从梵天而来，依梵天而存在，在毁灭时又复归于梵天”。尽管如此，那时的梵天仍然是一个有形象的人格化的神。

到了奥义书时期，婆罗门学者则把梵天进一步抽象化，去掉它的人格形象，使它转化为一个抽象的哲学概念——“梵”。他们用梵文中的阳性名词“梵”（Brahman）取代了阴性名词“梵天”（Brahma）。奥义书的著者们认为，梵是宇宙最高本体，万物的本源和始基。世界上的万事万物都来源于梵，依靠梵而存在，并且最终还原于梵。但是，梵本身是纯粹的精神实体，不具有任何形式和属性，亦无法用人的语言来描述。为了突出梵的至高性，他们还采用遮诠法，即通过否定达到肯定的方法，称它为“不是这，不是那”。例如，《广林奥义书》说:“它（梵）不粗不细，不短不长；不像火红，不像水湿；没有阴影，没有黑暗；不是风，不是空，不粘着；没有味，没有香；没有眼睛，没有耳朵；没有语言，没有感觉；没有生力，没有气息；没有端，没有度；没有内，没有外；它不食任何东西，也不被任何东西所食。”①

奥义书在把宇宙的本质概括为“梵”的同时，还把人的本质概括为“阿特曼”（Atman，意为“我”）。“我”，又称“灵魂”，也是纯粹的精神实体，位于人体之中，代表人的精神本性。《歌者奥义书》这样描述“我”:“这是我心中的阿特曼，小于米粒或麦粒、（小于）芥子、（小于）黍粒或黍粒核。这是我心中的阿特曼，大于天、大于地、大于空、大于万有世界。”②

人与宇宙的关系怎样呢？按照奥义书“梵我同一”的学说，人的灵魂或本质“我”，只是宇宙的灵魂或本质“梵”在人世间的显现，两者同源同体，在本性上同一不二。这一学说的建立，为婆罗门教的最终目标——解脱——提供了理论根据。奥义书的作者们一方面把梵视为宇宙的本体，万物的根源；另一方面又把它描绘成无限美好的极乐福境，因而成为人生追求的终极目标。他们认为，人的灵魂“我”位于人的身体之中，乃是“梵”的降临，是“梵”在世间的显现。换言之，人离“梵”并不遥远。作为“梵”的代表，“我”就在人体之中。人之所以有痛苦，是因为人的灵魂“我”在世间受到肉体的包围和私欲的

① 《广林奥义书》3，8，8。
② 同上。

束缚，它的无限欢乐和智慧的本性暂时不能显现出来。但是，它有恢复本来面目、还原于梵的要求。因此，一个人只要明白“梵我同一”的道理，并通过瑜伽修炼，克服私欲，就能使“我”从肉体的束缚中解放出来，还原于梵，恢复其本来面目。这样，人的灵魂就可以实现解脱，达到永生极乐的境界。

（二）“业报轮回”学说

“业报轮回”学说起源于奥义书，与“梵我同一”和“精神解脱”的理论相辅相成，构成了婆罗门教的基本教义。

“业报轮回”说的渊源，最早可以追溯到远古时代的灵魂不死观念。奥义书时代的圣贤们继承和发展了灵魂不死观念，提出了“业报轮回”理论。他们把人看作“小宇宙”，认为“小宇宙”与“大宇宙”一样，也包括物质和精神两部分。物质部分指人的肉体，精神部分指人的灵魂，或称“我”。灵魂是人体中永生不灭的精神，与大宇宙的最高精神——“梵”——是同一不二的。人的死亡只是肉体外壳的断灭，而内在的灵魂却是不死的。一个人死后，他的灵魂摆脱原来的肉体，可以在另一个肉体躯壳中继续存在。人的这种生生死死的不断循环，就是所谓“轮回”。那么，人死后灵魂将在什么样的躯壳中再生呢？换句话说，人转世后的形态是什么呢？按照奥义书的观点，这完全取决于一个人生前的“业”。“业”（Karma，音译为“羯磨”），是指人的行为，包括身、口、意，也就是行动、语言、思想三个方面。奥义书认为，人的任何行为都会引起“果报”，“果报”是绝对不可避免的，迟早都会到来。善行必有善报，恶行必有恶报——这就是所谓“业报”。

人生前所做的“业”不同，他死后所得到的“果报”也不同。为了说明“果报”的差别，奥义书还提出了“三道四生”说。“三道”是讲：一个教徒如果虔诚地崇信神明，奉行吠陀的规定，死后他的灵魂将达到“天道”（神的地位），转世为各种神灵；如果稍差一些，他的灵魂将投入“祖道”（人的地位），转世为婆罗门、刹帝利和吠舍等高级种姓；如果不崇信神明，违反种姓规定，他的灵魂就要沉沦于“兽道”（动物的地位），转世为首陀罗种姓或各种动物。“四生”是讲：灵魂在肉体死后，会根据其生前的不同表现，分别以四种不同的形态出生——胎生、卵生、湿生，或种生。“胎生”是指从母体胎中生出来的生物，如人与哺乳动物等；“卵生”是指从卵中孵化出来的生物，如鸟、鸡、鸭等；“湿生”是指从湿气中生出来的生物，如蚊，虫等；“种生”是指从种子里生出的生物，如草、木等各种植物。由业产生果报，由果报决定灵魂转世的形态——这就是“业报轮回”学说的主旨。

这种理论从奥义书的时代起，几千年来一直支配着印度人的思想和行为，构成了印度各种宗教伦理观的核心。后来的佛教和耆那教虽然反对婆罗门教，但也继承和吸收了奥义书的“业报轮回”学说，使之成为自身的基本教义。此外，通过佛教的广泛传播，“业报轮回”的思想不仅影响到亚洲，而且几乎影响到全世界。

（三）“精神解脱”学说

印度人的解脱（moksa或vimukti）观念，最早起源于奥义书。这一观念的出现，是与“业报轮回”思想密不可分的。所谓“解脱”，就是使人的灵魂或精神从生死轮回中，从肉体的束缚中彻底解放出来，达到永生不灭、无限福乐的境界。早在奥义书时代，那些在森林里静修的婆罗门圣贤们就认为，轮回的世界在本质上是痛苦的，人的灵魂处于生生死死的不断循环之中就是一种苦难。要想摆脱痛苦，灵魂就必须跳出轮回，这就是解脱。

另外，解脱的观念也与“梵我同一”说有直接关系。按照“梵我同一”学说的观点，人的灵魂“我”与宇宙的灵魂“梵”在本源上是同一的，“我”来自于“梵”，也应该回归于“梵”。人之所以处于轮回之中，其原因就在于“无明”。“无明”，即无知，是指人们认识不到“梵我同一”的真理而执着地迷恋男女之情、迷恋名利地位、迷恋世俗生活，而受无明支配的人则处于永不休止的生死轮回之中。奥义书时代的圣贤们认为，只要通过瑜伽修习，证悟到“梵我同一”的真理，就可消除无明，抛弃一切欲望，从而使灵魂摆脱轮回，返回梵界，达到解脱。正如《广林奥义书》所说：“认识梵者，可直升天界，获得解脱。”①《蒙达伽奥义书》也说：“认识那最高梵的（人），将变成梵。……他超越痛苦，超越罪恶……他变成不朽者。”②

（四）“智慧瑜伽”学说

“瑜伽”（Yoga）这个词，最早出现在《梨俱吠陀》中。但是，它最初的意

① 《广林奥义书》4.4。参见姚卫群编著:《印度哲学》，北京：北京大学出版社1992年版，第216页。

② 《蒙达伽奥义书》3.2。同上书，第224页。

思是“车驾”，即“用轭连接，服牛驾马”，还不具有后世意义上的“瑜伽”的内涵。后来，这个词经常出现在奥义书中，才逐渐与宗教解脱联系在一起，演化出今天的含义，即“连接”、“结合”、“归一”、“化一”之意。按照奥义书的解释，“瑜伽”就是通过各种修炼，使个人的灵魂（小我）和宇宙的灵魂（梵或大我）结合化一，从而实现灵魂的解脱。

按照奥义书的观点，“梵我同一”或“梵我合一”不仅是人生和宇宙之大道，而且也是人生最高之追求。为了达到“梵我合一”的境界，奥义书极力提倡一种瑜伽，名为“智慧瑜伽”或“知识瑜伽”。这种瑜伽主张通过增长宗教智慧或知识的途径，来达到梵我合一的境界。人由于无知和自私，分不清什么是“常”（永恒的东西），什么是“无常”（暂时的东西），体会不到梵我同一的真理，因而总把肉体意识和欲望看作“真我”的本性，沉迷于世俗的名利追求，陷入生死轮回的痛苦之中而不能自拔。因此，奥义书认为，一个人必须学习宗教知识，增长智慧，克服无明，分清常与无常，从理论上懂得什么是“梵我同一”。当然，仅明白“梵我同一”的道理还是远远不够的。因此，必须长期修习各种瑜伽实践，如静坐、冥思、自制、禁欲等，以求彻底消除私欲，抛弃世俗的干扰，真正体悟到“梵我合一”的极乐境界。只有那时，才能真正实现精神的解脱。

在瑜伽行法上，《慈爱奥义书》曾提出“六支瑜伽”。这六支包括：调息（调整呼吸）、制感（制止各种心理活动）、禅定（静虑）、执持（心专注一处，专注于身体的一点，如肚脐、鼻尖等）、观慧（又称三昧，指心与专注的对象冥合为一）。奥义书倡导的这种“智瑜伽”，后来被吠檀多各派思想家所接受和发扬，因而成为印度瑜伽流派中最重要的一支。

总之，奥义书已从吠陀本集和梵书的神话传说和巫术咒语中走出，从神话的形象思维走向哲学的抽象思维，开始用逻辑推理的方式来探讨人的本质、宇宙本源、人与自然的关系、肉体与灵魂的关系、死后的命运等重大哲学问题。作为古代印度哲学的源头，奥义书所提出的“梵我同一”、“业报轮回”、“精神解脱”和“智慧瑜伽”等学说，不仅直接影响了婆罗门教的各派哲学，而且也对佛教、耆那教和其他各种哲学流派都产生了深刻的影响。

二、婆罗门教六派哲学

4世纪，北印度结束了数百多年的分裂状态，建立起一个统一的大帝国——笈多王朝。笈多王朝（公元320~550年）持续二百多年，经济和文化非常繁荣，因而被称为印度历史上的“黄金时代”。笈多王朝的历代君王都十分尊崇婆罗门教，在他们的保护和支持下婆罗门教迅速发展，其宗教文化也达到了空前的繁荣。这种繁荣的重要标志，就是编纂出许多新的经典和法典，并形成了六个正统的哲学流派：数论、瑜伽论、胜论、正理论、弥曼差论和吠檀多论。

大约公元前3世纪以后，婆罗门教的六派哲学就开始陆续产生，后来经过数百年的发展和完善，才逐步建立起自己独立而完整的体系。它们被婆罗门教视为“正统”。所谓“正统”，也只是婆罗门教徒的自我标榜。在他们看来，吠陀经典（包括吠陀本集、梵书、森林书和奥义书等）是神的最高启示，是必须崇信和遵守的绝对权威；凡是承认吠陀权威的思想流派，才是“正统”的，否则即属“非正统”。由于这六派哲学都承认吠陀的权威，都是在吠陀思想的基础上建立起来的，因此被他们称为“正统”哲学；而那些不承认吠陀权威的佛教、耆那教和顺世论等思想流派，则被视为“非正统”。下面，对数论、瑜伽论、胜论、正理论、弥曼差论和吠檀多论的思想分别加以论述。

数论（Samkhya），音译为“僧祛论”。“僧祛”原意为“计算”或“数”，后引申为“思索研究”，故成为该派名称。相传该派的创始人为迦毗罗（Kapila，约活跃于公元前3世纪），著有《数论经》。最重要的理论家是自在黑（Isvarakrisna，约活跃于4世纪），其代表作是《数论颂》。

数论哲学的基础是“因中有果论”，认为结果只是原因的另一种表现形式，原因与结果在本质上是相同的，一个是事物的隐蔽状态，一个是事物的显性状态。从因中有果论出发，它提出了一种二元论学说，又称“二十五谛说”。“二十五谛说”认为，世界万物是由“神我”和“自性”两种实体的结合而产生。“神我”是独立的精神实体，“自性”是处于未显现状态的“原初物质”，是最高的物质实体。自性由喜、忧、暗三种性质（又称“三德”）所构成。当三者（三德）势力均衡时，自性处于不变状态；一旦三者的平衡状态被打破，自性就发生变异。数论认为，当神我与自性结合的时候，就破坏了三德的平衡，从而促使自性发生变异。自性开始变异后，神我就脱离了自性，像个旁观者，只起观照作用。自性，即原初物质，在变异过程中首先产生“统觉”（指“圆满智慧”）；由“统觉”产生“我慢”（即“自我意识”）；由“我慢”产生十一根（即十一种人体器官，包括眼、耳、鼻、舌、身五种感官，手、足、口、排泄器官和生殖器官五种行动器官和心）；另一方面又产生五种细微元素：色、声、香、味、触；再由五种细微元素产生五种粗大元素：地、水、风、火、空。全部变异过程产生二十三个范畴，再加上神我和自性，共二十五个范畴，即二十五谛。二十五谛说虽然颠倒了物质和精神的关系，但也包含着许多唯物主义因素。这种具有唯物主义因素的二元论学说是古代数论派的最大特色，但是后期数论由于受到吠檀多思想的影响，逐步改变了它原初二元论的性质而滑向唯心主义一元论体系。

数论认为人生的本质就是苦。苦分为三种：外部之苦，包括鸟、兽、蚊、虫和毒蛇等所造成的苦；内部之苦，包括生理上的苦（高烧、抽风、痰盛、咳嗽等）和心理上的苦（怒、气、贪、爱、嫉妒、恐惧等）；自然之苦，包括寒暑、风雨、雷电和山崩等所导致的苦。如何从人生的苦难中解脱出来？他们认为，关键在于认识和理解二十五谛说，证悟到神我和原初物质本不是一种东西，真正使自己从原初物质组成的世界中摆脱出来，从而达到自由欢乐的境界。

瑜伽论（Yoga），作为一个哲学派别，最早出现在公元前2世纪，创始人为波颠阇利（Patanjali），主要经典是《瑜伽经》。现存的《瑜伽经》，大约定型于3~4世纪。

该派在发展过程中与数论相结合，形成了姊妹学派。其理论与数论颇为相似，但也有一些差异。它在数论二十五谛说的基础上，另立了一个主宰神——自在天，认为自在天指导原初物质的活动，是原初物质的动力因，从而增加了有神论的色彩。瑜伽派哲学的一个特色是，注重对心（意识和心理机能）的研究。认为心的作用有五种：正知（正确的认识）、似知（错误的认识）、分别知（想象的认识）、睡眠（指心在睡眠中以非存在事物为表象的认识）、记忆（指过去行动留下的种种潜伏的印象）。瑜伽修行的目的是通过种种方法，抑制心的这些作用，使人的灵魂与宇宙精神相结合，最终达到解脱。

在瑜伽实践上，该派提出了“八支行法”。这八种修行方法有：（1）禁制，指必须遵守的戒律，包括不杀生、诚实、不盗、不淫、不贪等。（2）劝制，指必须遵守的道德准则，包括清净（对身体和食物的清净，为外净；对内心污浊的清净，为内净）、知足（不求自己分外之物）、苦行（忍受饥、渴、寒、暑等痛苦，遵守斋食、巡礼等誓戒）、学习经典、敬神等。（3）坐法，指保持身体平稳自如，精神放松。（4）调息，指调整和控制呼吸。（5）制感，指抑制各种感觉器官，将感官的活动完全置于心的控制之下。（6）执持，是使心专注于一处，如肚脐、鼻尖、舌端等。（7）禅定，亦称静虑，是使专注一处的心与所专注的对象相统一，即使主客体融合。（8）三昧，就是真正达到了心与其所专注的对象冥合为一。瑜伽派的学说和实践不仅对婆罗门教各派的修行方法，而且对佛教、耆那教和其他宗教的修行方法都产生过重要的影响。

胜论（Vaisesika），出现于公元前2世纪，创始人为迦那陀（Kanada）。主要经典是《胜论经》，此书定型较晚，约在2世纪。胜论，在汉译佛经中有时按其发音，译为“吠世师迦”、“毗世迦”等，其意是“殊胜”、“区别”和“差异”等，这表明该派研究的重点是世界各种现象的差异和特殊性。

胜论哲学的特色在于它的原子论和六句义说。原子论又叫“极微说”，这种理论认为，世界是由不同性质的原子（极微）所构成。原子的基本形态是地、水、风、火。原子是单一的，不可分割的最小单位，它本身是永恒不变的，而由它们构成的事物却是可变的。事物由原子的聚合而成，也由原子的分散而消失。原子的最初形式是两个原子成对结合，称为“二重原子”；三个“二重原子”结合成“三重原子”。依此类推，多重原子的积聚便形成世界的多种形态。原子的结合和运动是受一种“不可见力的规律”所支配。这种学说反映出胜论的唯物主义自然观。“句义”（padartha），可译为“范畴”，六句义说就是六种范畴说。这种学说把世界上的一切事物划归六大范畴，其哲学思想就包含在对各种范畴的解释之中。六大范畴为：实、德、业、同、异、和合。实，即实体，是构成万物的基础，包括地、水、火、风、空、时、方、我、意9种。德，指事物的性质，有色、味、香、触、数、量等24种。业，指事物的运动特征，分上升、下降、收缩、扩张、进行5类。同与异，分别指事物的共性和个性，依此认识事物的存在，认识一事物区别于他事物的原因所在。和合，指事物自身与其所具有的属性之间不可分割的关系。六句义说也包含着相当丰富的唯物论因素。

总之，胜论哲学是印度古代最有代表性的唯物论学说。胜论派的另一个重要经典《胜宗十句义论》，被我国著名佛教学者玄奘从印度带回中国，于公元648年由梵文译成中文，曾对中国哲学有一定影响。据说此经典在印度已经失传，但一直完好地保存在中国。

正理论（Nyaya），原意为“正确的推理”，后引申为“逻辑研究”，实际上正理论就是印度古代的逻辑学。该派产生于公元1世纪，创始人为乔达摩（Gotama），主要经典是《正理经》。现存的《正理经》，大约定型于3~4

世纪。

正理论以研究认识论和逻辑学为主要宗旨，把人的认识分为“确切的认识”和“非确切的认识”两种。“确切的认识”又分为四种：（1）现量（知觉），即感官与外界事物接触而产生的认识，分直接知觉和间接知觉。（2）比量（推理），分“见前推理”、“见后推理”和“同类推理”三种。（3）比喻量（类比），即从已感知的事实推知未感知的事实，如从已知的家牛推知野牛。（4）证言，即从可信赖的人的言说中和圣书中所获得的知识。“非确切的认识”，分为疑惑、错误、假设的论证、记忆四种。

正理论对印度哲学最突出的贡献，就在于它对逻辑学的研究。它经过长期的探索和研究，确立了一个名为“五支论法”的逻辑推理方法。这种推理方法分为五个步骤：宗（命题）、因（理由）、喻（例证，包括正例、反例两种）、合（应用）、结（结论）。“五支论法”是一种很科学的推理方式，它可以同古希腊亚里士多德提出的“三段论式”推理法媲美。下面试做比较：

正理论的五支论法是：

命题：此山有火，
理由：因为山上有烟，
例证：凡是冒烟的地方就有火，如灶（正例），
　　　凡是不冒烟的地方就没有火，如湖（反例），
应用：现在此山在冒烟，
结论：所以此山有火。

按照古希腊亚里士多德的三段论式推理法：

大前提：凡是冒烟的地方必有火，
小前提：现在此山冒烟，
结　论：所以此山有火。

通过正理论的五支论法，人们可以看到古代印度的逻辑学是非常发达的。这种逻辑学对印度人的思维方式和推理方式都有巨大的影响。尼赫鲁在评价正理论时说：“正理（尼也耶）派所采用的方法是分析的、合乎逻辑的。实际上，

‘正理’的意义就是逻辑，也就是正确推理的科学。它有许多方面与亚里士多德的三段论法相仿佛，虽然这两者之间也存在着基本的差别。正理论所包含的逻辑的原理为其他的一切哲学派别所接受，而且在整个远古和中世纪时期直到今天，在印度学校和大学中都把教授正理派哲学当作一种智力锻炼。”①

弥曼差论（Mimamsa），作为一个哲学派别，大约产生于公元前2世纪。创始人为阇弥尼（Jaimini），他所著的《弥曼差经》是该派的根本经典。现存的《弥曼差经》有许多后人加入的成分，定型于1世纪左右。

“弥曼差”有“思维审议”和“审查考究”之意，意即该派哲学的重点是对吠陀祭祀的方法和意义进行“审查考究”。他们认为，研究吠陀祭祀和礼仪是人生的最高目的和义务。他们把人的认识分为六种：现量（知觉）、比量（推理）、圣言量（证言）、譬喻量（类比）、义准量（推定）、无体量（非存在）。在对圣言量进行研究时，弥曼差论者提出了“声常住论”，或称“语言不灭论”。这种理论认为，吠陀圣言（即声音）不是一种单纯的名称或概念，在它们的背后有一种常住不灭的实在或神奇的力量。吠陀是永恒不变的，吠陀的声音或语言也是永恒不灭的。此学说虽然从宗教神学出发，但是承认祭祀时使用的语言背后存在着一种凌驾于一切之上的独立原理，从而否定了作为创造主的最高神的存在。可以说，它具有某种无神论的倾向。弥曼差论由于过分强调祭祀在解脱中的作用，所以随着人们对烦琐祭祀的厌恶和反对，该派的影响力也逐渐减少，尤其是在近现代。

吠檀多论（Vedanta），最初产生于1世纪，创始人为跋达罗衍那（Badarayana，约公元前1世纪），他所著的《梵经》是该派主要经典。由于后人不断对《梵经》进行修改和补充，所以现存的《梵经》大约定型于5世纪左右。奥义书是吠陀文献中的最后部分，人们把奥义书通常称为“吠檀多”，其意为“吠陀的终结”或“吠陀之末”。因此，吠檀多论是与奥义书分不开的，它以奥义书为主要研究对象，其思想渊源自然也可追溯到奥义书。

作为一个哲学派别，吠檀多论继承了奥义书“梵”与“我”的学说，并且以研究最高本体“梵”、个人灵魂“我”和现象世界这三者的关系为基本任务。在长期发展过程中，由于对这三者关系的看法不同，吠檀多论内部又分裂为若干不同学派。主要学派有：

---

① ［印］J.尼赫鲁著：《印度的发现》，齐文译，北京：世界知识出版社，1956年版，第226页。

吠檀多不一不异论　主要代表人物是跋达罗衍那。该派主张，宇宙最高本体“梵”是一种纯粹的精神，在空间上是无所不在的，在时间上是永恒无限的。“梵”是世界的终极原因，表现在四个方面：质料因（世界上各种现象皆由“梵”所构成）、动力因（“梵”是创造世界的动力）、形相因（世界的多样性以“梵”为因）、目的因（“梵”是为了自己游戏而创造了世界）。在“梵”、个体灵魂“我”、现象世界三者的关系上，认为“梵”是世界的创造者或世界的本原，“我”和现象世界是其组成部分、属性或创造物，因此三者是不同的（即“不一”）。但是，“我”与现象世界又都具有梵性，本质上与“梵”是相同的（即“不异”）。所以，人们称这种理论为“吠檀多不一不异论”。

吠檀多不二论　以乔荼波陀（Gaudapada，约活跃于7世纪）为代表，其主要著作为《蛙氏奥义颂》。该派认为，宇宙最高本体——“梵”与个体灵魂——“我”在本性上是同一的。“梵”好比没有限制的大虚空，“我”好比瓶中的小虚空。两者在形式上虽然不同，但是在本质上是同一不二的。当瓶子被击破时，大虚空和小虚空，即“梵”与“我”将合为一体。在探讨“梵”与世界的关系时，他们发展了奥义书中出现的一种“摩耶”理论。主张“梵”是唯一的实在，世界的各种现象都是“梵”通过一种幻力（即摩耶）创造出来的，因此是不真实的，就好像梦幻和海市蜃楼一样。这种认为世界是虚幻的理论，被称为“摩耶论”（即“世界幻象论”）。在“梵”、“我”和世界的关系上，由于该派认为“梵”与“我”在本性上是同一不二的，世界只是“梵”的一种不真实的幻现，所以人们称它为“吠檀多不二论”或“吠檀多一元论”。后来，著名宗教改革家商羯罗继承和发展了这种理论，并使它成为中世纪印度教社会中的主导思想，对以后印度哲学的发展产生了极为重要的影响。

吠檀多制限不二论　该派理论的提出者是11世纪著名哲学家罗摩奴阇（Ramanuja，？～1137年），其主要著作有《吉祥注》、《吠陀义纲要》和《吠檀多明灯》等。他反对乔荼波陀和商羯罗的“摩耶论”，主张“梵”显现的世界不是幻象，“梵”和它所变现的现象界都是真实的。现象界分为“个我”（个体灵魂）和世界两类：灵魂是“梵”的精神力的表现，像原子一样微小，数量众多，散布于各个肉体之中，如灯光照亮全室；世界是“梵”非精神力的表现，可分为原初物质、时间和纯质三种。在梵、个我和世界的关系上，认为三者在本质上是相同的，但在性质、形式和作用上又是相异的。相异之处在于：梵拥有创造、维持和毁灭万物的力量，而个我和世界则无此力；梵在空间上是无限的，无所不在，而个我只存在于人的身体之中；梵以精神为本性，而世界以物质为本性。又认为梵与个我、世界的关系也是实体与属性、全部与部分的关系。梵虽然受到个我和世界的限制，但三者仍然是一个完整统一的整体。因此，这种学说被称为“吠檀多制限不二论”。由于罗摩奴阇是印度教虔信派改革运动的开创者，所以他的学说对虔信运动各派信徒都有很大影响。

吠檀多二元论　以摩陀婆（Madhva，1197~1276年）为代表，其主要著作有《梵经注》和《薄伽梵歌注》。他认为梵是至善、圆满、最高的精神实体，它具有无限的智慧和力量，是创造、维持世界的原因，毗湿奴大神是它的化身。为了强调梵、个我和物质世界三者的差异性和各自独立性，提出了“五别异论”。这五种别异是：梵与个我的差异、梵与物质的差异、某一个我与其他个我的差异、个我与物质的差异、某一物质与其他物质的差异。因为强调梵（精神实体）和世界（物质实体）各自的差异和独立性，即强调精神与物质的二元性，所以这种学说被称作“吠檀多二元论”。

吠檀多哲学是以婆罗门教的根本经典——奥义书为依据，以“梵我”学说为基础，经过长时间发展和完善而逐步形成的。从产生之日起，它就受到历代婆罗门统治阶级的重视，一直在思想领域占有重要位置。特别是8世纪以后，商羯罗对吠檀多哲学进一步改革和创新，把它提升到一个更高的水平，使它成为印度教社会中占主导地位的思想体系。因此，在婆罗门教六派正统哲学中，吠檀多论对印度思想的影响是最大的，这种影响至今仍然延续着。

三、佛教哲学

佛教诞生于古代印度，在印度流行了大约1 700余年。孔雀王朝时期，由于阿育王的崇信和极力推广，佛教在印度迅速发展，其影响一度超过婆罗门教，并且开始向世界各地传播。它的思想成就曾被婆罗门教和其他宗教所广泛吸收，即使它在印度衰微以后，它的影响依然存在。所以，佛教的思想与文化是印度古代文明的重要组成部分，也是印度文明对世界产生影响最大的部分。

印度佛教的发展历程大致可以分作四个阶段：（1）初期佛教时期（约公元前6世纪~前4世纪），主要是释迦牟尼和他的传承弟子们传教说法的时期。（2）部派佛教时期（约公元前4世纪~公元1世纪）。释迦牟尼圆寂一百多年以后，由于对释迦牟尼所说的教义和戒律在解释上发生分歧，佛教徒们开始分裂，逐渐分为许多部派。这些部派可分为两大系统：上座部系统和大众部系统。（3）大乘佛教时期（约1~7世纪）。大约在1世纪左右，佛教内部出现了重要的变革运动，产生出一个新的改革派别——大乘佛教。所谓“大乘”（Mahayana），是一部分佛教徒对自己的称呼，意思是说，他们所主张的教义和修行方法才真正是通往彼岸天堂的“大车”、“大的运载工具”或“光明大道”等。他们把那些坚持旧有观点的非改革派别贬称为“小乘”，意为“小车”或“小道”等。大乘佛教与小乘佛教的重要分歧在于：在教义方面，大乘一般认为“法空”或“我法两空”；小乘则认为“法有”或“我空法有”。在修行方面，小乘一般把证得阿罗汉果，求得个人解脱（强调自利性）作为最高目的；大乘则把修炼成佛、普度众生（强调利他性）作为最高目的。在对待佛陀的态度上，小乘一般把佛陀看作最高教主，不把他视为神；大乘则把佛陀视为神，无限夸大佛的神威。大乘佛教内部也分为两派：中观派和瑜伽行派。（4）密教时期（约7~13世纪）。此时期佛教已经衰微，并逐渐与婆罗门教和印度民间信仰相融合，采取了一种以崇信咒术、礼仪和俗信为特征的特殊形态，形成所谓“密教”，又称“坦多罗教”（Tantrism）。13世纪左右，佛教在印度已经销声匿迹。19世纪以后，佛教又从斯里兰卡传回，出现了近现代的印度佛教。

6-3 佛陀头像，10世纪

佛教哲学是佛教思想的精华，亦是佛教文明的代表。印度佛教发展的各个历史时期都有自己独特的哲学思想与学说。但是从整体上看，影响最大、最能代表印度佛教哲学的有三种学说。它们是：释迦牟尼的初期佛教学说、龙树的大乘中观派学说、无著的大乘瑜伽行派学说。下面对这三者做一概略评介。

（一）释迦牟尼的初期佛教哲学

释迦牟尼创立佛教的目的，是要解决人生的痛苦问题，力图把人从生活的苦难中解救出来。因此，他的哲学是以探讨人生问题为主要宗旨的，即讨论人为什么活着、如何活着、人生命运、道德行为等问题。但是，在讨论人生问题的同时，不可能不涉及宇宙方面的问题，如万物的起源、世界的形态等。所以，释迦牟尼的哲学以讨论人生为主，也包括宇宙起源、世界形态等方面的问题。其主要内容有四谛说、缘起说、五蕴说、诸法无我说等。

四谛说　此说是佛教的基本教义，也是佛教思想的灵魂。所谓“四谛”，就是“四种真理”，包括苦谛、集谛、灭谛和道谛。苦谛，讲人的现实生活中充满着各种各样的痛苦。在释迦牟尼看来，这些痛苦可以归纳为八种：生苦、老苦、病苦、死苦、怨憎会苦（和不爱的人或东西会合，是痛苦）、爱别离苦（和相爱的人或东西分离，是痛苦）、求不得苦（想得到的东西得不到，是痛苦）和五取蕴苦（一切身心上的痛苦）。集谛，讲造成人生痛苦的根本原因是欲望。人有了各种欲望，欲望得不到满足，就会产生烦恼和痛苦。例如，人的爱欲、贪欲、追求感官享受、追求名利地位，都是造成痛苦的根源。灭谛，讲消灭造成痛苦根源的真理，主张只有灭除造成痛苦根源的种种欲望，才能使人从痛苦中解脱出来。道谛，讲灭除欲望、实现解脱的具体方法、途径或道路。为此，释迦牟尼提出了八种正确的方法，即所谓“八正道”。“八正道”包括：正见（正确的见解，即信徒应该掌握的佛教所主张的正确观点）、正思（正确的思维，指佛教所提倡的思维方式）、正语（正确的语言，如不说诳语、不说污秽或粗暴的语言等）、正业（正确的举止行为，如不杀生、不强取等）、正命（正当的谋生或生活方式）、正精进（在精神修习上的正确努力，如努力生善、努力防止生恶、对已生的恶则努力断除等等）、正念（培养正确的意念，如通过对身心的修炼，认识到世间事物的无常，从而不迷恋世间事物）、正定（正确的冥思或禅定，指佛教为达到最高境界所进行的修习方式）。四谛说主要论述人生现象、人生道路、生活方式和道德行为等问题，目的是为佛教追求的最高境界——精神解脱提供理论根据。它作为初期佛教教义的基础，对以后佛教的发展有深刻影响。

缘起说　此说论述的是世界万物和人生成、存在和发展的原因。释迦牟尼反对婆罗门教认为世界上有一个永恒不变的绝对实体（梵或我）的主张。他认为世界万物都是变化的，都在一定条件下生灭变迁着。“缘起说”中，“缘”，指因缘、条件；“起”，指生起、产生。所谓“缘起”，就是说任何事物都是依据一定的因缘关系或条件而产生，而生起的。“缘起说”主张，世界上没有不生不灭的永恒存在，一切事物都是在相互依存的关系或条件中产生的；离开了一定的关系或条件，就没有事物的生灭变化。初期佛教经典《中阿含经》就是这样说的：“若有此则有彼，若无此则无彼，若生此则生彼，若灭此则灭彼。”①

释迦牟尼的“十二因缘”理论就是“缘起说”的具体体现。他运用缘起说观察分析人生，把人生分为十二个彼此互为条件或因果的环节，即“十二因缘”。这十二个因缘是：无明、行、识、名色、六处、触、受、爱、取、有、生、老死。他认为，由“无明”（无知，尤其指对佛教真理的无知）生出“行”（由于错误观念而引起的种种行为），由“行”生出“识”（认识或认识功能），由“识”生出“名色”（“名”指人的精神，“色”指肉体；“名色”，即精神与肉体的统一体），由“名色”生出“六处”（指六种感官——眼、耳、鼻、舌、身、意），由“六处”生出“触”（感官与外界的接触），由“触”生出“受”（感官的感受，如苦、乐等），由“受”生出“爱”（由于感受而产生的对外界事物的贪爱），由“爱”生出“取”（对外界事物的追求和占有），由“取”生出“有”（由于对外物追求的行为而产生相应的后世报果或生存环境），由“有”生出“生”（有报果，必然导致来世的再生），由“生”生出“老死”（有再生，必然有死亡）。“十二因缘”论把人生看作一种有着相互依存关系的变化过程，从而否定了婆罗门教有关永恒不变的灵魂（我）的理论。另外，它也说明人由于无明而去追求物质世界，故而产生痛苦；只有彻底断除无明，才能摆脱轮回，脱离苦难，达到解脱。无疑，这种理论也为佛教的解脱观提供了理论根据。

五蕴说　释迦牟尼在分析人的时候，还提出一种有关人身心结构成分的学说，即“五蕴说”。“蕴”（skandha），意思是“积聚”或“合和”。所谓“五蕴”，是说人的身心是由五种成分积聚或和合而成的。这五种成分是：色蕴、受蕴、想蕴、行蕴和识蕴。色蕴，相当于物质事物，它包括四大（地、水、风、火）、人的感官（眼、耳、鼻、舌、身）和感觉对象（色、声、香、味、触等）。受蕴，相当于感官接触外界事物所产生的感觉或感受，如苦、乐、不苦不乐等。想蕴，相当于从感觉中抽象出来的某些观念或概念，是一种抽象思维。行蕴，相当于意志，具有目的的行为意志。识蕴，相当于能够控制一切心理活动的总

① 《中阿含经》卷二十一。

意识。释迦牟尼主张人是由这五种成分聚合而成的，没有这五种成分的聚合，就不会有人的存在。有的时候，他还用这种理论去分析外界事物，认为世界万物也都是由物质成分和精神成分所组成。“五蕴说”对世界的解释显然是不科学的，但它也包含着一定的唯物论成分。

诸法无我说　在释迦牟尼的时代，对灵魂是否存在的问题，印度各宗教和哲学流派有种种不同的看法，大体说来，可分两派：一派主张有一个永恒不变的精神实体或灵魂存在，人称这种主张为“常见”；另一派则认为根本没有永恒不变的精神实体或灵魂，否认人死后的任何存在，人称此主张为“断见”。主张“常见”的派别有婆罗门教（以奥义书为代表）、耆那教和生活派（Ajivika，一译邪命外道）等，主张“断见”的有佛教、顺世论等。在灵魂这个问题上，初期佛教坚决反对奥义书关于人有一个永恒精神实体“我”的主张，针锋相对地提出了“诸法无我”的观点。在佛教理论中，“法”是指“存在”或“事物”，“我”是指永恒的精神实体或灵魂。所谓“诸法无我”，就是说世界上任何事物或存在都没有永恒不变的精神实体或灵魂。佛教认为，世界万物和人都是一些霎时即逝的原素，依一定因缘关系结合而成，根本不存在永恒的实体或灵魂。这就从逻辑上否定了世界上有一个不变的精神主宰者——神。因此可以说，初期佛教思想中包含着无神论的因素。

6-4 释迦牟尼成道后向五比丘说教图

（二）龙树的大乘中观派哲学

龙树（Nagarjuna，约2~3世纪）是中观派理论的创始人，亦是大乘佛教哲学最有代表性的人物。他的著作和思想不仅对印度佛教，而且对世界佛教的发展都有深刻的影响。中国、朝鲜和日本的许多佛教派别都曾受到龙树思想的影响。他出生于南印度，属婆罗门种姓，幼年曾受婆罗门教的五明教育，故学识渊博，通晓天文地理和各种道术，后皈依佛教，学习和研究大乘佛理。龙树著述颇多，主要有《中论》、《十二门论》和《大智度论》等。他的弟子提婆（Deva，约2~3世纪）也是中观派的重要理论家，主要著作有《百论》、《四百论》等。

龙树的主要理论有：缘起性空说、八不说和二谛中观说。

缘起性空说　龙树继承了初期佛教的“缘起说”，并且把它大大地提高了一步。他极力强调“万物性空”，劝诫人们不要迷恋物质世界，从而使佛教唯心主义上升到一个新的高度。在他看来，世界上的一切事物都是依因缘关系和条件而产生的，只要因缘关系和条件发生变化，它们也会随之变化。因此，世界万物都是变化无常的，这些变化无常的事物本身就没有独立的实在性或自性，即“万物性空”。为了解释这种观点，龙树在其著作《中论·观四谛品》中说：“众因缘生法，我说即是空，亦为是假名，亦是中道义。”这段话就是有名的“三是偈”，因为其中中出现了三个“是”字。“三是偈”是大乘中观派根本思想的集中表述，有三层意思：其一，龙树认为，凡是一切依因缘而产生的事物，其本性都是空；这里的“空”，不是虚无，不是没有，不是不存在，而是对其独立实在性的否定，即“无自性”或“自性空”。换言之，世上一切依因缘而生而又变化无常的事物，都没有实在性，本性是空的。其二，依因缘而生的事物，不仅“性空”，而且是“假名”。所谓“假名”，就是“假设的名相”。虽然这些事物在本质上是空的，但是对于一般人来说，由于他们达不到这个认识水平，还以为这些事物是“有自性”的，故给这些事物起了各种“假名”。其三，在龙树看来，一边认为事物是“无自性”（空），另一边认为事物是“有自性”（假名），这两边都是极端，必须把两者结合起来，才能不片面。这就是所谓“中道义”，即不走极端，要走把两者结合起来的“中道”。所谓“中观派”，就是指能用这种“中道”观点看待世界的思想派别。龙树“三是偈”的核心，乃是“缘起性空”。他从“缘起论”出发，推出了因缘和合而生的一切事物“自性皆空”，从而否定客观事物的实在性，告诫人们不要迷恋于物质世界，以此为佛教的解脱观提供理论根据。

八不说　为了进一步阐发一切事物自性皆空的道理，龙树还提出了独特的、带有一定辩证法因素的学说——“八不”说。他在《中论·观因缘品第一》中说:“不生亦不灭，不常亦不断，不一亦不异，不来亦不出（去）。能说是因缘，善灭诸戏论。我稽首礼佛，诸说中第一。”在这里，龙树提出了四对范畴：生灭、常断、一异、来去。这四对范畴都是从不同角度来说明事物的存在性或实在性的。如果对这四对范畴的每一方都加以否定，就是所谓的“八不”：不生、不灭、不常、不断、不一、不异、不来、不去。对于“八不”的提出，可以从两个方面来解释。一方面，龙树提出这一理论，目的在于对佛教内部和外部各派在因果关系问题上的各种不同观点进行批判。例如，部派佛教偏于讲生灭，认为事物由于因缘和合而生，由于因缘和合而灭，即有实在的生，也有实在的灭。龙树不同意此观点，故提出“不生亦不灭”。婆罗门教坚持“常”见，认为灵魂“我”是常住不变的；顺世论坚持“断”见，主张灵魂是断灭的；龙树反对两者，故提出“不常亦不断”。数论坚持“一”见，认为因中有果，果从因转化而来，因果是一；胜论坚持“异”见，认为因中无果，因与果的性质是异。龙树为批驳两者，才提出“不一亦不异”。总之，龙树从不同的角度批驳各种偏见，以说明一切因缘和合之物自性皆空。另一方面，从认识论的角度看，龙树从各个方面否定了事物存在的绝对性，为的是论证“万物皆空”的道理。“八不”中的不生、不灭是从实体方面讲的；不常、不断是从时间方面讲的；不一、不异是从空间方面讲的；不来、不去是从运动方面讲的。龙树从实体、时间、空间和运动等各个方面论证事物，只肯定一切事物的相对性，而否定事物存在的绝对性，以此说明“万物性空”。

龙树这一套正反双向否定的理论和方法，即所谓“否定型思维方式”，对以后的佛学理论和印度人的思维方式都有深刻的影响。应当说，他的这一套理论包含着一定的辩证法因素。例如，肯定一切事物都是相对的，并从普遍的相对中看到否定的作用；承认事物内部都有对立的双方；肯定一切事物都是瞬息不停地变化着的，等等。但是，“八不”说只承认相对而否定绝对，只讲否定而不讲肯定，把一切现象都归结为无任何规定性的“空”，从而否定了事物的真实性和客观性，最终陷入唯心主义的泥潭。

二谛中观说　在论述缘起性空说的同时，龙树又提出了“二谛中观说”。何谓“二谛”？在龙树看来，一切因缘和合而生的事物自性皆空，可是世俗的人们不懂这个道理，误以为一切事物都有自性，都是真实的。这种世俗的、自以为正确的道理，被称之为“俗谛”。那些佛教圣贤经过长期的修炼，发现世俗的观点是颠倒和错误的，真正认识到“依因缘而生事物自性皆空”的道理。这才是名副其实的真理，故称之为“真谛”。真俗二谛显然是对立的，俗谛认为一切事物是有（自性），真谛认为一切事物是空（无自性）。龙树主张，这两者都是极端，应当把两者统一起来，才能全面地观察事物，即所谓的“中道”。也就是说，既要看到事物的“有”，又要看到事物本性上的“空”，这种不偏于俗、也不偏于真的“中道”认识，才是佛教的正确观点。龙树的“二谛中观说”为佛教的传播解决了一个大问题。他感到，要想说服普通人把本来真实存在的事物视为不真实，让他们放弃对世俗事物的执迷而去追求彼岸天堂，是困难的。因此，他采取一种巧妙的方法，首先承认事物的“有”，即不直接否定事物的存在，然后引导你认识这只是一种“假有”，最后再让你慢慢地理解“万物皆空”的道理。这种说教方式显然比直接否定事物的存在更为高明，因此他的学说对以后佛教和印度教的发展都有很大影响。印度教哲学大师商羯罗就曾吸收龙树的许多思想，改革了传统的婆罗门教，而使之演化为印度教（又称“新婆罗门教”），故有人称商羯罗为“假面佛教徒”。

（三）无著的大乘瑜伽行派学说

瑜伽行派由于强调瑜伽修行的重要性而得名。该派的出现比中观派要晚一些，其学说大约在4~5世纪成为佛教的主流思想，那时正是印度笈多王朝的兴盛时期。无著（Asanga，约4~5世纪）是瑜伽行派理论的奠基人。他是北印度犍陀罗国人，最初修习小乘佛教，后改信大乘佛教。其论著颇多，主要有《摄大乘论》、《六门教授习定论》、《顺中论》、《金刚般若经论》、《显扬圣教论》、《大乘阿毗达磨集论》、《解深密经释》等。无著的弟弟世亲（Vasubandhu）也是瑜伽行派学说的主要代表人物，其主要著作有《唯识二十论》、《唯识三十论颂》、《大乘五蕴论》和《大乘成业论》等。

瑜伽行派是一种彻底的唯心主义学说，其主要内容有“万法唯识说”、“三性说”等。

“万法唯识说” 大乘瑜伽行派同中观派一样，对客观世界也采取一种否定的态度。他们认为，世界上的一切现象并不是客观存在的，而是由人的精神作用——“识”所变现出来的。他们所说的“识”，是指人的感官、感觉、意识等一切精神体和精神活动。“万法唯识”就是说，世上一切事物都来自于识，识是一切事物的根本。他们把“识”分为八种：眼识、耳识、鼻识、舌识、身识、意识、末那识、阿赖耶识。此八种又分为三类：第一类指前六识，此六识的主要功能是进行区别和认识。它们以各自相应的认识器官（眼、耳、鼻、舌、身、意）为活动的根据，并以相应的外境（色、声、香、味、触、法）为其认识的对象。第二类指第七识，末那识。末那识的功能是起思维度量的作用，它以第八识，即阿赖耶识的存在为自己存在的前提，并以第八识为自己认识的对象。另外，它在前六识和第八识之间也起某种中介作用。第三类指第八识，阿赖耶识。“阿赖耶”（Alaya）是梵文的音译，意思是“藏”；“阿赖耶识”，也就是“藏识”。“藏识”在八识之中最重要，它是前七识存在的根据，也是世界上一切现象产生的根源。它有三种功能：能藏、所藏和执藏。所谓“能藏”，就是说，阿赖耶识能够摄藏和保存生成宇宙万物的一切潜在力或潜在状态。瑜伽行派认为，宇宙万物的潜在状态（种子）和显现状态（现行）是互为因果关系的。宇宙万物的潜在状态在时机成熟的时候能生出显现状态（即“种子生现行”），显现状态在时机成熟时也可以引发出（熏习）新的潜在状态（即“现行熏种子”），这种永恒不断的因果关系决定着宇宙万物的产生和变化。所谓“所藏”，指阿赖耶识是生成世界万物的那些潜在力的所藏之处，这意味着它是产生一切现象的“种子”，因而它又叫“种子识”。所谓“执藏”，是指阿赖耶识一直被第七识末那识迷执为常一主宰的自我。由于阿赖耶识有这三种功能，所以它是能藏一切现象的种子，并且能由种子显现出一切现象。在瑜伽行派看来，世界上的一切现象都是由于人的精神活动——识产生出来的，这样，识就成了万物的根源。应当说，这是一种非常典型的唯心主义学说。

“三性说” 瑜伽行派在阐述世界上各种现象的真假时，提出了一种独特的学说——“三性说”。中观学派曾经用“二谛”的学说来解释世界上各种现象的实相，而瑜伽行派用的则是“三性说”。他们把世界各种现象的实相区分为三种性质，即三性。这三性是“遍计所执性”、“依他起性”、“圆成实性”。所谓“遍计所执性”，是指一种虚妄的存在。“遍”，指周遍，普遍；“计”，指计度，度量；“遍计”，就是普遍观察思量的意思。“执”，即执着；“所执”，是通过普遍观察思量而把各种现象执着地看作为实有。在瑜伽行派看来，世界上一切现象本来不是实在的，但是有的人却通过周遍计度而把它们看作是实在的，其实它们只是一种主观的迷妄。例如，绳子不是蛇，但是有的人却把绳子妄执为蛇。所谓“依他起性”，是指一种相对的实在。这里的“依”，即依托；“他”，指各种因缘。“依他起性”，就是依托各种因缘而生起的各种现象。瑜伽行派也承认因缘，但是他们与小乘的解释不同。他们所说的因缘只是“识到流转”，即人们心中前一个观念和后一个观念霎时生灭的因果关系。因此，他们认为由因缘而生起的事物，不是永恒的实在，只是相对的实在。例如，房屋就是一种相对的实在，因为它是由砖、瓦、木材等聚合而成的，离开了这些材料，房屋就不存在了。所谓“圆成实性”，是指一种绝对的实在。这里的“圆”，即圆满，没有缺憾；“成”，即成就，不生不灭，没有变易；“实”，即真实，断绝虚妄。“圆成实性”，就是指那种最圆满、最真实、永恒不变的实在，也就是他们所追求的最高真理或境界。这种绝对的实在，也就是他们所说的“真如佛性”。这种“真如佛性”并不是一般人能够得到的，只有那些佛教大师经过长期修炼才能证悟到。瑜伽行派提出这种学说的目的，乃是为他们的解脱观制造理论根据，换言之，也就是竭力引导人们脱离世俗事物而走上宗教解脱。在他们看来，世界上的事物分此三性，我们认识事物就必须把三性统一起来。一般俗人虽然有错误的认识，但是没有关系，只要投入佛门认真修行，就能不断地提高自己的认识，先由错误的认识（遍计所执性）提高到相对真实的认识（依他起性），再由相对真实的认识提高到绝对真实的认识（圆成实性），这样就可以达到佛教的最高境界。

瑜伽行派的思想不仅对印度，而且对世界佛教的发展都有很大影响。其学说早在南北朝时期即已传入中国，唐代高僧玄奘游学印度回国后，进一步研究和宣扬瑜伽行派思想，建立了我国著名的唯识学派——慈恩宗。唯识学在唐代曾风靡一时，但是到了唐末则开始衰微。在唐代，唯识学还从中国传到朝鲜和日本，朝鲜新罗的唯识宗和日本的法相宗都是弘传唯识学说的，这些学派在当地皆有很大影响。

四、耆那教哲学

耆那教是印度最古老的宗教之一，创建于公元前6世纪，一直流行至今，已经有2 500多年的历史了。现在，耆那教徒有360多万人，主要集中于印度，还有少量信徒分布在其他十几个国家。耆那教的创始人大雄与释迦牟尼是同时代人，他们都是沙门思潮的著名代表人物。大雄所创立的学说在当时是非常有影响的，尽管后来的继承者对他的学说有所发展，但其基本思想是一致的。大雄的学说奠定了耆那教教义和哲学的基础，这种学说保存在耆那教最早的经典《十一支》中。其主要内容包括："命与非命"二元论、极微论和七支论法等。

"命与非命"二元论　在宇宙起源问题上，耆那教反对婆罗门教的"神创造世界"说，坚持物质与精神并存的二元论观点。它认为，宇宙万物是由两种元素组成的，一种是"命"，或称"灵魂"；另一种是"非命"，又称"非灵魂"。所谓"命"，在本质上就是一种意识或精神，是随生命而存在的。他们把"命"分为两种："受束缚的"和"不受束缚的"。"受束缚的命"又分为两种：能动的和不动的。前者存在于植物、动物和人的躯体内，后者存在于地、水、风、火之中。因此，耆那教认为"命"或灵魂存在于一切事物之中，不仅存在于动植物之中，而且存在于山川大河之中。在灵魂与躯体的关系上，他们又把灵魂分为六个等级：有一个感觉器官（触觉器官——皮）的，是植物；有两个感觉器官（皮、舌）的，是虫；有三个感觉器官（皮、舌、鼻）的，是蚁；有四个感觉器官（皮、舌、鼻、眼）的，是蜂；有五个感觉器官（皮、舌、鼻、眼、耳）的，是兽类；有六个感觉器官（皮、舌、鼻、眼、耳、心）的，是人。什么是"不受束缚的命"呢？它与耆那教的解脱理论有关，是指那些摆脱了物质和"业"的束缚，已经达到"解脱"状态的灵魂。所谓"非命"，就是指物质。他们把物质分为两大类：一类是"定形的物质"，一类是"不定形的物质"。"定形的物质"由原子和原子的复合体所组成。"不定形的物质"包括四种：时间、空间、法（运动的条件）和非法（静止的条件）。耆那教认为，世界上的物质都是运动和变化着的，无论物质的存在还是运动变化，都离不开时间和空间，也离不开运动的条件（法）和静止的条件（非法）。时间，为一切物质存在和运动的持续性提供了可能性；空间，为物质存在和运动提供了场所；法，是指运动条件，如水是鱼运动的条件；非法，是指静止的条件，如树荫为在路途休息的人提供了条件。耆那教这种对物质和精神的论述，是一种二元论的实在论，具有明显的唯物主义倾向。

极微论　在对"定形的物质"的阐释中，耆那教提出了"极微"的学说，即印度最早的一种原子论学说。他们认为，"定形的物质"是由那些"可以结合也可以分散的东西"所组成，这些东西结合起来可形成巨大的物体，也可以分割为最小的微粒。物质的最小"微粒"，称为"极微"（anu），即我们说的"原

6-5 耆那教《劫经》

子”。两个或两个以上的原子结合起来成为一个复合体，任何物质都是由原子或原子的复合体所构成的。耆那教主张，原子是最小的、不可分的，也是无始无终、永恒不灭的。原子具有触、味、香、色等性质，它占据空间的一点，运动极为迅速，轻的上升，重的下降。原子之间具有相互吸引性和相互排斥性，它们的结合不是一种单纯的结合，而是两个对立的原子的相互结合，例如，一正一负的结合，一粗一细的结合，一干一湿的结合，一轻一重的结合等。

耆那教原子论的出现，比古希腊德谟克利特的原子论可能还要早些。从内容上看，耆那教的原子论与德谟克利特以及卢克莱修的原子学说基本上是相似的，如在原子的物质性和运动等方面。但是，它们也有差异:（1）耆那教认为，原子的触、味、香、色等性质是原子的本质属性；而卢克莱修则认为，触、味、香、色等性质不是原子的本来属性，而是原子结合成物体以后才产生的。（2）耆那教认为，原子之间的结合是一种对立统一的状态，如一正一负的结合；而卢克莱修认为，原子之间的结合是一种机械并列的状态，只有原子数量的变化，而不涉及原子的性质。

七支论法　在认识论方面，耆那教对事物的判断形式，提出了一种独具特色的理论——“七支论法”。这种理论认为，世界上的事物是千变万化的，有着各种各样的性质和形式。即使在同一时间或场合，由于人们看事物的角度和立场不同，事物的性质或形式也会不同。人们对一个事物的认识或判断，必定是从某一立场出发来进行的，即把该事物限定在一定的条件下来进行认识的。由于人们认识事物的立场不同，所以对事物进行判断的形式也不同。耆那教把判断事物的形式概括为七种，即所谓“七支论法”。在他们看来，由于事物是在一定条件下变化着的，对事物的判断也是有条件的，没有什么绝对的肯定或否定，所以在每一种判断前面都必须加上“或许”两字。具体地说，这七种形式是:（1）肯定判断，例如，“或许，瓶是黑的”。（2）否定判断，例如，“或许，瓶不是黑的”。（3）肯定判断和否定判断的结合，例如，“或许，瓶是黑的，又不是黑的”。（4）不可言说，例如，“或许，瓶是何种颜色是不可言说的”。（5）一、四判断的结合，例如，“或许，瓶是黑的，也是不可言说的”。（6）二、四判断的结合，例如，“或许，瓶不是黑的，也是不可言说的”。（7）三、四判断的结合，例如，“或许，瓶是黑的又不是黑的，并且是不可言说的”。这七种形式也可概括为（1）有，（2）无，（3）亦有亦无，（4）不可说（非有非无），（5）有，不可说，（6）无，不可说，（7）亦有亦无，不可说。

从文明发展史的角度看，耆那教的这种逻辑判断理论对古代印度逻辑思想的发展是有重要贡献的。其一，它打破了婆罗门教经典——奥义书中所宣扬的那种“一切皆一”或“一切皆梵”的逻辑观，提出了多种逻辑判断形式，促进了印度逻辑学的发展。其二，它包含着许多辩证法因素，如肯定世界上的事物是发展变化的，是多样性的；人们的认识往往是有限的、相对的，都是受时间、地点和条件限制的；承认人对事物认识的相对性，而否定其绝对性，等等。

第七章

轮回业报

——古代印度伦理思想的核心观念

印度的伦理思想具有十分明显的特色。它的伦理原则，是和诞生于印度的各派宗教及其教义相联系的，通过宗教的传播，也对世界其他民族产生了深远的影响。这一章和下一章将分别讲述两种重要的观念：轮回业报和施舍。之所以要专章讲述，是因为它们或者带有显著的印度特点，或者虽为其他民族所同样重视，却无论如何远不及在印度人中强调之甚，奉守之笃，而古代印度的思想家更是不断深化他们的伦理理论，为之注入了我们难以想象的丰富内涵。一族的伦理观念，往往能够深刻地反映该族的文明特征。这也是我们为什么要多用一点篇幅来谈论这两个问题的主要原因。

7–1 善业回报图

翻开任何一部印度伦理学史都不难看到，出现频率最高而又往往贯穿全书的概念，总是业、业报和轮回。它们制约着印度社会的道德伦理生活至少已经有两千数百年以上。轮回业报理论的基本点是：世界上的人及别的一切有情识者的行为，即业，是一种可以带来后果的潜在力；它有善、恶之分，并且依其善恶不同，可以在今世或未来转生后的某世产生相应的结果，也即果报；果报决定着生物的生存状态，如人的身体状况、社会地位，以及性格、资质、健康、苦乐，乃至命途蹇滞通达、寿纪短促长久等；做业也即行动的原因是欲望；作为人，其生存的终极目的，应该是摆脱不断做业和累受果报这种无休止的连锁过程，达于解脱境界。印度的主要宗教，如印度教、耆那教和佛教等，都以业和业报为根本信条，并在此基础上建立起自己的伦理体系。这些体系的某些内容虽然会有差异甚至对立，但如上的基本教义却为它们所共同接受。

一、业报和轮回说的早期萌芽

业的观念在印度源远流长。大约编定于公元前1500年~前1000年的《梨俱吠陀》中已经有“业”（karman）这个字，出现过40余次。它的意义十分单纯，一般指行为或者事情，尤其是神祇们的业绩。狭义上，它也常指人的宗教行为，如祭祀或者供奉祭品等。对于吠陀时代的古印度人来说，人死后升入天堂，似乎理所当然，并不是生时行为带来的结果。那里原是阎魔为尘世上一切逝去者找到的永久安息之地，人们在这块光明的地方同自己的祖先团聚，享受宁静和快乐。遍观《梨俱吠陀》，没有一处提到阎魔或其他神祇审判或惩罚有恶行的死者的事情。此时地狱观念还仅处在萌芽状态，它在大地之下，是因陀罗神关押敌人和恶魔的地方。《阿闼婆吠陀》开始有“恶界”或称“地狱界”（narakaloka）的概念。那里是一个黑暗的去处，收纳杀人者和女妖等。总的看来，吠陀时代的天堂地狱并未与善恶行为相联系，自然也就更提不到业报思想的出现。业的观念只有同转生观念结合以后，才会有业报理论的产生，而转生的观念此时尚未出现。

后来，到梵书时代（公元前10世纪~前7世纪），出现了“再死”（punarmrityu）的概念（见《牛道梵书》）。一般认为，转生（punarjanman）的概念乃至轮回的观念或即受此启发而来。不过，与伦理道德相结合的轮回业报思想至此仍未见到。这一时代祭祀盛行。因此，入地狱受惩罚的，可能是伐木而没有先行火神祭，或者吃了动物甚至植物而没有例行相关仪节的人，而不会是犯了伦理罪的人。

就印度教的前身婆罗门教而言，只是到了后来，到公元前6世纪左右，这类观念才开始在奥义书中出现。最初，转生的观念还局限在不同个体之间，主要是父子之间。这样的例子可见于《广林》、《爱达罗氏》和《憍尸多基》等奥义书。《憍尸多基奥义书》有一段父亲临死时与儿子的对话，很能说明问题："就要去世的父亲招来自己的儿子。他先在屋内铺上新鲜的草，照规矩做好燃火的准备，并且将装着水的容器和盛米的罐子放在边上。他穿上以前难得一穿的新衣，躺在那里。儿子来到父亲跟前，用自己的各个根（感觉器官）去接触父亲的根……父亲说：'让我把我的语言给你。'儿子说：'我得到了你的语言。'父亲说：'让我把我的呼吸给你。'儿子说：'我得到了你的呼吸。'父亲说：'让我把我的视力给你。'儿子说：'我得到了你的视力。'……"

此后，儿子又从父亲那里依次得到了他的听觉、食物的香味、行为、快乐和痛苦、福祉、逸乐、子息、行走、心智、知识等。然后父子互换祝福，儿子离去。[①]显然，通过这样的对话或者说交代，父亲使自己的生命在儿子的身上得到了延续。这里的"行为"一词即是我们所说的业。值得注意的是它不包括什么为善为恶的道德评价，简简单单就是父亲做过的事情而已。另外还有一点值得注意，即业在这里是可以转移的，可以从一人传递到另一人，特别是由父及子，就像遗产一般。业能够转移的观念之所以有意义，就在于它包含了业报轮回理论中重要的宿业不灭、世世承袭的思想。

比上述生物性延续的转生观念更进一步的，是人自身在死后转生的思想。它也开始表现在奥义书中，甚至还有至为关键的行为好坏，可以产生不同结果的观念体现其中。这无疑意味着业报轮回理论的萌芽。《歌者奥义书》说，一个人在按照规定进行过祭祀，完成了自己的宗教义务之后去世，他就会变成烟，并相继进入夜、黑半月[②]、六个月、祖界、天和月亮，然后又返回天，变成风、烟、云、雨云；云降雨后成水稻、大麦、草本植物、树木、芝麻、小扁豆等。哪一种（生物）吃了它们，它们就变成那种（生物）的后代。（生时）行为良好的迅速进入良好的子宫，如婆罗门的、刹帝利的或者吠舍的子宫；行为恶浊的，则迅速进入恶浊的子宫，如狗的、猪的或者旃荼罗的子宫。不过，这里"行为"所用的是carana而不是karman（业）。虽然还没有用业这个字眼，但是报应的思想已经表达出来。《憍尸多基奥义书》也有一段类似的内容，它用以表示行为

① 《憍尸多基奥义书》2.15。
② 指由望日到朔日的半个月。后面说的白半月指从朔到望的半个月。

的词已经是karman：所有从这个世界离去的人都到月亮上去。在白半月，他们的生命充满月光；在黑半月，他们（再一次）出生。月亮是天界之门。……他们作为雨降至世间，成为蠕虫，或为蚱蜢，或为鱼，或为鸟，或为狮子，或为公猪，或为蛇蟒，或为老虎，或为人类，或为其他生物，所成何物全依其行为和知识而定。以上的例子，清楚地表达了奥义书的轮回和业报思想，只是内容仍较简单，远不及后世的复杂与完备。然而，就婆罗门教而言，到吠陀时代的末期，即奥义书时代，却正是需要这类理论的时期。这时婆罗门教内部祭司阶级的腐化已经十分明显。他们为了谋求自身的利益，把早期较为简朴的吠陀信仰，变成了一套复杂的，使人从生到死都无法摆脱的宗教仪式，其中有些耗费巨大，一般人很难负担。这不能不引起普遍的不满。于是祭司阶级的地位下降，祭祀万能的神话开始打破，摆脱繁缛祭祀活动的束缚已经成为社会的广泛要求。然而，摆脱祭祀（当然不可能完全摆脱）固然可以减轻负担，但人对于神的依赖减少却也同时意味着他的祈福需要失去了依托。祭祀曾经使他对神负责，进而通过神恩实现对自己负责。缺少祭祀，便缺少了求取功德的手段，而失去神恩，也就失去了个人自身的福祉，以及通过平息神怒而卸脱所犯罪责的可能。无论有无祭祀，祭祀的心理功能却是人所需要的。缺少了祭祀，就应有一定的替代物作为可以操作的手段，来实现人们渴求福祉的愿望。对于一直居于支配地位的婆罗门教来说，只要提出一种较为完整的伦理教条，在理论上将伦理行为同个人福惠密切地联系起来，就可以了。然而它未能做到这一点，未能顺应形势，将正好可以用来填补心理真空的轮回业报理论提高到举足轻重的地位，使一向属于祭祀的祈禳功能有所替代，由此改善自身，走出困境。奥义书虽然触及了问题，但仍为正统所囿，承袭了婆罗门教的非伦理特点，未能把业报观念当作道德信仰予以特殊对待，构建起圆满的理论。于是，建立理论的任务便留给了沙门思潮。这一思潮大约与后期的奥义书出现于同一时代，但不属于婆罗门教体系。如前所述，沙门各派的共同特点是否认婆罗门教所谓吠陀天启、祭祀万能和婆罗门至上的基本理论，反对种姓制度，其中又以佛教和耆那教影响广泛，能够广聚徒众。这两种宗教分别围绕着轮回业报观念，构筑起复杂严密，而又基本自洽的伦理体系，并将其纳入各自的核心教义。

二、佛教的观点

佛教作为沙门思潮的突出代表，在其创始之初，就带有明显的伦理特征。这一点，早期佛教经典的代表著作之一《经集》为我们提供了很好的例证。在它的经文中，释迦牟尼提出与印度教完全对立的观点。他认为种姓不由出身决定，而由业，即人的行为决定。他把具有忍耐力、不愤怒、有善行、不狂妄、有德行、不沉溺于爱欲、不对众生施暴、能明辨正路和邪路、说话真实、不随意取用他人东西的人称作婆罗门，而把心怀怨怒、邪恶狡诈、弄虚作假、伤害生物、压迫他人、偷盗财物、敢作伪证、不事父母、行动鬼祟、出言不实、贪图小利、不肯施舍的人称作无种姓者。这里所谓婆罗门和无种姓者，是佛陀从婆罗门教那里借来的说法，但是不再按照习惯指僧侣阶层和那些被逐出种姓的人，而是指倘以品性衡量，在社会上应当处于不同地位的道德人。贵贱高低依然存在，但是区分的标准已与过去完全不同。这无疑是一场革命，不妨称之为伦理革命。作为宗教性的道德规范，佛陀为他的信徒规定了八种戒律，即不杀生、不偷盗、不说谎、不饮酒、不淫欲、不非时夜食、不戴花环、不敷香膏、席地而睡。此外还有专经讲述善恶行为，如《大吉祥经》、《仁慈经》、《羞耻经》、《毁灭经》等。

然而，道德的区分毕竟只限于形而上，社会地位的实际状况并无改变：钟鸣鼎食故我，残杯冷炙依旧。佛教坚持认为，道德区别理应有相应的现实表现，表现为地位和处境的不同。业报理论的为用即在这里——它许人以来日支取的现实。在《经集》中，释迦牟尼明确地提出了轮回和业报理论。例如：

“智者洞悉因缘，懂得行为的果报……”

“与贪爱做伴的人一再转生，从这种存在到那种存在，不能超越轮回。”

“……任何人的行为不会消失，它会回来与主人相会。作恶的蠢人将在另一个世界看到自己受苦。”

“出生之人嘴中都长有一把斧，愚者口出恶言，用这把斧劈砍自己。”

“侵害无辜者、纯洁者、无罪者，这恶行回报愚者，犹如逆风抛撒灰末。”

“（经常作恶的人）在这世，他们受人鄙视；在下世，他们坠入地狱。”

对于地狱苦况的描述也出现了。恶人在那里“受铁棒捶打，受铁针穿刺，并得到相应的食物，它像烧红的铁球”。他们还会“进入像火葬堆熊熊燃烧的地方，躺在遍地烧红的火炭上”。“他们被罩在网中，受铁锤敲打；他们陷入浓密的黑暗，这黑暗无边无沿，像大地的身躯。他们……在铁锅中长时间受煎熬，像在火葬堆上蹦跳。……他们带着血肉模糊的肢体进入锋利的刀叶林地狱，被钩子钩住舌头，遭到锤打。”[①]《经集》的结论是，陷入无止境的业报轮回无疑是苦，痛苦的原因在于诸行，而人的行动则源于内心的欲望。因此，佛陀在第一章《蛇经》中开宗明义，提出的劝告就是摒除欲念，“犹如蛇蜕去衰老的皮”，从而弃此岸而达彼岸，也即摆脱轮回，获得解脱。[②]

7–2 惩罚做恶业者的伐楼拿神

从《经集》汇集的材料看，释迦牟尼在他得道之初，已经完全形成了自己伦理性的业报理论。其内容也已十分充实，具体，详细。此后的工作只是使它更为完备与圆通。

成熟的佛教业报理论更加具有典型性。它的基本观点可以概述如下：

众生是从一种存在形式到另一种存在形式循环往复，不断转生的，而究竟

① 见郭良鋆译:《经集》，第653、740、666、657、662、141颂，北京：中国社会科学出版社，1990年版。

② 同上书，第667~670，673颂。

是何种形式，则取决于他转生前的行为，也即业的性质。以人为例，按他生时行为的好坏，死后可以有“善趣”（sugati）和“恶趣”（duggati）两类去处。前者包括人、天（即神），后者包括地狱、饿鬼、畜生，合称“五趣”。此外依传承的不同，又有“六趣”之说，即多出一种阿修罗。小乘上座部说阿修罗应属“恶趣”。大乘则把它归入“善趣”，算作其中最低的一种。一切众生，只要没有因得道觉悟而脱离生死，都注定要在这些存在形式中迁徙流转，无始无终。至于一次次的不同归趣，便要视其前生做业如何了。这里起作用的是因果报应规律。这种报应至为严格，或有迟速，但无可逃脱。

7–3 杀生为恶业

为使人便于理解，进而在行为上有所遵循，业又被划分为身（kaya）、口（vaci）、意（manas）三种，分别指动作、语言、意念方面的表现。三者皆能带来果报，无论其如何微小。一条肌肉的牵动，一个意念的闪现，都会有或早或晚的结果等在未来。杀人固为大恶，动杀念而无行动相随也是过失。两者轻重固然不同，但作为邪慝则同一无二。另据《阿毗达磨俱舍论》，小乘说一切有部又将三业归并为“思业”（cetana）和“思已业”（cetayitva）两类。前者着眼于心理和精神方面，强调动机和意志，仅指意业。后者着眼于意志的体现，也即有形的行动方面，包括身业、口业两种行为。有部对于动机和意志显然十分注重。在他们看来，比起过失杀人，预谋杀人的恶报要严重得多。

为了把人的行为分出等次，佛教又按另外的方式把业分成四种：黑黑业、白白业、黑白业、不黑不白业。《俱舍论》、《唯实论》、《涅槃经》等于此都有

《后宫景象》，莫卧儿细密画

《骑象的王公和随从》，
莫卧儿细密画

众生之主（湿婆）神庙，巴达米，卡纳塔克邦，7~11世纪

《母与子——献给特里莎修女》，
现代石版画，马·菲·侯赛因绘

阿格拉红堡中的大理石议事大厅

埃罗拉石窟俯视

巴斯塔尔地区的部落妇女

比尔拉神庙，新德里，1939年建成

辩才天女雕像，克久拉霍，中央邦，
11～12世纪

黑天大神的故事，布画

参加露天聚会的学生

乘骆驼车赶集的农民

出家人在一起

达加尔派歌唱家克索利·阿芒卡尔

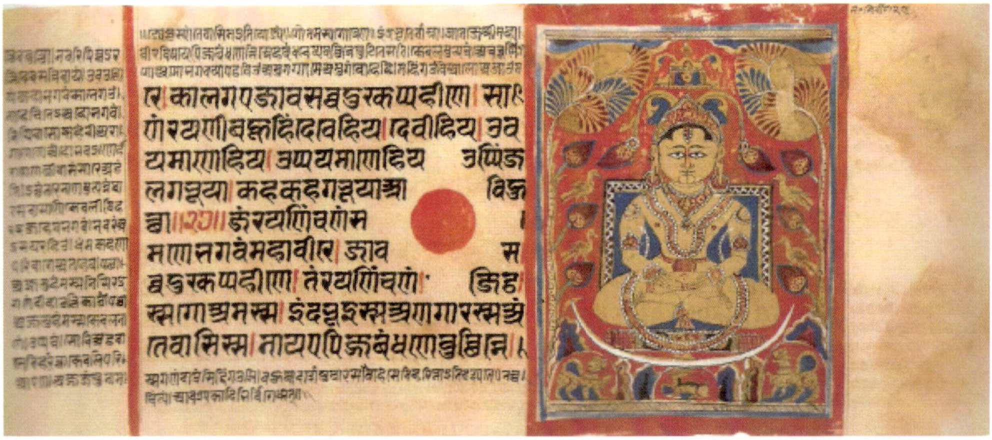

大雄涅槃，耆那教《劫经》手写本中的一页，古吉拉特邦，15世纪

大猿本生故事，阿旃陀石窟壁画

随处可见的街头寺庙

德里红堡

德里贾玛清真寺

典型南印风格的印度寺庙，吉登伯勒姆，泰米尔纳德邦，12~13世纪

风格独特的抛饼

《佛陀还家》，右下为其妻耶输陀罗和儿子罗睺罗，阿旃陀石窟壁画

金奈海滨的甘地雕像

甘地和泰戈尔，1940年

甘地陵，新德里东郊亚穆纳河畔

古代梵文《利论》手写本

观世音菩萨像

节日中的儿童

过九夜节时人们跳起伽尔巴舞

黑天和罗陀的故事是印度民间最喜爱的音乐和诗歌主题

恒河女神，石雕，埃罗拉石窟，马哈拉施特拉邦，8世纪

犍陀罗风格的青年头像

论述。慧远《大乘义章》所做的解释是："云黑黑者，是不善业。不善鄙秽，名之为黑；因果俱黑，名黑黑业。云白白者，是其善业。善法鲜净，名之为白；因果俱白，名白白业。言黑白者，是其杂业；善恶交参，名黑白业。所言不黑不白业者，是无漏业，如《涅槃》云：无漏寂静，离黑白相，是故名为不黑不白……"[①]实际上，黑黑业一般指违犯五戒的行为；白白业正好相反；黑白业行兼善恶，归趣亦苦乐俱备。三者的共同之处，在于同为不肯放弃世间享乐的人不断造作而又不断尝其后果的业，所以做业者到头来也只能在各归趣间轮回不已。第四种业又称无漏业，具有无我的性质。它可以毁绝一切过去和未来的业及其果报，使人脱出生死轮回。这种业的完成，乃是佛教徒应该追求的目标。

业又有新、旧之分。过往的旧业决定当前的状况，而当前所造的新业又将决定未来的状况。特别应该注意后者，因为它给人提供了实现自由意志的可能。但能一心向善，总可以指望在将来获得好的果报。进一步，佛陀又提出断灭业（kammanirodha）的观念，说人应该灭除过去的恶业，同时避免造作新的有害之业。能够使人达到这种境界的，是所谓"八正道"。一切新旧业悉归断灭，生死轮回便失去了维持下去的理由，佛教的终极目的——涅槃解脱也就达到了。

至于报应，它的内容将由过去的宿业决定，不可改变，而其获报的时机，则可有所不同。《成实论》卷八说到三报业，即果报实现的时间可以是今世，也可以是来世，乃至第三世："若此身造业，即此身受，是名现报。此世造业，次来世受，是名生报。此世造业，过此世受，是名后报。"[②]那么又是什么因素决定还报的迟速呢？它提出两种原因。一种偏于客观："利疾业受现报，如于佛诸圣人及父母等起善恶业，是则现报。若业不利而重，是则生报，如五逆等。亦利亦重，则受后报，如转轮王业，若菩萨业。"另一种多赖主观："是三种业，随愿得报。若业愿今世受，是即现受，如末利夫人以自食分施佛，愿现世为王夫人。余二业亦如是。"

关于谁是轮回主体的问题，我们可以在《那先比丘经》中找到一种回答。

---

① 见《大正藏》卷四十四，第606页。

② 诃梨跋摩著，鸠摩罗什译：《成实论》卷八三报业品，见《大正藏》卷三十二，第297页。以下末利夫人事见《四分律》卷十八，载《大正藏》卷二十二，第689页。末利原为舍卫城一婆罗门的婢女。某日如来入城乞食，她见乞者容止不凡，遂生信心，将自己的饭食施与如来，并发愿脱离贱役，为王夫人。后波斯匿王出宫游猎，偶至婆罗门处小憩。末利善为接待，巧称王心，终被纳为夫人。

那先比丘承认精神的存在，认为它就是承受业报，辗转轮回的主体。那先曾同大夏希腊王弥兰（即前面“笈多王朝”一章提到的弥兰陀王）讨论过各种佛教的基本教义，自然也涉及业报轮回问题。他长于设譬，经常用比喻说明观点：“（弥兰）王复问那先：‘人死已后，身不随后世生也？’那先言：‘人死已后，更受新身，故身不随。’那先言：‘譬若灯中炷更相然，故炷续在，新炷更然。人身如是，故身不行，更受新身。’”“那先言：‘人精神辗转相续如是。一者去，二者来，从精神至老死。后精神趣所生，辗转相续，是非故精神，亦不离故精神。人死以后，精神乃有所趣向生。……人如是，从精神至生，至中年；从中年至老，至死；死后精神更受身生。人身死，当复更生受一身，譬若两炷更相然。’……”①

值得注意的是，那先虽然承认精神为恒常的轮回主体，但又认为它时时在变，“是非故精神，亦不离故精神”，不一不异。《法句经》也承认精神是轮回的主体，而与《那先比丘经》不同的是，在它看来，精神始终是同一不变的，仅身体可以生成和坏灭。它说：“受形命如电，昼夜流难止。是身为死物，精神无形法。……自此受苦乐，身死神不丧。……舍身复受身，如轮转著地。如人一身居，去其故室中，神以形为庐，形坏神不亡。精神居形躯，犹雀藏器中，器破雀飞去，身坏神逝生。”②轮回以精神为主体，是一种哲学意味较淡，因而也容易为常人所接受的理论。

三、耆那教的独特理论

耆那教的轮回业报理论颇为特殊，与居于主流地位的婆罗门教相去甚远。有学者认为，如果说佛教还带有与婆罗门教接触的痕迹的话，那么耆那教学说所代表的，恐怕是更加纯粹的沙门思想。与其他教派和哲学派别相比，耆那教的轮回业报理论也更为精细，更为完善。

耆那教提出九个概念，或称九谛：命（jiva）、非命（ajiva）、善（punya）、恶（papa）、漏（asrava）、制御（samvara，实际意为排除外界干扰）、束缚（bandha）、灭业（vinirjara或nirjara）和解脱（moksa）。在这些概念上，它建立起自己的轮回业报理论。命即灵魂、自我，有意识；非命相反，即非灵

① 见《大正藏》卷三十二，第698页。

② 法救撰，维瘧难等译：《法句经·生死品》，见《大正藏》卷四，第574页。

魂，无意识。命又可大致分为受到束缚的和获得解脱的两类，前者更有可动（trasa）与固定（sthavara）之分。非命亦可进一步分为法（dharma）、非法（adharma）、空间（akasa）、时间（kala）和补特伽罗（pudgala）。在耆那教看来，世上的一切皆可以归在命与非命这两个范畴之下。

命有意识，数量无限而又彼此独立。它在本性上是全知全能的，具有全面的认识力和无可指摘的德行，掌握真理，超然于苦乐，不具形式，永恒存在。至于非命，就我们讨论的问题来说，最值得注意的是其中的补特伽罗，也即物质。它是由无数细小而不可分的“极微”（paramanu）或称原子构成的。每一极微都有触、味、香、色诸特性，并可以依一定的规则相互结合，形成种种“聚合”（skandha），并进而展现出经验世界的纷繁事象。然而，就命来说，完全而充分地具有前述属性的仅仅是极少数。众生中的绝大部分只具备有限的知识和能力。他们执守错误的理论，忽视道德修养，深陷于苦乐之中，不过是有限的暂时存在罢了。耆那教对此的解释是，命若是清净圆满，不受外界干扰的，自然它的一切固有本性均可表现无碍。惜乎大多数的命并不如此。它们受着外界异己因素的影响，不够清净。这些因素障蔽了它们的自然本性，使之无由表现。这里所说的异己因素就是业。业在此处既不指行为或事情，也不是不可测知的神秘力量，而是细微物质的复合体，或者称作业补特伽罗。正是这种感官无法感知的物质进入命（即灵魂），使它发生了变化，就像药物进入人体，便会促成身体的变化一样。构成补特伽罗的细微物质遍布于整个宇宙。命在它驱动行为的同时，也吸引补特伽罗；此时后者变为业并与之相结合，且其结合密切，有如水乳。物质进入命后，便分散成大量的细小微粒。不同的微粒可以带来不同的结果，而其数量和性质则取决于命的行为：行为善，命所吸收的业亦善；行为恶，命所吸收的业亦恶。业在命中，通常要潜伏相当时期。潜伏结束，即行表现；表现的形式，便是业报。至于潜伏期的长短、表现时的强度，则要看业与命结合时的心智状态。业报实现后，物质性的业即因耗尽而消失。

命是业即行为的驱动者，同时也是其果报的收获者，感受由此而来的喜怒哀乐。在轮回中，它一次次转生，始终存在。命与业的结合和分离，也是一个持续不断的过程，既无始，也无终。每时每刻，命都在通过行为吸收新业，同时宿业也发为业报，从命内消失。本性上清净圆满，可以享受无上福乐的命，竟至陷于轮回，难以自拔，全在业的侵入使它受到束缚。为了解释业何以能接近并进入命，耆那教引入了“漏”的概念。“漏”这个概念颇难领会，学者们也曾对它作过多种解说。总之，它是一种不洁因素，会污染命，并通过这种污染为业的进入打开方便之门。业的漏入必待命自身的变化。人身上涂了油，才会有灰尘沾染上来。同样，命受到感情和欲望的支配，就会使业这种物质乘虚而入。

物质性的业本身并无善恶之分。它的性质只有到与命结合时才能确定。同样的食物被牛吃下去会变成牛奶，被蛇吃下去会变成毒液。业的性质及其将要带来的果报也是一样，也取决于吸收者的不同。好坏美丑，全决定于漏入的一刻——在人，便是他行动的时刻。此外，行为的好坏固然要看它给别人带来的是快乐还是痛苦，但是耆那教伦理学更重视行为背后的动机。总的伦理评价则要综合地看其动机、手段和结果。报应如何也由此而定。

业在耆那教理论中同样依行为方式的不同而分作身、口、意三种。此外，依照所起作用的不同，更可分为两类：害业（ghatiyakarma）和无害业（aghatiyakarma）。害业包括：痴业（mohaniya），可以导致谬见，使人不辨善恶；愚业（jnanavaraniya），可以妨碍人获得正确的知识；不见业（darsanavaraniya），使人的思想观念发生问题；遮业（antaraya），可以限制人精力的发挥，难行善事。无害业包括：名业（nama），可以决定人（但不仅是人）多少带有名分意义的个人属性，凡98种，如命运、品类（是人，还是动物、植物等等）、性别、肤色、所具根（感觉器官）的个数、肢体的多少等；种业（gotra），决定人的社会属性，如其所属的种族、家庭及其他生活环境等；受业（vedanaya），引起人的苦乐反应以及反应的强烈程度；寿业（ayuh），可以决定人和其他众生的寿命（人寿用呼吸的次数来量度）。这8种业实际仍为基本分类。它们的下面还可分出更为具体的细小类目，其中重要的有148种。不过这148种中尚有重复，如果除去，则剩122种。然而，倘仔细考究，这剩下的里面，还有两种不可能同命实现结合，所以，真正能起作用的只有120种。尽管如此，不难看出，耆那教对于业的分析，的确比其他宗教精细得多。

耆那教提出的人类目的，同佛教一样，也是摆脱轮回，实现解脱。求解脱，即使遭到业侵入的命从束缚下解放出来，还其以全知全能，超越苦乐，德行圆满，永恒存在的固有本性。业的漏入，既然全靠感情和欲望为它打开大门，因此求解脱者所应做的，就是制御自身的欲念和冲动，或换个说法，排除外界的引诱和干扰，使业无孔可入。与此同时，还要做到消除宿业，即前述九范畴中的灭业。宿业可以通过两种途径加以消灭。一是自然途径，称作“无愿灭业”（akama nirjara）或“已熟灭业”（savipaka nirjara），即业在其果报成熟实现后自行退除。另一是人为途径，称作“有愿灭业”（sakama nirjara）或“未熟灭业”（avipaka nirjara），即在随业而来的果报尚未成熟以前将它毁除。除灭宿业最主要的办法是修炼苦行。通过灭业，命便获得了对于自身清净本性的直觉认识。这种认识又可反过来解放它，使它恢复到固有的不朽状态。这也是一种摆脱了一切外界牵缠的完满的隔绝状态，称作“独存”（kaivalya）。耆那教特别强调，对独存不应作消极理解。它实际上是一种具备了圆满知识，实现了圆满愿望，享受着圆满福乐的无上圆满之境。臻于此境，便是最终解脱的实现。

依据做业的不同，耆那教为陷于轮回、不断转生的众生设计了四个去处，即天、人、地狱、伏行四趣。所谓伏行（tiryanca）即水平行走，原指爬行的动物，相当于佛教的畜生，但在耆那教中意义变宽，包括一切生物，无论动植物。四趣作竖向排列。人居中界，在中间；天神居天界，在最上；下面是地狱。伏行中高等的，居于中界；最低等的由于数量庞大，反倒是宇宙各处，无所不在。超出轮回、已得解脱的命，即所谓“成就者”（siddha），可以永居四趣之上，宇宙之巅。这种高下有序的等级排列，据说是以命能够获取知识的多少为标准的。成就者全知全能。天神次之，但比人多。伏行之内，门类繁多，又依根的多少做高下排列：最多的能有五根，最少的仅有一根（司触觉）；等而次之更有自身不具个体者，它们只能营共居生活，或寄居于别的高等个体。伏行中最高级的可举狮子。它不但有五根，甚至会思考。最低级的便是水藻之类了。宇宙间的每一个命都处在前面所说的意识等级系列中的某一位置之上。这一位置可以因它自身所做业的好坏而有所改变，或升或降。

命的位置的改变是通过它一次次迁换不同的栖息所来完成的。这种迁换就是转生，而其栖息所或是人类，或是虫豸，或是其他，统称粗身（sthulasarira）。轮回的主体，也即这里的命，究竟转生何处，自然取决于业报。至于转生的方式，耆那教有一种独特的，迥异于其他宗教的理论。耆那教认为，转生是在一瞬间完成的。所有的命都自来具有疾速运动的本领。一个“成就者”的命，在其所居粗身死去时便离开它，如火焰般向上运动，只是速度极快，霎时间便达宇宙之巅。那些因为业的侵入而仍受束缚者，则在粗身亡故后如箭镞般直趋下一个粗身，也是瞬间即到。命在两粗身之间的极短状态，耆那教称之为“离趣”（vigrahagati）。但是，命在此时绝不是自由自在、无所约束的，因为不然它们便会像“成就者”的命一般，统统上赴天顶。对于未解脱者来说，业所带来的束缚作用始终没有放松。为了说明这里的转生机制，耆那教创造了两个概念:“业身”(karmanasarira)和“明身”(taijasasarira)。它们是不可见的，但始终与命伴如形影，无须臾离。前一身由所有已经积累起来的业构成，随时精确地反映着漏入和消耗的情况，时有加减；后一身则居于其下，承托着这些业。它们寓居于粗身之中，并在它解体时随命而去。转生时，命即居于两身之中。它们不仅担当着“护送”的任务，更重要的是作为不同生存状态之间的桥梁，起着传递物质性业的作用。代复一代业报作用的实现，靠的正是二身的接力功能。

四、印度教的完备体系

就印度教来说[①]，业报思想始见于奥义书。但是奥义书并未把它当作道德信仰来对待，没有去有意识地精心构建系统理论。然而，到奥义书时代结束，特别是到沙门思潮普遍流行以后，情况就不同了。印度教不仅广泛接受了业报理论，而且结合固有的传统信条如种姓职责、解脱观念、神祇崇拜等，迅速地建立起自己的体系，使之成为该教最基本的伦理信仰。在任何一个门类的印度教经典中，可以说，都不难发现丰富的有关论述。

大史诗《摩诃婆罗多》便是一个例子，它不仅是一部包罗万象的百科全书，也是一部劝谕性极强的书。它将大量的篇幅用于伦理规范及其理论的讨论，而其地位之重要，几乎可与叙事相比。在这部史诗的伦理思想中，业报轮回观念占据着核心的位置。它甚至认为宇宙本身就是业的结果。史诗在不同地方对于人既做业，必受果报这一基本信念做了一再地强调：

> “在这个世界上，紧随着人的所有报应，无论好坏，都是他行为的结果。”(《和平篇》)
>
> “正如鱼群溯流而上一样，宿业也能溯求到做业者。具有形体的众生由其善业而享幸福，由其恶业而受痛苦。”(《和平篇》)
>
> “一只牛犊能够在一千头母牛里找到它的妈妈，一个人的宿业也同样能找到他。树上的花和果无论受什么影响都不会错过(开花和结果的)季节。同样，昔日所做的业也必会在一定的时机显示其果报。”(《训诫篇》)

---

① 这里指广义的印度教，包括婆罗门教和所谓古典印度教。

“月亮即使在黑半月的第十五天[1]消失了，众星也没有丢下它。灵魂即使离开了肉体，它在这肉体内所做业的果报也不会离它而去。”（《和平篇》）

更为典型的论述可见于往世书。《那罗陀往世书》说：“一切众生都受着自己所做业的束缚和控制，在天堂和其他好的地方享受善业所带来的欢乐，在地狱里饱尝自己罪恶所带来的痛苦的煎熬。他们带着自己已经减少的宿业来到这个世界上，生为不动物及其他存在物，受着种种可怕事物的侵扰和死亡的折磨。”（32.1）《未来往世书》、《莲花往世书》、《林伽往世书》、《湿婆往世书》等都有类似说法。

业之紧密追随做业的人，《摩诃婆罗多·教诫篇》开宗明义就通过一个故事，作了明确的强调。故事说：老妪乔达蜜与世无争，但不幸还是降临到她的头上。她的儿子被蟒蛇咬死了。猎手阿周那迦把蛇带到她的跟前，要杀死它。蛇争辩说是死神派它来的。死神说是时间在起作用。反复争论，没有结果，最后时间来了。时间对猎人说：“这个孩子死了，没有任何别的原因。杀死他的，就是他自己过去的业。……人可以把一团泥巴任意捏成什么样子。人自己成为什么样子也是由业的种种结果来决定的。正像光和影连在一起一样，人也通过自己的作为和业连在一起。因此，你、我、死神、蛇以及这位婆罗门老妇人，都不是这个孩子的死因。死因就是这个孩子自己。”在这里，人被杀死了，但应该对此负责的不是杀人者，而是被杀者自己。无论是执行者，还是指使者，统统是实现业报原则的不自觉的工具。在这里，个人的业乃是决定他本人命运的唯一意志。

印度教同样把业分成身、口、意三种。法论著作中最具权威的《摩奴法论》说：“由思想、言语和身体产生的行为，其果报有善有恶；由行为产生的人的归趣包括上中下三等。……觊觎他人财产、心里谋划损害他人利益和执着于谬见邪说，是三种思想行为。谩骂、说谎、诽谤一切人和闲扯，是四种语言行为。非施而取、非法杀生和与他人之妻通奸，相传为三种身体行为。任何人只通过思想尝受思想行为的善报或恶报，通过语言尝受语言行为的，通过身体尝受身体行为的。”（12.3、5~8）《摩诃婆罗多》的《和平篇》和《森林篇》中，都有身、口、意三业的说法。偶然也有四业说。四业指眼、心、舌、肌，实际上是常见的三业加上眼业。法论要求人乃至万物都在言语、思想和身体三方面

---

① 即朔日。

制约自己，使自己成为“三制者”，并在灭除爱欲和愤怒的基础上达致“圆满”（siddhi）。这里的圆满一般认为即指解脱。

生生世世轮回不休的主体，是称作“命”的内在我，或称灵魂。命在来世往何处投生，概由当世所做的业来决定。“命”的转生过程较为简单。行为恶的，先得到一个由（地、水、火、风、空）五粗大元素构成的身体，去地狱受阎魔王施加的酷刑以使自身变得清净，然后再依前生所做的业生为某一形体，喜怒哀乐度过一生。多行善而少作恶的，可以“在粗大元素的覆蔽之下”（即获得一个身体），去天堂享受安乐。如果恶多善少，则还是同样要去地狱先受涤罪之苦。

命（即灵魂）在肉体死亡后的归趣，往世书一般认为有三处：行为恶者入地狱，行为善者升天堂，善恶交参者生于尘世。往世书最具特色的地方是对于地狱苦况的描写。按照它的说法，人死后，前来拘魂的鬼役先把死者的命装入一个肉体，用绳索套上脖颈，然后上路。[①]他须过冥河（Vaitarani），去阴界。冥河湍急，其水滚烫，漂浮着污血、尸骨、毛发、屎溺，恶臭无比。在通往地府的路上，昔日行善和昔日为恶者所受待遇大不相同。行善者（虔诚、正直、与人为善、常行布施）一路上乘天车，衣美服，啖玉食，饮琼浆，饰金银，伴妍妇，神祇拜迎，仙人颂德。阎罗王呈四面之像，持螺贝、宝剑等，接待他一如爱友。为恶者赤身裸体，口敝舌焦，或为绳钩所拽，或遭刺棒驱赶，鼻系铁球，脚踏热沙，上刀山剑树，穿无底黑洞，过火林，行陡岸，路铺荆棘，坡生滑苔，热病煎骨，虎啸怖心，上有骄阳，下有滚石，索牵于前，鞭鸣于后，哀号啼泣，踉跄而行。阎罗王也变得凶恶无比。他长着三十二臂，腰围达三由旬[②]，犬齿勾曲，目如深井，手持刑杖，声似雷霆，左右立录事（Citragupta）、死神（Mrityu）、瘟神（Jvara），四周鬼役扬声咆哮。阎王殿上，录事照簿历数死者的罪愆。死者则涕流满面，觳觫不止。阎罗王铁面无私，无论贫富贤愚勇怯，一视同仁。这些死者论罪当入地狱。他们将在那里经受百般折磨，尝其恶业罪果，然后带着未尽的旧业，返回尘世。地狱名目繁多。罪名不同，入不同的地狱，有血水狱、黑色狱、剑树狱、火焰狱、夹人狱、食狗狱，“以及成百

① 《薄伽梵往世书》3.30.20。

② 由旬为古代印度长度单位，梵字原意为“驾”，引申为牛车从早上挽驾到晚上税驾所行的路程，约合15千米。

7–4 阎罗殿

7–5 阎摩

上千的其他地狱，在那里有罪的人为他们的恶业而受惩罚”[①]。

罪孽深重者返回尘世后，先成为不动物，如树木、灌木、匍匐植物、草等。它们将一再被动物啃食，被人砍斫，被野烧灼，夏为炎日所炙，冬为寒风所袭，终于凋萎死去。接着，它们生为蠕虫，辗转于溲溺之间，既无法躲避寒热之苦，也无力抵挡其他动物的啄食。后来再生为动物，同样受暴晒，忍饥渴，弱肉强食，求偶不得，不停地游荡在林莽之中。作为家畜，则难免束缚劳役和鞭打宰割之苦。如此在众牲畜间流转之后，便会有些积累了功德的开始升入人类，只不过仅能居于底层，成为旃荼罗、皮匠、铁匠、织工、裁缝、猎户、陶工、洗衣人、染工、漆匠、听差、奴仆、跑腿的、抄写人等，且不免残疾在身，百般不便。他们陷于贫困、饥饿和屈辱，往往形貌丑陋，恶病迁延。此后倘能累有善业，则可望在地位上有所提高。世间轮回的层次，按照《毗湿奴往世书》（2.6.30、31）的说法是：不动物、鱼、鸟、动物、人、圣贤、神和解脱者。相邻各层之间的等次据称差一千级，而级级攀升的一切努力，无疑都是以出离轮回、获得解脱为最后指归的。

至于再生的过程，也即作为轮回主体的命生生世世不断迁转的过程，印度教有着与耆那教相似的理论。《摩诃婆罗多》的《马祭篇》和《教诫篇》说，命为细身所包裹，生活在粗身即肉体之中，“有如莲花上的一滴露珠”。它是无始无终的，由于业的存在而一生再生；而粗身则随着时间的延续一次次出生、成长、衰老、死亡。临死之时，先是风驱散肉体内部的热，呼吸停止。粗身解体，复归于它的五大组成成分火、风、地、空、水。命亦同时弃之而去，并移往下一个个体。这一迁移也即再生的过程无须时间。处于转生状态的命四周包围着前生的宿业。它未来将要采取的存在形式，悉取决于这些过去积攒的业的性质。在新的一生或数生中，它还将收获这些宿业的果报。而在宿业实现它的果报并被消耗的同时，新业会随着新的行为表现又复产生和积累起来，伏以待机。关于命的投生方式，大史诗说得十分简单，只说它在脱离了死去的躯体后，立即带着所有的旧业进入一个生命种子，并与女性之血相结合，进入子宫，完成诞生。有意思的是，史诗《和平篇》还提出了一种与死亡时的状况相联系的归趣理论。这种理论认为，人死后的去处，要依人死时命逸出身体的部位来决定：从足部出的去毗湿奴界，从小腿出的去婆薮（神）界，从下体出的去密陀罗界，

① 《毗湿奴往世书》2.60.21~26。

从臀部出的返回大地，从大腿出的去祖界，从鼻孔出的去月界，从膝部、胁部、胳膊、胸部出的亦各有所趋。

业报理论的建立，其初衷无疑是为了抑恶扬善。它所依靠的，乃是业和果之间铁的必然联系。按照善行获福、恶行启祸的原则，业力可以超越死亡而在生命的下一个形式（来生）中继续发生作用。然而众多的印度教典籍不止一次地告诉人们，联系是可以打破的，原则也能够变通，罪愆允许补赎，厄运也有法规避。在这方面，往世书的说教可称典型。对于不同的罪愆，往世书设计了不同的赎罪方法，使犯过者得以避免被动地遭受报应。比如，背叛师父或神祇者，可以轻念一万遍“补罗那伐”（即“Om”）使自己重新变得纯洁；违约、食不得食之物、说不当说之话，可以靠念一千遍有关咒语自赎；杀了鸽子、乌鸦、猫头鹰等禽类，念108遍即可。因过失而杀了婆罗门的，可以盘起头发，穿着树皮衣，手擎被杀婆罗门的头骨在林中游荡，以野生果实为生，每日沐浴3次并在晨昏行祭，放弃学习和教授吠陀经典，定期到圣地朝拜……如此修赎罪苦行12年后，他可重获纯洁，重新以为人主持祭仪为业。一个刹帝利偷了婆罗门的财富，他不仅要忏悔并退还原物，还要修热苦行，加上禁食12天。对于饮酒、偷窃、通奸等罪状，往世书常就情节轻重，仔细地罗列出相应的赎罪方式。通过赎罪，原有的恶报或被免除，或遭推翻，总之再不应验。在《摩诃婆罗多·和平篇》里，传说中的史诗作者毗耶娑罗列了许多需要补赎的罪过，如杀婆罗门、玷污师父床第、编造谎言、不按要求行祭，以及其他破坏印度教教规的行为，并进一步提供了种种涤罪的方式，包括苦行、祭祀、斋戒、施舍等。有的仅为泛说，如人死前向贫穷而又值得施舍者布施一千头牛和牛犊，可以洗清生时之罪。有的则为具体规定，如杀婆罗门要布施十万头牛；发誓禁欲但又破戒，要半年身披牛皮生活，并修其他苦行；玷污师父床第者要仰卧热铁板，切除生殖器，并深居林莽，永远双眼望天，以此清除罪愆，等等。不过，《和平篇》提供的赎罪单方中有些过于简单：罪行初犯，可以通过忏悔来洗除；犯两次，可以发誓永不再犯；三次，可以决心此后只为善，不为过；屡犯，去圣地朝拜后可得干净之身。到了这个地步，作为印度教伦理核心的业报观念已经很难说还有什么规诫意义了。

善恶殊报原则的松动，是轮回业报理论长期发展的结果。天国门票的发放趋于容易是宗教发展的常见现象。有人说：“业报的教义在往世书中无异于一个稻草人，把它树立起来就是为了再打倒。”[①]这话有一定道理。一方面极言地狱之苦，以明业报追惩之厉，另一方面又多设救赎之门，使罪者得逃顶上之灾，结果黄泉路上倒多了些逃脱惩罚的得意之鬼。实际上，把业报说当作稻草人的并不只有往世书；印度教经典内容凡涉及伦理的可以说莫不如此，法论、史诗等都不乏实例。

作为印度教伦理学说的核心，业报轮回理论既解释了人间现实的不平，又提出了改善未来状况的途径。印度教一向坚称轮回业报说绝非宿命论，指出任何一个人的未来都掌握在自己的手中。他日的幸福，全靠今日善行的福报。但是，它又同时强调，人的最高目的不是追求世上幸福，甚至不是追求上天神境，而是出离轮回，获得解脱。它曾十分明确地将两种人截然分开：一种以行为求天堂，一种以弃世（包括放弃天堂）求解脱。为什么人在求得善报以后，却要抛弃它们，转而追求解脱呢？《摩诃婆罗多·森林篇》提出了两种解释。一种解释说，众生受诸苦煎熬，在世界上周转如轮，尽管有时自以为快乐舒心，实际上还是不断造作新业，将自己束缚在无尽的轮回之中。唯有求得解脱，方能达到最高的福乐境界。另一种解释认为，人就其本性而言，不可能以世间之善为满足。德善之人已经臻于君临一切的境界，色、香、声、触之乐，唾手可得。然而，如果他同时也是一个觉悟的人，他就不会以获此善果为止境，而会进一步潜心于精神性的哲学思考，既无动于痛苦和快乐，更无意于俗世的追求。他把世间一切视为应当弃绝的无常之事，唯求出离生死相续的无限流转，求得彻底解脱。

至于解脱的途径，印度教典籍有着各种各样的推荐。冥思、苦行、祭祀等都是重要的手段，但最典型的，还是《薄伽梵歌》所提出的三种方式，即智瑜伽（jnanayoga）、信（即虔信）瑜伽（bhaktiyoga）和业瑜伽（karmayoga）。其中它所特别提倡的，是业瑜伽，亦即业解脱道。《薄伽梵歌》用了差不多1/3的章节讨论业解脱道。它的主要观点是：“一个人应该不因做业而希求利得，也不因无为而获取什么。他没有任何利益要从所有的世间之物中索取。谁始终做应做的业而无所执着，他就能因做业不执着而达到最高（境界）。”“你唯一需要的就是做业，而且不期望相应的果报。不要以追求业报为动机，也不要一心只想回避做业。”这样，“既无所喜，又无所厌，他就应被看

① ［美］W.D.奥弗莱厄蒂主编：《古代印度传统中的业报和转生》，加利福尼亚：加利福尼亚大学出版社，1980年版，第14页。

作是一个具有内在脱弃（尘俗）精神的人。能够不走两个极端，他就可以轻易地从束缚下解脱出来”[①]。总之，人必须依照印度教经典的规定履行自己的职责，但这种履行一定要是无动机的，即不怀私心，不图果报，一言以蔽之，勤恳做业而无所企求。这里至为关键的一点是做业的态度。不计较结果，做业只求然而不问其所以然，自然会超越宗教赋予的职责，处于解脱状态。《薄伽梵歌》认为，从终极的观点看，实际上并无业善业恶之分，只是人因为本身无知而为幻象所迷，才妄自加以区分。无知一旦驱除，宇宙的最高本体梵就会显现。人的心智为它所开启，他在轮回中长久流转跌宕的命运即告结束。三种方式中的智瑜伽指通过冥思求得对于精神世界的真切认识，对于最高本体的彻底领悟。由此取得的知识和智慧足以将宿业烧毁。信瑜伽主张虔诚敬神，通过沐浴神恩，达到无上宁和的永恒之境。在业报轮回理论中引入神的干预，无疑有助于业解脱道的实践。当人相信自己所做的一切不是为己，不是为人，而是为神的时候，他就比较容易忍受世上的烦恼和痛苦，也不至因为内在的疑虑或反感而心生怨怼。

往世书的解脱说与印度教的一般理论相一致，即视放弃对于俗世的一切执着为解脱的根本途径。不过，往世书对于智瑜伽、业瑜伽和信瑜伽三解脱道的解释却与史诗、法论等的观点不尽相同。《那罗陀往世书》说：“那些克服了欲念、愤怒、贪心、愚妄、傲慢和怨怼这六敌，具备瑜伽力但并不以此自矜，达到了寂静境界，并且敬拜大智之神的人，是通过智瑜伽（达到解脱的）。那些用圣水沐浴使自己清净，遵守神圣誓言，乐善好施，实行禁欲，举行祭祀，敬拜创造一切的不退者（即毗湿奴神）的人，是通过业瑜伽（达到解脱的）。……那些同时以身、口、意（三方面）虔心敬拜大神诃利（亦指毗湿奴）的人，将达到宇宙中顶上之境中的最顶上者。”（35.2、3、7）往世书解脱理论的最大特点，是强调虔诚敬神的重要性。不仅《那罗陀往世书》如此，其他往世书亦复如此，区别仅在于崇拜的主神不同。例如，《毗湿奴往世书》和《薄伽梵往世书》等崇拜毗湿奴，而《林伽往世书》和《湿婆往世书》等则崇拜湿婆。毗湿奴被称作解脱的施予者。对他的形象加以注视、抚摸、敬拜、赞叹、鞠躬等皆是有效的崇拜方式。《湿婆往世书》说，命（即灵魂）为业的绳索所束缚，在世界上如轮子一般回转不休。这轮子的制造者就是人主湿婆。谁崇拜他的象征物林伽，他

① 分别见《薄伽梵歌》3.18、19；2.47；5.3。

就可以获得解脱。三解脱道中，信仰之道被提高到了首要地位，而其他两解脱道（智瑜伽和业瑜伽）里也加入了敬神的内容。业瑜伽也从《薄伽梵歌》的重世俗行为转为重宗教行为，特别是祭祀。更有甚者，有时业索性被置于神的控制之下。《薄伽梵往世书》即认为，命由业力所推动，而业则由神来指导，处在他的掌握之中。所有这些变化，无疑说明印度教正在向虔信派运动方向发展，或者也可以说，它们是印度教不断虔诚化的结果。

第八章

施　舍

——古代印度制度性的善德

施舍作为善行，在古代印度的社会伦理生活中，有着十分重要的地位。几乎没有任何行为受到过比施舍更为广泛的颂扬。其实，除了印度，在众多的古代文明社会中，施舍观念都曾普遍流行，中国亦然。《墨子·非攻》："施舍群萌"；《左传·昭公十三年》："施舍不倦，求善不厌。"仅就形诸文字，载于典籍来说，施舍观念在中国至少已经存在两千四五百年了。作为传统德行，也一直

8–1 自古以来印度人就以施舍为美德

流行于民间。然而，若论倡导之力，影响之广，行化之深，流风之劲，以至变为信仰，形成制度，中国仍不足与印度比。不仅中国，历史上的任何民族、任何国家，恐怕都不能与印度比。

古代印度的施舍观念非常突出地表现在当时的宗教教义，特别是它们的伦理思想中。有关的说教在印度教和佛教这些大宗教的典籍里十分丰富地保存着，即使在今天也很容易读到。

一、制度化的印度教理论

印度教[①]信仰的源头在《梨俱吠陀》，而《梨俱吠陀》这部古老圣典的确为我们提供了最早的有关施舍的记载。书中的仙人迦奇婆曾经这样赞美一位叫作娑那耶的王公："这位国王贡献出一百个项圈，一百匹骏马。在他的恳求下，我立刻接受了它们；此外还有一千头母牛。他不灭的英名已经上达天庭。毛色黝黑的马匹站立在我的身旁，娑那耶的施物还包括十辆大车和拉车的牝马。接着来到的是另外六万头牛，迦奇婆接受它们的时候已近薄暮。排在长长的队伍前面的是四十匹栗色马。迦奇婆的儿子们和其他波阇罗人满心欢喜，将那装饰着珍珠的马匹停了下来。"（1.126.2~4）这里的叙述虽然未免夸张，但是显然，在公元前1千纪以前，即所谓前吠陀时期，王者（实即部落首领）以及别的富人向有学问的祭司阶层施赠财物的做法，已经流行起来。与此同时，救济贫弱的行为也受到褒扬，而悭吝自私的表现则遭到批评。《梨俱吠陀》第十卷有诗句说："神明从不把饥饿当作人们死亡的原因；倒是美食终日的人，难免以这样或那样的方式死于非命。慷慨的人，他的财富不会白白拿出；而守财不放的人，却绝不会从别人那里获得安慰。……谁对于饥肠辘辘，羸弱不堪，上门求乞的人慨然施食，他就会在战场上赢得胜利，并为自己在未来陷入困境时赢得（可以求助的）朋友。遇到朋友伙伴前来求食却不肯提供餐饭的人，再也不会获得友情。……让有钱的人使贫苦无依的乞求者满足而归吧。让他的眼光放得更远。财富其实就像滚滚不停的车轮，今天来到这家，明天去到那家。"（10.117.1、3~5）看来可以有把握地说，施舍观念的滥觞不会晚于吠陀时代。

吠陀时代以后，尤其是公元前7、6世纪～公元6世纪，众多的印度教文献

① 为了叙述的方便，这里将一脉相承的古代吠陀教、婆罗门教和后来的所谓古典印度教统称为印度教。

形成并集结起来，有关施舍问题的记述及论说也相应大量增加。随着施舍观念的成熟和施舍行为在日常生活中重要性的提高，这方面的论说也显出了模式化的倾向，而且变得精细而烦琐，以至于面面俱到，无所不及，反复再三，不厌其烦。开辟专章，详加申论，更是司空见惯。这些特点在下面的介绍中很容易见到。

（一）施舍物

谈到施舍，很多典籍都给施舍物提供了大量的篇幅，所及除品类数量以外，也常有优劣比较和称颂之词。

法经和法论著作在门类上属于“传承”经典，专门论列人的行为，力求加以严格规范。最著名的《摩奴法论》没有直接罗列应该施舍的物品，但是指出了什么东西是可以作为布施接受的，如“一切人自动赠送的柴、水、根、果或食物，他都可以接受；还有蜜和保安礼。他不得谢绝卧具、房屋、吉祥草、香料、水、花、宝石、酸牛奶、谷物、鱼、牛奶、肉或者蔬菜”。（4.247、250）保安礼指别人自愿为之提供的保护，如护送他穿过丛林等。“他”自然指婆罗门。此外，从《摩奴法论》其他章节和别的同类著作如《祭言法论》等，我们知道，可施之物还包括：土地、树木、金、银、芝麻、女佣、灯盏、衣服、马匹、公牛、母牛、驮兽、车乘、酥油、鞋子、伞具、花环、面团、吠陀知识、抚慰的言辞等。《婆私吒法论》在专论布施的一章中着重说到的不是单纯某物，而是由多种东西组合起来的一份礼物。比如：一张没有割去四蹄的黑色羚羊皮，皮张的脐部放着黄金，并用芝麻敷在上面；或者一块四面环海的岛屿，上面布满高山、树林和灌丛，还有贮满黄金的山洞，等等。此外，它还提到了床席、座位、伞、鞋、城镇，并认为“母牛、土地和知识是三种最好的布施；而由于知识高于一切，所以知识的施舍更是无出其右”。（29.19）《宝陀耶那法经》的观点有些不同。它更看重食物的施舍：“众生靠食物而生存。食物就是生命。因此，人们应当施舍食物。”（2.6.41）但《毗湿奴法论》则说：“给人以保护是无上之施。”（92.1）有些具有社会公益性质的善德，也被归入慷慨施舍的范畴。掘井、凿池、植树、修桥、铺路、建寺等，都在其列。

反映在往世书中的施舍观念与前述传承经典的内容大略相同，但在书中所占比例相对较低。各往世书提到的施舍物与前面已经提到的多数重合，唯随时代不同，增加了铁器、园林、寺庙、拘舍草、净修林、乐器、林伽等。至于什么是最值得称道的施舍，说法不尽相同。《湿婆往世书·乌玛本集》称食物施舍为最高之施，“在所有的布施之中，食物之施是最伟大的。它能最快地使人获得满足，能够提高人的力量和智慧。没有任何施舍可以同食物的施舍相比。一切众生来源于食物；没有食物就会死亡。食物产生血液、肌肉、脂肪和精种，而精种又产生新的生命。因此食物就等于宇宙。……饥饿是最折磨人的病苦，而解除这一病苦最有效的药物乃是食物。……施舍食物就是给予生命。给予生命就是给予一切。因此，谁施舍了食物，谁就有给予一切的恩德”。（11.17~19、22、25）《那罗陀往世书》更称，凡是诞生在食物布施者家庭中的，其人千代之内不会堕入地狱。《大鹏往世书》则提出土地，认为施舍土地最了不起。它的《正法篇》称：“太阳、伐楼拿、毗湿奴、梵天、月亮、火神和湿婆大神都对施舍土地的人表示称赞。没有任何施舍能同土地之施相比。没有比土地更宝贵的财产。……犯下弥天大罪的人，只有施舍了母牛或者土地，才能洗清自己的罪恶。”（42.2~3、6）此外，往世书在某些地方还将黄金、土地和母牛并提，认为它们是最有价值的施舍。《湿婆往世书·乌玛本集》说：“黄金、母牛和土地的施舍是十分神圣的。谁施舍了它们，他就使自己获得了解脱。通过施舍黄金、母牛和土地，一个人可以涤除自己的一切罪愆。”（14.2~3）《大鹏往世书·正法篇》说：“黄金生自火焰，土地生自毗湿奴，母牛生自太阳。那施舍了黄金、土地和母牛的人就是施舍了三界。”（42.4）《那罗陀往世书》用知识置换了黄金，认为：“知识、土地、母牛的施舍是最高之施。这种布施能够通过诵经、车乘和牛乳将施主救出地狱。”（1.13.100）

有关施舍的讨论也散见于两大史诗各处，而多次集中论说这一问题的则是《摩诃婆罗多·教诫篇》。《教诫篇》，顾名思义，是讲人生哲理，道德教训的篇章。篇中对各个方面的善举都有论列。然而，就篇幅之长，叙述之细，劝谕之殷，叮咛之切来说，没有哪一方面可以同施舍相比。在全篇154章中，有88章涉及施舍，而其中全部用来谈论这个问题的，便有38章。由此不难看出，施舍作为德行，在印度教伦理体系中，的确占据着极其重要的地位。《教诫篇》中不仅出现了有关施舍的众多典故和说教，烦琐的理论也建立起来。理论的建立无疑是要将一种一般德行上升为普遍信仰。《教诫篇》的论述，为我们仔细了解古代印度的施舍观念，提供了很好的机会。

与前述两类经典相同，《教诫篇》提到的可施之物也很广泛，包括了生活中大多数有用的东西。不同的是，对于那些认为应当重视的物品，它都将它们挑选出来，反复陈说其施舍之善——其物既重要，其报亦丰厚。以下是几种这样的典型：

1. **食物和水**

提到施食和施水的地方非常多。它们通常被视为基本之施。例如，关于施食："食物之施是最重要的施舍。古代的兰迪提婆就曾由于施舍食物而进了天堂。谁向饥肠辘辘的或者疲惫不堪的人施舍了食物，他就会进至福祉无边的自在之境。无论是施舍黄金，施舍衣物，还是施舍马匹，其功德都不能和施舍食物相比。食物是世上第一紧要之物。食物是最为重要的财富。食物是生命、精力、勇气和力量的来源。谁能够一心一意，坚持不断地向真诚善良的人施舍食物，他就不会陷于艰难困苦之境。"（65.54~58）第62章和第113章都曾用整章的篇幅来赞美施舍食物的美德。后一章还谈到了各种姓施食的好处。值得注意的是，它把首陀罗也包括进去了："一个首陀罗如果能将靠艰苦劳作，乃至冒生命之险得来的食物赠予婆罗门，他就能从罪恶中解脱出来。"（113.17）施舍食物的重要虽经强调如上，但是，在另外的地方，当谈到施水的时候，水就占据了比食物更加重要、更加根本的地位："世界上没有一件东西不是从水中产生出来的。…… 一切生命的气息也都来源于水。……再也没有比施水更高的功德了。

8–2 向僧人施食

一个希望获得财富的人，应该经常不断地施水。施水能给施主带来财富、声望和长寿。施水还能使施主永远凌驾于他的敌手之上。”（66.11、13、16、17）掘井凿池也能获得相应的功德。第99章说：“一个开凿了池塘的人，他在多大的数量上为人提供了饮水，在多大的程度上为人提供了沐浴和休息的方便，就会有多大数量和多大程度的功德积攒下来，供他在死后长久享用。水源是十分难得的。因此，施水能给人带来永久的福祉。施水大有别于其他一切的施舍，也高于其他一切的施舍。”（99.18、20、21）食和水同为人的生活所不能缺，加以强调，自然不违常理。至于篇中此时称施食第一，彼时称施水第一，看似前后抵牾，实为印度古代文献常用的行文方式，不过极尽美言之能事罢了。

2. 伞和鞋

印度炎热的气候条件，使得伞和鞋也成为重要的施舍物。史诗引用了一则神话来说明这种施舍习惯的由来：食火仙人在酷热的天气里习箭，妻子莱奴迦帮他拾箭。看到莱奴迦不堪骄阳的炙烤，他决定将太阳从天空射下。正当食火引弓待发的时候，太阳神化作婆罗门前来相劝。在说了一番天下万物没有太阳就不能生存的道理以后，太阳神送给他一把阳伞，一双革鞋：“这伞可以保护人的头部，使它不为我的光线所伤害。这一双皮革做的鞋子，可以保护人的双脚。……从今往后，世界上任何吉祥的场合，都要准备伞和鞋。这个规矩将会成为世世代代存在下去的惯例。”（97.6~27，98.13~15）接下去，史诗作者借毗湿摩的口对坚战说道：“婆罗多啊，这一赠鞋赠伞的习俗，是由太阳神率先实行并流传下来的。所赠的鞋、伞据说也是吉祥之物。因此，你要向婆罗门广施鞋、伞二物。我坚信，通过这样的施舍行为，你一定会获得很大的功德。谁向婆罗门施舍了有百条伞骨的白色雨伞，他在死后必能去往因陀罗的世界，生活在再生者、众天女和众天神的崇拜之中，享受永恒的幸福。谁向双足正在滚烫的地面上受苦的婆罗门，向私那陀迦婆罗门①，或向严守誓约的婆罗门施舍了鞋子，他就能在死后去往天神普遍敬仰的世界。……”（98.16~21）伞和鞋尽管不像食物和水那样为人的生活所不能缺，但在印度特殊的气候环境中，施伞施鞋仍然具有重要意义。

3. 灯具

施舍灯具又称“光施”。《教诫篇》提到光施的地方很多，这里只举一个例

---

① 完成了梵行期的学习生活，经过一定的宗教仪式后进入家居期生活的婆罗门。

子。第101章说:“光有向上的性质，是驱除黑暗的手段。因此，一个人应当成为施光者。这是古已有之的传统教导。诸神就是因为施光而精力充沛、光彩照人、声名远扬的。罗刹由于相反的原因而陷于黑暗。所以，人总应该以灯施人。通过施舍光，一个人可以变得目光锐利，神采奕奕。谁施舍了灯盏，他就不会再去做伤害众生的事。他也不应该再把灯盏拿走，或者使它们熄灭。一个希望自己兴旺发达的人，应该经常在山坡上、密林小路上、寺庙中和十字路口施舍灯光。一个施舍了灯光的人必能光宗耀祖，纯洁自身，遐迩闻名，并在死后同日月星辰居于同一世界。”（101.47~49、52、53）施舍灯盏就意味着施舍光明。从上面的引文看，光施常无一定的个体对象，因此带有相当的公益性质。光施的提倡，在时代上应该后于食、水之类的施舍。

4. 土地

土地比食物、水、灯、伞具有更高的价值，因此，土地的施舍便受到更高的重视，谈论土地施舍的内容也就明显增多。例如:“谁施舍了可供耕种的田地，他就能有兴旺发达的日子。谁施舍了能产宝石的土地，他的家族就会一代胜似一代。”（65.30）《教诫篇》第61章整章共93颂都是论述土地施舍的，极尽推重之能事。比如:“在所有可以施舍的东西中，人们说，土地是首屈一指的施舍物。土地是不可挪动，不会毁坏的。它能够给人带来他渴望得到的最好的东西。它能给人衣物、珍宝、牲畜、稻米和大麦。在众生之中施舍土地的人将会永生永世家境富裕。土地的生命有多长，施舍土地者富裕的日子就会有多长。没有比施舍土地更高的施舍了。”（61.2~4）“一个国王如果施舍了肥沃的，可以满足人种种需要的土地，他就能成为众王之王。因此可以说，土地之施是无上之施。”（61.58）“一个人施舍了土地，也就等于施舍了大海、河流、山岳和森林等等所有一切。一个人施舍了土地，也就等于施舍了湖泊、水井、池塘和溪流。潮湿的土壤可以产生所有的味（按，指能够生产出具有甜、咸、苦、酸、辣、涩六种味道的植物）。一个人施舍了土地，也就等于施舍了含有乳汁的香草、长满鲜花果实的树木，以及森林和高山。”（61.67~69）土地的施赠是历史学家和经济学家感兴趣的问题。他们希望通过对它的考察，弄清古代印度一定时期的土地制度，进而确定当时的社会性质。事实上，能够施舍土地的，首先是掌握着大批土地的人，尤其是王者，无论其领土大小。《教诫篇》第61章专论土地施舍，其中提到国王、大地之主、刹帝利或暗指他们的地方多达25处。显然，他们正是该章的劝谕对象，而赐赠的对象则无疑是婆罗门。至于受赐者所得的究竟是土地的所有权，还是收益权，历来学者看法不一。不过有一点是明确的，那就是，从婆罗门的立场看，施舍土地是所有王者的天职。“每有新国王灌顶即位，都要对他讲明这个（舍地的）道理。明白了这个道理，他就会慷慨舍地，而不会从善者那里掠取土地。”（6.36）“一个国王只要肯施舍土地，就是一个出身高贵的人，一个道德高尚的人，一个好朋友，一个慷慨的施主，一个豪勇之士。”（61.42）这样的言语，听来就几近诱迫。

5. 牛

在古代雅利安人的游牧社会里，牛是财富的象征，也曾作为货币在物资交换中使用。进入定居的农业社会之后，牛在社会经济生活中仍然占有重要地位，受到广泛崇拜。从印度古代语言里，也不难发现这样的消息。梵文“牛”（go）字本身在很早就有了承载一切的“大地”的引申义。国王称gopala，即“牧牛人”；女儿称duhitri，即挤奶女；一拃的长度称gokarna，即“牛耳”；用来表示家、家庭、家族的名词是gotra，即“牛栏”；战斗是gavisti，即“求牛”；传说故事里有能满足人一切愿望的“如意神牛”（kamadhenu或kamadugha）。因此，无论就宗教意义还是就现实意义而言，施牛才是《教诫篇》津津乐道的无上之施。除散在各章的片段论述之外，该篇还用了整整13章（68章到80章）的篇幅，集中讨论牛的施舍问题。在单一问题的讨论上下此功夫的，在全部《教诫篇》中还没有第二个。舍牛的重要，可见于如下论述：“三十三天之主（因陀罗）曾经说过，牛乳就是甘露。因此，谁施舍了母牛，他就是施舍了甘露。那些精通吠陀的学者认为，投入祭火的供品是不朽的。谁施舍了母牛，他就是施舍了不朽的供品。牛是一切生灵的生命气息。因此，谁施舍了牛，他就是施舍了生命气息。精通吠陀的学者说，牛是一切众生的庇护所。因此，谁施舍了牛，他就是施舍了庇护所。”（65.44、45、47、48）“世上没有比舍牛更神圣的施舍了。世上没有任何施舍能带来比舍牛更加丰厚的果报。世上众生，没有任何一种能够居于母牛之上。母牛用它的皮、毛、角、尾毛、乳汁和脂肪来保证祭祀的实施。世上还有什么超过母牛的东西吗？母牛是过去和未来之母。母牛存在于宇宙中一切动物和不动物的身体之内。因此，我向母牛俯首致敬。”（79.13~15）在雅利安人社会中，牛作为主要的财富比土地还早，对于牛的崇拜也有着十分久远的历史。牛有着土地所没有的神圣品格。因此，将牛视作比土地更有价值的施舍物，是可以理解的。

6. 黄金

尽管从上面的引文中，我们看到牛的施舍曾经备受推重，甚至达到了神圣的地步，但是当论到黄金的施舍时，牛的地位却又不得不让黄金来分享。史诗的作者告诉我们，黄金可以是牛的替代物："黄金可以代替牛，作为酬资付给为自己主持祭祀的婆罗门。"（73.7）黄金也可以是牛的等值物："一个人举行了王祭，或者施舍了大量的黄金，他就能获得与舍牛者相当的最好果报。凡德行圆满、臻于善境的仙人都是这个说法。"（72.28）现在，施舍黄金也受到了最高的赞誉："黄金是最宝贵的施舍物。黄金也是最贵重的酬资。黄金是使人净化之物。黄金是各种净化之物中最高级的一种。这是传承经典中的话。据称，施舍黄金可以使施主全家得以净化。"（73.9、10）由于黄金是"一切珍宝中的至宝，是人们身上佩戴的最好饰物，是所有纯净物品中的至纯之物，是众生得享的至上之福"（84.81），所以，"深明正法的人施舍了黄金，就等于施舍了神性。谁施舍了黄金，他就获得了摆脱黑暗的光明世界，他就能去往无上之境。他还能在自己居住的世界中灌顶而为王中之王"（85. 58、59）。对于黄金情不自禁地崇拜，终于使得它的价值超过了牛。第83章说："谁施舍了黄金，他就是施舍了所有神圣之物。所以说，世上没有比黄金更贵重的施舍物。"（83.37）黄金的施舍之所以受到重视，受到鼓励，显然是它的实际价值使然。价值就是圣洁，价值就是神性。

有些传承经典在提出可以施舍之物的同时，还指出了若干物品不能施舍。对施舍加以限制的不是史诗，不是往世书，而是法经法论，并非偶然。因为后者不仅是论述人的行为的道德书，还是负责保护公共利益、维持社会稳定的律法书。施舍作为社会行为，一味提倡而不予规范，无疑会生出弊端。事实上，传承经典注意的正是施舍物的社会属性，而不是它们的品类。例如，《毗诃波提法论》指出："有八种东西不可让渡，即共有的财产、全部的财产、儿子、妻子、抵押物、寄存物、借来的东西和许给他人的东西。"（15.2）《那罗陀法论》的规定略有不同，其中"全部的财产"改成了"有子女者的全部财产"；"许给他人的东西"没有了，而代之以"安伐希陀寄存物"，即甲放在乙处，最后应该归还给本主丙的寄存物。《陀刹法论》列出了九种东西：共有的财产、乞得物、寄存物、抵押物、妻子、妻子的个人财物、继承的财产、全部财产和他人的财产，"这九样东西，即使身陷困境，也不能随意给人"（3.17~18）。此外，《那罗陀法论》还指出了16种无效的布施：在惧怕之下施舍的、在盛怒之下施舍的、受憎恨、悲哀或痛苦等的影响而施舍的、为了贿赂而施舍的、出于开玩笑而施舍的、受了欺骗或听了虚假的托词而施舍的、孩子或傻子施舍的、并非财物本主施舍的、由于忧伤而施舍的、醉汉或精神错乱者施舍的、希图报酬而施舍的。它认为，“无论是觊觎不合法的布施而确实得到了它的人，还是施舍了不该给人的财物的人，都要受到惩罚”（4.9、10、12）。

（二）施舍对象

与通常意义上扶弱济贫的施舍之道不尽相同，古代印度教所倡导的施舍原则从动机到理论都要复杂一些。施舍的对象主要集中在僧侣阶层，即婆罗门身上。《摩奴法论》关于种姓职责的分配说得十分清楚：“为了保护这整个世界，那具有伟大光辉者（即梵天）为由口、臂、腿和脚出生的（四个种姓）派定了各自的业。他把教授吠陀、学习吠陀、祭祀、替他人祭祀、布施和接受布施派给了婆罗门。他把保护众生、布施、学习吠陀和不执着于欲境派给刹帝利。他把畜牧、布施、祭祀、学习吠陀、经商、放债和务农派给吠舍。那位主给首陀罗只派一种业：心甘情愿地侍候上述诸种姓。”（1.88~91）这里接受施舍的只有婆罗门一个种姓。这一点《摩奴法论》在另一个地方说得更加明确：“教授吠陀、学习吠陀、祭祀、为他人祭祀、布施和接受布施是婆罗门的六业。六业之中有三业为其生计：为他人祭祀、教授吠陀和接受清净人的布施。有三项婆罗门的职责对于刹帝利是禁止的：教授吠陀、为他人祭祀，第三是接受布施。它们对于吠舍同样是禁止的。……从军是刹帝利的生计，经商、牧畜和务农是吠舍的生计，而布施、学习吠陀和祭祀则是他们的法。”（10.75~79）这一种姓职责的安排，特别是婆罗门六业的说法，是典型的印度教理论，几乎可见于任何一部传承经典。往世书在理论上与法经法论一脉相承。在这里，婆罗门作为受施者的地位更形突出。《毗湿奴往世书》要求刹帝利“心甘情愿地”将财物施与婆罗门。史诗同样无时不强调施舍婆罗门的重要性。《教诫篇》第62章第22颂说：“婆罗门是一切众生之客。他们经常到各家去求取施舍，应当受到最好的待遇。”第28颂更说：“婆罗门是人间非凡之物。他是能够行走的两足田地。谁在这块田地上撒播种子，他就能收获巨大的福惠之果。”

但是，向婆罗门施舍，并不是无条件的。大多数的印度教经典认为，他们接受布施，应有资格上的限制。它们主张对求施者加以考查，然后量力而施。应予施舍的婆罗门大分两类：

1. 确因家庭贫寒或遭遇不幸的

比如："应该把布施给予这样的婆罗门，他们的妻子等待他们拿回吃剩的食物，犹如农民盼望天降甘霖；那些能够约束自己行为的人；那些甘守贫寒，连基本生活之资也不足，专为得到必需品才前来求施的人；那些终日为盗贼或者其他滋扰所苦，前来求施只是为了饭食的人；那些能够保持自身纯洁，向自己也是靠求乞而生的同一种姓的人乞食的人；那些在巨大的灾难中失去一切，也失去了妻子，而前来求施只是希望能有所得的人；那些难以脱离充满异端邪说的周围环境，缺乏力量，缺乏资财的人；那些被强权剥夺了一切个人所有的无辜者，他们所求不过是糊口而已；那些为了别的苦行者和致力于苦行的人而乞讨的人，其开口求施，但望能有，无论好坏，在所不计的人。"（《教诫篇》24.49、50、52~54、56~58）

2. 品行优良，值得敬奉的

所谓优良的品行，自然要按照印度教标准来衡量。这方面各类典籍的要求大同小异，综合起来，就是：出身良好、安静自处、信仰贞固、努力尽职、正直可靠、不奸不诈、谦虚谨慎、不骄不躁、待人慷慨、出言信实、容人善忍、仁爱为怀、不伤生灵、畏惧犯罪、不发怒气、有羞耻心、严修苦行、知识广博。总之，他们应当是受过良好教育，不但充满智慧，而且驾驭了自己感官的人。他们勤诵吠陀，通晓经典，按时行祭，在宗教职责上从不马虎，即使面对饥饿的威胁，也不肯背弃正法。所有这些，都被视作为人诚善端方的表现，是接受施舍者应有的品质。

至于禁止施舍的对象，一般是品格有问题的人，犯有罪过的人，或从印度教的观点看污秽不洁的人，比如：邪恶者、愚昧者、吹捧者、庸医、骗子、偷儿、说谎者、逢迎者、赌博者、杀胎者、害痨病的、看牲口的、不履行正法责任的、高利贷者、流浪艺人、卖杂货的、纵火者、投毒者、私生子、卖苏摩的、航海的、榨油的、作伪证的、同父亲吵架的人、听任妻子的奸夫进门的人、受诅咒的人、卖手艺的人、穿奇装异服的人、出卖朋友的人、与有夫之妇通奸的人、给不守誓约者当老师的人、弓箭在背（当兵打仗）的人、带着狗四处活动的人（指猎人）、被狗咬过的人、弟弟已婚而自己还没有结婚的人、有皮肤病的人、玷污师父床笫的人、演戏的人、取食供神祭品的人，以及看星象、卜休咎借以谋生的人。他们统统被视为再生者中最低贱的，应该排除在受施者之外。在受施者的各种品质中，法论十分重视是否通晓吠陀神圣知识。《毗耶娑法论》

说："将财物施与愚笨无知的婆罗门，就如将种子播于沙地，将酥油贮于灰做的罐子，将祭品投入灰烬，是不会带来功德的。"（4.62）《祭言法论》的看法更为极端："那些缺乏知识或者不操苦行的人不应得到布施；如果得到了，他会在自己沉沦的同时，把施主一起拖下去。"（1.202）

除婆罗门外，对其他人的施舍，经典所谈不多。但作为悠久的传统，施舍必然有它的广泛性。《阿波私坛巴法经》说，一个家主在举行每日的家祭，奉献过供品以后，第一件该做的事就是进行施舍。他应该将食物送给上门的来客，送给孩童、老人、病人、妇女和怀孕者。任何家主和他的妻子，都不应拒绝前来讨求食物的人。（2.4.10~13）《阿多利法论》使用了比丘这个概念。它说，一个比丘可以挨门乞讨食物，就像蜜蜂一朵花一朵花地采集花蜜一样。（1.159）它把六类人归为比丘：梵行者、苦行者、学生、养活老师者、游方者和生活无着者。说得最清楚的是《祭言法论》，它主张人应该就能力所及，为任何上门的客人提供食物，无论其种姓如何。他应该以善言迎接上门的求乞者，然后将布施给他。（1.107~108）实际上，作为施舍对象，其他种姓所处的地位是不能同婆罗门相比的。首陀罗的地位则更差，有时他们还被排除在施舍接受者的范围之外。

总而言之，印度教提倡的施舍，是以婆罗门为主要对象的。婆罗门为古代知识阶层，掌握吠陀经典，主持各种祭祀，实为神人中介，地位隆崇。他们是社会文化的创造者，一切知识的继承者和传播者，一向以致力学术，苦修冥思为能事，脱离体力劳动。作为劳心者，他们是要其他阶层来养活的。不像贵族统治阶级可以靠权力聚敛民财，他们只有靠为人主持祭祀或其他仪典来获得报酬。求乞度日是他们常用的生活手段。他们是典型的精神贵族。对他们来说，乞求食物和别的生活之资，从来不是低下可耻的事；也从来没有任何其他阶层的人目之为寄生。印度教古代文献汗牛充栋，无一不出自婆罗门之手。作为意识形态权威，他们必然会引导民间舆论，使之符合本阶层的利益。施舍由习惯而成制度，婆罗门的生活方式和社会角色，当是主要的推动原因之一。印度教最有威势的大神湿婆尝以苦行者为形象，颅骨作钵，游方乞食。求乞与施舍在印度教宗教生活中的地位，亦由此可见。

（三）施舍的报偿

施舍作为社会行为，对于施主来说，并不单纯是无偿的义务。在这里，施舍理论是有果报相应许的。人通过施舍所得的报答，大分两类，一是积累功德而收获善果，一是涤除罪愆而复归清净。它们都是古代印度教徒最为关心的事。

8–3 虔诚的施主

1. 积累功德

积累功德，终得福惠，是典型的对于施舍善行的回报方式。这一点《那罗陀往世书》说得十分清楚："人说施舍有两重目的，一种是为了今生的利益，一种是为了来世的福德。"（2.43.100）因此，对于施舍的鼓励，经常是联系相关的果报来谈的。不同的往世书，如果说到施舍的话，总会将某种布施必得某种善果一一罗列出来。例如，《大鹏往世书》的《正法篇》就罗列了如下的果报：一个施舍土地的人，能在死后得升天堂，那片土地长多少步，他就能在那里居住多少年；施舍鞋子的人，以后行必乘马；施伞的人，走路不受烈日暴晒；施灯的人，能轻易穿行黑暗之地；施舍座位、器皿或粮食的人，走路畅通无阻；施舍水瓶的人，不受干渴之苦；施舍马匹、船只或大象的人，定会获得幸福；施舍槟榔叶和花朵的人，来日在阎王殿上不受折磨；能够量力施舍母牛、土地、芝麻、黄金或盛满水的陶罐的人，可得千只水瓶；施舍衣物的人，死时不会受阎王阴差的虐待。（31.2~4、12、16、18~21）《摩诃婆罗多》的说法是：“一个施舍伞具的人，可以获得华丽的住宅。一个施舍鞋子的人，可以获得车辆。一个施舍衣服的人，可以获得美丽的容貌。一个施舍香膏的人，可以获得美好的名声。那些把香花、果实、树木施舍给婆罗门的人，可以轻易获得美宅，其中财宝无数，美女如云。那些施舍各色食物和可口饮料的人，可以得到数量远过于此的同样东西。……如果一个人能向婆罗门施舍床具，床上散发着香气，铺着色彩斑斓的毛毯，那么他不用费力就能得到美丽的妻子。这妻子不但端庄可爱，身边还跟着一批仆从。”（《教诫篇》57.35~37、40）两相比较，可以看到，同样的施舍，所获果报未必相同。施、报之间有的似乎有着内在的因果关系，有的则看不出。再举一个《摩奴法论》的例子比较一下，不难发现许给施主的报偿，其随意性，在现代人看来，还是很大的：“施水者得满足，施食者得永久安乐，施芝麻者得如意子孙，施灯者得无上眼力。施土地者得土地，施金子者得长寿，施房屋者得头等府邸，施银子者得无上美貌。施衣服者得月亮相，施马者得双马童相，施公牛者得洪福，施母牛者得太阳的世界。施车乘和卧具者得妻子，施保护者得王位，施谷物者得永恒的安乐，施吠陀者得与梵合一。”（4.229~232）

《那罗陀往世书》还从另一个角度，即来世的角度许人果报。它为施主来世往生众多美妙的世界签发了路单：施舍衣物的人，死后将去往楼陀罗世界。施舍女孩以为人妻的，死后将去往梵天世界。施舍黄金的，死后将去往毗湿奴天国，还可以带上自家人。谁用贵重的首饰将女孩装扮停当，然后送与通晓经典的婆罗门做妻子，他死后不但可以去往梵天世界，还能够带上一百个本族的人。……施舍牛奶、酥油、蜂蜜或者奶酪的人，将会在天国享受崇仰达一万天年[①]。施舍甘蔗的人和施香的人，死后将去往梵天世界。施舍甘蔗汁的人，将会去往牛奶海。向军人施水的人，将去往太阳神世界。（1.13.90~93、96~99）为积累了功德的人准备的世界，各类经典多不吝辞采，极尽想象的能力，予以夸赞。《教诫篇》第62章有一段说：“这些具有伟大灵魂的人居住在天国光芒闪耀的宫室里。宫室的风格和颜色各不相同，梁柱的形状也不一样，装饰在四周的还有成串的银铃。它们有的放射出月轮一般清澈的光辉，有的又如掩映在太阳初升时艳丽的霞色之中；有的固定不动，有的又可以到处转移。宫室里培养

① 一天年等于360天日。一天日相当于尘世一年。

8-4 向僧人施献花环是一种功德

着数百种动物植物，有的生活在陆地，有的生活在水中，很多都闪着吠琉璃的光泽。还有一些动物和植物索性用金、银制成。这里长着一种独特的树，可以满足任何人的任何愿望。此外还有大小不同的湖泊和池塘，以及水井和厅堂。上千辆马车和牛车往来奔驰，隆隆作响。各色食品和其他享乐之物堆积成山。衣物和装饰品也多得不计其数。大河小溪，牛奶流淌，食物之山，随处可见。宫殿般的建筑像白云一般。宫内的床具闪着金子的光芒。这就是舍食者未来的去处。”（62.45~50）

施舍物价值不同，施主所能积累的功德自然不同。此外，善报的厚薄不仅与所施物品有关，与施舍的对象也有关系。印度教经典除在众多场合明确强调婆罗门的受施主体地位以外，还不断宣扬唯有对婆罗门的施赠才能最大限度地实现目的。它们声称，将一物施与非婆罗门，其果报与所施物等值。将它施与婆罗门，其果报是原物的两倍。将它施与了解吠陀的婆罗门，其果报是原物的千倍。将它施与精通全部吠陀的婆罗门，所得果报不可胜数。(《乔达摩法论》5.20）

2. 涤除罪愆

这里所谓罪，不仅指通常意义上对于道德准则和法律规定的破坏，还包括对于宗教戒条的违背。相应地，涤罪方式也就不光是违犯者的被动受罚，还会加入他们自己的主动自赎。由于一般意义和宗教意义上的罪愆常常不加区分，所以自赎的方式往往应用很广。对于印度教徒来说，解脱罪责的方式不一而足，坦白、忏悔、诵经、斋戒、祭祀、苦行，都在其列，施舍更是常用的一种。为涤罪而行布施是严肃的事，必有规例可循才行。这样的规例常见于各类经典。比如，倘若犯了杀生罪，那么，“杀了一头野猪，应该布施一罐酥油；杀了一只鹧鸪，应该布施一德罗那芝麻；杀了一只鹦鹉，应该布施一头两岁的牛犊；杀了一只鹤，应该布施一头三岁的牛犊；杀了一只天鹅、巴拉格鸟、苍鹭、孔雀、猴子、老鹰或者跋娑鸟，应该向一个婆罗门布施一头母牛；杀了一匹马，应该布施一件衣服；杀了一头象，应该布施五头黑公牛；杀了一只山羊和一只绵羊，应该布施一头拉车的牛；杀了一头驴，应该布施一头一岁半的牛犊；……杀了四种姓的淫妇，应该分别布施一只皮袋、一张弓、一只山羊和一只绵羊，以求得清净”。（《摩奴法论》11.135~138）施舍赎罪受到普遍称道。有的说，谁在此世做了不净业而注定在死后堕入黑暗无边的地狱，那么施舍母牛的功德便能在来世拯救他，就像一条鼓足风帆的船能够救援浩瀚大海上的遇难者一样。有的说，施舍土地可以为施主的母系和父系各十代人涤清他们以往的罪愆。在祖祭上进行布施，甚至连大如须弥山的罪恶都能清除。话虽这样说，实际上，在印度教推荐的各种赎罪方式中，施舍并不是最有效的。比起苦行之类，它也未必更加重要。施舍涤罪，不过易行罢了。

（四）规则、仪节和禁忌

1. 规则和仪节

印度教的施舍观念有一个从简单到复杂的发展过程，表现之一，就是施舍规则的出现；倘若物品贵重而又关系重大，伴随的还有程式不一的仪节。需要遵行规矩仪礼的，不仅有施主，还有受施者。散见各处的，常有关于施舍的习惯规定。食物是最常见的施舍物。《摩奴法论》说，一个梵行者，“应该取一根称心的手杖，在礼拜太阳和向火行右旋礼以后，依规则去行乞。……他应该每次都礼拜食物，在吃食时不表示鄙夷。见到食物以后，他应该高兴，应该感恩，应该总是恭敬地接受它”。（2.48、54）他们所用的钵应该是非金属的，没有裂痕，木钵、土钵、竹钵或葫芦钵都行。乞食的时间应当是炉火已熄，炊烟散尽，家主食毕，盘盏已撤的时候。《阿多利法论》的说法也一样。它指出，用金钵、铁钵、铜钵、青铜钵或者银钵盛食物施舍给人，施主是得不到功德的；接受者也同施主一样有罪过。一个苦行者应该用波罗娑树叶做成的钵来乞食。……苦行者从金、铁、铜、青铜和银的器皿里接受布施并不犯过，但将它们拿走，就犯了过失。《湿婆往世书·乌玛本集》说，施主施食的饭钵，应该就是他自己使

用的。（10.47）

仪节的引入，无非是希望以形式的规范、隆重来显示施舍行为的庄严神圣。这里所施的自然不是零星细物，而是价值昂贵或者意义重大的东西。牛在印度的神圣地位已如前述。施牛的仪式依对象和目的的不同而各式各样。《大鹏往世书》里有一个施舍母牛的例子，可以让我们了解这样的仪式如何进行。这里说的，是一种称作“冥河母牛”的施舍过程：准备施舍的牛要选择黑色的或者深褐色的。它的双角被裹上金箔，四蹄被裹上银箔，身上披着黑色的布料。搭配施舍的还有一只铜罐，为接奶之用。其他容器里装满七种谷物。陪伴它的是一尊阎魔金像。阎魔的手里攥着一根铜棒。此外还要有一只用甘蔗制成的小舟，渡河的时候要用到它。在想象中，这头母牛应是太阳所生。同时施舍给婆罗门的还有一把伞、一双鞋、一套衣服。一切准备好后，施主一手执拘舍草，一手拿水瓶，口念：“我曾听说在阎魔管辖的区域里有一条冥河。我希望渡过它。所以，我赠给你这头象征性的冥河母牛。婆罗门啊，你具有毗湿奴的形象，你是地上之神。请你将神性给予这牛吧！这头冥河母牛已经奉献给你，连同其他的施舍物。愿母牛立于我的面前。愿母牛立于我的背后。愿母牛住在我的心头。我愿生活在母牛中间。”念毕，施主要绕阎魔和母牛右行，然后将它们付与受赠的婆罗门。此时婆罗门应当站立在施主面前，而施主则手执牛尾，对牛唱道：“母牛啊，你就在阎魔地界的入口处等我，好接我过去。礼敬你，冥河，我礼敬你！”然后，施主就可以跟在婆罗门的后面，带着那些施舍物，去往他家。做了如上的施舍以后，他日，施主就可以轻易地渡过冥河了。他的种种愿望也将很容易得到满足。（2.47.25~36）

2. **禁忌**

施舍作为印度教的宗教行为，除了必要时会有若干仪节相伴外，不可避免也会有种种禁忌规定出来，作为约束，以保障施舍目的的实现。这样的禁忌可能表现为对所施财物的规定，对某些事件的避讳，也可能表现在对施者和受施者的身份、品性的要求上。

最常见的宗教禁忌表现在食物的施舍上。某些祭祀，如天神祭、祖祭等，在举行之后照例要将供品施人。而供品的接受者是什么人，却很有讲究。如果家主“依规则把施物给博学者，必使施主和受者共享果报，无论今生还是来世”。这里的“博学者”无疑是精通吠陀的婆罗门。但是，切不可将供品施与“做贼的、丧失种姓的、不能人道的和有异端行为的婆罗门”。（《摩奴法论》

3.143、150）不能给予布施的人还有多种，诸如蓄辫人、不诵经的人、无毛发的人、赌徒、医生、庙祝、卖肉的人、坏指甲者、黑牙者、顶撞师父者、弃火者、高利贷者、恨吠陀者、伎人、破戒者、纵火者、投毒者、卖苏摩者、航海者、患恶病者、疯子、养鸟人、玩狗人等，算计下来，可近百种。将供品让这样的人吃掉，家主就会得到恶报。施舍的禁忌不仅限于受施者，也涉及施主。事实上，施主的洁与不洁常常受到更多的注意。“不能从犯罪的人那里接受施舍，也不能从丧失种姓者、敌人、不敬神者那里接受施舍。……谁从一个贪婪的，违犯圣典教规的国王那里接受了施舍，他就会连续不断地经受二十一座地狱的折磨。”（《那罗陀法论》18.40、44）不可从之受食的人还有：屠户、油坊或酒铺老板、妓院老板、首陀罗、金匠、铁匠、织工、洗衣匠（除刹帝利外）、凭臂力吃饭的人、靠出租房屋或土地吃饭的人、职业医生、高利贷者、阉人、职业信使、不守规矩的苦行者、荒弃祭火者、荒疏吠陀者、惧内者、告密者、作伪证者、行经妇女、妻首陀罗女者等。此外，假如有人当众吼叫：“想吃的过来！”这种嗟来之食，亦不可食。诸传承经典特别强调的是首陀罗的食物不得吃。“如果一个婆罗门死时腹中还残留着首陀罗的食物，他就会投生于首陀罗之家，或生为一只圈猪。……如果他在吃过首陀罗的食物后行房，那么生出的孩子就应该属于给他食物的人，而他自己也无由上升天堂。”（《婆私吒法论》6.27、29）《摩奴法论》说得更加具体而肯定：金匠的食物夺寿命，皮革匠的食物夺名声，工匠的食物毁后代，洗衣匠的食物毁气力。这几种都是首陀罗种姓的行当。

有关所施物品的禁忌也非常多。仍以最常见的施食为例，据称，那些把遭遇如下情况的食物施舍出去的人，将会招致祸害：被人舔过的，被狗接触过的，被唾液弄脏的，有人从上面迈过的，掉进了眼泪或者落上了尘土的，不小心掉进了毛发、蠕虫的，施舍时发生了争吵的，被行经的妇女看到的，被行为不端者尝用过的，人在取食前没有说吉祥语“唵”的，或者取食者身携武器，或者施舍前在祖祭上敬献食品时未诵圣诗的……土地和母牛等的施舍更要心怀诚敬，谨慎行事。滥竽充数，无视忌讳，都不可为。把不毛的盐碱地和燃烧过的土地，邻近墓地的或有罪之人占用过的土地送给婆罗门，把瘦弱的、易怀死胎的、不能生育的、有病、瘸腿或者疲惫不堪的母牛施舍给他们，都是不足以图善报，只足以启祸端的行为。印度教的施舍观念深受宗教意识和阶级偏见的影响，戒条繁多，规则复杂，表现出很强的制度性倾向。尽管如此，在众多的古代典籍中，我们仍能听到许多慈悲善良、温和平正的声音。它们不谈教义，只讲常理，重视德性，轻视财富："财富固由勤苦操劳而来，它却天生不很稳定。最好的办法就是将它施舍出去，否则难免招灾惹祸。大地笑视凡夫聚敛财富，从不餍足，恰如荡妇笑视丈夫爱抚自己的儿子，死神笑视人们百般算计，总想保住性命。一个心地善良而又慷慨豪爽的人即使腰缠万贯，也会将它视如草芥，没有价值。"（《大鹏往世书·正法篇》36·33~35）它们鼓励人把食物不仅施舍给出身纯正、品学兼优的婆罗门，而且施舍给所有众生，包括不幸的人、失去种姓的人、狗、鸟，等等。"薄暮时分，一个家主应该在自己的院子里等上一段时间，像挤一次牛奶那么长，或者更久，看看有没有人上门求施。……即使是来自异方，不住本村的人，姓名出身一概不知，他也应当悉心照应。对于那些穷苦无依，举目无亲，不知其家世和过去情况的来客，见其求食，却不肯施与的人，是一定要入地狱的。""那从一个家主门前失望而去的人，会把自己的败德留下，而把他的功德带走。"（《毗湿奴往世书》3.11.56、59、60；3.9.15）

印度教提倡施舍，其基本理论是施舍可以给人带来功德，为今生，特别是为来世预设地步，以求日后的美好生活。虽然它表面上，或在大多数情况下，并没有直接诉诸朴实的、普遍的道德感和同情心，但是却不能说它没有这方面的依据。《教诫篇》有这样的话：

"不要瞧不起来到自己门前的人，更不能把他们赶走。即使是对于烹狗者，对于狗的施舍，也不是白做而没有还报的。谁把干净的食物施舍给行路的疲惫的陌生人，他就获得了伟大的功德。"（62.13、14）"对于那些贫穷无告者的吁求无动于衷，不加救助的人，是邪恶的人。但是，也有对陷于不幸的人，境遇悲惨的人，乃至前来寻求保护的敌人同样给予善待的人。这样的人是无与伦比的人中翘楚。"（58.9、10）"由众多施主指出的道路，就是世上贤人一直遵循的道路。施主应被视为生命的施予者，他们也是正法赖以建立的基础。"（121.16）

毕竟，对于印度教徒来说，慈善始终是最高的正法。

二、体现慈悲思想的佛教观念

作为普遍的善行和宗教德行，施舍在佛教中同样极受推重。佛教典籍中凡论及善德和戒规的地方，施舍观念总会出现，很少例外，且小乘大乘，无不如此。下面是一些例子：

《长阿含经·游行经》借善见王之口称，人得福报，有三因缘："何谓三？一曰布施，二曰持戒，三曰禅思。"

《大楼炭经·忉利天品》说人生天上而为天子，自知宿命："我用何等因缘得来生此？即自说：我用三事实得生此。何等为三？一者布施，二者持戒，三者弃恶。"

《中阿含经·长寿王品·说处经》佛称世有七财："信财、戒、惭、愧、闻、施、慧财。……此七财汝当为诸年少比丘说以教彼。"

《妙法莲华经·分别功德品》："况复有人能持是经，兼行布施、持戒、忍辱、精进、一心智慧，其德最胜，无量无边。"

《悲华经·陀罗尼品》："如来本行菩萨道时，以布施、持戒、忍辱、精进、禅定、智慧，摄是章句，供养恭敬无量无边百千万亿诸佛世尊。"

从上面的引文看，佛徒需要精勤修习的戒规在各经典中多有变化，而典型的则是《悲华经》等所倡的六度。不过，无论变化如何，布施这一观念的重要性还是很清楚的。六度之中，布施为首，地位突出，更不待言。

布施的重要性还表现在它常会单独提出，予以强调。比如：

"一切众生，皆应精勤布施为业。"(《贤愚经·金财因缘品》)

"菩萨摩诃萨欲证无上正等菩提，一切行中最初应学无染布施波罗蜜多。……若学布施波罗蜜多，无始世来所习悭垢即便远离，身心相续，渐能亲近一切智智。"(《大般若波罗蜜多经·布施波罗蜜多分》)

"一切苦种子，无过于贪嫉，应当勤方便，除去如是患。施为善种子，能生诸利乐。"(《大庄严论经》卷四)

"生死轮转利益之业无过布施，今世后世随意。便身之事，悉从施得。施为善导，能开三乐：天上、人中、涅槃之乐。……六波罗蜜，是佛道檀为初门，余行皆悉随从。"(《大智度论》卷三十)这里"檀"为梵字"施舍"的音译略写。

《菩萨本生鬘论》对于施舍行为推崇备至，百般称道，且多有警语：

"凡夫之行，布施为先。"

"迁变根本，布施为首。"

"十善行中，布施为本。"

“清净胜义，行施最上。”

“有情福报，净施为因。”（十五、十四、十二、十六卷）

与印度教相比，佛教关于施舍的观点，更带有扶困济贫的性质，因此也就表现出更为明显的道德特征。《六度集经》开篇即称：“六度无极难逮高行，疾得为佛。何谓为六？一曰布施，……布施度无极者，厥则云何？慈育人物，悲愍群邪，喜贤成度，护济众生，跨天逾地，润弘河海。布施众生，饥者食之，渴者饮之，寒衣热凉，疾急以药……索即惠之。”（《布施度无极章》）悲悯众生，救助贫弱的特点，在这里可以看得十分清楚。

（一）施舍物

1. 物质性施舍

见载于几部重要的大、小乘经典的施舍物，情况大同小异，比如：

衣服、饮食、卧具、医药、象、马、车乘、香花、璎珞、末香涂香、舍宅、灯明、己身、妻子、奴婢、仆使、珍宝、金银、琉璃、颇梨、珍珠、车磲、玛瑙、珊瑚、璧玉、敷具、田地、谷米、牛羊以及别的种种器物。（《菩萨本缘经》卷一）

金银、珊瑚、珍珠、摩尼、车磲、玛瑙、金刚、宝饰、辇舆、栏楯、华盖、肴膳饮食、百种汤药、名衣上服、旃檀宝舍、众妙卧具、清净园林、流泉浴池、象、马、七珍、国城、妻子、奴婢、仆从、头目髓脑、身肉手足。（《妙法莲华经》卷一、四）

饮食、医药、衣服、卧具、舍宅、聚落、华香、璎珞、涂身之香、侍使、幢幡、宝盖、钱财、谷、帛、象、马、车乘、金银钱货、珍珠、琉璃、颇梨、珂贝、璧玉、珊瑚、真宝、伪宝、天冠、拂饰、奴婢、城邑、妻子、男女、手、脚、鼻、舌、头、目、皮、血、骨、肉、身命。（《悲华经》卷六）

所列施舍物可以分五大类，即生活必需品，如食物、汤饮、衣服、床榻、被褥、谷米、住房、牲畜、田地、医药、灯烛等；非必需品，如珍珠、玛瑙、金银、琉璃、奴婢、乘舆、象、马等；公益事业，如建桥、修路、造船、提供沐浴场所和路间照明等；宗教奉献，如精舍、塔庙、园林、幢幡、宝盖、金银及各种珍宝饰物；非常之施，如聚落、城邑、国土、王位、妻子、儿女、头、目、髓脑、五官、身肉、手足乃至性命等。

日常生活必需和非必需品的施赠在古代印度并不罕见。公益性的捐献任何社会都会有。对于僧侣或僧团的布施，无论规模大小，也是所有宗教都积极提倡的。唯独那些不合常例的非常之施，也即《悲华经》从乞求者角度讲的"乞求过量"，特别是其中的肉体之施，可以说仅见于佛教典籍。这方面故事之多，情节之生动，都能给人以极深的印象。须大拏施子施妻、一切持王子施人双目、尸毗王舍身肉救鸽、摩诃萨埵太子投身饲虎等则是其中广为人知的著例。[①]尸毗无奈，只此类施舍，《菩萨本行经》卷下开篇即多有列举。将施舍行为推至极端，所欲表达的，无非是对于至诚的佛教徒来说，他人是第一的，慈悲和施舍是无条件的。

总的说来，财物种类并不重要，贵贱多少亦无所谓。佛教重视的是施舍本身。布施粗食敝衣和布施珍宝塔庙，同样受到鼓励。《中阿含经·梵志品·须达哆经》载，佛陀曾在舍卫国见居士须达哆，"世尊问曰:'居士家颇行施耶?'须达哆居士答曰:'唯然，世尊。家行布施，但为至粗，不能好也。糠饭麻羹，姜菜一片。'世尊告曰:'居士，若施粗食及施妙食，俱得报耳。'"《杂宝藏经·迦栴延为恶生王解八梦缘》载，恶生王将粗涩饮食施迦栴延，迦栴延不以为忤。恶生王以食物粗细问题就教，迦栴延说:"夫身口者，譬如于灶，栴檀亦烧，粪秽亦烧。身口亦尔。食无粗细，饱足为限。"意思相同。

2. 非物质性施舍

除物质性的施舍之外，佛教还提出一种非物质性的施舍。所谓法施，便是后者之一。《大宝积经·优波离会》称:"在家菩萨，住于慈愍，不恼害心，应修二施。何者为二?一者法施，二者财施，"说的就是这种区分。财施当然指常见的财物之施。至于法施，得以身肉相许。鹰要求得到与鸽子等重的身肉。尸

① 须大拏故事大意为：王子须大拏自幼好施，成年后纳妃曼坻，育一儿一女。他在出宫漫游时见市井多贫苦残疾之人（实为天帝释所化），遂请求父王尽出帑藏珍宝，施于四方。敌国遣八道士往求护国白象，王子亦将此国宝慨然相赠。国王大怒，便将他流放至檀特山，曼坻和儿女亦随同前往，一路上车马钱衣，施舍殆尽。到檀特山后，又见极丑婆罗门来乞其儿女为奴婢，王子无奈，又将儿女缚付来者。后天帝释欲考验王子，化作婆罗门来求其妻，他亦欣然施与。天帝释见他信心坚定，遂还本身，接着满足了他和曼坻的种种愿望。这里的须大拏王子实为佛陀前身。故事见《太子须大拏经》等。尸毗王舍身肉救鸽故事大意为：天帝释和毗首羯磨想试验拘尸国王尸毗的慈悯心，便分别化作鹰和鸽子，来到该国。鸽子投入尸毗怀中，求他保护，免被鹰食。鹰来索鸽，说自己倘不食鸽也会饿死。尸毗以人应慈悲为由拒绝交出。

毗王慨然自割股肉置于秤上。不料鸽肉转重，只好再割胸背等处。然而添肉后仍不如鸽。如此再三，虽心生疑惑，但了无悔意，继续剐剔，直至身肉几尽，只余一副骨架，站立秤上。此时大地震动，天空叹息，诸神奏乐，天女散花，帝释和毗首羯磨返归原形，国王身肉恢复。故事见《众经撰杂譬喻》卷上、《大庄严论经》卷十二等。一切持王子故事与须大拏相似，只是加上了天帝释索求王子双目的情节，见《菩萨本缘经》卷中等。太子投身饲虎故事大意为：太子栴檀摩提幼即好施，曾乞父王出库藏财物，周济天下，未能获准，遂微服出宫，投裴提舍国，在那里卖身为奴，以身价施诸孤贫。后于入山采樵时偶得牛头旃檀一段，献与国王，疗治痼疾。国王以半国财物相赠。他将此财于五十日内悉数舍尽。不久太子还国，依然耽于道术，入山不归。某冬大雪，山涧内有一母虎及新产七子冻饿待毙。太子于是发大誓愿普度众生，然后投身崖下，以肉饴虎。后国人收其舍利，筑七宝塔。实际上，太子栴檀摩提乃是佛陀的前身。故事见《菩萨投身饴饿虎起塔因缘经》等。

《华严经·贤首菩萨品》"以无量法施众生，因是得成自在光"所指即是。法、财二施，亦有优劣之分。《优婆塞戒经·杂品》称："施有二种，一者财施，二者法施。财施名下，法施名上。"《增一阿含经·惭愧品》称"施中之上，无过财施；然复法施，于中最尊"，也是同样的意思。二施既分高下，结果就有区别：财施只能得财报，法施则兼得财报和法报。除二施外，还有三施之说。该说见《生经·譬喻经》："菩萨勤苦，具足三施。何谓三施？外施、内施、大施，是为三施。衣食珍宝、国土妻子，是为外施。支体骨肉、头目髓脑，是为内施。四等六度、四谛非常、十二部经，为众生说，是为大施。求道之法，三施具足，乃疾得佛。"这里又将"财施"再分两类，一为身外之物，一为自身肉体。《生经》所说大施，实即法施。两者内容，应无区别。

法施的具体形式，自然主要表现在积极宣扬佛道上。《优婆塞戒经·杂品》说："教他受戒、出家、修道、白四羯磨，为坏邪见说于正法，能分别说实、非实等，宣说四倒及不放逸，是名法施。"又说："若有比丘、比丘尼、优婆塞、优婆夷能教他人具信戒、施、多闻、智慧，若以纸墨令人书写，若自书写如来正典，然后施人，令得读诵，是名法施。"在这里，施主是出家的或者在家的佛教信徒，对象则是已经相信或者可能相信佛教的人。法施的形式，表现为用语言或行动促成他人的信仰，或者加深自己的信仰。本身出家为僧，也可称作法施。此外，还有一种施舍是"施佛及僧"的，形式上具物质性，但也归为法施。

在《妙法莲华经·药王菩萨本事品》中，有一则一切众生喜见菩萨以自身供养佛的故事。故事说，为感谢日月净明德佛为自己讲说《法华》，一切众生喜见菩萨决定以神力供养该佛，使天雨曼陀罗华、摩诃曼陀罗华及香旃檀末。后他又觉得以自身供养方为至诚，遂开始服用旃檀、熏陆、兜楼婆、毕力迦、沈水、胶香等，并饮诸花之油。若干年后，他以宝衣缠身，灌诸香油，运神通力，使身体自燃于日月净明德佛前，一时“光明遍照八十亿恒河沙世界”。此举被诸佛赞为以“真法供养如来”，盛称“是名第一之施，于诸施中最尊最上”。这样的施舍固为神话，但现实中效行的并非没有。它与前述饲虎代鸽之类布施身肉的故事性质不同。它的作用在于弘扬佛法，或称以佛法施予众生，所以归为法施。

非物质的施舍，在佛教看来，亦不局限于佛法。内怀道德之心，形诸恭让之举，用以待人，也是善施。《杂宝藏经·七种施因缘》称：“佛说有七种施，不损财物，获大果报。”这七种施多与敬事尊长有关：“一名眼施，常以好眼视父母、师长、沙门、婆罗门，不以恶眼，名为眼施。……二和颜悦色施，于父母、师长、沙门、婆罗门不颦蹙恶色。……三名言辞施，于父母、师长、沙门、婆罗门出柔软语，非粗恶言。……四名身施，于父母、师长、沙门、婆罗门起迎礼拜，是名身施。……五名心施，虽以上事供养，心不和善，不名为施。善心和善，深生供养，是名心施。……六名床座施，若见父母、师长、沙门、婆罗门，为敷床座令坐，乃至自以己所自坐请使令坐。……七名房舍施，前父母、师长、沙门、婆罗门，使屋舍之中得行来坐卧，即名房舍施。……是名七施，虽不损财物，获大果报。”这种以善意待人的行为，虽无物质上的授受，却有满足或取悦他人之效，实际与财物之施无二。施舍概念的泛用还不止此，《大庄严论经》卷八更有所谓五大施之说：“佛告长者：不杀名为大施，不盗、不邪淫、不妄语、不饮酒，如是等名为五大施。”此处五施，实即五戒，原是佛陀用以开导首罗居士的。首罗为人小气吝啬，迦叶、舍利弗等前去求施，无不空手而归。于是世尊亲往，告知戒除杀盗等五事亦称大施，劝其勤修，终于使其衷心信从而有了布施之举。从以上多方面的施舍内容看，佛教施舍概念的应用其实是非常宽泛的。

（二）施舍的对象

在大多数佛教经典里，施舍的对象常是僧人和贫苦人，有时单独提出，有时两者并提。单独提出的如《长阿含·游行经》：“若以饮食、衣服、卧具施持戒人，则获大果。此为真伴，终始相随，所至到处，如影随形。”这里只说到持戒人，即佛徒。也有单独提出贫苦人的，如《中阿含·王相应品·蜱肆经》：“开意放舍，给诸孤穷，常乐施与，不着财物。”但更多的是同时并提，典型如“有一种人，能行布施。彼布施时，施于沙门、婆罗门及贫穷、孤独、远来求者”。关于施舍对象，也有所谓“五施”之说。说见《贤愚经·摩诃斯那优婆夷品》：“佛赞五施，得福无量。所谓施远来者，施远去者，施病瘦者，于饥饿时施于饮食，施知法人。如是五施，现世获福。”对比前说，其实大同小异。《杂宝藏经·迦尸国王白香象养盲父母并和二国缘》称：“昔佛在舍卫国，告诸比丘言：‘有八种人，应决定施，不复生疑：父、母、佛及弟子、远来之人、远去之人、病人、看病者。”此处除增加父母等外，也同前说无大区别。有的经典并不做这样那样的分类，而仅以良好的品德作为获得施舍的条件。《经集·摩伽经》曾用十四个偈颂来说明这样的条件都是什么。青年摩伽生性慷慨，他向世尊乔达摩请教，一个渴望功德，常行祭祀，乐于施舍的家主，应该把食物饮料等施给怎样的人。世尊列举了数十种品德，告诉他，凡是具有这些品德的人，都应当给予施舍。这些品德是：自制、超脱、不执着、不贪婪、不自私、不骄傲、无烦恼、无束缚、调伏感官、恪守梵行、喜好修禅、摆脱生死，如此等等。

实际上，佛教主张给予施舍的，并不局限于出家人和因贫穷患病而需要救助的人。那些有过失甚至有罪过的人，只要陷于困境，也在应当布施之列。《悲华经·诸菩萨本授记品》认为应该同样地“供养诸佛及比丘僧，给施贫穷，下至饿鬼”。《长阿含·究罗檀头经》开出一系列败坏者的名单，指出即使是这样的人，也需要布施：“王祭祀时，诸有杀生、不杀生来集会者，平等施与。若有杀生而来者，亦施与。……若复有偷盗、邪淫、两舌、恶口、妄言、绮语、贪取、嫉妒、邪见来在会者，亦施与。”

然而，尽管是“平等施与”，却并不意味着不再有优劣高下的区别。提倡平等，承认区别，于是就有了施舍纯洁程度的认定和比较。《中阿含·心品·瞿昙弥经》和《大智度论·十方菩萨来释论》都提出了净施与不净施的概念。它们认为，布施可以分作四种。凡施主净而受者不净的，施主不净而受者净的，施主和受者皆净的，统称净施；施主和受者都不净的，称作不净施。四种布施，福报不同。施受皆净的，福报最大；施受都不净的，福报最小。

施者受者的净与不净，是依偷盗邪淫与否等一般的道德观念和杀生与否等特殊的宗教道德观念为标准加以衡量和认定的。倘仅以宗教标准来衡量，则又另有等级。这方面,《中阿含经》十四私施说可作一例。十四私施是指对象不同的十四种施舍。这些对象是如来、缘一觉、阿罗诃、向阿罗诃、阿那含、向阿那含、斯陀含、向斯陀含、须陀洹、向须陀洹、离欲外仙人、精进人、不精进人和畜生。按照该经的说法,如果施畜生能得福百倍的话,那么施不精进人就能得福千倍,施精进人得福百千倍,施离欲外仙人得福亿百千倍,施向须陀洹以上者则会得福无量,更不用说布施如来了。"此十四私施得大福,得大果,得大功德,得大广报。"《菩萨本行经》中亦可见类似说法,只是所列等级不是十四,而仅有阎浮提人、须陀洹人、斯陀含人、阿那含人、阿罗汉、辟支佛、佛陀七种。功德福报大有差距则一如《中阿含经》,甚或犹有过之。施佛而得巨大果报,其著例莫过于阿育王前生施沙的故事。故事说,世尊与阿难等入王舍城乞食,遇路边有两个小儿以土为戏。他们用泥土做成城镇,城中有宅舍仓廪等。两小儿见来者身相不凡,金光闪射,其中名叫德胜的便手掬仓中的泥土,权作食粮,口唱赞词,奉与世尊。另一个名叫无胜的,则在一旁合掌随喜。世尊微笑受之。阿难问佛何以微笑,佛即预言:这个以沙相施的小儿在我涅槃百年之后将生于华氏城孔雀王族,作四分转轮圣王,名为阿育。

总结起来,佛教的施舍对象,像"施佛及僧"和"施诸穷乏"所说的,基本上还是佛和佛僧,以及陷于困境的普通人。非佛教信仰者的婆罗门也经常包括在前者之中,这一点特别值得注意。对于后者的施舍,并不排除在道德上有缺陷的人,或者在宗教上不纯洁的人,尽管在理论上要有等次的区分。这又是值得注意的一点。将这两点加在一起,可以看出,比起印度教来,佛教的施舍观念更为宽容,也更带有慈悯的色彩。《六度集经》所谓"饥者食之,渴者饮之,寒衣热凉,疾济以药"表现出来的,正是这样的精神。

(三)施舍的果报

同任何印度宗教一样,佛教坚信行为善恶,必有受报好丑。施舍当然也不例外。《增一阿含·三宝品》说:"施为福业。"《优婆塞戒经·杂品》说:"是福追人,如影随形。"它们强调的都是施舍积德,必有善报。《大庄严论经》卷四更具体地说明了"一切苦种子,无过于贪嫉;……施为善种子,能生诸利乐"。因此,《中阿含·王相应品·蜱肆经》劝人"行施修福"。此处的福,可以是今生享受的,可以是来世享受的,更可以是宗教性的巨大福报。

今生的果报,主要表现无非还在名、利两个方面。"好施之人声誉流布,八方信乐，无不爱敬”，在任何时代都是理所当然的事。至于财利上的现身受报，虽然看来难于理解，即使有也难免出于偶然，却为佛典所津津乐道。《杂宝藏经·求毗摩天望得大富缘》称：“修行布施。然后可富。……不修布施。故使贫穷。”施舍可富而悭吝故贫似乎与常识有悖，但在相信业报的人看来却是理所当然。这部经典收集了许多故事，用以说明现世善报的速疾。第四十二则故事说，昔日乾陀卫国有一名叫罽那的画师。他在外作画三年，苦苦攒得三十两金，准备返家。走到弗迦罗城，见有人设无遮会，便向寺院知事打问，作会一日，需钱多少。知事答三十两金。他于是求知事帮助，鸣椎宣示，设会一天，广施众僧。三十两金旋即散尽。回到家中，妻子问他，做活三年，挣的钱在哪里。他回答说，藏在了一个最稳妥的地方。妻子又问，那是个什么地方。他说就在僧人中间。妻子大怒，责备他不养家中贫苦母子，却把钱来随意散施，愤懑之下，将他告官。守宰问他前后因缘，他说自己一生遭苦，必是不作福业的缘故，因此见到设会的机会，便决定倾其三年所积，施舍修福。听此守宰十分欢喜，遂脱下自己的华服和璎珞，连同车马诸物，一齐授予罽那，此外还封赏他村落一座。接在画师故事后面的，是一对贫穷夫妇自卖设会的故事。大意为一个名叫罽夷罗的佣工，与其妻商议召集施会，以求福报，无奈身无分文，只好将自身向富豪抵押十枚金钱。二夫妇得钱后到寺院昼夜备办，不料到第六日忽有国君也来做会，欲以权势强将日期排在前面。二夫妇抵死不让。双方争执不下，国君亲自前来。罽夷罗说明缘由，国君甚为感动，立即将自己和后妃的衣服首饰脱下相赠，并以十个聚落作为福封，赐给他们。这两则故事有一个共同的特点，即主角都是贫弱者。贫弱者虽无长物，却千方百计，勉力施舍。所以施舍，已经不在帮助来到门前的乞求者，而在信从宗教的说教，为自身祈福。果报在这里也已不是理论预期的结果，而是一心追求的目的。然而，表现在故事中的福报之大，实现之速，常能给人深刻的印象，用以说明施舍果报的不虚，确实有着很好的效果。

凡讨论果报，佛教以及古代印度的其他宗教往往谈来世多于谈今生。施舍的果报亦然。《中阿含·根本分别品·鹦鹉经》说：“若有男子、女人不作施主，不行布施……身坏命终，必至恶处，生地狱中；来生人间，无有财物。……若有男子、女人作施主，行布施。……身坏命终，必升善处，生于天中；来生人间，多有财物。”来世的果报，概括起来，就是如此。命终之际的表现、再生人间的状况以及地狱天堂的景象，这三者，典籍中都有描述。乐善好施的人在亡故前后已见不凡。《大宝积经 · 广博仙人会》称：“其人将终，形不羸瘦，容色无变，身无垢汗，声不嘶破，亦不遗沥大小便利，六尘充足，诸根无损，能见自身在天众中。命既终已，色如红莲，口出妙香，复有清风吹妙花香，拂其尸上。”如此这般的瑞征，自然预示着死者将要往生善处。这善处倘为人世，则“必使将来生，种姓好眷属，端正有威德，财富多侍从，众事不可嫌，为世所尊敬”，意味着阔绰而又体面的上好人家的优裕生活。如果施主特别慷慨，且又是“施佛及僧”，那么福报也会更加不同寻常。《阿育王传》和《贤愚经》等都有施僧施佛的故事。前者说阿恕伽（即阿育）王宫中有一贱婢，某日在扫地时捡得一枚铜钱，为求福报，当即将它施与僧众。不久婢女病亡。时正值王后临盆，产得一女。此女端正姝妙，只是长到五岁，右手始终紧握不放。一次阿恕伽把她叫到跟前，轻抚她的右手，结果右手松开，只见掌心有一金钱。金钱随取随生，不会穷尽。阿恕伽十分骇异，便向国师耶奢请教。耶奢说该女前身是宫中婢女，唯因得一钱币施与僧众，因而生作王女。后者说到一个贫穷的樵夫，每天在野林砍柴为生。一次见王家请佛及僧，自己也生出敬爱之心，便把辛苦得来的两枚钱币慨然相施。佛出于悲悯，亦欣然接受，并预言他会在九十一劫之内始终享有无尽的财富。

地狱等恶趣的苦况如何，《菩萨本行经》有一段描述：“堕于卢獦地狱之中，数千万岁受众苦痛。从地狱中出，当堕饿鬼，昼夜饥渴，身常火燃，百千万岁初不曾闻水谷之名。”这里在地狱等处遭受煎熬的显然是一个生时不肯以水米施与乞食者的悭吝之人，也即《菩萨本缘经 · 月光王品》所指的守财奴：“家有钱财不能施者，当知是人则为守奴，犹如毒树，虽生华实，无人受用；井深绳短，水无由得。有财不施亦复如是。若见乞者，面目颦蹙，当知是人开饿鬼门。”百千万年不知水谷为何物，确是严厉的惩罚。至于天堂，则又是另外一番不同景象，《大宝积经 · 广博仙人会》曾有这样描述：“其人命终，以天识故，见三十三天百千楼阁，金摩竭鱼，庄饰门柱，蛇胜旃檀，香水涂洒。其地柔洁，白逾霜雪，净如颈珠，黄檀香树，天宝灯烛，杂错行列。天诸男女，游戏园林，耽染狂醉。”天堂不仅环境优美，设施豪华，日常生活也舒适惬意，到了可以无所事事，慵懒度日的程度。天堂的居民，只要腹中饥饿，就会有美食盛在金器中自动现于面前，供其取用；食物入口，不劳咀嚼，即能自行化解，就像酥油遇到了火焰。那里到处是绿林清池，生长着奇异的香树、衣树、璎珞树、果树和音乐树。各种树木见人来到，都会自动低垂，贡献所有。香树供给人沐浴后需要的种种涂身香料。其他树木上的衣物、饰品、果汁、乐器等，也都听任来往的路人随手取用。亭台楼阁中玉女如云。她们歌喉婉转，舞姿曼妙，日日欢会，娱人身心。

然而，施舍所求，除了今生来世的善果乃至天堂乐土之外，还有更高的宗教性的福报，即得佛智慧，达到解脱，获得所谓涅槃之乐。《大般若波罗蜜多经·布施波罗蜜多分》所说的“修行布施波罗蜜多，……则能摄受一切智智，疾证无上正等菩提”，《生经》所说的“三施具足，乃疾得佛”，指的都是由布施而得菩提，最后得佛、得解脱。解脱作为佛徒修行布施的重要目的，有时也被宣说为唯一目的，而其他向往，特别是对于更多财利的追求，则被排除在外。这方面《大庄严论经》可为典型。该经卷六称：“施为解脱，不为财物；若为财物，不名为施。若为解脱，则得无生及涅槃乐。是故智者应为解脱而行布施。”

至于施舍果报的大小，前面有关施舍对象的一节中已经谈到。那里谈的是同样的施舍，对象不同，所获善报便大不同。其实，同样的施舍，施主自身状况不同，带来的果报也会不同，甚至施少而得多。《众经撰杂譬喻》曾用一则故事来说明为什么如此。故事说某国王召开无遮大会，施佛及僧，有一位贫穷老妇也来参与。这老妇素以乞食为生，本无所有，只是看到国王行善，亦起善心，所以拿着几粒豆子，也来行施。看门的看不起这几粒豆子，拒绝她入场。佛看出了她的善心，便运神力使豆子遍满所有人的食钵。国王见状，怪问厨师怎么回事。佛陀告诉国王，厨师无过，是老妇拿来的豆子。她见你设会施众，有心劝助，无奈贫无所有，只好拿来几粒豆子。不过，老妇所施尽管寡少，得福却多于大王。国王不解：何以我以丰富的美食佳肴广施众人，结果反不及只舍几颗豆粒的穷妇。佛陀答道，大王所做的种种供养，尽管极其丰盈，却都是来自百姓，你自己并无损失。这位贫苦老妇虽然只拿出几粒豆子，却已经罄其所有。两相比较，自然是她得福多，王得福少。道理在于“修福种德，唯在至心”。对于施主、受者和施舍多少与福报的关系，《菩萨本行经》有一段总结，全面地说明了佛教的认识：“夫于布施，所施虽多，而获报小；布施虽小，而获报多。何谓施多而获报小？虽多布施，而无至心，无恭敬心，不大欢喜，贡高自大；所施之人，信邪倒见，非是正见，不得快士，所施虽多，而获报小，犹如耕田，薄地之中，下种虽多，收实甚小。何谓施小而获大福？所施虽小，欢喜与，净洁心与，恭敬与，不望报与；所施之人，复得快士、佛及辟支佛、沙门、四道、应正见者，所施虽小，获报宏大，犹如良田，所种虽小，收实甚多。”在施主方面，该经强调的是真诚与恭敬，在受者方面，则最好是具有正确信仰的人，即佛教徒。至于施舍之物的贵贱多少，则无关紧要。

（四）规则、仪节和禁忌

外部规则性的话题，在佛教经典中讨论较少。就施主来说，更多的要求，如上节所述，还是针对他们的内心态度。《大宝积经·广博仙人会》提出的32种不净之施大多值得注意。为报恩的、并无哀悯之心的、为满足色欲的、施于火中的、掷于水中的、因为恐怖而施的、施刀杖的、为了称誉的、受占相者指点的、为求饰好的、为结交朋友的、因病施医的、先打骂而后施财物的、施舍以后追悔懊恼的、希望受施者后世为自己做牛马的、公开声言要福报自受的、少无净心而临死之时方始想到施舍的、指望闻名遐迩的、心怀嫉妒的、为求男女及其他杂缘的、念念不忘在来世受报的、不同情贫弱反倒持财施与富人的，凡此种种动机不纯或布施不当的，都属不净之施，或称爱染之施。此施舍，“犹如有人携持种子，于荒秽田随所种植。然彼种子依大地界，遇天雨润，决定生芽，至于花实，少得收获”。《阿育王传》谈到阿育王向僧众施食时说：“（王）欲与僧食。上座夜舍言：‘王遇胜福田，莫生优劣心。’王自行食，乃至于沙弥。”身为帝王，也要放下架子，手施沙弥，施、受之间的关系，应该说是平等了。曾经访印的唐代高僧义净也在《南海寄归内法传》中谈到过王者施舍时的态度，说：“国王乃舍尊贵位，自称奴仆，与僧授食，虔恭彻到，随著皆受，更无遮法。”这里的表现就更加恭敬了。

对于受者的要求虽然少于施者，但也并非没有。例如，《经集》第十一章《那罗迦经》就提出了对于游方牟尼的要求：“他应该在夜晚逝去后前往村边。他不应该喜欢受到招请，也不应该喜欢从村里送来食物。牟尼来到村庄后，从容地挨家游行乞食。乞食时，沉默不语，不说不得体的话。‘我得到，说声好。我得不到，也说声好。’他对两者一视同仁，回到树根旁。他手持钵盂游行。他不是哑巴，但像哑巴。他不应该嫌弃微薄的施舍，不应该轻视施舍者。”《本生经》强调的是僧人应该在早上外出乞食。在《大孔雀本生》中，世尊对猎人说：“凡在大地之上穿着黄色衣袍，遵守苦行戒条的人，都应该住无居室。他们要早早出去乞食，不能等到下午。做到了这些，就是善者。”至于对于施者的态度，《优婆塞戒经·业品》说得十分彻底。它说：“有人以食欲施于我，未与我间，转施饿狗。我亦称赞如是人者是大施主。”

施舍的仪节在佛典中同样记载不多，即使有，往往也十分简单。《太子须大拏经》对于施白象的叙述仅是“太子……即敕左右，被象金鞍，疾牵来出。太子左手持水澡道士手，右手牵象，以授与之”。施儿施妻也只是“太子即以水澡婆罗门手，牵两儿授与之”；“太子以水澡婆罗门手，牵妃与之”。如果召开施舍大会，按照《菩萨本缘经·毗罗摩品》所讲的故事，要做的事也不复杂：“……于城外安旷之处庄严施场……供办饮食所须，寻于诸方，击鼓宣令：若诸众生，凡有所需，衣服、饮食、卧具、医药、象马、车乘、香华、璎珞、末香、涂香、舍宅、灯明，悉来集此，当相奉给。”所施之物，则要做一定的装饰，如施牛，即“纯以白氎缠覆其身，金角银蹄，庄严映饰”。这一点比较像印度教。《贤愚经·月光王头施品》所记亦大同小异：“设大檀施……即竖金幢，击于金鼓，广布宣令，腾王慈诏，远近内外，咸令闻知。”阿育王大施僧众，所记不过是：“……于是便造般遮于瑟，以四十万两金、国土、宫人、辅相、己身、子驹那罗等尽施众僧，而还归家。”玄奘《大唐西域记》记戒日王施舍财宝也很简单：“戒日王以真珠杂宝及金银诸花随步四散，供养三宝。”

较为复杂的仪礼可见于义净《南海寄归内法传》中有关施食佛僧的记录。斋日之前，施主往往先去礼拜请僧，行斋时所用座位器皿应合规定。铜器要用灰揩净，瓦器则只用一次。座席应不相连属。设食之处的地面须以牛粪擦净，并预备好清水。僧徒到来以后，便解开衣纽，安置净瓶，看看水中无虫，即可用以濯足。食前按一定法式将衣服系好，洗或擦净双手，并念咒语，以防食物有毒。授食的人要并足而立，恭敬曲身，两手执器。饼果米饭等应依次奉上，搅和饭中调料要用右手。食毕以水漱口，咽而不弃，还要用施主拿来的齿木净口。辞别时僧徒口念善语，然后散去。义净所述，虽然烦琐，但是就内容看，仍属一般的用食规矩，其中净器净手，察看水中有无小虫，右手撮饭，饭后漱口等，也并不是仅见于施食场合。比起印度教的繁文缛节来，佛教仍然显得简单。

总的说来，佛教对于施舍的规则仪节不太重视，也很少提到禁忌。它显然更注意施舍的内容和对象。通过施舍，乞者和施主各得其所，因此行施本身才是最重要的。《太子须大拏经》称：“在所求索，不逆人意。”《长阿含·世记经·世本缘品》称：“济诸穷乏，施以饮食。……随其所须，不逆人意。”这“不逆人意”强调的就是乞施关系的和谐建立。而这种关系的基础则无疑是慈悲向善的佛教教义。

不过，当事涉帝王的时候，却有一种现象值得注意。《法显传》说，当法显旅行到竭叉国时，“值其国王作班遮越师。班遮越师，汉言五年大会也。会时请四方沙门，皆来云集。……供养都毕，王以所乘马，鞍勒自副，使国中贵重臣骑之，并诸白氎、种种珍宝、沙门所须之物，共诸群臣，发愿布施。布施已，还从僧赎”。值得注意的，就是这种其他地方见不到的舍而复赎的现象。如何赎法？我们可以试从其他经典寻找消息。《阿育王经》中有一则故事说，阿育王想以十万金施僧，但其子鸠那罗表示愿意加倍。几经角争，最后决定由阿育王布施四十万金，并以“一切大地、宫人、大臣，并以我身及鸠那罗悉施众僧”。结果，他不得不“以四十万金布施众僧，复以无数金银赎此大地、宫人、大臣，并以我身及拘那罗”。另有传说，阿育王几十年广施佛僧，前后已达九十六千万金。后他偶然得知，释迦牟尼在世时，舍卫城富商须达多曾有百千万金之施，于是大为惭愧，急欲补足四千万金之数，并为此忧思成疾。弥留之际，阿育王以天下之主的身份，宣布除他已无法掌握的府库之外，愿将一切高山、河流、大地、海洋尽施佛僧。后储君三波地在他死后继位，发现连灌顶需要的水都无权使用，只好以四千万金向僧院赎回海陆，阿育王夙愿终获实现。除直接赎回施舍物外，还有一种变相的赎买方式。《大唐西域记》说戒日王“……笃述惠施，五年积财，一旦倾舍。……府库既倾，服玩都尽，髻中明珠，身诸璎珞，次第施与。……从此之后，诸国君王各献珍服，尝不逾旬，府库充仞”。这是一种用属国朝贡来实现的补偿方式。无论是自赎，还是他赎，帝王的某些施舍看来也不过只有表面的意义。另有学者认为，施而复赎的事情，也只有王中的霸主能够做到。因此，他们的大规模施会，同时也具有重申霸权的意义。验之印度古代割据多于统一的事实，这一说法，似也不无道理。

施舍的观念在印度由来已久。最初它是印度教（广义）的重要教义之一。佛教产生以后，继承了很多印度教的思想，施舍观念也在其中。后来，这一观念又在两个宗教中按照各自的逻辑分别发展下去。

总的说来，印度教和佛教的施舍观念在许多根本方面是相同的。它们都将施舍得福视为整个观念赖以存在的理论基础。在它们看来，世财无常，应予舍弃。保有财富的最好办法，就是将它们散施出去。人只有和财物分离，才能通过福报的方式真正永久地拥有它们。佛教更形象地喻之为“以不坚财易坚财”。而所施之物，则从最初的生活必需品、奢侈品、公益建设、宗教性奉献等，发展而至非物质性的施舍。它在印度教叫知识的施舍，在佛教叫作法施，实即传授宗教知识，扩大宗教影响。正因为如此，这种施舍受到了最高的赞美，被奉为无上之施。对于施主和受施者，两种宗教都提出了自己的要求。在施主主要是施舍时的主动、自觉、诚恳而无虚伪，在受施者则主要是品德良好。十分突出的一点，是它们都极力提倡对于本教僧侣阶层的施舍，有关经典均于此落墨浓重，充分体现出它们所倡导的施舍观念的宗教性质。不过，陷于贫困者始终还是重点关注的对象，而不肯救苦济贫的富人更是常常遭到愤怒的诅咒，表明施舍慈悯弱者的原始意义始终存在。毕竟，散财而不及贫孤，施舍就失去了根本的道德基础。

印度教在所施物及其果报之间建立了众多的对应关系。此外，它还引入了赎罪理论，并使规则和仪式在施舍过程中占据重要地位。所有这些都使得印度教的施舍理论表现出明显的制度化倾向。印度教和佛教在施舍观念上的主要差异，即在于此。

第九章

古代语言和文献

印度语言种类繁多，用它们撰述的作品汗牛充栋。这一章所能介绍的，只是最具代表性的部分。印度古代文献大多带有宗教性质，即使是文学作品，如史诗、戏剧等，也常常充满神话，且往往人神交接，天地不分，而讽喻说教，亦时时可见。与此形成鲜明对比的，是记述人事的作品十分鲜见，即使有，也常与传说故事不相区分。至于真正意义的史乘，则完全阙如，以致印度古代历史的重构，便成了后世学者的沉重任务。梵语是印度古代传统经典所使用的主要语言。就研究古代印度文化来说，对于它的重要性，无论怎样估计，都不过分。因此，梵语和梵语文学作品的介绍，便势必成为本章内容的重点。

一、印度古代语言和文字

对于古代印度语言的研究，应该上溯到史前印度河流域文明时代。不过今天人们只能凭借考古成果见到那一时代的文字，而对当时居民所操语言，则依然茫无所知。目前只清楚，公元前3千纪中叶至前2千纪初叶生活在印度河流域的居民已经有了自己的象形文字。它们大量见于出土的印章、石板、铜板和陶器之上。在已发现的3 000多份铭文中，有的只有一个书写符号，有的多达26个。书写规则则是一行向左，一行向右。由于它在整个印度河流域文明存在时期内形式一致，无大发展，故可估计它先此已经达到了成熟的地步。同时，由于它符号众多（多少说法不一，有人统计达396个），故不会是拼音文字。半个多世纪以来，语言专家们在解读这种文字、构拟当时语言上做了不懈的努力，但迄无圆满理论出现。

9–1 中国关于印度古代语言的论著

印度河流域文明消失后的印度古代语言，分属于印欧和达罗毗荼两语系。前者主要包括梵语（Samskrita）、俗语（Prakrita）和巴利语（Pali）；有学者亦将巴利语归为古代俗语的一种。后者可分南部、中部和北部三个语族。

（一）印欧语系各语言

1. 梵语

梵语是公元前2千纪中叶雅利安人从西北进入印度时带入的，属印欧语系，印度–伊朗语族，为印欧语言中最古老的分支之一。入印后千余年间雅利安人所使用的，学术界以经典之名名之，称吠陀梵语。作为印度文化渊源的圣典“吠陀本集”就是在这一时期形成的。吠陀梵语后经发展，成为古典梵语。两者在词汇和语法上，皆有相当区别。大量宗教、哲学、文学、科学、政治、律法和艺术作品都用古典梵语写成。有学者复将这一梵语分为史诗梵语和古典梵语，以前者称《摩诃婆罗多》及《罗摩衍那》两大史诗所用的语言，而以后者，即狭义的古典梵语，称其他宗教、哲学、文学和科学等著作所用的语言。此外，人们又常赋予梵语本身以广、狭二义。狭义的梵语仅指不包括吠陀梵语在内的古典梵语。

作为吠陀祭祀仪式中所唱颂诗和经咒的载体，梵语本身与仪节一样，亦被视为神圣。婆罗门自幼即开始学习梵语。传统的学习方法是师徒对坐，口耳授受，通过死记硬背掌握诀要。对于专司祭仪的婆罗门祭司来说，准确的记忆和唱诵圣诗已经成为职业成败的关键，而他们在宗教上的纯洁亦系于对梵语的精通，于是有关梵语的辞书和语法便应运而生。公元前5~前4世纪，伟大的语法家波你尼（Panini）写出了语法书《波你尼经》。该经总结前代语法家的全部理论，树立了迄今依然不可挑战的权威。书用“经”体写成，共3 996条，分8章，故又称《八章书》。该语法内容简括难懂，非经特殊训练不易深入理解。对于今人来说，它不仅是据以了解和掌握梵语语言的手段，其本身亦已成为研究

9-2 中国关于波你尼语法的著作

对象。公元前3世纪，迦旃衍那（又名婆罗流支）写《释补》，注释《波你尼经》，并补入了其未予概括的语法现象。公元前2世纪，波颠阇利写《大疏》，再注《波你尼经》，并就迦旃衍那对该经的批评进行反驳。此后《八章书》与《大疏》地位巩固下来，成为不可违背的经典，且其传承也只限于婆罗门种姓内部。《大疏》的另一作用是开创了印度后来盛行的注疏文体。17世纪，婆陀吉写《月光疏》。作为《波你尼经》的改编本，它重新安排了原书经句，并增加了必要的注解。注解有条理，易领会。其后印度人学习梵语多用它或它的节本。梵语辞书的出现也很早。最古的《尼犍豆》为一部吠陀词汇表，十分重视收录同义字、生僻字和已废字。其后的《尼禄多》则重在解释吠陀字汇，指出语源，辨明字义，内容包括同义字、吠陀专有名词、神名及祭祀用语等。以后此类工具书问世不少，最著名的是四五世纪长寿师子的诗体《长寿字库》。它以给诗人的创作提供丰富的词汇为编写宗旨，所以实际上是一部按门类编排的同义词词典，兼列同形异义词。该书影响很大，后世注本很多。

9-3 中国译介的古典梵语诗学论著

梵语何时始有字母系统尚不清楚。婆罗谜字母（Brahmi）可能诞生于公元前8或前7世纪，有人认为系由阿拉米文字派生或受其影响而来，为以后所有印度-雅利安文字的原型。从右到左书写的佉卢体文字（Kharosti）在公元前5或前4世纪开始流行于西北印度。4~6世纪从婆罗谜字发展出一种笈多体的书法，到7世纪又发展出另一变体——天城体（Devanagari）。后者继续完善，到11世纪在北印度已成为主要的书写文字；东印度和西印度则用其变体。

梵语原文Samskrita，意为“整理好的”，引申而有“完美”、“文雅”之意。它作为口头语言，在公元前数百年就已停止使用。然而，作为宗教语言和哲学、科学、文学等的创作或叙述语言，梵语却一直使用到20世纪。其备受尊敬的崇高地位，则至今亦不稍变。

2. **俗语**

俗语原文Prakrita，有“自然”、“本色”之意，为远古以来就在民间使用的语言。有人认为它是梵语退化的结果。但其语汇中的某些词与梵语显然无关，只能推断为其他更加古老的语言所有。俗语的发展一般分为三个时期，即古代、中古和后期。

所谓古代时期的语言主要指摩揭陀语（Magadhi）、半摩揭陀语（ArdhaMagadhi）、巴利语等印度古代方言。其典型作品是从公元前3世纪中叶到公元2世纪的铭文、小乘佛教的巴利语经典、最早的耆那教经典以及俗文学创作等。铭文中最著名的当属阿育王刻在石壁、石柱和洞壁上的诏书。这些诏书所用语言随颁刻地点的不同而不同，计有东部、西部和西北部三种方言。由于摩揭陀（略当于今比哈尔）语或半摩揭陀语（更可能是后者）是孔雀王朝首都华氏城一带的方言，同时也是当时的行政语言，所以诏书原来的底本估计也是用这样的方言写成的；其他方言的则是它的译本。释迦牟尼最初讲道用的可能就是摩揭陀语和半摩揭陀语。原始的佛教经典也是用古代半摩揭陀语来传诵和写定的。耆那教亦同。该教白衣派明确地说，它的经典，如辑录大雄教诫的《十四前》等，是用古代半摩揭陀语写成的。巴利语与古代印度其他方言的关系曾有多说，如说它就是摩揭陀语、是优禅尼方言、是宾陀山（即今文底耶山）中部至西部方言、是羯陵伽方言、是马拉提语（Marathi）前身，等等。就其语言形态变化看，应属古代印度的西部方言。巴利语佛典至今还大量地保存着，如巴利语三藏、锡兰（今斯里兰卡）《大史》等。巴利文本佛典是今日可见最早的（尽管不是原始的）佛典本子。但是在其内部，语言还是表现出了时代和地域的不同，如《佛本生故事》的偈颂部分即比长行部分古老。俗文学作品的典型是20世纪初发现于新疆的马鸣戏剧残卷《舍利弗传》等中的某些对话。在这些戏剧里，地位高的人说梵语，地位低的人说俗语。出现在这里的俗语有摩揭陀语、半摩揭陀语和修罗塞纳语（Sauraseni）。

中古俗语主要包括德干的摩诃剌陀语（Maharastri）、戏剧中使用的摩揭陀语和修罗塞纳语、后期耆那教经典所用的语言、毕舍遮语（Paisaci，据说德富的《伟大的故事》就是用这种语言写成的；戏剧里的妖魔亦用此种语言）以及在时代上略后的阿波婆朗娑语（Apabhramsa，较少用在书面语言中）。一般认为，诸中古俗语中，摩诃剌陀语是最典型的。俗语语法往往把它放在第一位讲，再比照它讲解其他诸语的特殊变化规则。使用这种语言的民歌十分有名，其传唱范围已不止于主要使用它的马哈拉施特拉地区。有的戏剧里妇女道白用修罗塞纳语，而唱歌则用摩诃剌陀语，并且为适应韵律要求，常常吞掉2个元音之间的单辅音。它是由哥达瓦里河流域的一种古代语言发展而来的，其特征有的还可见于今马拉提语。修罗塞纳语是古代“中国”（Madhyadesa，或称“中天竺国”，即北印度中部地区）的语言，名称来自古摩头罗（Mathura）附近的修罗塞纳地区。它是梵语戏剧里穿插使用的俗语的典型。妇女和宫廷中的弄臣多用这种语言说话。由于它与古典梵语产生的地区相同，所以在俗语中，它同后者最为接近，并被视为梵语向印地语发展的中间阶段。在古典戏剧里，摩揭陀语也是低等人的语言。首陀罗迦的梵剧《小泥车》中曾使用了7种俗语，其中即有摩揭陀语和修罗塞纳语。中世属于耆那教白衣派的非宗教性著作使用的就是一种摩诃剌陀语，亦称耆那教摩诃剌陀语（JainMaharastri）。天衣派则用一种同修罗塞纳语在某些方面类似的语言，亦称耆那教修罗塞纳语（JainSauraseni）。阿波婆朗娑语在广义上常指任何一种与作为典范的标准梵语相左的语言，也指与书面的俗语不同的口头俗语。语法学家谈到并详细描述过的书面阿波婆朗娑语仅有一种，即所谓城镇阿波婆朗娑语。它似乎是古吉拉特的方言。同它相近的还有一种婆罗遮吒阿波婆朗娑语，在距古吉拉特不远的信德使用。由于发音和语法上的特点，阿波婆朗娑语可被视为典型的俗语和印度各近世语言之间的桥梁。弄清它和别的主要俗语的流行地区及其交互影响，已成研究印度语言发展史的主要任务之一。

（二）达罗毗荼语系各语言

达罗毗荼语（Dravidian Languages）的来源无疑与达罗毗荼人的来源相关。他们一说系雅利安人入印以前生活在印度的土著，另说系于史前时期远从中亚或地中海经俾路支斯坦从西北进抵印度次大陆的外来人种。属于这一语系的主要有泰米尔语（Tamil）、马拉雅兰语（Malayalam）、泰卢固语（Telugu）和坎纳达语（Kannada）。它们至少在公元前几百年已经各有自己独特的文字和文化传统，其中又以该语系南部语族的泰米尔语词语丰富，组织严密，传统悠久。在公元前5~2世纪的数百年间，南印潘地亚国诸王重视文学发展，泰米尔诗人学者组成了自己的“桑伽姆”（意为“团体”、“学府”），形成了持久的文学高潮，并且出现了文法书《阿伽斯蒂亚姆》（已佚）和目前能见到的最古老的泰米尔文法书《朵伽比亚姆》。后者对该语言文字的字形、拼写和发音规则及其词语的构成、种类和变格规则乃至文学题材等，均有论述。由于它总结了古泰米尔语的规律和法则，使之规范化和系统化，所以影响极其深远。桑伽姆时期遗留至今的作品还有《八卷诗集》和《十卷长歌》等。2世纪以后传统上称伦理文学时期。此期作品以《古拉尔箴言》最为著名。古代泰米尔语使用南婆罗谜文字，它是今泰米尔文的前身。泰卢固语属中部语族。其最早的文献见于公元633年的铭刻，文学创作则始于10或11世纪。泰卢固语下分几种方言。它以书面语言和口语判然有别为一明显特点。书写所用的字母，则从5世纪的格兰特（Grantha）文字演化而来。坎纳达语亦属南部语族。其最早的文献可溯至公元578年。文学创作则始于9世纪中叶。坎纳达语的社会特点表现为婆罗门、非婆罗门和不可接触者所操语言差别明显。书写所用字母与泰卢固语的相近，同样从格兰特文字演化而来。马拉雅兰语是9~10世纪从泰米尔语中分化出来的。其最早文献属于12世纪上半叶。所用文字与前二者来源相同。

二、吠陀文献

（一）概　况

吠陀（Veda），梵语意为“知识”，特别是那种精纯神圣、超越世俗的学问。狭义吠陀指印度最古老的经典“吠陀本集”。它们是自公元前2千纪中期开始经若干世纪逐渐创作纂集而成，又通过口耳相传一代代继承下来的。广义吠陀包括前后相续的四类作品。它们有些还在，另外许多则早已亡佚。四类作品为:（1）“本集”或称“经”，内容为各种颂诗、祷词、咒语以及对于它们的解释等。在古代各祭司和诵诗者的学派中，流行过许多吠陀本集，不过有些仅是同一本集的不同别本。它们之中，只有四种区别明显，即《梨俱吠陀》、《娑摩吠陀》、《夜柔吠陀》和《阿闼婆吠陀》。《夜柔吠陀》又有《黑夜柔吠陀》和《白夜柔吠陀》之分。（2）“梵书”，一类散文体的经文，为对吠陀圣诗的注释、有关圣诗应用的规定、祭典的神秘意义及其起源传说、吠陀人物故事等。（3）“森林书”，为年事已高，退出世俗社会，遁入山林的隐居者而写，特点是注重思索，多探讨灵魂和宇宙起源等玄学问题。（4）“奥义书”，通常为用散文写成的哲学论述，讨论物质、灵魂和神的关系等问题，寻求终极真理及可以使人获得解脱的知识。四“本集”各有自己系统的“梵书”、“森林书”和“奥义书”。《梨俱吠陀》下有《爱达罗氏梵书》和《憍尸多基梵书》，以及与此两名相同的两部“森林书”、两部“奥义书”；《娑摩吠陀》下有8部“梵书”，最有名者为《二十五梵书》、《二十六梵书》和《阇密尼耶梵书》，另有《阇密尼耶森林书》和《歌者奥义书》、《由谁奥义书》；《白夜柔吠陀》下有《百道梵书》和《广林奥义书》、《伊莎奥义书》；《黑夜柔吠陀》下有《鹧鸪氏梵书》、《鹧鸪氏森林书》和《鹧鸪氏奥义书》、《伽塔奥义书》、《慈爱奥义书》、《白骡奥义书》等；《阿闼婆吠陀》下有《牛道梵书》和《疑问奥义书》、《蒙达伽奥义书》、《蛙氏奥义书》。

（二）吠陀本集

《梨俱吠陀》（Rigveda Samhita） 全称《梨俱吠陀本集》。吠陀本集是印度最古老的经典，而《梨俱吠陀》又是其中最早的，作为文化渊源，在印度享有至为神圣的地位。其形成过程不少于数百年，约在公元前1500~前1000年（另说公元前14世~前12世纪），当时从西北进入印度的雅利安人还活动在五河流域，即今旁遮普一带。“梨俱”意为“诗节”。《梨俱吠陀》实即圣诗集。它共有诗1 017首（如果加上后期附入第8卷的11首，则为1 028首），各首长短不一，有的长达58个“梨俱”，有的仅有1个“梨俱”，全部计有10 417个“梨俱”。有一种篇目分类法依圣诗作者的不同将全书分为8部分，下分若干章。另一种更加常见的方法为传述它的奢羯罗学派所用，是将全书分作10卷，再分章节。其中第2~7卷各传自一个仙人或一个仙人家族，第8卷传自两个仙人家族，第1、9、10卷则各有多位仙人作者。重要而又经常提到的仙人有极裕、众友、婆罗堕遮等。通常认为第2~7卷最为古老，包含着原始的核心内容；第1、10两卷内容较新，风格特征亦与前者不同，应属晚出。第9卷甚为独特，它主要是颂赞苏摩祭的。《梨俱吠陀》的圣诗大部分内容与祭司阶级和祭祀活动有关，但也有涉及自然现象以及关于世俗生活的，虽然其中不乏说教。它们基本上是游牧时代雅利安部落民的神话、颂诗、祷词和咒语，只是经过了僧侣知识分子的改写和编定，而其最初目的，无非是保障本族直接的物质需求。因此，他们在其领袖因陀罗（Indra）的率领下取得的种种成就便成为圣诗的主要内容之一。后随雅利安人经验的增加，对于巫术咒语的依靠逐渐退居次要地位，遂由一套为不同神明设置了不同职能的系统神话取而代之。神明与其雅利安崇拜者的关系也确定下来。此时不同的种族集团已经陆续融入，说到深肤色时的贬斥性用语也相继消失。家庭代替氏族集团，成为社会活动的主要单位。个人职业上的分工也开始被频繁提到。这时受到颂扬的神明主要是自然力的人格化。他们能够给崇拜者带来繁荣和福祉。其中最重要的有火神阿耆尼（有颂诗200余首）、雷雨之神因陀罗（有颂诗近250首）和太阳神苏利耶。此外还有天空神德由斯、大地女神波里蒂毗、天人之主及河海之神伐楼拿、暴风雨神摩录多及其父楼陀罗、风神伐由和伐多、酒神苏摩、死神阎魔、祭司神毗诃波提、无限女神阿底提、道路神普善、黎明女神乌莎斯、工巧神利普以及双马童和毗湿奴等。《梨俱吠陀》还有少数圣诗依稀模糊地表现出对于最高存在的哲学性思考，特别在第10卷。第10卷的“原人歌”用神话的方式把婆罗门、罗阇尼耶（即后来的刹帝利）、吠舍和首陀罗说成是化自原人布鲁沙的口、臂、腿和脚，在理论上肯定了种姓制度。《梨俱吠陀》同其他吠陀经典一样，被称作“天启”，即古代仙人直接得自上天神明的启示。因此，它的每一首诗乃至每一个音节都是神圣的，必须诵读准确。在祭祀中，错误的吟诵甚至可能招致灾难。所以，吠陀的传袭极重口授和记忆。但是，经文解释上的歧见却是久已存在，至少在吠陀时代的后期就出现了。公元前6世纪编写的辞书就曾引用过17位先贤的解释，其间抵牾不少。某些诗歌和诗节的意义至今依然不明。《梨俱吠陀》何时开始用文字记录下来，也不清楚。该吠陀中保存着大量有关远古印度社会、政治、宗教、哲学和语言的信息。它的神话传说故事为后世印度文学的创作提供了珍贵的素材。它的对话诗的文学形式，亦可视为以后印度史诗和戏剧的滥觞。

《娑摩吠陀》（Samaveda Samhita） 全称《娑摩吠陀本集》。“娑摩”意为曲调。《娑摩吠陀》即是在举行吠陀祭祀时，由作为咏歌者的婆罗门祭司吟唱的颂诗。其颂赞和吁求的对象常是苏摩、阿耆尼和因陀罗等神。该吠陀共有颂诗1 810节，不算重复的为1 549节。除75节外，一概来自《梨俱吠陀》，只是经过了修改，次序有所调整，以适应咏唱的需要。另外的那些可能来自雅利安人入印以前当地土著在夏至、冬至和其他节日时喜唱的歌曲。全书分为前、后两篇。前篇有诗585节，后篇有诗1 225节。由于《娑摩吠陀》的圣诗重在咏唱，所以对于音律的优美格外注意。欲操此业的婆罗门亦须先经严格训练，以娴熟掌握有关曲调。在传承不同的各派中，《娑摩吠陀》圣诗的咏唱方法也不相同。它有憍荼摩、阇弥尼耶和罗那衍尼耶3个版本，流行于不同地区。由于该吠陀的某些诗句在语法上甚为古老，所以有人认为尽管它的大部分晚于《梨俱吠陀》，但有的部分却可能早于它。不过此说并未得到普遍认同。它在印度音乐史的研究上具有重要价值。印度歌曲的7个基本声调即首先见于这一吠陀本集。

《夜柔吠陀》（Yajurveda Samhita） 全称《夜柔吠陀本集》。“夜柔”意为祭祀或祭祀用语。《夜柔吠陀》即是在举行吠陀祭祀时供负责全部仪节的行祭者低吟的祷词。祷词内容几乎全都出自《梨俱吠陀》，但是为了具体行祭的需要做了必要的更动，并在顺序上重新安排，还另加了有关祭仪的散文体解释。涉及的祭祀有新月和满月祭、火祭、苏摩祭、王祭、马祭、人祭、全祭和大锅祭等。作为实用僧侣手册，它在古代就受到了广泛研究，并形成了很多学派。该吠陀又分成两个本集：《泰底哩耶本集》（Taittiriya Samhita，亦称《黑夜柔吠陀本集》）和《伐遮娑内夷本集》（Vajasaneyi Samhita，亦称《白夜柔吠陀本集》）。前者包括7部，44章，651段，2 198节。后者包括40章，303段，1 975节。分集的原因不太清楚，可能是由于仙人祭言带头搞了一次分裂活动。《毗湿奴往世书》为说明分集的缘由编了一个故事：《夜柔吠陀》原有27个部分，由仙人维扇钵衍那传授给他的27个弟子，其中就有祭言。维扇钵衍那不幸失手杀死了他的外甥，于是他召来弟子们，要求他们一起为此事实行赎罪苦行。但是祭言拒绝参加，理由是维扇钵衍那不是故意杀人，实际无罪。二人争吵起来。维扇钵衍那要求祭言放弃从自己那儿学到的东西。祭言做了一个呕吐的动作，果然把所学的《夜柔吠陀》吐了出来。其他弟子随即变成了鹧鸪（梵语tittiri），将吐出的已经弄脏的东西啄进肚里。于是这一部分便称作Taittiriya Samhita，亦因其被污而称《黑夜柔吠陀本集》。祭言离开后，开始修持严厉的苦行，并致诗太阳神。太阳神应他之请，把一部他的师父未曾教过他的《夜柔吠陀》教给了他。这一次太阳神是化作一匹马（梵语vajin）来的，于是这一部分便称作Vajasaneyi Samhita，或因太阳的光亮而称《白夜柔吠陀本集》。现代学者多认为这是一种往世书拿手的通俗语源学的解释。另一说法可能稍为合理，即

Taittiriya来自一个叫作Tittiri的婆罗门的名字，他的师父是直接受学于维扇钵衍那的耶私迦（Yaska）；Vajasaneyi则是祭言自己，这个名字源自他的父姓Vajasani。《黑夜柔吠陀》比《白夜柔吠陀》古老。两者的内容基本一致，唯后者在编排上更为系统，亦有若干颂诗为前者所无。前者既有祭祀时用的祷词，也有关于祭祀仪式的讨论。后者较为单一，只有祷词，而对于祭仪的讨论，则留给后出且与它属于同一体系的《百道梵书》。正是出于前述结构上的不同，有些学者坚持认为Tittiri一字用的就是它的原义——鹧鸪，以其羽色斑驳比喻《黑夜柔吠陀》的未经整理，内容混杂。《夜柔吠陀》对于宗教史的研究具有重要价值，而在语言文学上，除为后人提供了印度最早的散文典型外，并不足观。

《阿闼婆吠陀》（Atharvaveda Samhita） 全称《阿闼婆吠陀本集》。“阿闼婆”意为拜火祭司，也是传说中第一位拜火祭司的名字；同时也指这种祭司兼巫师的咒语咒术。《阿闼婆吠陀》即是一部巫术咒语诗歌集，又称《婆利古鸯耆罗吠陀》。婆利古和鸯耆罗也是古代印度著名的拜火祭司，与阿闼婆同为民间流行的拜火仪节的创行者。很可能在雅利安人进占西北印度之前，当地的印度河流域文明中已有对火的崇拜和火祭的习俗。因此，该吠陀吸收了土著的神秘信仰是完全可能的，只是程度尚难断定。它共有20卷，731首颂诗，5 975个诗节。最后2卷是晚出的，其中第19卷与前面各卷的内容相同，第20卷则基本上是《梨俱吠陀》第10卷的摘录。前18卷可分三部分。第一部分包括第1~7卷。它们都是较为通俗的短诗体咒文。这一部分最具代表性，估计产生最早。第二部分包括第8~12卷，体裁韵、散相间。这里的散文在内容和风格上都与以后的梵书相近，内容亦常涉及祭祀活动。此外还有一些意义神秘的圣诗和有关神学问题的论难。其巫术性质的诗歌则有对护符效力的称颂，也有不少治病的咒语。第三部分包括第13~18卷，所涉问题为婚礼和丧仪等。就内容看，《阿闼婆吠陀》与前三种吠陀即《梨俱吠陀》、《夜柔吠陀》和《娑摩吠陀》颇有不同。祈祷在后者是虔诚的表现，在前者则已变成迷信。它包含大量的巫术咒语。这些咒语有的供需要法力的人使用，但更多的是供术士使用的。所要达到的目的则多种多样，如降雨、禳灾、长寿、疗疾、发财、得子、家庭和睦、经商顺利、战争胜利、降妖除魔以至于秃头生发、求爱成功等。它所反映的是一个信仰万物有灵的世界。这里有幽灵鬼怪伺机伤人，也有来自他人怀有恶意的诅咒，因此人们必须用咒语、巫术和神秘的仪节保护自己。护身符和被念过咒的武器等，都会在保护它们的主人时显出灵验。在这里，僧侣由于能使人避凶趋吉，远祸就福而获得重要地位，他们的利益也因此受到特别关注。对于他们的饮食、酬金等，该吠陀都有具体的说明。这从另一方面也说明了婆罗门祭司如何通过编写经典而谋一己之私。由于《阿闼婆吠陀》起源于民间而非祭司集团，上层婆罗门曾一度仅提三吠陀而把它排斥在外，但终因民间对它的信仰广泛深入，而不得不将它纳入，统称四吠陀。这部吠陀反映的愿望强烈，感情充沛，加上诗律铿锵，使它的某些巫术诗歌具有很强的动人力量。

除吠陀本集外，还有两类著作也可以归在吠陀文献之列，即“副吠陀”和“吠陀支”。

“副吠陀”（Upaveda）讲世俗事务，计有《阿柔罗吠陀》（Ayurveda），意译《生命吠陀》，附属于《阿闼婆吠陀》，讲植物和医药；《私闼波陀耶吠陀》（Sthapatyaveda），附属于《阿闼婆吠陀》，讲建筑艺术；《乾闼婆吠陀》（Gandharvaveda），附属于《娑摩吠陀》，讲音乐，包括声乐和器乐，也讲舞蹈；《他奴罗吠陀》（Dhanurveda），附属于《夜柔吠陀》，讲箭术和兵法。

“吠陀支”（Vedanga）又称“六支”，指六种学问，能够帮助人正确地理解、诵读吠陀经典，进行吠陀祭祀。它们是：湿刹（Siksa），讲语音学和发音法，包括重音读法、音量大小以及使声音和谐悦耳的方法；阐陀（Chandas），讲诗的韵律；毗耶伽罗那（Vyakarana），讲语法；尼录多（Nirukta），讲语源和词义；鸠底舍（Jyotisa），讲天文，以制定历法，确定举行祭祀和其他仪典的正确时日；劫波（Kalpa），讲吠陀祭祀的必要仪节和人在一生各个时期的正当行为方式，为六支中最重要的一种，下分“天启经”（讲祭祀方法）、“家范经”（讲家祭和人生重要阶段的不同礼仪）、“法经”（讲人的社会职责和宗教义务）和“绳经”（讲祭坛的设置）。

（三）梵书、森林书、奥义书

梵书（Brahmana）是广义的吠陀文献之一，约产生于公元前10~前7世纪吠陀祭祀盛行的时代。它们是一种散文体经文，用来注释吠陀本集的圣诗，指出这些圣诗在祭祀仪式中的应用方式，解说祭典的神秘意义，并讲述与其起源有关的传说以及吠陀人物故事等。在梵书中，婆罗门教所谓吠陀神圣、祭祀万能和婆罗门至上的思想得到了充分体现。理论上，祭祀可以使组成宇宙的所有因素达于均衡。同时，一切力量又都来源于祭祀，连天神也不例外。实践上，祭祀成了人生的最高目的。因此，懂得因而能够主持祭祀的婆罗门祭司也就被抬高到人间神的地位。他们为了巩固自己的特权，将祭仪神秘化和烦琐化，使之成为人们从生到死都摆脱不掉的宗教仪式。梵书的内容也因此而极为复杂详尽。从《梨俱吠陀》时代到梵书时代，诸神的地位也发生了升沉变化。在梵书里，若干主要的神变得无足轻重，另一些次要的神显赫起来。如生主以前曾用以指布鲁沙、阿耆尼等，偶尔也作为名号，称呼因陀罗、苏摩等神，现在则成为独立的神，且作为创造主，成了主神和众神之父。阿修罗原来还有神的意义，此时被妖魔化，成了诸神之敌。当初并不紧要，而后来形成于往世书神话的印度教三大主神梵天（Brahma）、湿婆（Siva）和毗湿奴（Visnu），在梵书中已经初露头角。现存的十几种梵书分别属于吠陀四本集里的某一种。其中较为重要的是：属于《梨俱吠陀》的《爱达罗氏梵书》和《憍尸多基梵书》；属于《娑摩吠陀》的《二十五梵书》、《二十六梵书》和《阇弥尼耶梵书》；属于《白夜柔吠陀》的《百道梵书》；属于《黑夜柔吠陀》的《泰底哩耶梵书》；属于《阿闼婆吠陀》的《牛道梵书》。其中以《百道梵书》最长，也最重要。它除了讲述葬礼、马祭、人祭、全祭等礼仪和祭祀，以及建立祭坛的奥秘外，还谈及吠陀学习、子弟拜师等并不直接与祭祀相关的东西。

森林书（Aranyaka） 也是广义的吠陀文献之一。产生在梵书之后，按传统说法是一种为年事已高、不复能举行必要的日常宗教仪式和祭祀活动，因而退出世俗社会，遁入山林的婆罗门或刹帝利隐居者而写的宗教哲学著作。它们注重思索，意在深入探讨诸如吠陀仪节的比喻和象征意义、神的本性，以及灵魂和宇宙起源等玄学问题。据说它们具有秘传的性质，只供那些已经脱离社会生活的老人使用，而年轻人读它则是有害的。现存的森林书有4种：属于《梨俱吠陀》系统的《爱达罗氏森林书》和《憍尸多基森林书》；属于《黑夜柔吠陀》的《泰底哩耶森林书》；属于《白夜柔吠陀》的《广森林书》（另说无此，而有属于《娑摩吠陀》的《阇弥尼耶森林书》）。由于森林书的内容与其前的梵书和其后的奥义书并无判然区别，有的在内容上索性同前后两者相交迭，因此现代学者对于传统的说法多有质疑。有人认为之所以划出一类森林书，目的仅在于使广义吠陀经典在理论上同婆罗门教的人生四行期相适应。传统上所谓它们在形式、内容和使用目的上与其他吠陀文献有区别，实际上是人为造成的。

奥义书（Upanisad） 梵语原意为“坐在近旁”，指弟子坐在师父脚边，聆听他对于世间奥秘的讲解。它有妙义亲传之意，并进一步引申而指如此所传的秘密而深奥的谛义自身。（又有印度学者从奥义书的内容出发，把sad解释为

"毁灭"，加上前缀upa和ni，说upanisad意味着彻底毁弃这个现象世界。这一说法是否牵强，可以商榷。）经过累代纂集的这一类教导，也如梵书和森林书一样，构成了广义吠陀文献的一部分。由于这一部分在吠陀文献中是最晚出的，或者说经过千余年编纂的吠陀文献至此已到尽头，所以奥义书又称"吠檀多"（Vedanta），意即"吠陀的尽头"。奥义书产生的时代在梵书和森林书之后，最早的约在公元前7世纪，最晚的则可迟至16世纪。它们通常为散文体的哲学论述，讨论吠陀的神秘意义、祭祀仪式、物质、宇宙的起源、灵魂和最高存在的关系等问题，目的在寻求终极真理及可以使人获得解脱的知识。奥义书的总量多达200种以上，但是比较古老且与吠陀传统关系密切的只有14（或13）种，产生于公元前7世纪至前3世纪之间。其中，最古的有6种:《爱达罗氏奥义书》、《憍尸多基奥义书》、《泰底哩耶奥义书》、《广林奥义书》、《歌者奥义书》和《由谁奥义书》；稍晚但早于佛教诞生，在波你尼著其梵语语法之前就已存在的有6种:《迦塔奥义书》、《白骡奥义书》、《摩诃那罗衍那奥义书》、《伊莎奥义书》、《蒙达伽奥义书》和《疑问奥义书》；佛教僧团出现后不久产生的有两种:《慈爱奥义书》和《蛙氏奥义书》。至于语言和文体风格，最古的几种很接近梵书，朴拙而不失其美；稍后的几种有些杂有韵文，并且反映着数论派和瑜伽派的哲学观点——当然它们也可能是后世串入的。最后两种从语言和所代表的观点上，都可以明显看出是吠陀时代以后的作品。前述古典奥义书中，属于《梨俱吠陀》系统的有《爱达罗氏》和《憍尸多基》；属于《娑摩吠陀》系统的有《歌者》和《由谁》；属于《白夜柔吠陀》系统的有《广林》和《伊莎》；属于《黑夜柔吠陀》系统的有《泰底哩耶》、《迦塔》、《慈爱》、《白骡》和《摩诃那罗衍那》；属于《阿闼婆吠陀》系统的有《蒙达伽》、《疑问》和《蛙氏》。所属系统不同，其奥义书的内容亦有不同。如属于《夜柔吠陀》的奥义书多讲诸祭官中行祭者的职能和他的工作的象征意义。这种祭官主管祭祀中的实际事务，如丈量地盘、搭建祭坛、摆设法器、准备牺牲、点燃祭火等。属于《娑摩吠陀》的奥义书多讲咏歌者的作用。这种祭官在行祭时是吟唱颂诗的。不过，诸奥义书对于人类的状况和他们的出路等问题所抱观点是相同的，如认为：精神胜于肉体；人应该摆脱无明，追求智慧；为达到精神的目标，必须进行修养，例行一定的仪节；宇宙的显现是某一神力作用的结果；为脱出轮回，履行既定的社会职责和求得真知都是必要的；人对于其自身内部存在着精神自我这一点必得有所认识，等等。古典奥义书反映了公元前7世纪后几百年间印度人，特别是印度知识界的社会和政治状况，他们的道德和审美观以及他们的精神追求。森林书和奥义书重在思考，应该说是反对擅权腐化的婆罗门祭司过于强调祭仪的结果。此后思考之风转盛，在一定程度上推动了众多新的思想派别的诞生，如耆那教、佛教乃至顺世论等。它们的共同之处在于抵制明显僵化的婆罗门教。

（四）奥义书举隅

古代印度，尤其是古代婆罗门教思想家的玄学思考，集中体现在诸奥义书中。他们的思考成果在下面两种奥义书里可见一斑。

《歌者奥义书》（Chandogya Upanisad） 这是印度最古老、最重要的奥义书之一，约成书于公元前7世纪，属于《沙摩吠陀》系统。全书分为8部，主要论述："唵（Om）"字的神秘含义、人的道德生活、吠陀颂诗的意义、存在和非存在、可见的表象和真实的存在、个人和宇宙精神、自我的固有本性、自我和本体、有限和无限、通过满足欲望来实现自我、通过梵行实现解脱，等等。不难看出，奥义书最关心的，是人的本质问题，而这个问题又与人的生时状态和死后趋向密切相关。它认为，在本质上，人的自我，也即灵魂，与称作"梵"的最高本体是同一的。《歌者奥义书》借生主神之口，对自我的性质作了一番描述：它摆脱了罪孽，摆脱了老、死、悲，摆脱了饥与渴，不具形体，没有名称，不生不死；它的意义是真理，它的决定是现实，它应该被寻求，它应该被理解；人认识了它，就满足了一切要求，获得了全世界。无疑，这乃是实现了与梵合一的自我。但是，梵我合一的境界并不是一生一世就能达到的。陷入轮回是每一个无知生物的必然命运。《歌者奥义书》说，人在死后，有两条路可走。那种生前在森林中修苦行，善禅思的人，可以走"天道"。他们能超越时间和轮回，不再返回到世界上来。那种从事生产活动，遵行正法，在家中举行祭祀的普通人将走"祖道"。他们不能超越时间，必须回返世界。在依次变成天、空气、烟、雾、云以后，他们作为雨回到地上，然后变成种子，被人吃掉，进入精液。接下去又是受精、怀孕以及复生为人。然而，永恒的自我既源于梵，终究还是要归于梵的。该奥义书著名的第六章用父子对话的形式，讨论了世间万物背后具有统一的最高本体存在的问题，指出了人最终与梵合一的前途：父亲告诉儿子，最初只有同质。它凭自己的意愿先后化现出热、水和食物，又使自己进入其中成为它们的生命，并使它们具有名称和形式。万物也随之派生出来。因此，食物的根源是水，水的根源是火，火的根源，也即万物的根源，是最高存在。当人去世时，他的语言被心智所吸收，心智被呼吸所吸收，呼吸被热所吸收，热被最高存在所吸收。“这真实的存在，这世界的精微的源泉，是一切东西的灵魂，一切东西的本我。因此，你就是它。”[①]这里的“它”所指的，就是梵或称宇宙精神。“你就是它”意味着你最终将获得解脱，复归于梵。这句话经《歌者奥义书》提出后，便成为印度解脱哲学千百年来反复讨论的永恒主题。这本奥义书里还保存着大量的传说和寓言，透过它们可以看到婆罗门教神学的发展脉络。

《广林奥义书》(Brihadaranyaka Upanisad) 它也是古代印度最重要的奥义书之一，传为仙人祭言所作，约成书于公元前7世纪左右，属于《白夜柔吠陀》系统。全书分为6章，主要内容有：圣典对人的行为加以规定的内在含义；行善成善，行恶成恶的轮回业报理论；梵是什么；“唵”字的重大意义；人的修行方式；梵我一如的理论；解脱之道，等等。该奥义书的某些描述和论列十分有名，常为后世所引用。如它把人通过死亡和再生一次又一次流转于无穷的轮回，比喻为一只毛虫爬到一片叶子的末端时就会蜷起身子，再爬上另一片叶子，“他按照自己的行为和处身方式进行转变，行为好的变好，行为坏的变坏”。关于梵，它用通过否定达到肯定的方式定义为“不粗、不细、不长、不宽、不(似火)红、不(似水)湿、没有阴影、没有黑暗、不是空气、不是以太、不(似紫胶般)黏附、无味、无臭、无眼、无耳、无声、无想、无热、无呼吸、不可入、不可量、无内、无外、不食也不被食”。[②]同时，它又认为梵具有真、显二相即本体和现象的区别：一为有形体的，另为无形体的；一为有生灭的，另为无生灭的；一为静持的，另为游动的；一为此有，另为彼有。关于人的修行方式，它提出布施、正行、苦行、禁欲、同情、不杀生、不妄语等。该奥义书的这些论述对后世印度思想的发展产生了重要影响，或为正统派印度教哲学所继承发挥，或启发了其他非正统宗教哲学的某些理论。

三、往世书

往世书(Purana) 又译“古事记”或音译“富烂那”。梵字原意为“老的”、“旧的”，作名词用时，意为“旧事”、“故实”、“古代传说”等。它是又一类重要的古代印度教经典，可说是一批古代印度神话和传说作品的总称。作品

---

① 《歌者奥义书》6.8.7。

② 《广义奥义书》3.8.8。

内容所涉广泛，包括宇宙论，有关诸神、女神、精灵、祖先及其谱系等的传说，圣地和朝圣活动，各种宗教仪节，以及对于种姓、正法和虔敬等教义的重要性的论述等，不啻印度教的百科全书。

往世书基本用诗体写成，行文多取设为问答的形式。由于在漫长的历史发展过程中经过了不断的增补、修正和编订，各往世书一般都无法确定作者和准确的写定时间。但很多往世书又习惯于把其作者说成是毗耶娑（Vyasa），以提高自己的权威性，因为他在传说上也是吠陀本集的编订者。总的来说，它们被系统写成文献并广泛流行大约始于公元前不久，而其最后成书则可能晚至7~12世纪。现存往世书很多，传统认为最重要的有18种大往世书。此外还有18种小往世书。前者分为三类，即主要敬大神梵天的忧往世书，包括《梵天往世书》、《梵转往世书》、《梵卵往世书》、《摩罗根德耶往世书》、《未来往世书》和《侏儒往世书》；主要敬大神毗湿奴的喜往世书，包括《毗湿奴往世书》、《薄伽梵往世书》、《那罗陀往世书》、《金翅鸟往世书》、《莲花往世书》和《野猪往世书》；主要敬大神湿婆的暗往世书，包括《湿婆往世书》、《火神往世书》、《林伽往世书》、《塞健陀往世书》、《乌龟往世书》和《鱼往世书》。在不同的往世书中，所列书名不尽相同，如有的地方用《风神往世书》代替《湿婆往世书》；有的地方用它代替《火神往世书》。更有研究者认为，《风神往世书》实为《湿婆往世书》的一部分。上述分类方法明显带有一定程度的人工性。比如，忧往世书中有些鼓吹毗湿奴和湿婆崇拜，实际上应归入二、三类。各书篇幅往往很大。据《薄伽梵往世书》统计，18部往世书的总长可达40万颂。最长的是《塞健陀往世书》，有8.1万颂。《梵天往世书》和《侏儒往世书》最短，各约1万颂。小往世书18种究竟系何所指，各家说法不一。下为一说：《常童往世书》、《那罗辛诃往世书》（或《那利往世书》）、《那罗底耶往世书》、《湿婆往世书》、《敝衣往世书》、《猴色往世书》、《摩奴往世书》、《奥舍那娑往世书》、《伐楼拿往世书》、《时间往世书》、《善波往世书》、《喜者往世书》、《太阳往世书》、《摧毁者往世书》、《阿底德耶往世书》、《大自在天往世书》、《薄伽梵往世书》（有人认为读错了，应为《薄罗伽梵往世书》）和《极裕往世书》。

至于内容，长寿师子在其《长寿字库》中提出往世书应具“五相”，即应包括五类主题：宇宙的创造、宇宙的毁灭和再生、天神和仙人的谱系、对于各摩奴期[①]的描述，以及始自神话时代的日种王朝和月种王朝世系。这虽然反映了六七世纪以前往世书的创作特点，但实际上完全符合“五相”要求的并不多。有的与之部分相合，有的则与之大相径庭。最能反映这一特点的只有《毗湿奴往世书》。《薄伽梵往世书》不满足于“五相”之说，进而提出“十相”。这一定义把“五相”分得更细，其宗教倾向也更明显。不过两者以神话传说为主的特征则统一。往世书重点讲述印度教三大主神梵天、毗湿奴和湿婆以及他们的伴侣娑罗私婆蒂、吉祥天女和雪山神女的故事。就信仰看，它们一般都体现着泛神思想，宣称三大神是最高存在梵的不同表现形式。不过，尽管如此，由于所属宗派不同，各书对于各神的态度亦有不同。总的来说，梵天地位逊于其他二神，所以各书有关他的事迹也最少。毗湿奴在本派往世书中地位最高，如《莲花往世书》就尽量抬高他而贬低另外二神，把18部大往世书说成是他的身体的不同部分。湿婆一派同样。《湿婆往世书》和《林伽往世书》也是设法贬斥别神，而鼓励对湿婆的崇拜。宗派性较弱的例子也有，如《摩罗根德耶往世书》。诸往世书常用大量篇幅讲论虔诚崇拜的重要性，要求印度教徒颂神、祭祖、念神功德、朝拜圣河圣地。它宣扬说，仅仅诵读乃至听人诵读往世书，便可在今生和来世获得种种利益；理解和实践往世书的教导，就能摆脱业报轮回。正法（达摩）亦是往世书讨论的重点。在这里，恪守种姓职责被当成遵行正法的基本表现。往世书产生于吠陀时代以后，其实际作用，乃是把吠陀教义传达给那些没有文化，或学习吠陀的权利遭到剥夺的大多数妇女和低种姓者。往世书所叙述的古代传说含有一定的真实成分。若不是长期带有宗派偏见的窜改和修饰把材料弄得原始面目难辨，其可信程度可能会更大些。但是无论如何，在古代史乘极为匮乏的印度，它还是能为重建其早期历史提供珍贵资料的。通过各类神话内容的演变和各神地位的升沉，往世书也为我们提供了丰富的资料，以利于探索吠陀以后印度教发展的脉络。有些往世书还包含着关于科学和艺术的论述，兼及其他知识，对今人研究古代印度的占星术、地理学、年代学、解剖学、医学、政治、军事、建筑、工艺、语法、音乐、戏剧等，都有助益。很多后世的印度诗歌和戏剧则更是直接取材于往世书，其中不乏不朽之作。

---

① 摩奴期为古代印度思想家所设计的大尺度时间体系中的时间单位之一。根据梵天创世理论，宇宙每经过一“劫”，都要毁灭一次，待沉寂一“劫”后，再复创生。一“劫”约相当于尘世43.2亿年。一“摩奴期”约合一“劫”的1/14。

四、史　诗

与前述吠陀宗教文学不同的世俗文学，大约产生在公元前数百年间，其重要标志，就是印度两大民族史诗《摩诃婆罗多》和《罗摩衍那》的诞生。这两种文学作品的作者群完全不同。前者出自婆罗门祭司阶层之手，后者则是由称作“苏多”的一类知识分子创作的。

苏多的身份颇为复杂。他首先是伶工，或说宫廷诗人。但他又比一般伶工高明，因为他不仅善于编制和吟诵赞美诗歌，说唱长篇故事，而且学识渊博，精通圣诗、密咒和各种礼仪，故颇受王者敬重，以至于成为亲信。在众多的古代经典，尤其是叙事性作品中，苏多作为传述者的地位是很明显的。有些重要往世书的核心故事就是以苏多的名义口述的。《那罗陀往世书》、《林伽往世书》等，都是如此。毗耶娑有一个徒弟，也是一位著名的往世书作者，名叫“毛喜”，意思是“（令人欢喜得）毛发倒竖者”。他说故事的本领由此可见。作为与国君关系密切的人，苏多往往还兼宫廷大臣，甚至是重臣。《摩诃婆罗多》中的全胜，就是国王持国的大臣，也是大战前俱卢族派往般度族的使者。自然，他也并未因此而失去自己固有的伶工身份。作为婆罗多大战的见证人，负责向失目的持国讲述战争进展情况的就是他。《罗摩衍那》中的苏曼多罗不只是精通传统的歌者，也是大臣。他甚至被称为“大臣的魁首”，足见地位重要。实际上，苏多在宫廷中地位隆崇渊源有自，早在《百道梵书》中就有记载说：“苏多是国王的珍宝之一。正是因为他，他（国王）才登上神圣的地位，而他（国王）又使他成为自己忠实的（大臣）。”[①]除了伶工和大臣，苏多还有一个非常重要的职务，就是御者，为王者驾车。苏曼多罗是十车王的御者，全胜则是持国的御者。他们为王者执鞭，至少有两种职能。一种是随侍左右，目睹时政，以记录重要的社会政治军事事件，与中国古代所谓“左史记言，右史记事”（《汉书·艺文志》）的史官功能相若；另一种是将熟悉的往世英雄传说，尤其是所侍君王及其先人的业绩加以宣说，以为教诲和娱乐，或在驱车奔赴战场途中为王者解除烦闷，鼓舞斗志，与中国古代的瞽矇职事略似。他们两种职能相兼，正是集“史不失书，矇不失诵”（《国语·楚语》）的作用于一身。

苏多创作史诗，开启了新兴的世俗文学传统。史诗的素材，则来自古昔的

① 《百道梵书》5.3.1.5。

英雄颂歌。实际上，这类颂歌早在吠陀本集中已露端倪，但是直到公元前六七世纪以后群雄纷争的列国时代，方才有了蓬勃发展的政治气候和现实土壤。两大史诗都用梵语写成。史诗梵语在语音和语法变化上比吠陀梵语简易，也有别于正在形成的古典梵语。它比较通俗，既保留了一些吠陀语法形式的残余，也受到方言俗语的相当影响。

（一）《摩诃婆罗多》

史诗《摩诃婆罗多》（Mahabharata）的成书年代一向是梵文学者长期探讨的问题，虽然迄无定论，但还是逐渐形成了为多数学者所普遍接受的说法，那就是德国梵文学者莫·温特尼茨的观点：这部史诗不是一人一时的创作，而是由陆续产生于几个世纪的众多篇章所组成。其成书年代，应该在公元前4世纪至公元4世纪之间。

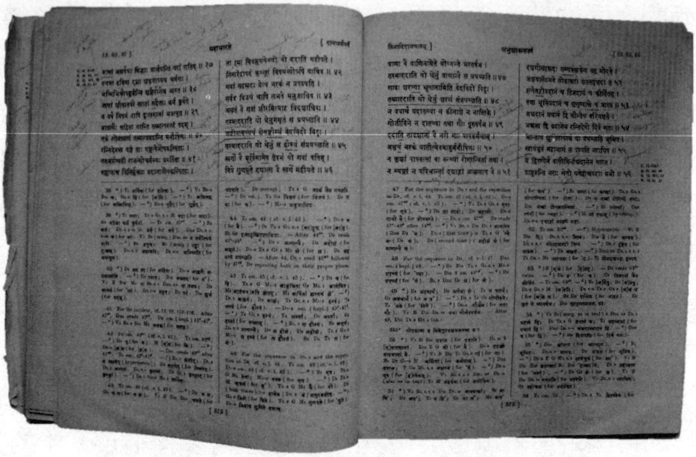

9-4 大史诗《摩诃婆罗多》梵文原本

关于作者毗耶娑，目前所知的都是传说，很难断定历史上是否实有其人。他既是这一史诗的作者，又在史诗中出现。据称，他是渔家女贞信在嫁给象城福身王之前与破灭仙人野合而出的私生子。贞信为福身王所生的两个儿子没有留下后嗣便死去了。于是，贞信找到正在森林中修炼苦行的毗耶娑，让他使两位遗孀得子。此后，毗耶娑仍旧隐居林中，并目睹和参与了持国诸子和般度诸子之间相互斗争的全过程。在得胜的般度诸子升天以后，他用3年时间创作了这部史诗。如果此说并非杜撰，那么可以认为毗耶娑即是大史诗的原始作者。此外，毗耶娑这一梵字本身就有“细述”、“编排”等义，故将此名当作一个专称，泛指古代印度一切在漫长的历史发展过程中逐渐形成的庞大作品的编订者，而《摩诃婆罗多》的情形亦不例外，也无不可。

《摩诃婆罗多》全书分18篇，各有篇名，外加一部《诃利世系》，作为附录。不同传本的《摩诃婆罗多》长度不同。南方传本较长，约有10万颂。通常是每颂4个音步，32个音节。自1919年起，印度班达卡尔东方研究所邀集众多著名梵文学者对史诗进行大规模校订，穷数十年之力，以求古本之真。1966年，精校本19卷全部出齐，长8万余颂。

《摩诃婆罗多》故事梗概：古印度月种王朝世系绵长，婆罗多、俱卢等都是有名的国君。福身亦为一代名王，曾娶恒河女神，得子天誓。晚年他又爱上渔夫的女儿贞信，而渔夫嫁女的条件是日后王位得由贞信生的儿子来继承。天誓愿意放弃继承权，并为此发誓独身，遂得名毗湿摩（意为“立下可怕誓言者”）。贞信婚后为福身王生子花钏和奇武。花钏继位后不久在一次狩猎中被乾闼婆王所杀，奇武袭得王位后虽娶二女安必迦和安波利迦，但很快也无嗣而亡。贞信征得毗湿摩同意，让毗耶娑使两个孀妇怀孕。毗耶娑因严修苦行而外形可怕，安必迦见之紧闭双眼，结果得子生而目盲，取名持国；安波利迦吓得面无血色，结果生子白肤，取名般度（意思为“白”）。由于持国失明，王位由般度继承。持国娶妻甘陀利，由于毗耶娑的恩惠而生下百子，长子名难敌，还有难降、毗迦尔那和奇军等。般度娶妻贡蒂（又名普利塔），生子坚战、怖军、阿周那；另娶玛德利，生偕天和无种。般度因为触怒仙人而遭诅咒不得近其妻子，否则必死，所以这五个儿子并非他所亲生，而是分别得自正法神阎魔、风神伐由、天帝因陀罗和双马童。后来，般度还是犯忌而死，朝政由持国执掌。在史诗以后的发展中，般度五子称般度族，难敌等百子称俱卢族。坚战生性仁善，为人诚实、方正、沉稳、冷静、严守正法。难敌则邪恶、鲁莽、狡猾，集中了所有恶劣王子的坏品格。

般度死后，其五子由持国抚养。持国待他们十分宽厚，让他们和自己的百子一同受教育，学武艺。由于年轻气盛，不和乃至敌视很快就在般度诸子和持国诸子之间表现出来。怖军的勇悍和阿周那的高超武艺使难敌十分嫉恨。坚战成人后，持国立他为储君，以继承般度的王位。难敌觊觎王权，持国亦不情愿自己的儿子就此永远失去问鼎的机会。于是父子设计，将般度兄弟从首府象城驱往多象城。在那里，难敌安排坚战一家住进一座易燃的紫胶宫，企图将他们烧死。不料有人通风报信，使他们能够提前挖好一条地道。最后般度五子和他们的母亲逃出火海，反将纵火者烧死在宫里。他们遁入森林，装扮成婆罗门，以乞食为生。未几，般遮罗国木柱王的女儿黑公主举行选婿大典，五兄弟闻听后乔装前往。阿周那力挫群雄，挽开大弓，射箭中的，赢得了黑公主。他们得胜回家后，贡蒂让黑公主做了五兄弟共同的妻子。参加选婿大典使他们身份暴露。持国听从毗湿摩等人的劝告，召回坚战兄弟，将一半国土分给他们，他们建立了天帝城作为国都。不久，阿周那前往多门城拜访雅度族王子黑天，结为莫逆。黑天的父亲婆薮提婆正是贡蒂的兄弟，阿周那的舅父。坚战凭借诸兄弟的武力和黑天的智慧，打败了众多敌国。在四个弟弟征服四方以后，众王宾服，坚战举行了盛大的王祭，作为霸主，称雄一时。难敌见此，更为嫉妒，便与舅父沙恭尼设计陷害坚战。他们邀请他前来掷骰子赌博。沙恭尼是此中上手，坚战连连失利，输掉了所有的财产、宫殿和王国。坚战不服，又押上了四个兄弟、自己，乃至他们共同的妻子黑公主，结果统统输给对方，沦为难敌的奴隶。难敌命他的弟弟难降把黑公主拽来。黑公主不服。难降当众侮辱她，剥掉她的衣服。怖军怒不可遏，发誓有朝一日要撕开难降的胸膛，喝他的血。难敌也露出大腿，朝黑公主淫笑。怖军又发誓打断他的双腿，将他杀死。这时凶象示现，持国畏惧，遂出面干涉，答应黑公主的请求，释放了般度五子。难敌并不死心，便说服软弱的持国召回坚战兄弟，再进行最后一赌。这次约定输方流放森林12年，外加一年隐姓埋名，不被发现。结果坚战再输，只好外出踏上流放之途。

流放12年过去，五兄弟开始乔装生活。他们来到摩差国王毗罗吒的宫廷中，坚战扮作婆罗门侍臣，怖军扮作厨师，阿周那扮作阉人，教授音乐舞蹈，无种扮作驯马人，偕天扮作牧人，黑公主作为擅长女红的宫娥侍候王后。流放期结束后，般度诸子准备收回属于自己的一半国土，同时争取盟友，积极备战。难敌也开始进行战争的准备。阿周那和难敌同一天到多门城向黑天求援。黑天让他们在他的军队和他本人之间进行选择。难敌选择了庞大的军队，阿周那则要黑天本人。持国得知黑天做了般度族的军师，十分焦虑。他派人前去和谈，坚战坚持索回国土。为了避免战争，坚战作出让步，又派黑天作为使者，到象城向难敌说明只要归还五个村庄即可。难敌声称连针尖大的地方也不能给。谈判破裂，般度族和俱卢族的大军集结于俱卢之野。

大战开始，双方排开战阵。面对同族自相残杀的战争，阿周那表现犹豫。黑天作为他的驭手，为了规劝他，对他进行了长篇说教。这篇说教就是著名的《薄伽梵歌》。《薄伽梵歌》教导人应不计一己得失，无条件履行个人的种姓职责，通过行动而使自己的灵魂与宇宙本体梵相结合，达到摆脱生死轮回的解脱境界。作为武士阶层的一员，阿周那的天职就是勇敢战斗。《薄伽梵歌》在印度教徒的心目中一直占有重要地位，到近现代更被推崇为最重要的经典。激烈的战斗打了18天，俱卢族的几任统帅毗湿摩、德罗纳、迦尔纳和沙利耶等先后倒在沙场上。难敌一方败绩，除难敌本人外，只剩下马勇等三员大将。难敌躲入一个池塘里，坚战等人找到他，用语言将他激出。坚战答应他以单人决斗确定最后的胜负。难敌与怖军对阵，难分雌雄。黑天让阿周那暗示怖军违反战规，用铁杵打击难敌腿部。怖军照办，结果获胜。马勇三人发誓报仇。他们夜袭般度族军营，杀死包括黑公主5个儿子在内的所有般度族将士。黑天和坚战五兄弟因不在军营而得幸免。

战争的胜利并没有给坚战带来欢乐。同族相残的悲惨结局使他精神沮丧，但他还是在众人的劝说下登极。为驱除坚战内心的负疚和忧虑，毗耶娑劝告他举行祭祀。坚战决定举行马祭。马祭是古代印度的一种隆重祀典，往往由争做宗主的国王来举行。方式是通过仪式使一匹特殊颜色的马成为圣马，然后放它出去，自由游荡，从一个王国跑到另一个王国，跟随其后的是一支由国王或他的代表，如兄弟或王子率领的精锐部队。所到之处的国王或表示臣服，或抓住祭马，挑起一场夺马大战。经过一定时期，往往是一年，祭马倘能安然回返，马主即可在宾服众王的拥戴下举行一次盛大的宗教仪式，杀（或象征性地杀掉）马献祭，而他便由此成为相当范围内公认的王中之王。阿周那跟随祭马漫游，征服了它所到达的所有王国，一年后返回象城。毗耶娑择吉为坚战举行了马祭大典。

在坚战统治的王国里，持国和甘陀利仍旧享有最高的荣誉地位。但是怖军同他们摩擦不断。最后持国决定进入森林过隐居生活。陪伴他的除了甘陀利外，还有贡蒂及一些忠于他的老臣。两年后，他们死于林中大火。坚战在位36年。黑天死后，般度五子和黑公主决定结束尘世生活。坚战将政事付与阿周那的孙子——般度族的唯一继承人后，六人一起远遁山林。在攀登须弥山的过程中，黑公主和4个弟弟先后死去升天。最后，天帝释亲自驾车前来迎接坚战，由于他功德伟大，允许他肉身升天。在天国，他见到自己的兄弟和般度、俱卢两族所有死者。大家都已成为天国之神。

印度传统上将《摩诃婆罗多》称作“历史传说”。不过，古代印度的“历史”常常和神话相混杂。现在已知的材料尚不足以证明曾经发生过史诗描绘的这场大战。印度史学家罗米拉·塔帕尔）认为这部史诗反映了发生在公元前1000~前700年的事件。但她也明确强调，不能以信史视之。《梨俱吠陀》和梵书确曾提到过好战的婆罗多族以及它的支系俱卢族。《摩诃婆罗多》的故事如果

9-5 全胜向持国讲述俱卢之战的情况
（史诗《摩诃婆罗多》插图）

真有依据的话，也是经过了漫长时期艺术加工的结果，并且明显地神话化了。它很可能是印度列国纷争和帝国统一时代的艺术再现，同时反映了人们对于正义力量的同情和颂扬，对于邪恶势力的唾弃和谴责。《摩诃婆罗多》成书以后，到五六世纪已被奉为圣典，占据了仅次于“吠陀本集”的权威地位，甚至被称作“第五吠陀”。它所展开的，是一幅远古印度社会生活的广阔画卷。它的内容广泛涉及宗教、哲学、历史、政治、伦理、地理、天文、传说、神话、民族、语言、文学等印度学的所有领域，向有“印度丛莽”之喻，以状其深邃难解。正因为如此，它也成为后世印度文化特别是文学取之不竭的丰富源泉。

（二）《罗摩衍那》

与《摩诃婆罗多》不同，《罗摩衍那》（Ramayana）在传统上被称作“最初的诗”。它的成书年代同样很难确定，通常的看法是大约形成于公元前三四世纪到公元2世纪之间。关于作者蚁垤（Valmiki）有不少传说。有的说他是古代仙人，由于静坐修行，数年不动，结果蚂蚁在他身上堆起了窝，他因此得名蚁垤。又说他出身婆罗门，遭遗弃后，被野人收养。野人教他偷盗。后遇到仙人，仙人让他反复默念“摩罗”（实为“罗摩”的颠倒读法）一字。他站在那里翻来覆去地念“摩罗，摩罗”，一步也没有离开。他站得那样久，又站得那样稳，最后身上竟垒起了蚁窝，他也由此而成为大仙，名称蚁垤。传说蚁垤从大仙人那罗陀那里听来了罗摩的故事。后来，他又在河边看到一对正在交欢的麻鹬被猎人射杀，无意中吟出同情的诗句。此时，梵天大神自天而降，让他用自己新创的诗体“输洛迦”编成《罗摩衍那》故事，使它可以不断地流传下去。故事的女主人公悉多被罗摩遗弃后，蚁垤救了她。悉多在净修林里生下俱舍和罗婆。蚁垤教这两个孩子吟唱《罗摩衍那》。后来罗摩举行马祭，俱舍及罗婆当场演唱了这一部书，罗摩醒悟，才又重见他们母子。蚁垤是否真有其人，学者们并无一致看法。他无疑是一个伶工。但是，他很可能对一直口耳相传的《罗摩衍那》做了比较突出的加工整理工作，使它在内容和风格上，都有了较大的统一性，从而获得了“作者”的名声。俱舍和罗婆两个人，有可能也是两个伶工的名字，他们在这部史诗的传唱过程中发挥过重要作用。

9-6 蚁垤创作史诗《罗摩衍那》

《罗摩衍那》曾有无数手写本，也有很多刊印版本。印度国内外的梵文学者对于这些版本进行过大量研究。20世纪中期，印度学者开始了大规模的校勘以及在此基础上进行的精校本建构工作。精校本第一篇于1960年出版，1975年全部7篇出齐。精校本将旧本的近2.4万颂压缩到1.87万余颂，出版后获得广泛好评。人们普遍认为，它对梵文研究，特别是对于《罗摩衍那》的研究，起了极大的推动作用。精校本和旧的本子同样分作7篇，各有篇名。

《罗摩衍那》故事梗概：属于古印度日种王朝的十车王膝下无子，遂行求子大祭，请鹿角仙人前来主持。大祭完成，大神毗湿奴答应化身为四，生为十车王的4个儿子：罗摩、婆罗多、罗什曼那和设睹卢祇那。当时众神正在遭受罗刹王罗波那的欺压，非常苦恼，而又束手无策。罗波那由于修炼严酷的苦行而获得了非凡的力量。毗湿奴曾经一次次下凡，挽救世界于危难。他的化身据说有10种（一说22种），《摩诃婆罗多》中的黑天和《罗摩衍那》中的罗摩就是其中最著名的两位。

四兄弟长大了，大仙人众友来到十车王宫中，请求他派罗摩随他去降妖除怪。罗摩到众友的净修林中帮他除掉妖魔以后，又随他去往弥提罗城，受到毗提诃国王阇那竭的欢迎。此时阇那竭正在为自己美丽的女儿悉多择婿，条件是此人能拉开一张曾经属于湿婆大神的硬弓。罗摩不仅拉开了神弓，而且拉断了它。罗摩娶了悉多，他的3个弟弟也分别娶了悉多的姊妹和堂姊妹。然后，四兄弟一齐随着前来主持婚礼的十车王回了都城阿逾陀。十车王年事已高，打算立罗摩为太子。小后吉迦伊受身边驼背女奴的唆使，要求十车王改立自己的儿子婆罗多，并把罗摩流放山林14年。十车王不得不答应她，因为当初他曾许诺满足她两个要求。为让父亲能够践行诺言，罗摩决定去过放逐生活，悉多和罗什曼那也自愿随行。三人走后不久，十车王抑郁而终。为使婆罗多继承王位，他被人从舅舅家请回。婆罗多忠于悌道，决定去山林请罗摩回城即位。他找到了罗摩，但罗摩不肯返城。最后，婆罗多只好带回罗摩的一双鞋，供奉起来，摄政以待罗摩回归。

9–7 罗摩和悉多

罗摩进入森林，受到修道人的欢迎。修道人请求他保护，使他们免受林中罗刹王的滋扰。不久，楞伽城十首罗刹王罗波那的妹妹首哩薄那迦来到森林，爱上了罗摩。罗摩将她介绍给罗什曼那，但为罗什曼那所拒。羞怒之下，她想吃掉悉多，又被罗什曼那割掉鼻子和耳朵。为了搬来兄长报仇，她来到他的面前，对他极言悉多的美貌。罗波那被她说得心动，遂设计劫夺悉多。他派小罗刹摩哩遮到林中去，化作金鹿，引诱罗摩来追。罗摩果然上当。追到远处，金鹿又模仿罗摩的声音，高声呼救。悉多闻声，急催罗什曼那往援。待罗什曼那离开，罗波那便乘机劫走悉多。回楞伽城的路上，他们遇到金翅鸟王。鸟王欲救悉多未果，反遭罗波那重创。到城里后，罗波那带悉多遍游后宫，以荣华富贵诱她就范。悉多坚决不从，被囚于无忧树园。罗摩不见悉多，遍寻无着，经金翅鸟王指点，始知她已被劫往楞伽城。

罗摩兄弟来到般遮湖，在湖畔遇到神猴哈奴曼，并经他介绍认识了猴王须羯哩婆。罗摩与须羯哩婆彼此结盟，帮助他杀死了他的哥哥。后猴王派大军帮罗摩寻找悉多。寻到海边，哈奴曼一跃而过海峡，进入楞伽。他在楞伽城里见到悉多，也看到了她坚贞不屈的表现。向悉多索取信物以后，哈奴曼返回猴山，此前他一度被罗波那抓住，但终于在大闹王宫后趁乱脱逃。

罗摩率猴子和熊罴大军远征罗波那。他们靠天上工匠大神之子那罗的帮助，造桥渡海，兵逼楞伽。楞伽城下，罗摩与守军展开大战。罗摩兄弟受伤倒地，哈奴曼到北方神山寻药，不料仙草纷纷躲入地下。哈奴曼索性把神山整个托回，寻得仙草。罗摩活命后，于阵前斩杀罗波那。见到悉多后，罗摩对她所受的苦难只字未提，却怀疑她的贞操。悉多投火自明。火神将她托出，证明她是纯洁的。罗摩称自己对她并无疑惑，只是想在广众之间证明悉多的贞洁。于是夫妇团圆，14年流放亦已期满。罗摩率众人乘云车返回阿逾陀城，登上王位。罗摩统治天下后，人民安居乐业。但有一天密探来报，说民间流传着悉多在罗刹宫中不贞的谣言。罗摩听后，决定遗弃悉多，遂派罗什曼那将她丢在恒河对岸，尽管当时她已怀有身孕。林中儿童把她带到蚁垤仙人的净修林里。蚁垤收留了她。不久悉多临盆，生下俱舍和罗婆。两子长大，随蚁垤学会了《罗摩衍那》。城里的罗摩要举行马祭，蚁垤带着他们来到罗摩宫中，让他们演唱这首诗歌。罗摩发现他们原来就是自己的儿子。蚁垤领来悉多，证明她的贞操。然而，罗摩仍说无法取信于民。于是悉多向地母求救。大地随即裂开，悉多纵身跳入。此时梵天大神出现，宣布罗摩全家将在天国团聚。最后，死神拜访罗摩，罗摩决定返回天宫，恢复毗湿奴本相。

9–8 手持弓箭的罗摩

罗摩的故事基本来自于民间传说。由于家喻户晓，印度各主要宗教，如婆罗门教、佛教、耆那教等，都曾利用它来为宣扬自己的教义服务。史诗《罗摩衍那》即是婆罗门教利用罗摩故事的结果。佛教则可以巴利文本生故事为例。汉译佛典中很容易找到类似故事。元魏西域三藏吉迦夜共昙曜译《杂宝藏经》卷第一的《十奢王缘》讲到罗摩，大意为：统治阎浮提的国王十奢有4位夫人。大夫人生罗摩，二夫人生罗漫（当即罗什曼那），三夫人生婆罗陀（即婆罗多），四夫人生灭怨恶（按《罗摩衍那》中的设睹卢衹那原文Satrughna，可意译灭怨恶）。罗摩有大勇力，无人能当。十奢王最爱第三夫人，曾向她许愿："若有所须，随尔所愿。"后来国王生病，危在旦夕，便立罗摩代己摄政。三夫人心生嫉妒，遂要求国王废罗摩而立己出。国王感到如人噎食，既不得咽，又不得吐，只好应允，因为他一生从不失信。罗漫劝长兄抗命，罗摩坚守孝道，不肯违背父旨。十奢让罗摩和罗漫流放12年。二子遂拜别父母，远赴深山。婆罗陀自外国回来，始知变故，便不向生母跪拜，而对大母（罗摩之母）则倍加孝敬。随后，他带领军众，深入山林，请罗摩回国秉政。虽经苦劝，罗摩终不肯回。婆罗陀只好索得长兄革履置于御座之上，奉敬如王。12年后，罗摩返国，与婆罗陀互让王位再三。最后罗摩登极。该国由于兄弟敦穆而风化大行。另外，三国吴康僧会（？ ~280年）编译的《六度集经》中第四十六国王与猕猴的故事亦可与《罗摩衍那》比较。故事说：往世菩萨为大国王，善施仁政。其舅亦是国王，但是贪婪无耻。后其舅并吞了国王的土地，国王与王妃被迫流亡。在山林里，他见到一个婆罗门正在入定，遂逐日采果供养。岂料这婆罗门原是一个垂涎王妃美色的海上邪龙。他趁国王不在，劫走王妃，逃往海岛。一只巨鸟曾拼力阻截，但被他打败。国王在寻妃途中见到一只猕猴，帮助它恢复了王位。猕猴为了报恩，便遍撒猴众，搜索王妃。受伤的巨鸟告诉他们是海岛上的邪龙盗走了王妃。众猴来到海边，无法渡过。天帝释下凡来助。他化作猿猴，带领大家负石填海。邪龙大兴风雨雷电抵抗，被国王用箭射死。国王救出王妃，与猴王各还本国。此时王舅已死，国王复位。但王国百姓对王妃的贞操产生怀疑，国王劝她返回本宗。王妃为表白自身，发誓说："我在邪龙之前，犹如莲花居于污泥。愿大地开裂，以证明我的诚信！"言毕大地开裂，王妃的贞操得以证实。知道《罗摩衍那》梗概的人，绝不会对前面两段佛经故事感到陌生。而这两段故事拼凑起来，则俨然是连细节都十分吻合的《罗摩衍那》。如果两者互有影响的话，那么是谁影响了谁呢？从年代看，《六度集经》编译于3世纪中后期，而其所本印度原经当在此以前;《杂宝藏经》的翻译更在5世纪中期，所以《罗摩衍那》影响前二佛典的可能性较大。佛教传到中国，佛典大量译入，印度文化对中国文化必然产生深刻影响。文学也不例外，小说《西游记》中孙悟空的形象即是一例。《六度集经》中除故事第四十六外，第四十七、五十六等亦讲猴子事迹。《六度集经》中表现在猴子身上的特征，如猴王的身份、助人的品格、降妖伏魔的本领、偷食仙果、机智而通权变等，都体现在了宋代话本《大唐三藏取经诗话》中的猴行者、猕猴王身上。而此一《诗话》，研究者普遍认为，正系小说《西游记》渊源所自。因此，如下说法应该大致不错，即孙悟空形象的塑造，乃是通过汉译佛经，远承《罗摩衍那》重要角色哈奴曼形象影响的结果。

第十章

梵语古典文学

梵语文学经过吠陀时代至史诗时代的发展，大约于公元纪年前后开始进入辉煌的古典文学时代。这一时代一直持续到12世纪梵语文学衰亡为止，长达一千余年。狭义的梵语文学专指这一时代的梵语文学作品。在这一时期，封建制度得以建立，城市经济获得发展。文学的发展不但得到统治阶级的扶植，而且受到市民社会的欢迎。梵语文学在新的政治与经济条件下，继承古代文学的优良传统，反映新时代的社会生活，出现了空前繁荣的局面。神话、诗歌、戏剧、故事、小说等各种体裁的文学佳作迭出，硕果累累。梵语古典文学如同一个巨大的语言艺术宝库，对印度各种地方语言文学的发展，以及世界许多地方的文学创作，都产生了深远的影响。

一、寓言故事

印度古代寓言与故事的发达，与宗教的传播有着密切的关系。为了使宗教法理易于明白，在讲道之时往往需要借助寓言或故事阐明深奥复杂的教义，让受众觉得生动形象，兴味盎然，从而在不知不觉中接受教义。

巴利语《佛本生故事》就是一部体系庞大的佛教寓言故事集，也是世界上最为古老的寓言故事集之一。全书由547个故事组成，讲述佛教创立人释迦牟尼前生的种种故事。根据佛教的轮回学说，释迦牟尼在成佛之前身为菩萨。他在经过多次转生之后，才最终得道成佛。对于这样一位教主，弟子与信徒自然要予以神化。于是，围绕他的前生，产生了数量众多的佛本生故事。

根据《佛本生故事》的译者之一、我国知名梵文与巴利文专家郭良鋆先生的研究与分类，佛本生故事大致可以分为7个类型，即寓言故事、神话故事、报恩故事、魔法故事、笑话故事、道德故事与世俗故事。《佛本生故事》共分为22辑。第一辑中的150个故事基本都是寓言，特点是篇幅短小，寓意深刻，既有对世俗社会中各种弊端的讽刺，也有对淳朴处世之道的颂扬。这些寓言中的主角大多数是飞禽走兽，如狮、虎、豺、鹿、鹰、枭、鸡、鹅等。寓言中这些性格鲜明的动物，其实是人间各色人物的写照与隐喻。例如，豺象征欺诈与阴险，虎象征狂妄与骄傲，鹿代表温顺与厚道，如此等等。神话故事中的主角多为精灵、罗刹之类。印度自古以来形成的神话传统，成为这类故事的丰富源泉。但即使是在这些神话故事中，也不乏对人类社会生活的映照。报恩故事往往将人与动物进行对比：动物对于滴水之恩，尚知涌泉相报，而人却每每忘恩负义，乃至恩将仇报。在《宽心象本生》中，大象在木匠为其拔除脚上的刺后，日夜帮助恩人做工，并把自己的小象送给他们。后来。小象奋勇作战，击退来犯之敌。在《有德象王本生》中，象王救了一位迷路的人，并将他护送出密林，但这位忘恩负义之徒，后来竟然三度欲取象牙，最终堕入阿鼻地狱。显然，这类惩恶扬善的故事，旨在劝谕人心向善。魔法故事的主角基本是人。他们或持法宝，或诵咒语，各有奇能。在史诗《摩诃婆罗多》中，即有可以念诵咒语惩戒他人的婆罗门。在《佛本生故事》的魔法故事中，一个婆罗门通过念咒语让天降财宝。一帮强盗为了夺宝将其杀害，后又自相残杀，同归于尽。在《芒果本生》中，一个学会能让芒果四时结果之术的青年因为撒谎而导致自己的咒语失灵。这些故事的意旨显然不在宣扬古人的特异功能，而在劝人不要贪财或心术不正。笑话故事以幽默与讽刺见长，闪烁着印度古人的智慧。故事的主角或为愚人或为智者。在《蚊子本生》中，愚人用锋利的板斧驱赶正在叮咬父亲的蚊子，结果将后者的脑袋劈为两半。在《大隧道

10-1 佛本生故事浮雕，犍陀罗片岩石雕，所示为尸毗王割肉饲鸽的故事

本生》中，转生于密提罗的菩萨是位智者，善于解决难题。两个妇女争夺一个孩子，他在地上画了一条线，让她们拉扯孩子，并说谁能将孩子拉过线，孩子就属于谁。亲生母亲自然不忍拉伤孩子，于是真伪立判。这个故事早就随着汉译佛经传入我国，并且被吸收到戏剧之中。道德故事多劝人积德行善，世俗故事多描写青年男女的爱情。

《佛本生故事》为佛教雕刻艺术提供了取之不尽的素材。印度公元前的佛教建筑已经有了表现佛本生故事的浮雕。对于史乘匮乏的印度，这些故事提供了有关政治、经济、文化、民俗等方面的丰富信息。佛本生故事一类印度古代寓言故事，随佛教一道大量传入我国，对我国古代寓言、故事、小说等文体的发展产生过相当的影响。郭良鋆先生认为，这部人类最古老的诗文并用、韵散相间的寓言故事集，“不仅在印度文学史上，也在世界文学史上占有重要地位”。① 这种评价是十分恰当的。

《五卷书》是《佛本生故事》之后古代印度又一部著名的寓言故事集。全书由多个故事组成，分为5卷，由是得名。根据卷首序言，该书的作者似乎是毗湿奴舍哩曼，但有的学者认为此说不可信。我国已故梵文学者赵国华先生认为，“书中的寓言故事，实际采自民间，创造者首先是印度古代的广大的人民群众，而后由掌握文化的婆罗门在公元2世纪前后加工成集”。②

《五卷书》的序言阐明了该书的写作缘起：从前南印度有一位国王，精于统治，娴于艺术，但膝下三子却愚钝无能，对经书毫无兴趣，对父母亦不孝敬。国王忧心如焚，于是请大臣们出谋划策，以图唤醒犬子沉睡的智慧。依据传统教育经验，仅仅学习梵语文法就需要12年。“费上很大的劲把它掌握了，还要学习法典和事论。然后智慧才能唤醒。”大臣须摩底于是举荐婆罗门毗湿奴舍哩曼出任太子太傅。他发誓在6个月内教他们学会安邦治国之术。于是，他将3个太子带回家中，编出一部五卷书，以讲故事的方法教育他们。3个太子在听完《五卷书》后果然茅塞开启，掌握了治理国家的政治法术。此后，《五卷书》成了帝王的家庭教科书，也成了教育青年的常用书。作为讲授修身处世的“统治论”的一种，《五卷书》遂不胫而走，名满天下。

《五卷书》全书体系庞大，结构复杂，以主人公对话的形式，讲述了各种故事80多个。这些故事又依主题的不同由5个主干故事贯穿起来，分成5卷。故

① 季羡林主编：《印度古代文学史》，北京：北京大学出版社，1991年版，第135页。
② 赵国华：《印度古代文学简介（四）》，《南亚研究》，1982年第1辑，第81页。

事中以动物为主角的占一多半，以人物为主角的占一少半。以动物做故事的主角，除了便于叙事和影射外，也反映了古代印度自然环境中动物众多的事实。全书诗文相济，既有各种有趣的故事，也有由故事引出的教训。这些教训有的本就来自民间，后经《五卷书》扩散，遂成为流传广泛的格言。

《五卷书》之第一卷名为《朋友的分裂》，或译为《绝交篇》。该卷由30个小故事组成。引子讲述南印度一个商人长途贩运珠宝，一头被役使的公牛失足受伤，被遗弃在森林之中。主干故事讲述这头牛与兽王狮子交了朋友，结果身为狮子大臣的两只豺狼被疏远了。然而，豺狼毕竟狡猾，于是施展离间计，引发狮子与公牛之间的猜忌，狮子最终杀死公牛。豺狼得以官复原职。两只豺狼在定计之时，引证了很多小故事。

《五卷书》之第二卷名为《朋友的获得》，或译为《结交篇》。包含9个小故事。引子讲述鸽王率成百的鸽群觅食时落入猎人设置的罗网，于是协力带着罗网飞翔而去，找到它们的朋友老鼠。老鼠咬破罗网救出鸽子。乌鸦在目睹这一切之后，也和老鼠结为朋友。主干故事讲述乌鸦、老鼠、乌龟与鹿如何结成朋友，团结一致战胜凶悍的猎人。书里的猎人，“就像是手里拿着套索的第二个死神，像是罪恶的化身，像是非圣无法的核心，像是一切罪恶的说教者，像是死神的朋友”①。看来，印度人早就对滥杀野生动物的猎人视若寇仇。

《五卷书》之第三卷名为《乌鸦和猫头鹰从事和平与战争等等》，或译为《鸦枭篇》。包含17篇故事。主干故事讲述，百鸟选举猫头鹰为王，但遭到乌鸦反对，因而加冕受阻。猫头鹰从此大开杀戒，恣意屠戮乌鸦。鸦枭两族遂由此结下深仇大恨。鸦王行苦肉计，让老臣前去诈降。枭王狂妄自大，不听劝阻，轻信敌人，结果引狼入室。乌鸦老臣意甚谦卑，栖息在猫头鹰的营垒门口，以扩建巢穴为名堆积木头。鸦王率众合力火攻，最终剿灭群枭。这俨然是一个印度版的越王勾践卧薪尝胆破吴雪耻的故事。

《五卷书》之第四卷名为《已经得到的东西的丧失》，或译为《得而复失篇》。包含11篇小故事。主干故事讲述，海怪受到猴子的款待，于是结为朋友，但海怪回家后却答应妻子的无理要求，欲取猴子的心供其食用。猴子识破海怪的奸计之后，设法逃脱，并与之绝交。

《五卷书》之第五卷名为《不思而行》，或译为《轻举妄动篇》。包含11篇小故事。主干故事讲述，一个理发师在上门给一个商人的妻子修剪指甲时，目

① 季羡林译:《五卷书》，北京：人民文学出版社，1981年版，第172页。

睹商人在顷刻之间发了一笔横财，遂油然而生贪婪之心。然而，他如法炮制，鲁莽行事，非但没有发财，反而招来杀身之祸。值得一提的是，其中第一个故事由于情节离奇而传遍世界，并且在不同的地方有不同的版本。这个故事讲道，婆罗门的妻子生了一个儿子并养了一只埃及獴。一天，夫妇俩将儿子与埃及獴留在家中。不久，一条黑蛇从洞里钻出，朝着孩子的床爬去。埃及獴认出了自己的天敌，遂与黑蛇搏斗并将它撕成碎片。埃及獴带着满脸的血迎接婆罗门的妻子，她却以为埃及獴吃掉了自己的儿子，于是勃然大怒，用水罐将它打死。当她稍后见到自己的儿子安然无恙之时，不禁悔恨万分，痛苦不已。在世界各地留传的类似故事中，埃及獴变成了一条忠诚的狗。

《五卷书》在传授统治论的同时，突出表现了弱小战胜强暴、智慧战胜愚蠢、正义战胜邪恶的主题。例如，乌鸦虽然无法战胜毒蛇，但却颇有智谋，于是将一条金链丢在蛇穴附近，从而借助人力将毒蛇除掉。这样的例子不胜枚举。对暴戾的帝王的揭露，对伪善的嘲讽，对人生的积极态度，对人生哲理的归纳等内容，在书中十分突出。此外，该书还生动地表现了印度古代城市政治和市民生活。《五卷书》亦诗亦文的文体，娓娓道来的叙事技巧，环环相扣的篇章结构，以及充满智慧和哲理的语言，使之成为一部引人入胜的作品。

《五卷书》在印度本土流传十分广泛。许多近现代通用的地方语言都有它的译本。它还曾经被改编为《益世嘉言集》，其中增补了许多新故事。根据《五卷书》的译者、著名印度学家季羡林先生的考证，《五卷书》早在6世纪中叶就通过一个巴列维文译本传到波斯，后于公元570年前后，又从巴列维文转译成古叙利亚文。公元750年左右，阿拉伯著名文学家伊本·穆格法又根据巴列维文译本将《五卷书》转译成阿拉伯文，并根据第一个故事中出现的两只豺狼的名字将其更名为《卡里来和笛木乃》。该书在内容上有所增删，后成为阿拉伯文学中地位仅次于《古兰经》的经典著作。10世纪以后，《五卷书》的阿拉伯文译本传入欧洲，先后被译成德文、希腊文、法文、英文等几乎所有欧洲文字。《五卷书》还被译成亚洲许多国家的文字。非洲语言的译本也已出现。书中许多寓言故事由于构思奇妙、富于教益而广泛流传，对于世界文学产生了长期的深远的影响。英国诗人乔叟、意大利作家薄伽丘、法国寓言诗人拉·封丹乃至德国童话作家格林兄弟，都曾受到《五卷书》的影响，都以善讲故事而著称。只要阅读他们的著作就不难发现，他们吸收并改造了《五卷书》中的一些精彩故事。拉·封丹在其《寓言诗》第二集的卷首就明确表示，自己的这些诗歌取材于

《五卷书》。《五卷书》与中国文学也有着悠久而密切的关系。

在《五卷书》之后，随着社会生活和文学本身的不断发展，以动物做主角的寓言故事在印度文学中逐渐淡出，以人为主角的故事则方兴未艾。《僵尸鬼故事》就是这样一部产生于封建社会的民间故事集。该书包含故事25则，由一个大故事统揽24个小故事。这些故事趣味无穷，充满睿智，结构独特，因而在印度和世界上都产生了十分深远的影响。芝加哥大学出版社出版的由J.A.B.范布伊特南教授从梵文翻译的《古代印度故事选》，系芝加哥大学印度文明课程用书，其中收录了《僵尸鬼故事》11则，约占全书篇幅的1/5，由此可见这部故事集的重要地位。藏语和蒙古语译本早已问世。近年来，我国已故知名梵文专家蒋忠新先生已将这部流传甚广的重要故事集译成中文，收在人民文学出版社出版的《故事海选》中。

《僵尸鬼故事》的开篇就十分离奇。它说，有个修道人每天都在健日王上朝之时向他敬献一枚果子。健日王接过果子之后总是交给司库。一天，在修道人走后，一只猴子跑到殿上，健日王于是将果子给了猴子。猴子吃果子时，一颗价值连城的宝石从中掉出。国王发现这个秘密后，便问修道人意欲何为。原来，修道人所以不惜代价，是想请勇气非凡的健日王在夜间到火葬场将一具挂在树上的尸体替他搬到祭坛上去。当健日王慨然允诺独自在夜间到荒凉阴森的火葬场搬运尸体时，它竟然开口说话了。其实，这是附于尸体的僵尸鬼。它讲完一个故事，就提出一个难以回答的问题，要求国王破解。国王如果知而不答就会受到严厉惩罚，但倘若回答，便又违背了搬运尸体时必须保持沉默的规矩，尸体就会复归原位。如是反复，僵尸鬼讲出24个故事。最后一个故事终于难住国王，他在沉默中完成了修道人托付给他的使命。

僵尸鬼的第8则故事讲述3个极其挑剔的婆罗门青年，来到一个王国后发生的逸事。他们一个挑剔饮食，一个挑剔女人，一个挑剔床铺。三兄弟用膳时，国王平时享用的珍馐被用以待客。可是，挑剔饮食的婆罗门却拒不进食。他厌恶地说，米饭中有一股被焚尸体的气味。其他所有在场的人嗅闻之后都认为米饭香味扑鼻。于是，国王派人调查大米来源，其产地附近果然有一个火葬场。餐后，国王安排3个婆罗门青年下榻宫中，并派美女前去陪侍。尽管美女浑身香气四溢，挑剔女人的婆罗门青年还是厌恶地说，她身上散发着一股山羊的膻气。国王终于弄清，那位美女幼时曾喝过山羊奶。国王命人为挑剔床铺的婆罗门青年铺了7层松软舒适的褥子，可是这位婆罗门就寝不久就从床上起来，手捂肋部连声喊痛。人们发现他的身上有一道弯曲的红印。国王派人检查，发现7层褥子底下的床板上有一根头发。国王对他们3个人奇特而罕见的敏锐感觉惊异不已。僵尸鬼的问题是：这3个人谁更挑剔呢？

第11则故事讲述3个极其敏感的王后的趣事。住在优禅尼城的国王有3个美貌绝伦的妻子，个个娇嫩无比。春暖花开时节，国王与3个妻子到花园游玩。国王抚弄第一个妻子的头发，从她的耳际碰掉一朵蓝色的莲花，结果竟然把她的大腿砸伤并让她昏死过去。晚上，国王与第二个妻子进入卧室。王后进入梦乡之后，月光穿窗落在她裸露的玉体上。王后大叫一声，惊醒过来，原来她竟然被清凉的月光烫出一身水泡。国王的第三个妻子闻讯，赶往国王身边。静谧的夜里，从远处传来一户人家用杵舂米的声音。只听她大叫一声，似乎痛不欲生。她被宫女领回内宫，呻吟着躺到卧榻之上。原来，仅仅听了听舂米的声音，她的双手就布满了血泡和茧子。僵尸鬼的问题是：三位王后谁更娇嫩呢？

僵尸鬼的第24个故事终于难住健日王。它讲的是一个不解之谜。德干地区的一个土邦被族亲瓜分，国王携带妻女仓皇出逃，在森林中遭遇强盗。国王竭力掩护妻女躲入密林，自己却因寡不敌众而被杀。母女两人在林中辗转逃命，她们的行踪被在附近打猎的贵族父子发现。父亲许诺，在找到两名女子之后，让儿子从中挑选一个做妻子。儿子喜欢脚印较小的那一个，因为他根据脚印判断她的年纪要小；他还认为脚印较大的女人年龄也会较大，适合为父亲续弦。父子两人循着足迹找到母女俩。她们虽然在颠沛流离之中，却依然难掩迷人的秀色。父子两人顿生怜香惜玉之心。他们信守诺言，父亲娶了长一双大脚的公主为妻，儿子娶了生一对小脚的王后为妻。这样一来，女儿成了母亲的婆婆，母亲成了女儿的儿媳；儿子成了父亲的岳丈，父亲成了儿子的女婿。后来，母女两人不断生儿育女，子子孙孙无穷无匮。僵尸鬼的问题是：以那母亲和那儿子为一方，以那父亲和那女儿为另一方，双方子孙后代之间是什么样的亲属关系？这个故事流传极其广泛，几乎成了国际性智力测验课题，在中国也有一个本土化了的版本。

《僵尸鬼故事》中的第6个故事是一篇换头故事。一位美女的丈夫和弟弟由于命运的捉弄而身首异处。美女在获得神助后使两人起死回生，但却在仓促之间将两个人的头与身躯互换，从而给自己造成一个难题。德国杰出小说家托马斯·曼从中汲取灵感，写了一篇名为《换头》的小说。后来，美国的一位剧作家根据这篇小说创作了一部歌剧，于1957年演出。上文提到的第8个故事，从中亚传入西伯利亚及挪威，继而传入丹麦。丹麦童话作家安徒生写的《豌豆公主》（或译《公主与豌豆》）显然受了这篇故事的启发与影响。

《伟大的故事》（或译《故事广记》）是印度古代规模最大的故事总集，作者为德富。我国著名印度学家金克木先生认为，这部故事总集“在印度古代几乎有和两部史诗（或者还加上某些往世书）同等的地位”。[①]可惜，这部故事集在11世纪以后失传。幸运的是，11世纪时生活在克什米尔的一位婆罗门和梵语作家月天（苏摩提婆），在任克什米尔王阿难陀的宫廷诗人时，奉命编写一部故事集，以取悦王后苏利耶婆蒂。他以《伟大的故事》为蓝本，编写了《故事海》这部卷帙浩繁的梵语故事集。这部改写本多少可以让人窥见原作的面貌。

《故事海》是用诗体写成的。全书分为18卷、124章、2.1万多颂。该书以优填王与其子那罗婆诃那达多的故事为主干，插入大小故事350多个，其中既有神话、传说、寓言，也有童话和民间故事，内容驳杂而丰富。《五卷书》和《僵尸鬼故事》也被收到书中。《故事海》的意义绝不限于故事本身，它也是人们了解古代印度社会与文明发展的重要文献。至于它在艺术上的成就，我国梵语文学专家黄宝生先生已有精当的评价。他说：“《故事海》虽然以世俗故事为主，但其中许多故事的传奇性，在相当程度上还是依赖印度教和佛教的一些传统的宗教神话观念，诸如神、半神、魔、仙人、咒语、神通、业报、转生、下凡和变形等。这些神奇的或神秘的宗教色彩，与许多故事本身蕴含的趣味性和幽默感，形成了《故事海》经久不衰的艺术魅力。”[②]《故事海》在印度和世界上的强大的生命力，就在于它离奇的故事性和强烈的艺术感染力。

10–2《故事海》汉译本

印度人民自古以来就表现出非凡的想象力和创造力。印度的寓言与故事文学的丰富与影响，远远超越了其他古代国家，在世界文明发展历程中占有独特

① 金克木著：《梵语文学史》，北京：人民文学出版社，1980年版，第230页。

② 黄宝生：《故事海选·译本序》，见黄宝生、郭良鋆、蒋忠新译：《故事海选》，北京：人民文学出版社，2001年版，第7页。

的极其重要的地位。鲁迅先生十分推重印度文学。他通过汉译佛经读到过许多印度寓言。他对于这些充满智慧与哲理的寓言情有独钟，曾经说过:“尝闻天竺寓言之富，如大林深泉，他国艺文往往蒙其影响。”印度除了寓言如林如泉之外，故事也似河似海。它们随商人和僧侣的活动而四散传开。著名的如古希腊的《伊索寓言》和古代阿拉伯故事集《一千零一夜》，都曾受到印度寓言或故事的影响，如今已经成为世界人民的文化瑰宝。

二、诗　歌

如果说吠陀时代与史诗时代诗歌作者的身世不详或带有传奇色彩，因而像被鲁迅赞许为“瑰丽幽敻”因而堪称“世界大文”的《梨俱吠陀》与两大梵语史诗《罗摩衍那》、《摩诃婆罗多》可能属于集体创作，那么到了古典文学时代，梵语诗歌的创作便开始带有鲜明的个性化特色。诗歌创作在这一时期呈现出前所未有的盛况。

伐致呵利是梵语古典文学时期之初最引人注目的一位诗人。从其作品的流传与被引用的情况看，他大约生活在公元纪年初期。由于生平不详，也有的学者认为他是7世纪时人。诗人很可能是一位郁郁不得志的潦倒婆罗门文士，而且可能在爱情方面受过挫折。他的诗集《三百咏》在印度长期广泛流传，在1803年首次正式刊印前，各种抄本数以千计，由此不难看出他的诗歌受到人们的喜爱，影响十分深远。这部诗集分为《世道百咏》、《艳情百咏》与《离欲百咏》3个部分，分别抒发了诗人对社会、爱情和出世的种种情怀，表现了对社会上层的讥刺和对自己悲苦际遇的不平。然而，他在感慨世态炎凉的同时，也颂扬了贫士不肯摧眉折腰事权贵的铮铮傲骨。《世道百咏》和《离欲百咏》所收诗歌为格言诗，富于教诲及哲理意义。金克木先生的中文译本《伐致呵利三百咏》已于1982年由人民文学出版社出版。下文引诗均出自这一译本，不再一一注明。

10-3 伐致呵利诗歌汉译本

由于身处社会下层，伐致呵利与依附权贵

的一般诗人不同。他不但能看清封建统治者的两面嘴脸，而且敢于撕下他们的伪善面具。诗集第59首写道：

又真诚，又虚假；又严厉，又甜言蜜语；
又残忍，又仁慈；又贪婪，又慷慨大方；
不断花费，又有钱财不断滚滚来；
帝王行为像妓女，有不止一种形象。

不过，他也看到，帝王的荣华富贵绝不会长久。诗集第7首写道：

辉煌大厦，娇媚少女，华盖耀眼明，
荣华富贵，恍如铸就，善业无穷尽；
一朝破灭，宛如珠串，寻乐故相争，
霎时线断，纷纷四散，转眼无踪影。

其中表达的对盛衰无常的看法，与曹雪芹《红楼梦》中“陋室空堂，当年笏满床；衰草枯杨，曾为歌舞场”有异曲同工之妙，只是他们的着眼点有所不同。

怀才不遇在封建时代是一种常见的社会现象，对于个人自然是一种悲剧。陶渊明不愿在官场同流合污，只能归隐田园；杜甫徒怀济世之心，无奈无人赏识，仅能做个小吏；李白才华盖世，却屡遭放逐。伐致呵利的个人命运甚至不如中国封建时代的文人。《三百咏》第4首写道：

能识者满怀妒意，
有权者骄气凌人，
其他人不能赏识，
好诗句老死内心。

文字虽然简单，但诗人的一腔愤懑之情溢于言表。然而，诗人虽然困苦，却颇有节操。诗集第18首写道：

唯爱正当的生活，宁死也不陷污浊；
决不向恶人乞讨，不对穷朋友求告，
灾难中高自位置，追随圣人的行迹；
这苦行如卧利刀，有谁人曾经称道？

伐致呵利在《艳情百咏》中描写了如花似玉的少女和美好的爱情，但又认为她们在爱恋时是“甘露枝”，在离弃时是“毒藤萝”。由于对社会和人生的失望，他又在《离欲百咏》中表现了对出世生活的向往，以在出家修行的过程中获得精神解脱。他的诗歌篇幅短小，语言朴素，感情真挚，直抒胸臆；诗人因此成为早期梵语古典文学中的一个代表。

马鸣也是一个具有古典风格的早期诗人。他还是一位剧作家和哲学家。由著名佛经翻译家鸠摩罗什于5世纪初译成汉语的《马鸣菩萨传》，虽然属于传说，但也多少包含一些有关诗人生平的信息。一般认为，他大约生活在1世纪后期至2世纪前期，为中印度憍萨罗国枳多城人。他原先崇奉婆罗门教，后皈依佛门，思想体系基本属于小乘部派。当印度西北部的贵霜王朝攻伐中印度时，马鸣被掳走。他在同样信奉佛教的迦腻色伽的宫廷受到礼遇。马鸣一生著述甚丰。除了多部归在他名下的佛经之外，他还写了不少诗歌和剧本。他的诗作主要是长诗《佛所行赞》与《美难陀传》。他的三部戏剧残卷于20世纪初在我国新疆出土。

作为一个博学而虔诚的佛教信徒，马鸣创作《佛所行赞》与《美难陀传》的主旨在于弘扬佛法。正是由于这一原因，他的代表作《佛所行赞》早在5世纪初就被译成汉语，传入我国。用汉语文言翻译印度古代诗歌，成为中印文化交流史上的一段佳话。梵语原著今只残存半部，而汉语和藏语译本却均为全本。中国译本的存在多少弥补了原著缺失的遗憾。顾名思义，《佛所行赞》就是佛的传记。诗人从释迦牟尼降生写起，一直写到他进入涅槃。佛的生平事迹，几乎巨细无遗。前14品写其家世、婚姻、出游、苦行、悟道等，后14品写其初转法轮、度化弟子、讲道传教等。虽然这部长篇叙事诗有铺陈与说教之嫌，但总体上达到了形式与内容的统一。它在史诗时代之后开了长篇叙事诗的先河，因而在印度文学史上占有重要地位。

迦梨陀娑是印度梵语古典文学最杰出的代表。他是印度与世界公认的大诗人与大剧作家。他的名声在印度一直长盛不衰，他的作品在翻译成外国语言后也一直受到高度评价。他使梵语诗歌与戏剧的创作达到难以企及的峰巅。可以说，他是印度古代文学史上首屈一指的巨擘。印度近现代文学巨人泰戈尔将迦梨陀娑奉为楷模，曾写诗对这位古贤表示由衷的敬仰。就名声、成就与影响而言，两人一前一后，形成印度文化与文学历史上并峙的双峰。1956年，迦梨陀娑被世界和平理事会列为该年纪念的世界文化名人之一。

然而，迦梨陀娑这样一位文学大师的生平，却近乎羚羊挂角，无迹可求。18世纪以来，印度及世界各地众多梵语学者曾多所探究，对他所生活的时代提出各种假说。目前，比较一致的看法是，他大约生活在4世纪下半叶至5世纪上半叶，相当于我国的东晋与南北朝时期。季羡林先生一再称道的印度著名历史学家D. D.高善必在其史学名著《印度古代文化与文明史纲》中就持这一看法。中印两国的文化在这一时期都获得了巨大的、多方面的发展。印度在这一时期出现迦梨陀娑这样伟大的诗人是水到渠成的事情。一般认为，他诞生于印度圣城优禅尼，即今中央邦的乌贾因。该城是古代印度重要的政治、经济、科学和文化中心之一。从他的作品看，他对这座城市相当熟悉，说明他很可能在这里长期生活过。据传，他是超日王的宫廷九宝之一。所谓超日王，很可能是指笈多王朝的旃陀罗·笈多二世。因此，他大约活跃于这位国王及其子鸠摩罗·笈多一世父子两代统治时期（公元380~455年）。他的生平不详，但有许多关于他的传奇故事。A.L.巴沙姆根据作品推断，迦梨陀娑是个开朗文雅之士，同情别人的苦难，理解妇孺的情感，热爱花木鸟兽。①

虽然归在迦梨陀娑名下的作品很多，但真正属于他的诗歌只有长篇抒情诗《云使》、抒情诗集《时令之环》(或译《六季杂咏》)、叙事诗《罗怙世系》和《鸠摩罗出世》四部，其中《云使》是他最有影响也最重要的代表作。即使他没有写过其他作品，仅这一部长诗也足以使他在世界文学史上占有永恒的地位。

在印度，《云使》的各种地方语言译本甚多；最早的外语译本则是约13世纪时的藏语本。1813年，英国学者霍勒斯·海曼·威尔逊将其译成英文。后来，德文、法文等欧洲文字的译本相继刊行。德国大诗人歌德读过威尔逊的译本，对《云使》十分赞赏。1956年，金克木先生的中文译本问世。下面所引诗句均出自他的译本，同样不再一一注明。

《云使》由115个诗节组成，每个诗节分为4行，整部诗又分为“前云”与“后云”两部分。它表现的是一位身处南方的药叉对在北地的妻子的浓烈的眷恋之情。夫妻因天各一方而相思本是人之常情，但迦梨陀娑写得情真意切，缠绵悱恻，一唱三叹，荡气回肠，达到了内容与形式的完美统一与和谐。此外，他的视角相当新颖，想象力格外丰富；在他的笔下，云彩有了鲜活的生命，可以

① [印] A.L.巴沙姆著:《印度奇观》，新德里：卢帕出版公司，1999年版，第418~419页。

充当人的使者。中国古人有鱼雁传书之说，也有托人带信之说。让云彩给人带信，确乎十分浪漫，也非常大胆。

这位药叉是印度的财神俱比罗的侍从，本来住在喜马拉雅山脉地区的圣城阿罗迦，但由于疏于职守而冒犯了自己的主子，于是被贬谪到今中央邦的罗摩山苦行林中，接受为期一年的惩罚，被迫品尝与美丽的妻子分离的煎熬与痛苦。雨季到来时，他看到一片雨云飘过长空前往北部山区，油然而生对妻子的思念之情，于是向雨云倾吐心事，拜托它为妻子带去自己平安的消息。诗的前5节叙述事情的来龙去脉，从第6节起文气一转，成为药叉对云使的直接诉说。诗人首先借药叉给雨云指点前往阿罗迦的路线，以优美的诗句描绘了它将飘过的大地、河流与城市。

在那有藤萝亭盖给林中妇女享用的山头，
你稍停片刻，倾出水后，以轻快的步伐前进；
你将看到那在嶙峋的文底耶山脚下的列瓦河，
分为支流，仿佛象身上装饰的彩色条纹。（19）

河流为树枝阻滞，因醉象的津涎而芳香扑鼻，
你喷出了雨，饮一饮河水，再向前移动；
云啊！你精力充盈，风就不能轻易将你戏弄，
因为一切都是空虚就变轻，丰满就变重。（20）

看到迦昙波花的半露的黄绿花蕊，
和处处沼泽边野芭蕉的初放的苞蕾；
嗅到了枯焦的森林中大地吐出的香味，
麋鹿就会给你指引道路去轻轻洒水。（21）

这是诗人想象从高空中看到的地面景象。接着，药叉告诉雨云不要错过繁华的人间天堂优禅尼城：

虽然在你的北行的道路上有些曲折，
可是别放过不看优禅尼城的亭台楼榭；
那儿城市美女为闪电所惊眩的媚眼，

你若不去欣赏，就是虚度了年华。（27）

黎明时分由湿波罗河上吹来的阵阵微风，
使湖鸟的陶醉的响亮的爱怜鸣声格外悠长；
它结交荷花，因而芬芳，令人全身舒畅，
祛除女人行乐后的疲倦，像宛转求告的情郎。（31）

从窗棂中逸出的熏头发的香气使你更加丰腴，
家孔雀也以舞蹈作礼表示戚谊；
印着美女脚底胭脂的楼台飘散花香，
你看到这富丽景象便会失去旅途的倦意。（32）

药叉又绘声绘色地向雨云描绘了自己故乡阿罗迦迷人的气象、欢乐的生活、自家的方位以及因相思而憔悴的妻子的种种情态。他让雨云转告妻子，自己对她一往情深，无比眷念，而他们的重逢也将为期不远。在迦梨陀娑的笔下，那位少妇“唇似熟频婆，腰肢窈窕，眼如惊鹿，脐窝深陷，因乳重而微微前倾，以臀丰而行路姗姗”。我们从中似乎可以看出诗人本人和古代印度社会对女性所持的审美标准，也可以看出当时的印度社会还是相当开放的。

《云使》第105节历来为人传诵与引用：

我用红垩的岩石画出你由爱生嗔，
又想把我自己画在你脚下匍匐求情；
顿时汹涌的泪水模糊了我的眼睛，
在画图中残忍的命运也不让你我亲近。

这样的诗节充分表现了诗人在遣词造句方面无与伦比的能力。细腻的情感，优美的语言，清新的譬喻，和谐的韵律，再加上丰富的修辞技巧，使这部抒情诗达到了梵语诗歌艺术的最高境界。《云使》问世以后，风靡印度，后来的梵语诗人以及俗语诗人多有仿作，但均难以望迦梨陀娑之项背。

《时令之环》属于迦梨陀娑的早期作品，为6组抒情短诗，分别描绘夏季、雨季、秋季、霜季、寒季与春季的自然景色和男女爱情。叙事诗《罗怙世系》可能是诗人的后期作品。它取材于印度史诗和往世书，分为19章，共有1 579

个诗节。罗怙是史诗《罗摩衍那》之主人公罗摩的曾祖父。《罗怙世系》虽然以罗摩传为中心，但是却增加了罗摩的祖先与后代的故事。诗人从罗摩的高祖一直写到罗摩的孙子及其后21代国王的事迹。罗摩的故事占全诗的7章，内容显然比《罗摩衍那》简洁。诗人通过这部帝王世系，寄托了自己的政治理想。诗中许多段落极其优美。因此，这部长诗也一直是印度古典诗歌的一个卓越范本。《鸠摩罗出世》取材于往世书等古代印度教神话传说。全诗分为17章，但一般认为仅前8章为迦梨陀娑所创作，后9章则系他人续作。诗歌描述毁灭之神湿婆与雪山神女乌玛的恋爱与婚姻。湿婆当时断念屏欲，正在雪山苦修，可是由于魔王多罗迦在天界和人间作乱，梵天建议众天神促成湿婆与乌玛的婚姻，以让他们生出的儿子鸠摩罗统帅诸神消灭多罗迦。战神鸠摩罗一战获胜。《鸠摩罗出世》虽然是一部宗教诗，而且其中出现的都是神话人物，但诗人却营造出了浓郁的世俗生活的气息。例如，诗中对喜马拉雅山脉风光的摹绘，以及对与人间婚姻程序无异的神仙婚礼的描写，就都是世俗性的。同样，这部诗中也蕴含着诗人的政治见解。

在迦梨陀娑之后，还有几部长篇叙事诗问世。它们同《罗怙世系》及《鸠摩罗出世》一并称为“大诗”。它们在形式上取法迦梨陀娑，在内容上取材于梵语两大史诗。生活内容的贫乏和艺术思想的守旧，使得这些后来的诗人缺乏创新精神。于是，他们只能与前人陈陈相因，并且只能以雕琢写作技巧为能事。这种大诗在梵语古典文学的后期竟然成为一种写作模式。不过，六七世纪之交时的诗人婆罗维的长诗《野人与阿周那》却是其中一部优秀作品。7世纪后半叶时的诗人摩伽的《童护的伏诛》有模仿《野人与阿周那》之嫌，表现出了强烈的形式主义倾向和对文字游戏的癖好。与以上两人大约属于同一时代的鸠摩罗陀娑和跋底，分别写了《悉多的被掳》和《十首王的伏诛》。它们显然取材于《罗摩衍那》。大约生活于11世纪时的诗人比尔诃那的《遮娄其王朝史》与大约生活于12世纪时的诗人迦尔诃那的《王河》都有《罗怙世系》的影子。这两部王朝史不乏歌功颂德的内容。后者名义上是写迦湿弥罗（今克什米尔）国王朝的历史的，但却绝对不是一部信史，其中所存的历史因素甚为薄弱。12世纪时孟加拉诗人胜天的《牧童歌》描写印度教大神毗湿奴的化身之一牧童黑天与牧女罗陀的爱情。它虽然是一部颂神诗，但却透出了世俗生活的气息，表现出民间文学的影响。它既是梵语古典诗歌的回光返照，也是近代语言文学草创时期古典风格的先声。

三、戏 剧

戏剧是梵语古典文学的一个非常重要的组成部分。

印度戏剧的起源虽然不详，但可以肯定的是，在吠陀时期的宗教节日活动中，已经出现了带有戏剧性质的表演，如舞蹈和哑剧等。这些表演的目的显然在于取悦神灵，并为一般民众增添娱乐。在印度传统的迎神赛会上，完全可能有具备戏剧雏形的表演形式。由于亚历山大大帝在公元前4世纪后期入侵印度后在印度西北部出现了希腊人的居留地与政权，从而在客观上为古代希腊文化与印度文化的交流创造了条件，因此有些学者认为印度戏剧可能是在希腊戏剧的直接影响下产生的。著名梵语戏剧《小泥车》就被认为至少在表面上与希腊剧作家米南德的新戏剧有相似之处。希腊人在大夏所建王国的宫廷中，可能曾经上演过希腊喜剧，从而激发印度诗人以这一宫廷艺术形式创作了最初的梵语戏剧。由于缺乏史实佐证，这还仅是一种合乎逻辑的推断。无论如何，印度戏剧产生的时间是在公元纪年之前。公元前后问世的《舞论》是印度最早的一部戏剧理论专著。从书中的精湛论述判断，当时印度的戏剧艺术已经趋于成熟。《舞论》正是对当时戏剧创作与实践的一次极其重要的理论总结。

古典梵语戏剧在世界戏剧艺术之林中独具特色。现存梵语戏剧数量不少，篇幅长短不一，既有独幕剧，也有多达十幕的多幕剧。通常由男女伶工组成的职业剧团演出，但也有由国王与后妃在宫中以自娱为目的的表演。职业剧团常出入于王宫或富人宅邸，在节日期间也到寺庙庭院为公众演出。演出时在舞台与后台之间设置幕布，但在舞台与剧场之间却没有幕布。舞台上不置布景，道具十分简约，但剧中舞蹈语言却可以使故事情节明白如画。经常看戏的观众根据演员面部表情与肢体动作就能明白他们在想什么或做什么。演员的服饰也都有一定之规，所以剧中英雄、神仙、妖魔、恶棍、小丑等都不难轻易辨认出来。这与京剧的脸谱似有异曲同工之妙。演出开始时通常有一段献诗，然后是开场白或序幕，由舞台监督以幽默的语言引出主要演员并介绍即将上演的戏剧的作者、名称及性质。剧中主要对白为散文，但其间通常插有大量诗歌，供演员吟诵。韵文与散文的比重大体相当，这就使梵语戏剧具有浓郁的诗意。梵语戏剧并不十分讲究欧洲古典戏剧创作中所严格遵循的三一律，时间与空间的跨度可以非常之大。由于印度人天性乐观，其人生哲学主张为欢乐而生存，因此在印度戏剧中悲剧几如凤毛麟角。差不多所有戏剧均以大团圆收场。当然，这并不是说剧中没有令人悲痛或伤感的场面。因此，梵语戏剧基本上是喜剧，有些则是悲喜剧。类似索福克勒斯的《俄狄浦斯王》或莎士比亚的《哈姆雷特》那样的悲剧，在印度从来就不曾存在过。印度人对于传奇剧的兴趣远远大于对悲剧的兴趣。梵语戏剧一般取材于神话或英雄传奇，但也有表现世俗故事的。为了增加喜剧气氛，剧中往往要安插一个小丑。这种角色通常是一个形貌丑陋的婆罗门，多为国王的弄臣，专司插科打诨，以引人发笑。在梵语戏剧中，不同的人物讲不同的语言。社会地位高的人物讲梵语，社会地位低的人物，其中包括丑角和妇女，则只能讲各种俗语。梵语戏剧中的语言差异，表明当时社会等级制度无所不在。

现存最早的梵语戏剧是上文提到过的佛教诗人马鸣的3部戏剧残卷。它们是20世纪初在我国新疆发现的。马鸣的九幕剧《舍利弗传》写的是佛陀的两大弟子舍利弗与目犍连如何皈依佛门的故事。从人物、语言、结构等方面看，马鸣的剧本中规中矩，属于成熟的梵语古典戏剧。

现存最早的完整的剧本则是归在跋娑名下的13部戏剧。20世纪初期，一位印度学者在南印度一座寺庙的藏书中发现了《惊梦记》等13个剧本，并从1912年起将它们陆续刊行。这13个剧本无一署名。然而，根据校刊者的研究，它们是梵语古典文学时代初期著名剧作家跋娑的作品。立论的重要依据是，在后来的其他梵语戏剧作家的作品中曾经提到过跋娑的名字和他创作的《惊梦记》。此外，这些戏剧带有民间戏剧的朴素风格，剧中诗歌样式多与史诗相同。因此，它们属于从民间戏剧向文人戏剧过渡阶段的产物，与跋娑所处时代并不相左。虽然跋娑在古代即已驰名并受到后世赞誉，但却生平不详。一般认为，他大约生活在马鸣与迦梨陀娑之间，即公元275~325年。他可能做过宫廷诗人。

跋娑的剧作主要取材于梵语史诗《摩诃婆罗多》、《罗摩衍那》及《故事海》等。六幕剧《惊梦记》被普遍认为是他最优秀的作品。它取材于古代印度流传十分广泛的关于优填王的传说，最初见于《故事海》中。剧中写到，犊子国优填王疏于朝政，以致国势日蹙，引来强敌进犯。在兵临城下之际，大臣负轭氏与王后仙赐定计，伪造自己与仙赐双双被大火烧死的假象。随后，他带领仙赐前往摩揭陀国，设法让仙赐成为莲花公主的仆人。在负轭氏的安排下，摩揭陀国王提出将自己的女儿嫁与优填王。就在优填王与莲花公主举行婚礼之时，仙赐受命为后者编制婚礼花环，心中充满痛苦。仙赐陪伴莲花公主游园，优填王与弄臣到来。两位女子躲避到藤萝亭中，偷听他们说话。弄臣问优填王究竟更爱哪个王后。获悉优填王依然心系自己，仙赐深感欣慰。莲花公主不但没有心生妒意，反而大度地赞许优填王不忘旧情。优填王伤怀落泪，为了不让莲花公主发现自己的隐情，竟称自己被花粉迷眼。一天，优填王在梦醒之时撞见仙赐，不知自己是在做梦还是产生了幻觉。最后，优填王借助摩揭陀国的援兵，收复了自己的国土。结局自然是真相披露，皆大欢喜。通过以上剧情勾勒不难看出，跋娑的代表作《惊梦记》剧情结构已经相当曲折复杂。其实，它在通过缔结婚姻以救国家于危亡的背景下，表现的是优填王对爱情的专一态度。剧中人物对话生动有趣，令人击节。跋娑的六幕剧《宰羊》与四幕剧《善施传》都以爱情为主题，创作素材来源不详，因此有些学者认为它们具有极大的独创性。《善施传》可能为后来的梵语名剧《小泥车》所本。

迦梨陀娑不但是梵语古典文学时期最杰出的诗人，而且是整个梵语文学史上空前绝后的伟大剧作家。他在印度戏剧文学中的地位，丝毫也不亚于莎士比亚在英国戏剧文学中的地位。他实际创作了多少剧本，现在还是个未知数。从他长篇叙事诗的创作看，他应当是一位多产而勤奋的作家。从他对戏剧的钟情与才能看，从当时社会对戏剧的推重与需求看，他的戏剧作品数量应该不在少数。然而，留存至今并被确认为他的作品的只有3部。它们是《摩罗维迦和火友王》、《优哩婆湿》（或译《广延天女》）与《沙恭达罗》，其他的均已散佚。他的戏剧作品的数量虽然仅为莎士比亚戏剧作品的十几分之一，但已足以表明他的才情不在后者之下。

《摩罗维迦和火友王》是一部五幕宫闱喜剧，剧情时代背景为公元前2世纪摩揭陀国巽伽王朝时期，故事发生地为印度历史名城华氏城。摩罗维迦是一个容貌出众的公主，因战乱而投到火友王宫中当了奴隶。王后发现火友王钟情于摩罗维迦，决计不让他们见面。一天，火友王在花园邂逅摩罗维迦，不禁向她倾吐衷肠。王后闻讯将她投入地牢。然而，在弄清摩罗维迦的真实身份之后，王后同意她与火友王结为伉俪。这部表现帝王宫廷艳史的作品，在内容方面显然曾经借鉴跋娑的《惊梦记》，但在思想境界方面却未能超越前人。不过，这部作品的戏剧性十分突出，并包含许多精警的语句。由于这部作品与迦梨陀娑的其他两部作品存在较大差异，有些学者对其作者身份提出质疑。但实际上，这部作品很可能是迦梨陀娑的试笔之作，即他最早的作品。其实，这样的现象在许多作家身上都发生过。莎士比亚的《错误的喜剧》（1592）与他的《哈姆雷特》(1601)即不可同日而语。

《优哩婆湿》是一部五幕神话爱情剧，系迦梨陀娑成熟时期的作品，全名为《凭勇力获得优哩婆湿》，取材于印度古代一个非常著名的神话传说。从《梨俱吠陀》到《故事海》，许多文献都记载了这一故事。该剧情节为：勇敢的国王补卢罗婆娑从恶魔手中救出被劫持的美貌绝伦的天宫歌伎优哩婆湿，结果两人一见钟情。国王回宫之后，难以忘怀优哩婆湿；优哩婆湿返回天庭后，对国王亦思念不已。两人备尝相思之苦。于是，痴情的优哩婆湿悄然下凡，来到国王的花园与他见面。恰在此时，天使传信，让优哩婆湿回天国演戏。两个正在幽会的恋人黯然神伤，依依惜别。优哩婆湿在演戏时神不守舍，出了差错，被贬下凡。天神因陀罗同情优哩婆湿，让她到国王那里去，允诺她见到自己的亲生儿子就可返回天宫。两人由是得以缔结姻缘。然而，优哩婆湿因为忘记戒规而变成一株蔓藤；国王失魂落魄，到处寻访失踪的妻子。由于一块神奇的红宝石的作用，优哩婆湿最终恢复原形。一天，优哩婆湿托人抚养的儿子因违犯净修林戒规而被送回。优哩婆湿见到儿子亦喜亦悲。面临生离死别，两人痛不欲生。这时，天使前来传达因陀罗的命令，准许他们终身相伴。在迦梨陀娑笔下，古老的故事有了新意：一个天女为了追求爱情，不惜冲破天庭的羁绊，成了勇敢的化身。她与我国古代神话故事《牛郎织女》中的织女颇有相似之处。《优哩婆湿》不仅内容美好，情节曲折，富于戏剧性，而且洋溢着浓郁的诗情画意，因而极具艺术感染力。季羡林先生已将该剧译成中文。

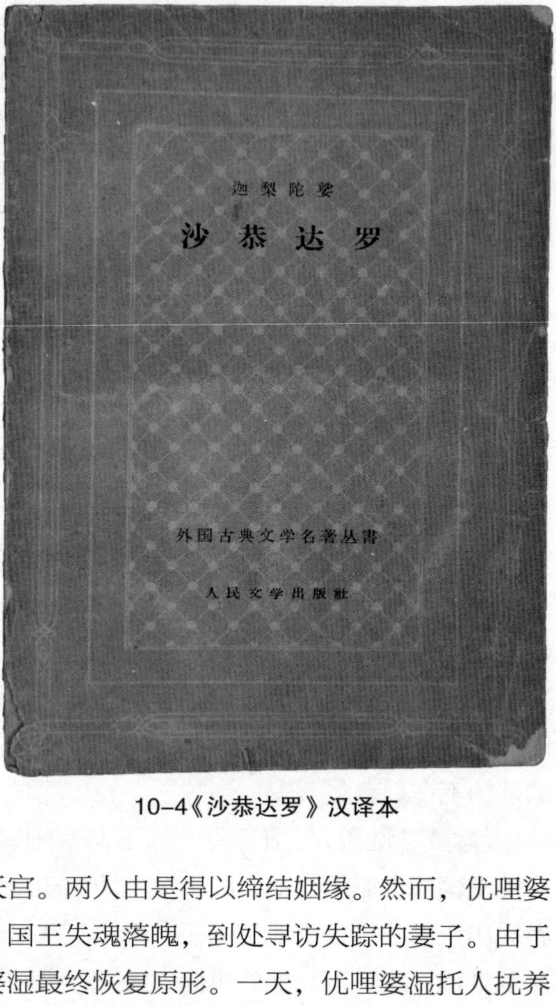

10–4《沙恭达罗》汉译本

《沙恭达罗》是一部七幕爱情剧。这是迦梨陀娑3部戏剧中的代表作，也是梵语戏剧文学的最高典范。剧本全名为《凭表记认出沙恭达罗》。它是剧作家3个剧本中篇幅最长的一个。这一点也许并非偶然：这部戏剧产生于作者创作鼎盛时期，他将自己的激情与才华全部倾注到该剧中，寻常篇幅显然难以满足需要。剧中人物近40个，剧中诗歌近200首。剧本诗情洋溢，所以是一部名副其实的诗剧。剧本的背景是印度传说中的远古时代。剧中故事在史诗《摩诃婆罗多》中已有雏形，后来在《莲花往世书》中又有所发展。迦梨陀娑全新的创作手法使这个古老的故事变得流光溢彩，美不胜收，魅力无穷，传遍世界。

剧本第一幕写国王豆扇陀狩猎时追逐一头小鹿，来到一座风光旖旎的净修林中。他本想拜见干婆大师，却与后者的养女沙恭达罗不期而遇。正值妙龄的沙恭达罗本是绝代佳人，又洋溢着青春的活力，因而分外楚楚动人，引得国王神魂颠倒；与此同时，沙恭达罗也对英武的豆扇陀一见钟情，含情脉脉。第二幕写国王由于爱上沙恭达罗而无心狩猎，借口需要保护净修林而滞留不去，其实是想追求沙恭达罗。第三幕写沙恭达罗由于堕入情网而形容憔悴，郁郁寡欢，斜倚在一块铺满花朵的石头上，向两位一道修行的女友吐露自己内心的秘密：她已经爱上国王，但又怕遭到拒绝。躲在一旁的国王听了她的表白正中下怀，于是走来倾诉自己的情愫。两位女友借故离开，任由他们享受爱情。第四幕写国王与沙恭达罗以一种传统方式自主结婚，然后返回京城。临别之际，他将一枚镌刻着自己名字的戒指作为信物留下，许诺随后派人前来接沙恭达罗进宫。孰料，国王走后，沙恭达罗由于思念国王而心不在焉，对于一位前来造访的大仙竟然视而不见，于是受到后者的诅咒：沙恭达罗将被自己的情人遗忘，除非他再看到自己留下的信物。果然，国王回宫很久依然没有派人前来迎接妻子。此时，干婆回到净修林，决定将已有身孕的沙恭达罗送进宫中。她踟蹰不前，依依惜别。剧作家以浓郁的诗情着力渲染了这种离愁别绪，为剧情的转变做了铺垫。第五幕是全剧的高潮，写沙恭达罗到京城面见夫君，但国王早已将她忘得一干二净。沙恭达罗想起国王给她的信物，却发现自己的指环已经失落。听到国王无礼的嘲讽，沙恭达罗痛斥他是卑鄙无耻、口蜜腹剑的骗子。沙恭达罗被国王遗弃，但却被生母接回天宫。戏剧冲突在这一幕中表现得十分明显。第六幕写一名渔夫在出售一枚带有国王名字的戒指时被捕，他是从剖开的鱼肚中找到这枚戒指的。国王见到自己送给沙恭达罗的戒指，恢复了失落的记忆，不禁悲从中来，同时为自己的薄幸而悔恨。第七幕写国王在协助天神战胜恶魔后返回人间，在途经金顶山时邂逅自己与沙恭达罗的儿子婆罗多。夫妻相认，阖家团圆，皆大欢喜。剧本结构严谨，人物个性鲜明，语言优美清新。它还体现了印度传统味论诗学的审美原则。剧本的中文译者季羡林先生认为，《沙恭达罗》是一部“万古长新的不平凡的诗篇”，可谓恰如其分。

《沙恭达罗》早已被译成多种印度近现代通用的地方语言。印度人民对这一国宝的喜爱与赞赏自不待言。英国学者威廉·琼斯于1789年将它首译成英文，1791年有人又将它从英文转译成德文。很快，这部东方名剧在西方引起轰动。德国大诗人歌德、席勒等都高度称誉这部诗剧。歌德有一首赞美《沙恭达罗》的诗，早就被同样酷爱这一诗剧的孤僧苏曼殊译成中文：

春华瑰丽，亦扬其芬；
秋实盈衍，亦蕴其珍。
悠悠天隅，恢恢地轮；
彼美一人，沙恭达纶。

20世纪50年代后期和80年代初期，中国青年艺术剧院曾两度在北京隆重演出《沙恭达罗》，获得极大成功。

除了迦梨陀娑之外，印度还有许多梵语戏剧家，他们也取得了不俗的成就。几乎与迦梨陀娑同时的首陀罗迦的十幕剧《小泥车》，被认为是印度戏剧中最具现实主义精神的一部。它写的是一个穷婆罗门善施与名妓春军的爱情故事。剧情复杂，语言幽默，对城市生活的描绘十分到位。它曾多次在欧洲演出，获得赞誉。我国有著名学者吴晓铃先生的译本。约生活于6~8世纪的毗舍佉达多创作的《指环印》是一部政治剧，描写孔雀王朝时期的政事，剧情极其复杂，跌宕起伏，但处理得游刃有余。7世纪时以隆礼接待过玄奘的一代明君戒日王，也是一个剧作家。他的作品《龙喜记》、《钟情记》(或译《妙容传》)和《璎珞记》均十分出名，前两部为独具魅力的宫闱喜剧，后一部为宗教剧。鉴于作者的特殊身份，有些学者怀疑这些剧本系由他人捉刀而成。8世纪时生活在曲女城的大剧作家薄婆菩提，在梵语戏剧文学中的声名仅次于迦梨陀娑。他流传至今的剧本有《茉莉和青春》、《大雄传》和《后罗摩传》3部。前者是一部爱情剧，后两部写的是罗摩的故事。在薄婆菩提之后，梵语戏剧的质量江河日下。在直到11世纪的三百年中，梵语剧作家们的作品往往注重文学性而忽略戏剧性，以致不再适于演出。在穆斯林入侵之后，梵语戏剧终于一蹶不振。

第十一章

古代艺术

大量的考古发现证明，印度先民在远古时期即已开始艺术创作。印度艺术包括绘画、雕刻、建筑及工艺美术等造型艺术和视觉艺术，门类齐全，品种繁多，琳琅满目，美不胜收。其中绘画、雕刻和建筑在世界艺术之林独领风骚，具有极高的地位，并产生了广泛而深远的影响。印度著名历史学家D. D.高善必在《印度古代文化与文明史纲》中指出：“没有在印度影响之下发展起来的佛教主题，缅甸、泰国、朝鲜、日本与中国（包括西藏在内）的艺术和建筑，乃至世界艺术，都会逊色许多。”①P.S.罗森也有类似看法。他说：“只有少数人认识到，世界艺术，尤其是东方世界的艺术，在多大程度上归功于印度。说实话，如果没有印度的样式与理念作为范例，整个东南亚、中国、朝鲜、蒙古和日本的艺术就会全然不同，并且会由于这种不同而黯然失色。近代西方艺术，尤其是建筑与绘画，亦会如此。卓越的商人宗教——佛教，是这种艺术影响的主要媒介，不过，印度教也确乎渗入了东南亚及其岛屿；而印度的佛教艺术，则在很大程度上归功于与之一道繁荣的印度教艺术。”②这些学者的论断，显然是符合历史事实的。印度艺术宝库中有许多世界一流的珍品，不断受到艺术大师和普通公众的赞叹。艺术史家习惯上将印度美术称为印度艺术。印度艺术在世界艺术史上的崇高地位，与印度人非凡的美学追求、丰富的想象力和独特的表现手法是密不可分的。印度当代美术评论家萨米尔·达斯古普塔指出：“从次大陆最早的艺术活动时期起，印度人心灵中独特的审美天赋，就借助色彩和造型着

---

① ［印］D.D.高善必著，王树英等译：《印度古代文化与文明史纲》，北京：商务印书馆，1998年版，第109页。

② ［印］A.L.巴沙姆主编：《印度文化史》，牛津：牛津大学出版社，2000年版，第197页。

重表现艺术家内在的体验，而不太在意表现他们所见到的任何外在形象。创作的意图，不在于观察和记录视觉经验（真相），而在于显示万物令人赏心悦目的表象之下潜在的精神幻象（灵气）。印度艺术虽然同其他任何艺术一样是‘真实的’，但它在表现印度心灵的内涵方面却是不同的：印度艺术追求将视觉形式与这些形式的本质性实在联系在一起。印度艺术的理想主要是精神性的和情感性的，而世俗性的和理性的东西仅居于从属地位。所以，与古希腊人的情况不同，单纯摹绘肉体的完美，在印度鲜能得到赞誉。暗示与象征已经成为印度人创造性表现方式的基本艺术语言。”[①]也许，在进入印度艺术的殿堂之前，达斯古普塔的这一番透着真知灼见的话语，会对我们有所启迪。

一、绘　画

印度次大陆最早的视觉艺术作品是原始的线条画。这些线条画绘制于岩洞之中，因此又称岩画。迄今已发现的岩画达数百处，但它们主要集中在以今中央邦首府博帕尔市为中心的半径约161千米的范围之内。1880年，在今印度北方邦米尔扎普尔县等地发现了一批史前岩画。1973年，人们又在今中央邦辛坎普尔村附近的比姆贝特卡山区一带发现了世界上规模最大的史前岩画群之一。到1982年时，中央邦境内已发现157个岩画集中分布区。印度岩画的年代约从公元前6千纪中叶延续到4世纪。这些岩画主要描绘狩猎场面和各种野生动物，也有描绘人类舞蹈活动或殡葬场景的。在比姆贝特卡发现的一幅约绘于公元前5500年左右的高约51厘米的《猎舞图》，可能是印度最早的岩画作品。它的线条极其简洁，也极为稚拙。5个围着一头雄牛手舞足蹈的猎人，画得如同中文中的“大”字，但还是表现了他们狩猎有获的喜悦心情。画面的右侧则是一个手执弓箭的较为粗壮的猎人。这些早期岩画显然出自原始部落民之手。岩洞既是他们的栖身之所，也是他们的画廊。这些岩画主要画在砂岩上。后期岩画有表现骑马、骑象和战争等人类生活内容的，也有表现巫术和属于生殖崇拜的符号。从画面可以看出，当时的武士已经在使用刀剑和盾牌。因此，它们显然是铁器时代的作品。所用颜料有红、黑、粉、绿、蓝、黄、橙、紫诸色，均为天然矿物颜料。同样在比姆贝特卡发现的巨幅岩画《骑马人的行列与骑象的人》，

① ［印］萨米尔·达斯古普塔撰，刘建译:《意象与象征》，载印度驻华大使馆编《今日印度》，2006年第11期，第33页。

气势恢宏而色彩绚烂，画面内容已经十分丰富。该画可能创作于吠陀时期或之前。有些岩画的作者表现出了某种透视意识，在画母牛时还要捎带将其腹中的胎儿画出，画羚羊时竟然将其内脏也要表现出来。这样的岩画在世界各地都十分罕见。史前岩画是印度绘画的滥觞，也是印度壁画的前身。

从摩亨佐达罗和哈拉帕等印度河文明遗址发掘出来的赤陶图案和印章图像判断，在印度河文明时期，人们已经拥有很高的审美能力和绘画技巧。在哈拉帕出土的硕大陶罐的外表上，绘着写实风格的鸟、树和叶片。在现存的两千余枚印章中，动物形象虽然构图简洁，但笔法洗练，造型逼真，气韵生动，充分再现了当时野生动物生命的健康与活力。难能可贵的是，在印章上还出现了想象或传说中的动物独角兽的造型，甚至还出现了人物或神的形象。没有一定的绘画基础，是断难在方寸之间有所作为的。因此，据美术史家推断，在印度河文明时期繁荣的城市中，可能已有壁画存在。此外，从现有文献看，绘画在上层社会的教育与生活中都占有十分重要的地位。从文学作品中可以获悉，国王的宫殿与富人的宅邸都饰有壁画和木版画。不过，由于年代过于久远，它们早已化作历史的烟尘。

举世闻名的阿旃陀壁画是印度古典绘画的成熟和典范之作，存于今德干高原马哈拉施特拉邦奥兰加巴德市西北100千米处的阿旃陀石窟。瓦科拉河（Waghora）在这里有一个近乎180度的大转弯，河谷呈马蹄形状。阿旃陀石窟就是在河谷高约20米的花岗岩陡壁上开凿的，29座石窟沿河谷排列，形成一个巨大的半圆。周围林木蓊郁，景色如画。

壁画创作时间约从公元前200年持续到公元650年，前后跨度达八百余年，基本与印度佛教的兴旺和衰微相始终。在阿旃陀石窟开凿和艺术创作的鼎盛时期，约有200名佛教僧人住在这里，其中不乏技艺高超的画僧，此外还有众多的画家与工匠。这真是一个集建筑、雕刻与绘画于一身的规模空前的宏大的艺术工程。然而，由于佛教的衰落，在河谷中回荡了8个世纪之久的斧凿之声终成绝响。

阿旃陀石窟虽然为宗教目的而开凿，但其壁画并非全然是宗教性的。根据铭文，第10窟开凿于公元前2世纪上半叶，因而是最早的洞窟。其中约创作于公元前1世纪的壁画当属印度现存最古老的壁画，因而十分珍贵。尽管大部分画面已经不可辨识，但有一段描绘当时王室生活的画幅却保存得相对完好。在画面左侧，一个浓眉大眼、蓄着胡髭、相貌英武、神态威严的国王在扈从的簇拥下向位于中心的一株圣树走去。画面右侧，一群手执各种乐器的乐师及若干舞女正在恭候国王莅临。画中20余人神态各异，发式也大不相同。国王的发式最为特别。他一头质感浓密的黑发在头顶高高束起，束发带上饰以珠宝。他很可能是巽伽王朝的一位国王。画面上其他人物的处理也一丝不苟。乐师正襟危坐，舞女美目灵动。显然，画的内容是世俗的，风格是写实的，手法是成熟的。此类早期壁画多以长条沿墙铺展，犹如横放的中国古代卷轴画。后来，阿旃陀石窟壁画逐渐发展到把所有可资利用的墙壁全都覆盖起来。

然而，阿旃陀绘画的主要题材还是佛本生故事和佛传故事。约创作于公元前2世纪中期或公元前1世纪的前期作品风格古朴，类似巴尔胡特和桑奇等地的古风式雕像。代表作有《六牙白象本生》、《国王及其扈从礼拜菩提树》等。后期壁画大部分约作于公元475年之后，风格处于从古典主义的高贵单纯向巴洛克的豪华绚烂过渡时期。拥挤而连续的画面构成完整的故事。人物造型强调三曲式女性体态，即头部向右倾侧、胸部往左扭转、臀部复又向右耸出的女性体态。女性人物眼神顾盼流动，手势优美，线条流畅，构图紧凑和谐而又曲折多变。这些壁画恪守印度传统绘画法则六支的规范，属于印度传统绘画的妙品“味画”，十分注重对情感的描绘与表现。它们透出的两种主导审美情感基调，是表现眷恋世俗生活情感的“艳情味”和表现皈依宗教情感的“悲悯味”。许多壁画既表现世俗情感又表现宗教情感。代表作有第16窟的《难陀皈依》，第17窟的《须大拿本生》、《因陀罗与天女们》、《佛陀还家》、《僧伽罗故事》，第1窟的《持莲花菩萨》、《降魔图》、《摩诃洁那卡本生》和《女信徒献祭》等。在这些洞窟中，洞壁、列柱、窟顶等所有可资利用的表面，几乎全都绘满图画，不留空白。形形色色的人物和动物色彩斑斓，栩栩如生。一帧帧的画面讲述着一个个的故事，令人目不暇接。我国印度艺术史专家王镛先生在其所著《印度美术史话》中称之为“幽谷画廊”，实非过誉。

开凿于5世纪笈多王朝时代的第1窟系毗诃罗式洞窟，在所有阿旃陀石窟中最为壮观宏大。它不啻一座典型的佛教艺术博物馆。内中壁画无论在数量上还是质量上都令人赞叹称奇，而且时至今日依然熠熠生辉，光彩照人。它们是古典绘画艺术达到顶峰时期的产物，显然出自艺术大师之手，因而具有典范意义。绘画的主题自然是佛本生故事。画面生动而富于活力，隐约折射出一个处于鼎盛时期的王朝的气象。例如，上面提到的《持莲花菩萨》中的菩萨身躯伟岸，比例远远大于其身边人物。他头戴尖顶宝冠，两道修长而显纤细的弓眉在印堂处连为一体，低垂的眼睛似乎在下视人寰，流露出一副悲天悯人的神情。他的上身裸露，白色项链下部的蓝色宝石分外耀目，右手执一朵盛开的青莲，站姿略呈女性化的三曲式，但头部却是稍微向左侧倾的。菩萨左侧是一位袒胸露乳、肤色较黑、呈坐姿的公主，似为菩萨的情人。持拂者、持乐器者等次要人物以及猴子、孔雀等动物并棕榈山石等构成的背景，起到了烘云托月的作用。这幅持莲花菩萨像在阿旃陀石窟壁画中名声最大，因而影响也十分广泛。在阿富汗、中国、日本等国家的佛教壁画中，皆不乏造型类似的菩萨像。这位菩萨其实就是以大慈大悲名闻遐迩的观音菩萨。不过，他在中国逐渐演化成为女性形象。

壁画的绘制基本按如下步骤进行：画师首先在洞窟石壁上抹一层用陶土与牛粪、稻草及动物毛发和成的泥，厚度为1~5厘米左右，然后再在上面覆盖一层光洁而又细腻的白灰泥。在墙壁尚未变干之时，画家便开始用朱砂画出作品轮廓，接着用灰色或绿色的颜料打底，再在不同的部位分别着色，直至整面墙壁涂满各种颜料，最后还要用一块光滑的石头打磨画面，使之变得光泽鲜亮。

阿旃陀石窟壁画能够历经沧桑而留存下来实属侥天之幸。7世纪晚期，印度佛教衰微，僧侣云散，石窟逐渐为泥土所掩埋，其后周围林木丛生，人迹罕至。直到1819年，一队英国军官由一位印度少年带领，来此猎虎，才发现并使这座伟大的佛教石窟艺术宝库重见天日。我国唐代高僧玄奘在其《大唐西域记》中对阿旃陀石窟有所记述。但他文中提到的巨大佛像并不存在，而他对石窟壁画未着只字，不免令人费解。

除了阿旃陀石窟之外，在今中央邦西马尔瓦地区的巴格石窟也是一个知名的佛教石窟群，共有洞窟9个，约开凿于5~7世纪。同阿旃陀石窟一样，巴格石窟也主要以壁画闻名。在德干高原上的另外一些石窟，如巴达米石窟与埃罗拉石窟之中，乃至在今泰米尔纳杜邦的耆那教寺庙中，也可以看到具有阿旃陀风格的壁画的遗迹。由此可见印度古代绘制壁画风气之盛。不过，在8世纪后，印度教壁画画家的艺术技巧已不如前，再难与阿旃陀时期的大师相提并论。随着穆斯林的入侵与伊斯兰教影响的扩大，曾经辉煌的壁画艺术在印度竟然一朝式微。

以阿旃陀石窟为代表的内容丰富而又色彩绚烂的壁画作品表明，绘画在古代印度已经是一种高度发达的艺术，并且取得了足以垂为典范的巨大成就。除了艺术和审美价值外，阿旃陀石窟壁画还向我们展示了印度古代社会生活的方方面面。它们是形象的历史。我们从中不但可以看到王公贵族以及名门仕女的生活，而且可以看到苦力、乞丐、农民、僧侣等形形色色的人物的形象。古代印度的服饰与风尚也逼真地呈现在我们面前。

阿旃陀石窟壁画对于印度本土绘画艺术和我国敦煌等地的石窟或寺庙壁画艺术，产生过巨大的影响。魏晋南北朝时期，阿旃陀石窟壁画中采用的一种印度传统绘画方法——凸凹法，逐渐从西向东传入我国。梁朝大画家张僧繇就曾用此法在建康一佛寺内绘制壁画。由于这种绘画技巧能造成立体感，睹者无不称奇。凸凹法在中国画史上又被称为“天竺遗法”。该法在中国的一度流行，成为中印文化交流史上的一段佳话。不过，印度绘画艺术传入中国之后，出现了一定的本土化倾向。例如，在印度绘画中，飞天由下而上，呈倾斜飞升状，而敦煌的飞天则衣带飘摇，呈水平飞行状。由于这种变异，中国的壁画艺术形成了自己独特的个性。

11-1 持金刚菩萨，阿旃陀石窟壁画

11-2 佛陀雕像，阿旃陀石窟

二、雕　刻

雕刻是一种造型艺术，可赋予顽石以灵气，也可赋予金属以生命。从材质讲，印度古代既有石雕，也有铜雕；从主题讲，则既有佛教雕刻，也有印度教雕刻。无论在哪一领域，印度雕刻都取得了千秋独步的非凡成就。

印度先民至少在印度河文明时期就开始了雕刻艺术创作。上文绘画部分提到的在印度河流域发现的大量印章底面，就镌刻着动物、树叶和神祇。这些印章大部分是用皂石、玛瑙、象牙和青铜一类材料刻制的。它们大多呈方形，但也有圆形的；一般边长为3~5厘米，最长可达7.5厘米。例如，现存于卡拉奇市巴基斯坦国家博物馆的一枚刻有一头雄性独角兽的皂石印章，就基本呈圆形，直径约7.5厘米。有趣的是，在这头想象出来的动物的嘴巴底下，还刻着一个食槽，仿佛它是一头驯化了的动物。这些印章的上部虽然大都刻有象形文字符号，并且在实际使用中可能更为重要，但动物雕刻往往占去大半面积，因而先声夺人。由于所雕刻的动物大多为雄性，我们似乎可以认定，刻制和使用印章者都是男性；由此似乎还可以断定，男性在印度河文明时期的家庭与社会中均占主导地位。印章上动物的多样性实在令人惊叹不置，最多见的动物图案是黄牛、瘤牛、水牛、犀牛、象、虎、羊、羚、鹿、兔、鳄、蛇等实际生活中常见的动物，也有存在于人们的幻想与传说中的动物，或为标新立异而人为组合的动物，如上面提到的独角兽以及牛角虎、象鼻牛、三头

11-3 象头神雕像，波罗王朝，10世纪

兽等怪异动物。这样做，可能是为了张扬个性。在所有印章中，牛的形象出现最多，也雕刻得最为传神。它们那浑圆的躯体似乎蕴含着无穷的力量，微微低垂的头仿佛就要发起进攻。这些写实的或自然主义的雕刻虽然十分古朴，但其技法即使在今天看来也属十分娴熟。这样，一件生活中的实用品就变成了可供欣赏的艺术品。也有些印章上面雕刻了人或神的形象，但在气韵上远不如那些动物形象来得生动。印度先民对于动物题材的偏爱，一直为后世的艺术家们所继承。

在印度河流域的废墟中挖掘出来的，还有一件青铜舞女雕像和一件石灰岩雕祭司半身像。这两件作品表明，印度早期雕刻已经表现出相当成熟的技巧和工艺水平。现存于新德里国家博物馆的青铜舞女雕像，是在摩亨佐达罗古城遗址发现的。这尊舞女雕像高约14厘米，显然是作家庭陈设用的小型雕像。从面部特征看，这位舞女似乎是一个黑人少女。她通体赤裸，腿部修长，身材苗条，头部微仰，神情颇显自信。她右手叉腰，搭在髀间，左臂下垂，手执一碗，靠在膝部，右腿略曲，左腿微抬，整个站姿相当放松而优雅。她的左臂从上到下套满臂镯，略显繁缛，想必当时风尚如此，但她的项链又非常简朴。从尚未发育成熟的形体看，她大约是一位十几岁的少女。不过，出现这样的形象，也可能是由于当时的印度社会还没有形成后世以女性丰乳肥臀为美的观念。有的学者认为，她的肤色说明她的身份很可能是奴隶，即中世纪印度教寺庙中神奴的先辈。在哈拉帕古城遗址，还出土了一尊高约10厘米的石灰石男性舞者雕像。虽然他的头部与四肢均已残缺不全，但从躯干部分看，他肩膀宽阔、腰部细瘦而臀肌坚实，透出一种强烈的阳刚之美。由于它体现了后来希腊雕刻对人体解剖学的理解与把握，西方曾有学者怀疑它的由来。此外，在印度河文明遗址中还发现了若干青铜动物小雕像，不过它们的具体形象多已锈蚀得无从辨认。

在印度河文明终结至孔雀王朝崛起的一千多年之中，没有任何雕刻作品存留下来。然而，这并不意味着这一时期内根本不存在雕刻艺术。在这漫长的岁月中，艺术家采用的很可能是木头一类不易长期保存的雕刻材料。白蚁不仅是印度古代书籍的大害，恐怕也是印度木雕艺术的毁坏者。

公元前4世纪时建立的孔雀王朝是印度历史上一个空前庞大的帝国。除了半岛南端外，其版图几乎囊括了整个印度次大陆。位于恒河之滨的首都华氏城规模宏大，绵延15千米左右。巍峨壮丽的皇宫比波斯的皇宫有过之而无不及。由于社会经济的进步和物质财富的增加，由于皇室的大力赞助，由于希腊文明的影响，印度雕刻艺术在孔雀时代得到恢复并获得极大发展。

孔雀王朝时期的雕刻在印度艺术史上占有特殊重要的地位。这一时期，石头开始在印度被普遍用于建筑和雕刻。这对于印度艺术的发展与传世具有极其重要的意义。用于雕刻的石材，表面都打磨得十分光洁。这一特征甚至成了鉴定孔雀王朝时期石雕的一个重要依据。

公元前3世纪，孔雀王朝第三代国君阿育王在征服羯陵伽之后，深感战争的残酷与血腥，遂幡然悔悟，放下屠刀，皈依佛教。他对佛教的推崇与弘扬，对于佛教成为亚洲乃至世界上的主要宗教起了很大作用。据传说，他有一儿一女出家修道。他甚至派遣自己的儿子摩哂陀渡海前往锡兰（今斯里兰卡）传播佛教，使他成为著名的弘法大师。佛教在印度本土地位的提升，自然促进了佛教艺术在印度的发展。

阿育王统治时期，是印度雕刻史上的辉煌一章。为了弘扬正法，他命人在帝国的许多地方寻找天然岩壁或建造石柱以刊刻诏书。他敕建的独石纪念碑式圆柱是这一时期石雕作品的典范。这些石柱主要竖立在佛陀生前的重要活动场所或通往这些圣地的重要路线上。虽然当时印度的建筑与雕刻受到波斯帝国的影响，但竖立纪念柱的做法却是出于印度固有的理念。它很可能是印度古代崇奉宇宙之柱的传统的体现。印度人宇宙之柱的理念与中国古人关于天柱的说法有一定的相通之处。

在印度各地及尼泊尔曾先后发现30余根阿育王石柱。但由于风雨侵蚀和后世人为破坏，它们多已残损或断裂。不过，在今比哈尔邦靠近印度与尼泊尔边境的劳里亚南丹伽尔，却可以看到一根巍然耸立的阿育王石柱。它约建于公元前242~前241年，历经两千多个春秋依旧安然无恙，向人们印证着当年孔雀帝国的辉煌。阿育王石柱多为整块砂石雕造，高度一般为12~15米左右，重约50吨。柱头雕饰狮、象、牛、马等动物，柱身镌刻诰文，或铭记政事，或弘扬正法。阿育王石柱的雕刻艺术精髓集中体现在柱头雕刻上，其中以发现于今北方邦印度教圣城瓦腊纳西近郊萨尔纳特（即鹿野苑）的狮子柱头最为重要，也最具有代表性。柱端为四头尾部相对、举目远眺、张嘴欲吼的连体雄狮，颇具阳刚之气。雄狮屹立于鼓形圆雕（顶板）之上，鼓身周匝刻有四只法轮，面对宇宙四极。法轮间依次刻有奔马、雄狮、大象、瘤牛四头圣兽。再下是钟形垂莲柱颈，状似倒挂莲花，覆以修长花瓣。在四头雄狮的肩上，原先曾有一个巨大的石雕法轮，如今已不复存在。玄奘在《大唐西域记》中称这根石柱“石含玉润，鉴照映彻”。由此可见当年风采。这根石柱原是阿育王为纪念释迦牟尼在鹿野苑初转法轮之盛事而建造的。由于初期佛教艺术从不表现佛陀的形象，他的生平事迹就只能借助各种符号予以表现。车轮象征佛法，兽王狮子象征法王佛陀，面向四方的狮子又象征佛法广被四极。这一柱头在1950年被选为印度共和国国徽图案。不难看出，我国华表造型显然曾经受到阿育王石柱的直接影响。

孔雀王朝时期的人物雕刻作品数量似乎不多。在北方邦圣城马土腊等古代雕刻艺术与文明中心，曾先后发现了当时遗留下来的20余尊巨大的石头药叉雕像。在今比哈尔邦首府巴特那附近，曾经发现两尊无头男性雕像躯干。它们被认为是现存最早的耆那教圣人雕像。此外，在巴特那市还发现了一尊砂石雕刻的药叉立像，虽然其头部及双手已经缺损，但仍然可以看出这是一件技法熟练的成功之作。该雕像高约1.65米，与真人相仿佛。在巴特那市郊区迪达尔甘吉发现的同样用砂石雕刻的《持拂药叉女》立像，保存相当完好，高1.63米。她右手所持拂尘搭过肩头自然垂下，赤裸的上身略微前倾，椭圆因而丰满的面部微露笑意而不失端庄。她额上佩戴一枚硕大的顶珠，发髻环以珠串，颈部佩戴两长一短3条项链，此外耳坠、手镯、脚镯一应俱全，连低低地穿在小腹下面的半透明波纹纱裙也由5条宝石连锁腰带系着。她造型丰腴，浑圆的双乳分外醒目，腰肢纤细而臀部肥硕，既十分肉感又充满活力。在她的身上，集中体现了印度古人对女性的审美理念。这一人物雕刻的杰作，既充满写实的风格，又不乏夸张。它被誉为“东方维纳斯”，在印度雕刻艺术史上具有里程碑意义，并成为后来女药叉雕像的基本范式。

在公元前2世纪上半叶，孔雀王朝的将军布舍耶密多罗弑君篡位，建立巽伽王朝。该王朝虽然不过存在了112年，但印度雕刻艺术在这一时期却有所发展和变化。1873年，英国考古学家亚历山大·坎宁安在今中央邦东北部离宋河不远处的巴尔胡特村开阔的田野上发现一座属于这一时期的佛教窣堵波（即佛塔）废墟。当时，由于村民大肆盗取砖石，佛塔本身遭到彻底破坏，而环绕佛塔的石头围栏和四座石门却由于自身过于沉重而未被村民全都搬走，只是略微受到损伤而已。过去，佛塔围栏和大门系由木头制成。到了巽伽王朝时期，容易焚毁或腐朽的木料被石材取代，但有趣的是，其形制与衔接方法仍与从前的木结构类似。雕刻家们在石栏与石门上面施展才华，遂使它们成为艺术珍品。

巴尔胡特浮雕主要描绘佛本生故事和释迦牟尼一生中的重大事件。现在依然可以辨认的佛本生故事浮雕达32个之多。它们是现存对佛本生故事最早的形象再现。它们无可辩驳地说明，佛本生故事在形诸文字之前早已广泛流传。文本与实物，文学与雕刻，正好可以相互印证。后来，在佛教石窟寺庙中以浮雕或壁画形式表现佛本生故事和佛传故事，就成为一种惯例或传统。例如，巴尔胡特围栏立柱上的圆形浮雕《鲁鲁鹿本生》，约在500年后成为我国敦煌北魏时期壁画《九色鹿本生》的原型。两者故事内容相同而风格略有差异。在云冈石窟，佛传故事的浮雕也可以溯源于巴尔胡特。

在巴尔胡特浮雕时期，佛陀的形象依然隐而不现，颇有老子所谓大象无形之意。艺术家们依然采用不同的符号象征或暗示他一生中的重要事迹。他们用无人骑乘的马表示释迦牟尼离家出走，用菩提树表示他修行悟道，用车轮表示他初转法轮，用佛塔表示他终归涅槃。所有这些象征性事物，都处于浮雕构图的中心位置。例如，在浮雕《毗杜陀婆王访佛》中，画面中心是一个巨大的车轮，位于佛陀的宝座之上，用以表示佛陀在讲道。轮轴上挂着一个花环，显然是由信徒们奉献的。在车轮左右两侧，各有一个双目圆睁、双手合十、凝神谛听的男子立像；在车轮下方，则是两个双腿跪地、手扶宝座、虔诚聆听的女子侧面像。他们都是佛陀的忠实信徒。画面右侧，两个包着头布的威武男子坐在一辆由两头公牛拉着的战车上。驭手右边的男子就是前来拜访佛陀的毗杜陀婆王。装饰华丽的公牛左蹄扬起，富于动感，仿佛就要冲出画面。

在今中央邦首府博帕尔市东北方向约50千米处的桑奇，也有一座举世闻名的佛教艺术宝库。那就是在1989年被联合国教科文组织列为世界文化遗产的桑奇大塔。它的雕栏和塔门是孔雀王朝之后极其重要的雕刻作品，而塔门浮雕尤其具有代表性。这些作品约作于公元前1世纪至公元1世纪初期案达罗王国领有中、南印度时期。当时，案达罗国国势逐渐强盛，控制了印度许多重要的商路与海港。信奉佛教的商人与富有的市民，为桑奇大塔的扩建和维修慷慨解囊。大塔原有的木头围栏遂被石头围栏取代。

桑奇大塔石头围栏四边各有一座石门。塔门石刻浮雕的装饰纹样，既有波斯王宫常见的钟形柱饰、忍冬花纹和锯齿状饰带，也有印度流行的莲花卷涡纹和孔雀等图案。塔门托架药叉女为一裸体妙龄女子形象，三围分明，乳房丰满，神情自若，体态灵活，被各国美术史家公认为印度艺术标准女性人体美的典范。

同巴尔胡特浮雕一样，桑奇塔门浮雕主要表现佛本生故事和佛传故事。此时佛像依然阙如，艺术家还是以象征性手法，借助轮子、足迹、伞盖和菩提树叶等来代表佛陀本人。非常有趣的是，南门的一处铭文表明，有一组雕刻出自附近一座小镇牙雕工匠之手，而该镇的牙雕工艺在当时已经十分驰名。在意大利的庞贝古城，曾经发掘出一件长24厘米的象牙制作的镜子手柄。这是一个裸体而装饰繁复的药叉女小雕像，刻画非常精致。毫无疑问，这件案达罗王朝时期的牙雕作品是在公元79年维苏威火山喷发酿成庞贝被整体掩埋悲剧前到达意大利的。从人物造型与神态以及一些细节来看，这件作品与桑奇药叉女颇为接近。它很可能是印度商人赠送出去的礼物。不难想见，那些牙雕工匠在雕刻石头时必然会受到早已习惯的本业构图特点与艺术手法的影响。由于用了白砂石材，这些石门雕刻愈发显出牙雕的特色。然而，纤巧的手法丝毫也没有影响桑奇大塔雕刻的雄浑气势，反倒使它有别于世界上的任何石雕艺术。一言以蔽之，桑奇雕刻规模宏大，技巧细腻，刀工精湛，造型娴熟，堪称稀世之作。它在时间上稍晚于巴尔胡特浮雕，但在艺术上已经达到炉火纯青的地步，因而成为印度早期佛教雕刻的代表作品。

1世纪中后期，在波斯、希腊和罗马等外来文化的影响和交互作用下，印度佛教雕刻艺术发生迅速变化。人物造型逐渐取代了对佛陀的象征性表现。这一艺术现象，与佛教自身的发展息息相关。虽然释迦牟尼在世时是明确反对偶像崇拜的，但时移事易，到1世纪后期，随着部派佛教（小乘佛教）向大乘佛教演变，佛陀逐渐被信徒神化。雕刻和树立佛陀形象已经变得十分重要。佛教开始需要自己的偶像供僧俗信徒顶礼膜拜。

马土腊和犍陀罗两大雕刻流派都雕刻过佛像。前者的代表作为《马土腊佛陀立像》。后者，即犍陀罗佛像，其前期（1~3世纪）受希腊雕刻的影响非常明显，以片岩石雕为主，佛陀形象酷似希腊太阳神阿波罗，因而被称为希腊化佛像。这些佛像头部带有光环，手掌和足底刻有法轮，神性十分突出，令人望而顿生敬畏之情。2001年初被塔利班政权摧毁的两尊巴米扬大佛，是形制最为宏伟的犍陀罗佛像。它们的高度分别为53米和35米。两者相距不过400米。玄奘在《大唐西域记》中曾说前者是“金色晃曜，宝饰焕烂”。后期犍陀罗佛像逐渐本土化，印度风格趋于浓重，方法也以泥塑为主。佛像双目微合，神态安详，似在沉思。犍陀罗佛像后经中亚传入中国、朝鲜、日本，为东亚佛教造像艺术提供了范本，产生了巨大而深远的影响。

马土腊是北印度雕刻艺术的中心之一。马土腊雕刻除了佛教造像外，更以裸体女像雕刻而著称。2世纪的《逗弄鹦鹉的药叉女》是马土腊裸体药叉雕像的名作，充分体现了这一流派喜爱裸体、崇尚肉感的传统特色。那用红砂石雕刻的女像，体态丰腴而曲线分明，妖冶性感而不失健美。中世纪旃代罗王朝统治时期，在今北印度中央邦的卡朱拉侯修建了众多神庙。这些神庙以其表现性爱的艳情雕刻而闻名于世。实际上，这些雕刻并非纯粹的色情之作，而是具有强烈的象征意义。它们通过世俗的爱情来表现人们对神的宗教虔诚和对梵我合一的最高哲学境界的追求。这些雕刻也反映了10~11世纪时的社会生活。它们在被世人遗忘许多世纪之后于1838年被重新发现。卡朱拉侯雕刻题材广泛，除了表现性爱的雕刻外，尚有神祇、武士、舞女、动物的雕像。从裸体女像的造型看，似乎与马土腊雕刻艺术一脉相承。

在笈多王朝时期，随着印度教的复兴，印度教神像雕刻也蔚成风气。毗湿奴、湿婆、黑天、太阳神、难近母等男女诸神的雕像纷纷问世。今中央邦乌代吉里石窟中毗湿奴化身为野猪的巨型雕像是这一时期的代表作。在印度著名的埃罗拉石窟，34座石窟中有17座为印度教雕刻。毗湿奴、湿婆等印度教神明及其化身的大量精美雕像，构成了印度教图像的岩石百科全书。约开凿于8世纪的第16窟凯拉萨神庙规模最为宏大。这座湿婆神庙高30米，进深达90米。湿婆神像及表现其功业的雕刻类乎鬼斧神工。同期开凿的象岛石窟是纯粹的印度教石窟。门廊两侧与窟内岩壁上刻有表现湿婆诸相的9块高浮雕，其中以《湿婆三面像》最为著名，“体现了一种率直的象征性手法，用以表现这位至高无上之神的三个不同方面”[①]。在中印度和南印度，大量印度教神庙均有极其丰富多彩的雕刻，具有极高的艺术价值，令人目不暇接。与佛教雕刻不同的是，印度教雕刻以造型夸张、动感强烈和变化丰富为特征。

10–4 湿婆和雪山神女，埃罗拉石窟

① ［印］萨米尔·达斯古普塔撰，刘建译:《意象与象征》，载印度驻华大使馆编《今日印度》，2006年第11期，第33页。

11-5 骑象的因陀罗，埃罗拉石窟

古代南印度的泰米尔人十分擅长铜雕艺术。朱罗王朝的青铜雕像在印度最为著名。题材既有男女诸神、圣徒、国王、王后，也有动物。大小形制均有。由于朱罗国王虔信湿婆，湿婆神像备受青睐，其中尤以各种青铜舞王湿婆神像最为流行。现存新德里国家博物馆的一尊约创作于11世纪的青铜舞王湿婆神像，是一件举世罕见的艺术珍品。湿婆被塑造成三目四臂的裸体男性舞者形象，周边围以一轮火焰光环。右上手持沙漏形手鼓，象征着宇宙的创造；左上手持火焰，象征着定期焚毁宇宙的劫火。这两条臂膀的平衡，象征着宇宙生命创造与毁灭两极的辩证统一。前右手作无畏式，前左手模拟象鼻下垂作象鼻式。右足踏象征无明亦即无知的侏儒，左腿凌空翘起，象征着解脱。湿婆昂首挺胸，头发水平甩开，极富动态之美。这座铜雕，通过湿婆的神秘之舞象征着宇宙的创造、保护和毁灭，从中透出印度古人对宇宙演化的哲学理解。

由于伊斯兰教反对偶像崇拜，所以穆斯林侵入印度后对佛教和印度教建筑雕刻进行了不同程度的破坏。在穆斯林政权统治时期，印度雕刻艺术基本陷于停滞。

三、建　筑

印度最早的建筑出现在印度河文明时期。摩亨佐达罗和哈拉帕是当时的两座规模很大的城市。它们出现在公元前3 ~前2千纪。从摩亨佐达罗遗址看，古城建筑规划相当和谐统一。街道纵横交错，南北方向为干路。居民房屋整齐有序，大多有水井、浴室和排水管道，全城排水系统完善。有的住宅分为上下两层。可能为宗教目的而建的大浴池十分有名，池底还做了防渗漏的技术处理。在一千年之内，这座古城曾经七度修建。砖是建筑的基本材料。站在古城遗址面前，印度河文明在建筑方面的辉煌，令人浮想联翩。

印度建筑艺术的真正开端是在孔雀王朝时期。这一时期的建筑遗存下来的不多，但它们在历史上却曾对后世的印度教建筑产生了深刻的影响。阿育王石柱被认为是印度最早的石建筑。曾经广泛分布于孔雀帝国的许多地方。从建筑的角度讲，阿育王石柱显然是象征主义的。由于阿育王石柱是雕刻艺术和建筑艺术的综合，所以在上文雕刻部分已经说明了这些石柱的形制，兹不赘述。

阿育王时期另一种重要建筑是佛塔。传说这位虔诚信佛的皇帝曾“敕建八万四千塔”，以分散保存佛舍利。此数虽然未必确切，但阿育王时代肯定造塔成风。今中央邦首府博帕尔附近的桑奇大塔是印度早期佛塔建筑的典型范例。塔的直径约37米，高约24米。大塔中心半球形覆钵，始建于公元前3世纪，即阿育王时代。在孔雀王朝之后的巽伽王朝时期，在大塔覆钵土墩外面垒砌砖石，涂以灰泥，顶上添建一方平台和3层伞盖，底部构筑沙石台基、双重扶梯、右绕甬道和围栏，始具现今规模。案达罗王朝时代，又在大塔围栏四方陆续建成四座沙石塔门。桑奇大塔的建造和完善前后跨越4个世纪，历时近三百年。桑奇大塔对后来的佛塔建筑产生深远影响。随着与释迦牟尼涅槃前重要活动有关的地方逐渐成为圣地，寺庙和佛塔次第兴建。安放舍利的佛塔象征着佛陀法体，众多的佛塔则象征着佛陀法体无所不在。

今比哈尔邦加雅城南十余千米处的佛陀伽耶大菩提寺也是一座著名的佛教建筑。相传释迦牟尼曾在此地的菩提树下静坐悟道。它与桑奇大塔大约建造于同一时期。大菩提寺大塔规模宏伟。玄奘在《大唐西域记》中称自己在公元635年拜谒这一圣地时目睹大塔“高百六十尺，下基面广二十余步，垒以青砖，涂以石灰。层龛皆有金像，四壁镂作奇制”。1882年，该塔修复。塔身凌空耸峙于边长15米的方形基座之上，中央角锥形主塔的塔顶高达50米，四角四座小塔，高度约为主塔的1/3，形状也与主塔相似，给人以大小相形与和谐统一之感。

后来的佛教建筑主要是寺院和石窟寺，散见于印度各地。其中最著名的有位于今比哈尔邦巴特那市东南的那烂陀寺。该寺建于5世纪上半叶笈多王朝时期，是印度佛教学术中心，后屡有扩建，规模宏大，殿宇壮观，声闻海外。寺内宝彩、宝海、宝洋三大殿，实际是藏书甚丰的图书馆，其中宝洋殿居然高达九层，极其壮观。《宋高僧传》卷三《寂默传》称:“那烂陀寺，周围四十八里，九寺一门，是九天王所造。”然而，这样一座享有盛誉的大型寺庙群，竟在12世纪末毁于入侵穆斯林的兵燹，连寺中收藏着的无数珍贵的典籍也未能幸免于难。随着佛教在印度本土的式微，佛教建筑在印度也成为明日黄花。

阿育王时代还出现了石窟建筑，如在今比哈尔邦巴拉巴尔丘陵开凿的苏达马石窟和在加雅附近龙树山开凿的洛摩斯里希石窟。它们开了后世印度佛教岩凿支提窟、毗诃罗窟等石窟建筑的先河。在巽伽王朝后期，即从公元前2世纪中期起，在今马哈拉施特拉邦的加尔利和帕贾两地，开始成批出现岩凿支提窟。加尔利仅是一个村庄，但印度规模最大、保护最好的支提窟就在这里。在随后的漫长岁月中，佛教、印度教和耆那教的无数虔诚信徒，在印度开凿了1 200多个规模或大或小的类似支提窟，构成印度艺术史上极其重要的一章。它们主要集中在印度西部西高止山中的悬崖峭壁上。

11-6 典型的支提窟内部

所谓支提，原本泛指各种礼拜场所，可以是建筑物、窣堵波、祭坛乃至树木，后来才用以指称佛殿。由于当时窣堵波是人们礼佛最主要的地方，所以它成了支提窟必不可少的组成部分。支提窟与当时正在罗马帝国出现的长方形廊柱大厅不无相似之处。它的两侧是两排石柱，其间是宽敞的中央大厅。最后，两排石柱在大殿里侧形成曲线，在窣堵波后面相会。支提窟的顶部往往凿成拱形。拱顶不仅使建筑内部显出曲线美，而且拓展了大殿空间；信徒在这里不但不觉压抑，而且感到庄严。支提窟正面门洞上面，是一个巨大的马蹄形拱窗，天光由此进入佛殿。如此看来，支提窟虽然为石建筑，但却是以木结构建筑为蓝本的。这种建筑手法亦为中世纪时期印度教寺庙所沿用。帕贾第12号窟长约17米，宽约8米，高约9米，规模相当可观。

与支提窟相伴开凿的毗诃罗窟是供僧人居住的地方，一般形制平面呈方形，经由门厅入内，便可发现厅堂三面的石壁上开凿的诸多小室。僧人们在里面生活、静修、睡眠。在帕贾，僧人居住的小室却是开凿在支提窟内东西两侧。在一个小室门洞的两侧，发现了两幅非佛教题材的浅浮雕。左侧一幅刻画的是太阳神。他正坐着一辆由四匹马拉着的车排空而行，一位侍者持一拂一伞相伴。右侧一幅刻画的是天帝释，即因陀罗。这位天神之主的胯下是一头大象，背后一名侍者举着他的武器与旗帜。在象脚下，许多细小的人物正在礼拜一株圣树。这两幅表现吠陀神祇的浮雕出现在佛教僧人栖居的地方，有力地说明了当时佛教具有极大的包容性，能够吸收其他宗教中对自己有益的养分。

现存最早的印度教建筑艺术是笈多王朝时期的一些岩凿洞窟。中世纪时，印度南北诸王朝大多信奉印度教，促进了印度教神庙建筑艺术的发展。大约在10世纪时，印度教建筑进入全盛时期。佛教强调平和宁静，印度教崇尚动态变化，因此印度教建筑艺术也呈现出全然不同的风貌来。从时间跨度、建筑规模和艺术风格看，南印度的神庙建筑在印度具有典型意义。自称“神庙建造者”的帕拉瓦王朝国王马亨德拉瓦尔曼一世，于7世纪初在泰米尔纳杜地区开辟了一系列印度教石窟柱廊。马亨德拉瓦尔曼一世之子即位后，由他敕建的独立式岩凿神庙开始出现，后来的南印度印度教神庙多以此为建筑范式。朱罗王朝于11世纪初在今坦焦尔兴建的布里哈迪希瓦拉神庙是印度现存最高大的神庙，俗称坦焦尔大塔。整个神庙用大块花岗岩石料垒砌而成，围以长方形回廊庭院。主殿平面为方形，边长25米。双层圣所上方耸立着13层角锥形悉卡罗，高达61米。顶端盔帽形盖石重达80吨，据说是沿着一条长达6千米以上的土坡牵引安放到塔顶的。这在当时是一件极其宏伟的工程。众多壁画、雕刻及各种装饰，使这座巍峨壮观的神庙显得富丽堂皇。马杜赖的米娜克希神庙建于17世纪，也是南印度极其有名的一座神庙。上文雕刻部分提到的埃罗拉石窟，有17座印度教石窟神庙。其中第16号窟凯拉萨神庙不但是一座印度教雕刻艺术的宝库，也是一座建筑巨构。就建筑规模而言，它比希腊雅典卫城上供奉雅典娜女神的帕台农神庙远为宏伟壮观。施工过程中，仅工匠凿掉的岩石就多达20万吨。它集建筑艺术和雕刻艺术于一身，给人造成强烈的视觉冲击和精神震撼，因此在世界艺术史上占有极其崇高的地位。它受到艺术史家的反复称道，被誉为"印度岩凿神庙的顶峰"、"印度建筑最奇异的狂想"、"雕刻的建筑"、"岩石的史诗"、"韧性的成就"[①]，如此等等，不一而足。这座在世界建筑史与雕刻史上无与伦比的作品受到这样的评价当然是十分公允的。它充分体现了印度人民的伟大创造能力和非凡的艺术想象能力。象岛石窟则完全是印度教石窟神庙。与佛教寺庙相比，印度教神庙不但工程难度大，艺术内涵也更丰富。印度教建筑的象征意义也十分明显。许多世代以来，印度人将巨大的人力和物力资源倾注于雕刻与建筑。那些宏伟而精湛的工程，足以令现代人为之动容。他们一代又一代，动力从何而来？泰戈尔在其晚年的一次演讲中指出："在我们的历史上，曾经有过由于认识到一种远远超越平淡无奇的日常琐事的实在，一大群人的意识突然受到启迪的时候。世界变得生气勃勃；我们观看它，我们用自己的全部灵魂感受它。曾经有过佛陀的声音穿越物质的和精神的障碍传到遥远的海岸这样一个时候，那时，我们的生命和我们的世界，都在它们与给予我们爱的解放的那个中心人物的关系中发现了自己的深刻意义。"[②]于是，印度人在宗教热情的激励之下，不畏艰险，不懈奋斗，前赴后继，坚忍不拔，在辽阔的国土上不断创造出令人叹为观止的宏大而不朽的雕刻与建筑的艺术奇迹。泰戈尔不仅是个诗人，而且深谙印度历史、文化与艺术。他认为，文明就是一种艺术创造，是为了使精神上完美的东西得到客观的实现而创造的。释迦牟尼创立的佛教曾使远古时代的印度人民获得一次精神解放，而印度教也早已成为印度人民的一种精神生活方式。所以，他们做了许多"看似不可为之事"，"建立起非凡的功业"，而印度的雕刻与建筑艺术正是"具有创造性的灵魂对'实在'的呼唤的回应"。这里的"实在"即本书相关部分多次提及的"梵"——宇宙精神。

---

① 参见王镛著:《印度美术史话》，北京：人民美术出版社，1999年版，第140页。

② ［印］泰戈尔著，刘建译:《人的宗教》，见刘安武等主编《泰戈尔全集》第20卷，石家庄：河北教育出版社，2000年版，第329页。译文略有修订。

四、音 乐

印度音乐至少已有3 000年的历史。公元前1500年前后问世的《梨俱吠陀》中的颂歌，可以被看作是最早的歌词。《娑摩吠陀》则是上古时期的歌曲集，专供祭司在祭祀时咏唱。"娑摩"的意思就是曲调。因此可以说，同戏剧一样，印度音乐也很可能起源于宗教祭祀仪式。

印度人将音乐视为一种能够使人的灵魂超脱俗世并升华到精神世界的崇高艺术形式。而印度文明历来就有轻物质重精神的倾向，音乐自然在印度人的生活中和心目中占有神圣地位。泰戈尔对印度音乐就持有这样的看法。

古代典籍证明，印度在上古时代就有了专业歌者和琴师。一些公元前后的石刻中也出现了他们的形象。在吠陀时代，维那琴一类的弦乐器和横笛一类的管乐器就已被制作出来。现在印度常用的一些民族乐器与之一脉相承。可能是在吠陀后期，印度音乐家在观察到不同动物的鸣声存在音差之后得到启示，将四声音阶改进成为七声音阶。印度的七声音阶被认为分别代表孔雀、乳牛、山羊、鹭鸶、夜莺、马、象7种不同动物的叫声。《阿闼婆吠陀》中就有关于七声音阶的说明。在史诗时期，音乐在王室的扶植下获得迅速发展。公元前后，声乐由宗教仪式的要素演变成为一种高度世俗化的艺术。在器乐方面，梵语两大史诗《罗摩衍那》与《摩诃婆罗多》中提到的乐器就多达20余种。在乐理方面，除七声音阶外，这时还出现了印度音乐特有的七种调式。本书上一章提到的《舞论》一书，虽然重点总结的是戏剧理论，但也是印度最早的音乐理论文献。其作者婆罗多制定的音乐规则，至今依然为印度音乐家所遵循。从迦梨陀娑的戏剧作品看，他也是一个深谙音律的人。

"拉格"是印度音乐的一个独一无二的概念，梵文原意为"色彩、情绪"或"着色"。在印度古典音乐中特指具有调式意味的曲调框架。拉格由规定的一组5~7个音组成，供即兴演奏或歌唱使用。其数量约300个，常用者约100个，但基本拉格为6个。这6个基本拉格是男性曲调，又由它们派生出一些女性曲调，名为拉吉尼。拉吉尼被人格化为拉格的妻子。每个基本拉格配有5个拉吉尼，总计36个曲调。特定的拉格和拉吉尼只能在特定的季节或一天中的某个时辰演唱，表现某种特定的情感或情绪，即表现印度传统美学的9种"味"，否则将被认为不合时宜并受到嘲笑。印度音乐由此形成旋律优美、微妙细腻和变化多端的鲜明特点。

印度古典音乐最初为一个体系，但在发展进程中逐渐分为两大流派，即印度斯坦音乐与卡纳塔克音乐。印度斯坦音乐属于北方音乐体系，形成于14世纪，主要流行于北印度、东印度以及今安得拉邦北部地区。它的世俗化倾向十分明显，受外来音乐特别是波斯和阿拉伯世俗音乐影响较多。16世纪莫卧儿王朝时代，古典音乐从宫廷流向民间。莫卧儿王朝开国皇帝巴卑尔自己就深通音律，第三代皇帝阿克巴也热心赞助音乐。实际上，除奥朗则布外，所有莫卧儿王朝的皇帝都热爱并赞助音乐。印度斯坦音乐严格遵守拉格的时间规定，一般采用19世纪音乐家帕德肯代制定的以10种基本音阶为基础的10种同名拉格分类法。

卡纳塔克音乐属于南方音乐体系，起源于吠陀时代，形成于14世纪以后，宗教色彩浓厚，受外来音乐影响较少，基本上保持了印度本土传统音乐的特色。18世纪后期至19世纪初期是卡纳塔克音乐的黄金时期。作曲家特亚加拉贾（1767~1847年）、迪克西塔尔（1775~1835年）和夏司特里（1763~1827年）被称为卡纳塔克音乐三杰。卡纳塔克音乐有72种基本拉格，依音阶中7个音排列顺序和音高变化的不同而产生，节奏规定没有印度斯坦音乐那么严格。

印度人能歌善舞，因而民间音乐也十分发达。古典音乐主要满足审美需要，而民间音乐却具有各种社会功能。人们在生产劳动和日常生活中都需要音乐。每到丰收季节，或遇娶妻生子，人们载歌载舞，以示庆祝。所以，在印度的山野林间、河流海洋之上，都可以经常听到旋律优美的歌声。西孟加拉、马哈拉施特拉和安得拉等邦的民歌都富于地方特色因而十分著名。印度民间音乐的音域十分宽广，许多民间歌曲可以达到三个八度。插曲丰富的印度电影的繁荣和普及，也推动了民间音乐的发展。印度诗人泰戈尔十分欣赏民间音乐。他在吸收民间音乐养分的基础上创作歌曲2 000多首。这些歌曲又回到民间，为渔夫村姑所传唱。1998年荣膺诺贝尔奖的印度经济学家阿马蒂亚·森在一篇题为《泰戈尔与他的印度》的文章中即曾指出："他创作的歌曲至今依然回荡在印度东部和整个孟加拉国"。[①] 20世纪后期，西方流行音乐也开始传入印度，摇滚音乐受到城市里一些青年的欢迎。

印度乐器品种丰富，主要分为弦鸣乐器、革鸣乐器、体鸣乐器和气鸣乐器四类。其中七弦乐器维那琴、西塔尔琴、双面手鼓等都很有特色，也都具有丰富的表现力。

---

① ［印］阿马蒂亚·森著:《惯于争鸣的印度人》，伦敦：企鹅书局，2005年版，第89页。

印度音乐曾经对中国古代音乐产生过巨大影响。在东汉时期，印度音乐随佛教一道传入我国。3世纪，佛教音乐开始在中国流行。在隋代，七声音阶传入我国。唐代音乐十分发达，其中就有天竺乐、龟兹乐、安国乐、康居乐、西域乐等直接或间接源于印度的音乐成分。

五、舞　蹈

在摩亨佐达罗和哈拉帕出土的印度河文明遗物中，就有舞女青铜像和表现男性舞者的石雕像。说明，印度先民十分喜欢舞蹈。在印度的神话传说中，神明是最初的舞者，表演创造、保护和毁灭之舞。按照传说，印度教三大神之一的湿婆是印度舞蹈的始祖。据说他会跳108种舞。宇宙就在他的舞蹈之中周而复始地走向毁灭和新生。他的舞王形象十分驰名。印度舞蹈很可能也起源于宗教祭祀仪式。最初的职业舞者，需要在祭祀时表演舞技以取悦神灵。因此，舞蹈作为一种艺术形式，同音乐一样，在印度至少已有3 000年的历史。舞蹈还是印度戏剧的基本组成部分。在2世纪时问世的《毗湿奴往世书》中还提到过一部舞剧的名字。显然，在婆罗多写作《舞论》之前，印度舞蹈就已经十分繁荣和成熟。根据《舞论》，舞蹈已是当时印度所有重要庆祝活动必不可少的内容。《舞论》为印度古典舞蹈制定了规则，而且至今依然是印度所有古典舞蹈形式的理论依据。

印度古典舞蹈分为南北两大体系和四大流派。由于历史和社会的变迁，每一种舞蹈形式在演变之后均具有独特的技巧，但它们还是拥有一些共同的审美原则和技巧特点，同时都从印度神话汲取营养。

婆罗多舞是南印度的一种古典舞蹈流派，起源于今泰米尔纳杜邦。原系神庙舞女的敬神舞蹈。16世纪传入宫廷。现代形式的婆罗多舞是在18世纪晚期或19世纪早期发展起来的，但在1910~1930年一度处于低谷，随后迅速得到复兴并登上舞台。婆罗多舞是一种独舞，通常由一名女演员演出。舞蹈分为6节：（1）序，祈祷并致礼；（2）纯舞蹈，演员随鼓乐节奏起舞；（3）短舞，以表情和手势简略表现泰卢固语或泰米尔语伴唱歌词的内容；（4）叙事舞段，以动作、表情和手势细腻表现全部故事情节，同时模拟几个不同角色；（5）抒情舞段，以轻快的舞姿表现对神的赞颂；（6）纯舞蹈，动作迅疾，收煞爽利。第四节为舞蹈中心和高潮，演员须在作为道具的供盘上完成一系列高难度动作。舞姿取自并模仿印度雕刻作品，演员须屈膝而舞。

卡塔卡利舞也是南印度的一种古典舞蹈流派，起源于今喀拉拉邦。“卡塔卡利”意为“故事表演”。该舞蹈实际是承袭古代梵剧形式的舞剧，而且至今仍以梵语诗歌伴唱。当地民间在古代曾经流行演出舞剧，内容为神话传说，演出者既有乡民剧团，也有职业剧团。卡塔卡利舞即从这些舞剧演化而来。该舞蹈产生于1 500年前，在印度西南沿海流行也已近三百年。主题多取自两大梵语史诗《罗摩衍那》与《摩诃婆罗多》及印度教神话，经常在乡间神庙旁露天舞台通宵达旦地演出，月明之夜通常在旷野演出。舞者均为男性，运用24种基本手势、面部表情和动作叙述剧情。面部化妆浓墨重彩，类似中国京剧脸谱。绿脸代表高贵英武的正面人物，绿底红花脸代表妖魔，橙色脸代表王后、公主等由男性扮演的正面女角。化妆一次，须花费3个多小时。服装和头盔均十分考究。

卡塔克舞是北印度的一种古典舞蹈流派，起源于今拉贾斯坦邦和北方邦的寺庙。“卡塔克”意为“说书人”。这些说书人在寺庙里讲述往世书中的故事，常以歌唱和舞蹈动作助兴，卡塔克舞由是诞生。最初与婆罗多舞非常相似，曾经是表现黑天与罗陀爱情故事的歌舞剧。穆斯林入侵后，卡塔克舞一度销声匿迹。后在17世纪始由莫卧儿皇帝恢复。莫卧儿王朝舞蹈音乐的影响使这种舞蹈的形式发生很大变化，演出地点也从寺庙转向宫廷。今天，卡塔克舞依然凝聚着印度教和伊斯兰教两种文化的成分。男女舞者可对舞蹈段落自由发挥，节拍迅疾，动作复杂，强调旋转和足部动作，舞者踝系脚铃，脚掌配合鼓点快速踏击，铃声铿锵，闻之令人动容。其服装与主题多取自莫卧儿细密画。如果说婆罗多舞重在手势，那么卡塔克舞则强在足功。

曼尼普里舞也是北印度的一种古典舞蹈流派，起源于今印度东北部位于喜马拉雅山麓的曼尼普尔邦。该邦被印度首任总理尼赫鲁誉为“印度的宝石”。据说，曼尼普尔人生来就热爱艺术和美，因而很难找到不会歌舞的曼尼普尔姑娘。曼尼普尔拥有丰富的民间舞蹈和其他舞蹈形式，但其古典舞蹈却独具特色并声名远播。曼尼普里舞最初是山民在举行宗教仪式时跳的集体舞，表现内容属于地方文化，后受印度教毗湿奴派影响发生变化。早期舞蹈内容以舞王湿婆及其妻子雪山神女的故事为中心，后受虔诚运动影响而以表现大神黑天与牧女罗陀的爱情游戏为重点。以黑天和罗陀的传奇爱情为主题的曼尼普里舞被视为这种古典舞蹈的缩影与精华，因而亦名“味戏”。当然，这种味戏并不排除其他内容，以免显得单调。它是民间舞蹈经与古典舞蹈结合而成的一种抒情舞蹈。舞蹈音乐旋律古朴，舞蹈动作流畅娴雅。它不像前述舞蹈那样注重面部表情和手势，而主要通过舞者腰身和四肢的轻柔流动来表情达意。在当地，它通常在神庙前面的庭院演出，演出往往通宵达旦，而观众在欣赏舞蹈时总是怀着深深的虔诚感情。它的演出带有季节性，也富于变化。在春夏秋三季的月圆之夜，它先后在曼尼普尔邦的首府英帕尔市的牧童神庙和地方神庙演出。如今，演出由独舞、双人舞和群舞组成。这一高度风格化的舞蹈形式庄严、细腻而又优雅。舞蹈服装丰富而考究，亦为这一艺术形式增添了光彩。

由于多种宗教、多种种族的存在，特别是由于众多少数民族和部落民的存在，印度民间舞蹈多姿多彩，异常丰富。在收获、结婚、添丁等喜庆的日子，居住在山野、森林和村庄中的人们都会翩翩起舞，表达自己的欢乐心情。舞蹈自古以来就是他们生活的重要组成部分。民间舞蹈在风格上存在巨大差异，但可依照舞蹈场合分为工作性、季节性、演武性、宗教性和仪式性五种。舞蹈动作以模仿自然和劳动等为特点，如表现自然富丽的色彩、季节的流转变化和播种水稻、采集食物等。有些民间舞蹈亦很浪漫。例如，在素有舞蹈之乡之称的曼尼普尔邦，年轻人在月光下一边轻歌曼舞，一面谈情说爱。同样属于印度东北部的特里普拉邦，也以丰富而多样的民间舞蹈而著称。印度民间舞蹈是一座蕴藏着无数资源的宝库，具有无可估量的艺术价值。实际上，大多数技巧精湛的印度古典舞蹈都是起源于民间舞蹈的。

第十二章

古代科学技术

印度是一个具有悠久科学技术和数学传统的国家。虽然印度先民在解决生存问题之后特别注重精神问题，他们还是在长期的社会实践中，在天文、数学、历法、化学、医学、农学、生物学等科学技术领域取得了多方面的成就。在天文学、数学与医学领域，印度民族对世界文明的发展做出了重大贡献。

一、天文学

印度古人为了确定祭祀与重要典礼的日期，早在吠陀时代就开始了有意识的天文观察。天文学家研究日月运行，以便制定历法，为祭祀等重要宗教活动确定时间，为农耕确定节令。印度教、佛教、耆那教都对天文学的发展做出了贡献。一些宗教人士，特别是祭司，甚至对宇宙的由来和结构作了大胆的推测。

为了正确解读吠陀经典和进行祭祀，印度古代先后出现了六部诠释吠陀的重要典籍。它们被称为吠陀支。《吠陀支天文篇》（音译《鸠底舍》）便是其中之一。它是印度古代著名的天文学著作。成书时间约在公元前4~前3世纪，但其中所蕴含的思想和知识却产生于吠陀时代或稍后。其作者据传是拉迦图。该书以偈颂形式附属于《梨俱吠陀》和《夜柔吠陀》之后，分别有36偈和44偈。耆那教天文学家在公元前1千纪后期也著有《耆那教天文篇》，阐述该教颇为独特的宇宙观。自然，这样的早期天文学著作中难免错误之处。

古代印度人凭借肉眼观察天体，很早就对所谓七曜有所认识。七曜为太阳、月亮、水星、金星、火星、木星与土星。最迟至吠陀时期，印度人已开始注意日食与月食现象。他们认为，可能存在罗睺与计都两颗隐星，它们吞食太阳或月亮，造成日食与月食的发生。我国天文学史专家钮卫星先生的最新研究成果表明，罗睺位于白道与黄道相交的升交点，计都位于白道的远地点。七曜与罗睺、计都合在一起，称为九曜或九执。吠陀时期的印度人认为，太阳是宇宙唯一的光源，与季节的交替和风的形成有关。他们还认识到，月亮本身并不发光，是由太阳照亮的。他们也注意到了月亮在不同时期呈现的不同月相，学会以太阴日计时，并形成了作为时间单位的月的概念。印度不同地区存在两个太阴历体系，分别以新月之日或满月之日作为一月的开端。在北印度和德干高原的大部分地区，以满月之日作为一月的起点，在泰米尔人居住的南印度地区，则以新月之日作为一月的开始。

根据《吠陀支天文篇》，印度古人已经知道，一年有366天，5年为一个周期，共1 830天；一年又分为12个朔望月，每一周期为62个朔望月，其中有两个闰月；一朔望月约为29.516日。当然，在实际生活中，一天就是一天。为了方便起见，每月定为30日。这样，过两个月就在实际上会比2朔望月多出近一天，故必须从日历中减去一天。这一失去的一天被称为“消失日”。《吠陀支天文篇》记载了计算确定“消失日”的方法。尤其重要的是，书中详细说明了计算与测定太阳和月亮位置，以及测定春分点位置的方法。书中还列出了二十七宿的名称。这是古代世界科学史上的一件大事。

所谓二十七宿，是分布于黄道、赤道带附近一周天的星座系统。印度古人发现，月亮与恒星的位置关系，以每27个太阳日又7小时45分为周期发生变化。他们在描绘天图时根据星宫将天空分为27区，并依据黄道带的星座名称分别对这些区命名。由于恒星月实际上几乎等于27又1/3天，印度稍后的天文学家又追加了一个名为阿毗止（Abhijit）的星宿，使二十七宿成为二十八宿。阿毗止其实就是中国古人也早已认识并命名的织女星。

中国古代也有过二十七宿的说法。《史记·天官书》云：“太岁在甲寅，镇星在东壁，故在营室。”“故在营室”，镇星原属营室之谓也，后来才被单独划分开来。中国关于二十八宿的记载，最早见于公元前5世纪战国时期，其确认与命名应当更早。印度的二十八宿的组成与我国的二十八宿只有一部分相同。然而，学术界普遍认为，中国与印度的二十八宿同出一源。季羡林先生在《中印文化交流史》中指出：“总的数目，二十八对二十八，是完全一样的。其间的渊源关系一目了然。”[1]因此，他倾向于赞同日本学者新城新藏的观点，认为印度

① 季羡林著：《季羡林文集》第四卷，南昌：江西教育出版社，1996年版，第368页。

的二十八宿是从中国传过去的。薛克翘先生认为，“两者间的对应关系并非偶合”[①]。但也有的学者认为，中国与印度的二十八宿孰先孰后和传承关系尚难得出定论。[②]至于阿拉伯的二十八宿，则普遍认为是从印度传过去的。7世纪时，印度天文学的成就已经名闻遐迩，巴格达的哈里发就聘有印度的天文学家。在7、8两个世纪，也有印度裔天文学家和数学家应聘为中国唐王朝的天文台工作，其中瞿昙悉达贡献最大，也最为知名，唐睿宗时官至太史令。如今，印度远古时期的观象台已经荡然无存，但是斋普尔和德里等地保留下来的17与18世纪的天文台，规模都很宏伟，所装备的仪器十分精确。

亚历山大大帝在公元前326年入侵印度后，印度天文学家开始与外国的天文学者接触，从而使印度天文学获得巨大进步。到5世纪初时，印度古代五部历数书中最重要的一部《苏利耶历数书》问世，取代了传统的《吠陀支天文篇》。现代印度学者认为，它是由多代学者不断修订增补而成的。全书分为14章，计500颂，涉及行星的运行和位置、日食和月食等天文现象，以及宇宙论、时间的测定、子午线及方向的测定等。该书认为，行星运行的动力来自宇宙风。此说虽然荒诞，但寻找宇宙动力的出发点无疑是正确的。该书提出春分点是摆动的，对其摆幅的计算结果比希腊天文学家托勒密的数值要精确。该书在描绘宇宙图景时采用了所谓“大时”观念。大时又被分为4个宇宙时代，每一阶段为数十万至上百万太阳年不等。比大时更长的时间单位是“劫”，相当于1 000个大时或43.2亿个太阳年。关于大时的说法，在今天看来虽然未必科学，但却表明，印度古人具有宏大的时间观念，并且隐约认识到宇宙有生有灭的客观规律。即使在今天看来，这也是一种非常了不起的猜想。

5~6世纪时的阿利耶毗陀（约公元476~550年，意译圣使）在数学和天文学方面取得了许多重要成就，他是印度古代首屈一指的数学家和天文学家。他生于今北印度比哈尔邦巴特那附近。巴特那史称华氏城，是一座文化古都，也是一个学术中心。阿利耶毗陀曾在那里进行天文观测。当地佛学中心那烂陀寺在当时就专门规定学生必须学习天文。由此可见，当时天文学在印度社会中的地位非常重要。

阿利耶毗陀的数学功底使他成为以数学为基础的新天文学的先驱。从那时起，印度天文学开始建立在真正的科学基础之上。阿利耶毗陀于公元499年将

---

① 薛克翘著:《中国与南亚文化交流志》，上海，上海人民出版社，1998年版，第107页。

② 《辞海》（缩印本），上海：上海辞书出版社，1999年版，第8页。

自己的研究心得写成《阿利耶毗陀论》（又译为《圣使集》）一书。全书由118个偈颂组成，分为4个部分。第一部分为天文表集，为作者创立的数字系统，用以表示天文数据。第二部分是算法。第三部分是时间量度，讲述天文计时法。第四部分讲述地球以及地球与太阳、月亮等太阳系天体的相对位置。他还在书中介绍了关于日月五星和罗睺、计都两个隐星运行的计算方法，以及日月食的推算方法。他准确地解释了日食与月食的成因，并能准确预先计算出日食与月食发生的时间。他指出，当月亮遮蔽太阳之时便发生日食。随后，公元6世纪时的另外一位重要的天文学家伐罗诃密希罗（意译彘日）解释了月食的成因。他指出，当月亮进入地球的阴影时就会出现月食。阿利耶毗陀与伐罗诃密希罗从两个侧面着手，合力破除流行了近两千年的关于罗睺、计都两颗隐星吞吐日月造成日食和月食的错误说法。古代印度人在日食或月食发生时要举行宗教仪式，所以准确预报日食与月食发生的时间事关重大。

阿利耶毗陀在天文学方面最惊世骇俗的学说是他的日心说。他大胆地提出，地球是一颗行星，不但围绕太阳公转，而且围绕自身的轴自转。阿利耶毗陀的这一天才发现，闪现出印度古代文明的伟大智慧。当时，托勒密地心说已经在西方流传开来并在后来的许多世纪中被奉为圭臬。直到16世纪文艺复兴时期，波兰天文学家哥白尼才使日心说逐渐为人们所认识。那么，哥白尼是否曾经借鉴阿利耶毗陀的学说呢？一个无可争议的事实是，《阿利耶毗陀论》在8~9世纪被译成阿拉伯文，后来传入处于文艺复兴前夕的意大利佛罗伦萨及欧洲其他地方。哥白尼于1500~1503年曾在意大利留学，因此完全有可能接触到阿利耶毗陀的学说。阿利耶毗陀还写了另外一部天文学著作《阿利耶毗陀历数书》，提出以子夜作为一日之开端的科学观念。除了关于日食和地球自转的学说之外，阿利耶毗陀还确认重力是地球表面物体在地球自转之时不被抛出的原因，并提出了“上”与“下”的观念具有环境可变性，认为“上”与“下”取决于人在地球上所处的位置，从而颠覆了天体“高高在上”的地位。伊朗天文学家和印度学家阿尔比鲁尼在其于1031年问世的《印度记》中记载并充分肯定了阿利耶毗陀的伟大学说。当代印度经济学家阿马蒂亚·森认为，这些天文学上的划时代的成就“包含着对已经确立的宗教正统的明显背离。阿利耶毗陀坚持破解这些问题并公开自己的发现，需要相当大的勇气和决心”。[①]1976年，印度成功发射

① ［印］阿马蒂亚·森：《惯于争鸣的印度人》，伦敦：企鹅书局，2005年版，第29页。

其第一颗人造卫星。该卫星被命名为阿利耶毗陀号，就是为了纪念这位杰出的天文学家和数学家的1 500周年华诞和他以献身精神追求科学真理所做出的历史性贡献。

伐罗诃密希罗生于历史名城乌贾因。除了科学解释月食成因外，他对印度天文学的最大贡献，在于他编纂了《五大历数全书汇编》，因而将印度古代天文学方面的著述与成就保留下来。此外，他还撰写了《广博观星大集》等五部著作。不过，它们主要是一些占星学方面的著作，论述个人星相和行星运行对人生的影响。

12–1 中国人研究印度天文学的著作

阿利耶毗陀的天文学思想，特别是他提出的以数学作为天文学研究基础的科学方法，对印度后世天文学的发展产生了深远影响。7世纪时的著名天文学家巴斯迦罗（又译为婆什迦罗第一）撰写了《大作明论》等三部天文学著作，进一步阐发阿利耶毗陀的理论与方法。与巴斯迦罗生活在同一时代的另一位天文学家婆罗门笈多（意译为梵藏），最初对阿利耶毗陀的地动说和日食理论予以抨击，后来实际上接受了阿利耶毗陀的理论与方法，撰写了《婆罗门历数书》（628年）和《历法甘露》两部重要的天文学著作。他书中的天文学数据相当精确，超越了前人。因此，他的这两部著作很快就被翻译成为阿拉伯文，从而对阿拉伯天文学的发展起了促进作用。后来，这部著作又被译成欧洲文字，题为《宇宙的开端》。12世纪时，印度数学家和天文学家巴斯迦罗·阿阇梨（又称巴斯迦罗第二）在数学研究的基础上撰写了天文学名著《天算妙要》。他曾担任负有盛名的乌贾因天文台的负责人，足见他在当时印度天文学界的地位。他仔细观测了天体运动的规律，研究了它们运动的原因。他的书涉及行星位置、天体会合、日食月食、宇宙结构等多方面的内容。他还在书中谈到许多用于天文观测的工具和仪器。此外，他在研究天文学中使用的数学方法也与阿利耶毗陀一脉相承。

印度天文学的传统经历悠长的岁月一直保持到近代。随着西方殖民主义的入侵，近代西方天文学的成就和理论逐渐为印度天文学家所了解。由是，印度的天文学体系逐渐与西方近代天文学合流，从而获得了新的生命与发展。

二、数　学

印度数学的历史，至少可以追溯到印度河文明时期。当时已经出现的祭坛以及城市规划和建设，显然需要一些基本的测量和计算，其所应用的数学知识，比毕达哥拉斯的一些发现至少早2 000年。印度河文明时期的商人在与西亚国家进行贸易时，也需要一些基本的数学知识。印度数学中的二进制和十进制就产生于这一时期。所以，印度古代的数学与宗教伴生，随后又直接应用于城市规划与建设。数学推动了天文学的发展；反过来，天文学也促进了数学的进步。上文提到的《吠陀支天文篇》的作者拉迦图就曾经在其书中写道：“犹如孔雀头上的羽冠，蟒蛇头上的珠宝，天文计算是吠陀支中所有知识的顶端。”在19世纪，由于受西方中心论的影响，印度远古时期的数学成就未能得到科学史学者的应有重视。

印度古代数学与宗教的关系，最初表现在设计和构筑露天祭坛上，这时需要一些简单的几何知识。吠陀文献中包含着明显的数学内容。《梨俱吠陀》中包含的数列知识已经超出初级数学范围。吠陀文献中还出现了无限和零的概念。十、百、千、万这样的整数也已被认识。后吠陀时期，数学著作已经在印度出现。它们的总称为“绳经”。绳的梵语词根sulv，意思就是度量。能够被称为“经”，表明它们具有十分崇高的地位。流传至今的绳经有8种，即《宝陀耶那》、《阿跋私坛巴》、《迦陀耶耶那》、《摩那瓦》、《梅特拉耶那》、《伐拉哈》、《萨陀耶萨他》和《瓦库拉》。这些绳经均系后人以著者姓氏命名。它们是世界上最早的数学论著。其中《宝陀耶那》一书最具有代表性。该书不但提出了勾股定理，而且提出了分数概念，并运用分数算出了$\sqrt{2}$的近似值。数学家宝陀耶那还计算出一些多元联立不定方程组的正整数解。由于这些著作的内容和性质，它们也被称为“数经”。它们主要讲述与建筑祭坛有关的知识，总结归纳了吠陀时期的有关数学成就。祭坛形制多样，涉及多种几何图形。绳经主要研究了正方形、长方形、平行四边形、等腰梯形、菱形、直角三角形、边长为整数的直角三角形、等腰三角形、圆等基本几何图形的性质，归纳出一些几何定理。这些著作以几何术语提出命题，以几何加代数的方法解决问题。《宝陀耶那》提出的勾股定理明显早于希腊数学家毕达哥拉斯。过去一直被认为起源于希腊的几何证明方法，在绳经中多处出现。有些数学史专家发现，绳经是古巴比伦和埃及中王国数学知识的来源。如果此说成立，那么绳经中包含的数学思想，可能在公元前3千纪就已经产生。因此，H.J.J.温特认为，绳经对于数学历史学家“具有极其重要的意义”[①]，确实言之有理。

发明现称阿拉伯数字的数字体系是印度古代数学对世界文明的另一重大贡献。根据印度考古发现，这一数字体系可能是在佛教诞生之后出现的。这些数字书写符号连同其他数学知识，或是经由前往印度西海岸经营贸易的商人带回阿拉伯地区，或是经由8世纪初征服信德的阿拉伯人传往穆斯林社会。阿拉伯语中数学一词为hindisat，意思是“印度之术”。这说明，阿拉伯世界的数学知识源于印度。后来，印度数字体系经中东阿拉伯地区传入欧洲，西方人未加详考，称之为阿拉伯数字。这在古代信息不发达的时代是完全可以理解的。一种发明只要适用，人们并不会刨根问底，究其来源，何况印度古人不但没有知识产权观念，而且完全漠视个人浮名。然而，现代人是不会轻视印度数字体系对世界的意义的。A. L. 巴沙姆认为:“在这方面，西方世界受惠于印度的程度无论怎样估量都不会过度。如果没有发达的数学体系，大多数被欧洲引以为自豪的伟大发现与发明，都将不可能。如果欧洲一直被不便使用的罗马数字所束缚，这些发现与发明也是不可能的。”[②]美国科学史学者萨尔顿亦曾指出，我们的数字和零的使用，是印度教徒发明的，然后经由阿拉伯人传给我们。这些评价总算厘清了事实，无疑是恰当的。零的概念在印度的形成，与印度宗教哲学中“空”的观念有关。有些学者认为，零（0）的符号在孔雀王朝后期，也就是公元前200年，即已经为印度人创造出来。此前，零位被处理成一个空位，在记账和计算等方面造成许多问题。无穷大似乎也与印度哲学中认为宇宙本

① ［印］A.L.巴沙姆编:《印度文化史》，牛津：牛津大学出版社，2000年版，第146页。
② ［印］A.L.巴沙姆著:《印度奇观》，新德里：卢帕出版公司，1999年版，第496页。

原梵是无限的这一观念有关。零与无穷大的概念，直到中古时期才得到完全的理解。

印度古代数学的发展在笈多王朝时期达到顶峰，并在随后的几个世纪中继续发展，从而取得了许多世界领先的重大成就。前面天文学一节中提到的阿利耶毗陀，不但是5世纪时印度伟大的天文学家，而且是一位杰出的数学家。他撰写的《阿利耶毗陀论》一书，无论在天文学领域还是数学世界都具有重大意义。他在该书第一部分天文表集里，使用自己独创的数字系统，简洁明了地记录有关天文数据。他在该书第二部分算法中，介绍了多种数学问题的计算方法。他在几何和代数两个领域都获得了突破。在几何学方面，他找到了求解三角形面积和圆形面积的方法，也找到了求解角锥体体积和球体体积的方法。在代数方面，他已经得出求解平方根、立方根和二元一次方程的正整数解的方法；他提出的三角函数表与现代精确计算的数值相比误差很小。他在数学方面最引人瞩目的成就是计算出了圆周率 π 的近似值为3.1 416。他对求圆周与直径比即圆周率的公式的表述是:“100加4，乘以8，加上62 000。这是直径20 000的圆周长近似量数。”[①]按照他的公式计算，就得出了上文 π 的近似值。需要说明的是，我国南朝伟大的数学家祖冲之（429~500年）也在5世纪计算出了圆周率的值。他推算出圆周率的值在3.1 415 926与3.1 415 927之间。应当说，阿利耶毗陀与祖冲之代表了当时世界数学的最高成就。他们得出的圆周率值都比希腊人精确，领先世界一千余年。随后，印度的数学家们又将圆周率的值计算到小数点后9位。阿利耶毗陀在数学方面的惊人成就，同他在天文学方面的伟大学说一样，首先吸引了阿拉伯学者的注意，接着传入欧洲并为欧洲人所熟悉。

在阿利耶毗陀之后，上文提到的天文学家婆罗门笈多也对印度数学的发展做出了重大贡献。他的天文学著作《婆罗门历数书》中有两章专门论述数学问题，内容涉及代数、平面几何、立体几何等诸多方面。除了整数、分数和四则运算等基础数学内容外，他还引入了负数的概念，确立了正负数的加减规则。此外，他还得出有关比例、联立一次方程、等差级数、二次方程等数学问题的算法。他还论证了有关直角三角形、三角形、四边形、梯形、圆形等平面几何图形的面积以及求体积等立体几何方面的多种定理和计算方法。他懂得如何从

① 吴文俊主编:《中国数学史大系》副卷第一卷“早期数学文献”（本卷主编沈康身）外篇“早期外国数学文献”，北京：北京师范大学出版社，2004年版，第303页。

共圆四边形的边出发求得其面积和确定其对角线。不过，由于他的著作中的许多问题与中国古代数学著作中的问题相同，也有人认为他曾受到中国数学的影响。值得称道的是，《婆罗门历数书》中的许多天文学数据在精确程度方面超过了《阿利耶毗陀论》。但不可思议的是，他竟然在该书中专设一章批评《阿利耶毗陀论》中关于地球转动的伟大学说。不过，这倒从反面为阿利耶毗陀的天才创见的确存在提供了一个有力的佐证。

在婆罗门笈多之后，9世纪时的印度数学家摩诃毗罗也取得了突出的成就。他曾在拉什特拉库塔王朝宫廷里任耆那教规范师，并于公元850年完成《算法精义》一书。他在继承前人成就的基础上有所创新，在算术、代数与平面几何等方面提出了一些复杂的计算命题。在算术方面，他似乎对趣味算法情有独钟。他列出了一些积为特殊数字的乘法算式，如27 994 681×441=12 345 654 321等。在代数方面，他能解出一些特殊的高次方程如4次方程的两个正整数根；他还能求得一些特殊的四元一次三式联立不定方程组的整比例解。尤其重要的是，他是印度有史以来数学家中第一个提到椭圆形面积计算方法的人。

前面提到的印度12世纪著名天文学家巴斯迦罗·阿阇梨，也是一位大数学家。他与婆罗门笈多一脉相承，但有重大突破。他于1150年完成的《历数精粹》中有两章论述数学问题。他规定了负数的乘法规则。例如，他规定的负负得正、正负得负的规则，实际上开了代数符号现代约定的先河。他是世界上最早对任何数除以零的意义有所领悟的数学家。他已经开始以字母表示未知数，与现代代数的用法非常相似，从而丰富并简化了数学语言，使之更为明晰和科学。他已经能够解一次与二次不定方程。他发现了正数的平方根的双值性，指出二次方程有两个根。他研究了许多多边形，一直到有384条边的正多边形，以求得 π 的更为精确的数值。他研究三角学与组合学卓有成就。他设计了计算球面面积的求和方法，这一方法被世界科学界认为相当于微积分的雏形。正是他将印度宗教哲学中关于无限的观念发展成为数学上的无穷大概念。他认为，无穷大不论除以任何数字，其商都还是无穷大。他在数学方面的精深造诣，使他在天文学研究方面得心应手，游刃有余。

12世纪之后，印度先是由于宗教、民族冲突和政治动乱，后又由于西方殖民主义的入侵，很难有人能够潜心研究数学。于是，数学在印度的发展几乎停滞。不过，地处印度西南部的喀拉拉地区却远离兵燹，相对平静，因而在

15~17世纪还是有数学家在正弦、余弦和反正切函数的级数展开等方面取得了重要成就。

印度民族的数学逻辑能力在世界各民族中是相当突出的。这一传统尽管曾经一度衰落，但在近现代，尤其是在印度独立以来，却获得神速而巨大的恢复与发展。印度计算机软件业能够在20世纪90年代以来的短暂时间内异军突起，就与数学底蕴深厚这一民族传统具有渊源关系。

三、医 学

印度古代医学源远流长，自成体系，在世界上占有十分独特而又重要的地位。

印度古人可能在印度河文明时期即已萌发了原始的卫生观念，开始积累医学和生理学方面的知识。当时，城市里已经建立了规模可观的公共浴池。这虽然可能与宗教祭祀时须洁身有关，但也与人们在文明发达之后重视卫生有关。在印度河文明遗址考古发掘报告中，曾经提到药用鹿角与乌贼骨。同中国古人一样，印度先民早就认识到了鹿茸有滋补作用。乌贼骨又名海螵蛸，功能为止血、燥湿和收敛，研粉外用，可治疮疡和外伤出血。这在当时显然是一种十分有用的生物药品。印度地处热带与亚热带，固然使人类易于从自然界获取食物，但也适于各种疾病的滋生和蔓延。与今人相比，古人的生活环境可谓危机四伏。为了种族的健康和繁衍，古代印度人必须十分关注自身的健康与疾患的治疗及预防。显然，印度医学是在古人不断认识自我与客观环境并不断实践与总结的基础上发展起来的。印度的广阔森林中蕴藏着异常丰富的动植物资源。它们随着印度古人有关知识的增加而在医学中得到充分的发掘与利用。

第十九卷　学术论著十一

残卷 P.3303

12-2 糖在古代印度可作药用。印度的制糖技术十分发达。这张敦煌残卷介绍了古代印度的制糖方法，其中“煞割令”是梵文音译，汉语意译石蜜

在吠陀时期，四部吠陀本集中最晚问世的《阿闼婆吠陀》中已经包含了不少医学方面的内容，表达了古人对驱除疾病和求得长生的强烈愿望。同大多数民族早期医学的情况一样，吠陀时期的医学基本上是一种巫医。《阿闼婆吠陀》这部巫术诗歌集中的许多咒语，就是巫医用来驱逐疾病的。该诗集涉及的疾病种类繁多。金克木先生将这些疾病归纳为发烧（疟疾？）、癞病、黄疸、水肿、瘰疬、咳嗽、眼疾、秃顶、虚弱、骨折、外伤、蛇咬、食物中毒、疯狂等十余种。[①]发烧可能是疟疾，但也可能就是热病。疯病就是现代意义上的精神失常。印度的丛林草莽之中毒蛇众多，因此人类在生产活动中遭遇蛇咬的事情经常发生。不过，咒语只能起一点心理安慰作用。一首诗，无论写得多好，也是治不了病的。然而，《阿闼婆吠陀》中记载了人体骨骼的准确数目，也透露了一些关于药物、治疗、解剖、胚胎、生理等学科的知识。这些都是十分难能可贵的。

讲述植物和医药的“生命吠陀”，是印度医学理论的源头。它是四种副吠陀之一。根据印度教传说，这些医学知识是由天神传授给人类的。大梵天被认为是生命吠陀中医学知识的创造者。后来，这些知识为生主、双马童、因陀罗诸神一一相传，最后传给了妙闻等人间名医。实际情况很可能是，在森林中静修的哲人在患病自治或为他人疗疾的过程中产生并积累了最为原始的医学知识，然后不断薪传下来，并陆续予以修订和补充，从而形成了一套医学理论体系。婆罗杜伐迦和昙梵陀利是传说中生命吠陀医学的始祖。他们很可能是印度远古时代的名医。后者曾向门徒讲授生命吠陀，其内容后来记载在《阿闼婆吠陀》之中。说人间医学来自天神，不过是古代医生为了神化自己以提高威信的一种常见手段。这其实与君权神授说的出发点是一样的。

生命吠陀涉及人体的4个部分，即肉体、思想、智慧和灵魂。它主张人通过饮食、医疗和养生等手段来祛病、健身和延寿。它包括内科学和外科学两个主要学派，并有8个分支学科。它强调整体思想及人与自然和谐相应的理念。

生活在1~2世纪的遮罗迦和约生活在4世纪的妙闻，是生命吠陀最著名的传人，是印度古代医学理论的集大成者。他们的医学实践与著作标志着印度古代医学科学的成熟。A.L.巴沙姆认为，他们创立的医学体系在某些方面堪与古希腊医宗希波克拉底及古罗马医师加伦媲美，在某些方面甚至超越了两位西方医圣。[②]遮罗迦与加伦生活在同一时代。到了妙闻时代，希腊与罗马的医学成就

① 金克木著：《梵语文学史》，北京：人民文学出版社，1980年版，第46页。

② ［印］A.L.巴沙姆著：《印度奇观》，新德里：卢帕出版公司，1999年版，第499页。

有可能为印度人所获悉。

遮罗迦在世时期正是贵霜帝国统治时期。据说，他曾经担任贵霜王迦腻色伽的御医。他所著《遮罗迦本集》是公元纪年初期北印度最早研究生命吠陀的权威著作。可以认为，这部医学巨著既有对前人医学知识的总结，也有遮罗迦本人的研究心得。由于遮罗迦生平不详，对他生活的年代历来就有不同的说法。有些学者认为，由于他在自己的著作中没有提到佛陀及佛教哲学，因而推断他可能生活在公元前8世纪。1890年，西方考古学家在新疆库车佛塔遗址中发掘出一些梵文医学典籍，其中有不少引自《遮罗迦本集》的内容。我国佛教文献学专家方广锠研究员认为，库车文献的年代可以断定为公元350年左右。那么，此前遮罗迦在印度应当已经享有盛名，并为国外所知。有时，我们对于古人传播或求取知识的能力与毅力可能估计偏低。

可以肯定的是，印度医学到公元初期已经发展到了成熟的阶段，因此需要对既往医学成就予以总结。《遮罗迦本集》共有120章，分为8个部分。第一部分为医学基本原理，第二部分为诊断学。其余部分对生理学、解剖学、药理学、治疗学等分别予以探讨，对热病、癫痫、肿瘤等八种主要疾病的研究尤为深入，同时提出了营养、睡眠和节食等现代医学也十分重视的摄生问题。他在药理学部分提到以植物为主体的药物500余种。因此，《遮罗迦本集》尽管是一部内科学经典著作，但却体系完备，历来就有“古印度医学百科全书”之称。

遮罗迦已经天才地认识到病菌与人患病有关，但并不认为病菌是致病的唯一因素。他认为，人所以患病是由于体液失衡。他所谓的体液，除了传统医学中提到的3种主要体液风（气息）、胆汁与痰之外，还包括血液。这就将人患病的主客观因素结合起来。我国唐代高僧义净（公元635~713年）在旅印期间也曾留意印度的医学理论。他在《南海寄归内法传》中指出，印度人体液失衡致病之说，相当于“神州沉重、痰癊、热黄、气发之异名也”。风、胆汁和痰如能保持平衡，人就可以保持健康，而一旦某种体液增加或减少，就为病菌在人体内生长创造了有利环境，于是人就会患病。

遮罗迦十分重视医生的职业道德。他虽然身为御医，但并非不给普通人看病。实际上，他不断奔走，宣传医学知识，为各种普通人解除病痛。他在一批学生学徒期满举行庄严宗教仪式之时，曾经指示一位医生向这些行将进入杏林的弟子宣讲医德。这篇讲演集中体现了遮罗迦本人的医德观念。遮罗迦教导他们：“你们如若要在行医、生财和名声方面获得成功，要想在身后升入天堂，就必须在每天起床后与入睡前为众生的福祉祈祷，尤其要为母牛和婆罗门祈祷，你们必须竭诚为患者的健康而奋斗。你们绝不能背弃患者，哪怕牺牲自己的生命也在所不惜。……你们不能醉酒，不能作恶，不能结交不肖之徒。……你们必须和颜悦色……体贴患者，并不懈提高自己的（医学）知识。”他还教训他们说：“当你们前往患者之家时，你们应当将自己的话语、心思、智慧和感官集中于患者及治疗，而非他处。……病人家中发生的任何事情均不可对外乱说，亦不可将患者的病情透露给任何在获悉情况后可能对患者或有关人员加害的人。”[①]在印度，医生属于高级种姓，所以遮罗迦要求学生对婆罗门优礼有加。这在当时是完全可以理解的。在农业社会，母牛对于生产和生活非常重要，所以也被提及。由此可以推断，印度的人医在当时也兼任兽医之职。不过，遮罗迦关于医生职业道德的核心思想是，医生必须将全部身心献给医疗事业，治病救人的使命重于医生个人的生命，医生工作时应当集中全部精力，医生应当尊重患者的隐私。这些职业操守，即使在今天也有很多人难以做到，因此非常难能可贵。诚如巴沙姆所言，遮罗迦制定的医学规范令人想到举世闻名的希波克拉底誓言。二者确有异曲同工之妙。

在遮罗迦之后，一代名医妙闻成为印度外科鼻祖。其实，在妙闻之前，为了医治战争中受到弓箭和其他锐利武器伤害的士兵，印度医生已经对外科手术有所探索并形成传统。妙闻不但精通外科，而且对妇科等其他专科也十分擅长。因此，他还是古代印度医学分科的创始人。

妙闻十分重视医学实践。他在继承前人成就的基础上，主张通过解剖尸体弄清并研究人体解剖学。印度古人实行火葬、水葬、天葬、土葬等多种葬制。从《梨俱吠陀》中有关葬礼的几首诗歌看，印度至迟在吠陀时代即已开始实行火葬。火对于印度教徒是神圣的，可以使人在身后得到净化。佛教也主张实行火化。印度哲学重视灵魂而轻贱肉体，因此在印度没有出现土葬风行或死后设法保存遗体的厚葬之俗。火葬等较为进步的葬俗，可能也与印度古人净化环境的理念有关。在这样的社会氛围下，医生想要寻找尸体以供解剖似乎并不困难。妙闻认为，无论何人，只有通过了解人体本身才能成为技术精湛的良医。他在实践中同时研究了胚胎学和人体解剖学。与此同时，他还研究了产科学。他所著《妙闻本集》分为6篇，计186章，涉及医学通论、解剖学、病理学、药理

① 《遮罗迦本集》，转译自［印］A.L.巴沙姆著：《印度奇观》，新德里：卢帕出版公司，1999年版，第500页。

学、外科学和各种疗法。通论占46章，主要阐述医学理论。解剖学占10章，病理学占16章，药理学占8章，各种疗法占40章，外科占66章。他在解剖学篇中说，用以解剖的尸体不可年纪太老，也不可长期患病。解剖之前，应对尸体妥善处理。尸体表面、四肢、内脏都应仔细查看。妙闻很可能是世界上最早也最透彻理解人体解剖学对医学科学发展重要性的外科医生。古代妇女生育时的妇婴高死亡率也曾引起妙闻的巨大同情与关注。他在《妙闻本集》中，对于胚胎发育过程、胎儿在子宫中的不同位置、分娩通道、分娩时可能出现的并发症及其处置都有论述。在妇女地位低下的时代，能够如此关注妇科学，非有大医之仁心，难以做到。

作为一位外科专家，妙闻在书中详尽记述了三百余例不同的手术。工欲善其事，必先利其器。为此他还记述了121种手术器械的形制与用途，其中包括解剖刀、柳叶刀、钳子、镊子、导管、针、锯、钩、剪及探针等。手术项目包括剖腹术、膀胱结石切除术和整形外科手术等。其中膀胱结石切除术，领先于欧洲人近十个世纪。他发明的皮瓣移植技术至今依然为整形外科的基本医疗手段之一。他还为遭受劓刑的病人修复受损的鼻子，从而开创了印度的整形外科。他还能够为接受手术的病人采取一定的麻醉手段。他的书中甚至记载了用以修复伤疤的药物和治疗细节。由于妙闻的开拓性贡献，印度外科医学在世界上长期处于领先地位。在整形外科领域，印度更是长期保持优势。18世纪，英国东印度公司的外科医生就曾放下架子，向印度同行虚心求教。

同遮罗迦一样，妙闻也是一个十分注重医德的人。他主张，医生应当具有高尚的道德，应当为嫠妇、贫者、旅客等处于困境的人提供免费医疗服务。他认为，优秀的外科医生应当英勇果敢、精神集中、手法沉稳；既然病人将自己的生命托付给了医生，医生就应当不辱使命，将病人的生命视同自己的生命。他还认为，医生应当努力获得病人的信任。他在手术前后都要举行祭拜仪式，以使医患双方振作并保持精神力量。然而，对于猎人、罪犯等，他认为不应予以救助。所以不救助猎人，是因为他们杀生害命。他对贱民也持排斥态度。看来，他的人道主义还没有发展到包容一切的程度。当然，这在当时是完全可以理解的。

在妙闻之后，著名医学家婆跋吒撰写的《八支心要方本集》也是一部医学名著。婆跋吒大约生于6世纪与7世纪之交。一代名医拉维笈多约生于7世纪中叶。他撰写的《医理精华》亦为印度医学的重要经典。该书内容主要讲述临床医学知识，收集了历代流传下来的众多医学验方。《医理精华》全书共分为31章，分别讲述了医学理论、药物类别、饮食法则、医疗细则以及热病、痢疾、出血症、肺病、肿瘤、皮肤病、痔瘘、疯癫、风湿病、酒精中毒、丹毒、创伤等多种疾病的治疗方法。北京大学陈明博士潜心学术，对这部重要医典进行了长期深入的研究并在近年将其译为现代汉语出版。他认为，“《医理精华》本身是一部传世的医书。它的结构在印度医学史上，基本上可以说是一个转捩点。在此之前的几部主要医典，如内科专著《遮罗迦本集》、外科专著《妙闻本集》、《八支心要方本集》等，都是按照不同的治疗原则来编辑材料的，换句话说，它们是按照印度‘生命吠陀’医学的传统分类来安排医书的内容的。比如《八支心要方本集》分为6部、8支、120章。六部分别是简述部、人体部、病理部、治疗部、疗术部和后续部。八支即‘生命吠陀体系’的八分医方。而《医理精华》是按照31个不同的主题来统率材料的，在具体操作上有巨大的优势。在此之后，从7世纪后半叶起，摩陀婆迦罗的《摩陀婆医经》以下，差不多都模仿了它。像《医理精华》一样，《摩陀婆医经》没有分部，只是由70章组成，每一章主要论述一种疾病的病因与病理。当然，《摩陀婆医经》的结构在沿用这种方式的基础上，作了若干改进，由此《摩陀婆医经》的次序就成了后世印度医典的编辑标准。”①如此看来，拉维笈多既是印度医典体系的改造者，也是印度医学的承先启后者。

印度医学可能是世界上最早注意并提倡护理牙齿的。上文提到的遮罗迦，在论及预防疾病时专门提到保护牙齿的重要性。他主张每餐饭后用清水漱口，同时用齿木刷牙。这在当时的印度渐成风气，以至于引起了我国唐代旅印高僧义净的特别兴趣与关注。他在《南海寄归内法传》卷一中记载：“每日旦朝，须嚼齿木。揩齿刮舌，务令如法。盐漱清净，方行敬礼。若其不然，受礼礼他，悉皆得罪。其齿木者，梵云惮哆家瑟诧。惮哆译之为齿，家瑟诧即是其木。长十二指，短不减八指，大如小指。一头缓须熟嚼，良久净刷牙关。若也逼近尊人，宜将左手掩口。用罢擘破，屈而刮舌。或可别用铜铁，作刮舌之篦。或可竹木薄片如小指面许，一头纤细，以剔断牙，屈而刮舌，勿令损伤。”②如此看来，在古代印度，刷牙事关重大，不仅与待人接物的社交礼仪有关，而且与个人健康关系殊深。这与现代文明卫生理念是十分接近的。刷牙的工具齿木可以

① 陈明著：《印度梵文医典〈医理精华〉研究》，北京：中华书局，2002年版，第7~8页。
② 义净著，王邦维校注：《南海寄归内法传校注》，北京：中华书局，1995年版，第44页。

说是现代牙刷及牙签的前身。按照义净的记载，举凡柞条葛蔓、楮桃槐柳，皆可用为齿木。但是，“其木条以苦涩辛辣者为佳，嚼头成絮为最。粗胡叶根，极为精也。坚齿口香，消食去癊。用之半月，口气顿除。牙疼齿惫，三旬即愈”。[①]“牙疼西国迥无，良为嚼其齿木。”[②]这种原始的牙刷，效果竟然不错。难怪义净要不厌其烦，备细记载，以传东土。

由于印度古代医学与古代希腊医学所用的理论术语有相同之处，两者可能有渊源关系。相互影响是可能的，前者对后者的影响可能更大。印度医学对阿拉伯医学也有影响。不过，印度医学也曾受到阿拉伯医学和中国医学的影响。例如，印度医生从12世纪开始在为患者诊病时注意查看其尿液与脉搏，就是学习中国医学和阿拉伯医学的结果。13~14世纪时，在穆斯林王朝统治时期，来自波斯阿拉伯地区的优那尼医学体系开始在印度生根，随后在莫卧儿王朝时期流行开来。

12–3 德里笈多铁柱

除了天文、历算和医学之外，印度古代在物理、化学、冶金等领域也都取得了相当的成就。至今矗立在德里的笈多时代的铁柱一直有生锈。印度科学技术，最初以宗教为推动力，后来开始向世俗化的方向发展，并逐渐成为独立的学科。

① 义净著，王邦维校注:《南海寄归内法传校注》，北京：中华书局，1995年版，第45页。
② 同上书，第47页。

中编

中世篇

第十三章

伊斯兰文明的侵入

印度在地理上是一个统一体，然而在它悠久的古代历史中，除阿育王时代，以及较小程度在笈多王朝和戒日王时代有过短暂的政治统一外，呈现的却常是列国纷争、干戈不息的分裂局面。每一个统治者都把建立尽可能广大的王国当作他的最高理想，因而他的基本政治信条，乃是把邻国当作自己最危险的潜敌。地域广大，种族复杂，以及由此形成的文化和语言藩篱，也为这种分裂提供了社会文化基础。印度的政治分裂究竟在多大程度上给它的社会进步带来了不利影响，是迄今还在不断争论的问题。不过，有一点是明显的，即无休止的战乱和一向令人垂涎的财富，使印度时常成为外来侵略者追猎的目标。这些侵略者但以武力尝试，多能取得或大或小，程度不等的成功。

下一个做这种尝试的，是西北边境的穆斯林。一连串的穆斯林入侵和占领，给印度社会和人民生活带来了极其深远的影响。

一、伽色尼王国的入侵

伽色尼（Ghazni）是今阿富汗喀布尔西南约140千米的一个小城。公元963年，信奉伊斯兰教的突厥人阿巴提真在这里建立了一个小朝廷，称亚米尼王朝，也称伽色尼王朝。阿巴提真最初是波斯萨马尼王的奴隶，后在这里拥兵自立，但还承认萨马尼王朝的宗主权。他在建朝当年死去，权位易手再三，14年后为他的女婿沙布提真所得。沙布提真也是奴隶出身，能力出众而野心勃勃。他逐渐蚕食了附近的不思忒（在今阿富汗坎大哈以西）、达瓦和廓尔等地，最后与东面的印度萨希王朝形成对垒局面。

萨希王朝（Shahiya Dynasty）原是由印度化的突厥人建立的，统治着喀布尔河流域及今巴基斯坦、阿富汗边境的部分地区。9世纪中叶，一位婆罗门大臣废黜了突厥君主，自立为王。不久，他将首都迁到印度河西岸的乌达班达普拉（今坎贝尔普尔以北20千米的奥辛德）。10世纪末统治萨希王朝的是阇耶波罗。他并吞了拉合尔，把领土逐渐扩大到西至拉格曼（阿富汗东北部），南至木尔坦，东至锡尔欣德的广大地区，成为守卫印度大门的主要力量。毕生同来自西方的入侵者进行斗争，成了他和他的继承人注定的命运。

10世纪末叶，沙布提真成功地袭取了萨希王朝的一些边境城镇。警觉起来的阇耶波罗决定反攻。987年，两军在贾拉勒阿巴德附近相遇，但是一场猛烈的暴风雨扰乱了阇耶波罗的阵脚。他被迫求和，草草签订了一项割地赔款的条约后，匆匆返回。然而，当回到本土，感到安全以后，他便撕毁条约，拒绝赔偿。沙布提真闻讯后集结起一支大军，准备入侵。面对严重局势，阇耶波罗向北印度的其他领袖发出呼吁，要求他们起来共同保卫祖国的荣誉。包括瞿折罗王、兆汉王和旃代罗王在内的不少拉其普特王公响应了号召。991年，已经被几百年内战消耗得精疲力竭的拉其普特人在库腊姆河岸与突厥人接战。尽管拉其普特人表现英勇，但还是失败了。战士的鲜血染红了河水。突厥人割去了白沙瓦以西的全部领土。

997年，沙布提真死去，他生前指定的储君、次子伊斯梅尔继承了王位。7个月后，王位被长子马茂德夺去。马茂德剽悍而机敏，具有卓越的军事天才。他拒绝对萨马尼王朝继续称臣，向西征服了阿富汗的北部和西部，以及波斯东北部的呼罗珊。999年，巴格达的哈里发承认他为独立的苏丹。他决心继续父亲的侵略政策，发誓每年远征印度一次。他的目的是不断掠夺印度的财富，武力推行伊斯兰教，而又不给印度人以任何喘息和反抗的机会。

这时的印度正陷于四分五裂，不少王国幅员广阔，资源丰富，国力雄厚，但是它们却把力量几乎完全消耗在无休止的互相攻伐之中，根本不思团结御侮。在各个王国之内，种姓制度的发展把社会进一步划分为众多的次种姓，到处充满阶级歧视和阶级压迫。过去一直跻身于再生者行列的吠舍，此时连圣典也不能接触了；首陀罗和贱民更是过着非人的生活。妇女的地位十分低下，往往只被当作男人的玩物。童婚、多妻和寡妇殉夫等陋习盛行。这样一盘散沙、积弱不振的社会，显然是不堪迎受外来打击的。

1000年，苏丹马茂德首次进扰印度，占领了一些边境上的堡垒。次年，他又率1万精骑进攻萨希王朝。老王阇耶波罗在白沙瓦附近率兵迎战，失败被俘。马茂德释放了他，条件是赔偿25头战象及大笔赎金。老王不堪蒙辱苟活，自焚而死，他的儿子阿难陀波罗继位。此后几乎每隔一两年马茂德就要发动一次侵略。1006年马茂德进攻木尔坦，阿难陀波罗拒绝借路。但是他派去阻截马茂德的军队被击败。1009年，他集结起一支由西印度和中印度各王国组成的联军，准备与入侵者展开决战。印度教徒们意识到生死存亡的关头已到，纷纷捐献财物，集资纾难，连妇女也卖掉了身上的首饰。决战的战场选定在印度河以东的威汉德。马茂德面对强大的联军，决定深沟高垒，采取守势，但印军以闪电般的凌厉攻势迅速冲垮了他的阵地，一举消灭了他3 000名士兵。但不幸的是阿难陀波罗的坐象突然受惊，狂奔而去。印军因失去主帅而陷入混乱。马茂德抓住战机反扑过去，数千名印度士兵在突厥人的铁骑和长矛下即刻丧生。马茂德顺利地开进无人防守的那伽尔科特城（今喜马偕尔邦的康腊），掠得大量金银和珍贵衣物。

此后，苏丹马茂德在历次定期远征中几乎再也没有遇到过有力的抵抗。突厥人的军队以骑兵为主，且计划周密，常在农作物收获时节发兵，故可免带粮草，作战灵活机动。这也是他们在战场上易于取胜的重要原因。马茂德前后侵印17次（一说12次）。瞿折罗王在经过一番斗争后投降了。旃代罗王起初也曾奋力抵抗，但终因敌不过马茂德的强大兵力而屈服纳贡。阿难陀波罗及其继承人转战于克什米尔和东旁遮普一带，亦曾一度获得克什米尔统治者的支持，但他们也只坚持了17年。1026年，萨希王朝在逐渐萎缩后灭亡。马茂德并吞了整个旁遮普地区。

苏丹马茂德侵略印度，以掠夺财富为根本目的，矛头所向，尽是北印度富庶的城镇，尤其是财宝充盈的寺庙。塔内萨市内所有的寺庙和偶像都被破坏了，受到广泛崇拜的斫迦罗私瓦密神像被运往伽色尼，放在广场上任人亵渎。马土腊的焚掠延续了20天，所有的寺庙全被夷为平地，无数巨大的金银神像连同上面的珍珠宝石，统统被运回了伽色尼。卡瑙季在马茂德离去时也只剩下一片焦土。1025年，马茂德决定进攻垂涎已久的苏摩那陀神庙。该神庙坐落在卡提阿瓦半岛，是当时最辉煌的印度教寺院之一，仅仅在这里主持宗教仪式的婆罗门就有1 000位，还有350名男女在神像前竟日歌舞。划归它的村庄多达1万个，香客的供奉终年不断。庙内珍藏无数，仅一座湿婆神像的华盖就缀着数千颗大小不等的钻石。为了保卫自己的信仰，苏摩那陀波坦城的军民和僧侣组织了顽强的抵抗。但是两天以后城破，神庙遭到无情的洗劫。据说马茂德这次囊括而去的战利品比以前各次所得加在一起还多。然而，他的军队在返回途中迷失在塔尔沙漠里，受尽折磨，因为一个印度教僧人为了复仇，装成向导，把他们引入了歧途。不过他们还是逃脱了覆灭的命运，安全地回到了伽色尼。晚年的苏丹马茂德把注意力转向西方，征服了波斯的大部，把他的领土扩大到里海沿岸。

马茂德曾经北征花剌子模，并从那里俘回了大学者阿尔比鲁尼（Albiruni），随后把他带入印度。阿尔比鲁尼遵马茂德之命，在印度居留10年，学习梵语，并且全面研究了印度的哲学和科学。他在1031年写成《印度志》，详细叙述了当时印度的社会特征、宗教发展、生活习俗、科学研究等多方面的情况，记载真实准确，分析深刻独到，为后世了解穆斯林征服前夕的印度历史和文化，提供了极为珍贵的资料。

马茂德凭借武力连续进行疯狂焚掠和残暴屠杀近30年，给印度人民带来了深重的灾难。田野荒芜，城市凋敝，印度北部的生产力遭到空前的破坏。他的侵略不仅大大削弱了印度的经济和军事实力，也在一段时期内挫杀了印度人抵御外敌的斗志和信心，为日后穆斯林长驱直入并最终在次大陆建立稳定的统治铺平了道路。他对信德、木尔坦和旁遮普的占领，也为这些穆斯林后来者进攻印度准备了踏板。余下的问题已不是穆斯林将怎样席卷印度，而是他们会在何时征服它。印度的大小统治者对此了无认识。在他们眼里，马茂德和他的军队不过是另一批野蛮人，会像塞人和哌哒人那样再一次被同化、被遗忘。

二、廓尔王国的入侵

1030年马茂德死去，北印度大为释然。对于外来威胁的警惕放松了，特别是看到马茂德的后人对北印平原似乎无甚兴趣以后，矛盾和混战又复成为常态。等到新一波入侵浪潮扑来之时，印度人依然毫无准备。

新的入侵来自廓尔王国（Ghuri Kingdom）。廓尔是赫拉特（在阿富汗西部）东面的一个山国，向以出产良马好钢闻名中亚。该国统治者来自东波斯，是突厥人的一支。它曾作为苏丹马茂德的属国，臣服于他。马茂德死后，二子内阋，加上同塞尔柱人的矛盾，伽色尼很快衰弱下去。廓尔王国利用这一时机聚禾缮兵，到12世纪初已能同伽色尼直接对抗。1173年，廓尔王吉亚斯–乌德–丁派他的弟弟萨哈伯–乌德–丁（别名穆伊兹–乌德–丁·穆罕默德）占领了伽色尼。后者史称廓尔的穆罕默德。与主要以西方为图谋所指的长兄不同，穆罕默德主张把视线移向东方。在他看来，西进有花剌子模的强大阻力，而廓尔人的世仇伽色尼王朝当时还统治着旁遮普，不消灭它不足以解除后顾之忧。同时，印度的财富也吸引着他。

廓尔的穆罕默德第一次入侵印度是在1175年。这时上距马茂德最后一次侵印已有150年，但是印度的情况除各地的统治者及其版图有所变易外，并无明显改善。到处依旧是小国林立，互争雄长，对于迫在眉睫的民族危难鲜有清醒的意识。兆汉国的布里陀毗罗阇三世是当时最强大的拉其普特王，领有德里和阿季米尔。不过，他的扩张政策使兆汉与遮娄其、旃代罗及其他小国陷入尖锐的矛盾。南印度同样四分五裂，对于北印度的命运漠不关心。印度社会除像过去一样腐败以外，现在又新添了散在各处的穆斯林定居者。他们当时的数量虽不足虑，然而一旦有本族来攻，他们的作用就不可忽视。

1175年，廓尔的穆罕默德攻下了木尔坦，不久又并吞了信德南部，这两个地方原来都是由独立的什叶派穆斯林统治的。1178年他进攻古吉拉特，在阿布（在今拉贾斯坦与古吉拉特的交界处）被遮娄其王牟拉罗阇击败。1179年他占领了白沙瓦；两年后兵逼拉合尔，从伽色尼王朝最后一个君主胡斯鲁沙手中勒索到大量贡品。1186年他再次进攻拉合尔，把胡斯鲁沙投入监狱，夺去了他手中的旁遮普。胡斯鲁沙1192年被杀，伽色尼王朝就此终结。值得注意的是，在牟拉罗阇抗击穆罕默德时，布里陀毗罗阇三世曾经打算派兵支援，却被他的大臣迦檀波伐萨阻止了。后者主张作壁上观。结果，直到穆罕默德割去旁遮普后，兆汉王国同遮娄其王国还在争逐不休。这正是印度王公在民族敌人压境时所采取的典型态度。

兼并旁遮普后，穆罕默德的领土就同兆汉王国相接了。他和布里陀毗罗阇三世的冲突变得不可避免。1191年，穆罕默德袭取了巴廷达（在今旁遮普邦南部）。布里陀毗罗阇三世闻讯后前来夺城，两军在塔兰村（德里北面的卡纳尔附近）前排开战阵。兆汉人猛攻廓尔人的两翼，迫使他们节节后退并终于四散溃逃。廓尔军队伤亡惨重，穆罕默德在少数亲兵的护送下突出重围，仅以身免。兆汉人大获全胜，但是他们既没有追击逃窜的敌军，也没有抓紧时机整编队伍，更没有向西夺取很容易到手的旁遮普——那里的人民对新来的穆斯林统治者非常不满，为必不可免的下一次决战做好准备。穆罕默德伤愈后在中亚征集了一批勇猛的山民，组成一支12万人的队伍，于次年再循原路入印，以雪前耻。布里陀毗罗阇三世亲率大军前来迎战，一些印度国王也派来了自己的人马。这一次战场仍旧选在塔兰村。穆罕默德先是用诡计麻痹敌人的警惕，然后在一个拂晓袭击了印度军营。猝不及防的印军在一阵慌乱后镇定下来，开始反攻。穆罕默德把他的军队分成小股向印军猛冲，然后佯装败逃。印军在追击中逐渐出现混乱。穆罕默德抓住时机，率1.2万名精骑，迎向追兵，彻底打乱了印度军队。战斗持续了一天，一部分印军首领捐躯疆场，布里陀毗罗阇三世兵败被俘，后被残酷杀害。第二次塔兰战役是印度历史上具有决定意义的战役之一。它不仅摧毁了兆汉人的武装，也为穆斯林侵略整个印度北部打开了通路，从而深刻地影响了印度的未来。

穆罕默德把印度事务委与他的副官顾突卜–乌德–丁·艾伯克（Qutbuddin Aibak）后，便回廓尔去了。艾伯克于1193年占领德里，并在以后的10年内帮助他的主人占领了卡瑙季、瓜廖尔、安希瓦达、卡兰查尔等地，镇压了阿季米尔和阿利加尔（在今北方邦东部）的起义。他把首府建在德里，从这里管理印度境内的穆斯林统治区。他又派自己的部将降伏了比哈尔和孟加拉，一步步地扩大和巩固了穆斯林在北印度的统治。穆罕默德在1202年继承其兄王位。1206年，他在印度河畔遇刺身亡。由于身后无嗣，只好传位给侄子阿拉–乌德–丁。不久，各地首领纷纷自立，廓尔王国宣告分裂。廓尔的穆罕默德是在北印度辽阔的土地上建立穆斯林政权的第一人。这个政权为以后穆斯林在印度的600年统治奠定了基础。

三、德里苏丹国

（一）奴隶王朝

1206年廓尔王国分裂后，顾突卜–乌德–丁·艾伯克成为北印度的独立君主。由于艾伯克原是一名奴隶，而他的继承者中又有若干人也是奴隶出身，所以由他建立的王朝史称奴隶王朝。

顾突卜–乌德–丁·艾伯克出生在中亚，幼时即被商人贩到内沙布尔（今伊朗东北部）。在这里，主人给了他必要的文化教育。后来，他又被带到伽色尼，卖给廓尔的穆罕默德。他虽其貌不扬，但才智出众。穆罕默德发现了这点，非常赏识，很快就派他管理马政。他在第二次塔兰战役中功勋卓著。战役结束

解脱主庙，奥里萨邦，950~975年

喀拉拉邦的龙舟节

开凿洞窟图，巴尔胡特，中央邦，巽伽王朝，公元前2世纪

可爱的印度儿童

克什米尔的西卡拉小船

抽象派现代主义绘画之一，马·菲·侯赛因绘

抽象派现代主义绘画之二，马·菲·侯赛因绘

曼吉特·巴瓦风格独特的帆布油画

梅加拉亚邦的节日游行

曼尼普尔的手鼓舞

梅加拉亚邦的民族服饰

米佐拉姆邦的民间舞蹈

摩诃婆罗多大战场景，怖军和阿周那对战德罗纳

那烂陀寺遗址，比哈尔邦巴特那市和格雅市附近

毗湿奴的野猪化身雕像，
砂岩，中央邦，10世纪

纳西克石窟，马哈拉施特拉邦浦那附近，2世纪

制铜器者

妇女戴着漂亮的首饰

绘手艺术

印花布图案之一

印花布图案之三

骑象的国王，石雕围栏横梁，马图拉，北方邦，
巽伽王朝，公元前2世纪

印花布图案之二

神车节，布里市，奥里萨邦

虔诚的信徒

神猴哈奴曼胸像，北印度，18世纪

诗歌、文艺、音乐女神娑罗斯瓦底，拉贾·拉维·沃尔马绘

湿婆和雪山神女

湿婆神庙，阿萨姆邦，建于1734年

时装表演

释迦牟尼弟子舍利弗曾经用来修行的洞窟

水井和沐浴处，哈拉帕，印度河流域文明时期，约公元前2500年

手纺手织运动中的甘地，1920年代末

后，穆罕默德命他留守印度，便宜行事。在印度，艾伯克继续扩张领土，并利用联姻等方式逐步巩固了自己的势力。他的军队中有突厥人、廓尔人、呼罗珊人、哈尔吉人，乃至印度人。然而他治军严明，无论官兵，没有一个人敢于随意侵犯老百姓的一草一木。所以尽管成分复杂，这支军队的战斗力还是很强。1206年，穆罕默德正式任命他为印度总督并封他为“马立克”（王公）。穆罕默德死后，他的继承人又授他以“苏丹”称号。但是艾伯克的统治受着两方面的威胁，一是企图收回失地的拉其普特人，一是觊觎德里王权的其他突厥贵族。此外，需要他严密防范的还有当时正占据着呼罗珊的强大的花剌子模国，它时时想兼并伽色尼，进而东犯印度。经过一番争夺，他把伽色尼让给了贵族伊尔第兹。由于西北和东方（孟加拉）形势不稳，1206年以后他无暇更做进一步的扩张。不过，他成功地保住了他在北印度的王国，因此被认为是突厥人在印度统治的真正的建立者，也是长达三百余年的德里苏丹国（Delhi Sultanate）的第一代君主。

1210年，艾伯克在拉合尔打马球时严重摔伤，不久死去。作为奴隶王朝的创建者，通过近二十年的经营，他成功地稳定了突厥人在北印度的统治。据某些史学家描述，他不仅是一个严格的统帅和帝王，也是一个公正而大方的人。他的名字甚至一时成了慷慨的代名词。他爱好文学和艺术，德里著名的顾突卜塔就是他在世时开始修建的。但是他不善行政，常常用指挥军队的方式管理国家。在宗教方面，他表现褊狭。他的两座清真大寺（一在德里，一在阿季米尔）就是在拆毁当地印度教寺庙后营建的。

艾伯克的意外死亡使他的宫廷陷入混乱。拉合尔的贵族和大臣们仓促拥立他的儿子（一说义子，又说兄弟）阿拉姆沙，以防变乱。但是德里方面却邀请他的女婿、当时的巴道恩省督伊杜米思（Iltutmish）前来继承王权。伊杜米思在德里附近打败了阿拉姆沙的军队（一说还杀死了他），于1211年正式登上王位（1211~1236年）。

伊杜米思出生于中亚的突厥族伊巴里部落，幼时因生得漂亮伶俐而颇受父爱。他的长兄深怀妒意，伺机将他卖给别人，当了奴隶。他被带到德里，在这里艾伯克收买了他。后来他步步晋升，当上了狩猎官。他先后主持过瓜廖尔、巴兰和巴道恩的军事和行政，因成绩突出而被艾伯克招为女婿。艾伯克死后他所继承的并不是一个统一而稳固的王国。摆在他面前的问题成堆：德里的突厥贵族内部还有一股反对他的势力；伽色尼、木尔坦、拉合尔等地的王公千方百

13–1 著名的顾突卜塔，建于伊杜米思时代，德里

计要推翻他；孟加拉、比哈尔等地正闹独立；拉其普特人赶走外来的突厥统治者，重新夺走了瓜廖尔、阿季米尔、贾洛尔和兰塔姆普尔（后二者均在拉贾斯坦）等城；西北边境外成吉思汗手下所向无敌的蒙古军队正虎视眈眈，准备入侵。面对这些问题，伊杜米思做了谨慎的安排。他先对伽色尼的统治者伊尔第兹表示敬从，腾出手来剪除了德里那些准备反叛的贵族。1215年，伊杜米思乘伊尔第兹受花剌子模王压迫东徙拉合尔的危难之机，率兵西向，打垮并俘虏了他，随后将他处死，除去了对他权力的最大威胁。1220年，成吉思汗攻灭花剌子模，其王逃至里海，储君贾拉–乌德–丁·曼格巴尼在阿富汗等地转战经年后逃至拉合尔，向德里苏丹请求收纳。伊杜米思自忖所向披靡的成吉思汗非自己目前的军力所能抵挡，遂拒绝了他的要求。贾拉–乌德–丁只好与科卡人结盟，南下击败科巴查，劫掠了信德和北古吉拉特，然后西入波斯。正在印度河西岸观望的成吉思汗得此消息后撤回了大军，只留少数人马继续追击。伊杜米思躲过与蒙古人的直接冲突后，迅速出兵木尔坦，击走已经虚弱不堪的科巴查，迫其自杀，使西北部的局势基本稳定下来。接着他三次出兵孟加拉，在最后一次亲征中，彻底平定了那里突厥王公自称苏丹的叛乱。但是，伊杜米思虽然在八九年内顺利地剿除了突厥人内部的异己势力，却不能扑灭印度人民遍及北印度各地的反抗。印度人民聚集在拉其普特首领的旗帜下，利用突厥贵族之间的矛盾斗争，抓住时机，收复了卡林贾尔、阿贾伊加尔、瓜廖尔、纳瓦尔、占西（均在中央邦）、兰塔姆博尔、乔德普尔、贾洛尔（均在拉贾斯坦），以及阿季米尔等地。北方邦

的巴道恩、卡瑙季、巴纳拉斯、巴雷利、法鲁哈巴德等城也在艾伯克死后相继宣告独立。伊杜米思在1228年以后曾集中武装，致力于收复拉其普特人占据的各个城镇，但只获得部分成功。在印度人民的坚决抵抗下，他始终不能占领卡林贾尔、占西、纳伽达和古吉拉特地区。而在马尔瓦和其他地方，他也至多只能进行疯狂的劫掠而无法长久立足。在巴亚纳和塔纳贾尔这样的地方，即使城市失陷，印度教徒还要一条街一条街地进行顽强抵抗。为了取得在德里的合法地位和世袭统治权，伊杜米思请求巴格达的哈里发授予他“苏丹”称号。哈里发满足了他的要求，于1229年派来特使主持授衔仪式。1236年4月，伊杜米思在远征巴尼衍（在大盐山脉西麓）途中患病，回德里后死去。奴隶王朝在伊杜米思时代稳固地建立起来，因为正是他解决了艾伯克遗留下来的许多危及王朝存在的重大问题。他引入了阿拉伯币制，重新铸造了银币和铜币，为德里苏丹国的货币制度奠定了基础。他还投入了大量资金建设和装饰德里城，使之迅速发展起来，成为名副其实的印度突厥帝国的政治和文化中心。史学家们认为伊杜米思是德里奴隶王朝中最有作为的统治者。

在伊杜米思死后的十年内，连续有四代苏丹死于非命；第五代是一个傀儡，被他的奴隶大臣巴尔班玩弄于掌股之间。苏丹不断更替的原因之一是伊杜米思后代之间内讧频繁。但另外还有一个重要原因，就是宫廷中奴隶出身的大臣们权力膨胀，已经达到了可以掌握废立的地步。为了保护手中的实权，他们时时准备弃除旧主，拥立新君。德里苏丹国在伊杜米思身后30年的政治史，主要就是苏丹同大臣集团之间，以及大臣集团内部为追逐最高权力而互相斗争的历史，直到巴尔班出现。巴尔班不仅削夺了苏丹的权力，而且清除了敌对的大臣集团，最终由他自己建立了新的王朝。

在走马灯般轮换的五代苏丹之中，只有一个人堪当此任，就是伊杜米思的女儿拉兹雅。由于儿子鲁肯–乌德–丁·菲罗兹是一个浪荡公子，伊杜米思生前就指定了拉兹雅做他的继承人，并以她的名义铸造了钱币。但是在他死后，一部分大臣还是矫诏拥立了菲罗兹（另说伊杜米思本人在弥留之际改变了主意），因为他们需要一个可以任人摆布的无能君主，同时根深蒂固的偏见也使他们不愿意臣侍一位妇女。不过，菲罗兹登极7个月以后即被拉兹雅推翻。随后，她利用分化手段控制政敌，任命了一批忠实于她的大臣，使夺权初期危机四伏的局势稳定下来。为了树立自己的权威，她打破阃范，在公众场合不戴面纱，临朝时甚至身着男装。她还学会了骑马、骑象和打猎。然而，由于她拒绝同自认为能够废立君主的权臣尤其是外省贵族分享权力，导致了她与他们的长期争执。外省的军事首领们酝酿了一起又一起叛乱事件，终于在拉兹雅即位三年半后，又把她推翻了。

接下去是三个傀儡苏丹。在伊杜米思时代由上层突厥人组成的四十人贵族集团现在掌握着王国的最高权力。他们垄断了全部显要的职位，把最好的采邑分给自己。只是由于内部互相猜忌，彼此明争暗斗，才使得他们没有把集团中的哪一个成员推上苏丹的宝座。第一个苏丹在执政两年（1240~1242年）后，因为惩处四十人集团中的要员而在他们组织的叛乱中被杀。第二个苏丹没有丝毫权力。四十人集团中最有权势的巴尔班在巧妙地巩固了自己的地位之后，不费吹灰之力便把他废黜了。第三个苏丹那西尔–乌德–丁·马茂德也是伊杜米思的儿子。他在位达20年（1246~1265年）。他之所以能够长期保住苏丹的地位，完全在于他是个纯粹的傀儡。马茂德把全部权力都交给了以巴尔班为首的突厥贵族，自己仅以抄写《古兰经》和从事种种宗教活动来消磨时日。巴尔班为了提高自己的地位，把女儿嫁给马茂德，而自己则当上了苏丹的代理人。他进一步把所有重要的职位都分给自己的亲戚或忠实的走卒。对于那些敢于表示不满的人，他公开以褫夺职位乃至处死的办法加以剪除。1265年，没有子嗣的那西尔–乌德–丁·马茂德突然死亡（一些史学家认为是巴尔班毒死了他），巴尔班轻而易举地攫取了苏丹的宝座。

吉亚斯–乌德–丁·巴尔班（Ghiyasuddin Balban，1265~1287年在位）出身于突厥贵族家庭，父亲是一个万户长。但是他年轻时被蒙古人掳去，当作奴隶在巴格达被卖了。1233年，他的主人把他带到德里，在那儿伊杜米思收留了他。由于他为人机敏，多谋善断，所以在伊杜米思、拉兹雅当政时及以后各朝累见升迁，直到获得“乌鲁克汗”的称号，成为四十人集团中最有权势的苏丹代理人。攫得苏丹地位以后，他就着手恢复已经丧失殆尽的苏丹权威。他从君权神授理论出发，反复宣传苏丹具有绝对崇高的地位，强调君主专制的必要，宣称“君权就是专制主义的化身”，贵族和臣民根本没有资格过问苏丹的行动和决定。为了论证自己的神性，他把自己的族谱上溯到一个古代神话中的突厥英雄。为了建立超人形象，他放弃了饮酒和一切娱乐活动，绝少接见人民和贵族，喜怒不形于色，甚至在朝廷上接到爱子阵亡的消息也漠然置之，照常处理政务，仅在回到后宫后才恸哭失声。没有全副仪仗他绝不出行。他仿照波斯宫廷礼仪，制定了严格的朝觐制度，规定任何人在谒见苏丹时都要匍匐阶前，吻他的双脚。

官员上朝时，必须按严格的等级规定着服，在苏丹面前不得露出笑容。他的身边永远环护着高大的卫士，手中握着出鞘的利剑。在对付四十人集团及其他贵族方面，他以残酷无情出名。毒酒和匕首乃是常用的手段。印度古已有之的密探制度在他手中死灰复燃，成为他控制军政要员和地方长官的重要方法。这些密探报酬优厚，可以随时晋见苏丹。他曾当众鞭笞虐待奴隶的贵族，把镇压叛乱失败的将军吊在城门上。知道自己已不能见容于巴尔班的贵族往往引决自裁，以免当众受辱。在残酷排除异己的同时，他把大量顺从自己的亲信置于高位，这些人只会胁肩谄笑而不懂经世治国。首相之位也是形同虚设。这就为日后突厥人在印度统治的灭亡埋下了种子，因为所有能臣都被他排挤掉了。为了对付国内的反抗和外来的入侵，他建立了庞大的军队，并亲自过问训练事宜。利用这支军队，他镇压了几起地方叛乱，征服了企图独立的孟加拉。为儆效尤，他把从孟加拉虏回的反叛者活生生穿死在尖桩上。尖桩排在一处繁华街道的两旁，长达3千米，景象的恐怖曾使路人当场昏厥。巴尔班在他执政的20余年间，把大部精力花在了巩固自己和本家族的统治上，并未进行领土扩张。蒙古人此时已经占据了旁遮普的西北部，威胁着信德和木尔坦。巴尔班在西北边境筑城设防，蒙古人因而未能东渡比阿斯河。1287年，已经80岁的巴尔班在长子战死后抑郁成疾，这个儿子是他最有希望的继承者。他想传位次子布格拉汗，但这位浪荡公子宁可在孟加拉花天酒地而不愿做德里的主人。他只好册立长孙卡伊·库什拉为苏丹继承人。

巴尔班不遗余力巩固王权的积极结果是社会动乱减少，人民获得了相对稳定的生活环境，生产也有了一定的发展。他为受蒙古人的压迫从中亚流入的大批难民安排食宿，为各国来访和定居的学者提供优厚的待遇，这些都使他在穆斯林世界赢得了好名声。

巴尔班死后，德里的贵族们在治安总监法赫尔–乌德–丁的策划下，推翻了他的决定，把布格拉汗的儿子凯库巴德扶上了王位（1287~1290年在位）。这位涉世未深的少年在贵族的教唆下很快就沉迷在美酒和女色之中，而把政事推给苏丹代理人尼查姆–乌德–丁。3年之后，苏丹突然瘫痪。他3岁的儿子以冲龄继位。3个月后，军政大臣贾拉–乌德–丁·哈尔吉杀死幼王和凯库巴德，结束了奴隶王朝的统治。

（二）哈尔吉王朝

贾拉–乌德–丁·哈尔吉（Jalaluddin Khalji，1290~1296年在位）也是突厥人，但是他的家族早在100年前就已经迁居到阿富汗的赫尔曼德河，而他们的传统习惯和生活方式也久已阿富汗化，所以在印度，他们总被视为阿富汗人。正是在这个意义上，一般认为随着奴隶王朝的灭亡，突厥人在印度的统治就结束了。

哈尔吉夺取王位时已经70岁。显然因为年龄关系，他的政策始终带有平和宽忍的特点。他容许当初反对他篡权的突厥贵族继续享有旧日的权威，对叛乱的制造者多不追究，总想以无边的慷慨来争取那些对他本不忠诚的官员。1290年，巴尔班的侄子马立克·恰鸠在其封地卡拉（位于今北方邦）称制独立并发行钱币，奥德及东部各省旧突厥贵族亦参与反叛。他们向德里进军，但失败被俘。哈尔吉不但没有惩罚他们，反倒亲为松绑，飨以酒宴，还对他们忠于前朝的行为加以褒奖。1292年旭烈兀的孙子阿卜杜勒带蒙古兵入侵印度，哈尔吉亲率大军迎敌于印度河畔，打败了侵略者。成吉思汗的后代乌儿骨及其手下4 000人皈依了伊斯兰教，入印后定居德里郊区，称"新穆斯林"。

哈尔吉的侄子兼女婿阿拉–乌德–丁与他相反，是一个野心勃勃的人。他希望有朝一日能做苏丹。那些对哈尔吉不满的贵族逐渐聚集在他的周围。为了筹集资金，招募军队，从而加强自己的地位，他不经苏丹批准就擅自带领8 000名骑兵远征南印的耶达瓦王国。该国首都德瓦吉里是南印度的重要城市，向以富庶著称。这是穆斯林第一次越过文底耶山。由于耶达瓦国王的主力部队不在都城，阿拉–乌德–丁的袭击马到成功。他从德瓦吉里勒索了大量的金钱、大象和马匹，然后回到马尼克普尔（在北方邦）。在这里，他给老苏丹写了一封信，说明自己要向他奉献战利品。哈尔吉没有听从左右的劝告，只带几个大臣和仆从进入马尼克普尔城，结果被阿拉–乌德–丁轻易捕获，枭首示众。1296年7月，阿拉–乌德–丁自立为苏丹。哈尔吉的长子远在木尔坦，王后急于填补王位，宣示正统，遂匆匆立次子为苏丹。结果长子反对，夺权斗争在两位王子之间展开，反倒为阿拉–乌德–丁最后进入德里创造了条件。同年10月，阿拉–乌德–丁在德里红堡登极。

13–2 耶达瓦王朝在德瓦吉里（今道拉达巴德）建立的城堡，德里苏丹国时代

掌权德里之后，阿拉–乌德–丁在消灭政敌、防止叛乱、整顿税收和扩张领土上进行了一系列积极活动。他在臣民中大量散施钱财，好使他们尽快忘记他是怎样通过卑鄙手段篡夺权位的。他把关键的职位委任给自己的亲信，同时也允许哈尔吉时代的旧臣和贵族享有原来的待遇，以消弭他们的不满。接着，在即位一个月后，他派出一支强大的军队对木尔坦进行远征，消灭了以哈尔吉长子为首的敌对势力。但是，在他执政的初期，还是发生了几起兵变和企图刺杀他的阴谋。为了防止叛乱，他采取了如下4项措施：第一，收回一切封地和年金，勒索所有散在民间的钱财，使贵族官员和一般百姓在财力上没有发动叛乱的余裕。勒索的结果，据说除少数显贵和巨贾以外，几乎再也无法在任何人家里找到黄金。第二，重新建立严密的间谍系统，在城市、农村、市场、富人和官员的家里到处布置密探，以侦刺危及国家和苏丹安全的言论和行动。这一系统工作得十分有效，以至高官显贵之间再也不敢随意交谈。第三，禁止售酒和饮酒，以防止贵族利用饮酒之机聚集谋反。他也当众凿毁了自己窖中的酒桶。但由于饮酒已成风气，所以最后他只好把禁令放宽，允许自酿自饮。第四，严禁贵族组织社交活动，未经苏丹许可，不许贵族之间联姻，以防止他们结成反

对苏丹的利益集团。这些规定果然有效。贵族和官员吓破了胆，居然十几年没有发动叛乱。阿拉－乌德－丁对于占居民绝大多数的印度教徒实行了残酷的剥削，规定农民要将谷物收成的一半交给国家，此外还要缴灌溉税和房屋税，以及饲奶牛者的草场税。这样，农民收入的75%~80%都被当权者搜刮去了。对印度教商人征缴的税额也比穆斯林商人的高一倍。他废除了世袭收税官（都是印度教徒）的职务，以杜绝历来就有的中饱现象，然后重新任命各级税务代理人，付与高薪以防止他们贪污受贿，同时对违纪者严加惩处。利用不择手段聚敛起来的财富，阿拉－乌德－丁豢养了一支庞大而又装备精良的军队，而广大印度教劳动者则迅速陷于赤贫的境地。他的目的正是将印度教徒的最后一滴血汗榨尽，使他们无力反抗和起义。阿拉－乌德－丁的军队仅骑兵就有47.5万名，此外还有大批的步兵和象队。他们大部分集中在德里，直接受苏丹统辖，由国库支付军饷。为了提高军队的作战能力，他实行了严格的唱名点验制度（花名册上详列各人的相貌特征）和在马匹上打烙印的制度，因为过去军中常有买替身上阵和以驽马充良骏的作弊行为。凭着这支组织完善、装备精良而又经验丰富的军队，阿拉－乌德－丁成功地在北印度征服了拉贾斯坦、马尔瓦和古吉拉特，在南印度取得了对于德瓦吉里、代陵伽那（即迦迦迪耶）和曷萨拉等王国的宗主权。然而，由于军队开支过大，尽管苏丹能够从南印度抢到大量战利品，从各地封建主那里获得种种贡物，从农民那里征得高额捐税，国库还是常感虚竭。阿拉－乌德－丁决定降低军饷。为了保障军人的基本生活，他颁行了严格规定物价以防止通货膨胀的市场法规。在德里的市场上，不仅谷物、豆类、布匹、牛、马、鱼、肉、干果、蔬菜、糖、油有固定市价，就连针线、颜料、槟榔叶和奴隶都有统一的价格。为了方便管理，不同的商品往往安排在不同的专门市场销售。所有商人都要在官府登记注册，只有少数商人有权从农民手里直接购买粮食。市场法规还对每个商人必须贩入德里市场的商品规定了最低量，以防不足或脱销。倘有供不应求，便实行配给制度。对于缺斤短两的商人，法规严惩不贷：从他身上割下同等重量的肉。握有重权的监察人员常常在各市场来往巡视。黑市和囤积居奇的现象有所收敛。德里市民从市场法规获得了一定好处。但是这一法规只在德里及其附近地区有效，而阿拉－乌德－丁的目的也不过是通过稳定物价来稳定一支庞大的中央军队。他从未着眼于人民和国家的长远利益。对于国内其他地方的居民来说，这一法规明显是不利的。农民和工人有相当一部分产品被德里商人以低价趸去了，而商人牟利亦十分有限。外省居民又不得不以高于德里的价格在地方市场上购买商品。这种强制实行的法规对于工农业生产没有丝毫的刺激和推动作用，因此在阿拉–乌德–丁死后，就自动失效了。

哈尔吉王朝能够取得对于南印度诸王国的胜利，得力于一名杰出的军事统帅卡富尔。卡富尔原是阿拉–乌德–丁1298年进攻古吉拉特时在坎贝买到的一个印度奴隶。卡富尔率兵对南印进行了4次有目的的远征，每次都带回大批珍贵的贡物和战利品。但是各印度教国家所以失败的主要原因，还是它们不能团结一致抵御外侮。它们总在进行永无休止的内战。常常是穆斯林大军兵临都城，而该城的主力军却远在外地攻打它的邻国。为了削弱邻国，它们往往不惜和阿拉–乌德–丁结成联盟。在相当长的时期内，德瓦吉里为德里苏丹所笼络，充当它在南方征剿其他王国的休整地和补给站。潘地亚王室萁豆相煎，失败的一方居然引狼入室，以清除自己的手足。仅有的一次联合行动是1311年潘地亚国派军帮助曷萨拉国抵抗卡富尔的侵略。然而，就在这次共同的斗争中，印度王公典型的懦弱寡义在曷萨拉王毗罗・巴拉拉身上暴露无遗。他不待认真交火，就匆匆同穆斯林单独媾和，不仅承认德里的宗主权，同意奉献大量马匹、战象和财物，还答应带领卡富尔前去攻打盟友潘地亚。不过，普通的印度人民在反抗侵略，保卫家园的斗争中却是大无畏的，常常表现出勇敢的献身精神。他们会在极其困难的条件下守城达数月之久。一旦城破，妇女们往往成批自焚，宁死不受穆斯林入侵者的蹂躏。

在1297年以后的10年内，蒙古人对德里苏丹国发动了6次（一说7次）入侵，规模最大的一次有20万骑，但均被阿拉–乌德–丁或他的将领所击退。阿拉–乌德–丁晚年精力衰竭，不再能控制局势。卡富尔和贵戚之间矛盾重重，互相火并。外省叛乱迭起，拉其普特人亦乘机赶走当地的穆斯林统治者，纷纷独立。1316年1月，阿拉–乌德–丁死。有研究者认为是卡富尔毒死了他。

在卡富尔的影响下，阿拉–乌德–丁曾于生前立5岁的幼子希哈卜–乌德–丁・乌麻尔为储君。苏丹死后，卡富尔摄政。他刺瞎了阿拉–乌德–丁长子和次子的眼睛，把他们监禁起来。但是三子穆巴拉克没有坐以待毙，而是先手杀死卡富尔，粉碎了他最后夺取王位的阴谋。穆巴拉克成为摄政王后不久又刺瞎了幼弟的眼睛，自立为苏丹，号顾特卜–乌德–丁・穆巴拉克・沙。他废除了父亲在位时种种苛刻的法令，一次释放囚徒达1.8万人。刑罚减轻了，间谍系统逐渐失效，充公的封地也退还给地方贵族。但是穆巴拉克性好淫乐，以致政务荒疏。1320年，他所宠信的胡斯鲁汗派人刺死了他，自立为苏丹。胡斯鲁汗系早年皈依伊斯兰教的印度教徒。他的篡位以及他对于前朝贵族的残酷镇压，引起了穆斯林的普遍不满。镇守西北边关的贵族伽泽·马立克·图格鲁克趁机独立，随后兵逼德里，战败并杀死了胡斯鲁汗。图格鲁克自立为苏丹，号吉亚斯–乌德–丁·图格鲁克·沙。哈尔吉王朝至此灭亡。

（三）图格鲁克王朝

吉亚斯–乌德–丁·图格鲁克·沙（Ghiyasuddin Tughluq Shah，1320~1325年在位）的父亲是苏丹巴尔班的突厥族奴隶，母亲是印度教徒。他在阿拉–乌德–丁和胡斯鲁汗两朝，都是镇守西北边境的重将。他从胡斯鲁汗手里夺到的是一个烂摊子：政治腐败，经济凋敝，帑藏虚竭，地方贵族和封建主拥兵自重，正在相机独立。为了发展经济，改善国家财政，他采取了保护农民、激励农耕的政策。田赋降至收获的1/5~1/3，以后尽管逐年增加，但增加的量不超过1/11~1/10。世袭收税官的职位恢复了，但警告他们不要过分中饱，肆意追比。征税超过定额的官员要受惩罚。国家出资兴修水利，尽可能为农民提供较好的灌溉条件。这些措施有效地提高了生产，耕地面积也扩大了。农民的处境好转，国家也获得了稳定的财政收入。司法方面，吉亚斯–乌德–丁主张宽刑，酷吏逼供的现象基本上消失了。为了改善邮传以利于统治，他翻新和修筑了很多道路、桥梁和运河。驿马和邮递人员也增加了。军队是任何一个苏丹政权赖以存在的支柱。据说吉亚斯–乌德–丁爱兵如子，但军纪严明。他继承了阿拉–乌德–丁的点名和在军马上打烙印的制度。在南印度，他已经不满足于仅仅获得宗主权。利用手中强大的军队，他在这里公开推行兼并政策。他曾两次派王子兆纳汗远征代陵伽那，终于把它变成德里苏丹国的一部分。在孟加拉，他利用当地统治集团的内部纷争，夺取了东部和南部的广大土地。1325年，吉亚斯–乌德–丁从孟加拉远征归来，王子兆纳汗（Jauna Khan）在德里东南10千米的阿富汗浦尔设帐隆重欢迎他。在举行盛大的游行表演时，突然一只战象碰断了帐幕的柱子，幕顶坍塌下来，砸死了吉亚斯–乌德–丁和他的次子马茂德汗。3天以后，兆纳汗登上王位。很多史学家认为这次事故是兆纳汗为抢班夺权而一手策划的。

兆纳汗即位后称穆罕默德·宾·图格鲁克（1325~1351年在位）。他也像大多数德里苏丹一样，是一个专制君主，不同的是他对于印度教采取了宽容的态度。他是第一个以才德取士，又能一视同仁地以显要职务委与穆斯林和印度教徒的德里苏丹。穆罕默德即位不久，就在内政上采取了一系列重大措施。第一，明令各地诸侯如实向中央申报所辖地区的土地数量和他本人的收支情况，以加强对征税工作的管理。这一措施在相当大的程度上堵住了以往十分严重的漏税现象。第二，在恒河和亚穆纳河一带的富饶地区增加赋税。增加的幅度说法不一，但如下一点确是事实，即在大旱之年，收税官对农民还是追逼不休，以致逼得他们揭竿而起。第三，设置农业大臣，专门负责组织农耕，尤其是扩大垦地面积。但由于开垦土地选择不善，执行官员腐败无能，加之农民响应并不热烈，这项试验搞了3年，最后不了了之。第四，迁都。1326年，穆罕默德决定迁都至南印度的德瓦吉里，并把该城更名为道耳达巴德。迁都的原因历史学家各有分析，主要是：行政管理上的考虑，即德里苏丹国地域扩大以后，德瓦吉里正处在帝国中央，辟首善之地于此，便于统治；安全上的考虑，即远离西北边境，以躲避蒙古入侵者的进扰；经济上的考虑，即便于就近利用南印度丰富的资源，而南印度的富庶也的确一直吸引着北方的穆斯林；宗教上的考虑，即向南方传播伊斯兰教的信仰和文化，如此等等。据说苏丹曾下令所有居民一律撤出德里，迁住新都，德里因此而成了一座荒城。最后搜索时又找到一个瞎子和一个跛子。跛子被处死了，瞎子则被拖往南印度，结果到达新都的只有他的大腿。这显然是一个带有夸张色彩的故事，但它说明了当时迁都的强制性。有人认为德里并未被彻底放弃，当时迁离的只有包括贵族、官员和富豪在内的上层人士。穆罕默德事先在道边为长途跋涉的人们种植了树木，也在德瓦吉里为他们准备了免费的食物和住房。尽管如此，大家还是不愿久居。一次冒冒失失的迁都活动最后以失败告终。1335年，苏丹允许人民迁返德里，不久他自己也回去了。第五，发行辅币。由于国库空虚，军费缺乏，1329年后，苏丹下令制造与金、银币等值的铜质辅币。铜币易于仿造，结果伪币不断出现，大量进入流通领域，金、银币完全消失，致使进口贸易停顿，经济陷于混乱。4年以后，国家不得不用金币去换回人民手里的铜币。发行辅币的结果事与愿违。穆罕默德在内政方面采取的两个重大步骤，迁都和发行辅币，都彻底失败了。对外方面，他也曾萌生过远征呼罗珊的意图，并为此征召了多达37万人的军队。但他的计划显然并不现实，最终只好放弃。他对拉贾斯坦和喜马拉雅山麓土著部落的进攻也是失败的。只有在旁遮普和南印度的征服活动获得了成功。即使如此，他占有的土地还是比以往任何一位德里苏丹都大。除克什米尔、奥里萨、拉贾斯坦、马拉巴尔海岸的一部分以及最南端外，次大陆的大部分土地都已纳入图格鲁克王朝的版图。然而，穆罕默德的统治并不稳固。到14世纪30年代末，一直不曾停止的各地叛乱增多起来，致使苏丹穷于应付，帝国也由此开始解体。他用残酷的手段对付反叛的贵族，把他们的皮剥下来，填上稻草，陈列在各大城市，以儆效尤。但是这并不足以阻止帝国的分裂。孟加拉在1341年宣布独立。南印也在1336年和1347年分别建立了强大的毗阇耶那伽罗王国和巴摩尼王国。1351年3月，穆罕默德在往信德追击叛军的途中病故。作为帝王，他是一个失败者。他的种种政治和经济革新除了给国家和人民带来灾难以外，毫无积极结果。他在军事行动上虽然取得过多次胜利，但具有讽刺意味的是，在他死去的时候，他的帝国反而比他继位时还小。图格鲁克王朝的衰落实际上是从他在位的末期开始的。但是作为个人，他博得了很多历史学家的称赞。他没有沾染那个时代普遍存在的种种恶习，不嗜酒浆，不近女色，也禁止军官在征战时携带女眷。他是一个有多方面修养的人，爱好文学、历史、逻辑、数学、天文、医药、音乐和美术，喜欢作诗，还练得一手好书法。他对于学者和艺术家的奖掖也很慷慨。他一生的大部分时间是在战场上度过的。他亲自参加了几乎所有重要的战争，而且身先士卒，指挥有方。一系列政治实验惨遭失败是有他个人原因的，那就是性格轻率，缺乏实际精神。他的这些实验大多是纸上谈兵。

继穆罕默德成为苏丹的是他的堂弟菲鲁兹沙·图格鲁克（1351~1388年在位）。菲鲁兹沙的母亲是一个拉其普特小酋长的女儿。新苏丹不是一个野心勃勃的人。他只想保住现有疆域，振作不景气的经济，稳定财政收入，巩固苏丹政权。为了提高生产者的积极性，他免除了过去24种苛捐杂税，只收土地税（收获的1/5~1/3）、人头税（印度教徒必须缴）、伊斯兰教徒税（占收入的2.5%）和战利品税（占战时劫掠物的1/5）。此外，利用国家水渠进行灌溉的农民还要缴纳收获量1/10的灌溉税。农民的负担较之前代是减轻了。国家除修建大批小型水坝和水库外，还开凿了5条运河，最长的有250千米，把亚穆纳河和萨特莱杰河水引入农田。耕作方法的改进和种子的改良也受到重视。菲鲁兹沙时代全国的耕地面积和单位面积产量都有增加。农民和国家都慢慢地富裕起来。城市设置了就业办事处，负责为失业人员安排工作。德里开设了一家贫民医院，专门向贫苦无告者提供服务。菲鲁兹沙还任命了专管抚恤孤儿和寡妇的大臣，贫穷家庭嫁女难的问题也由该大臣的属下兼管解决。不过这些福利设施一概是为伊斯兰教徒服务的，占人口绝大多数的印度教徒不在享受之列。菲鲁兹沙是一个狭隘而又狂热的正统逊尼派信徒。他坚决反对伊斯兰教内的什叶派和苏非派，对印度教徒更是横加迫害。印度教徒必须缴纳人头税，连以前一直受到照顾的婆罗门也不得蠲免。他们的寺庙和偶像受到破坏，宗教节日被禁止，人身安全也没有保障。菲鲁兹沙的宗教歧视和迫害政策，是他作为一个软弱君主寻求正统派宗教领袖政治支持的结果。它严重地影响了国家政治生活和经济生活的正常化，成为导致图格鲁克王朝最后衰亡的重要原因。菲鲁兹沙支持奴隶制度，全国蓄奴达18万名，仅德里宫廷就有4万名。地方封建主常以奴隶奉献苏丹，而他们应缴的税金则相应扣除，国库收入自然减少。上层奴隶又往往干政。奴隶制度的存在构成了对于国家的潜在威胁。菲鲁兹沙时代实行军内职务世袭制，严格的训练也放弃了，这就使王朝的军事力量大为减弱。苏丹曾对独立的孟加拉进行过几次远征，结果均告失败。1388年，菲鲁兹沙以80岁死去。他是一个较为现实的穆斯林统治者，由于对时局和个人能力有较为清醒的认识，所以并无非分的扩张野心。德里苏丹国臣民获得了30余年的和平，经济发展起来，生活也有了一定的提高。但是到菲鲁兹沙统治末期，官僚机构的腐败日益严重，加上帝国的军事力量已很薄弱，国力还是很快地衰落下去。就在他死后10年，帖木儿发动了大规模的入侵，残酷蹂躏了北印度领土。

菲鲁兹沙的儿子和孙子们在他身后为争夺德里的宝座进行了无情的内部厮杀，王位六年而五易。贵族们亦各附一主，参与混战。1394年，菲鲁兹沙的孙子那西尔–乌德–丁·马茂德沙登上王位。此时朝廷已经失去了对于古吉拉特、马尔瓦、拉贾斯坦、孟加拉、班德勒坎德以及整个南印度的控制。旁遮普、江普尔等地不久亦相继独立。分崩离析的趋势已非马茂德沙所能挽回。一些有权势的贵族对于马茂德沙并不满意，他们在菲鲁兹巴德（其址在新德里，为菲鲁兹沙苏丹1354年所建）另立他的叔父那斯拉特沙为苏丹，与马茂德沙分庭抗礼。

正当图格鲁克王朝濒于崩溃之际，1398年，帖木儿大举入侵印度。帖木儿于14世纪后叶兴起于撒马尔罕，自称是成吉思汗的继承者，先后征服察合台、波斯、花剌子模、阿富汗、叙利亚及小亚大部，建立了庞大的帖木儿帝国。帖木儿大军残忍暴虐，所到之处，烧杀劫掠，奸淫妇女，无恶不作。1398年4月，62岁的帖木儿带领9.2万骑兵从撒马尔罕出发，9月渡印度河，在木尔坦受到他的孙子毕儿·穆罕默德所率先头部队的接应。他的远征军一路上焚毁城镇，掳掠居民，于12月中旬到达德里近郊。为免除后顾之忧，他首先处决了沿途抓来的10万名俘虏。在这次大屠杀中，一个平生连麻雀都不曾伤害的穆斯林学者，也被迫杀死了15个印度教徒。12月17日，马茂德沙率1万骑兵、4万步兵和125头战象仓促应战，不几回合，大败而逃。第二天帖木儿进入德里。起初他答应绝不虐杀无辜。但是他的军队到处抢劫，引起了德里居民的反抗。在一次冲突中，忍无可忍的印度人杀死了几个强盗兵。于是帖木儿撕毁前约，下令屠城。5日之后，德里城尸积如山，血流成河；幸免一死者，全部发为奴隶。熟练的工匠被解往撒马尔罕，为帖木儿修建他本人设计的大礼拜寺。帖木儿在德里居留15日，把该城洗劫一空，然后满载金银珠宝，驱赶大象马匹和男女俘虏（没有一个士兵的俘虏少于20人），返回中亚，沿途又蹂躏了菲罗兹巴德、密拉特、哈德瓦、康腊、查谟等城，在身后留下一片废墟焦土。

帖木儿的入侵，给印度人民带来了空前的灾难。这场浩劫甚至使400年前马茂德的暴行相形失色。在察合台突厥人的铁蹄下，数千个城市和村庄被毁，几十万居民丧生，德里两个月内阒无人迹，成了一座死城。北印度的政治经济和社会文化遭到了沉重的打击和巨大的破坏。

经历这一场罕见的劫难之后，图格鲁克王朝变得奄奄一息。1399年初帖木儿入侵的狂潮退去不久，马茂德沙从他避居的古吉拉特回到德里。此时他已沦为权臣手中的傀儡，先是首相马鲁·伊克巴尔，后是阿富汗贵族道拉特汗·洛迪。1413年马茂德沙死去，图格鲁克王朝就此灭亡。同年，贵族拥立道拉特汗为德里苏丹。但是这位新苏丹享祚未及数月即于1414年初被希兹尔汗推翻。希兹尔汗建立了只存在37年的萨依德王朝。

（四）萨依德王朝

希兹尔汗（Khizr Khan Sayyid，1414~1421年在位）自称是先知穆罕默德的子孙。他的父亲是木尔坦的一个地方首脑，曾被人尊称为萨依德（先知的直系后裔），而实际上他不过是阿拉伯移民的后代。菲鲁兹沙死后，希兹尔汗参与过图格鲁克王朝废立君主的贵族之争，后避居在巴亚纳（在拉贾斯坦）。1398年帖木儿入侵时，他前往投效，颇受赏识。帖木儿离印后，封他为木尔坦、拉合尔和迪帕普尔的总督。1414年，他从道拉特汗手里夺得德里，建立了萨依德王朝。希兹尔汗在其7年的统治期内，始终未称苏丹，并对帖木儿的儿子沙·鲁克如期朝贡，以示效忠。由于缺乏金银，他没有自铸而继续使用图格鲁克朝的钱币。他所统治的领土，仅及德里和恒河－亚穆纳河之间的地区，加上他原来的封地旁遮普、木尔坦和信德。为了笼络旧日的突厥贵族，他允许他们在自己的扎吉尔（封地）里享有充分的自主权。但这并未消除他们的不满。他的另一措施是让各省和地区的官员拥有相当大的独立性。结果是，如果不派出武装部队，他就无法从他亲自任命的官员那里收到年租。希兹尔汗没有力量去扩张疆域。相反，他的领土却在继续分裂。虽然身居德里，他也毫无凌驾于北印其他小国之上的特权。

希兹尔汗在1421年死去，他的儿子穆巴拉克沙（1421~1434年在位）继位。像他的父亲一样，他也不得不用武力强收租税。为了改变这种状况，树立中央权威，他频繁更换贵族的扎吉尔和官员任所，以强调他们并无永久特权。这无疑会招致他们更大的不满。1434年2月，他在亚穆纳河岸边视察新建的穆巴拉克巴德城时，被以首相萨瓦尔–乌尔–穆尔克为首的贵族集团阴谋刺杀。他的侄子穆罕默德沙–宾–法立德汗继位后，萨瓦尔–乌尔–穆尔克一味专权，又复为掌兵元帅卡马尔–乌尔–穆尔克以清君侧名义所杀。后者擢任首相后，不善行政，引起国内混乱。马尔瓦的统治者马穆德乘机来攻，穆罕默德沙急召木尔坦总督巴鲁尔·洛迪前来勤王，打败了入侵者。穆罕默德沙于感激之余以大部分旁遮普领土加封巴鲁尔·洛迪，赐他“汗–伊–汗”（即王中王）的称号，并亲昵地称他为“儿子”。巴鲁尔·洛迪由此野心大炽，于1443年举起叛旗，进兵德里。但是他的篡权阴谋未能得逞，只好另伺良机。1445年，阿拉–乌德–丁·阿拉姆沙登上王位，此时王朝的统治范围已经仅及德里城及其周围的一些村镇，连30千米外的贵族也敢于公然藐视朝廷。软弱而迷恋酒色的阿拉姆沙在同首相哈米德汗发生争吵后离开德里，前往巴道恩。哈米德汗深感势单，遂邀巴鲁尔·洛迪入主京城，以利用他的军队。然而巴鲁尔·洛迪的野心并不是仅仅做一个傀儡苏丹。1451年，洛迪逮捕并杀死哈米德汗，掌握了德里的全权。

（五）洛迪王朝

洛迪王朝（Lodi Dynasty）的建立者巴鲁尔·洛迪（Bahlul Lodi，1451~1489年在位）是一个阿富汗人，曾作为遗腹子由其叔父伊斯拉姆汗收养。伊斯拉姆汗在萨依德王朝时为希兹尔汗服务，镇守锡尔欣德（在旁遮普）。他把女儿许给了这位侄子，而巴鲁尔·洛迪在他死后也就自然而然地继承了他的职位。入主德里以后，他从印度境外接来了阿富汗贵族，让他们协助他统治北印度。为了笼络这些贵族，他给他们高官厚禄和大量的扎吉尔。他像朋友一般对待他们，同他们共食，共坐一块地毯，在他们生病或不快时，常常亲自登门抚慰。尽管这样屈尊损害了他的威严，但是却以此换来了他们对他的信任和支持，对于巩固初建的帝国很有助益。不过，这也鼓励了官僚贵族的野心和独立倾向，为以后帝国内部的纷争埋下了祸根。面对周围虎视眈眈、企图攫夺德里王位的各个强大的地方政权，巴鲁尔采取了主动出击的方针。他先后打败了梅瓦尔、桑巴尔、阿利加尔（在拉贾斯坦）、萨基特（在北方邦）、瓜廖尔、江普尔（在北方邦）等地的贵族，迫使他们承认自己的宗主权，称臣纳贡。巴鲁尔·洛迪是一个比较简朴的人，从不滥用公帑。他对待臣民亦相当慷慨，据说从来没有一个穷人或乞丐离开他的宫门时一无所获。在宗教问题上，他也与以前各代德里苏丹不同。他不是一个狂热的伊斯兰教信徒，所以对于其他宗教，首先是印度教，能够采取较为宽容的态度。当时许多著名的印度教学者都是他宫廷的常客。巴鲁尔·洛迪时代的印度社会生活基本上呈和平而稳定的状态。

1489年，巴鲁尔·洛迪的三子尼查姆汗在他死后继位，称塞干达尔沙（1489~1517年在位）。他首先镇压了反对他继位的王公贵族，然后致力于扩大领土和提高王权。他用武力兼并了比哈尔，并同孟加拉的穆斯林统治者订立了互不侵犯条约。1504年，他建立了阿格拉城，用以控制新近征服的拉其普特国家。阿格拉城后来在莫卧儿时代发展成为全国的政治中心。对于周围强大的伊斯兰王国，他采取了主动修好的政策。阿富汗贵族的势力过于强大，难以驾驭，以致严重威胁君权，是巴鲁尔·洛迪遗留下来的一个重大问题。塞干达尔沙决心严厉控制贵胄豪右的权势。他要求中央和地方的所有官员及封臣一律如实记载收支账目，报呈苏丹，不得隐瞒，否则加以重罚。他还规定：凡圣旨到达，地方长官必须出城10千米郊迎；贵族犯法与庶民同罪。他建立了有效的情报机构，在所有重要的机关和官僚贵族家中，他都安插了间谍。这对具有离心倾向的贵族形成了莫大的威胁。利用这些手段，塞干达尔沙逐渐恢复了苏丹的权威，比较有效地遏止了统治阶级的内部分裂。他甚至夸口：“如果我让我的奴隶坐上轿子，我的贵族们也会照我的命令把轿子扛到肩上。”为了刺激商业的发展，一切国内的商税和谷物进口税都取消了。苏丹亲自审查每天的市场牌价。市场上生活必需品的价格长期保持在比较低而稳定的水平上。社会经济生活比起前代更趋繁荣。塞干达尔沙本人勤于政务，常常工作到午夜。为了断事迅速，总有12位伊斯兰教法律和神学顾问随侍左右，以备咨询。重视文化教育，关心知识分子，是塞干达尔沙时代的又一特色。不少梵文学术著作在这时被译成波斯文。全国重要人才的名单每半年上报苏丹一次，国家将按其能力和贡献给予经济上的补助。几乎每天晚上苏丹都邀请70位饱学之士在他的床前讨论学术和宗教问题。但是无独有偶，像菲鲁兹沙·图格鲁克一样，尽管母亲是一个印度教金匠的女儿，自己也娶了一个印度教公主，塞干达尔沙却是一个褊狭的穆斯林，常以种种方式迫害印度教徒。他不止一次破坏印度教神庙，就地建起清真寺，或砸坏偶像，让屠户拿神像碎块去做秤砣。他还禁止印度教徒剃须，不许他们到马土腊的亚穆纳河边沐浴，并公开敦促他们改宗伊斯兰教。

洛迪王朝的最后一位苏丹是易卜拉欣·洛迪（1517~1526年在位）。他是塞干达尔沙的长子。在继承问题上，虽然所有在京城的大臣和贵族都支持他，但是他们也同时决定让他的兄弟查拉尔汗据有江普尔。然而，即位不久，易卜拉欣就撕毁前约，打败并毒死了查拉尔汗，从而造成了他和贵族之间最初的嫌隙。1517~1519年，他数度进攻梅瓦尔，打算征服那里的印度教统治者，结果均告失败。但在内政方面，由于易卜拉欣勤于政务，关心民瘼，所以社会生活一度十分安定。然而他犯了一个致命的错误，就是不合时宜地破坏了自己同当政的阿富汗贵族的关系。还在立足未稳之际，他就企图压制贵族，维护王权，宣称“王权不认亲族”，坚持贵族的下属地位。过去在苏丹面前一直可以就座的大臣，现在被迫侍立阶下，双手交叉在胸前。他把不中意的老臣打下去，甚至投入监狱，起用年轻人代替他们。随着贵族和苏丹之间矛盾的加深，叛乱发生了。卡拉首先发难，接着蔓延到卡瑙季（均在今北方邦）。许多家庭都是父子兄弟各自站在不同的方面，彼此敌对。叛乱被镇压下去，但是在这场自相残杀的内战中，洛迪王朝的精锐力量消耗殆尽。然而，易卜拉欣并没有从这场战争中吸取教训。战后，他和大批贵族陷入了更深的对立。他曾以10个村庄和700块金币的赏格，购人行刺昌德里（在中央邦）的地方首领。各地贵族深感自危，纷纷拥兵独立。比哈尔的巴哈杜尔汗自称苏丹。很多地方领袖投在他的麾下，凑成一支拥有10万骑兵的军队，占领了从比哈尔到桑巴耳的大片土地，直接威胁德里和阿格拉。易卜拉欣驰书旁遮普，向省督道拉特汗·洛迪求援。道拉特汗派自己的儿子到阿格拉打探到实际情况后，决定背叛朝廷。他不但不东进勤王，反而西向邀兵占据着喀布尔的蒙古侵略者巴卑尔，让他保护自己在旁遮普的统治，脱离洛迪王朝而独立。与此同时，易卜拉欣的叔叔阿拉姆汗·洛迪，一个意欲假手外兵夺取王位的人，也请巴卑尔入侵印度。

巴卑尔，莫卧儿帝国的创建者，久已垂涎于富饶的印度领土，此时找到了送上门来的东征借口。1519~1520年，巴卑尔三次侵印，但都是试探性的，未曾深入。1524年，阿拉姆汗来喀布尔面见巴卑尔，请求他进兵印度，把自己送上王位。同时，道拉特汗也派人到巴卑尔的营帐，表示承认他对于旁遮普的主权，请他帮助自己对抗洛迪朝廷。巴卑尔决定第四次侵印。然而他估计自己兵力不足，行进到锡尔欣德又退了回去。两个叛臣没有达到目的，经过一番钩心斗角，决定携手。1625年，他们联合起来向德里进军。但是苏丹易卜拉欣利用一次巧妙的夜袭打败了他们。这两个叛臣的军队损失殆尽，夺取王位的希望化为泡影。

与此同时，巴卑尔协同波斯人打败了乌兹别克人的进扰，解除了东进的后顾之忧。1525年11月，他集合包括非战斗人员在内的1.2万人马离开喀布尔，东渡印度河，顺利地占领了拉合尔，然后取道锡尔欣德和安巴拉进军德里。苏丹易卜拉欣也率领一支大军离开德里，迎击入侵者。两军在经过几次小规模接触后，于1526年4月在帕尼帕特（Panipat）排开战阵。帕尼帕特在今哈里亚纳邦，亚穆纳河西岸。这里常常是决定印度命运的地方。来自西北方的入侵者如果能够穿过险要的开伯尔山口，即可长驱直入，到达萨特莱杰河与亚穆纳河之间的大片平原，因为旁遮普的各条河流冬季不乏可以涉水而过的地方，实在无险可以据守。下一个便于决战的地方就在大平原上，常常会选中帕尼帕特。在这里，守军凭借数量众多以及德里和阿格拉就在身后因而补给方便等优势，比较容易取胜。4月21日，两军接战。此时，巴卑尔的人马已增加到2.4万，而洛迪王朝则拥兵10万，外加1 000头战象。以此4倍于敌的兵力，易卜拉欣首先发动攻击，但由于指挥失当，很快陷入混乱。战斗从清晨打到中午，阿富汗人彻底溃败，丧命者1.5万，易卜拉欣亦捐躯阵前。巴卑尔依仗丰富的战斗经验以及精良的骑兵和炮兵，战胜了易卜拉欣人数虽多但并不团结的雇佣军。几天以后，得胜的巴卑尔进入德里和阿格拉。帕尼帕特一役结束了洛迪王朝在印度的统治。

历时320年的德里苏丹国灭亡了。大多数德里苏丹是依靠剑与火进行专制统治的，占人口绝大部分的印度教徒和普通的穆斯林没有任何权利。印度教徒的生活尤其悲苦，他们除沉重的田赋和手工业税外，还要缴纳人头税和名目繁多的种种杂捐。他们在残酷的压榨后已经贫弱到如此地步，以至即使在德里苏丹政权已经分崩离析、摇摇欲坠之时，也没有力量组织起来去推翻它。居民中伊斯兰教徒的数量在这300年内增加很快，西北部尤甚。他们和印度教徒之间的矛盾也日见尖锐。出于交流的需要，一种新的语言——乌尔都语发展起来。它由印地语、波斯语和突厥语混合而成，现在仍通行于巴基斯坦和印度的伊斯兰教徒中间。北印度的音乐和绘画等也受到伊斯兰艺术的深刻影响。所谓印度－撒拉逊式建筑就是印度古典风格和波斯、突厥风格结合的产物。

四、毗阇耶那伽罗国

毗阇耶那伽罗国（Kingdom of Vijayanagara），位于南亚次大陆西南岸，版图在克里希纳河、通加巴德腊河与科佛里河之间，最初是由诃利诃罗和布迦两兄弟建立的。他们本是南印度甘比离王国的大臣，被苏丹穆罕默德·图格鲁克掳至德里后，被迫改信了伊斯兰教。不久，他们被派往南印戡乱，在当地人民反侵略精神的感召下，复皈印度教，开始领导摆脱穆斯林统治的独立运动。1336年，诃利诃罗在通加巴德腊河南岸建立了坐落在山谷和丛林间的毗阇耶那伽罗城（遗址在今卡纳塔克邦的汉皮）。虽然他并未称王，一般认为毗阇耶那伽罗国也就随着该城的建立而诞生。由诃利诃罗建立的王朝称桑伽马王

13–3 毗阇耶那伽罗王国首都遗址

朝。新王国的出现不仅引起了德瓦吉里穆斯林统治者的警惕，连邻近的印度教独立运动领袖巴罗罗三世和迦波耶·那耶伽等也对它采取敌视态度。但它还是幸存下来，并占据了巴罗罗三世的领土，打败了马杜拉（今马杜赖）的苏丹。布迦（1356~1377年在位）继位以后，着力加强中央集权，对国家实行了有效的管理。在征服泰米尔纳杜之后，他同瓦兰伽尔王国达成协议，共同行动，迫使由穆斯林统治的巴摩尼王国把克里希纳和通加巴德腊河之间的土地割让给他。从此巴摩尼和毗阇耶那伽罗为争夺南印的霸权，开始了世代不休的争战。布迦在他统治的末期征服了马杜拉，把他的权力伸展到半岛的最南端。他宣称自己是印度教的保护者，但国家对于佛教、耆那教、伊斯兰教和基督教等信仰也给予了同等的自由。这一政策持续了一百多年，直到王朝结束都没有变。布迦时期对于吠陀经典作了广泛的研究，写出了许多新的注释。泰卢固语文学也获得了很大发展，出现了伟大的诗人那恰那·苏摩。布迦的儿子诃利诃罗二世（1377~1404年在位）正式采用了“王中王”的称号。他继续扩张领土，兼并了迈索尔、特里契纳波利（在今泰米尔纳杜邦）和建志等地，并迫使锡兰（今斯里兰卡）国王向他纳贡。1377年，他利用巴摩尼王国发生内乱的机会，攻下孔坎城，占领了今卡纳塔克邦北部，以及乔尔、达博耳和果阿，成为南印西部的主人。意大利旅行家尼科罗·孔蒂和波斯人阿卜杜勒·拉扎克曾在15世纪中叶访问过毗阇耶那伽罗，把它描写为南印度最为富庶强大的国家。桑伽马王朝在诃利诃罗二世以后经常发生夺权斗争，王位易手频繁，疆域渐小，国势式微。末王布罗陀提婆在1485年为权臣萨卢瓦·那罗新哈所废。20年后，萨卢瓦所建王朝又被他自己的权臣、摄政毗罗·那罗新哈所篡，杜卢瓦王朝建立。

杜卢瓦王朝最著名的国王是克里希那提婆·罗耶（1509~1529年在位）。在他的统治下，毗阇耶那伽罗帝国达于鼎盛。他恢复了前朝失去的领土，利用已经分裂的巴摩尼王国的内部矛盾，取得了对其个别王公的胜利，兼并了瓦兰伽尔，占领了奥里萨的一部分。较长期的国内和平带来了经济和文化的繁荣。各教派的信徒在克里希那提婆宗教宽容政策的保护下和睦相处，过着安居乐业的生活。巴卑尔在其自传里称他是印度最强大的帝王。不过他的后继人都很孱弱，一位能干的大臣罗摩·罗耶企图在巴摩尼王国五个分立的小王朝间制造不和，以恢复毗阇耶那伽罗的威势。但是由于他破坏清真寺，亵渎《古兰经》，触及了伊斯兰教徒的宗教感情，反而使他们联合起来，共同进攻毗阇耶那伽罗。1565年1月在塔利科塔（位于今卡纳塔克邦）进行了一场决战，结果穆斯林联盟大获全胜。他们俘虏并处决了罗摩·罗耶，把繁华的毗阇耶那伽罗城抢劫一空，夷为平地。一座经营二百余年、富甲一方的城市从地平线上消失了，如今只剩下汉皮的废墟供后人凭吊。

罗摩·罗耶的弟弟底鲁摩罗辅佐国王萨达西瓦逃到了佩努康达（位于今安得拉邦）。1570年，底鲁摩罗篡位自立，建阿拉毗杜王朝。17世纪初叶，王朝开始分裂，不久迈索尔、贝德努尔、马杜拉、坦焦尔等地先后出现独立王国。1642年，阿拉毗杜王朝彻底瓦解，历时三百余年的毗阇耶那伽罗王国（后期曾迁都佩努康达和昌德拉吉里）至此灭亡。

毗阇耶那伽罗国历史的突出特点，是同北方巴摩尼王国及其分裂后的穆斯林小国间长达两世纪以上的政治和文化斗争。在战场上，除布迦和克里希那提婆时代以外，占上风的往往是巴摩尼王国。但无论如何，毗阇耶那伽罗还是成功地保卫了印度教的传统文化。这个王国是按照传统的正法原则进行统治的，人民生活受到一定的重视。国家收入的主要来源是土地税、灌溉税、牧场税和进出口税。土地税一般占收成的1/5或更多些。统治者对于异己宗教采取兼容态度。妇女受到社会的尊重。她们不仅学习舞蹈、音乐和绘画，而且可以习武练功，其佼佼者还能参与政府工作。然而，另一些社会弊端也普遍存在，如童婚、彩礼、寡妇殉夫、一夫多妻等。毗阇耶那伽罗在当时的印度社会中是一个富裕的王国。农业和商业受到鼓励，对外贸易也很活跃。用品充足，物价低廉，这些都受到了外国旅行家的普遍好评。但是，人民承担着绝大部分捐税，贫富不均的现象依然十分严重。在经济发达的基础上，文化事业也获得了很大发展。梵语、泰米尔语、泰卢固语和坎纳达语的文学作品大量出现。诃利诃罗二世时代的萨耶那是印度历史上最著名的吠陀注释家之一。毗阇耶那伽罗国由其经济和文化的繁荣而在印度史，特别是南印度史上，占有重要的地位。

第十四章

莫卧儿帝国

1526年4月帕尼帕特一役，巴卑尔依仗丰富的战斗经验和精良的军骑，战胜兵力四倍于己的洛迪王朝末王易卜拉欣，结束了320年德里苏丹国在印度的统治。德里的大门为他敞开。扎希尔—乌德—丁·穆罕默德·巴卑尔（Zahiruddin Muhammad Babur，1526~1530年在位）是帖木儿的五世（一说六世）孙。帖木儿出身于突厥化的蒙古贵族家庭；由于巴卑尔又可以将他的血统从母系上溯到成吉思汗，所以，由他在印度开创的帝国便被称为“莫卧儿”——阿拉伯语或波斯语的“蒙古”帝国。

一、巴卑尔入主德里

巴卑尔是一个早熟的军人和政治家。1494年他在11岁时继承了父亲的费尔干纳（古大宛）小王国，并成功地挫败了来自四方的并吞阴谋。他的梦想是成为当年帖木儿般的征服者。但是他在中亚战绩不佳，以致不得不放弃重建帖木儿帝国的美梦，把注意力转向南方。1504年，乘阿富汗境内混乱，他带领一批蒙古兵越过险阻重重的兴都库什山，袭击了喀布尔，不久又占领了伽色尼。此时的西亚，波斯人和乌兹别克人正陷入激烈的冲突，无暇抑制巴卑尔的发展。此时的印度，洛迪王朝已经衰败，信德、克什米尔、奥里萨、孟加拉、古吉拉特和马尔瓦遍布独立王国；南印度最强大的毗阇耶那伽罗王国对北方的事务既无兴趣，也无力插手。经过几次试探性的深入以后，巴卑尔终于在1526年帕尼帕特战役中打垮了洛迪王朝，进入德里，并在4月27日德里大清真寺的礼拜仪式上被称为“印度斯坦皇帝”。

他成功地说服了他的军队留在印度，并逐步克服了由于当地人民的敌视而带来的给养上的困难。洛迪王朝的遗老遗少见巴卑尔并不像帖木儿那样，是个来去匆忙的劫掠者，而有着自己的长期打算，便纷纷放弃敌意，表示归服。巴卑尔为了笼络他们，恢复秩序，就把北部平原一块块划分出来，让他们前去征服。这一策略很快奏效，不久他就掌握了北印平原的大部分。1527年卡努亚一役，他战胜了北印最强大的拉其普特领袖拉那·桑伽，勾销了强悍的拉其普特人在短期内重新复兴的可能。1529年5月哥格拉一役，他又击溃了以马茂德·洛迪为首的10万阿富汗人联军，摧毁了阿富汗人在比哈尔的最后一个据点。经过三次决定性的战役，巴卑尔成了西起阿姆河，东至哥格拉河，北起喜马拉雅山，南至瓜廖尔这一广大地区的统治者。他的胜利为莫卧儿王朝的建立奠定了第一块基石。然而烈酒、鸦片、长期的鞍马劳顿和印度炎热的气候损坏了他的身体。1530年12月，他47岁时死于阿格拉。巴卑尔一生都是在流亡和征战中度过的，但他还是腾出了时间进行写作。他用突厥语写的自传是一部很有价值的史学和文学著作。书中不仅记载了他亲历的大小事件，还对各地的自然景物和风俗民情进行了生动的描绘。他能用波斯语和突厥语写诗，甚至还创造过一种独特的诗体。

二、胡马雍和阿富汗人的斗争

（一）胡马雍的失败

巴卑尔的早逝使他无法巩固对于北印度的征服。行政、司法和财政制度均未能建立。他在贵族和军队中大量散施钱财珠宝造成了财政困难，皇族内部也不团结。因此，他留给在能力上远不及他的继承人胡马雍（Humayun）的，是一个问题成堆的帝国。由于在穆斯林中长子继承权并未形成强行贯彻的制度，胡马雍的3个异母兄弟卡姆兰、阿斯克里和兴达尔都在觊觎王权。宫廷中的贵族也在策划阴谋，企图谋取王位。军队的成分十分复杂，有察合台人、乌兹别克人、波斯人、阿富汗人、印度人等。这样一支军队只有由巴卑尔那样的铁腕统帅掌握，才能保持战斗力，而在软弱如胡马雍者手中，则只能是一批冒险家组成的乌合之众。

胡马雍所面对的敌人依然不可轻视。阿富汗人尚未被彻底粉碎。舍尔汗（Sher Khan，后称舍尔沙）的出现，使分散各地、随时准备反叛的阿富汗贵族找到了新的领袖。他们纷纷来到比哈尔，聚集在他的麾下。古吉拉特的巴哈杜尔沙军力强盛，对胡马雍也是严重的威胁。舍尔汗和巴哈都杜尔沙在东西两方面对他形成夹击之势。而在内部，他的几个兄弟正百般掣肘，伺机利用他的困境攫取王权。

1531年，胡马雍与阿富汗人之间爆发了战争。为了集中武力对付巴哈都杜尔沙，他先与舍尔汗订立了暂时的盟约。这正给羽翼未丰的舍尔汗提供了自由发展财力和军力，乃至任意兼并孟加拉的机会。胡马雍在取得对巴哈都杜尔沙的若干胜利之后，把他赶到了第乌岛。但是当他挥师东向，企图收拾舍尔汗时，已经强大的舍尔汗却在乔萨（位于今比哈尔邦和北方邦的交界处）一役打得他落荒而走，连妻室也丢掉了。舍尔汗于1539年12月自立为王，称舍尔沙，并以他的名义铸造了钱币。1540年5月，胡马雍再次在卡瑙季惨败于舍尔沙之手。他的军队丧失殆尽，再也无法立足于印度土地。在舍尔沙的追击下，他放弃了阿格拉和德里，逃往拉合尔，开始了他15年的流亡生活。

巴卑尔奠基的莫卧儿帝国在胡马雍手里暂时失去了。导致他失败的主要政策错误是：把大片土地乃至关键地区分给了同床异梦的兄弟，分散了帝国的资源和实力；忽视国家财政问题；没有争取举足轻重的拉其普特人的支持；没有采取有力的措施保住从巴哈都杜尔沙手里夺到的古吉拉特和马尔瓦这两个重要地区，以及没有及时抑制舍尔汗日趋强大的势力等。

（二）舍尔沙和苏尔王朝

在莫卧儿人初次入侵和建立起牢固的对印统治之际，舍尔沙成功地领导了驱逐入侵者的印度–穆斯林复兴运动。舍尔沙原名法立德，先祖是居住在白沙瓦附近的苏尔部落的阿富汗人，于洛迪王朝初期移居印度。他自己成长于比哈尔，因为才干出众，被当地统治者巴哈尔汗授予舍尔汗的称号，不久又升为副王兼少师。巴哈尔汗死后，他成为比哈尔的实际首脑和最具影响的阿富汗人领袖之一。

1539年，舍尔沙在自立为王后建立了历时15年的苏尔王朝（Sur Dynasty）。1540年，他进占德里，逐步把势力扩张到旁遮普、木尔坦、信德、拉贾斯坦和马尔瓦等地。然而，正当他的霸业顺利进展的时候，1545年3月，他在卡林贾尔围城之战中被炸身亡。

舍尔沙在印度中世纪史上占有重要地位。这不仅是因为他成功地驱逐了莫卧儿入侵者，更重要的是他在行政方面做出了一系列对后世发生过深远影响的改革和创新。他的农业政策是：重新清丈土地，估计土地质量，原则是估税时从宽，敛税时从严；国家向农民直接征税，杜绝中间盘剥；采取一切措施保护农田，凡因战争原因而破坏的土地，均向农民作价赔偿。他取消了繁复的商税，规定只在入境和销售两地课税，以鼓励商业的发展。为便利商旅和邮传，他开辟了很多道路，并在路边植树建馆。考虑到不同的宗教信仰，客宿的印度教徒和伊斯兰教徒均分别安置。舍尔沙时代修筑的最长的干线是从今达卡附近的索纳尔干，经过阿格拉和德里，直到印度河的一条。这条大路至今还在使用。他废除了已经贬值的旧币，另铸新的金、银、铜币。这些钱币一直为莫卧儿王朝和英国侵略者继续使用到1835年。在司法方面，他坚持法律面前人人平等，曾严厉处置过自己的亲属。舍尔沙的经验在很多方面为以后阿克巴的体制奠定了基础。

（三）胡马雍重回印度

1554年，舍尔沙的侄子通过谋杀篡得王位，称穆罕默德·阿迪尔沙。他是一个懒惰的花花公子。苏尔家族的其他成员不承认他的统治，纷纷独立。德里王权成了他们激烈角逐的目标。

14-1 胡马雍陵

苏尔王朝的内乱诱使胡马雍卷土重来，他请求波斯统治者塔马斯伯给予帮助，以遵守什叶派信条和日后割让坎大哈为条件，取得1.4万人的军队。1554年11月，胡马雍攻取白沙瓦，此后一路顺风，直到拉合尔；次年5月占领旁遮普，守卫这里的苏尔王朝贵族逃往西北部的山里。1555年7月，胡马雍重回德里，接着又夺得阿格拉、桑巴尔及其附近地区。次年1月24日晚，当他急匆匆从藏书楼出来准备参加宵礼的时候，失足跌下楼梯，摔破脑壳，两天后不治而亡。胡马雍抓住时机挽回了以往的失败，从此莫卧儿王朝便逐步牢固地建立起来。

三、阿克巴治下的莫卧儿帝国

正在旁遮普的贾拉尔–乌德–丁·穆罕默德·阿克巴（Jalal uddin Muhammad Akbar，1556~1605年在位）继承了其父胡马雍的王位。当时他不满14岁，由培拉姆汗摄政。新帝国面临的困难还很多。莫卧儿人在德里的政权并不稳固。胡马雍死时，他所掌握的实际上只有德里、阿格拉、桑巴尔及其附近地区。北印度的大部分还在阿富汗首领和苏尔王朝留下来的几个贵族手里，这些贵族——阿迪尔沙、塞干达尔沙和易卜拉欣沙——还想重掌王权。拉其普特人也在坚持斗争。西北边境的坎大哈时时受着波斯人的威胁，因为胡马雍爽约，并未把它割让给他们。此外，政府经济窘迫，帑藏虚竭，捐税须靠武力征缴，而德里和阿格拉一带又正因大旱和兵燹而陷于严重饥荒。

14–2 阿克巴像

比所有这些困难更直接的威胁来

自一个印度教首领喜穆。喜穆出身于吠舍阶层，是阿迪尔沙的首相，一个精明干练、经验丰富的政治家。他在胡马雍去世后很快攻占了阿格拉和德里，控制了从瓜廖尔到萨特莱杰河的领土。他在德里建立王朝，采用了“超日王”的称号。阿克巴闻讯后，没有听从群臣的建议，退守喀布尔，而采纳了培拉姆汗的主张，进军德里。他和喜穆的军队在帕尼帕特相遇。1556年11月5日，第二次帕尼帕特战役打响。喜穆凭借绝对优势的兵力取得了最初的胜利。但是一支流矢突然射中他的眼睛，使他昏迷过去。他的军队因丧失主帅而陷入混乱，顿时瓦解。喜穆被执。阿克巴（一说培拉姆汗）亲手处死了他。第二次帕尼帕特战役粉碎了阿富汗人再度复兴的希望。剩余的阿富汗贵族不仅力量薄弱，而且钩心斗角。他们或火并而死，或投降新朝，1559年后就再也无力东山再起了。莫卧儿人轻取德里以后，迅速出击，攻克了阿季米尔、桑巴尔、勒克瑙、瓜廖尔、江普尔等重要城镇。

培拉姆汗的摄政期延续了将近4年。他对阿克巴早期的成功和莫卧儿人在德里统治的稳固，起了关键作用。1560年，培拉姆汗失势，阿克巴决定亲政。培拉姆汗失势的主要原因是他对阿克巴管束太严，激起了他的不满，而他的骄傲和专断也触怒了众多宫廷大臣。此外还有宗教原因，即他是一个什叶派信徒，而皇族和多数大臣都是正统的逊尼派信徒。母后哈米达和乳母玛哈姆·安那伽及其亲属是倒培拉姆汗的主要策划者。培拉姆汗解职后去麦加朝圣，途中在古吉拉特为阿富汗人所杀。此后4年，阿克巴的母后和乳母一党对他影响较大，有些史学家把这段时间不太恰当地称为“牝鸡司晨期”。其实，这时的阿克巴已经逐渐掌握了实权，独立做出了很多重要决定，其中包括：废除把战俘当作奴隶的规定（1562年），取消印度教徒的香客税（1563年）和所有非穆斯林的人头税（1564年），以及制定通过联姻等手段笼络拉其普特人的策略等。

阿克巴的野心是做一个巨大帝国的统治者。他公开承认自己是扩张主义的信奉者，说：“既为帝王，就应时刻不忘征略，否则他的敌人就会起兵打他。”因此阿克巴终其一生没有停止过扩大领土的战争。他先后征服了丘纳尔（1561年）、马尔瓦（1562年）、贡达瓦纳（在今中央邦、安得拉邦和马哈拉施特拉邦的交界处，1564年）、拉贾斯坦（1562~1570年）、古吉拉特（1572~1573年）、比哈尔（1574年）、孟加拉（1576年）、克什米尔（1586年）、信德（1591年）、奥里萨（1592年）、俾路支（1595年），以及南印度的艾哈迈德纳加尔（1600年）。到16世纪末，莫卧儿帝国的领土除全部北印度外，向南已经越过了纳巴达河。对骁勇善战的拉其普特人采取怀柔政策，是阿克巴的扩张得以顺利进行的原因之一。凡是承认阿克巴宗主地位并愿意纳贡的拉其普特首领，他都给予充分的自治权。用这种办法，他换取了他们的效忠和军事上的有力支持。除了梅瓦尔，所有拉其普特王国都归附了莫卧儿王朝，成为它击败阿富汗人、扑灭本族叛乱的盟军，有的甚至同莫卧儿贵族结成姻亲。

梅瓦尔是北印到古吉拉特各商港的必经之路，在商业上具有重要地位。统治这里的乌代·辛格属于拉贾斯坦的拉其普特人中最受尊敬的西苏迪耶家族。他拒不承认阿克巴的宗主权，并且庇护抵抗莫卧儿的阿富汗人和反叛的莫卧儿贵族。阿克巴必欲去之，但除于1568年占领了他的首都齐图以外，始终未能迫其就范。他的儿子普拉塔普·辛格1572年即位后继续进行顽强斗争。1576年，普拉塔普·辛格在哈尔迪加特山战役中失利，后退入山林，与野兽同宿，以野果充饥，坚持游击战达20余年，终于收复了梅瓦尔的大部分失地。1597年以后，他的儿子阿马尔·辛格接替他领导人民继续斗争。梅瓦尔几代拉其普特人英勇的反侵略斗争在印度中世纪史上写下了可歌可泣的一页。

为了有助于扩张领土，巩固统治，争取占人口绝大多数的非伊斯兰教徒，阿克巴实行了相当彻底的宗教宽容政策。他不仅废除了非穆斯林的香客税和人

14-3 法特普尔西克里的宫廷建筑

头税，还采取了一系列其他措施，如：允许各派教徒（伊斯兰教徒、印度教徒、耆那教徒、袄教徒和基督教徒等）建立寺院，自由传教，举行各种宗教庆典；允许被迫改宗伊斯兰教的人恢复原来的信仰；政府的职位不问信仰，向一切人开放；建立平等的税收制度，不因宗教不同而有所歧视；在重要的伊斯兰教和印度教节日，宫廷举行同样隆重的庆祝活动。阿克巴本人也停食牛肉，以表示对于印度教习俗的尊重。1575年，他在法特普尔西克里建立了一座礼拜堂，以后便经常在这里召集各宗教派别的著名学者讨论宗教和其他方面的问题。他还不断邀请各派宗教家到他的宫廷来，听他们讲道。1579年6月26日，阿克巴宣读了由几位伊斯兰教领袖联署的"呼图白"（宗教讲词），宣布他拥有对伊斯兰教所有问题的最高裁决权，进一步集帝王与教宗于一身。1582年，阿克巴创立了一个新的组织，名为"神圣信仰"。它实际上是杂糅伊斯兰教、印度教、佛教、耆那教、袄教和基督教等不同教义的折中产物。但是，他这种企图冶所有信仰于一炉，创立具有泛神色彩的一神教的尝试没能取得成功。它的信徒在他生前从未超过数千人，而在他死后，这一信仰也就自然解体了。然而他宽容的宗教政策却是成功的。它大大地改善了莫卧儿人在印度当地居民心目中作为入侵者的形象，成为帮助阿克巴扩张领土，巩固统治，使莫卧儿人最终立住脚跟的一个重要因素。它也给遭受穆斯林入侵和破坏达数百年的印度社会带来了普遍的安定与繁荣。在团结印度教徒的同时，阿克巴也同印度教内部的各种陋习做了斗争。他要求禁止杀婴、童婚和寡妇殉夫，允许寡妇再嫁，并规定了男子16岁、女子14岁的最低法定结婚年龄。这些措施都是有利于社会进步的。

阿克巴时代国家收入的主要来源是土地税。阿克巴下令清丈土地，按土地的质量重新估税，税额一般为全部收获的1/3。缴纳实物和现金均可。包税制取消了，改由国家雇用官员收缴捐税，以杜绝中间盘剥。

帝国行政区划以苏巴（省）为最高单位。全国有15个苏巴，每个苏巴有一个苏巴达尔（省督），亦称纳瓦布·尼查姆，作为其行政领导。苏巴达尔的权力很大，他在当地的政府俨然就是一个小朝廷。为了制约他的权力，阿克巴又向各省派驻了地位仅次于苏巴达尔的地万。地万主管财政，直接向皇帝负责。全国的官僚机构均按军事方式编排，官员一律称曼沙达尔。每个曼沙达尔都从国家支取相当金额的薪俸，并向国家提供一定数量的军队。曼沙达尔共分33级，最低的统领10人，最高可掌握1万人。统率7 000人、8 000人、1万人的三级留给王子。所有曼沙达尔的选募、晋升、停职和罢免事宜，均由皇帝亲自过问，其职位不得世袭。阿克巴后期开始以扎吉尔代替薪俸，这就在一定程度上削弱了中央集权的统治。

阿克巴规定波斯语为宫廷语言。他专门成立了一个负责翻译的部门，把梵语、阿拉伯语、突厥语和希腊语的名著译成波斯语。大史诗《摩诃婆罗多》和《罗摩衍那》就是在这时翻译过去的。在绘画和建筑方面，阿克巴大力提倡不同民族风格的融合，这对后世艺术的发展，尤其是波斯－印度风格的形成，产生了深远的影响。

14–4 细密画中的莫卧儿宫廷生活

阿克巴逝世于1605年。他被认为是继孔雀王朝阿育王以后最杰出也最有作为的开明君主。他所制定的各项政策，大多能适应时代的要求，给数百年来战火不断的北印社会带来了稳定与繁荣。

四、贾汗吉尔

王子萨利姆是阿克巴仅剩的儿子。他的两个哥哥在阿克巴活着的时候就去世了。萨利姆在娇生惯养中长大，爱好美酒和女人，曾几次图谋篡夺他父亲的王位，后父子和解。他在1605年继承了王位，称贾汗吉尔（Jahangir，1605~1627年在位）。他沿袭阿克巴的路线，颁布了不少开明政策。他在阿格拉的皇宫门前挂了一口大钟，用金链子连到亚穆纳河畔。任何人在蒙受不白时都可以拉钟请求他的公断。贾汗吉尔也继承了其父的扩张政策，然而他的成功却很有限。在他的军事压力下，梅瓦尔的阿马尔·辛格终于承认了莫卧儿的宗主地位，并把儿子送到阿格拉的宫廷里去服务。贾汗吉尔对南印的远征受到艾哈迈德纳伽尔苏丹国首相马立克·阿姆巴尔的有力抵抗，战争一直打到1621年才算取得了名义上的胜利。马立克同意纳贡，但保住了大片土地。西北重镇坎大哈在1621年丢给了波斯人。在这以前，波斯人曾四次派使节携重金到莫卧儿宫廷，用友好的姿态麻痹了贾汗吉尔，使他放松了坎大哈的防务。

1611年，贾汗吉尔和努尔·贾汗结婚，不久就开始了努尔·贾汗专权的时期。努尔·贾汗出生在一个德黑兰的贵族家庭，父亲投效阿克巴后，累官至喀布尔的地万和皇家总管。努尔·贾汗在其前夫死时34岁，但风韵犹存，牢牢地吸引了贾汗吉尔。她生性聪慧，受过良好教育，有胆识，善社交，既长于女红，又喜好诗画，尤其热衷参与政事。贾汗吉尔健康不佳，年颜俱颓，逐渐倦于政务，贪图安逸。这正为精力充沛的努尔·贾汗提供了实现野心的机会。自1613年至贾汗吉尔死去的1627年，她实际上行使着帝王的职权：决定国策，签署御敕，接见群臣，主持日常行政，用自己的名字铸造钱币。她同她的父母和太子胡拉姆组成了掌握全国最高权力的小集团。胡拉姆是贾汗吉尔诸子中最有能力的，已经获得沙·贾汗的称号。1621年，努尔·贾汗与前夫所生的女儿嫁给了王子沙勒亚尔，此时贾汗吉尔的健康已经每况愈下。为了在贾汗吉尔身后继续掌权，努尔·贾汗策划册立沙勒亚尔为储君。不利的情势导致了同样野心勃勃的沙·贾汗冒险叛变。内战持续了3年。在马哈巴特汗的追击下，沙·贾汗逃到南印，最后被迫投降。贾汗吉尔宽恕了他。然而不久，马哈巴特汗又发动了政变。马哈巴特汗一向忠于皇室而不满于努尔·贾汗的专权。平叛以后，他的影响和权力都加大了，这就愈发招致了皇后的嫌嫉。她说服皇帝削夺他的权力，终于逼得他在1526年发动了政变。但是狡猾的努尔·贾汗战胜了他。马哈巴特汗落荒而走。

贾汗吉尔虽曾习武，但是不堪军旅的严酷生活，所以从不亲自带兵出征。由于性好安逸，他在政务上也表现出一定程度的疏懒。他爱好文学和艺术，懂得多种语言，还曾把自己的经历和在各地的见闻写成自传。他尤其喜好绘画，自诩一画在前，可以不假思索就指出它出自谁的手笔；而如果它是多位艺术家合作的结果，他还能辨别出不同部分的不同作者。正是在贾汗吉尔时代，莫卧儿绘画发展到了一个高峰。在宗教方面，贾汗吉尔继续实行开明政策，他常常亲自参加印度教徒的重要集会。他甚至为他的孙子请了一个基督教教士做老师。

五、沙·贾汗

体弱多病的贾汗吉尔在1627年死去。沙·贾汗（Shah Jahan）从德干赶回阿格拉，在他的岳父阿萨夫汗和其他重臣的帮助下登上王位。阿萨夫汗按照他的要求消灭了一切有资格问鼎的皇族。努尔·贾汗一筹莫展。后来她得到一笔丰厚的年金，在拉合尔度过了她的晚年。

沙·贾汗执政期间（1627~1658年）发生了两起叛乱，发动者是班德勒坎德的鸠贾尔·辛格和德干的汗·贾汗，原因都是他们怀疑朝廷对自己不满。1632年，沙·贾汗从葡萄牙人手里收复了胡格利（位于孟加拉），因为他们强迫当地人信仰基督教，还支持阿拉干（在孟加拉东面）的酋长反对莫卧儿王朝。数千葡萄牙人被杀，另有几千名被俘，年轻貌美的女子被解往阿格拉，以充后宫。沙·贾汗承袭其前辈的扩张政策，终于在1633年吞并了艾哈迈德纳伽尔。1657年，南印的高康达和比贾普尔也宣布归顺。沙·贾汗的三子奥朗则布在远征南印的战争中发挥了重大作用。

1657年9月，沙·贾汗突然生病，不能临朝。于是谣言四起，说他已经死去。他的4个儿子开始互相争斗，抢夺王位。王公大臣亦各附一主，加入混战。为了驱散谣言，防止全面内战，沙·贾汗开始在公众场合露面，并正式册立长子达拉为储君，参与朝廷密勿。但是斗争已经不可避免。对莫卧儿人来说，用宝剑决定继承权，始终就是常例，只不过以往的争夺总是发生在老王死后，而这一次却不再等待旧君过世。次子沙·休贾和四子穆拉德分别在孟加拉和古吉拉特称帝。为对付沙·贾汗和达拉，他们决定和三子奥朗则布结成联盟，协调行动。3个王子各自带兵向首都进发，借口探望父病，想一举推翻老王。朝廷的军队战胜了沙·休贾，迫使他逃回孟加拉。可是达拉的军队却惨败在奥朗则布–穆拉德联军手下。1658年6月，奥朗则布进入阿格拉，沙·贾汗成了自己儿子的阶下囚。同年7月21日，奥朗则布宣布登基。

沙·贾汗在屈辱中度过余生，于1666年死去。经过阿克巴和贾汗吉尔两代经营的农业、手工业和商业，在沙·贾汗时代有了更大发展。莫卧儿王朝达到了繁荣的顶点。然而，对于劳动人民的剥削也加重了。农业税增加到了土地收获量的1/2。沙·贾汗把收税工作委托给包税人，国家支出减少了，而农民头上却更多了一层盘剥。沙·贾汗挥金如土，不但在宫廷内外大摆豪华的排场，还建筑了大量的宫殿、寺院和陵墓，把数十万卢比送往麦加和麦地那。他的一个孔雀御座居然做了7年，花了1 000万卢比。他也把金钱用在提倡文化事业上。很多梵文作品译成了波斯文。印地文和波斯文的文学作品大量出现。天文学、数学和医学等也有很大发展。莫卧儿风格的建筑艺术在沙・贾汗时代达到了顶峰，其代表作就是历经22年方才建成的泰姬陵。它是为他早逝的宠后蒙塔兹・马哈尔建造的，人称“大理石之梦”。

六、奥朗则布

奥朗则布（Aurangzeb）继承王位时已经40岁。在此以前，他曾两度在德干，一度在古吉拉特做总督，也曾率兵在中亚和坎大哈打过仗，积累了丰富的行政和作战经验。1658年夺取王位后，他迅速剿灭了达拉和穆拉德，把沙・休贾赶到阿拉干，从此再无消息。1659年，奥朗则布正式加冕即位（1659~1707年在位）。

奥朗则布是一个狂热的伊斯兰教逊尼派信徒，盲目而褊狭。在将近50年的帝王生涯中，他始终以保护和发扬伊斯兰教为己任，企图通过迫害印度教徒和其他教徒，镇压他们的反抗等手段，把整个印度变成伊斯兰教国家。他恢复了印度教徒的朝圣捐和人头税（1679年），在穆斯林免除商业税的同时，向非穆斯林征收5%的商业税。他把印度教徒从高级职位和税收部门赶出去，限制或取消他们的宗教节日，封闭他们的学校，拆毁他们的寺院。与此同时，他又用金钱、土地和官位引诱他们改宗伊斯兰教。他的迫害政策激起了非穆斯林的强烈反抗。1661年，马土腊地方官阿卜杜勒・纳比拆毁了当地印度教寺院，在原地建起清真寺。以此为导火索，查特人发动武装起义，杀死了纳比。1670年和1686年，查特人又两次举起反抗的旗帜。他们坚持斗争，拒绝妥协，终于以巴拉特普尔（位于拉贾斯坦）为首都建立起自己独立的国家，这时奥朗则布已经死去。1671年和1672年，班德勒坎德的班德勒人和梅瓦特的萨特拿米人也先后起义。由于萨特拿米人节节胜利，一个他们刀枪不入的神话在民间流行起来。为了对付谣传，鼓舞士气，奥朗则布不得不下令在莫卧儿人的军旗上贴上神符。

锡克人的长期斗争，给了莫卧儿政权以更大的打击。锡克教是由那纳克结合印度教和伊斯兰教苏非派的某些教义，在16世纪初创立的，最初以和平和众生平等为宗旨，反对种姓制度和偶像崇拜，大部分信徒来自印度教。第三代师尊（教主）阿马尔・达斯和第四代师尊罗姆・达斯曾经受到阿克巴的礼遇，后者还在旁遮普得到一块封地。就是在这块封地上，后来建起了阿姆利则城和著名的金庙。师尊从第五代起开始世袭。第五代师尊阿尔琼摘选前代师尊及某些印度教和伊斯兰教圣者的言论，编订了《最初的圣典》，该书后来成为锡克教的圣典。他由于接纳过叛变的王子胡斯鲁而搞坏了同贾汗吉尔的关系。贾汗吉尔要求他交纳罚款，被他拒绝。于是贾汗吉尔将他逮捕下牢，施以酷刑，致使他在1606年瘐死狱中。锡克人遭到这一打击之后，开始武装起来。锡克教逐渐演变成一个军事组织，教主就是他们的军事领袖。阿姆利则周围也筑起了深沟高垒。锡克人同莫卧儿王朝的矛盾在沙·贾汗时代进一步激化。第七代师尊哈尔·拉伊由于同达拉过从甚密，开罪了奥朗则布。第九代师尊德格·巴哈杜尔公开谴责奥朗则布的宗教政策，被召到莫卧儿朝廷。奥朗则布要他在改宗伊斯兰教和死亡之间进行选择，他断然选择了后者。他的儿子，第十代（也是最后一代）师尊哥宾德·辛格，继续坚持对莫卧儿人的斗争。他完成了锡克教军事化的过程，要求每个锡克教男子都在名字中加上“辛格”一字，意为“狮子”，规定他们要蓄须发，加头梳，佩短剑，戴铁手镯，短裤至膝。终奥朗则布一朝，锡克人在哥宾德·辛格的领导下从未停止战斗。他们转战在山林丛莽之中，打败了皇家军队的一次又一次围剿。长期的英勇斗争终于使锡克人在18世纪中叶驱逐了莫卧儿人在旁遮普的势力。

拉其普特人同莫卧儿王朝的关系在17世纪后半叶也发生了明显的变化。奥朗则布认为拉其普特人是他迫害印度教徒的严重障碍，所以一反前代君主的怀柔政策，决定消灭拉其普特势力，并吞他们的王国。1678年，他利用马尔瓦尔暂时缺少继承人的困境，出兵占领了它，并大肆毁坏当地的印度教寺庙。他的暴行引起了马尔瓦尔人民的反抗。不久，马尔瓦尔、梅瓦尔和斋普尔的拉其普特人决定结成联盟，共同抵御莫卧儿王朝的侵略。1681年，奉派征剿拉其普特人的奥朗则布之子阿克巴在后者的策动下举起叛旗。但是奥朗则布用离间计破坏了他和拉其普特人的联盟。阿克巴王子只好取道马哈拉施特拉，浮海逃往波斯。1681年后，奥朗则布同梅瓦尔和马尔瓦尔先后缔结和约，他的吞并拉其普特王国的计划终究未能实现。

但是，在遵循阿克巴以来的帝国主义政策，继续进行领土扩张方面，奥朗则布取得了一定成功。1661~1663年，莫卧儿人征服了阿萨姆和阿拉干地区，迫使当地的阿豪马国王付出大笔赔款和年贡。1682年，奥朗则布为追踪王子阿克巴而深入南印，同时发动了对这里几个主要国家的战争。从此他滞留南印，再也没有回到北方。1686年和1687年，比贾普尔和高康达先后战败，并入莫卧儿帝国。17世纪中叶由马拉塔人的民族英雄西瓦吉在今马哈拉施特拉邦建立的马拉塔王国，曾经利用莫卧儿王朝的内部矛盾，成功地存活下来。1680年以后继承西瓦吉王位的桑布吉是一个骄傲而性喜游乐的人，但作战勇敢。1689年，桑布吉在长期抵抗后，被奥朗则布捕获。他拒绝改宗伊斯兰教，终被折磨致死。至此，奥朗则布完成了他对南印的征服。

莫卧儿帝国在奥朗则布晚年扩张到了最大限度。它的版图西起伽色尼，东至吉大港，北起克什米尔，南至加尔那迪地区，其广阔为印度有史以来所仅见。然而，这广大的帝国危机四伏，它的存在不过是昙花一现。奥朗则布对南印的占领从来就是不巩固的。马拉塔和南印其他小国并未停止斗争。无休止的征战耗尽了莫卧儿的国库，国家经济也受到了严重破坏。最得力的政府官员和军事领袖长期滞留南方，北印的行政工作变得松弛而腐败，骚乱亦时有发生。奥朗则布的儿子们在他垂老之际，已经在酝酿一场你死我活的夺权大战。莫卧儿帝国在越过它扩张的顶点以后，正迅速滑入分崩离析的深渊。

作为孤立的个人，奥朗则布有不少优点，如勤于政务（常常每天只睡三四小时）、长于谋略、作战勇敢、处变不惊、生活简朴、律己严格。但是作为一代帝王，他的一系列错误政策却直接导致了莫卧儿帝国的瓦解。已经在印度许多地方落脚的欧洲侵略势力在他长达半个世纪的统治期内有了很大发展。他既没有估计到它的潜在危险，更没有采取任何必要的步骤，比方说建立自己的海军，以抑制它的发展。眼见坐大的欧洲侵略势力不仅促进了莫卧儿帝国的衰亡，而且注定要取代它。

七、莫卧儿帝国的解体

后期莫卧儿王朝的历史是一段战乱频仍、民不聊生、帝国主义入侵加剧并最后确立对印殖民统治的历史。王位易手频繁，角逐王权的战争此起彼伏，弑君和权臣掌握废立的事情司空见惯。王权逐渐缩小，各地诸侯纷纷自立。拉其普特人、查特人、锡克人先后起义。马拉塔人的势力迅速扩大，他们攻略马尔瓦、古吉拉特、拉贾斯坦、班德勒坎德等地，大有取莫卧儿人而代之之势。

1739年初，波斯统治者纳迪尔沙在印度当地穆斯林的配合下入侵印度。腐败的莫卧儿军队节节败退。3月，纳迪尔沙进入德里。不久，谣传纳迪尔沙遇刺身亡，德里人民拿起武器，开始驱逐侵略者，结果遭到屠城的报复，3万人被杀，市区大部被焚毁。5月，纳迪尔沙离开印度。他抢走了1 000头象、7 000匹马和1万匹骆驼，以及价值达7亿卢比的各种财物，其中包括世界闻名的“科–伊–努尔”宝石和沙·贾汗的孔雀御座。他还掳走了皇帝后宫的大批美女，以及数百名石匠、木匠和建筑工人。纳迪尔沙所掠夺的战利品数量大到如此地步，竟使他可以宣布在波斯全国免收赋税3年。印度河以西的土地也全部被他割去了。纳迪尔沙的入侵给了莫卧儿帝国以致命的打击，使它从此一蹶不振。1747年，阿赫马德沙·阿卜达利杀纳迪尔沙，在阿富汗建立独立王国。此后他8次侵印，亦劫得大量财富，并一度占领了旁遮普、克什米尔、信德等地。1761年，他在第三次帕尼帕特战役中大败已经强盛的马拉塔人及其莫卧儿盟军。阿卜达利的入侵，加速了已经摇摇欲坠的莫卧儿帝国的解体，毁灭了马拉塔人取代莫卧儿人、重建印度帝国的希望，间接为英帝国主义在印度建立殖民统治铺平了道路。

第十五章

中世纪的宗教运动

从8世纪初起，信仰伊斯兰教的阿拉伯人和中亚人开始不断入侵印度，并陆续在印度建立一些伊斯兰政权，如1206年建立的德里苏丹国，1526年建立的莫卧儿王朝等。由于伊斯兰统治者用武力和各种政治手段大力推行伊斯兰教，使该教在印度取得了很大发展。在伊斯兰教的冲击下，印度的传统宗教发生了巨大变化：佛教走上了衰微的道路，印度教为了适应形势不断兴起改革运动，一些新的宗教派别和新型宗教也陆续产生。整个中世纪，可以说，印度的各种宗教均处于活跃、动荡和剧烈的变革之中。

一、商羯罗与印度教的复兴

印度教，又称“新婆罗门教”。它与婆罗门教并不是两种宗教，而是同一种宗教的两个不同发展阶段。一般来说，古代的印度教称为“婆罗门教”，而4~5世纪以后的婆罗门教则称为“印度教”。印度教是古代婆罗门教的一种发展，一种转化。大约就在4~5世纪，由于笈多王朝诸王的崇信和保护，婆罗门教获得较大发展。在这一时期，婆罗门教文化空前繁荣，出现了大量的经典和法典，如《摩诃婆罗多》、《罗摩衍那》、《摩奴法论》、《祭言法论》、《那陀罗法论》和各种往世书等。以承认吠陀权威为基础的婆罗门教六个正统哲学派别，此时也编撰了大批的经典和注疏，并形成了自己的完整体系。这一时期的婆罗门教发生了很大变化，一方面它已经从佛教和耆那教冲击下萎靡不振的状态中摆脱出来；另一方面也进行了不少内部改革，因而不再同于原来的婆罗门教。它改变了原来墨守成规的僵化状态，大量吸收佛教和耆那教的教义教规，也融合了不少民间信仰形式，开始向一种新型的婆罗门教即印度教的转化。

商羯罗是8世纪印度教最伟大的改革家，古代吠檀多哲学的集大成者。他的宗教改革思想与实践进一步促进了印度教的复兴，促进了婆罗门教向印度教的转化，对印度教的发展产生了巨大的影响。因此，许多学者把商羯罗视为印度教历史上最重要的改革家。

商羯罗（Sankara，约公元700~750年），生于今南印度喀拉拉邦马拉巴尔海岸的一个名为卡拉迪的小村庄。父母是虔诚的印度教徒，属婆罗门种姓。5岁丧父，后开始学习吠陀。由于他天资聪慧，8岁时已能背诵吠陀，并掌握了不少正统派哲学知识。少年时告别母亲，离家到北方学习，曾拜著名吠檀多不二论者乔荼波陀的弟子牧尊为导师，修习吠檀多哲学。青年时，开始漫游印度各地，宣传他的宗教改革学说，经常与佛教、耆那教和其他异教者进行辩论。由于他博闻强记，思维机敏，精通理论，赋有辩才，所以在各种公开辩论中皆无敌手。他在北方印度教圣城贝拿勒斯居住过几年，主要是著书立说，注释各种经典，讲解他的新吠檀多论。离开贝拿勒斯（今瓦腊纳西）后，他又到印度各地传道，同时建立寺庙，组织教团，后因长期劳累，方32岁即病逝于喜马拉雅山下的基达那特。其主要著作有:《梵经注》、《广林奥义注》、《薄伽梵歌注》、《我之觉知》、《问答宝缦》、《五分法》和《示教千则》等。

15-1 商羯罗向弟子讲解不二论吠檀多

商羯罗一生致力于印度教的改革与复兴，对印度教的贡献有如下几个方面：

（一）改革吠檀多，创立绝对一神论思想体系

从少年时代起，商羯罗就师从著名吠檀多论者乔荼波陀的弟子牧尊，学习吠檀多不二论哲学。这种哲学主张：梵与我在本质上是同一不二的，两者的关系，打一个比方说，就像瓶子外面的大虚空与瓶子里面的小虚空那样，本性是一样的，只是大小有区别；一旦瓶子被打碎，小虚空就与大虚空完全同一了。商羯罗在与其他学派的辩论中，逐步认识到这种一元论哲学尚有缺点，在许多方面还缺乏足够的说服力，因此他决心改革吠檀多不二论。在改革中，他吸收了大乘佛教中观派创始人龙树在论证“空”时所使用的一些观点和方法，以建立一个绝对一神论的思想体系。

商羯罗效仿龙树的“真俗二谛说”，提出了他的“上梵、下梵”、“上智、下智”等学说。他主张，梵（最高我）是宇宙的本原，万物的始基。它是永恒、绝对的精神实体，既超越主客观的差别，又超越时间、空间、运动和因果等经验范畴，是不可见、不可闻、不可说、不可思议的一种绝对实在。梵本身是不可描述的、没有任何属性的抽象实体，但是，常人用世俗的经验（下智）观察它时，就给它附上了各种属性，如全智、全能、无所不在、无所不包，等等。由此，便产生两种梵：一个是无属性、无差别、无制限的梵，称为“上梵”；一个是有属性、有差别、有制限的梵，称为“下梵”。在商羯罗看来，“上梵”是绝对的实在，是万物的本原和创造者；而“下梵”则是经过人主观化了的“上梵”，是一种现象或经验的东西。他将印度教各种有形象的人格化的神，如大自在天等，都归于“下梵”之列。在这里，商羯罗建立起一个绝对唯心主义的一元论体系，提出只有“上梵”是唯一绝对的实在，其他一切现象（包括“下梵”）都是它的显现或创造物。实际上，商羯罗的“上梵”变成了至高无上的抽象之神。这样，他就改变了印度教的多神论，从理论上为印度教确立了绝对一神论体系，同时也改变了印度教的偶像论，真正树立起一个无属性、无形象、至高的抽象之神。

在梵与世界的关系上，商羯罗认为，现象世界只是梵的一种显现，是通过一种魔力——“摩耶”而创造出来的。其创造的过程是：梵通过摩耶产生五种细微原素（空、风、火、水、地），再由五种细微原素产生五种同名的粗大原素（空大、风大、火大、水大、地大）。摩耶是什么呢？商羯罗指出，摩耶是一种幻力，是由人的无明或虚妄的认识而引起的。本来无属性、无差别的梵（上

梵），经过人的虚妄认识，就显现为五光十色的现象世界。梵显现为世界，其实是一种幻现或幻化。在这种幻现中，原因以假象形式转化为结果，而原因的本性并没有改变。例如，一根绳子通过人的虚妄认识，被误认为蛇，蛇其实是一种假象或幻化，绳子的本性还永远是绳子。

在“上智、下智”学说中，商羯罗认为：所谓“上智”，是指一种超越世俗经验而真正把握宗教真理的智慧或观点，这种智慧只有那些经过不断学习和修炼而证悟“梵我同一”境界的宗教圣者才能得到。从“上智”即从超世俗经验或绝对的观点看，世界就是摩耶，是不真实的，好似梦境或魔术中的幻象。所谓“下智”，就是指一般常人的世俗经验或观点，从宗教圣者的角度看，即人的无明或虚妄认识。一般的人都是从这种世俗的经验即“下智”去看世界，所以本来虚幻的世界就变成真实的了，人们也由此而沉迷于现象世界之中。一个人要想获得解脱，就必须经过刻苦的学习和修炼，消除无明（下智或世俗经验），抛弃对世俗的迷恋，获得宗教真知（上智），从而证悟“梵我同一”的最高境界。

商羯罗创立这种“上梵、下梵”、“上智、下智”学说，意在否定世界的实在性，确立梵的至高无上性，为印度教的解脱观提供理论依据，并鼓动信徒放弃世俗，追求“梵我同一”的最高境界。从宗教的角度看，这种学说比原来的吠檀多不二论大大前进了一步。第一，在唯心主义方面比以前更彻底了；第二，在否定世界的真实性方面也较之以前更具说服力。商羯罗利用“上梵、下梵”说，把印度教徒日常崇拜的各种偶像之神都归于“下梵”，从而克服了过去吠檀多学说中梵与神之间界限不清的缺陷，增强了无性无形的“上梵”的至高性和绝对性。换言之，他把各种神也看作“上梵”的主观化的显现，也是不实的，那么，只有“上梵”才是唯一的实在。这种唯心主义显然是非常彻底的。另外，对于宗教唯心论者来说，原本是真实的世界，你偏要否定它，把它说成是虚幻的东西，而且让别人相信——这当然不是一件容易的事情。商羯罗利用“上智、下智”说，巧妙地解决了这个难题。他并不直接否定世界的真实性，而只说你是一个世俗的人，你用世俗的观点（“下智”）去看待世界，世界才显得是真实的。但是，当你经过宗教学习和修炼，认识水平达到一定的高度（“上智”）时，你就会发现五光十色的世界是虚幻不实的，只有抛弃它，才能摆脱痛苦，获得精神解脱。在他这里，世界具有两面性：用“下智”去看，世界是真实的；用“上智”去看，世界则是虚幻的。世界的真实或虚幻，完全取决于你的认识水平；你能否摆脱轮回，获得解脱，也完全取决于认识水平。用这种方式来否定世界的实在性，比起那些直接否定世界，睁着眼睛硬说世界是虚幻不实的学说，显然要高明得多，也具有较强的说服力。

（二）从宗教唯心主义出发，批判各种唯物论学说

商羯罗为了宗教的需要，创立了一种绝对一元论的唯心主义学说。为了维护这种唯心主义学说，他对唯物论和一切包含唯物论内容的学说都不能容忍，并进行无情的攻击。在《梵经注》、《广林奥义注》等著作中，商羯罗对胜论、数论、顺世论、佛教和耆那教都进行了批判。

数论是一种二元论哲学，包含着丰富的唯物主义因素。它主张世界是由原初物质和神我（一种精神实体）结合而产生的，但原初物质靠内部3种性质的改变而发生变异，而神我则脱离原初物质而独立存在，像个旁观者，只起某种指导或观照作用。商羯罗抓住这一点进行批判，他认为没有意识和精神的帮助，物质是不会发生变化的。例如，用泥土制成瓦罐，起决定作用的是陶工的意识；牛奶从母牛肚子里流出，是因为母牛有哺育牛犊的意识。实际上，商羯罗强调有一种超自然的精神或意识，在事物变化中起绝对作用。另外，他也用同样的方法批判胜论派的原子论学说，认为没有意识的原子绝不可能生出多样性的世界，只有在一种超自然意识的主宰之下，才会产生五彩缤纷、和谐统一的世界。顺世论是印度古代唯物主义的代表，主张灵魂只是肉体的属性，灵魂不能脱离肉体，人死灵魂即灭，因此不可能有灵魂升天之说。商羯罗对这种观点当然不能容忍。他对顺世论进行了猛烈的攻击。他在《梵经注》中说顺世论者是一群没有教养、不懂哲学的粗俗之人。他认为，灵魂与肉体在性质上是根本不同的：肉体是有形的，可见的；而灵魂是无形的，不可见的，如知觉、记忆、意识等。如果灵魂（包括人的意识活动）是人体的属性，那么它必然可以反作用于人自身。但是灵魂不能作用于人自身，正如火的属性是热，但是热不能自燃一样。商羯罗以此证明，灵魂不是肉体的属性。此外，他还批判了佛教说一切有部和耆那教哲学中的唯物主义思想。

（三）提出两种解脱观

商羯罗批判唯物论，进行各种哲学论证的最终目的，都是为印度教的解脱观制造理论根据。他从“上智、下智”的理论出发，认为只有克服私欲，消除

无明（“下智”），理解和体悟到“梵我同一”的宗教最高真理（即达到上智水平），即可获得解脱。但是，他改变了原来印度教的单一解脱观，提出两种解脱观：有身解脱（Jivamukti）和无身解脱（Videhamukti）。所谓“有身解脱”，又称“生解脱”，就是在人活着的时候就达到“上智”的高度，证悟“梵我同一”境界，摆脱痛苦，获得极乐。但是，这种解脱还是不稳固的，因为尚有业力的存在和肉身的影响，只有进一步修炼，彻底消除业力的影响，才能达到“无身解脱”，那才是真正的解脱。这种理论比以前的解脱观有了进步。它给人以希望，使人在活着的时候就能实现解脱，从而降低了天国门票的价格，增加了宗教的吸引力。

（四）反对烦琐祭祀，倡导智瑜伽

早在奥义书时代，智瑜伽思想就已出现，后来的吠檀多论也倡导智瑜伽。但是，智瑜伽思想真正能够广泛传播开来，还是从商羯罗时代开始的。商羯罗反对原来印度教那些繁缛的祭祀仪礼，认为学习和求证“梵我同一”的真理是宗教修行的主要目标。只要达到“梵我同一”，就能获得真智；获得真智是实现解脱的唯一途径。由于商羯罗反复强调这种智瑜伽的重要性，随着他的影响日益扩大，智瑜伽也逐步被印度教徒所接受。

（五）创立僧侣社团，结束了印度教没有组织的历史

商羯罗一生走南闯北，四处传教。他在与其他宗教的斗争中，发现别的宗教都有僧侣社团，这些社团颇有凝聚力和战斗力，而印度教却没有这样的组织，教徒之间好像一盘散沙。因此，他效仿佛教，也创立了一个僧侣社团，名为“十名教团”。此后，印度教逐步建立各种组织和社团。

（六）建立寺院，普及宗教知识

商羯罗走遍印度各地，在印度的东西南北建立了4座有名的寺院。一座在北方喜马拉雅山麓中心的巴德里纳特，一座在南方迈索尔的斯林格里，一座在东方奥里萨的普里，一座在西海岸卡提拉瓦半岛的德瓦拉卡。其中，南方的寺院最为重要，是商羯罗进行宗教活动的大本营。这些寺院很像佛教的那烂陀寺（玄奘留学与执教的地方），一方面可以向教徒传播宗教知识，另一方面也是教徒朝拜的圣地。有的寺院一直保存至今，仍有人们前去朝圣。

商羯罗的宗教改革在印度教发展史上占有极为重要的地位。4世纪以后，古代婆罗门教开始向印度教转化，但那时的印度教还有许多不成熟的地方，经过商羯罗进一步改革之后，它才逐步走向成熟和完善。原来婆罗门教有6个正统哲学流派，各自的学说不同，相互竞争发展，没有一个统一的权威体系。自商羯罗改革之后，他的吠檀多不二论哲学逐步上升为六派正统哲学之首，成为印度教的权威体系和主导思想，而其他哲学流派则下降到次要或附属地位。特别是那些包含唯物论和无神论内容的体系，如数论、胜论、弥曼差论等，在商羯罗绝对唯心论的冲击下，都失去了原来的光辉，逐渐演化为印度教神学的婢女。中世纪以来，吠檀多不二论哲学一直在印度教意识形态中占据主导地位。商羯罗对后来印度教的思想家始终有着深刻的影响。

印度首任总理尼赫鲁在评价商羯罗时说："在短短32年的生命中，他（商羯罗）做了许多位长寿人的工作，而在印度遗留下他那直至今天还有很显著的强大智力和丰富人格的印记。他是一个奇特的混合物——一位哲学家、一位学者、一位不可知论者、一位神秘主义者、一位诗人、一位圣人，还要加上他是一位实际的改革家和能干的组织者。"①

二、伊斯兰教苏非派的传播

11世纪以后，伊斯兰教苏非派传入印度，并得以广泛传播。由于苏非派主要流行在民间，并融合了不少印度教思想，因此它对印度广大下层群众有深刻的影响。

苏非派（Sufiyah）是伊斯兰教中一个信仰神秘主义的派别，最初产生于7世纪末8世纪初的阿拉伯。关于苏非派的名称，有两种说法。一种说法认为，"苏非"一词出自阿拉伯语"suf"，原意为"羊毛"。由于该派的信徒们都身穿粗羊毛衫，以示俭朴，故人们称他们为"苏非派"。另一种说法是，"苏非"一词来自阿拉伯语"safaa"，意为"洁净"。因为该派信徒主张通过各种活动来净化自己的灵魂和行为，以保持心灵的洁净、道德的洁净和外在的洁净等，故被称为苏非派。

7世纪初，穆罕默德在阿拉伯半岛创立伊斯兰教。他去世后，新兴的哈里

① ［印］J.尼赫鲁著:《印度的发现》，齐文译：北京：世界知识出版社，1956年版，第236页。

发国家不断对外征战，疆土迅速扩大，财富源源流入。随着财富的增加，上层统治者贪图享乐、奢侈豪华之风开始盛行，此外，小集团主义、排他主义和复仇主义也逐步兴起。在这种形势下，一部分穆斯林对上层统治者的奢靡之风极度不满，开始提倡克己、守贫、苦行和禁欲。大约在7世纪末8世纪初，这批提倡守贫苦行的穆斯林便形成一个派别，即苏非派。此派主要流行在下层穷苦百姓之中，他们笃信《古兰经》的教诲，希望通过虔诚的苦行生活，达到与真主的合一。到了8世纪中期，他们的苦行主义和禁欲主义更发展成一种神秘主义。苏非派神秘主义的基本宗旨是认识真主、敬爱真主、最终达到与真主的合一。所谓“认识真主”，就是通过神秘主义的直觉体验来证悟真主是唯一的实在、永恒的美和无限的圆满。所谓“敬爱真主”，就是通过各种行动来表达对真主的爱；爱的行为是通向真主的道路，只有爱的行为才能使人接近真主。“与真主合一”，乃是该派信徒所追求的最高目标，他们的一切修行最终就是为了使自己与最高的神、永恒的美和圆满相结合，从而达到一种最幸福、最欢乐的境界。

8世纪以后，随着伊斯兰教的入侵，苏非派思想也传入印度，但是当时的影响还很小。到了11世纪初，以胡吉伟利为代表的一批苏非大师来到印度，进一步传播苏非派神秘主义，才使之在印度扎下根来。胡吉伟利出生于中亚地区的伽色尼王国，少年时曾接受伊斯兰教的基础教育，后投身于著名的苏非大师门下，潜心钻研神秘主义，最终成为一名真正的苏非派信徒。苏非派要求每个信徒都必须云游伊斯兰世界，去求学，去苦行，以使自己的灵魂得到净化。因此，胡吉伟利一生游历了许多伊斯兰国家和地区，如阿塞拜疆、大马士革、巴格达、波斯等。1039年，他经开伯尔山口来到印度，定居于拉合尔，并以此为基地，传播苏非主义。他在拉合尔建造了一座清真寺和一所伊斯兰教学校。在这里，他一方面向当地的异教徒宣传伊斯兰教义；一方面又广招弟子，传道授业，培养信徒。在他的努力下，苏非派思想在拉合尔和西北印度迅速传播，并逐步扎下根来。胡吉伟利也因而成为印度苏非派的鼻祖。13世纪以后，在德里苏丹国时期，苏非派的契什提教派也从中亚一带流入印度。此派是由姆因丁·侯赛因·契什提（1139~1235年）传入印度的，他的弟子和后世传人很多，主要活动在今北方邦、拉贾斯坦和德里一带，传播的对象是各地下层群众。此后，流行于中亚一带的苏非派苏哈拉瓦迪教团、卡迪利亚教团、纳格西本迪教团也陆续进入印度，并获得广泛发展。

苏非派之所以能在印度广泛发展，重要原因之一，是苏非神秘主义在印度颇有赖以生存的土壤。印度自古以来就是盛行神秘主义思想的国度。在印度最早的哲学经典奥义书中，就轻视感性和理性认识，而竭力宣扬通过各种神秘主义的直觉和冥思来证悟宇宙最高实在——梵和人的本质——我。印度的这种依赖超理性直觉的神秘主义与苏非派神秘主义是有许多相似之处的，这就使得印度民众比较容易接受苏非派神秘主义。苏非派神秘主义与印度教神秘主义的相似之处主要表现在:（1）“人主合一”和“梵我同一”。苏非派宣传“我就是真主”，也就是说，真主寓于人之中，人就是真主，人也有神性，人一生追求的最高理想就是达到“人主合一”的欢乐境界。而印度教吠檀多哲学也宣传类似理论，认为人的灵魂——我来自宇宙最高本体——梵，两者同源同体，在本质上是同一的。换句话说，梵（神）就在人心中，人也具有神性，人只要经过修炼，克服私欲，就能达到“梵我同一”的最高境界。由此看来，两者在人生理想方面是很相似的。（2）神智论与证悟梵。苏非派主张神智论，所谓“神智”，是指能够认识真主（神）的最高级智慧，这种智慧不是靠勤奋的学习和理性的推理得来的，而要靠长期的入神冥思和神秘主义的直觉体验才能得到。在这方面，印度教徒则更为突出，他们认为梵是不可言说、不可描述的，要认识梵（神），不能靠感性和理性知识，而只能依靠长期修炼瑜伽而得到的神秘主义的直觉。在认识神的理论和实践上，苏非派与印度教极为相似。（3）在道德修养和宗教修行上，两者也很相似。苏非派主张，一个人要想达到“人主合一”的境界，就必须使自己的灵魂净化；要使灵魂净化，则必须远离尘世，实行禁欲，修持苦行。印度教则认为，要想达到“梵我同一”的境界，一个人必须抛弃世俗生活，克服私欲，消除儿女常情，到静（净）修林中修习瑜伽，过禁欲和苦行生活等。正因为苏非派有许多与印度教相似的地方，所以才容易被印度民众所接受。

从另一个角度看，为了适应印度的民情，苏非派也不断吸收印度教思想，并与当地民众喜闻乐见的形式相结合，逐渐使自己演化成一种具有印度特色的伊斯兰教派别。苏非派进入印度后，为了迎合当地民众的口味，吸收了不少印度固有的活动形式。例如，印度苏非派有一个特色，即在宗教修炼中采取一种“萨马”形式。“萨马”是一种乐舞活动，指的是苏非们在宗教修习中一边修炼，一边唱歌跳舞，以图通过音乐和舞蹈来激发自己的灵感，促使“神智”早一点儿产生。由于伊斯兰教正统派的反对，苏非派在进入印度之前，并没有这种形式。进入印度后，他们看到印度教用歌舞敬神的形式非常受欢迎，才把它吸收到自己的修炼中。他们采用的“萨马”形式，颇受印度民众的喜爱。旁遮普是印度苏非派活动的中心，苏非诗人把当地流传的一些爱情故事改写成抒情诗，让信徒们在清真寺和修道堂里吟唱，以此抒发他们对真主的渴望和敬爱之情。苏非派这种与当地民情结合的形式，颇受当地人喜欢。此外，苏非派在修习中还吸收了许多印度教的瑜伽形式。最受印度民众欢迎的是苏非派所宣传的“在神面前人人平等”的思想。他们摒弃印度教的种姓制度，反对种姓歧视，对印度教徒一视同仁。在苏非派的清真寺中，他们平等地对待一切印度人，不管你是低级种姓还是高级种姓，也不管你是穷人还是富人。苏非派这种平等、博爱的思想，深受印度教广大低种姓群众的欢迎，遂有大批低种姓者和贱民前来皈依。

苏非派从11世纪传入印度后，对印度社会和文化产生了巨大的影响。首先，它缓和了宗教矛盾，促进了穆斯林与印度教徒的和睦与团结。8世纪以后，阿拉伯和中亚的伊斯兰统治者不断侵入印度，凭借强大武力，对印度教徒实行残酷镇压和疯狂掠夺，给他们带来了深重的灾难。因此，印度教徒对伊斯兰教充满仇恨和敌视。但是，苏非派传入印度后，主要在民间活动，向下层群众传教。他们同情下层群众，宣传“在神面前人人平等”的观念，给贫苦大众以各种帮助和救济，赢得了下层群众的好感。苏非派的活动大大地缓解了印度教徒对伊斯兰教的仇视，促进了两大教派民众的团结与和睦。其次，苏非派还促进了伊斯兰教文化与印度教文化的融合。13世纪德里苏丹国建立以后，印度进入了一个印度教文化与伊斯兰教文化融合的时期，在这两种文化融合的过程中，苏非派起了重要作用。苏非派一方面代表伊斯兰教文化，另一方面又颇受印度教民众欢迎，在印度教下层群众中有很深的影响，因而在两种文化之间起了一

15-2 中国学者研究苏非派的著作

种桥梁作用。例如，苏非派的“萨马”，即乐舞活动，就促进了印度传统音乐与伊斯兰音乐的融合，形成一种具有印度特色的穆斯林音乐。此外，它在语言、文学和艺术的融合方面也有重要的贡献。其三，苏非派的宗教思想和活动也促进了印度教的变革和锡克教的产生。11~17世纪印度教虔信派改革运动在印度各地的兴起，是与苏非派的影响分不开的。苏非派主张通过对神的敬爱来证悟和接近神，反对等级差别和社会歧视，宣传在神面前人人平等的观念。这些思想大大地促进了印度教徒的觉醒，促使他们起来改革印度教内部不合理、不平等的东西。虔信派改革运动和锡克教运动就是在这些思想的影响下逐步发展起来的。

三、印度教虔信派改革运动

商羯罗宗教改革之后，中世纪的印度教又掀起了一场声势浩大、时间久长、蔓延整个南亚次大陆的宗教改革运动。由于参加这场运动的改革家们鼓吹对神的虔诚崇信（Bhakti），强调通过虔信行为而获得解脱，故而得名“虔信派运动”。虔信派改革运动的源头，最早可以追溯到7世纪南印度泰米尔游方僧的虔信思想，但是真正形成运动还是从11世纪著名吠檀多哲学大师罗摩奴阇发起的改革开始，从南向北发展，断断续续，一直延续到17世纪，大约经历了六七百年。

7世纪以后，印度南方的印度教非常活跃，发展势头强劲，涌现出一些新的思想和流派。当时，在泰米尔地区有两个由民间诗人和印度教圣者组成的派别，开始鼓吹虔信思想。一派名为“阿尔瓦尔派”（Alvars），信奉毗湿奴大神；另一派名为“那衍纳尔派”（Nayanars），崇拜湿婆大神。两派的成员大都是印度教的行吟游方僧。这些人都是最虔诚的信徒，离家四处流浪，宣传宗教思想。他们主张，一般信徒不必学习高深的宗教理论，只要从内心里对神虔诚崇拜，就可获得解脱。他们把这种思想用泰米尔语编成诗歌，配上曲调，到处吟唱，还在庙会等场合，通过各种文艺形式，进行表演，使得虔信运动在民众中的影响逐渐扩大。大约到了10世纪，由于佛教和耆那教的势力日益缩小，虔信宣传失去了对手，热潮也有所降温。但是，这种对神虔信的主张，就是后来虔信派改革运动的思想源头。

在虔信派运动中，两大史诗在印度教徒心中占据的位置越来越重要，这是因为《薄伽梵歌》（《摩诃婆罗多》第六篇《毗湿摩篇》中的一部分）的主人公黑天和《罗摩衍那》的主角罗摩，都已经从原来的英雄人物上升为人们无限崇拜的大神。虔信运动的一大特点，就是宗教崇拜的中心已由主神崇拜转移到对其化身的崇拜，尤其是对毗湿奴大神的两个化身——黑天和罗摩的崇拜。因此，随着运动的发展，涌现出许多专一崇信黑天或罗摩的教派，这些教派逐渐成了改革运动的主力军。下面首先介绍几个黑天教派：

15-3 毗湿奴像，毗阇耶那伽罗时代，14世纪

摩陀伐派　该派产生于13世纪，主要流行于南印度迈索尔地区。创始人是印度教著名哲学家和改革家摩陀伐（Madhva，　约1199~1278年）。他生于南印度的乌迪皮（现属卡纳塔克邦），起初是湿婆派成员，后转信毗湿奴大神。在哲学上，他反对商羯罗的吠檀多不二论和世界虚幻说，创立吠檀多二元论。他主张，灵魂是由细微物质（又称“细身”）构成的，并不是神的显现；灵魂虽然依附于神，但本身并不是神。与商羯罗的世界虚幻论相反，摩陀伐认为神是实在的，物质世界也是实在的，但是神与物质世界又是不同的。他多年从事哲学研究，著书立说，宣传自己的改革思想。

摩陀伐派奉毗湿奴的化身黑天为主神，对黑天大神格外崇敬。但是，他们也不排斥其他教派的神灵。在他们的神庙中，可以看到湿婆神、象头神、难近母（杜尔迦）与毗湿奴神并排矗立着，充分显示出该派的宽宏和包容性。在教规上，摩陀伐派要求信徒们吟诵经典，进行沉思，遵守戒律，使自己的行为不带任何自私的动机；对黑天大神无限虔信，对神的爱要超过对自己的爱，在任何情况下都绝不动摇，从而赢得神的恩泽，使自己真正感知自我的完美本性，实现最高的精神解脱。与其他教派相比，严格履行道德准则是摩陀伐派的一大特点。学习吠陀、忠诚、行善、不贪、不淫、不盗等是教徒必须遵守的道德规范。

尼巴迦派　此派又称“尼曼陀派”，产生于13世纪，盛行于印度东部地区。创始人尼巴迦（Nimbarka，约13世纪），出生于印度南方的泰卢固语地区，后在印度教圣地马杜赖定居。他本人是著名的虔信派改革家、哲学家和瑜伽大师，善于用泰卢固语宣传虔信观念，提倡专注一神的瑜伽思想。

尼巴迦派崇拜黑天大神和他少年时代的情人罗陀。他们以《摩诃婆罗多》、《诃利世系》和《薄伽梵往世书》为主要经典，因为有关黑天大神的神话传说都记载于这些经典之中。根据传说，黑天是在一个牧民家长大的，幼年时顽皮出众，屡次做出神奇的事迹。他是一个风流的牧童，曾与众多牧女谈情说爱，经常用其悦耳动人的笛声勾引牧女弃家出走，跟他到森林中如醉如痴地跳舞、狂欢。罗陀就是黑天在那时结识的最坚定的情人和伴侣。尼巴迦派崇信黑天与罗陀的爱情故事，认为他们之间的爱情代表着人与神的爱情和结合。因此，该派主张一个人在物质条件下和肉体的羁绊中，必须从内心信爱黑天和罗陀，以各种行动为他们服务，只要获得黑天的神恩，就可实现人与神的结合。

瓦拉巴派　该派产生于16世纪初，流行于印度北部和西部，尤其是古吉拉特和马哈拉施特拉地区的商人中间，由著名改革家、哲学家瓦拉巴·阿恰吉亚（Vallabha Acharjya，1479~1531年）创立。瓦拉巴出生于北方的印度教圣城贝拿勒斯，原属毗湿奴斯瓦米创立的楼陀罗派。此派思想保守，只允许婆罗门种姓参加。瓦拉巴反对这一教规，认为不应当排斥其他种姓入会。由于意见分歧，他退出楼陀罗派，开始在马土腊（今属北方邦）创立自己的新派，并以该地为中心向各地传播。

瓦拉巴派富于改革精神，它的一个重要特点就是反对禁欲和苦行，提倡享乐主义和幸福之道。这是与印度教其他教派截然不同的。他们认为，崇拜神灵不是靠裸露身体和饿其体肤，而是靠华丽的衣着和佳肴美餐；不是靠独身禁欲和克制情感，而是靠世俗的享乐和尽情的欢乐。他们主张一个人只要崇爱神，顺从神意，就可以得到神的恩泽和慈爱。由于该派反对苦行，主张享受世俗欢乐，因此，他们的主张又被称为“虔信派幸福之道”。据说，瓦拉巴本人在创教之后就放弃苦行生活，结了婚，并且劝说他的弟子也这样做。“幸福之道”颇受生活富裕的教徒欢迎，所以在物质条件优裕的商人中间广为流行。

此派崇拜黑天大神少年时代的形象牧童及其情人罗陀，把他们奉为主神。

在印度教神话传说中，罗陀是黑天在沃林达森林牧人中间所结识的情人，她原是一个牧人之妻，后与黑天热恋，从而成为他的伴侣。因为瓦拉巴派主张幸福欢乐之道，所以他们十分推崇黑天在少年时代与众牧女调情的风流韵事。在他们的庙宇中，供奉着用金属制成的牧童和罗陀神像。最有名的牧童神庙在今拉贾斯坦邦的阿杰米尔。该派规定每一个成员都要承担一项重要义务，即一生中至少要到这座神庙中朝拜一次牧童神。凡是曾经到这里朝圣的信徒，都可得到一本证书，以证明自己对神的虔信程度。

阇多尼耶派　此派形成于16世纪，主要流行于孟加拉和奥里萨地区。创始人为阇多尼耶（Caitanya，1488~1533年）。他出身于孟加拉的一个婆罗门家族，受过良好的教育，熟读各种梵文经典。24岁时弃家出走，到普里、贝拿勒斯和马土腊等地传教，鼓吹对黑天大神的狂热崇拜，随着信徒的增多，建立起一个新的黑天教派。

阇多尼耶派崇信黑天及其情人罗陀，认为罗陀象征着人类的灵魂，黑天象征着神的灵魂，黑天与罗陀的爱情体现着神与人的相爱之情。他们反对繁杂的祭祀仪式，主张一个人只要对神虔诚，完全信从神的意志，就可获得神的恩宠。该派还大胆地变革印度教的种姓制度，废止了各种种姓禁忌，允许任何种姓的人入教，学习他们特有的曼荼罗。他们的敬神形式既简单又狂热，高唱赞美黑天和罗陀的颂歌，不断地诵念神的名字。在唱赞歌时，教徒们敲锣打鼓，摇旗呐喊，狂热地跳舞或有节奏地扭动身体，达几个小时之久，以此达到狂喜的境界。

阇多尼耶派是虔信派运动中最有影响的教派之一。他们富有改革精神，强调对神的虔爱比传统的苦行、行善和冥思行为更为重要。按照他们的教规，一个人只有虔诚地热爱神，才能获得解脱。信徒的虔诚程度分为5个阶段：（1）清静阶段，在这一阶段中虔信者要抑制各种情感和私欲，使内心达到纯洁清净，能够冥想神的程度。（2）服役阶段，在这一阶段中思想开始活跃，对神的情感加深，发誓为神服务就像奴隶为主人服务一样。（3）友爱阶段，达到这一阶段的虔信者不再把黑天大神视为主人，而是将他看作朋友，由此在他与神之间产生出挚友般的情谊。（4）孝敬阶段，达到这一阶段的虔信者会把黑天视为自己的父母，把自己看作神的子女，产生出一种子女孝敬父母的感情。（5）甜蜜阶段，在这一阶段虔信者对神的爱达到最高水平，他对神的深爱犹如罗陀对黑天的热恋一样，是一种最高类型的爱。这种爱象征着人与神之间的互爱，人与神的最终结合。阇多尼耶派的信徒们把实现这种最高类型的爱当作自己一生追求的目标。

该派还要求信徒履行4项基本义务：（1）尊重师尊（指本派宗教导师或领袖），服从师尊，把师尊视为自己的保护者。（2）反复背诵神的名字，在孟加拉地区背诵的公式是："哈里，克里希那，哈里，克里希那；克里希那，克里希那，哈里，哈里；哈里，罗摩，哈里，罗摩；罗摩，罗摩，哈里，哈里。"（3）参加公共活动，即虔信者必须踊跃参加赞颂黑天大神的公共集会，在会上高唱赞歌，并且狂热地跳舞。（4）本派的圣者或领袖去世时，要举行盛典，教徒必须参加，并在一起吃饭。

伦敦大学研究南亚文明的历史学家J.T.F. 乔登斯在评价阇多尼耶的改革运动时说："阇多尼耶是中世纪虔诚运动史上独一无二的人物，因为他发起了一场遍及孟加拉并且扩大到整个东印度的非常广泛的运动。这是一场围绕着有组织的宗教派别、强有力的神学流派和具有广泛基础的大众化崇拜而展开的运动。"[①]"阇多尼耶运动对整个孟加拉的生活有着极大的影响，使它具有经受长期的停滞仍坚持不懈的特性，并不断给予孟加拉的宗教改革者和诗人以新的鼓舞：如果不考虑阇多尼耶的传统，就不能恰当理解喀沙布·钱德拉·森、般吉姆·钱德拉·查特吉和罗宾德罗纳特·泰戈尔。"[②]实际上，阇多尼耶的改革思想不仅影响了印度近现代的宗教和思想革命，而且还影响到欧美，甚至整个世界。20世纪60年代，印度教大师巴克蒂吠檀多在美国建立了著名的社团——"国际黑天意识会"。这个组织以阇多尼耶为最高祖师，把阇多尼耶的黑天崇拜思想与某些西方哲学和人道主义观念融会在一起，形成自己的理论。该派的总部设在美国，在世界各地建有100多个分会。它不仅在美国青年中间有很大的影响，而且风靡世界几十个国家，用英、法、德、意、俄等30多种语言向全世界发行自己的刊物。

除上述几个黑天派之外，在运动中还有一些影响较大的改革派别，如罗摩派、伽比尔派和林伽派等。

罗摩派　该派是印度教中信徒最多、影响最大的一支，同黑天派一样，也是虔信运动的主力军。它产生于14世纪末，主要流行于北印度讲印地语的地

① ［印］A.L. 巴沙姆主编，闵光沛等译：《印度文化史》，商务印书馆1997年版，第401页。译文略有修订。

② 同上书，第403页。译文略有修订。

区。创始人为罗摩难陀（Ramananda，1360~1450年），故此派又被称为“罗摩难陀派”。罗摩难陀出生于阿拉哈巴德，起初是罗摩奴阇派的信徒，后脱离此派，提出自己的宗教主张。他到印度各地传教，宣扬宇宙的最高主宰是罗摩，只要虔信罗摩大神并默念他的名字，就可获得解脱。由于追随他的信徒越来越多，最终他在贝拿勒斯建立起自己的教团，即罗摩派。此派的基地是恒河上游地区，后在印度北方广为流行。

罗摩派崇拜毗湿奴大神的化身罗摩及其配偶悉多，奉他们为主神。罗摩的异母兄弟罗什曼那和忠实的仆从神猴哈奴曼也备受崇敬。这一派的成员分为两类：一类是出家僧人，一类是在家信徒。出家僧人主要在寺院中，过独身的禁欲生活，受到教徒的尊敬。寺院的经济主要依靠广大信徒的施舍和资助。每一个寺院都有一个圣者主持，圣者一般都是有能力的受信徒拥护的师尊。圣者的产生，有的是世袭的，有的是教派成员选举出来的，也有的是由当地资助者指派的。

该派最大的特点是富于改革精神，在其教义和教规上都表现出明显的革新倾向。他们废止了传统印度教烦琐的祭祀仪式，推崇罗摩为最高之神，确信只要对罗摩表示虔诚并不断默念神的名字，即使不举行祭祀仪式，也可获得解脱。其次，主张教徒平等，反对种姓分立和歧视，允许各低级种姓入教。罗摩难陀在教导他的信徒时说：神与他们的崇拜者是一致的，毗湿奴大神可以以各种低级身份（化身）——鱼、猪、侏儒等降临凡界，那么他的崇信者也可以是高级种姓或低级种姓，其本质是一样的。因此，罗摩难陀所收的12个弟子中就有许多低级种姓者，如织布匠、理发匠和制鞋匠，还有妇女和穆斯林。在这一派中，不管什么种姓，只要有能力，受教徒拥护，就可以提升为师尊、圣者或寺院住持。许多高级种姓出身的人都放弃自己的特殊地位，而与其他种姓者共享兄弟情谊。其三，罗摩难陀和他的追随者都不用梵文，而用当地的大众语言——印地语，并以最通俗的风格和形式写了大量的诗歌和著作，来宣传改革思想。以前，印度教经典为了保持其神圣性，只能用神圣语言——梵文撰写，这些梵文经典只有少数婆罗门祭司才能看懂，因此不易在群众中传播。罗摩派打破了这种垄断，用印地语创造了大量有关罗摩大神的诗歌和文学作品，深受广大下层民众的欢迎，有利于宗教的传播。

罗摩难陀以后，罗摩派一个最著名的精神领袖是杜勒西达斯，他对该派后来的发展做出了杰出的贡献。杜勒西达斯（Tulsidas，1532~1623年）是伟大的印地语诗人、宗教改革家，出生于印度北方的阿拉哈巴德。他一生经历坎坷：幼年父母双亡，由别人抚养；童年和少年时曾经沿街乞讨；青年时，拜师学习宗教经典，后随师到贝拿勒斯专修梵文。他在贝拿勒斯的乡村中与民众同住，向他们求乞，和他们一起祈祷，深知百姓的疾苦。另外，他也经常远游，漫游印度各地，宣传宗教改革思想。他用印地语写成的长篇叙事诗《罗摩功行录》，不仅成为罗摩派的重要经典，而且是印地语文学史上最有影响的著作。《罗摩功行录》是在梵文史诗《罗摩衍那》的基础上改编的，用更加生动的故事和语言，把罗摩的事迹写得活灵活现，更加贴近民众，易于被他们接受。此外，他还写了11种有关罗摩事迹的诗歌。这些印地语诗歌韵律铿锵，意境深远，具有浓厚的音乐感，深受群众喜爱。正是由于他的这种文学创作，才更加突出了罗摩的大神形象，普及了虔信改革思想，使罗摩的故事家喻户晓，妇孺皆知。杜勒西达斯对罗摩派的贡献在于：他进一步激发起民众对罗摩的信仰热情，促进了罗摩派的广泛传播；通过罗摩忠诚、坚定、重兄弟情谊的形象向民众灌输了一种崇高的道德观念和善良感；面对伊斯兰教强有力的冲击，鼓舞了广大印度教徒对于罗摩的热诚崇拜，从而增强了印度教的凝聚力，进一步复兴了印度教。

伽比尔派　该派是虔信运动中受伊斯兰教思想影响较大的一个派别。它产生于15世纪末，主要流行于北印度。创始人是罗摩派始祖罗摩难陀大师的弟子伽比尔。伽比尔（Kabir，1440~1518年）出生于贝拿勒斯，是一个未婚婆罗门女子所生的弃儿，被一位穆斯林织布匠收养并抚育成人，以织布为生。他出身低贱，受人歧视，痛恨印度教的种姓制度。他拜改革家罗摩难陀为导师，追随罗摩派，立志改革印度教。后来，他创作了大量口语化的，群众喜闻乐见的诗歌，在北印度各地吟游，宣传自己的改革思想，并创立了自己的教派。

伽比尔派也是印度教中最具有改革倾向的一个派别。在理论上，他们把印度教的吠檀多不二论、伊斯兰教苏非派的一神论以及虔信派的改革思想结合起来，宣称宇宙万物的最高本体是一种无形式、无属性的纯粹实在，可以称之为“梵”、“罗摩”、“黑天”、“毗湿奴”，也可以称之为“安拉”、“胡达”等。这种最高的神，虽然名称不同，但本质是一样的。他们认为，只有一条与神沟通的道路，那就是虔信的道路。每个教徒都必须用行动来表达对神的虔诚和爱心，以此来净化自己的灵魂，达到与神的沟通。由于他们的这种信仰，穆斯林往往称他们为苏非派，而印度教徒则视他们为罗摩派。

他们反对印度教的偶像崇拜，也反对由此而来的各种仪式、仪礼和朝圣活动，甚至反对各种经典。伽比尔在一首诗中用讽刺的笔调写道：

沐浴的圣地只有河水，
我知道它们没有用处，因为我曾在那些地方沐浴过。
偶像皆无声息，不能言语；
我知道这一点，因为我曾向它们高声呼喊。
"往世书"、《古兰经》只是言辞而已；
掀开帷幕，我已经有所领悟。[①]

此外，伽比尔派还大胆谴责婆罗门的骄横跋扈和特权，批判种姓分立和歧视，宣传伊斯兰教苏非派思想，鼓吹在神的面前人人平等，人与人之间应当亲如兄弟。在教派问题上，他们反对教派对立和冲突，主张印度教和伊斯兰教在共同信仰和兄弟情义中团结起来，互相尊重，互相谅解。

伽比尔派信徒的另一个突出特点是严守道德规范。他们主张，一个教徒只要严守正确的道德准则，用自己的行动证明自己对神的虔诚，他就可以获得神恩，达到使灵魂与神相结合的最高境界。因此，他们对道德行为要求格外严格。他们的道德原则是：一切生命都是神圣的、平等的，不论对人还是对动物，都要行善，这是最基本的美德；人与人之间应当忠实，真诚相待是行善的必要前提；隐居，抛弃世俗生活，是对神虔诚的表示；尊重师尊，服从师尊，是信徒的基本义务；热爱真理，憎恨暴力，坚决实行非暴力，是每个信徒必须遵守的道德原则。

林伽派　该派亦称"勇者湿婆派"（Virasaivas），是流行于南印度的一个重要的湿婆教派。它拥有众多的信徒，主要集中于迈索尔讲坎纳达语的地区。此派产生于12世纪末期，起初是由一批苦行僧倡导的，后来经卡利阿纳王国首相巴萨瓦在理论上的进一步阐述和组织上的完善，才迅速发展起来。因此，人们把巴萨瓦（Basava，1156～？年）视为该派的创始者，他过去曾信仰耆那教，后来才改信林伽派。据说，此派最初的倡导人有五个，每个人都是一座寺院的住持。这五座寺院分别位于喜马拉雅山麓的凯达尔纳特、安得拉的南迪亚尔、乌贾因、贝拿勒斯和西迈索尔的贝列赫尔特。

该派的主要经典是《巴萨瓦往世书》、《林伽往世书》和《卡纳雷斯训诫》

① ［印］A.L.巴沙姆主编：《印度文化史》，闵光沛等译，北京：商务书馆，1997年版，第405页。译文略有修订。

等。他们奉湿婆为最高神，尤为崇拜湿婆的象征物——林伽（Linga，男性生殖器）。无论男女信徒都在胸前佩戴林伽的标志，还有的信徒把小的林伽像放在银制的圣匣子里，挂在脖子上。他们认为，湿婆大神的神性由于自身的神力作用，而分化为林伽和人的灵魂，在这种神力的作用下，林伽成为世界万物的创造者，人的灵魂则变成林伽的崇拜者。因此，林伽派信徒狂热地崇拜万物的创造者——林伽，而反对除林伽之外的任何偶像。他们深信，只要有对林伽的虔信，再通过不断的道德修养和精神修炼，就能够在极乐的直觉体验中与湿婆的神性相结合，从而获得解脱。

林伽派是在虔信改革运动的潮流中产生的，在各湿婆派中是最富有改革精神的。他们否定吠陀权威和轮回转世说；批判婆罗门祭司的虚伪、无知和欺骗行为；反对印度教烦琐的祭祀仪式和其他无聊的仪节；主张废止种姓对立，消除种姓差别和歧视；反对童婚和寡妇殉夫，允许寡妇再嫁，主张提高妇女权利等。由于该派创始人巴萨瓦信奉过耆那教，所以他们的改革思想深受该教的影响。林伽派的改革对后世产生了很大的影响，他们的许多改革思想，如反对童婚、提高妇女权益等，后来成为印度近代社会改革的先声。

虔信派改革运动，是中世纪印度教所经历的一次规模宏大而又漫长的自身革新运动。从时间上看，它从11~17世纪，大约延续了六七百年；从范围上看，从南到北，从东到西，席卷了整个古印度；从参加的人员来看，包括社会各阶层，如农民、商人、手工业者和服务业者，主要是广大下层民众和低级种姓者；从改革的内容来看，它涉及印度教的教义教规、伦理道德、社会制度、生活习俗等各个方面。因此，这场改革运动对印度教的影响是巨大而深远的，它把印度教旧的神祇、旧的宗教态度、旧的文化形式和旧的生活习俗统统抛到一边，取而代之的是新的神祇、新的宗教态度、新的文化形式和新的生活习俗。经历了这场运动之后，印度教以一种崭新的面貌和形象出现在世界上。

四、锡克教的产生

锡克教于16世纪产生于印度旁遮普地区。它最初只是印度教虔信派改革运动的一个分支，人称“那纳克派”，后来经过不断的发展，才逐步演变成一个独立的宗教。“锡克”是印地文Sikh的音译，意为“门徒”。据说每个锡克教徒都自称是教主的“门徒”，因此人们称该教为“锡克教”。

锡克教的创始人是那纳克（Nanak，1469~1539年），出身于旁遮普塔尔万提村的一个印度教家庭，父亲是小收税官，属于刹帝利种姓。他的家乡离当时伊斯兰文化中心——拉合尔仅有60千米，因此他自幼不仅接受梵文教育，学习印度教经典，而且接受阿拉伯文和波斯文教育，学习伊斯兰教思想。16岁时，那纳克来到拉合尔，在这里他大开眼界，接触了许多宣传宗教改革的虔信派思想家，也经常与宣传一神论和平等观念的苏非派学者来往。在这种情况下，他萌生了创立一种新宗教的想法，要建立一个比印度教优越，能融合印度教与伊斯兰教优点的新型思想体系。大约30岁时，他宣称自己受神的委托，作为神的使者来到人间传播宗教。从那时起，他开始广收弟子，创立自己的门派，宣传新的教义。在随后的几年中，他云游四方，走遍了印度和波斯各地，用通俗的赞美诗宣讲自己的思想，与不同信仰者讨论宗教问题，组织社团，吸引越来越多的信徒。当时的锡克教还只是印度教的一个改革派别，活动中心在旁遮普的拉合尔，参加的信徒主要来自商人阶层。

15-4 锡克教创始人那纳克

锡克教的经典称《阿底格兰特》，意译为“原初的圣典”，此书是第五代祖师阿尔琼时期编纂的。它汇集了那纳克和其他几位祖师所写的诗篇，记录了他们的生平事迹，阐述了锡克教的基本教义。锡克教的教义是在吸收印度教虔信派改革思想与伊斯兰教苏非派学说的基础上形成的，因此具有这两方面的特点。其基本内容是:（1）反对印度教的多神崇拜，主张一神论。认为神是唯一的，是宇宙万物的创造者；神是全知全能的，他无处不在，无时不有；神是最公正仁慈的，他普爱众生，能把恩惠赐予每一个人，对任何人都一视同仁，没有高低贵贱之分。（2）反对印度教的种姓划分和种姓歧视，主张在神面前人人平等。（3）信奉业报轮回学说，主张善有善报，恶有恶报，一个人依靠自己的努力和祖师的指导就可以获得解脱。（4）尊崇祖师，坚信祖师是神的使者，具有无上的权力，信奉祖师的预言，服从祖师的指导。（5）反对印度教的祭祀制度和偶像崇拜，主张简化祭祀仪礼，鼓励信徒朝拜宗教圣地。（6）反对印度教的出世哲学，主张积极的人生观，不允许信徒逃避世俗生活，鼓励他们参加各种社会活动和劳动。

早期的锡克教奉行祖师崇拜。那纳克是锡克教的第一代祖师，此后又有九代，共十代祖师。从那纳克开始，每一代祖师都在生前指定自己的继承人，这个继承人便成为下一代祖师。祖师具有绝对的权威，信徒必须遵从。祖师崇拜保证了锡克教教义的延续和信徒的团结。那纳克死后，安格德（1504~1552年）任第二代祖师。他创造了旁遮普语的师成体字母，这对宣传锡克教文化，保持锡克教的独立性具有重要意义。此外，他还撰写了那纳克的传记，以此鼓励信仰者。第三代祖师是阿马尔·达斯（1479~1574年），他在73岁时继承祖师职位。继任后，他把所有信徒划分为22个教区，每个教区设一个教区长，直接对祖师负责。这样，一方面加强对教徒的管理，另一方面也扩大了祖师的权力。第四代祖师是罗姆·达斯（1534~1581年），他得到了莫卧儿皇帝阿克巴的保护和支持，尽力发展锡克教。他把阿克巴大帝赠赐的土地——阿姆利则当成宝地，苦心经营，使它成为锡克教的政治和文化中心。另外，他还指定自己的儿子为继承人，从此开始了祖师世袭制。第五代祖师是罗姆·达斯的儿子阿尔琼（1563~1606年）。他很有才干，一生做了两件大事：一是在阿姆利则建立了著名的金庙，此庙后来一直是锡克教的圣地和行政管理中心；二是编纂了锡克教经典《阿底格兰特》，并把它供奉于金庙中。不幸的是，阿尔琼因卷入莫卧儿皇室纠纷，被莫卧儿皇帝杀害。阿尔琼的儿子哈尔·哥宾德（1595~1644年）继任第六代祖师。他为了报杀父之仇，把锡克教逐步建成一个拥有武装的宗教派别，并与莫卧儿王朝军队多次发生战争。第七代祖师哈尔·拉伊

（1630~1661年）继位后，加强锡克教的内部团结，继续与莫卧儿王朝战斗。第八代祖师哈尔·克里香（1656~1664年）继位时年仅5岁。后来他被莫卧儿皇帝招到德里，因患天花而死。第九代祖师德格·巴哈都杜尔（1621~1675年）在与莫卧儿军队的战斗中屡建战功，后因该教内部上层人物的出卖，在战斗中被俘，被押到德里处死。他的儿子戈宾德·辛格（1666~1708年）成为第十代祖师，在他的领导下，锡克教经过改革而迅速振兴起来。

戈宾德·辛格是一个非常出色的人物，在锡克教内部大力推行改革，促进了信徒的团结和宗教的兴旺。他的主要功绩有：（1）建立"卡尔萨"宗教社团。"卡尔萨"，意为"纯洁"，指加入该社团的人必须心灵纯洁，对组织绝对忠诚。要求加入社团的每一个锡克教徒都要接受"剑的洗礼"，"用双刃剑搅水洒身"，以示他能够把钢铁的意志和祖师的教诲注入身体。在"卡尔萨"社团内部实行民主制和军事化管理，成员之间一律平等。戈宾德宣布废除教区长制度，把教区长的宗教和世俗权力全部转交给"卡尔萨"社团。（2）建立"五K"制的教规，要求加入"卡尔萨"的教徒必须遵守五种戒律，即蓄长发、加发梳、佩短剑、戴手镯、穿短裤。因为这五种戒律的打头字母都是"K"，故称"五K"制。还规定每一个男教徒的名字必须加上"辛格"（狮子）一词，以表示像狮子一样勇猛；女教徒名字加上"考尔"（公主），表示像公主一样尊贵。另外，规定教徒不许吸烟饮酒、严格遵守一夫一妻制、不崇拜偶像，等等。（3）重新编辑经典《阿底格兰特》，把其父德格·巴哈都杜尔和其他祖师的诗篇收入其中。（4）废除祖师制，祖师的一切权力都归卡尔萨社团。

由于戈宾德·辛格的改革，大大地削弱了锡克教上层封建主的特权地位，调动了广大下层教徒的积极性，增强了该教抗击莫卧儿王朝的战斗力。此外，这种改革也使锡克教在教义和教规上进一步远离印度教，促成了它与印度教的彻底决裂。此后，锡克教则逐步演化为一个独立的宗教。

第十六章

莫卧儿帝国时期的艺术

穆斯林在中世纪侵入印度后，虽然对印度本土艺术造成极大的冲击与破坏，但也带来了一些新的艺术理念与艺术品种。不同时代的穆斯林王朝奉行不同的文化政策，产生了迥然不同的结果。在莫卧儿王朝时期，印度在政治、军事和经济上渐趋强大，历代皇帝基本采取了积极的宗教与文化政策，印度的建筑与绘画再度呈现繁荣与辉煌的局面，为后世留下了许多艺术瑰宝。当然，由于远离伊斯兰教文化的中心，印度穆斯林艺术在其发展过程中不可避免地受到了印度博大精深的本土文化与源远流长的传统艺术的影响，从而形成了自己独特的品格与风貌。可以说，伊斯兰教在印度创造了风格崭新的艺术。佛教艺术、印度教艺术与伊斯兰教艺术，构成印度艺术的三大板块，使印度成为真正的多元文化大国。

一、建筑艺术

穆斯林在侵入印度并建立政权后，也将伊斯兰风格的多种建筑形式带入印度。早期的阿拉伯统治者曾经在信德南部兴建清真寺。10世纪末至12世纪初期，伽色尼王朝苏丹马茂德与马苏德三世的宫殿，基本上属于伊朗风格的建筑。然而，这些王宫大量使用大理石材，却不能不说是受到了印度的影响。马茂德在其对印度西北部的多次劫掠中，从卡提阿瓦半岛供奉印度教湿婆神的索姆纳特寺掠得无数黄金珠宝，从而为自己营造宫室与清真寺聚集了足够的资财。与此同时，他也在印度本土看到并认识到大理石作为建筑材料的重要性。12世纪时修建的两座清真寺宣礼塔，迄今还有一部分残存下来。这些塔的基础部分为多边形，塔身则呈圆柱形。至于伽色尼王朝的统治者在旁遮普的建筑则早已荡然无存，它们在蒙古人入侵印度时即被夷为平地。

在德里苏丹国时期，各种艺术形式都曾一度繁荣，但由于世事沧桑，仅有一部分建筑艺术作品幸存至今。一些宫室在其主人逝世后未能得到很好的保护而逐渐土崩瓦解。他们的后代如果另外择地修建宫室，有时会拆毁祖居以获取建筑材料。因此，这一时期留存下来的建筑，主要是清真寺与陵寝。

从13世纪起，随着穆斯林势力的不断扩张，伊斯兰教建筑逐渐在北印度许多城市出现。印度伊斯兰教建筑主要包括城堡、宫殿、陵墓和清真寺。建筑材料多采用红色砂岩和白色大理石，或浑厚古朴，或清新淡雅。印度伊斯兰教建筑在其发展过程中，逐渐吸收了印度固有建筑的某些艺术形式，形成了独具特色的印度伊斯兰教建筑风格。莫卧儿王朝时期，是印度伊斯兰教建筑硕果累累的时期。大量建筑艺术杰作在这一时期连续问世，构成印度乃至世界建筑史上最为辉煌的一章。

穆斯林统治者在征服一地后首先要做的一件事就是在当地建立清真寺，以供穆斯林集体礼拜之用。除了宗教事务之外，清真寺还可以用做穆斯林子弟的学校。从结构平面图看，它是一种与印度教寺庙全然不同的建筑。每一座清真寺都筑有礼拜殿，内设讲坛和指示麦加方向的凹壁。在印度，礼拜殿总是指向西方，以便穆斯林朝着麦加祈祷。讲坛位于凹壁的右边。礼拜殿的平面图呈长方形，进深一般不大。殿外是空阔的广场，可以容纳众多信众。广场东、南、北三面筑有高墙，与西面的礼拜殿合成一体。印度清真寺的主要入口设在东面，信徒由此入内就可以直接望见并走向礼拜殿。较大的清真寺在东、南、北三面还建有回廊。寺侧往往建有高耸峭拔的宣礼塔，供宣礼员在上面呼唤信众参加礼拜。由于伊斯兰教反对偶像崇拜，所以清真寺内没有雕像、塑像或画像。印度清真寺给人总的印象是，规模宏大，格局疏朗，庄重肃穆。

1193年，廓尔的穆罕默德手下的悍将顾突卜–乌德–丁·艾伯克率部攻克德里。他后来成为德里苏丹国奴隶王朝的首任苏丹。为了纪念伊斯兰教在德里的具有决定性意义的重大胜利，顾突卜迫不及待地命令立即在德里郊区修建一座大清真寺。他甚至来不及延请擅于修筑拱门与穹顶的伊朗工程师，就命令当地信奉印度教的建筑师便宜行事。他们只能用梁柱将整个建筑支撑起来。为了就近取材，顾突卜悍然命令拆毁27座印度教与耆那教神庙，并在其中一座规模宏大的印度教神庙的废墟上建立名为“伊斯兰威力”的清真寺。该寺庭院平面呈长方形，三面围墙均修建了回廊。列柱取自被毁神庙，上面原有的人物与动物雕像被尽行毁坏或凿掉，但花卉装饰浮雕却因为与阿拉伯传统建筑上采用的装饰类似而幸免于难。一根属于笈多时代的永不生锈的铁柱被保留下来，恰好对着西侧连拱廊前一堵巍然耸立的屏壁正中间的拱门。

顾突卜开始在这座气势恢宏的清真寺西南角修建一座宏伟的宣礼塔，该塔后来以伊斯兰教苏非派圣者顾突卜－乌德－丁·巴赫提亚尔的名字命名。塔上的阿拉伯铭文清楚地表明了造塔的目的:“让真主的影子投射在东方与西方。”这一目的包含着宗教与心理方面的双重意义，一是宣扬伊斯兰教的胜利，二是对被征服的印度教徒形成精神威慑。顾突卜在仅完成该塔第一层之后即告作古，他的女婿兼继任者伊杜米思苏丹修筑了该塔的第二至第四层。1370年，塔的第四层被雷电击毁。费鲁兹·图格鲁克苏丹修复该塔，并增加了一层。因此，全塔头三层外壁由红砂石贴面，最后两层主要用白色的大理石贴面，在色彩方面显然有失和谐。塔身由下到上逐渐变细，塔基直径约14.3米，塔顶直径约2.5米。外观依伊朗宣礼塔模式设计。塔身呈圆柱形，层间筑有阳台。塔的第一层外壁由垂直分布的半圆柱形与角铁状凸壁相间形成凹槽，第二层则由单纯的半圆柱形凸壁形成凹槽纵沟，第三层又仅以角铁状凸壁形成凹槽纵沟。离塔基约3米处，刻有印度教传统的花卉图案。这就使这座世界闻名的伊斯兰教建筑，具有了印度传统建筑常用的装饰风格。这样的设计可谓匠心独运，使本来可能非常单调的塔的外观富于变化。印度草木葱郁的清丽与伊朗玫瑰似的绚丽浑然一体。这两种建筑艺术风格的混成或融合，成为莫卧儿王朝时期伊斯兰建筑的滥觞。前后历时数十年方才竣工的顾突卜塔最终高度为72.59米。19世纪50年代，美国作家罗伯特·明特恩在造访德里时目睹该塔后曾经慨叹：这是“世界上最为高峻也最为出色的纪念柱”。这座早期的具有代表性的穆斯林建筑，如今已成为印度首都著名的标志性建筑。登塔远眺，古城德里，历历在目，气象万千。

在奴隶王朝之后，各穆斯林王朝在北印度的历史舞台上次第登场。14世纪时，图格鲁克王朝崛起，穆斯林的势力甚至达到德干地区。他们在德里依阿富汗风格完成了一些气象庄严而形态伟岸的建筑。吉亚斯－乌德－丁－图格鲁克的陵寝就是其中之一。墓室入口为拱门，上方覆以穹顶。14世纪末期建立于北印度中部的沙尔吉王朝在建筑艺术方面也有突出成就。第三代苏丹易卜拉欣统治时期，首都绍纳福儿（今江普尔）成为穆斯林重要的艺术与学术中心。1408

年，易卜拉欣苏丹完成了著名的阿塔拉清真寺。该寺建立在一座被拆除的印度教神庙遗址之上，并利用了印度教神庙原有的列柱、大梁、础石和镶板等建筑部件。该寺的正门高达22.87米，底部宽达16.77米，双侧呈坡形，十分厚重而敦实，犹如一座凯旋门，但外框格局呈长方形的成排的拱形凹壁，使之透出一定的秀逸轻灵之美。礼拜殿的上部为半球状穹顶，殿内装饰繁复而精致，具有印度教神庙的风格。清真寺东面、南面和北面是双层柱廊。阿塔拉清真寺是绍纳福儿建筑风格的典范之作。这座经历了近六百个春秋的清真寺至今依旧巍然耸立。15世纪后期该王朝修建的清真寺呈现独特的风格，通往礼拜殿的拱门异常高大，将中央穹顶完全遮蔽。

到德里苏丹国洛迪王朝时期，北印度已经出现25座用石材建造的大清真寺。洛迪王朝在德里周边修建的伊斯兰陵墓，须经门廊入内，墓侧配以清真寺。拱门、圆顶、穹隆、塔等伊斯兰建筑的基本要素无不具备。同样，洛迪王朝的建筑也以厚墙壁低穹顶为其特征。这种风格的影响，在洛迪王朝崩溃之后依然绵延不绝。例如，16世纪苏尔王朝时期修筑的伊萨·汗陵，墓室外围为八边形连拱廊，上覆穹顶，显得古朴、庄重而又浑厚，就属于洛迪王朝时期的风格。在建筑艺术中，一种流行或成为主体的样式，并不会随着一个朝代的终结而即刻烟消云散；在新王朝的建筑中，往往能看到其流风余韵。

在德里苏丹国五个穆斯林王朝统治的数百年间，从古吉拉特到孟加拉，从克什米尔到安得拉，印度到处都在大兴土木。一个普遍的现象是，穆斯林统治者为了建造自己的宫殿、清真寺与陵墓，不惜拆毁其他宗教的众多神庙，以获得供不应求的宝贵建筑材料。一种新的建筑艺术形式的发展，让旧有的建筑艺术付出了沉重的代价，同时也为印度后来乃至今日的教派冲突埋下了隐患。德里苏丹国时期的伊斯兰教建筑随着时间与地点的不同而有所变化。例如，在石料缺乏的孟加拉地区的平原上，砖不仅是佛教建筑的主要材料，而且也成了伊斯兰教建筑的主要材料。砖木结构建筑的弊端是容易失火，同时也容易坍塌。而石料如红砂岩与白色的大理石，不仅能使建筑增色，而且存世的时间也较长。例如，洛迪王朝第二代苏丹塞甘达尔沙16世纪时在孟加拉班杜瓦建立的阿迪纳清真寺规模极其宏大，三面环以砖砌的高墙并建有回廊。现在，这座清真寺的外墙、回廊、殿顶已经坍塌，几乎成为一片废墟。

德里苏丹国与各地穆斯林政权的建筑热潮，不仅为印度增添了许多新颖别致的伊斯兰教建筑，而且为莫卧儿王朝时期伊斯兰教建筑的发展积累了丰富的经验，培养了大批熟练的建筑人才。到莫卧儿王朝时期，由于国家经济实力强大，国家宗教与文化政策相对开明，社会秩序逐渐趋于稳定，印度伊斯兰教的建筑艺术达到了辉煌的顶峰与美的极致，而且趋于标准化和理想化。

莫卧儿王朝开国皇帝巴卑尔即位不久就因病英年早逝。作为令人闻之色变的征服者帖木儿的后裔，他虽然一生戎马倥偬，但对学问与艺术却心有所仪并学有所成。他酷爱并提倡文学艺术，同时自己还是个情感丰富的诗人。他用突厥语撰写的自传《回忆录》是优秀的文学与史学名著。他在书中披露了自己对建立清真寺与开辟花园的浓厚兴趣。他在自己战胜德里苏丹易卜拉欣军队的帕尼帕特和德里东面的桑巴尔分别建立了一座清真寺。倘若天假以年，他在建筑上应当是大有作为的。巴卑尔之子与继承人胡马雍喜欢读书，在其执政初期完成了为数不少的新建筑，但它们很快就被1540年时起兵反叛的舍尔沙悉数摧毁。胡马雍被迫流亡15年后重新执政，不料翌年竟从德里皇宫（今名古堡）藏书楼楼梯失足坠落身亡，所以没有机会再展宏图。

莫卧儿王朝的建筑历史，实际上是从其第三代皇帝阿克巴开始的。他是胡马雍之子与继承人，于父亲流亡期间出生。阿克巴在位长达半个世纪，为莫卧儿帝国的崛起做出了巨大贡献。这位皇帝虽然不学无术，但却不乏智慧与雄才大略。此外，他喜欢让人给他读书，并有入耳不忘之誉。他在随父流亡期间学过绘画并乐此不疲。他十分钟情于音乐与诗歌。他对建筑抱有巨大的热情，先后在都城德里等地敕令修造了许多规模宏大的建筑物。难能可贵的是，他在宗教上持十分开明与包容的态度，为了国家的统一与民族的团结，他对印度教徒与穆斯林一视同仁。同时，他本人虽属于逊尼派，但对什叶派与苏非派都十分信任。他还创立了一种名为“神圣信仰”的折中性新宗教，以图调和国内不同宗教之间错综复杂的矛盾。他倡导持不同信仰的人们进行对话和交流，追求理性而不是固守不合时宜的传统。显然，阿克巴豁达的胸怀与宽容的宗教政策，是莫卧儿帝国走向强盛并在艺术领域取得划时代成就的重要因素。阿克巴时代的建筑，大多融合了伊斯兰教与印度教的建筑艺术要素，不能不说是这一开明文化政策的反映。

阿克巴之子与继承人贾汗吉尔虽然在文治武功方面乏善可陈，但却能够继续奉行其父行之有效的宗教宽容政策。他对于包括伊斯兰教在内的任何足以威胁这一政策的教派领袖都采取无情镇压的态度。他由衷尊敬苏非派信徒与印度教苦行者。他对苏非派的神秘主义诗歌与吠檀多哲学思想表示欣赏与理解。他在权力斗争之余尚能鉴赏绘画并赞助文学艺术。

贾汗吉尔之子与继承人、第五代莫卧儿皇帝沙·贾汗在文化政策上趋于褊狭。他下令禁止建造印度教神庙并试图让印度教徒改宗伊斯兰教。但在他31年的漫长统治时期，莫卧儿帝国的对外贸易获得发展，财政收入增加幅度甚大，为他在各地修建城堡、宫殿、花园与清真寺奠定了丰厚的物质基础。沙·贾汗在宫廷生活中耳濡目染，成为像其父一样的绘画鉴赏家，并形成了追求豪华富丽的审美取向。执政后，他对文学艺术亦持鼓励态度。印度伊斯兰教建筑艺术在他统治时期达到辉煌的顶峰。

然而，沙·贾汗的第三个儿子奥朗则布在靠囚禁父皇与逐杀兄弟夺取帝位后，却因暴虐与专制而渐失人心。他彻底背弃了先祖阿克巴的文化宽容方针，大肆迫害印度教徒，摧毁印度教寺庙与学校，实行宗教歧视政策。莫卧儿帝国在其错误政策的指引下开始衰败，伊斯兰教建筑艺术也随之走向没落。

从阿克巴到沙·贾汗，在一个多世纪的漫长岁月中，几代莫卧儿皇帝都十分醉心于建筑。帝国的经济实力、统治者的素养和开明的国策，都促成了印度伊斯兰教建筑艺术的繁荣。众多举世闻名的建筑奇珍一直存留至今。由于印度社会长期发展平稳，由于印度民族珍视自己的文化传统，它们基本没有遭到战争的摧残或人为的破坏。德里城东属于阿克巴时期的胡马雍陵是莫卧儿王朝早期建筑最重要的代表作。胡马雍的遗孀、阿克巴的母亲哈吉·贝古姆亲自在工地扎营全程督造，保证了工程的质量。波斯建筑师米拉克·米尔扎·吉亚斯负责陵墓设计，使之带有波斯风格，同时糅合了印度传统建筑固有的特色。全部工程从1564年开始，至1573年始告竣工。陵墓坐落在高度为6.7米的赭红砂石台基之上，台基侧面的连拱廊为白色大理石嵌饰的连续拱门。陵墓平面呈八角形。红砂石墓室上方，耸立着高达47.5米的白色大理石圆顶。圆顶为中亚式双重复合穹隆。它在周围印度传统钟形小亭的映衬下显得十分壮观。镶嵌在陵墓赭红砂石间的白色大理石具有极强的装饰效果，使整个建筑披上一层瑰丽的色彩。这座雄浑而又古朴的陵墓，置身于一座高墙围绕因而幽雅静谧的方形花园的中央。这是印度花园陵墓的第一个范例，对后来的泰姬陵的构建起了示范作用。如今，胡马雍陵已经成为联合国教科文组织认可的印度最为知名的世界文化遗产之一。

今北方邦西部历史名城阿格拉在16世纪和17世纪曾经两度成为莫卧儿王朝的首都。1565年，就在胡马雍陵在德里紧张施工期间，阿克巴开始在阿格拉

16–1 阿格拉红堡宝座

修建自己的都城阿格拉城堡。1628年，沙·贾汗予以改建增修。奥朗则布也曾予以增建。阿格拉城堡既是一座气势宏伟的皇宫，更是一座固若金汤的军事要塞。城堡主要由巨大的红砂石构建，所以俗称阿格拉红堡。外城墙高22米，长2.4千米，上面分布着塔楼、角塔、炮塔、雉堞，下面环以宽达10米的护城河。西北方向的正门巍然耸立，因其遥对德里，故名德里门。城堡内有红砂石楼阁数百，壮观的贾汗吉尔宫正面红砂石墙壁上嵌饰着白色的大理石条带的尖拱和伊斯兰图案，形成色彩的对比和变化。一些柱础上面精致地雕刻着孔雀和蟒蛇图案，有些地方还出现了火烈鸟与莲花一类的雕刻。它们显然属于印度教建筑风格。一些印度教建筑的特征如中央庭院和凸出的阳台等，也体现出两种建筑艺术的融合。

1569年，阿克巴因为在阿格拉西南37千米处西克里隐居的一位苏非派圣者关于他将获得3个子嗣的预言应验，决定在那里另建新都西克里城堡。后来，该城堡被命名为“法特普尔”，意为“胜利之城”。法特普尔西克里也是一座红砂石城堡，周长约11千米，因而比阿格拉城堡还要雄伟。法特普尔西克里城堡被认为是阿克巴时代至为雄心勃勃的建筑工程。城堡西南侧是一座用红砂石构建的庄严而宏大的清真寺，庭院南面高达54米的布兰德门是一座凯旋门。它是印度最大的清真寺之一，而布兰德门的宏大在伊斯兰教建筑中也鲜有其匹。阿克巴生前在法特普尔西克里城堡大约生活了12年。他在逝世前的岁月中，开始在阿格拉北郊的西坎德拉为自己营造陵墓。阿克巴陵也是一座带有广阔花园的壮观的陵墓，周围环境十分清幽。这座陵墓刻意回避了伊斯兰教陵墓特有的穹顶结构，体现了墓主兼容并包的文化理念。它是一座建在高大台基之上的依次缩减的五层平顶楼式建筑。基本建筑材料为红砂石与白色大理石。底下四层使用红砂石，最上面一层铺以白色大理石。阿克巴的假棺安放在露天平台中央供后人凭吊，他的遗体则安息在幽暗深邃的地宫之中。大门通道过去曾饰以基督教图案，但后来被奥朗则布用泥灰覆盖。

1628年，贾汗吉尔之宠后努尔·贾汗在阿格拉亚穆纳河畔为自己的父亲伊蒂默德－乌德－道拉营建了一座相当豪华的陵墓。其造型既似清真寺又如波斯凉亭，为一方形双层白色大理石阁楼。中央墓室安放着假棺，周围为房间、通道以及室内游廊。陵墓平台四角各有一座高12米左右的圆顶八角塔楼。由于努尔·贾汗在贾汗吉尔生病以后曾经把持朝政，所以拥有足够的财力。莫卧儿王朝早期建筑多用白色或黑色大理石装饰，而她却用天青石、缟玛瑙、碧玉、黄晶与肉红玉髓等名贵宝石嵌饰父亲的陵墓。墓室墙壁上大量的酒器、杯盏、花瓶等装饰性雕刻充分表现了建筑设计师的才华。例如，一些酒器的把手是长着鸟喙的蛇，一些花瓶上是翩翩起舞的孔雀。但是，装饰的主体还是几何图案与花卉图案。毕竟，这一陵墓的内部装饰显得繁复，过犹不及，因而有些俗气。后来的莫卧儿建筑设计师从中吸取教训，对自己的设计方案都心存约束。伊蒂默德－乌德－道拉陵是莫卧儿建筑从早期的雄浑古朴向后世的优美典雅过渡的开端。由该陵开始的宝石嵌饰工艺后来为泰姬陵内假棺及大理石屏沿用。因此，它在莫卧儿王朝建筑史上处于承先启后的重要位置。

沙·贾汗执政时期，莫卧儿建筑艺术达于鼎盛。沙·贾汗酷爱建筑艺术，他在建筑中大量使用白色大理石，使莫卧儿建筑艺术从雄浑壮观转向典雅瑰丽。他在阿格拉城堡中心敕建的珍珠清真寺，通体为素雅的白色大理石。1639年，沙·贾汗决定迁都德里，遂敕建德里红堡。这座城堡与阿格拉城堡有异曲同工之妙。沙·贾汗的理念是建一座人间天堂。德里红堡基本满足了他的这个愿望。红堡平面呈不规则长方形。枢密殿为白色大理石宫殿，拱门列柱和殿内墙壁饰以红绿宝石镶嵌而成的花卉图案，天花板以白银包装。同阿格拉城堡一样，德里红堡城墙用巨大的红砂石砌就，显得分外崔巍。德里红堡斜对面的德里大清真寺是沙·贾汗敕建的又一大型建筑。它是印度最大的清真寺。它那纯白的颜色与红堡交相辉映，形成鲜明的对比。据说，寺内广场可以同时容纳两万以上的信众。沙·贾汗还在拉合尔等地修建和扩建了许多结构精巧、装饰绚丽、风格典雅的建筑。

泰姬陵是沙·贾汗敕造建筑中最为辉煌的范例，是莫卧儿建筑艺术的登峰造极之作，也是世界建筑史上的丰碑。1631年，沙·贾汗美貌绝伦的妻子阿尔

16-2泰姬陵大门

朱蔓德·巴努·贝古姆皇后在生下第14个孩子后香消玉殒。沙·贾汗虽贵为皇帝，却是一个真正的情种，于是决定在阿格拉城堡东面偏南的亚穆纳河畔修建一座旷古未见的陵墓，以安葬并永远纪念亡妻。出身于波斯贵族之家的皇后封号为“蒙塔兹·马哈尔”，意为“皇宫之选”或“皇宫翘楚”。这座陵墓建成后称“塔吉·马哈尔”，实为前一封号的讹略。中文以半音半意的方法将“塔吉·马哈尔”译为“泰姬陵”，简洁而不乏文字功力。工程由印度本土和来自波斯、中亚及其他地区的建筑师组成的设计委员会设计。沙·贾汗宫廷首席建筑师乌斯塔德·艾哈迈德·拉合里总揽其事。主体建筑于1632年开工，至1643年告竣。施工期间，每天动用工匠2万余名。附属建筑物约于1653年建成。全部工程历时22年之久，耗资达4 000万卢比。整个建筑群平面呈长方形，南北长580米，东西宽305米。泰姬陵的入口在南面花园围墙，是一座高达30米的红砂石拱门。陵园中间是一座正方形波斯式四分花园。花园中心的白色大理石水池，映照出泰姬陵主体建筑的倩影，令人恍然如在仙境，未免浮想联翩，不禁叹为观止。白色大理石圆顶寝宫在花园北面正中方位。整座寝宫坐落在高约

7米的方形平台之上。平台四角矗立着四座三层圆柱形尖塔，高达42米，显得玲珑剔透。位于平台中央的圆顶寝宫高达57米，周围环绕着四个小型圆顶凉亭。圆顶为双重复合式穹隆。寝宫大厅为八角形，正中安放着蒙塔兹·马哈尔皇后的石棺，为衣冠墓；西侧则为沙·贾汗的假棺。石棺围以镶嵌着各种宝石的大理石屏。沙·贾汗原拟在亚穆纳河北岸给自己修建一座黑色大理石陵墓，以使自己在身后能与亡妻永远隔河相望，但他却因逆子奥朗则布篡位而被囚禁在阿格拉城堡的八角塔中，只能终日望着自己给亡妻修建的陵墓流泪叹息。他在死后被附葬于泰姬陵中。他与亡妻的真棺安放在寝宫大厅下面的墓室之中。泰姬陵并不是一座孤独的建筑。它的圆顶寝宫两侧分别配以红砂石构建的清真寺和贵宾住房。王镛先生在《印度美术史话》中指出，“泰姬陵在总体设计上，强调数学计算的精密，几何学构成的均衡，光学效应的变化，宇宙学图解的清晰；在审美基调上，追求华贵的简洁，静穆的辉煌，水晶般的纯净，女性式的柔美”，可谓切中肯綮。泰姬陵这座天国花园被公认为世界建筑奇迹之一。奥朗则布身后，辉煌的莫卧儿建筑艺术随着帝国走向没落而渐趋衰微。

莫卧儿建筑艺术的一个重要分支是其造园艺术。巴卑尔将在伊朗十分流行的四分花园形式移植到印度。他在阿格拉修建的憩园（Aram Bagh）尚有局部幸存。花园是莫卧儿帝国所有宫殿与陵墓的重要组成部分。由于印度夏季气候炎热，莫卧儿王朝的皇帝们也在一些避暑胜地专门营造了一些花园供自己游玩。沙·贾汗于1637年在拉合尔旧城东北方向5千米处修建的夏利玛园，可谓莫卧儿王朝造园艺术的代表作之一。该园占地16公顷，环以高墙。全园分为3层，由南向北依次降低。上下两层为正方形，边长为265米，中层为长方形，长265米，宽78米。上层正中间设一水池，4条水道将该层均分为4块，水道中设大管喷泉。中层为全园核心，正中亦设大水池，喷泉数以百计。水池南面建大理石宝座。水池东西两侧各有一间凉亭伫立。此外，水池北面还有2间大理石小厅。下层也设有中央水池及四条水道。全园布局对称，造型精巧。素有亚洲瑞士之称的克什米尔，夏季气候凉爽宜人，景色瑰奇秀丽，犹如世外桃源。因此，克什米尔河谷成了贾汗吉尔最钟情的避暑胜地。他在山间营造了许多规模可观的花园，至今依然是游人神往的地方。

莫卧儿王朝寿终正寝之后，印度建筑在近两个世纪的漫长岁月中始终处于停滞和衰落状态。然而，莫卧儿王朝时期形成的建筑传统，对后世包括对英国殖民者的影响，一再顽强地显现出来。英国殖民者入侵印度并站稳脚跟后，逐

16–3 珍珠清真寺，奥朗则布时期

渐将欧洲近代建筑理念应用于这个文明古国。英国建筑师因对印度本土建筑设计的看法相左而聚讼纷纭。有人主张通过建筑体现“英国主权精神”，但大多数建筑师尊重并愿意体现印度传统建筑风格。1911年，英王乔治五世正式宣布将英属印度政府从加尔各答迁往德里。决策者决定在老德里之南择荒地另辟新都，以完整地将古都德里及其众多历史建筑保留下来。两位英国建筑师爱德华·勒勤斯爵士与赫伯特·贝克爵士受命设计新城。1931年1月，新德里举行开城仪式，正式成为英属印度的首府。总统府等现代建筑结构疏朗、明快、典雅而又不失庄严、古朴和大气。莫卧儿王朝时期最重要也最基本的建筑材料红砂岩和白色大理石构成这些建筑外观的基本色调。它们与古城德里莫卧儿时代的宏伟建筑遥相呼应，格调和谐。新德里的印度门是兼具象征性和纪念性的建筑。这座巍然耸立的拱门式建筑，在规模上堪与莫卧儿时代的一些宏伟建筑的大门媲美。印度门又名印度战争纪念碑，它是为纪念在第一次世界大战中牺牲的无名战士而建的，现在已经成了印度人民在节假日举家流连的地方。印度独立后，一些体现传统风格和现代理念的建筑在印度的许多城市崛起。新德里圣雄甘地的陵墓是用黑色的大理石修筑的，就像他的一生那样朴素。1986年在新德里建成的印度巴哈依教（即大同教）灵曦堂是一座非常引人注目的现代宗教建筑。它由当代建筑师法里布尔兹·沙设计，系世界7座巴哈依教寺庙中最新的一座。同泰姬陵一样，它的主要建筑材料也是白色大理石，造型则为巴哈依教寺庙的典型样式，外观犹如一朵正在绽放的硕大无朋的白色莲花。这座被誉为现代建筑奇迹的莲花庙是新德里最壮观的建筑之一，同时也是新德里的标志性建筑之一。

二、细密画

作为一种具有独特风格和审美价值的艺术品种，莫卧儿王朝时期的细密画无论在印度艺术史上还是世界艺术史上都占有极其重要的地位。它们曾引起与莫卧儿皇帝贾汗吉尔及沙·贾汗同时代的荷兰伟大画家伦勃朗收藏与临摹的兴趣，就绝非偶然之事。在英国与美国的一些著名艺术博物馆中，也可以看到不少珍藏的莫卧儿细密画。

印度细密画与伊朗细密画存在渊源关系。早期的穆斯林王朝出于宗教原因大多严格禁止绘画艺术。一些正统穆斯林甚至认为，人类模仿真主的伟大创造是一种亵渎神圣的行为。然而，绘画艺术在初期虽然不为伊斯兰教所支持，但后来却在一些穆斯林王公的赞助下逐渐发展起来。13世纪初期，蒙古人入侵伊朗，带去了中国的传统绘画艺术。在帖木儿王朝时期，在富于艺术传统的伊朗，绘画艺术曾获得迅速发展。14世纪时，伊朗画家模仿中国传统风景画技法，为自己的历史、史诗和传奇绘制插图。15世纪时，伊朗南方城市设拉子等地成为重要的艺术中心，形成世界艺术史上知名的波斯细密画派。波斯细密画大师毕扎德师法自然，形成自然主义的表现手法。他对于伊朗和印度的细密画艺术都产生过重大影响。穆斯林在印度建立政权后，许多波斯细密画画家从设拉子前往印度的穆斯林宫廷，对当时的印度绘画艺术产生了冲击和影响。在印度穆斯林重要的艺术和文化中心绍纳福儿和拉贾斯坦等地，都有穆斯林绘画品种和流派出现。在莫卧儿王朝统治时期，印度细密画创作趋于繁荣，产生了众多优异的细密画作品，形成一次艺术复兴的高潮。

细密画所以成为莫卧儿王朝时期最重要也最有成就的绘画品种，与该王朝几代皇帝的扶植与奖掖息息相关。胡马雍长期流寓伊朗时，在萨非王朝的宫廷目睹并开始迷恋细密画艺术。他的身边聚集了为数众多的极有天赋的伊朗画家。他决心在收复德里后将他们延请到自己的宫廷。1555年，胡马雍复辟，同时将两位细密画艺术大师米尔·阿里·赛义德和阿卜杜勒·萨马德带到印度。他们后来成为莫卧儿细密画派的核心人物。胡马雍逝世后，莫卧儿皇帝阿克巴对绘画等艺术形式继续持赞助态度，因而被认为是莫卧儿细密画的奠基人。在当时的都城法特普尔西克里的皇家画室中，聚集着100多名画家，既有穆斯林，也有印度教徒，由此可见细密画创作在当时的盛况。由于莫卧儿细密画主要盛行于莫卧儿王朝时代的宫廷之中，所以它是一种宫廷艺术。

16–4 古代传说故事，莫卧儿细密画

莫卧儿细密画最初只是波斯细密画的移植和模仿，后来融合了印度传统绘画以及西方写实绘画的因素，形成了既富于装饰性又注重写实性的独特的莫卧儿画风。阿克巴时代的细密画富于活力，充满动感，代表作有《哈姆扎传奇》和《阿克巴本纪》的抄本插图等。《哈姆扎传奇》是一部历险故事，以伊斯兰教先知穆罕默德的叔父阿米尔·哈姆扎为中心人物。书的内容有些是史实，但也吸收了许多阿拉伯传说与民间故事。1567年前后，阿克巴下令为著名的阿拉伯史诗《哈姆扎传奇》的波斯文译本绘制大量插图。米尔·阿里·赛义德和阿卜杜勒·萨马德被任命为约100名画家的首领，负责此项工作。整个工程持续了15年才告完成。这些画家共为14卷本的《哈姆扎传奇》绘制了1 400幅插图。每卷的插图数量为100幅。画幅长约68.6厘米，宽约51厘米，在细密画中属于较大型的。最初，他们刻意模仿毕扎德画派。到了后期，印度传统绘画与雕刻中固有的特色与生命活力释放出来。自然，这些在实践中得到锻炼的画家逐渐形成自己的艺术风格与审美取向，成为创立莫卧儿画派的骨干力量。到16世纪末，他们已经能够将擅于造成立体效果的印度古代绘画传统技巧与伊朗毕扎德画派注重对称和比例的长处结合起来。宫廷画家还为印度两大史诗《摩诃婆罗多》和《罗摩衍那》绘制了色彩绚丽、精美绝伦的插图。阿克巴时代著名的宫廷画家达斯万特是位印度教徒。他是一位才华盖世的艺术大师，深受阿克巴的赏识。他为印度古代梵语史诗《摩诃婆罗多》的波斯文译本绘制的插图，具有浓郁的印度传统风格与地方特色。在他的笔下，印度风物无不栩栩如生。这些插图是16世纪至17世纪初期莫卧儿细密画的典范之作。类似达斯万特这样的画家，阿克巴的要臣与密友阿布勒·法兹勒在其所著的《阿克巴本纪》中一共提到18个。

贾汗吉尔时代的细密画崇尚自然，注重写实，代表作有《斑马》、《火鸡》、《楝树上的松鼠》、《贾汗吉尔肖像》、《身为王子时的沙·贾汗》、《巴尔维兹与女人们》、《贾汗吉尔与沙·阿巴斯假想的会见》、《贾汗吉尔向诸王引荐苏非派长者》等。16世纪后期至17世纪初期，西方绘画艺术随着殖民者与传教士的纷至沓来传入莫卧儿宫廷。1607年，杰罗姆·泽维尔神父将配有意大利风格插图的《使徒行传》波斯文译本献给贾汗吉尔。1615年，英国国王詹姆斯一世通过驻莫卧儿宫廷大使托马斯·罗爵士向贾汗吉尔赠送英国杰出细密画家伊萨克·奥利弗的细密肖像画。西方绘画艺术中已经运用得十分纯熟的透视法与明暗法引起莫卧儿皇帝的注意。贾汗吉尔鼓励自己的宫廷画家临摹这些西方绘画并从中汲取艺术灵感。他们在回归印度传统的同时，逐渐抛弃波斯细密画偏于平面表现人物的手法，转向具有明显优点的透视法与明暗法。此时，莫卧儿细密画开始表现出强烈的写实感。

贾汗吉尔时代的著名画家在其逝世后大多留在沙·贾汗的宫廷。他们提高了使用色彩的技法，对色度的处理出神入化。因此，沙·贾汗时代细密画的特点是注重装饰，强调色彩，代表作有《沙·贾汗本纪》抄本插图、《沙·贾汗的三个儿子》等。莫卧儿诸皇均喜欢暖色和细致的笔触，以至莫卧儿细密画与中国工笔重彩画多有相似之处。我们甚至可以说，莫卧儿细密画就是印度的工笔重彩画。

既然莫卧儿细密画是一种宫廷艺术，它所关注与表现的一个重要内容就是王公贵族的生活。莫卧儿细密画依靠王公贵族的赞助而发展，就必然要满足他们的审美趣味与精神需要。例如，贾汗吉尔就十分喜欢肖像画。莫卧儿皇帝以雄厚的财政收入赞助绘画，也凭借艺术家之手而得以使自己的形象传诸后世。因此，莫卧儿王朝历代皇帝及其先人的日常生活与肖像画在这一绘画品种中占有突出地位。它们组成了帖木儿及其后裔的家族画集。也许，除了艺术价值外，这些细密画还形象而生动地揭示了那些重要历史人物的个性以及他们的事迹。它们或许有些夸张，但基本还是写实的。有一幅细密画描绘童年的帖木儿，他在与同伴游戏时就有王者之风。还有一幅画表现巴卑尔在儿子胡马雍降生后满怀喜悦，举行盛大宴会款待王公贵族的场面。莫卧儿细密画再现了胡马雍登基的盛况、阿克巴以及贾汗吉尔狩猎的场景，等等。莫卧儿诸皇的肖像画大多惟妙惟肖，绘形绘色。巴卑尔精力充沛而略显拘谨，同时显得颇有教养。胡马雍清瘦而神情忧郁，颠沛流离的生活与多舛的命运在他的脸上留下了难以掩饰的痕迹。阿克巴在艺术家的笔下显得深沉而刚毅，颇有君临天下、睥睨一切、雄视千古的气概。贾汗吉尔在艺术家的笔下目光流露着睿智的神色，但面容却显出酒色过度造成的浮肿。1615年以后，贾汗吉尔在一些肖像画中被描绘成超人，头部出现光轮。沙·贾汗的肖像画也带有光轮，神情威严、冷峻而尊贵，但也透着专横。史家或许要为尊者讳，但画家们却忠于艺术。因此，有的论者认为，他们更为精确地记载了当时的历史。这些笔触细腻、造型精妙的肖像画不仅形

16-5 贵族生活，莫卧儿细密画

似，而且传神。连画中人物的豪华服饰，也成了后世研究当时皇族生活的珍贵资料。莫卧儿人物画也描绘伊斯兰教神职人员和印度教苦行僧等，或描绘他们的宗教热忱，或表现他们的精神追求。

除了人物画之外，莫卧儿细密画的一个重要分支是花鸟动物画。曾经为阿克巴与贾汗吉尔两代皇帝服务的乌斯塔德·曼苏尔是当时最为杰出的穆斯林画家。在《贾汗吉尔自传》中，他是皇帝提及次数最多的一个艺术家。贾汗吉尔喜欢珍禽异兽与瑶草琪花。他经常收到印度各地和外国赠送的罕见鸟兽。他在收到波斯国王送给他的一只隼后，对这只猛禽的刚健与色彩之美非常欣赏，遂命曼苏尔将它描绘下来。这位艺术大师先后画过多种花木与鸟兽。他在1612年前后创作的《火鸡》色彩斑斓，气韵生动。在作为背景的地上，花草的相应比例被明显缩小，笔触也非常简洁，从而造成了这只高视阔步的雄火鸡的不凡气势。这幅完美体现曼苏尔艺术风格的典范之作，现收藏于伦敦维多利亚和艾伯特博物馆。他的另一幅代表作《楝树上的松鼠》高不过36.5厘米，宽不过22.5厘米，但却表现了丰富的内容。楝树生长于克什米尔，是贾汗吉尔时代常见的绘画题材。曼苏尔将这株虬枝横逸的老树画得生机勃勃且富丽堂皇。在姜黄色的背景下，或红或绿或黄的树叶密密匝匝，富于层次感而又色彩绚丽，占去整个画面的2/3，造成很强烈的视觉冲击。灰色的树干上，十余只松鼠上蹿下跳，神态与动作各异。在茂密的树叶的掩映下，还可以看到不少小鸟或栖或飞。树旁灰色的巉岩间是一片碧草，上面点缀着紫色、红色或黄色的花卉，小鹿、山羊和几种飞禽在休憩或觅食。更妙的是，一个猎人正在试图攀树，引起了松鼠与一些飞禽的不安和躁动。这幅杰作现收藏于伦敦印度事务部图书馆。除了曼苏尔之外，还有一些杰出的花鸟动物画家。他们画野象、猛虎，也画孔雀、水牛，或不羁，或威武，或美丽，或雄健。

莫卧儿细密画从波斯传入，逐渐融合了印度本土传统艺术的要素，并受到西方近代艺术的影响，从集体创作开始，直至形成个性化的风格，在人物、鸟兽、花卉等诸多绘画领域都取得了非凡的成就，因而得以成为印度乃至世界艺术中的一朵奇葩。细密画一般篇幅不大，缺乏巨制，但在尺幅之间，却可以尽展艺术家的才华与襟怀，表现重大历史事件和重要历史人物，图写天地间各种生物。被作为背景描绘的自然，常能给人以雄奇壮阔之感。因此，莫卧儿细密画成为印度以及西方一些重要博物馆的珍贵藏品。

同莫卧儿建筑一样，莫卧儿细密画从奥朗则布时代开始渐趋衰微。18世纪中期以后，莫卧儿王朝走向衰亡，移居勒克瑙等地的莫卧儿画家形成莫卧儿地方画派。

在莫卧儿王朝统治时期，除了莫卧儿细密画的主流之外，拉其普特细密画也是一个十分著名的独立画派，同样享有很高的声誉。拉其普特人是王族子孙，在拉贾斯坦和旁遮普等地建立了一系列独立的印度教王国。拉其普特细密画即指16~19世纪时流行于这些拉其普特土邦的细密画。如果说莫卧儿细密画属于宫廷艺术，那么拉其普特细密画则基本上属于民间艺术或“贵族式的民间艺术”。在艺术风格上，莫卧儿细密画富丽典雅，拉其普特细密画朴实无华。莫卧儿细密画属于王公贵族，拉其普特细密画属于普通民众。两者一重写实，一重象征，技法大相径庭。

莫卧儿细密画源于波斯细密画，但拉其普特细密画却源于印度本土。远在公元纪元之前，耆那教徒就开始给自己的贝叶经书配制插图。人们用细绳将书页穿在一起，再配上薄木板制成的封面。印度现存的最古老的贝叶经，是在比哈尔与孟加拉地区发现的11世纪时的佛经写本以及在西印度发现的耆那教经写本。这些佛经写本插图中的人物，是以波罗王朝时期的铜雕佛像为蓝本绘制的，线条和设色都十分老到。后来，在伊斯兰教征服孟加拉后，幸存的佛教僧人将这一艺术转移到尼泊尔与中国西藏，并使之在喜马拉雅山深处的佛寺中流传到近代。耆那教贝叶经画由于得到古吉拉特地区商人的赞助而一度繁荣。早期耆那教经典插图的一个显著特点是，在人物的侧面像中竟然能够将双目全都画出。近侧眼睛画得大，甚至有些夸张；远侧眼睛则凸出面部轮廓线之外，似乎已经脱离眼窝。印度的这种立体主义手法，比毕加索和布拉克在20世纪初期开创的现代立体主义早了至少7个世纪。纸在14世纪下半叶经伊朗传入印度后，纸书经典开始取代贝叶经，绘画材料随之发生相应变化。插图艺术家从此可以挥洒自如地创作，颜料的使用可以更为得心应手，作品也可以更为细致精妙。

拉其普特细密画深受印度古代壁画艺术影响，线条生动流畅，色彩鲜明，且往往采用象征主义手法，人物造型夸张，背景处理趋于程式化。它也受到莫卧儿细密画的熏染，绘画内容也有土邦王公肖像和宫廷生活场景，但大量题材却取自往世书、《罗摩衍那》和《摩诃婆罗多》中的印度教神话传说，其中尤以黑天的故事最为流行。黑天是印度教大神毗湿奴的化身之一。他以牧童的形象出现在人间，与牧女罗陀谈情说爱。由于中世纪虔信运动的影响、地方语言文学的崛起和印度教的复兴，黑天与罗陀的故事在印度变得家喻户晓，深受印度教徒的喜爱与欢迎。这一故事在表面上富于诗意，犹如田园牧歌，但其本质却是通过牧女对黑天的追求来表现人对神的寻觅与皈依。牧女罗陀代表人的灵魂，牧童黑天则是神的化身。他们的结合象征着人的灵魂与神性的合一，象征着印度教哲学中梵我一如的理念。黑天与罗陀的故事成为当时许多民间诗人吟咏的主题，也成了拉其普特细密画艺术家钟爱的主要题材。拉其普特细密画艺术家曾为《薄伽梵往世书》、《牧童歌》等文学作品绘制插图。这些作品的核心人物是毗湿奴或其化身黑天及罗陀。舞王湿婆也是画家钟爱的题材。斯里兰卡著名艺术史学者阿南达·库马拉斯瓦米认为，按照地域与风格的差异，拉其普特细密画可以分为拉贾斯坦派和帕哈里派。拉贾斯坦派因为地处平原又名平原派，帕哈里派因为地处喜马拉雅山麓又名山区派。这两大流派还可以进而分为许多支派。

拉其普特细密画中最为别致也最有特色的品种，是“拉格马拉”画。“拉格马拉”是一部论述音乐调式的诗集《乐调花环》的音译。“拉格马拉”画就是为这部诗集配的插图。如果说这部诗集已经以形象化的语言将印度音乐形式的内涵表述得十分明确，那么这些特殊类型的细密画则使得诗歌意象变成了可以供人目睹的具象。所以，这些细密画又被称为“音乐的绘画”。在北印度的古典音乐中，6个基本的男性曲调分别配以5个女性曲调，从而组成36个基本曲调。它们只能在一年特定的季节和一天特定的时辰演唱。泰戈尔在《孟加拉掠影》中就曾嘲笑过一位在夜阑人静时演奏黎明调式的音乐爱好者的无知。如果他曾经看过那些图解音乐调式的细密画，或许不会犯这样的低级错误。“拉格马拉”画是世界艺术中独一无二的品种。它将绘画、诗歌与音乐结合在一起，对于音乐家准确理解和把握音乐调式不无裨益。约创作于1790年的《秋千》，就是这种细密画的一个代表作。画的内容是一位贵族少妇在白色大理石阳台上欢快地荡着秋千。时当雨季，室外的天空乌云翻滚。这幅画图解的是适合在雨季演唱的“秋千”调式，象征意义十分明显。

19世纪以来，西风日渐强盛。英国人于1850、1854年分别在马德拉斯与加尔各答创办艺术学校，以推行自己的艺术教育。印度学生开始系统学习西方艺术，印度绘画开始受到西方绘画理论和作品的影响，无论在品种、技巧还是风格方面都发生了许多缓慢但却显著的变化。西方绘画在光线效果、人体比例和透视等方面的基本技巧和科学处理引起印度画家的注意。从19世纪中叶至1947年独立，印欧学院派一直在印度美术界居于主导地位。他们否定本土艺术传统和对西方美术的模仿，成为印度绘画史上一段失谐的插曲。与此同时，在孟加拉文艺复兴运动的文化背景之下，以诗人泰戈尔的侄子阿巴宁德拉纳特·泰戈尔为领袖的孟加拉画派在20世纪初异军突起，号召抵制殖民主义的艺术教育，主张继承以阿旃陀壁画、莫卧儿细密画和拉其普特细密画为代表的印度艺术传统。即使在现代艺术已经成为主流的今天，拉其普特细密画在印度依然拥有自己的市场。在2003年首届中国北京国际美术双年展上，就有印度当代画家V.S.拉希在2002年创作的3幅画，分别题为《礼拜湿婆》、《罗陀与黑天的传奇》及《艳情》。画中人物全是侧面像。显然，画家的风格与拉其普特细密画一脉相承。

下　编

近现代篇

第十七章

英国的殖民统治与印度人民的反抗斗争

早在公元前3世纪，印度与欧洲已经存在贸易联系。印度的纺织品曾经源源不断地运到罗马。历史上印度与西方贸易的通道主要有3条：一条从阿富汗到中亚，然后沿里海和黑海到小亚细亚；另一条是海路，先到波斯湾，然后经两河流域到叙利亚；第三条也是海路，先到红海，然后由陆路到埃及亚历山大港。3条路都要利用地中海。15世纪土耳其的扩张，影响了东西地中海之间的交通，经过红海和波斯湾的两条航路也早已为阿拉伯人所垄断。经济日益发展的西欧各国只好另寻通往印度的新航线。

一、西方人在印度的早期活动

（一）葡萄牙人的到来

葡萄牙人在开辟东方航线上扮演了重要角色。1488年，航海家巴尔托洛梅乌·缪·迪亚士（Bartholmeu Dias）到达非洲南端的好望角。1498年5月，瓦斯科·达·伽马（Vasco da Gama）率领远航队绕过好望角，到达印度西岸的卡利卡特。他从这里运回大批丝绸、香料、象牙和宝石等，获纯利是航行费用的60倍。1502年，达·伽马再次来印。他企图排挤阿拉伯人，独揽同印度的贸易，遭到当地印度教徒的反对。但他还是成功地在卡利卡特、科钦和坎纳诺尔建立了葡萄牙人的商业据点。1505年，葡萄牙政府任命阿尔梅迪亚为其首任驻印总督。他把工厂和商业中心建在沿海地区，而把本国强大的海上力量当作后盾。1509年，阿布奎基接替阿尔梅迪亚。次年他从比贾普尔的苏丹手里夺取了果阿，以后又在印度洋建立了一系列海军基地。为了在印度长久立足，他鼓励葡萄牙人与当地人通婚。在占领了马六甲（1511年）和霍尔木兹岛（1515年）以后，他终于排挤掉阿拉伯人的势力，垄断了东方海上贸易。他的后继者又沿印度西岸和孟加拉建立了若干新的定居点，如第乌、达曼、萨尔塞特、巴塞因、乔尔、孟买、胡格利等，到16世纪中叶更控制了锡兰岛。

葡萄牙人在他们的占领区内实行疯狂的宗教歧视政策，用种种手段强迫当地人改信基督教。他们到处拆毁印度教寺庙，甚至把受到南亚和东南亚佛教徒普遍崇拜的佛牙舍利捣碎，扔到海里。1550年，宗教裁判所成立，最初只针对穆斯林，后来又加上了印度教徒。他们把污物塞进阿拉伯商人的嘴里，再用猪肉堵上，或者把婆罗门的耳朵割去，缝上狗耳，以此侮辱折磨不肯放弃原有信仰的人。对于反抗者，他们就把他的肢体砍去，或者杀死。派驻印度的葡萄牙官员由于薪饷不足，大多玩忽职守，而把精力集中于个人经商。印度人民的反抗，葡萄牙殖民者本身的腐败，加上莫卧儿军队的南下，以及荷兰、法国和英国人的相继到来，使葡萄牙人在印度和东方百余年的优势逐渐丧失。17世纪初叶，他们在印度的殖民地纷纷落入荷兰人手里，到40年代，剩下的只有果阿、达曼和第乌3处。

（二）荷兰人在印度的活动

在相当长的时期内，荷兰人一直从里斯本购买东方货物。17世纪初，尼德兰革命成功，在欧洲建立了第一个资产阶级共和国。此后，荷兰的工商业和航运业飞速发展，荷兰船只遍行世界各地，享有“海上马车夫”之誉。不久，它在东方的海军力量超过了葡萄牙。1602年，旨在垄断东方贸易的荷兰东印度公司成立，并被授权宣战、签约、占有领土和修筑要塞。最初，公司把注意力放在东南亚，占领了盛产丁香、豆蔻、胡椒等香料的摩鹿加群岛，不久又从葡萄牙人手里夺得了锡兰和马六甲。自17世纪中叶开始，荷兰人的目光从东南亚转向印度。他们侵入马拉巴尔海岸，驱逐葡萄牙人，在那伽巴丹建立起自己的大本营。但是荷兰人在印度同英国人发生了强烈冲突。在关键的胡格利战役中，荷兰舰队大败。他们在1781年被彻底撵出了印度次大陆，连那伽巴丹也丢给了英国人。

（三）法、英争夺霸权的斗争

最早的法国商船是在1527年到达第乌的，此后不断有法国商人前来印度。1664年，法国政府成立了西印度公司和东印度公司。3年以后，东印度公司经奥朗则布皇帝批准，在苏拉特建立了第一个经理处。1674年，法国代理人弗兰西斯·马丁从比贾普尔的苏丹那里得到一个小村庄本地治里，后来发展成为法国在印属地的首府。（2006年9月，本地治理恢复其原名普度治理Puducherry。原名在泰米尔语中意为“新村”。）杜马接手本地治理的工作以后积极活动，终于在1735年从莫卧儿朝廷那里取得了造币权。在杜布雷时代（1741~1754年），法国人开始公开插手南印度的内部事务。他们利用海得拉巴和卡纳蒂克等地的权位之争，支持一方，打击一方，从中渔利。杜布雷因此而一度成为克里希纳河以南地区最有权势的人物。

16世纪初叶葡萄牙人在印度得手也刺激了英国人的胃口。但是在几十年的时间里，英国人受1493年教皇敕令的约束，无法分润印度的财富。到16世纪后半叶，教皇的势力衰落下来，葡萄牙本身亦为西班牙所并（1581年），英国人的机会方才到来。1588年，英国大败西班牙无敌舰队于英吉利海峡，开始建立海上霸权。向东方扩张的障碍扫除以后，1600年12月30日，英国东印度公司成立。它获得了伊丽莎白女王的特许状，享有好望角以东的贸易垄断权。1608年，威廉·霍金斯带领商船队来到苏拉特。他谒见了莫卧儿皇帝贾汗吉尔，要求在印度港口通商，但是由于葡萄牙人从中作梗，未获成功。1612年，

17-1 孟买维多利亚火车站

17-2 加尔各答英式建筑

由拜斯特船长率领的舰队打败了葡萄牙人，英国人由此威风大振。不久，他们获准在苏拉特建立商业经理处。3年以后，英王詹姆斯一世派托马斯·罗伊爵士为特使来到莫卧儿宫廷，经过长期交涉，取得了优惠的贸易条款。从此，英国商人不仅可以自由经商，他们的经理处还能实行本国法律，保持基督教信仰，不受印度政府管辖。后来，他们又取得了在阿格拉、阿默达巴德、布罗奇等重要城镇建立经理处的权利。1640年，东印度公司从昌德拉吉里（在今安得拉邦）的王公那里得到一块地盘，开始建立马德拉斯（今金奈）。1668年，英王查理二世将他的妻子、葡萄牙凯瑟琳公主作为嫁妆带来的孟买租给东印度公司，每年只收取10英镑象征性租金。不久，孟买代替苏拉特，成为英国人在西印度的总部所在地。1690年，东印度公司在孟加拉一处渔村的基础上兴建起加尔各答。

有鉴于葡萄牙人和荷兰人战争政策失败的教训，英国人在印度最初90年的活动始终限于经商。17世纪末，估计莫卧儿王朝行将瓦解，英国东印度公司决定放弃单纯经商，改行强力政策，武装侵略印度，以便把它变成自己的永久领地，榨取巨额税收。一支从英格兰来的舰队轰击了胡格利。莫卧儿皇帝奥朗则布下令还击，英国人逃遁。东印度公司在巴特那、卡辛巴札、维沙卡帕特南等地的经理处遭到封闭。英国人被迫媾和，答应赔款1.7万英镑，并保证以后不再出现越轨行为。奥朗则布1707年亡故后，莫卧儿王朝迅速衰落，英国殖民者长驱直入的条件终于成熟。1715年，东印度公司外科医生汉密尔顿为莫卧儿皇帝法鲁克西亚尔的女儿祛疾有功，公司获得3项敕令。敕令批准了1691年孟加拉纳瓦布的决定，即东印度公司可以以每年3000卢比的回报，在孟加拉免缴关税。敕令还免去了英国人在古吉拉特地方的关税，只需每年缴纳1万卢比，并赋予东印度公司以造币和收税的权利。1708年，东印度公司同英国一家与它竞争的“总社”合并，成立联合东印度公司。后来这一公司逐步取代莫卧儿王朝，成为印度的最高统治者，直到1857年。

在葡萄牙人和荷兰人相继退出印度舞台而莫卧儿王朝又命在旦夕的情况下，英法矛盾日见突出。矛盾在相当长的时期内只表现为商业竞争。但是，1740年开始的奥地利王位继承战争很快波及印度，两国冲突骤然升级。1746年，第一次卡纳蒂克（位于今泰米尔纳杜邦）战争爆发，杜布雷从英国人手里夺取了马德拉斯，并成功地保卫了本地治理。但根据1748年签订的《亚琛条约》，马德拉斯复归英国，以换取北美洲的路易斯堡。和平条约无疑不能从根本上消除两国的敌意。他们在印度的军队也没有解散。相反，他们倒常常把自己的军队借给那些企图在莫卧儿王朝的废墟上建立独立王国的土邦王公们，间接插手印度事务。1748年，海得拉巴和卡纳蒂克两土邦发生王位继承之争。次年，英、法两国各附一方，战端再启。最初，杜布雷支持的木扎法尔·章取得了海得拉巴的统治权。但是英国上尉克莱武（Robert Clive）在1751年夺取了阿尔科特，并在马拉塔首领穆拉里·拉奥的帮助下打败了法国支持的钱达·萨希伯，使英方转败为胜，把自己支持的穆罕默德·阿里送上了卡纳蒂克的王位。第二次卡纳蒂克战争之后，法国在印势力日蹙。1755年，本地治理条约签订，两国同意不再干预印度内部的政治事务。

1756年，欧洲七年战争爆发，英、法在印度的殖民地再次卷入。法国政府于1758年派德·拉利伯爵率军来印，第三次卡纳蒂克战争爆发。德·拉利接受的指示是不要扩张领土，而集中力量攻击英国在印度沿海的居留点，彻底摧毁它们的贸易能力。他顺利地占领了圣戴维要塞。但由于资金和军需供应不足，兼之内部不和，他未能攻取马德拉斯。然而，克莱武从加尔各答派出的军队却驱逐了北西尔卡尔（在今安得拉邦东北部）的法军，占领了马苏利帕塔姆（也在今安得拉邦），使法国人转攻为守。1760年，英军在万迪瓦什（位于今泰米尔纳杜邦）大败法军。翌年，本地治理（今普度治理）在被围后投降。本地治理的陷落，敲响了法国在印统治的丧钟。尽管按照1763年的巴黎和约它又复归法国，但防御工事却被拆除。法国在科罗曼德耳海岸可以拥有的军队也受到严格限制。第三次卡纳蒂克战争使法国在印度的军事和政治力量丧失殆尽，为英国在印度建立牢固的殖民统治奠定了基础。

二、英国对印度的殖民统治

（一）普拉赛战役及其后果

奥朗则布去世以后，莫卧儿帝国开始崩溃，较为偏远的省份首先宣布脱离。穆尔西德·古里汗在孟加拉和奥里萨建立了独立王国。1740年，统治权转入阿里瓦迪汗手中，此前比哈尔已被兼并。阿里瓦迪汗积极维护主权，不许欧洲人在其居留地构筑军事设施。1756年，年仅20岁的西拉吉－乌德·道拉在他的外祖父死后成为纳瓦布（省督）。他立即要求外国人拆除各个经理处的堡垒。法国人服从了，但英国人借口担心卡纳蒂克战争再次爆发，拒绝拆除。西拉吉－乌德·道拉决定武力解决。他袭击并夺取了东印度公司在卡辛巴札的经理处，然后向加尔各答挺进，经过4天包围，占领了这座城市。英国人大部分逃跑了，剩下的成了俘虏。146名被俘的英国人被关在威廉堡一间约12米长，不到5米宽的黑屋里。据说第二天打开门时，123人已经由于挤踩和缺氧而死亡。这就是轰动一时的“黑洞事件”。然而不少史学家怀疑这一事件的真实性，认为它不过是英国殖民者编来欺骗舆论的，因为当时的穆斯林史学著作和加尔各答的英国官方文件都没有关于此事的记载。

马德拉斯的英国人得知加尔各答失陷后，立即派瓦特森和克莱武带900名士兵北上。1757年1月，他们通过买通奸细夺回加尔各答，打败了西拉吉－乌德·道拉临时凑集的4万军队。2月，双方订立条约，英国人恢复了在孟加拉、比哈尔和奥里萨的特权，经理店重新开业，所受的损失得到了补偿。他们还获得了在加尔各答自由设防和造币的权利。作为回报，英国人答应与西拉吉－乌德·道拉建立攻守同盟，共同对抗其他地方政权。不久，英国人在西拉吉－乌德·道拉的默许下，抢走了法国人手里的昌德纳戈尔。

但是，克莱武并不以这一切为满足。他的目的是彻底清除西拉吉－乌德·道拉，一个推翻他的阴谋形成了。参加者有觊觎权位的将军米尔·贾法尔、亲英的银行家贾格特·塞特、想从中捞一把的商人阿明·昌德等。他们签订了一个秘密协约。协约定稿后，阿明·昌德忽然以揭发阴谋相威胁，要求分取西拉吉－乌德·道拉财富的5%和他的珠宝的1/4。克莱武耍出一个花招，在一个假的协约副本上附加了给他30 300英镑的条款，并伪造了瓦特森的签字。密谋策划完毕后，克莱武给西拉吉－乌德·道拉送去一封信，指责他违背2月条约，与法国人私谋不轨。不待回复，他便带领3 000士兵（其中只有800个欧洲人）向木希达巴德开去。西拉吉－乌德·道拉率5万人先期到达这里，排开战阵。克莱武则停在南面37千米外的普拉赛。1757年6月23日，英军首先发起进攻，普拉赛战役打响。由于兵力明显悬殊，克莱武对于胜算并无把握。但是当他看到由米尔·贾法尔统率的左翼按兵不动时，他才知道阴谋进行顺利。西拉吉－乌德·道拉意识到自己被出卖后仓皇逃跑。孟加拉军队大乱，西拉吉－乌德·道拉旋即被俘，米尔·贾法尔的儿子米兰处死了他。第二天，叛徒米尔·贾法尔被克莱武送上纳瓦布的宝座。他让英国人拿走了前纳瓦布的全部财富，自己甘做受人操纵的傀儡。普拉赛战役尽管规模有限，但对于印度历史的进程却发生了重大影响。东印度公司取得了加尔各答周围的24个税区，全面实现了对于孟加拉的政治控制；其他欧洲人的势力完全被排挤出去。正因为有了孟加拉的财富和人力，英国人才能在第三次卡纳蒂克战争中轻易地打败了法国人。普拉赛战役为英国殖民主义者征服整个北印度铺平了道路。

米尔·贾法尔毫无行政能力，孟加拉的财政很快走向崩溃的边缘。然而英国人却急于逼取他在普拉赛战役之前曾经许给他们的巨额款项，其中包括对1756年加尔各答陷落时英国人的损失赔偿，给英国陆军和海军的赏金，给东印度公司加尔各答参事会成员的好处费等。为了争取宽限，乞得同情，米尔·贾法尔给公司官员送上了种种贵重的礼物。但是贪得无厌的殖民者并不让步，两家的关系趋于紧张。1759年底，米尔·贾法尔同荷兰人密谋，企图在后者的帮助下摆脱英国人的控制。可是，荷兰人从巴达维亚（印度尼西亚首都雅加达旧称）调来的舰队被英国人打败了。东印度公司决定废黜米尔·贾法尔。得知英国人的意图之后，贾法尔表示愿意下台。1760年10月，他的女婿米尔·卡西姆成为新纳瓦布。他自己则领到一笔丰厚的年金，到加尔各答做寓公去了。

米尔·卡西姆远比他的岳父能干。他重新整顿政府，辞退无能官员，镇压了蓄意谋反的柴明达尔（包税地主），并且建立工厂，制造枪炮，加强了自己的军队。他在短期内偿还了积欠东印度公司的债务。可是不久，他同英国人发生了摩擦，原因是东印度公司的职员滥用免税通行证，进行私人贸易，米尔·卡西姆对此深为不满。经过与当时的孟加拉管区省督温西塔特磋商，确定1762年后，英商货物一律按9%征税，印商按25%~30%。这一协议为加尔各答参事会所否决。米尔·卡西姆非常愤怒，决定同时取消英商和印商的一切捐税，使孟加拉成为一个免税区。他还指责英国人利用自己管辖的3个区搞反对他的活动。两方关系骤然紧张。1763年，巴特那的英商经理店主管艾利斯占领了该城。米尔·卡西姆立即派兵驱逐了英国人，抓了200名俘虏。加尔各答参事会闻讯后宣布对印开战。事实上，英国殖民当局对米尔·卡西姆的独立倾向早有不满，而米尔·卡西姆对一旦决裂亦早有准备。他紧缩开支，裁减冗员，解聘了所有的英国人，同时募集军队，制造新式枪炮弹药，并与奥德的纳瓦布暗中接触。但米尔·卡西姆缺乏军事才干，兼之手下军队成分复杂，所以尽管人数优于英军，还是频频失利。他在一连串败绩之后逃往奥德，在那里与纳瓦布沙贾–乌德·道拉和徒有虚名的莫卧儿皇帝沙·阿拉姆二世结成联盟。1764年5月，拥有4万名士兵的联军初战告捷，英军退往巴克萨尔（在今比哈尔邦和北方邦的交界处）。但巴克萨尔一役联军大败。沙·阿拉姆二世投入殖民者阵营，米尔·卡西姆落荒而走。此前（1763年7月）英国人已使米尔·贾法尔复出。1765年，英国人更指定了一个常驻纳瓦布政府的大臣，实际上掌握了孟加拉的最高行政权。纳瓦布失去独立的军事力量，成为纯粹的傀儡。奥德也成为东印度公司的附庸，它同孟加拉一起，被迫同英国人签订了奴役性的“资助条约”。所谓“资助条约”即公司派兵驻扎在这两个省区，而军费则由每省拨出一定地区（若干县）的税收予以支付。以后英国殖民者和很多封建王公订立了这种条约，用印度人的血汗豢养统治和镇压印度人的军队。驻扎各地的英印军队不断扩充，东印度公司进一步成为拥有强大军事力量、统治大片土地的权力机构，而印度也就更深地沦为英国的殖民地。

（二）英国对印度的直接统治

1765年，克莱武第二次来孟加拉担任省督。他很快同莫卧儿皇帝和一些印度王公签订了阿拉哈巴德条约。按照条约，印度皇帝授予东印度公司以孟加拉、比哈尔和奥里萨的收税权。作为贡金，公司每年向皇室缴纳260万卢比。各省的纳瓦布继续行使行政和司法权，而所需费用，则由公司提供。孟加拉的纳瓦布每年从公司获得520万卢比。这就是所谓“双重政府”制度。由于既不拥有军队，又不掌握税收，纳瓦布们实际上成了领取英国人年金的傀儡，并无实权。真正的权力操在副纳瓦布手里，他们由东印度公司推荐，其实是殖民者利益的看管人。责权分离的“双重政府”制度是英国殖民者的最后一块遮羞布，用来掩盖这样一个事实：东印度公司不再是一个纯粹的商业机构；它已经变为拥有强大的军事力量、统治着大片印度领土的权力机关。克莱武发明这一怪物，为的是蒙骗印度人民和土邦王公，以避免直接统治可能会带来的联合反抗。结果是地方行政疲弱无力，迅速腐化，东印度公司职员和纳瓦布手下的官员更加肆无忌惮地鱼肉百姓。土地税额年年大幅度提高，地方包税人也乘制度不健全之机加大中间盘剥。广大农民常常在皮鞭和枷锁的逼迫下卖子还债，或成群逃亡。揭竿而起的则遭到殖民当局的疯狂镇压和屠杀。“双重政府”制度是导致1769~1770年大饥荒的主要原因之一。这次饥荒使孟加拉、比哈尔和奥里萨减少了1/3人口，仅孟加拉一省就有1 000万人死亡。救灾工作极为不力，孟加拉在3 000万饥民中只发放了9 000磅食物。值得注意的是，灾后的1771年东印度公司的征税不但没有减少，反而增加了10%。由于弊端明显，“双重政府”制度在1772年被取消了。

孟加拉等省在残酷掠夺下逐渐破产，给东印度公司带来了财政上的困难，使它无法履行每年向英国政府缴纳40万英镑的协定。英国政府正欲加强对于公司的控制，遂于1773由国会通过了瑙思提出的“管理法案”，规定：东印度公司在英国的董事会应向政府财政部长公开一切有关在印税收的往来信函，并向国务大臣报知在印民政、军政和行政方面的一切情况；改孟加拉省督为总督，孟买和马德拉斯两管区受其辖制；总督下设参事会，由总督和参事4人组成，任期5年；参事不但协助总督工作，对他亦起制约作用。加尔各答还设立了最高法院。1774年10月，第一届全印总督华伦·哈斯丁斯到任。从此，英国殖民者不再假手印度王公，开始实行直接统治。1784年，英国首相庇特提出的印度法案获得通过。该法案规定，不列颠在印度的领土由东印度公司和英国政府共同管理；建立一个由6名枢密顾问官组成的管理局，一切发往印度的文件皆要经管理局批准，一切来自印度的文件也要由管理局审阅；董事会仍保留委派东印度公司职员和决定商业事务的权力，但管理局在它认为必要时也可不经董事会同意而向印度发出命令；国王有权召回董事会任命的总督。庇特的法案使英国政府进一步掌握了东印度公司的民政和军政。以后，东印度公司董事会的行政权也慢慢落入了管理局首脑的手里。自庇特法案通过以后，实际上统治印度的就是英国政府了。

17–3 总督本廷克雕像基座，加尔各答

（三）殖民战争

1. 迈索尔战争

为了最终征服南印度，英国殖民主义者发动了对于迈索尔和马拉塔的战争。迈索尔战争断断续续打了32年（1767~1799年），海达尔·阿里和他的儿子铁普·苏丹（Tipu Sultan，1749或1753~1799年）领导迈索尔人民对入侵者进行了坚决的斗争。第一次英迈战争（1767~1769年）是由英国人支持海得拉巴的尼查姆（此处称土邦世系王公）入侵迈索尔引起的。海达尔·阿里及时了结了他同马拉塔人的争执，把动摇不定的尼查姆争取过来，然后采取突然行动，进军到距马德拉斯8千米的地方，强迫英国人订立城下之盟，互相交还了所占领土。第二次英迈战争（1780~1784年）开始时，海得拉巴和马拉塔是迈索尔的盟军。但英国人很快就把海得拉巴拉拢过去，又在1782年同马拉塔人订立了萨尔白和平条约，使迈索尔陷于孤立。不过海达尔·阿里还是攻下卡纳蒂克，围住了马德拉斯。他的儿子铁普·苏丹也逼降了坦焦尔的英军。1782年12月，海达尔·阿里死去。铁普·苏丹即位后继续坚持斗争，终于迫使英国人订立《曼加洛尔条约》，互相归还了领土。第三次英迈战争（1790~1792年）由殖民者支持尼查姆吞并迈索尔领土而引起。英国人以平分被征服的迈索尔土地为条件，与海得拉巴和马拉塔结成联盟。这一次总督考恩威利亲任统帅，打到了迈索尔的都城塞林加帕坦。铁普·苏丹虽然用焦土政策一度使英军退去，但几个月后城市还是失陷了。铁普·苏丹被迫投降，割让1/2土地，赔款3 000万卢比，并将两个儿子交出来做人质。以后几年内，铁普·苏丹积极与阿富汗人和法国人联系，以图恢复。1799年，英国人提出把迈索尔降为属国，铁普·苏丹不从，第四次英迈战争（1799年）爆发。英国人再次与马拉塔、海得拉巴结成三方同盟。铁普·苏丹被围，壮烈捐躯于都门之下。迈索尔一部分被瓜分，另一部分交给了一个傀儡印度王公。

极端自私的地方封建主奉行以邻为壑的政策，是促成迈索尔以及其他许多王国灭亡的重要原因。在这方面，铁普·苏丹是个例外。他从未与英国侵略者勾结去攻打别的印度土邦。海达尔·阿里和铁普·苏丹实行温和的宗教政策，所以才能团结国内广大的印度教徒和伊斯兰教徒，共同御侮，坚持斗争30余年。

2. 马拉塔战争

17世纪中叶西瓦吉建立的印度教国家马拉塔王国，到18世纪初叶演变为由5个独立王朝组成的松散联合体——马拉塔联盟，盟主则是原来王国的贝什瓦（首相）。这一联盟一度十分强大，以至能够问鼎德里。第三次帕尼帕特战役（1761年）沉重地打击了马拉塔联盟，但是它的元气在10年后又有恢复，向南驱逐了入侵的海达尔·阿里，向北攻取了马尔瓦、班德勒坎德和德里。庞大的马拉塔联盟的存在既切断了英属马德拉斯与孟加拉之间的联系，又阻碍了东印度公司从孟加拉湾到阿拉伯海统一帝国的建立，殖民者自然必欲除之而后快。联盟内部封建剥削沉重，存在着尖锐的阶级矛盾和家族矛盾，各王公利益不同，往往同床异梦，暗争雄长，这就给外来者以可乘之机。

第一次英马战争（1775~1782年）是由英国殖民当局支持马拉塔贵族野心家拉古纳特·拉奥而引起的，当时孟买的英国人正急于取得北面的巴塞因港以加强海上实力。拉古纳特·拉奥曾一度自立为贝什瓦，因在马拉塔联盟其他贵族的反对下无法立足，遂同孟买殖民当局签订了《苏拉特条约》（1775年），答应割让萨尔塞特岛和巴塞因港，并将布罗奇和苏拉特两县的部分税收让与英人，以求得其武力支持。战争开始后，英军先后占领了萨尔塞特岛、阿默达巴德、巴塞因港和瓜廖尔等地，但嗣后即与马拉塔联盟处于对峙状态，无分胜负。1782年5月，双方签订《萨尔白条约》，规定除英国人得到萨尔塞特岛外，其他领土归属一概恢复战前状况。拉古纳特·拉奥则获得一笔年金，默默无闻了其余生。20年后，马拉塔王公内部怨隙重生。1802年10月，信提亚和荷卡尔两王公在浦那开战，争夺对贝什瓦巴吉·拉奥二世的控制权。巴吉·拉奥二世懦弱而狡猾，为摆脱王公权臣的控制，私自逃往巴塞因，以独立和主权为代价，签订屈辱的《巴塞因条约》，换得了殖民者的保护。马拉塔王公，尤其是信提亚、彭斯拉和荷卡尔极力反对，由此酿成第二次英马战争（1803~1805年）。在强敌压境的紧急关头，马拉塔王公依然各怀私衷，不谋大局。信提亚与彭斯拉组成联军，而荷卡尔却作壁上观。1803年9月，英军由阿瑟·威利斯利（以后的威灵顿公爵）领导，在阿赛耶重创联军，不久又在阿尔冈再败彭斯拉，迫使他签订条约，割让库塔克，接受藩属地位。北方的英军由莱克勋爵率领，攻下德里等城，于拉斯瓦里（位于拉贾斯坦）大败信提亚，迫其交出恒河和亚穆纳河之间大片领土，答应不经英国人同意不再在自己的政府中任用其他欧洲人，使他成为东印度公司保护下的一个小王公。1804年，一直等待英国人消灭信提亚的荷卡尔独自对英宣战。最初，他在拉其普他拿取得了一些小的胜利，但是10月攻占德里的企图失败了。11月，他在迪格战役中败于英军，昌巴尔河以北土地尽失。包括贝什瓦巴吉·拉奥二世在内的马拉塔王公们对于自己地盘和权力的丧失都不甘心，于是由巴吉·拉奥二世出面，将所有马拉塔首领组织起来，再图恢复。不过，第三次英马战争（1817~1819年，又称平达里战争），证明马拉塔联盟已经不堪一击。彭斯拉和荷卡尔在战争的第一年就一败涂地。巴吉·拉奥二世也在几次失败后于1818年投降。这一次英马战争以英军大获全胜结束。英国人废除了贝什瓦一职，巴吉·拉奥二世获得一笔年金，退隐到比图尔（在今北方邦）当老百姓。他的领土完全被东印度公司兼并。纳巴达河以北彭斯拉和以南荷卡尔的领土也被英国人占领。他们自己则变为有名无实的附庸王公。彻底战胜马拉塔人使英国殖民者在印度的地位大大加强。

3. **锡克战争**

19世纪前叶的旁遮普在锡克人手里。锡克人的首领兰吉特·辛格（Ranjit Singh）在这里建立了一个王国，自称摩诃罗阇，意即大王。他在1839年死去。此后统治阶级内部陷于分裂，摩诃罗阇四年而三易。在这种情况下，锡克教农民出身的士兵组成五人委员会，镇压内乱，监督政府活动。1843年，东印度公司兼并了信德，它同锡克王国的矛盾陡然尖锐起来。1845年12月，锡克军队渡过萨特莱杰河，第一次英锡战争（1845~1846年）爆发。锡克首领们佯装爱国，却各怀鬼胎，有的想假手英军扑灭人民的反抗，有的想借战争排除异己，有的想在英国人的扶助下登上高位。上层分子的出卖使锡克军队在两个月的4次战役中接连失败。英军在最后一次胜利中占领了拉合尔，强迫锡克人签订了屈辱的《拉合尔条约》，规定以现金赔偿500万卢比，割让萨特莱杰河东南及该河与比阿斯河之间的地区。为筹集赔款，克什米尔也以1 000万卢比的代价卖给了查谟酋长。锡克军队的数量大为减少，规定只能保留步兵2万，骑兵1.2万。拉合尔设英国驻扎官，他的手下有可供调遣的英国军队。锡克罗阇达利卜·辛格当时只有9岁，驻扎官亨利·劳伦斯成为摄政委员会的首脑，控制了王国的行政权。锡克教徒为恢复独立进行了积极的准备，被遣散的军队还在秘密活动。1848年，木尔坦地方官木尔拉吉因无力缴纳拉合尔方面要求的1 000万卢比税收而被迫辞职，英国殖民当局重新任命了一个锡克人前去接替。4月，锡克教徒袭击并杀死了新到任的地方官和两个陪同他的英国官员。木尔拉吉乘机夺取了木尔坦的城堡。东印度公司急忙派舍尔·辛格率兵从拉合尔出发前去弹压。但舍尔·辛格到达木尔坦后即投向起义方面，受到鼓舞的各地锡克领袖也纷纷举起叛旗，第二次英锡战争（1848~1849年）因此爆发。1849年1月，双方在奇连瓦拉交火。锡克教徒拼死作战，重创敌军，缴获敌人团旗3面，大炮4门。英方伤亡3 000余人，死伤军官89名。但锡克人的斗争未能得到当地印度教徒和伊斯兰教徒的支持，加上军事指挥失当，还是在古吉拉特败于英印军队（1849年2月）。3月，总督大贺胥悍然宣布并吞旁遮普。年幼的罗阇获得一笔年金后退位，武装的神权政体“卡尔沙”被解散，锡克人佩带武器的习惯受到严格限制。

两次锡克战争以后，英国直接占领的土地和人口已分别占全印的2/3和3/4，其余均由大约500个大小土邦王公所统治。土邦王公有的为英国驻扎官所控制，有的索性为殖民者所培植，兼之各土邦与东印度公司的直接辖区往往彼此交错，所以实际上还是直接间接地处在英国人的监督和控制之下。到19世纪中叶，英国完成对于整个印度的征服，建立了庞大的英属印度帝国。

（四）残酷的殖民主义剥削

对印度的殖民主义统治，为英国的资本主义原始积累保证了丰富的来源，也为其工业革命后大量产品的倾销提供了广阔的市场。17世纪和18世纪初期，英国殖民者主要靠不等价贸易掠夺印度人民。他们的商站和经理处在印度廉价购得棉布、丝绸、黄麻、靛蓝、香料等带回欧洲，以高价出售，获得巨额利润。18世纪中叶以后，直接搜刮成为主要手段，所得远远超过不等价贸易。从征服孟加拉起，英国殖民者的主要剥削方式就变为征收土地税。土地税额年年提高，仅《阿拉哈巴德条约》签订（1765年）以后的第一年，孟加拉的实收田赋就从原来的818万卢比增加到1 470万卢比，到第10年末更增加到3倍以上。马德拉斯管区和孟买管区大同小异，税额提高的幅度极大。巨大的捐税负担往往连地主也无法承受，致使不少土地转入投机商和东印度公司代理人的手中。这些人为了捞取金钱，不惜杀鸡取卵，竭泽而渔，采取各种残酷的压榨和逼征手段，拷打监禁，劫卖妇女和儿童，习以为常。农民往往被迫结队逃亡，18世纪末的孟加拉已有1/3的田地因无人耕种而荒芜。

野蛮的掠夺使广大的印度农村迅速凋敝，农民的反抗和暴动不断发生，殖民主义者不得不改变方式，实行新的土地税制。1793年，他们首先在孟加拉、比哈尔和奥里萨实行“固定柴明达尔制”，即固定赋额制，规定这3个地区的土地归柴明达尔（包税地主）所有，村社农民悉为佃农。柴明达尔把土地租给农民，每年向东印度公司缴纳相当于1790年税额9/10的土地税。逾期不交者，土地即行拍卖。土地面积扩大或地租提高以后的所得，归柴明达尔自己所有。上缴公司的税额永远固定不变。这一制度后来又在其他地方推行。但是在孟买管区和马德拉斯管区的部分地方，农民反对剥夺他们的土地所有权，殖民当局遂于1820年实行“莱脱瓦尔制”，即农民租佃制。该制度规定土地为村社农民私有，可以继承、买卖和抵押。作为土地税，他们必须直接向东印度公司缴纳全年收成的1/3~1/2。这一制度保证了殖民者可以独享地租。此外，1822年以后，在中印度还实行了一种“不固定柴明达尔制”。这里的税额每隔25~30年调整一次，柴明达尔如不能按期上缴租税，土地即被拍卖。这一制度的实施，加重了柴明达尔对农民的压榨。新税制实行以后，东印度公司的收入大大增加。1800~1801年度土地总税额为420万英镑，到1857~1858年度已增加到1 530万英镑。但是，农民逐渐无力承担高额地租，部分柴明达尔亦因欠债而破产，土地遂流入投机商和高利贷者手中。土地兼并的结果，便是到19世纪六七十年代出现了一个主要由商人高利贷者构成的新地主阶层。敲骨吸髓的剥削严重破坏了印度的农村经济，而源源流入东印度公司的民脂民膏却为英国的资本原始积累提供了可靠保证。

19世纪初叶，随着资本主义的发展，英国开始着手把印度变为自己产品的销售市场。拿破仑在1806年柏林敕令后实行的大陆经济封锁政策使英国失去欧洲市场，更从外部加速了这一进程。1813年，英国议会通过特权法案，取消了东印度公司对印贸易的垄断权，允许所有英国企业与印度自由通商，为英货倾销印度敞开了大门。工厂主和私商蜂拥而至，英国商品，尤其是棉布，在印度的销量扶摇直上。1814年英国输印的棉布只有不到82万码，到1835年已增至近5 178万码。棉纱、丝织品和毛织品的入口量也大幅度增加。到三四十年代，英国的纺织品不但已经充斥沿海大城，连恒河流域和孟加拉的某些农村也有销售。与此同时，特别是30年代以后，印度的原料输出迅速增加。从1813~1844年，原棉输出增长了10倍，羊毛、大米、小麦的输出额也大幅度提高。为了彻底摧毁印度的手工业，尤其是农村的家庭纺织业，殖民者采用了歧视性的差别关税制度，规定印货输英，英国征收高额的保护性关税；英货输印，殖民当局只收很低的象征性关税。在印度内地也实行类似的差别过境税。这样，由大机器生产原来成本就低的产品，靠殖民当局无理的立法手段轻易地排挤了印度的工业产品，结果是印度的棉花运到英国织成布匹后返销印度，价格比印度当地的手工业产品还便宜。千百年来传统的纺织业故乡竟成了外来纺织品的倾销地。英国商品充斥市场，严重地打击了印度的民族工业。

在国内贸易方面，东印度公司则利用各种手段排挤当地的印度商人。它一方面垄断某些重要商品的经销，另一方面又对印度商人的贸易活动课以名目繁多的捐税。这些做法迫使印度商人不得不依靠东印度公司和其他英国商人，做他们的代理商。于是，他们的经商活动也就在很大程度上成了推销英国制成品和收购当地的原料土产。印度人自己的商业在英国殖民者的压迫下不断萎缩。英国银行也在印度建立起来。它们握有造币和进行汇兑业务的特权，很快就左右了印度的金融业。

征服印度，建立庞大的英印帝国以后，英国在东方就有了扩大侵略的基地。在侵略中国、东南亚、伊朗、阿富汗的战争中，印度这块殖民地在补充人力和物力上发挥了便捷而巨大的支援作用。英国毒害中国人的鸦片贸易，也是以印度为根据地来进行的。

三、1857年民族大起义

（一）早期的反英斗争

英国殖民主义者残酷的压迫和剥削，必然引起印度人民的反抗和斗争。早在18世纪后半期就已经出现了各种反英起义，有的是封建王公领导的，他们不满于英国人过分侵夺他们昔日的权利或勒索他们几乎无法支付的钱财；有的是原来的柴明达尔领导的，他们的土地由于长期欠税而被英国人拿去拍卖给了商人高利贷者；有的则是忍无可忍的农民和其他下层民众的自发行动。这些起义一般都能获得人民的支持，但是那些由地主阶级领导的，一旦他们自身的要求（如归还土地）得到满足，斗争往往即宣告停止。暴力反抗更多地还是遭到殖民当局的镇压。

对于英国殖民统治威胁较大的是下层人民的起义。1793年开始实行固定柴明达尔制后，许多农民对土地的世代占有权被剥夺了，而新的税额又异常苛重，孟加拉、孟买、迈索尔等地纷纷爆发起义。1830年那格浦尔地区的农民还推举了自己的“农民罗阇”。下层人民的起义虽然声势较大，持续较久，但由于缺乏组织，最终仍不免失败。伊斯兰教瓦哈比派在北印发动的起义具有明确的纲领，他们不仅提出要驱逐异教的英国侵略者，而且宣布要建立以人类平等为基础的社会正义，实行公产。英国官吏和助纣为虐的土豪劣绅都是他们惩罚的对象，高利贷者也受到审判。瓦哈比派的斗争一直延续到19世纪60年代，不过在取得不少战斗的胜利以后，最终还是被武器先进的英印军队镇压下去了。

（二）起义的原因

1813年以来新殖民政策的推行，使印度进一步沦为英国商品的倾销市场和原料的廉价产地。印度传统的手工业，尤其是纺织业纷纷破产，大批失业的手工业工人陷入极端贫困的境地。他们有些流入农村，甘受苛重的封建剥削。农民的土地被兼并后，本身的日子已经十分艰难，新人口的流入使土地过荷的现象更为严重，农村的生活条件进一步恶化。与此同时，英印军队中印籍士兵的处境也明显变坏。他们主要募自破产的农民和手工业者，最初还享有薪饷比较丰厚、家属赋税较轻等待遇，但1849年旁遮普被吞并后，他们的待遇由于战时津贴的裁减而降低，各种特权也随之取消。军队中的民族歧视一向十分严重。23万英印军队中，印度人占4/5，但是他们却受着少数英国官兵的严密控制和监督。他们的晋级也受到严格限制，一般只能升到尉官。虽然收入远远低于英国人，可是行军时搬运行李和其他物品的费用还得由他们个人支付。按照印度教的规定，教徒渡海或到伊斯兰教国家生活，都要丧失原有种姓。然而印籍士兵却经常被殖民当局驱往缅甸、中国、伊朗或阿富汗去作战。所有这些都使印度士兵非常不满。1856年新式英费尔德来复枪的推广，更把这种不满情绪推向高潮，因为这种枪使用的子弹涂有动物油，上膛之前需要用嘴咬开，而这显然是违背印度人的宗教习惯的。

英国殖民者对印直接统治的加强，也触动了印度王公贵族和封建地主的利益。为了兼并更多的印度土邦，总督大贺胥积极贯彻1834年提出的“权利终止原则”，规定凡没有直系子嗣的王公，随着他的死亡，其领地所有权即告终止并转归最高政权即东印度公司；养子可继承其私人财产而不得继承其土邦统治权。他利用这种理论先后兼并了萨塔拉（1848年）、贾伊特普尔和桑巴尔普尔（1849年）、占西和那格浦尔（1854年）等土邦。有些王公的年金也因“权利终止原则”而被撤销。马拉塔贝什瓦巴吉·拉奥二世在1853年死后，养子那那·萨希伯即被剥夺了继承其年金的资格。大贺胥还以“治理不善”为由兼并了奥德（1856年）。这一切自然会引起印度王公贵族的不满，加深了他们对于殖民当局的怨怼。19世纪中叶，印度各阶层与英国侵略者之间的矛盾迅速激化，最终导致了印度民族大起义的爆发。

（三）起义的过程

早在1856年年中，印度农村就传递着一种神秘的薄饼，不久印度士兵中又开始传递荷花作为反英起义的信号。婆罗门和伊斯兰教的宗教人士到处鼓励人们反抗，不少贵族王公也在秘密活动。涂油子弹问题成了引致暴动的导火索。1857年3月29日，印度士兵曼加尔·潘迪（Mangal Pandy）在一次检阅中跃出队伍，打死3名英国军官。10天后，他被判处死刑。这进一步激怒了印度士兵。5月10日晚，北方邦密拉特的印度官兵首先举义。他们杀死英国军官，烧毁营房，打开监狱，释放被囚禁的爱国者，然后进军德里。次日，他们在城内军民的配合下顺利占领该城。起义者推举82岁高龄、已经失去权力的莫卧儿皇帝巴哈杜尔沙二世为领袖，成立了由军人和文职官员组成的行政院作为政权组织，号召全国人民不分种族，不分信仰，团结一致，共同驱逐英国侵略者。他们还宣布废除柴明达尔制度，减免贫民捐税，对富商和高利贷者课以特别捐。占领德里大大地鼓舞了渴望解放的印度人民，在以后的两个月内，起义的烈火燃遍了整个奥德和罗希尔坎德地区。纳西拉巴德（在拉贾斯坦）、瓜廖尔、巴雷利、勒克瑙和瓦腊纳西等地的印度士兵也纷纷举事。与此同时，那那·萨希伯在坎普尔附近的比图尔自立为贝什瓦，与其家臣但帝亚·多比一同加入起义。农民、手工业者和城市贫民也积极配合印度士兵的行动。他们焚烧地契，拔除界碑，杀死英国殖民官吏，驱逐恶霸地主和高利贷商人。

英籍军人在印度总共只有45 300名，除万名集中在西北边境、准备入侵阿富汗外，大多散在印度各地，势孤力单。突然爆发的起义使他们惊慌失措。总督坎宁急忙调回侵略伊朗的军队，并从强悍的锡克人、帕坦人和廓尔喀人中招募士兵。正在赴中国途中的英军也被截留下来。在大多数死心塌地追随英国人的王公地主的支持下，6月初，殖民者开始组织反攻。6月8日，英军逼至德里城下。数万名印军在城郊居民的帮助下，挫败了英军的多次围攻。坎宁只得改变策略，利用锡克部队首先镇压了旁遮普的起义者，然后调集攻城大炮，轰击德里。9月14日，德里在英军50门重炮的攻击下失守。德里居民巷战5日，使入城英军遭到重大伤亡，但终于不敌，退出城去。巴哈都杜尔沙二世投降，被放逐到仰光（曾为缅甸首都），5年后客死该城。他的两个儿子和一个孙子在德里城破后与他一同被俘并遭枪杀。至此，莫卧儿王朝彻底灭亡。

起义爆发不久，深知事态严重的英国政府就派来了经验丰富的考林·坎贝耳将军，由他出任全印英军的总司令。坎贝耳制定了周密的战略计划，在迅速扭转战局上起了很大作用。他争取到尼泊尔的章·巴哈杜尔的支持，先后攻下被义军占领的勒克瑙和坎普尔，控制了奥德和罗希尔坎德地区的局势。另一支英军在休·罗兹爵士的率领下，也攻占了班德勒坎德。

殖民军的镇压并没有吓倒英勇的印度人民。进入1858年后，农民起义在东印和南印的不少地区继续爆发，同时也有部分印度士兵举行暴动。但抗击英军的主要战场仍在北方。3月，女王拉克湿米·芭伊（Lakshmi Bai）在占西举起义旗。纳巴达河以北的各路起义军纷纷向占西城集中。为了迎接即将发生的决战，占西城军民进行了紧张的准备。工匠们制造弹药和其他军需品，妇女和儿童负责运输，僧侣为胜利而祈祷，并把寺院改作战时医院。罗兹的军队于3月20日到达，在距城约23千米处扎营。此时占西城外所有的农田和房屋都在女王的命令下毁掉了，连一棵可供乘凉的树木也没有留给英军。但是，死心塌地依附殖民者的土邦王公如瓜廖尔的信地亚、特里的罗阇和奥尔查的女王等，却为英国人提供了充足的粮草、蔬菜和木柴。24日，围攻占西的战斗打响。英军攻势猛烈，很快就把南门淹没在炮火之中。但西门的守军掉转火力，打哑了英军的大炮，及时解救了这里的危机。战斗时断时续，四五天后，守军渐渐失利。29日，敌人摧毁了一部分城墙，11名工匠身披毛毯连夜修复了它。次日，英军炸毁了城内的蓄水池和火药厂，形势更加危迫。女王亲临阵地，在尘土和硝烟中指挥战斗，鼓舞士气。但帝亚·多比在接到芭伊的求援信后率2.2万人赶来

17-4 拉克湿米·芭伊

营救，可是他同城内守军腹背夹击英军的计划受到罗兹的顽强抵抗，未能成功。4月3日，占西城在英军潮水般的攻势下失守，接着开始了巷战。城市遭到无情的洗劫，凡是暗黑面孔的人一律被杀。那些不肯受辱的人先将妻子儿女推入井中，然后自己也跳下去。女王怀着满腔怒火冲入敌群，在混战中杀死几个敌人，但终因寡不敌众，退回堡垒。入夜以后，她女扮男装，背着养子，在亲兵的护送下，逃到卡尔皮。

卡尔皮聚集了很多重要的起义领袖，他们在这里整顿缺乏训练的军队，准备再战。但是在装备精良的英军攻击下，卡尔皮复于5月底失守。不过，起义军还是成功地赶走信地亚，占领瓜廖尔，获得了充足的补给。在起义领袖的拥戴下，那那·萨希伯重称贝什瓦，又选出了8位大臣，但帝亚·多比被任命为总司令。他们希望利用这个新政权吸引散在各地的起义队伍，壮大反英力量。但是在行动上，他们却没有听从占西女王的劝告，全力备战，而是终日沉浸在豪华的酒宴和其他享乐之中。拟议中深入德干、集合队伍、建立反英根据地的计划也迟迟不能实施，以致良机坐失。6月16日，罗兹赶到莫腊尔。18日两军决战，印方失利。占西女王身先士卒，一次又一次纠集已经溃散的残部，勇猛地杀入敌阵。最后她与友军失散，在英军的重重包围下奋勇厮杀，力尽牺牲。但帝亚·多比逃出重围后继续转战各地。1859年4月，他因叛徒出卖而被捕。敌人指控他犯有叛乱罪和谋杀罪，但他断然否认侵略者的法庭有审判他的权利，最后壮烈牺牲在殖民者的绞刑架下。那那·萨希伯在瓜廖尔陷落后一直过着流亡生活，后逃入尼泊尔山林，不知所终。

声势浩大的印度民族大起义在装备精良、组织完善的英军及强悍的锡克、帕坦和廓尔喀雇佣军的残酷镇压下，逐渐失去了原有的势头，开始转入游击战争。游击战士在各地人民的配合下，虽然也以袭击小股英军、切断交通线、炸毁军火库等行动骚扰了英国人，但是对他们的殖民统治已经不再构成威胁。卷入起义的封建地主王公见大势已去，便一个个投向英军。起义的领导者不断遇害。到1859年春，连零星战斗也很少了。

（四）失败原因及其历史意义

就规模来说，1857年印度民族大起义在其高潮时期虽然波及了印度领土的将近2/3，但直接参加的大部分还只是英属印度军队中的印籍士兵，多数封建主和普通百姓依然站在运动之外，采取隔岸观火的态度。这说明它还缺乏广泛的全民基础，成为起义失败的基本原因。第二，各地起义军缺少必要的联系，他们既无统一的组织，也无共同的领导，更谈不上明确一致的行动纲领。事实是各地区各阶层的起义领袖各怀私虑，而掌握领导权的封建主们又都想在起义中扩大自己的势力和地盘。这种潜在的离心倾向使他们很难同心同德，和衷共济，在战略上互相呼应，协调行动，形成合力。第三，封建主参加起义，目的在恢复旧的封建秩序，重新建立自己在政治和经济方面的专制统治。他们弃农民、手工业者和普通士兵的利益于不顾，必然会妨碍群众的广泛发动。第四，起义军本身缺乏必要的训练，组织纪律涣散，加上经验丰富、多谋善断的指挥官很少，所以战斗力不强。而他们面对的却是训练有素、装备精良、控制着铁路、电报等先进运输和通信设施的英国军队。剽悍善战的锡克人、廓尔喀人等的参战对起义军也构成了很大威胁。

坚持两年的印度民族大起义失败了，但它在政治、军事和经济方面还是给了英国殖民主义者以前所未有的沉重打击，有力地推动了印度民族独立运动的发展。为了防止印度资产阶级和下层民众结合，再度发生类似暴动事件，英国政府不得不采取若干怀柔政策。这就使印度资产阶级改良家获得了难得的机会，能够在某种程度上实现其宪政改革要求，从而促进了印度民族资本主义的发展。印度的革命风暴也牵制了英军的实力，使它被迫减少派往中国和伊朗的军队，因而也间接地支援了这些国家人民的反英斗争。

在起义中献身的民族英雄，以他们大无畏的斗争精神鼓舞了印度人民推翻殖民统治，争取民族解放的勇气。在1910年发行的一种明信片上，有一段给拉克湿米·芭伊的献词："……你的血并没有白流。我们宣誓紧紧地追随占西女王这自由女神，用一切可能的方式，为印度的自由而斗争，直至献出自己的生命。"1947年印度独立以后，人们在她牺牲的地方普尔巴克为她建立了一座纪念碑。

英国政府在起义平定后被迫重新调整对印政策。1858年8月2日通过的"改善印度管理法"取消了东印度公司，宣布由女王直接统治印度；总督同时就是副王，成为女王在印度的直接代表。同时成立了一个印度事务部，由阁员充任大臣，以取代原来的管理局。同年11月1日，维多利亚发表女王宣言，保证排除种族歧视，维护信仰自由，重申尊重印度王公的权利和尊严，放弃"权利终止原则"，用以安抚和拉拢印度封建主。英印军队也实行了改组。北部英、印军人的比例增加到1:2。关键的炮兵和其他技术兵种一律由英人掌握。为防暴动于未然，殖民政府从锡克人、帕坦人和廓尔喀人中招募了大量士兵。从此以后，他们便成为印籍军人的主体。

四、印度国民大会党的成立及其早期活动

随着民族工商业的发展，印度民族资产阶级同英国殖民者的矛盾日益突出。英国殖民当局利用拒绝长期贷款，提高铁路运费，减免英货进口税等办法限制和排挤印度工业，使民族资本家逐渐认识到非改变现状便无法求得自身的生存和发展。

与此同时，政治改革运动也有了新的进展，出现了达达拜·瑙罗吉（1825~1917年）和戈文德·罗纳德（1842~1901年）等重要的民族主义理论家。他们指出，印度贫困和经济落后的原因，是财富大量外流，资本无从积累，以及英国对于印度民族工业的压制。为了改变现状，必须促使英国政府放弃剥削印度的政策。方法是向英国发出呼吁，要求它扶植印度工业，提供低息贷款，实行保护关税，向印度人开放尽可能多的高级官职，并帮助印度培养高级技术人才。他们企图使英国人认识到，印度民族经济的发展，从长远的角度看，也符合英国的利益。他们的理论虽未立即打动英国人，但是在印度知识分子中间却产生了巨大影响，乃至成为以后国大党制定纲领的依据。

19世纪七八十年代，具有广泛代表性的地区民族主义组织纷纷建立起来，重要的有孟加拉的印度协会、马哈拉施特拉的浦那人民协会、孟买管区协会、马德拉斯士绅会等。它们提倡使用国货，反对向印度纺织品课收出厂税，建议扩大立法会议职权，要求不由指派而由选举产生立法委员。对于总督莱顿（1876~1880年在位）颁布的钳制新闻自由的地方语报刊法，限制印度人携带武器的武器管制法和不利于印度知识分子竞争的降低文官考试年龄的法律，他们也提出了抗议，要求撤销。

影响最大的印度协会是苏伦德罗纳特·班纳吉和阿南达·高士在1876年共同建立的。班纳吉（1848~1925年）是19世纪七八十年代以后最重要的民族主义知识分子代表。他出身于加尔各答的一个婆罗门家庭，1869年以优异成绩通过文官考试，但宦途失意。他从自身所遭受的一连串打击中认识到，他和绝大多数知识分子没有出路，原因即在印度是一个备受歧视的殖民地国家。此后

他长期在大学执教，向学生灌输爱国思想和公益精神，常常给他们讲述意大利革命家马志尼的生平业绩和印度必须团结统一的道理。正是为了及时而有力地表达印度人民的政治意见，在政治利益一致的基础上把全印各族人民团结起来，他创立了印度协会。他还到全国各地公开演讲，就文官考试等当时知识分子最为关切的问题提出自己的见解。1882年，他在自己创办的报纸《孟加拉人》上撰文，建议召开各民族主义组织的全国会议，交流思想，协调行动。次年，由印度协会倡议，在加尔各答召开了第一届全印国民会议，各地都有代表参加。会议就技术教育、扩大印度人在英印政府中的名额、立法与司法分立、代议制政府，以及武器管制法等问题进行了讨论。这次会议虽然代表性尚不广泛，但却是朝着在印度建立民族统一组织努力的首次尝试。

也正是在这个时候，英国的一些有识之士同样看到了印度民族主义力量的联合已是大势所趋。为了维护英国的长远利益，他们主张积极参与这一进程，激进的自由主义者阿兰·奥克塔维安·休谟（1829~1912年）就是其中最重要的一位，他为退休的英籍印度高级文官。他认为以镇压印度民族运动的方式维持英国在印统治已经过时，现在必须争取印度的中产阶级和知识分子，通过逐步改革在印度实现宪政。按照他的说法，英国政府和印度人民的关系紧张，原因就在于两者之间缺乏互通信息的适当渠道；一旦渠道畅通，紧张就会消除，感情即可建立。一个全印统一的民族主义组织，正是这样一种沟通思想的理想渠道，而对于印度人民亟待宣泄的不满情绪来说，它同时又是一个有效的安全阀。无论休谟的动机如何，他在印度国民大会党的建立上毕竟起了关键作用，因为当时还很难找到一个印度人有足够的声望来发起成立全国性的组织，而且即使成立起来，也很难避免被满腹狐疑的殖民当局以这样或那样借口扼杀在襁褓之中。休谟与印度的民族主义运动领导人有着广泛的接触，在英国上层人士中也有很多朋友。他在他们中间积极游说，逐渐取得了他们的支持。当时的总督杜弗林对他的工作也很鼓励。

1885年12月28日，第一届印度国民大会在孟买召开，标志着印度国民大会党（简称国大党）成立。伍梅士·钱德拉·彭纳吉在主席致辞中为大会提出了如下任务：增进各地民族主义人士的友谊和团结；通过鼓励直接的友好接触，以及倡导建立民族统一的意识，在全体印度人民中根除地域、种族和信仰上的偏见；收集受过教育的印度人对于重要和迫切的社会政治问题的意见；决定路线，使各地的政治家在为促进公众利益而工作时有所遵循。以后，随着时间的推移和形势的发展，国大党不断改变自己的目标，从点滴改革到地方自治，直到最后印度的彻底独立。它的手段也从最初的请愿和发表决议，发展到掀起不合作和民众的不服从运动。

初建的国大党主要代表中产阶级知识分子和律师、医生、工程师、作家这类自由职业者的要求。他们绝大部分来自城市，和群众接触很少。在他们看来，阻碍印度进步的不是英国人的殖民统治，而是印度自身社会、经济、宗教等方面的落后状态。第一届国大党大会通过了9项决议，内容包括：成立英国皇家调查委员会，调查印度的行政工作，委员会中应有足够的印度代表；扩大地方和最高立法委员会，保证容纳相当比例的民选代表，给予他们审查预算和提出质询的权利；同时在英国和印度举行文官考试，把应试者最高年龄限制从19岁提高到23岁；削减军费，如不能削减，则用恢复关税和扩大其他税收的办法增加收入，用于军事开支；与缅甸分离，反对吞并缅甸，等等。初创的国大党只是一个温和的改良主义政党，但是这样一个全国统一的民族主义组织的出现，对于印度资产阶级民族解放运动的发展却具有重大意义。国大党的诞生是印度民族团结和复兴的标志。从一定意义上说，印度的独立正是国大党逐渐成熟，反复调整目标和政策，影响和团结了大多数印度人共同斗争的结果。早期国大党的主要活动家有达达拜·瑙罗吉、苏伦德罗纳特·班纳吉、费罗兹沙·梅塔、戈巴尔·克里希纳·郭克雷、马塔瓦·戈温德·伦纳德和马丹·莫罕·马尔维亚等。休谟作为第一任秘书长，在国大党工作了22年。

早期国大党的活动基本上可以归结为每年在圣诞节后举行为期一周的例会，通过若干决议，而贯彻决议的方式则不外是向英国议会呈递请愿书，或在报章上加以揭载，进行鼓动宣传。它在最初20年（1885~1905年）所坚持的要求，始终就是在成立大会上提出的那些。国大党由于建立不久，立足未稳，其领导人又十分艳羡西方的议会民主，对英国的资产阶级政治原则抱有幻想，所以尽管揭露了不少殖民统治的弊端，还是不断声言效忠于英帝国，毫无敌对的表示。但是无论国大党怎样温和，它还是不能见容于殖民政府。曾经支持成立国大党的总督杜弗林很快就转变立场，对它采取敌视态度，力主取缔。在这个典型的殖民主义分子看来，国大党以全民族代表的名义与一向以印度的主人自居的英国政府对话这件事本身，就是不能容忍的，更何况它还要不断地提出批评，坚持要求。他已经敏感地意识到，国大党目前的影响有可能扩大，终将对英国的殖民统治构成威胁。

在国大党的长期坚持下，英国政府终于不得不对它的要求做出些微让步。文官考试的最高年龄限制从19岁恢复到了23岁；扩大立法会议的法令也在1892年通过。法令对印度立法委员会的组成、权力和职能重新做出规定。中央立法委员会增加了10~16人，各地方立法委员会也增加了8~20人。条例规定增加人员中的2/5应为非官方人士，他们一部分由选举产生，另一部分由当局指定。然而，1892年法令的让步并不是实质性的。所谓选举，也不过是在民族团体推荐的名单上由政府首脑圈定数人而已。立法委员被授权讨论年度财政报告，但又不是逐条审议。总督寇松勋爵公开宣称，英国根本无意在印度就预算举行投票。它充其量不过是让印度立法委员们"有机会享受一下对于政府的新财政政策进行充分的、自由的、公正的批评的权利"，而政府也能够"借机解释政策，消除误解，回答诽谤和攻击"。委员们可以按照规定好的程序就与公众利益相关的问题向政府提出质询，但必须在六天以前通知政府。主任委员有权阻止委员提问而无须给出任何理由。这一法令显然让步有限且相当虚伪，但不少国大党领袖却因此而得以进入中央或省的立法机构，国大党的斗争总算取得了一定的成果。

为了争取英国公众对印度的同情，国大党于1888年在伦敦设立了一个代理处，以后又建立了国大党英国委员会，并出版了机关刊物《印度》周报。瑙罗吉在英国参加议会竞选成功，1892年进入了英国下院。

印度民族资产阶级力量弱小决定了国大党的软弱，它那些受过西方教育的知识分子又与英国有着千丝万缕的感情联系。自由派地主比资产阶级还保守。历史和阶级的局限决定了初期的国大党不会提出激进的斗争路线。它向英国人恳求改革，曾被讥为奉行"政治乞讨"政策。但是，作为印度第一个全国性的资产阶级民族主义政党，处在英国殖民政权打击和国内地主阶级土邦王公敌视的环境中，国大党能使自己幸存下来，完善了组织并在群众中扩大了影响，使政治和经济改革的要求渐渐深入人心，这本身已经是不易取得的成功。当形势发展，要求变革，旧的创始人不再能跟随时代前进时，新的激进的小资产阶级民主派便开始掌握国大党的方向。

五、穆斯林启蒙运动和穆斯林联盟的建立

穆斯林在整个19世纪印度政治生活中所起作用不大。莫卧儿帝国衰亡前后，丧失昔日优越地位的穆斯林贵族和宗教上层分子抱有强烈的反英情绪，对于先进的西方教育也采取抵制态度。同样地，英国人对于穆斯林也缺乏信任，很少在政府中使用他们。1871年在孟加拉政府里工作的印度人中有711个印度教徒，而穆斯林却只有92个。英印军队中的伊斯兰教徒更是绝无仅有。从事自由职业的也极少。从1852~1862年，在最高法院出庭做辩护律师的240名印度人中，只有1名是穆斯林。穆斯林中工商业资本家及其知识分子一直很少。由于资本主义势力在伊斯兰教社会中十分薄弱，所以资产阶级启蒙活动出现很晚。1857年反英民族大起义后，英国殖民者对于印度穆斯林采取了残酷镇压的政策。仅1864~1871年，就进行了5次大审判，受迫害者达数十人。从19世纪初叶开始，穆斯林发动了武装反英的瓦哈比运动。运动中心在白沙瓦以北的西达纳，但它的影响通过地下渠道遍及全印。1872年，一个名叫舍尔·阿里的瓦哈比穆斯林在安达曼群岛刺杀了总督梅尧勋爵。

19世纪后半叶，资产阶级启蒙运动在穆斯林中开始。1863年，兼通英语和阿拉伯语的作家阿卜杜尔·拉蒂夫在加尔各答建立了穆罕默德文学社，提倡学习英语和研究西方思想文化，反对瓦哈比运动，主张效忠英国政府。1875年，赛义德·阿赫迈德汗在阿利加尔建立了穆罕默德英国-东方学院，旨在培养新一代既通晓东方传统学问，又懂得西方科学文化的人才。他要求改革伊斯兰教的某些陋规，解放妇女，加强世俗教育，努力与已经发展的时代相适应。在宗教方面，他主张宽容，把印度教徒和穆斯林形容为“印度这美丽新娘的双眼”。他说：“对我来讲，民族这个字眼既包括伊斯兰教徒，也包括印度教徒，因为这是它所具有的唯一意义。我只知道我们生活在同一块土地上，受着同一个政府的统治。我们的利益有着共同的基础。我们同样经受着饥荒带来的痛苦。”因此，阿利加尔学院在招生时既收逊尼派信徒，又收什叶派信徒，甚至还收印度教徒。赛义德·阿赫迈德汗的进步观点遭到正统派伊斯兰教徒的反对。他们把他视为异端，但是他的影响却在不断扩大，受到越来越多的知识分子和青年人的拥护。1877年，他建立了全国穆斯林协会，即后来的中央伊斯兰教协会。

1871年，英国名作家威廉·亨特尔出版了《印度穆斯林》一书，指出穆斯林正在衰弱下去，不会再掀起叛乱。他认为，在穆罕默德文学社等组织的影响下，他们的反英情绪正在削弱，因此英国政府应改弦更张，对他们采取拉拢结盟的政策。与此同时，穆斯林领袖们也开始认为经济凋敝，宦途堵塞，乃是对抗英国殖民统治的结果，要想改善处境，必须向英国人靠拢。阿利加尔学院院长、英国人贝克在促成穆斯林领袖与英国殖民者合流上起了重要作用。在他的影响下，以赛义德·阿赫迈德汗为首的穆斯林领袖们的观点迅速转变，陷入狭隘的教派主义。贝克成功地离间了穆斯林和印度教徒，使前者相信国大党的一切言行都是为了印度教徒的利益，国大党的改革一旦实现，就会更加残酷地统治伊斯兰教徒，因此，"对穆斯林和英国人来说，当务之急就是携起手来，同这些煽动家进行斗争，防止与这个国家的需要和精神素质不合的民主政府出现"。在贝克的挑拨下，赛义德·阿赫迈德汗宣称，国大党的运动是"一场不拿武器的内战"，号召伊斯兰教徒不参加国大党，抵制它的一切活动。他建立了爱国者协会（1888年）和北印度穆罕默德防卫协会（1893年），以攻击国大党的活动，维护和促进穆斯林的利益。阿赫迈德汗和拉蒂夫等领袖一方面提出穆斯林是一个单独的民族，有自己单独的利益，另一方面反对文官考试制度，主张行政人员由官方任命，并向英国政府请求任命时照顾穆斯林，给予他们更多的公职位置，与印度教徒保持平衡。他们已经失去早年启蒙主义思想家的锐气，抛弃了印度的整体利益，为了一己教派的发展，躲在英国人的卵翼之下，乞求他们庇护。国大党想了很多办法来争取这些穆斯林上层人物，包括选举著名的伊斯兰教徒巴德鲁丁·提亚布吉担任第三届年会主席等，但都无济于事。当然，并不是所有的穆斯林都采取教派主义态度，还是有不少人加入了国大党并积极参加它的活动。国大党大会中的穆斯林代表逐年增加，但他们毕竟还是本教中的少数。

1905年英国殖民者颁布分割孟加拉法令，目的之一即在制造一个穆斯林占多数的省份，挑起宗教矛盾，遏制民族主义运动的发展。分割法获得了穆斯林封建主和知识分子的支持。当孟加拉群众在分割法生效的10月17日举行国丧，表示抗议的时候，穆斯林领袖们却欢天喜地，隆重庆祝。在他们的挑动下，孟加拉不少地方发生了流血的教派冲突。英国人分而治之的伎俩初步得逞。1906年，英国打算改组立法会议，扩充印度代表名额。阿利加尔学院院长阿契伯尔德暗中授意穆斯林上层提出单独选举的要求。总督明托在12月接见了穆斯林代表，对他们说：“你们提出在考虑你们的地位时不仅应估计到你们的人数，还应估计到你们在政治上的重要性和你们历来对帝国的贡献，这种要求十分正当，我表示完全赞同。”在他的怂恿下，伊斯兰教上层人物的分裂主义倾向更趋严重。为了在以后的立法会议上代表穆斯林利益，为了更有效地同国大党抗衡，他们决定成立自己的政治组织。

1906年12月30日，在达卡的纳瓦布萨利姆–乌尔–拉的提议下，成立了全印穆斯林联盟。它的宗旨，是在印度穆斯林中促进效忠于英国政府的感情，消除对于政府可能产生的误解；保护并促进穆斯林的政治权利，向政府郑重表达他们的愿望和要求，并同不断增长的国大党的影响做斗争。穆斯林联盟继续支持分割孟加拉，反对抵制英货运动。它向英国政府提出请求，希望穆斯林能作为一个独立的实体单独参加立法会议代表选举，并增加穆斯林代表的席位。1909年，殖民当局颁布新的立法会议改革法，给予他们单独选举的权利，其法定代表名额也高于一般的人口比例。这就在印度历史上第一次承认了宗教可以作为选举的基础，人为地在印度教徒和伊斯兰教徒之间划出了一道鸿沟。穆斯林联盟由于固执教派主义立场而使自己沦为英国殖民者破坏印度民族运动的工具。

20世纪初叶，资本主义关系在穆斯林内部获得了一定的发展，商人建立的工厂增多，资产阶级知识分子的队伍也扩大了。到第一次世界大战前夕，他们在穆斯林中间已经有了可观的影响。同英国殖民者在切身利益上的矛盾，使他们能够比较清醒地认识到印度的屈辱地位，客观地评价国大党的革命活动。与此同时，他们自身的民族主义情绪也在加强。1911年，孟加拉分割法令取消，伊斯兰教派主义者大失所望。他们对于英国殖民者的幻想破灭了，深感自己受到玩弄。这一时期英国在世界其他地方的帝国主义行径也刺激了印度穆斯林：它联合俄国共同入侵伊朗，剿灭当地革命（1909年），对奥匈帝国并吞土耳其的波斯尼亚和黑塞哥维那（1908年），对意大利强占土耳其的非洲属地的黎波里和昔兰尼加（1911年）均采取默许态度。这一切都被印度穆斯林从泛伊斯兰主义立场出发，看作对自己宗教兄弟的伤害。对英国人的不满日见强烈，对国大党的同情开始增长。一批称作“青年穆斯林”的年轻的资产阶级知识分子出现了。穆罕默德·阿里创办了《同志报》（1910年），阿布尔·卡拉姆·阿扎德创办了《新月报》。他们在报纸上抨击英国人对于伊斯兰教国家的态度，指出他们是穆斯林的真正敌人，呼吁穆斯林联盟改变政策，和国大党团结起来，共同参加争取民族解放的斗争。

穆罕默德·阿里·真纳（Mohammad Ali Jinnah，1876~1948年）是“青年穆斯林”中最重要的代表人物。真纳诞出身于卡拉奇的一个商人家庭，父亲经营皮革生意。1892年他16岁，在一个英国交易所经纪人的资助下，只身到伦敦林肯法学院学习法律。在这里他接触到不少自由党人，深受英国自由主义思想的影响。当时正在伦敦竞选议员并获得成功的瑙罗吉也给他留下了很深的印象。14年后，他在瑙罗吉主持国大党年会时担任了他的秘书。真纳于1896年回国，不久到孟买操律师业。他的政治生涯开始于20世纪初年，当时他倾慕国大党的温和派政治家瑙罗吉和郭克雷等，成为他们忠实的追随者，并于1906年参加了国大党。

17-5 穆罕默德·阿里·真纳

真纳始终不赞成穆斯林联盟从教派主义立场出发制定的各项方针，所以一直没有参加它的活动。1912年，他应邀出席了联盟的年会。他在会上发表演说，阐述了自己的民族主义观点，要求联盟和国大党团结起来，为印度的自由而斗争。1913年初，穆斯林联盟的立场发生了根本性转变。这一年的年会通过了新章程，规定联盟的奋斗目标是在印度建立适合于本国国情的自治。为了促进民族团结，达到自治的目的，它也一反过去的敌对态度，采取了与国大党合作的政策。这一转变自然得到了国大党的衷心欢迎。同年，经过穆斯林上层人物的极力劝说，真纳在英国加入穆斯林联盟，开始倾全力谋求联盟与国大党的团结合作。1916年底，两党在勒克瑙分别召开年会，一起通过了实现合作的勒克瑙协定。

第十八章

近代宗教与社会改革

19世纪初，随着英国殖民主义者的军事入侵和经济掠夺，莫卧儿王朝迅速瓦解，社会极度动荡，整个民族进入生死存亡的危急关头。为了振兴国家和民族，印度一些先进的思想家首先在沿海地区掀起了一场以改革印度教为先导的社会改革运动。这场运动发源于孟加拉，后逐步扩展到全国，声势浩大，轰轰烈烈，持续近百年之久。在这场运动中，宗教改革是社会改革的先导和前锋，社会改革则是宗教改革的后续和终结；两者相辅相成，互相促进。宗教改革打破了宗教强加于人们的各种精神禁锢和愚昧意识，解放了人们的思想，为社会改革奠定了思想基础；而社会改革则变革了各种封建陋习和不合理的制度，促进了社会平等和进步，又进一步推动了宗教改革。

一、面对西方文明的挑战

1757年，英国东印度公司与孟加拉王公在普拉赛进行了一场战役，结果印度人被打败，英国人占领了印度最富饶的地区——孟加拉。当时，莫卧儿王朝已趋瓦解，印度处于四分五裂的封建割据局面。从普拉赛战役起，英国人趁莫卧儿王朝衰落之机，大肆对印度进行军事侵略，到1849年最后占领西北印度的旁遮普为止，大约花了一百年的时间。在近一百年的时间里，英国人一方面用武力征服，另一方面采取政治阴谋、分化瓦解等手段，逐步占领印度各个地区，最终使这个幅员辽阔、人口众多的东方古国完全沦为殖民地。

从占领孟加拉起，英国人就开始在印度建立了一套殖民统治体制。由于英国人的力量有限，他们在印度的殖民统治采用两种方式。一种是英国人直接军事占领、直接进行统治的地区，这些地区叫“英属印度”。例如，孟加拉、孟买和马德拉斯三大管区都属于英属印度。另一种是英国人采取各种分化瓦解、收买手段所征服的地区。它们居于附属地位，叫“印度土邦”，英国人通过派驻当地的官员进行间接统治。印度的土邦有几百个，遍布于印度各地，大约占印度面积的2/5。在英属印度，原来印度的统治机构全部被废除，英国人建立起自己的行政机构。孟加拉、孟买和马德拉斯三大商业管区变成了三个省，每个省都建立省政府，负责治安、司法、税收等事务。在官员的录用上，实行严格的种族歧视，政府的官员一律由英国人担任，只有在税收部门可以雇用一些印度人。另外，英国人在英属印度还建立了高等法院，实行自己的司法和其他制度。这些制度极力维护殖民统治者的利益，为他们在印度的倒行逆施提供依据。

英国殖民者还对印度进行文化侵略。19世纪以前，英国人的注意力主要集中在对印度的武装入侵和经济掠夺上，对印度思想领域和社会生活的影响还比较小。最初他们对印度教采取既利用又打击的态度。他们乐于看到印度教陈腐的宗教体系禁锢着人们的头脑，保持愚昧和分裂的状态，使印度人无力进行反抗。有的时候，他们甚至不允许基督教传教士来印度传教，以避免引起印度人感情上的对立，妨碍他们对印度王公的拉拢。但是，另一方面，西方文明带来的优越感又使他们在内心极端蔑视印度教，从而禁不住经常对印度教加以攻击和指责。进入19世纪后，英国人改变了原来的态度，在进行武力征服的同时，也开始加紧对印度的精神和文化侵略。1813年英国议会批准了印度基督教工作法案，随后派出大批传教士到印度。当时，英国一些著名的教会，如伦敦传教会、浸礼派教会、教堂传教会、苏格兰教会都前往孟加拉地区积极活动。英国有名的传教士亚历山大·杜弗和约翰·威尔逊都先后在印度传教。传教士们通过建学校、办报刊、开设医院、创立慈善事业等手段吸引印度群众。在传教士的宣传下，大批低级种姓的印度教徒改信基督教。1850年，南印度的特里维尼亚地区的印度教改信者就达4万人。大城市中不少崇拜西方文化的知识分子以及在基督教教会学校学习过的青年人也纷纷改宗。在这种情况下，印度教徒一天比一天感到威胁，他们预感到在面临亡国危险的同时，也面临着亡教的可能。

19世纪初，中世纪的印度教宗教神学体系仍然是印度社会占主导地位的意识形态。印度教徒的人口占全国的3/4。印度教的教义、教规和道德习俗渗透于社会生活的各个领域。这种封闭、保守、僵化的宗教体系禁锢着人们的思想和行为。印度教盛行偶像崇拜，崇信各种各样人格化的神祇，如毗湿奴、湿婆、罗摩、黑天等大神以及迦利等女神。为了表示对神灵的虔诚，信徒们必须进行种种烦琐的祭祀活动。这些活动浪费了他们大量的精力和财力。印度教教义中所宣扬的摩耶论（世界幻相论）、业报轮回、灵魂解脱等观念，也像精神枷锁般束缚着印度民众的头脑，使他们沉沦于悲观厌世、逃避现实、甘心忍受的心态之中。种姓制度是印度教徒必须严格遵守的社会等级制度，高级种姓与低级种姓相互对立，使整个社会成为一盘散沙。此外，印度教几千年所形成的各种陈规陋习，如多妻、童婚、寡妇殉夫等风俗压在广大妇女的身上，使她们处于最悲惨、最受歧视的境地。印度教的这种愚昧和落后状态，严重地束缚了人民的思想，阻碍了社会的进步。

面对殖民主义的压迫和西方文明的挑战，最先觉悟的是一批受过西方文化影响、具有爱国思想的印度知识分子。他们首先意识到印度教的腐败与落后是印度衰败的根本原因，要想复兴印度，就必须改革印度教，振兴人民精神。19世纪初，在印度沿海城市，如加尔各答、孟买和马德拉斯等，出现一批掌握了英文的知识分子。这些人懂得英文，有机会接受西方先进的科学文化。他们通过英文的报刊和书籍了解到西方文化，打破了孤陋寡闻的闭塞状态，呼吸到欧洲先进思想的新鲜空气。他们对培根、洛克、边沁、孟德斯鸠等西方哲学家和政治思想家所宣扬的理性主义、自由主义、平等博爱的人道主义以及西方议会民主制度，发生了浓厚的兴趣。其中一些有爱国主义思想的知识分子，则开始用自由、平等和民主的观点来观察印度，逐步对印度社会和宗教的现状以及英国的殖民统治产生了强烈的不满。要求学习西方、变革宗教和社会、振兴印度民族的呼声越来越高涨。在这种形势下，以罗姆·摩罕·罗易（Ram Mohan Roy，1772~1833年）为代表的一批思想先驱者率先发起了印度教的改革运动。

印度教改革运动起源于19世纪20年代的孟加拉。1828年，罗姆·摩罕·罗易在加尔各答创立了近代印度教第一个改革社团——“梵天斋会”，后更名为“梵社”（Brahma Samaj）。以罗易为代表的梵社批判传统印度教的偶像崇拜和多神论，主张信仰唯一真神，非人格之神；反对劳民伤财的祭祀活动和名目繁多的仪规，主张用简单的祈祷形式取代原来的烦琐祭仪；反对各种野蛮的封建陋习——童婚、寡妇殉夫等，主张妇女解放和平等……1830年，梵社建立起自己的庙堂，对外正式开放，任何人不论种姓、信仰和肤色，只要信仰唯一真神，就可以自由进入。在这里没有偶像崇拜和祭祀仪式，也不允许攻击和污蔑其他宗教信仰。梵社完全抛弃了印度教排他性的教规和习俗，使自身成为一个促进各种宗教和睦团结的组织。梵社的活动，为印度教树立了新的形象，并且开创了改革的新风。

19世纪60年代，在梵社的影响下，马哈拉施特拉和马德拉斯地区的宗教和社会改革运动也蓬勃发展起来。1867年，在孟买成立了一个宗教改革组织，名为“祈祷社”。同梵社一样，祈祷社也反对传统印度教的多神论，信仰唯一真神，拒绝偶像崇拜，对吠陀和业报轮回观念持否定态度，采取与梵社相同的集体礼拜仪式。祈祷社也把宗教改革与社会改革紧密结合，主要关注种姓制度和妇女地位的不平等。这个组织是西印度最主要的宗教改革团体，它在浦那、艾哈迈达巴德、戈哈浦尔等地都设有分会。与此同时，在马德拉斯也建立起改革社团——“吠陀社”，它也是受梵社影响建立的，与其性质基本相同。到19世纪六七十年代，梵社的改革运动已经扩展到加尔各答、孟买和马德拉斯三大管区，梵社也成为全国最有影响的宗教改革社团。

正当梵社运动迅速发展的时候，西北印度出现了一个著名的宗教改革家达耶难陀·萨拉斯瓦蒂（Dayananda Sarasvati，1824~1883年）。他于1875年在孟买创立了一个非常有影响的改革社团——“雅利安社”（Arya Samaj），又称“圣社”。1877年，该社的活动中心由孟买转移到旁遮普的首府拉合尔，此后它便成为西北印度宗教和社会改革的一面大旗。雅利安社的改革主张虽然与梵社有许多相同之处，但是也有不少自己的特点。例如，雅利安社提出“回归吠陀”的口号，比梵社更强调复兴古代宗教，强调以古代吠陀的精神来改造今天的印度教。雅利安社的民族主义倾向也比梵社更强烈。它反对英国殖民统治，曾提出“印度是印度人的印度”的口号，深得群众拥护。另外，雅利安社比梵社更重视发动下层群众。梵社的成员多限于知识界，而雅利安社的成员则主要是商人和手工业劳动者。据统计，1891年，梵社在全国的成员有3000多人，而雅利安社则有4万余人。达耶难陀的社会组织能力十分出色，雅利安社的内部管理和组织工作都很完善，具有很强的凝聚力量。因此，雅利安社发展迅速，成员不断增加，逐渐成为印度北部、旁遮普和西北诸省最有影响的宗教和社会改革团体。

在梵社的影响下，孟加拉地区还出现了一位大名鼎鼎的宗教改革领袖——罗摩克里希那·波罗摩汉萨（Ramakrishna Paramahamsa，1836~1886年）。他在改革印度教的基础上，吸收其他宗教之精华，倡导一种"人类宗教"的思想，希望以此联合和统一印度的各种宗教。他还向信徒宣传"普遍之爱"和"为社会服务"的思想，说服他们克服消极遁世的观念，号召人们用实际行动来复兴自己的民族和宗教。在他去世之后，1897年，他的著名弟子斯瓦米·维韦卡南达（Swami Vevikananda，1863~1902年）以他的名字建立了一个改革社团，名为"罗摩克里希那传教会"（Ramakrishna Mission）。该社团的基本宗旨是：宣传罗摩克里希那的遗训，与印度其他宗教建立真正的友谊，主张宗教一律平等，为实现"人类宗教"的理想而努力。它还从事各种社会改革活动，开办学校，建立医院，设立出版和社会救济中心等。其总部设在加尔各答，在印度各地都建有分会，后来还在美国和其他一些国家建立了许多分支机构。进入20世纪后，罗摩克里希那传教会的影响更是远远超过梵社，成为印度最重要的宗教改革组织。

19世纪印度教改革运动风起云涌，席卷了整个印度大地。这场运动并不只是宗教改革运动，而且也是社会改革和启蒙思想运动。在这场运动中，梵社、雅利安社和罗摩克里希那传教会三大改革社团都起了至关重要的作用。

二、罗姆·摩罕·罗易与梵社

梵社是近代印度教第一个改革社团。它的一切宗教和社会改革活动都具有重要的开创意义，为后继的改革组织树立了榜样，并对印度社会的进步产生了深远的影响。

梵社的创始人罗姆·摩罕·罗易是印度近代宗教和社会改革的先驱，被印度人民尊称为"近代印度之父"。1772年，他出身于今西孟加拉邦胡格利县的一个显贵的婆罗门家庭，从小受到良好的教育，12岁时被送

18–1 罗姆·摩罕·罗易

到当时印度的文化中心巴特那学习阿拉伯文和波斯文，在那里接触到伊斯兰教的教义和哲学。15~20岁，他游历南亚次大陆各地，增长了见识，并向各地民间学者学习印度教思想。1804~1814年，他受雇于英国东印度公司，当过收税官。在与英国人的交往中，他了解了基督教教义和西方的各种进步思想。他研究过伊斯兰教和印度教，又熟知基督教和西方思想，广博的学识为他的宗教改革奠定了思想基础，做好了理论准备。1814年，他从东印度公司退职，定居于加尔各答，专门从事宗教和社会改革活动。罗易博闻强记，知识渊博，可用英文、梵文、波斯文、孟加拉文和印地文5种文字写作。此外，他还懂阿拉伯文、法文、拉丁文、希伯来文和希腊文。

罗易的改革主张和实践，集中体现于梵社宗教和社会改革活动。在宗教领域，罗易抨击的主要目标是印度教神学体系中的多神论、偶像崇拜和烦琐祭礼。他认为，印度教的多神论和偶像崇拜给印度社会带来极大的危害，使广大教徒陷入永无休止而又毫无意义的祭祀活动之中，耗费巨大的人力和财力。他说："我常常想到印度的偶像崇拜产生了各种烦琐的甚至有害的仪规，它比其他宗教崇拜更加损害社会的组织。出于对同胞的怜悯，我不能不尽一切可能的努力将他们从迷梦中唤醒，使他们通晓自己的经典，以真正的虔诚冥思自然之神的统一性和普遍性。"[①]罗易以古代奥义书为依据，提出真正的印度教只能崇拜一种"无形象的真神"。这种神是"一个永恒的、不可理解的和始终不变的实体，这个实体是万物的创造者和保护者，但无任何名称，既可用以表示任何物体，又可用以表示任何个人或社会"[②]。实际上，罗易的这种神只是奥义书的梵我一元论与伊斯兰教一神论相结合的产物。为了防止偶像崇拜和烦琐祭仪，他还规定梵社的会堂内不得陈列任何泥塑、木雕或石刻的偶像，也不得悬挂任何图画或物体的形象，不得举行任何形式的祭祀活动，也不得为任何宗教目的而杀生。在罗易看来，不举行法典所规定的仪式，只通过内心祈祷和默想，一个人就可以亲证神。梵社会堂建成后，任何人都可以到里面去祈祷，一般只举行集体礼拜，并且以内心冥想为主。这种礼拜形式打破了印度教烦琐的祭神传统，开创了宗教信仰的一代新风。

在社会改革方面，罗易坚决反对歧视妇女的现象，主张男女平等，妇女解放。他与印度封建社会的野蛮习俗——寡妇殉夫（"萨蒂"制度）、童婚、多妻

① 《罗姆·摩罕·罗易英文著作集》，加尔各答，1945~1951年版，第3~5页。
② 同上书，第40~41页。

等进行了长期的斗争。歧视妇女是印度社会中一种顽固的弊病。据不完全统计，在1815~1829年，印度就有8 000多名妇女因寡妇殉夫制而在丈夫死后被活活烧死。童婚和多妻的现象就更加普遍。罗易与上述歧视妇女的现象进行了坚决的斗争。早在1818年，他就发动了反对萨蒂制度的运动。由于他的积极宣传和鼓动，当时的孟加拉总督威廉·本廷克勋爵于1829年发布命令，宣布萨蒂制度为非法。从那时起，寡妇殉夫现象在印度日趋少见。后来的梵社继承了罗易的精神，为印度妇女的解放做了大量的工作，并在反对童婚和解除对寡妇改嫁的限制方面取得了成功。它还提倡妇女教育，鼓励妇女参加社会活动，并且为此开办了女子学校。

18-2 印度教寡妇自焚的萨蒂习俗，绘于1820年

罗易酷爱平等自由，积极鼓吹“天赋人权”。他认为一个人不仅应有生存、活动和拥有财产的权利，而且应有道义上的各种权利。他赞扬英国民族享有公民的天赋权利和政治自由，主张印度民族也应当享有这些权利。罗易特别强调印度公民应该享有言论自由和出版自由。由于他的宣传和努力，殖民当局做了让步，印度人获得了某种言论和出版自由的权利。1821年，罗易用孟加拉文出版了印度第一份民族期刊《明月报》（周刊）；1822年，又用波斯文出版了《镜报》。他用这些报刊宣传自己宗教和社会改革的主张，并且弘扬自由、平等、博爱的人道主义思想。1823年，孟加拉总督约翰·亚当发布命令，声称未得到政府允许，不得出版新闻报刊和其他定期刊物。闻此消息，罗易立即向高等法院和英国国王参议室提出请求书，强烈抗议这种新的报刊法。在信中，他庄严宣布，言论自由是“国家法律赋予我们的无法估价的特权”，“绝不能因为它有弊病而改变它”。在罗易和印度民众的坚决抗议和斗争下，1835年殖民当局终于取消了对新闻报刊的各种禁令，使印度人民真正获得了出版和言论的自由。

创办现代教育是罗易社会改革的一个重要方面。罗易是印度现代教育制度的开拓者和积极宣传者。他认为，西方国家之所以有强盛的国力，就是因为他们掌握了社会科学和自然科学的知识。所以，他极力主张印度应当抛弃中世纪经院式的教育制度，而采取以英语为媒介，以现代科学的方法、精神和思想进行教育的新的教育体制。罗易强调，印度的出路就在于利用欧洲的知识和成就，认识社会和自然。他说：在印度“应当促成一种更加高尚的、开明的教育制度，包括数学、自然哲学、化学、解剖学和其他各种有用科学的讲授”①。正是在这种思想的指导下，1817年1月20日，罗易在加尔各答创立了印度学院（后来发展为孟加拉管区学院）。该学院首先实行英语教育，开设了各种自然科学的新课程，对在孟加拉地区传播科学知识和西方文化起了重要作用。1823年，他写信给孟加拉总督阿默斯特勋爵，反对建立梵文学院和梵文教育制度，对英国殖民当局企图与印度封建势力结合起来共同进行文化复古运动做了坚决的斗争。

在罗易的后继者中，梵社的第三代领袖喀沙布·钱德拉·森（Keshab Chandra Sen，1838~1884年）在宗教和社会改革领域都表现出激进而勇敢的态度，并且有许多大胆的革新主张和实践。1838年，喀沙布出身于孟加拉的一个贵族家庭。早年就读于印度学院，受到西方文化和思想的影响。1857年参加梵社后，他团结了一批青年成员，在孟加拉创办《印度镜报》，编写了大量的通俗文艺读物，大力宣传社会改革。他还在加尔各答建立了各种业余学校和女子学校，并继续反对童婚和对寡妇改嫁的限制，鼓吹妇女解放。1866年，他带领一些青年激进派社员，成立了印度梵社。喀沙布在社会改革上的激进态度得到民众的拥护，这种情况促使他在宗教改革上采取了更加激进的立场。1881年，

① 《罗姆·摩罕·罗易英文著作集》，加尔各答，1945~1951年版，第474页。

他公开宣布建立一种新型宗教——“新天道教”。该教试图在改革印度教的基础上，通过吸收基督教、佛教、伊斯兰教和中国儒教的教义教规，建成一种包罗世界上一切信仰的普适宗教。新天道教除了崇拜印度教的大神外，也崇拜基督教的耶稣，认为耶稣不仅是西方的，也是东方的。在公共仪式上，它不仅诵读吠陀，也读《圣经》、《古兰经》和其他宗教经典。它主张世界上一切宗教信徒应该在兄弟情谊中消除不和与分歧，相亲相爱，最终实现世界的统一与和谐。它还提出“为上帝服务就是为人服务”的口号。这种新宗教把印度教的三叉戟、基督教的十字架与伊斯兰教的新月结合起来作为自身的标志，还把基督教的洗礼、圣餐等仪式吸收进来，甚至把印度教庙宇、基督教教堂和伊斯兰教清真寺的建筑样式混合起来建造自己的庙堂。1883年1月1日，新天道教向全世界发表公告，宣布喀沙布是上帝的公仆，受上帝之命传播新天道，号召印度教徒、伊斯兰教徒、基督教徒、佛教徒、锡克教徒和拜火教徒等为实现上帝的父格和人类的友爱而共同努力。喀沙布在描绘这种新宗教时说：“全人类将信奉同一种宗教，整个世界将崇拜同一个上帝；同一的信仰和爱的精神将渗透全人类的心；所有的民族将居住在上帝的大家庭中，而每一个民族又有自己特殊的自由的行动方式。简言之，这将是一种精神的统一，而形式却是多样的；躯体是同一的，而肢翼却不同；一个巨大的社会，它的劳动成员以不同的方式，依据各自的资源和特殊的爱好来推动他们的共同事业。印度将以印度的声音和印度的乐器来歌唱至高上帝的赞歌，而英国、美国以及世界上不同的种族、民族、部落都将以自己特殊的声音和音乐来吟唱上帝的颂歌；所有不同的声音和独特的赞颂方式将混合成一个美妙而自豪的大合唱，无论地上世界还是上方天国都将以庄严激昂的曲调高歌一支宇宙颂歌——‘上帝的父性和人类的兄弟情谊’。仁慈的上帝将会很快注意到这种真正的宗教，在他的子女中间建立起安宁与和谐。”①

喀沙布创建的新天道教，应当说，是一种大胆的宗教革新，它畅想世界最美好的未来——人类的统一和普遍之爱。但是，由于这种新宗教过多地吸收了基督教和其他宗教的内容，而脱离了印度教的基本传统，尽管它也采取了印度教的某些教义和仪式，但是仍然得不到广大印度教徒的认可和拥护。因此，在喀沙布去世后，新天道教就逐渐失去了影响。

---

① 《喀沙布·钱德拉·森在印度的演讲集》，伦敦，1901年版，第159~160页。

三、萨拉斯瓦蒂与雅利安社

雅利安社的成立虽然晚于梵社，但是它的影响却非常大。它是西北印度乃至整个北印度最大的宗教改革组织。雅利安社成员的数量增长得相当快，19世纪末已有大约10万人，1921年猛增至50万人，1931年又增至近100万人。[①]直至今天，这个组织仍然是印度很有影响的宗教改革社团。

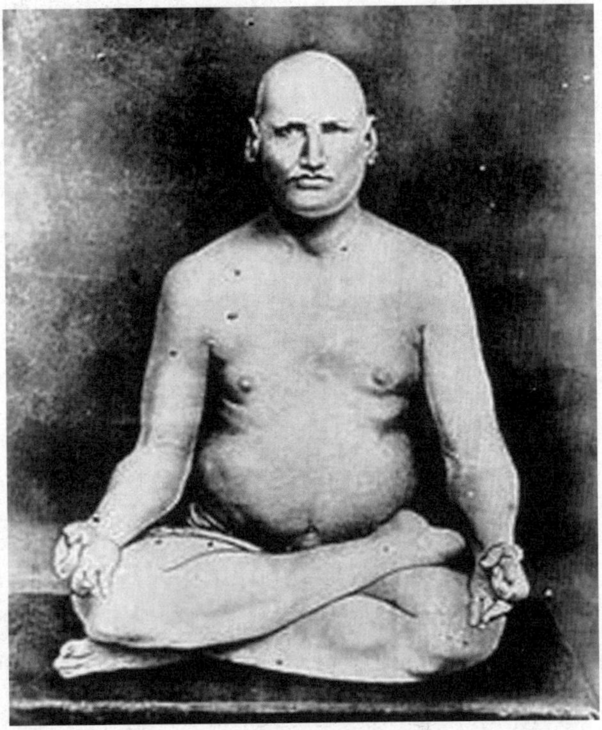
18-3 达耶难陀

达耶难陀·萨拉斯瓦蒂是雅利安社的创始人，又是该社宗教和社会改革思想的主要代表。1824年，他出身于今西印度卡提瓦尔的一个婆罗门家庭。与其他改革家不同，他所受到的教育主要是印度传统教育，而其他改革家在成长时期大都受过英语教育。5岁时达耶难陀开始学习梵文，青年时便离家作为一个游方僧，在印度各地漫游，向各地印度教学者学习，就这样整整度过了17个春秋。1872年，他在加尔各答会见喀沙布·钱德拉·森，受到梵社改革思想的影响，并且听取了喀沙布的两项建议：一是放弃他那苦行僧式的半裸衣着，穿上城里人的服装；二是在传教时要用民众听得懂的地方语言，而不是用梵语。1875年，他在孟买创立雅利安社，并发表了有关改革印度教的基本原则。他的代表作有《真理之光》、《吠陀注》和《梨俱吠陀注》等。

达耶难陀在各地漫游中亲眼看到并亲身体会到当时印度教的腐朽、愚昧和落后。为了复兴印度教，他勇敢地举起改革的大旗。他到处宣传，谴责印度

① 参见［印］A.L.巴沙姆主编，闵光沛等译:《印度文化史》，北京：商务印书馆，1997年版，第559页。

教的多神论、偶像崇拜、动物崇拜和许多与之相关的迷信和仪式，抨击种姓藩篱、派系林立、歧视妇女等落后现象和习俗。达耶难陀改革印度教的基本原则是要用古代吠陀的精神来改造当时的印度教，为此他提出了“回归吠陀”的口号。在他看来，古代的吠陀经典是真正知识的源泉，是印度教的最高权威和原则。印度教之所以发展到今天的这个样子，其原因就在于它背离了古代吠陀的原则和精神。他认为，吠陀不仅是以往各个时代一切知识的“宝库”，而且也是现代科学，诸如物理学、化学、心理学等学科的“种子”。吠陀的原则与科学事实的发现是“完全吻合的”。他宣布：“吠陀是真正知识的经典，读吠陀、教吠陀、背吠陀、听人读吠陀，这是雅利安社社员的首要义务。”[①]达耶难陀利用古代吠陀经典改革印度教，表面上看似乎是一种复古主义，但实际上，这是在托古改制，是假借古代吠陀的精神来树立一种符合时代要求的新的宗教原则。达耶难陀虽然重新恢复了吠陀的权威性，但是他对吠陀的解释却带有鲜明的倾向性，甚至随意性。例如，他说“在吠陀中找不到一个字是支持偶像崇拜的”，因此现在流行的偶像崇拜是没有根据的；说吠陀中虽然提到许多神的名字，但其实都是一个神，所以印度教只应崇拜一个至高无上之神；还说现代的各种思想原则如自由、平等、博爱的观念和许多现代科学原理都可以在吠陀中找到启示，等等。他这样解释吠陀，实质上还是为了用现代理性主义和人道主义的原则改造印度教。因为吠陀是印度教的根本经典，在广大教徒的心目中占有崇高的位置，他先用理性和人道主义的原则去解释吠陀，然后再用吠陀去宣传和教育民众，这样他们便会乐于接受。因此，达耶难陀与喀沙布不同。喀沙布创立的新天道教脱离印度教的基础，很快失去了群众的支持，而达耶难陀创立的雅利安社由于一直打着吠陀的大旗，受到了广大教徒的拥护，从而越发展越兴旺。

抨击和改造种姓制度，是达耶难陀改革实践的另一个重要方面。在他看来，种姓歧视和对立是印度教的一大弊病，种姓之间的各种禁忌和习俗都不具有宗教的意义，只是婆罗门为了支配其他种姓而故意赋予它们以某种宗教的重要性。这些禁忌和习俗都是一些累赘之物，许多世纪积累下来，对宗教本身造成极大的危害。他认为，现行的种姓制度只不过是古代吠陀时期“瓦尔那制度”的全面蜕变。吠陀时期的“瓦尔那”并不是以出身、血统来划分，而是根据德行和知识划分的。那时的社会根据品格和知识把人划分为四个等级，而妇女和男人

① 这是达耶难陀1877年为雅利安社制定的十条纲领之一。参见黄心川著：《印度近现代哲学》，北京：商务印书馆，1989年版，第39页。

一概享有同等权利。他宣称，种姓歧视和对立违反了吠陀精神，必须加以废除，印度教应当回归古代瓦尔那制度。他提出改革种姓制度的主要手段有：大力开办学校，让学校用全新的精神教育儿童，使他们增长知识；政府应当根据品德、知识和功绩，将人们重新分类；并且通过“净化运动”，使那些改信基督教和伊斯兰教的印度教徒重新皈依印度教。达耶难陀打破了种姓的界限，允许低级种姓和贱民参加他的社团，从而使雅利安社在广大下层群众中扎下了根。他逝世后，弟子们继承了他的精神，继续改革种姓制度。从1900年开始，雅利安社的两个派别曾联合发起一场改革种姓制度的运动。他们的方法是革命性的：不仅允许低级种姓集团加入雅利安社，而且在公共仪式上把他们的地位提高到再生族，有权与高级种姓共同进餐和通婚，此外亦允许他们参加吠陀仪式，佩戴圣线，甚至到高级种姓的水井中去打水。按照过去种姓制度的严格规定，不允许低级种姓者与高级种姓者一起吃饭、通婚，也不允许他们参加吠陀仪式，等等。雅利安社进行的这种改革是非常大胆的，它大大地提高了低级种姓的社会地位，因而受到了广大低级种姓的拥护。

普及教育、发展民族文化是达耶难陀一生奋斗的目标。他反对中世纪吠檀多烦琐而脱离实际的经院哲学，主张教育与现实生活相联系；反对英国人的奴化教育，主张印度人自己创办学校，发扬自主独立精神；反对单纯学习传统文化，主张把学习印度文化与学习西方现代科学技术结合起来。他的这种教育思想，一直被雅利安社所遵循着，在发展印度教育的过程中起了重要的作用。1886年，雅利安社在拉合尔创办了具有民族形式的现代化大学——达耶难陀－盎格鲁吠陀学院。1902年，又在哈特瓦尔建立了朱尔库拉大学。这些学校不仅讲授梵文、印地文和印度古典文学，而且讲授英语和西方科学技术。据1952年的统计，雅利安社已经开设了大学15所，高级中学210所（其中女校10所）、中等学校151所，小学892所（其中女校700所），夜校142所、教师培训学校40所（其中女校10所）。[①]雅利安社在普及现代教育，发展民族文化和传播西方科学知识方面所做的卓越贡献，由此可见。

达耶难陀也像梵社领袖那样，与印度教歧视妇女的陋习进行了坚决的斗争。他反对童婚、溺婴、禁止寡妇再嫁以及寡妇殉夫的不合理现象，也反对印度教在婚礼上的繁文缛节和索要大量嫁妆的落后习俗。他主张男女平等，坚持妇女应当

① ［印］斋藤昭俊著：《近代印度的宗教运动》，东京：日本吉川弘文馆出版社，1982年版，第59页。

享有受教育和参加社会活动的权利。在他的努力之下，雅利安社制定了一部《雅利安社婚姻法案》。这部法案后来成为印度法律的一个组成部分。为了提高妇女教育，雅利安社开办了许多女子中学和小学，并且鼓励学生参加各种社会活动。这些对提高妇女的文化素质和社会地位，对推动社会进步，都起了重要的作用。

雅利安社的宗教和社会改革活动不仅在印度国内，而且在国际上也有颇大的影响。达耶难陀生前曾有规定：雅利安社欢迎任何人参加，加入该社的人一律不受性别、种姓、种族、肤色、国籍的限制。因此，他的弟子们遵循这个教导，积极向海外发展，大力吸收海外的印度教徒参加。该组织的国际活动机构名为“国际雅利安社”，它在缅甸、新加坡、斐济、毛里求斯、特立尼达、美国和南美的一些国家都设有分会，并积极组织信徒开展各种活动。到1952年，雅利安社在印度国内外已有社员500多万人，庙宇几千座，开办的各类学校1750余所。雅利安社是现代印度教的最重要的改革派别，至今仍然有着广泛的影响。

四、罗摩克里希那传教会的改革

罗摩克里希那传教会于1897年在加尔各答创立。它是以宗教改革家罗摩克里希那的名字命名的。这个宗教改革组织虽然成立较晚，但是发展得却相当快，其影响逐步超过了梵社。直至今日，它一直是印度教在海内外非常有影响的改革社团。

18–4 罗摩克里希那

罗摩克里希那是印度教著名的改革家，他的改革思想为罗摩克里希那传教会的活动奠定了理论基础。1836年，他出身今西孟加拉邦胡格利县的一个贫寒的婆罗门家庭，父母都是正统的印度教徒。由于自幼丧父，少年时他就与兄长罗姆俱摩尔一同出家。罗姆俱摩尔是加尔各答附近达其内斯瓦尔迦利女神庙的祭司。17岁时，兄长病逝，他便接替哥哥的职务，成为该庙的祭司。此后，他终身在这里从事印度教的改革与宣传活动。罗摩克里希那由于家境贫寒，没有机会受系统的文化教育，但是他聪慧机敏、勤奋好学，他的宗教知识大都是从民间学者或口头文学那里获得的。为了改革印度教，他曾向一个穆斯林教师学习伊斯兰教义，向基督教徒学习《圣经》，此外他还与梵社领袖戴本德拉纳特·泰戈尔及喀沙布·钱德拉·森有广泛的接触，经常与他们讨论各种宗教问题。他善于用民间寓言或幽默的谚语阐述他的宗教改革思想。主要著作有《罗摩克里希那福音》，是由弟子马哈扎根据他的谈话记录下来的。

罗摩克里希那在宗教改革领域的一个突出贡献，就是在继承印度教传统的基础上，综合各种宗教学说，提出了一种新的宗教体系，名为“人类宗教”。他不仅熟知印度教，而且了解伊斯兰教、基督教和佛教，并且研究过梵社和雅利安社的改革观点。为了消除各种宗教之间的分歧与矛盾，他力图调和各种对立的观点和主张，创造出一种包罗万象的宗教。在他看来，世界上各种宗教的目的都是一致的，即达到人与神之间的交往，实现人类的“普遍之爱”和“美好的生活”。但是，为了达到这些目的，各种宗教所选择的道路和所采取的方法是不同的，因此，它们之间的区别只是形式或名称上的差异，其本质是同一的。例如，他认为，基督教信奉的上帝、伊斯兰教信奉的安拉、佛教信奉的佛陀、印度教信奉的毗湿奴、湿婆、黑天、罗摩等大神都是同一个实体，只是名称不同而已。各个宗教所追求的都是同一个至高无上的神或真理，千万不要为其名称的不同而争吵不休。另外，在对待神的方式上，有的教派采取偶像崇拜、奉献祭祀的形式，有的教派则采取内心冥想、心灵崇拜的形式。在他看来，这些形式只不过是人们崇拜同一个神灵过程中的不同阶段的表现而已。偶像崇拜属于较低级的阶段，内心崇拜属于较高级的阶段，但是两者都是在证悟至高无上的神，求得与神灵的最终结合。罗摩克里希那的这种学说，看起来像是采取折中的方法来调和改革派和正统派的矛盾，实际上是把印度教的传统与改革思想结合起来，以争取更多的受正统派影响的群众到宗教改革的队伍中来。他在宣传各种宗教在本质上相同的时候，则一再强调宗教的使命是推动人类实现“普遍之爱”，每个教徒都应当把“为人类服务”或“为社会服务”作为自己的最高职责。这些内容显然与正统派的思想不同，他正是把这些具有改革意义的新内容有机地融合在他的体系中，以推动印度教的改革。

另外，罗摩克里希那反对古代印度教吠檀多烦琐的思辨哲学，主张少讲空话，多做实事，用自己的实际行动去实现宗教理想。他的这种哲学，也有人称之为“行动吠檀多”。他非常厌恶那些饱读经书、口若悬河、只讲空话、什么实事都不会做的所谓圣徒。在他看来，一个真正对神虔诚的信徒，不应当只为自己考虑，而应当约束自己以服务于社会，尽力为他人，为社会多做一些事情。他说：“如果你要自己心中宁静，你就去为邻人服务……如果你要寻找神，你就去为人们服务，因为在他们的身上可以看到神。”①罗摩克里希那的这种提倡行动的思想，在当时的改革运动中是具有重要意义的。传统印度教长期以来要求信徒们安于现状、甘心忍受各种痛苦，而罗摩克里希那打破了这种思想禁锢，号召人们用实际行动来改变自己的命运、变革社会，以实现人类的最美好的理想——“普遍之爱”和“美好生活”。这种观点对以后的宗教改革和社会进步都产生了深远的影响。

罗摩克里希那去世后，弟子们继承了他的改革事业。在这些弟子中，最著名的是斯瓦米·维韦卡南达。他不仅在思想上发展了导师的宗教改革学说，而且在1897年创办了罗摩克里希那传教会，进一步宣传导师的思想。

维韦卡南达深刻地了解印度教的各种弊病。他对婆罗门的贪婪与暴戾、种姓的对立与歧视、宗教礼仪的荒谬与可笑，以及印度教徒的心理怯懦等，进行了猛烈的抨击。由于他在美国曾向西方人展示印度教的伟大之处，所以人们情愿倾听他对印度教不足之处的苛责，聆听他关于民族与宗教复兴的带有启示性的言论。维韦卡南达高举宗教改革的大旗，在继承其导师学说的基础上，宣称要建立一种新型宗教——“行动的宗教”或“人类的宗教”。其实，他的目的并非提倡什么全新的宗教，而不过是希望在革除印度教各种弊病的基础上，使印度教和印度的其他宗教联合起来，和睦相处，携手并肩，共同复兴伟大的印度民族。在他看来，世上的各种宗教虽然形式上千差万别，但是在本质上都是一样的，都是要达到人与神的结合，实现人类的“普遍之爱”。因此，印度的各个教派必须捐弃偏见，消除隔阂，联合起来，用实际行动来建设自己的家园。他说，新的宗教应当是“印度教和伊斯兰教这两个伟大体系的联合——也就是吠檀多的头脑与伊斯兰教身体的联合”。②他还说：“我们需要一种宗教……这种宗教将给我们自信，给我们一种民族的自尊，并给予我们供养、教育穷苦人和摆脱我们周围苦难的力量……如果你要寻求神，首先要为人们服务。如果你要获

① ［印］G.B.雷易著：《当代印度哲学》，德里，1947年版，第46页。

② 《斯瓦米·维韦卡南达书信集》，印度不二论书院，1942年版，第390页。

得力量，就必须为你的同胞们服务。”[①]

在社会改革方面，维韦卡南达主张印度的各族人民应当在印度精神的基础上团结起来，打破宗教和民族隔阂，共同为振兴国家而努力。另外，他还主张消除种姓的对立与歧视，改善劳动人民的生活，普及教育与文化，发展民族工商业，提高妇女的地位和权利，改变印度与世界隔绝的状态，加强印度与其他国家的平等交往等。他的最终愿望是要在印度教精神的基础上建立起一个西方式的自由民主社会。他向印度人民呼吁：“用印度的宗教来建造一个欧洲式的社会……在平等、自由、工作和活动力的精神各方面，你应该变成一个西方人中的西方人，而同时在宗教文化和本能方面，你又要彻头彻尾是一个印度教徒。”[②]在对未来社会的展望上，维韦卡南达提出了自己的理论：人类的社会轮流地被四个种姓统治着，即婆罗门、刹帝利、吠舍和首陀罗。每一种统治都有它的优点和缺陷。未来的社会将由工人即首陀罗来统治。这种统治的优点是把物质的平等和舒适分配给大众。他说，他相信这种工人阶级的统治一定会到来。从这里可以看出，维韦卡南达的社会改革思想中已带有某种社会主义的成分。

在维韦卡南达及其弟子们的宣传和鼓动下，罗摩克里希那传教会逐渐成为孟加拉地区最大的宗教改革组织，进而将影响扩展到海外。现在，它在国内设有81个活动中心、50多个道院、6所大学和一些研究宗教和哲学的机构，并定期出版和发行多种有关宗教改革的刊物与图书。它还在欧美和海外的几十个国家建有900多个活动中心和道院，这些中心都与设在加尔各答的总部保持着密切的联系。如今，它们已成为印度在国际上的软实力的重要组成部分。

五、宗教改革促进社会进步

伴随着英国的入侵和资本主义生产关系的传入，西方先进的哲学、社会政治学、人道主义和自然科学纷纷传播到印度。印度的封建意识形态和传统宗教文化受到极大的冲击，新旧思想的冲突以及各种社会矛盾变得日益尖锐乃至激化。在这种背景下，从19世纪20年代起，印度教兴起了一场轰轰烈烈的改革运动。这场宗教改革运动从东到西、从北到南，席卷了整个印度大地，触及了

① ［法］罗曼·罗兰著:《斯瓦米·维韦卡南达的生平及其说教》，印度不二论书院，1947年版，第213页。

② 《斯瓦米·维韦卡南达全集》第3集，印度不二论书院，1947~1951年版，第103页。

印度社会的众多领域。由于印度教徒占当时印度总人口的3/4以上，印度教正统派思想是印度意识形态的主流，因此，印度教的宗教改革运动大大地促进了印度社会的进步和发展。概括地说，可以归纳为五个方面：

第一，批判中世纪的神学体系，解放人民思想。19世纪的印度教改革运动，从本质上说，也是一场思想启蒙运动。当时印度教的神学宗教体系已经成为社会进步的主要障碍。要启迪人民的思想，振奋民族的精神，就必须从批判宗教，变革宗教入手。要批判宗教，也必须首先批判它的神学思想体系。

印度教的改革家们批判了中世纪印度教盛行的多神论和偶像崇拜，也揭露了由偶像崇拜而产生的烦琐祭祀仪式给社会带来的各种危害。他们提出建立一种无人格的理性之神。梵社和雅利安社改革的主要内容，就是用抽象的一神论来取代偶像化的多神论。梵社会员只崇拜唯一真神——梵。他们把古代奥义书中宣扬的永恒无限的精神实体——梵，奉为至高无上之神。雅利安社也把神视为无形、无限、无所不在的宇宙创造者，并且认为神是“真正的知识”，万物的“基本始因”。由于神是无形的抽象实体，因此人们无须举行烦琐的祭仪和无休止的顶礼膜拜，只需在内心祈祷、冥想就行了。于是，宗教仪式简化了，宗教信仰也由外在的膜拜转化为内心的虔敬。这种转变对于印度民众是非常重要的，可以使他们从各种劳民伤财的宗教仪礼中解脱出来，节约大量的精力和财力，以发展生产和文化。另外，宗教改革家们还批判了印度教教义中“世界虚幻论”和遁世苦修的思想，他们主张现实世界是真实的，对神的崇拜应该靠自己的善行和献身社会的努力来表达。喀沙布·钱德拉·森提出“为上帝服务就是为人服务”的口号，便是希望以此号召人们通过为社会和人类所做的服务来表示自己对神的崇敬。罗摩克里希那和维韦卡南达也都反对印度教悲观厌世的哲学，提倡“行动的吠檀多”或“行动的宗教”。他们主张，宗教的最高目标是达到人类的“普遍之爱”和“美好的生活”，但这些目标不是靠别的，而是靠信徒们自己的实际行动才有可能实现。改革家的这些观点大大地促进了人民的思想解放，使他们从印度教消极遁世、甘心忍耐的哲学中摆脱出来，积极地投身到各种变革社会的实践之中。

第二，破除封建的陈规陋习，提高妇女地位。歧视妇女不仅是印度教的顽固弊病，而且也是印度社会的一大问题。童婚、多妻、寡妇殉夫、禁止寡妇改嫁等都是印度教陈腐习俗中最愚昧、最野蛮的表现，严重地影响了妇女的身心健康，也阻碍了社会的进步。改革家们首先从这里打开改革印度教的缺口。罗姆·摩罕·罗易早在梵社成立之前就发起过反对童婚和寡妇殉夫的运动，终于迫使殖民当局于1829年宣布寡妇殉夫制为非法。梵社成立后，积极开展反对童婚的宣传，允许妇女加入梵社，同时开办女子学校，提倡妇女参加社会活动。雅利安社、祈祷社也同样允许男女社员一起参加宗教活动，并专门建立女校，鼓励女子接受教育。19世纪80年代，孟买的帕西人贝赫兰吉·马拉巴里发起了一场从法律上制止童婚的运动，要求通过"承诺年龄法"，严禁各种童婚现象。这场运动影响很大，一直蔓延到全国。90年代，在浦那，改革家们创办了"寡妇改嫁协会"和"寡妇之家"等组织，积极宣传男女平等，并推行妇女教育。

由于宗教改革家们的大力宣传和实践，印度妇女的权利和地位在19世纪不断提高。童婚和寡妇殉夫等封建陋习基本得到制止，妇女开始享有接受教育和参加社会活动的权利。在对待妇女的问题上，改革家们实际上是学习了西方的人道主义，进而力图把天赋人权、自由、平等、博爱等观念输入到印度社会，以改造旧的传统和习俗。毫无疑问，这对妇女解放和社会进步具有巨大的推动作用。

第三，推广新式教育，传播现代科学文化。改革家们意识到要振兴印度，就必须吸收西方先进的科学与文化，因此他们主张废止印度教中世纪经院式的旧教育，采取西方的教育体制，开办新型学校，把学习西方自然科学、人文科学与学习印度传统文化结合起来。罗姆·摩罕·罗易在加尔各答创立的由印度人自己办的第一所新式大学印度学院，既用英语又用印地语进行教学，课程包括各种自然科学和社会科学。同时，罗易还创办了印度最早的民族报刊《明月报》和《镜报》，用以宣传改革思想和科学文化。在印度学院的影响下，1828年孟买也建立了同样类型的大学——埃尔芬斯顿学院。这一东一西两所大学，标志着印度现代教育的开始。雅利安社于1886年在拉合尔建立了达耶难陀–盎格鲁吠陀学院，后又在哈德瓦尔建立了朱尔库拉大学。此外，雅利安社亦开设了许多高级中学、中等学校、小学、女子学校和夜校。马哈拉施特拉地区的改革社团祈祷社，还开办了许多星期日学校、自由阅览室、图书馆以及各种夜校，专门向下层群众开放。

原来的印度教育基本上是印度教传统的经院式教育，弟子们聚集在老师家里或在各种"阿室拉姆"(ashram，可译为"道院"或"书院")中，用梵文讲课，传授的只是宗教经典与吠檀多哲学等，根本没有现代意义的学校，也不讲授现代科学文化知识。虽然英国人入侵后也开设了一些新式学校和教会学校，但它们只是为英国殖民者和印度上层人士服务的，普通百姓并无上学的机会。

在19世纪的宗教改革运动中，改革社团建立了大量的新式学校，为广大下层群众提供了上学的机会。这应当说是一场教育革命，对于印度教育的现代化，对于传播和普及科学文化，培养具有先进思想的青年一代都起了十分重要的作用。

第四，打破种姓藩篱，促进社会平等。种姓制度不仅是印度教肌体中的一颗毒瘤，而且也是印度社会进步的严重障碍。正统印度教把低种姓者和贱民排斥在宗教活动之外，不许他们学习和诵读经典，参拜神庙，参加祭祀仪式。低级种姓者和贱民在社会生活的各个方面都受到极大的歧视，他们不能与高级种姓通婚、同桌进餐，甚至不能从同一口井里取水。由于种姓制度在印度教社会中根深蒂固，要对它进行改革，阻力巨大，十分艰难。但是，宗教改革家们冲破了种种阻力，坚决批判种姓制度给社会带来的危害，终于从不同的角度对它进行了大胆的变革。例如，罗姆・摩罕・罗易反对种姓的限制，规定任何种姓的人都可以加入梵社，任何人只要行为端正、笃信宗教，都可以出入于梵社会堂，不受歧视。以喀沙布・钱德拉・森为首的印度梵社批判种姓歧视，主张婆罗门不要佩戴圣线（高级种姓的一种重要标志），以促进不同种姓者的平等交往，并且积极吸收低级种姓者参加梵社的工作。在批判种姓制度方面，雅利安社的表现尤为突出。达耶难陀宣称，现行的种姓制度是与古代"瓦尔那"制度和吠陀精神相违背的，必须加以废除。他主张，不应当根据人们的出身和血统来划分等级，而只能根据知识和品德来定其高下。因此，他在自己的社团中打破了种姓的界限，大量吸收低级种姓和贱民参加，致使雅利安社能在广大群众中扎根。1900年，雅利安社还有两个派别联合起来发动了一场改革种姓制度的运动，宣布低级种姓也可以佩戴圣线，可以与高级种姓通婚和一起进餐，等等。

印度教改革家对种姓制度的批判和变革，是对传统观念和封建等级制度的巨大反抗和冲击。虽然这种冲击才仅仅开始，还不足以彻底动摇根深蒂固的种姓制度，但是它却在某种程度上提高了低级种姓的权利和地位，促进了社会的平等和进步。

第五，激发人民爱国热情，为民族主义运动做了思想上的准备。国际知名学者A. L. 巴沙姆主编的《印度文化史》一书，在评价19世纪印度教改革运动时指出："19世纪的改革运动不同于以往的印度教改革，它具有一系列新的特征。它与政治运动紧密结合，因而试图影响政治权力、行政和立法。这一政治运动迅即成为全印的民族主义运动，改革也就获得了一种民族主义气息和全印的规模。”[①]显然，19世纪的印度教改革运动绝不是单纯的宗教运动，而是与当时的社会政治紧密相连的。在英国殖民统治的背景下，改革家们还利用各种宗教手段启发人民的爱国主义情感，增强民族的自尊心和自信心，从思想上和组织上为以后的民族主义运动做了准备。在这方面，达耶难陀表现得非常明显。他经常用隐喻对殖民主义的统治进行批评，希望印度早日从外国统治者的枷锁中解放出来。他不止一次地告诫自己的信徒们：“不能让外国人统治我们的国家，不要使我们丧失自己的独立。”[②]新毗湿奴运动领导人般吉姆·钱德拉·查特吉宣称爱就是毗湿奴教派信仰的基础，并且把“爱祖国”作为信徒最基本的义务，从而把爱国主义教育与宗教改革运动结合起来。维韦卡南达的民族主义与爱国主义宣传也对印度民众产生了很大的影响。他一再宣传要建立一种“能给我们自信、给我们民族自尊”的宗教，批评英国殖民者大量掠夺印度财富，造成了印度的贫困，经常号召印度人民要用战斗去“反对罪恶”，等等。总之，改革家们的这些宣传大大激发了印度人民的民族自信心和爱国主义热情，为20世纪民族独立运动的兴起做了思想上的准备。

另外，改革运动还从组织上为民族主义运动做了准备。20世纪初印度民族主义激进派的领袖中就有一些人来自宗教改革社团。孟加拉激进派领导人贝平·帕尔曾经是大众梵社的社员，旁遮普激进派的领袖拉吉帕特·拉伊在参加民族运动前，也曾是雅利安社的领导人。在孟加拉和旁遮普，梵社和雅利安社的许多成员都参加了以后的民族运动，并且成为骨干。新毗湿奴运动的领导人中，后来也有许多人成为民族主义秘密革命组织的成员。可以说，宗教改革运动实际上已经成为培养民族运动领袖和骨干成员的大学校。

总之，19世纪的印度教改革运动不仅是一场启蒙思想运动，而且也是一场社会改革运动。它批判了中世纪的宗教神学，解放了人民的思想观念；破除了愚昧的封建陋习，提高了妇女的权利；打破了种姓的藩篱和歧视，改善了低级种姓和贱民的地位；开办了大量的新型学校，传播了现代科学文化知识和理念。所以，它在改变印度社会陈腐落后的状态、促进社会平等与进步、振奋民族精神、提高人民的爱国主义和民族自信心等方面，都建树了不可磨灭的历史功勋。

---

① ［印］A.L.巴沙姆主编，闵光沛等译：《印度文化史》，北京：商务印书馆，1997年版，第538页。

② 达耶难陀：《雅利安社守戒》，拉哈尔，1914年版，第214页。

第十九章

印度的觉醒与民族独立运动

从19世纪70年代起，印度民族独立运动逐步兴起。民族运动的兴起标志着印度人民的真正觉醒，此后经过几代人的艰苦奋斗，他们终于在1947年摆脱了英国殖民主义的枷锁，赢得了自己的解放，实现了民族的新生。在争取独立的历程中，许多民族运动的领袖都把印度的传统思想作为一种精神武器，利用宗教在广大教徒心目中的影响力和凝聚力，去发动民众，团结民众，激励民众投入民族独立斗争，为祖国的解放而献身。因此，民族运动中涌现出的许多民族主义理论和政治学说都与传统宗教文化有着密切关系。这一方面说明印度传统文化在民族解放运动中所起的重要作用，另一方面也反映出传统文明在现代社会的走向和发展趋势。

一、印度民族独立运动

印度民族独立运动经历了一个长期而艰苦的发展过程。这一过程大体可以划分为3个阶段:（一）19世纪70~90年代，国大党温和派领导人居于运动主导地位的时期;（二）19世纪90年代~1920年，国大党温和派与激进派争夺运动领导权的时期;（三）1920~1947年，圣雄甘地掌握运动领导权的时期。

（一）国大党温和派居于运动主导地位的时期

19世纪以来，印度民族工业迅速发展，印度民族资产阶级也随之成长起来。民族资产阶级的壮大，使他们与英国殖民统治者的矛盾和斗争日益尖锐起来。为了争取政治上的合法地位和民族工业的发展空间，印度各地的资产阶级建立了许多民族主义的地方组织，并通过这些组织表达他们的政治要求，其中包括1851年加尔各答成立的“英属印度协会”（简称“英印协会”）、1852年孟买建立的“孟买协会”、马德拉斯成立的“马德拉斯士绅会”、1870年马哈拉施特拉地区建立的“浦那人民协会”、1876年孟加拉地区建立的“印度协会”等。这些地区性组织都是分散的，各自开展活动，如要求改革殖民地税收制度，提出扩大印度人的参政权利等。

到19世纪70年代，印度民族主义的活动才真正形成一场政治运动。当时，各地的民族主义组织在纷纷提出各种政治和经济要求的同时，也开始通过报刊进行大量的宣传鼓动工作。在这种宣传鼓动中，民族运动早期著名领袖达达拜·瑙罗吉和摩诃提婆·戈文德·罗纳德起了非常突出的作用。他们通过各种演讲和著述，揭露了英国殖民统治的本质，把印度资产阶级的民族主义要求理论化，为以后民族运动的开展奠定了思想基础。瑙罗吉提出一种著名的理论，即“财富外流论”或称“经济涸漏论”。这种理论认为，印度的贫困完全是由于英国殖民者的经济掠夺，印度的财富源源不断地外流到英国而造成的。如果说以往的入侵者只是一时的掳掠，而英国人的统治则是长期的压榨和持续的掠夺。罗纳德也和瑙罗吉一样，认为英国的殖民剥削是印度贫穷和经济落后的根本原因。但是他主张，问题的关键不是财富外流，而是英国人压制印度工业的发展。因此，他提出“工业振兴论”，主张在英国的保护和合作下，迅速发展民族工业，改变原料输出国的地位，发展农村信贷，建立农村工业，等等。

七八十年代的政治鼓动促进了印度民族运动的发展，各地分散的民族主义组织纷纷要求建立全国性的统一组织。在这种形势下，1885年国大党在孟买宣告成立。国大党的建立，标志着印度民族主义运动进入了一个新的阶段。国大党作为全国性的政治组织的重要意义在于，它开始使民族运动由分散走向统一，由地区性运动发展成全国性运动。

国大党建立之初，它的领导权掌握在一批民族主义改良派的人物手中，由于他们对英国殖民统治采取温和的改良态度，因此被人们称为“温和派”。温和派的主要代表人物，除了孟买的达达拜·瑙罗吉和浦那的戈文德·罗纳德外，还有孟加拉的苏伦德罗那特·班纳吉和浦那的高帕尔·克里希那·郭克雷。他们一方面揭露殖民主义者对印度的政治压迫和经济掠夺，提出一系列政治和经济的改良要求：改变政府高级职位由英国人垄断的现象，增加印度人在政府任职的名额；降低税收，减少殖民地贡赋和行政、军事开支；发展民族工业，实行保护关税，等等。但另一方面，他们又对英国抱有幻想，试图在英国的保护下发展民族工业，争取民族的平等权和参政权。所以，在他们的领导下，国大党初期的活动脱离了广大民众，仅限于在报刊上展开宣传，向英国议会提交请愿书，以及每年召开国大党年会，议论政局，通过决议而已。

（二）国大党温和派和激进派争夺运动领导权时期

19世纪90年代，国大党内部出现了一股新兴力量。一批激进的小资产阶级民主主义者加入党内，使其面目发生了巨大的变化。这批民主主义者反对国大党领导人保守的改良主义政策，主张对英国殖民统治采取坚决斗争的态度，因而被人称为“激进派”或“极端派”。激进派的代表人物主要来自三个地区：马哈拉施特拉地区的巴尔·甘伽达尔·提拉克，孟加拉地区的贝平·钱德拉·帕尔和奥罗宾多·高士，旁遮普地区的拉拉·拉吉帕特·拉伊。他们批评国大党领导人的行动是“政治空谈”或“政治乞讨”，不可能领导国大党争得民族的权利。他们对殖民主义者不抱幻想，认为“英国人的爱国主义就是掠夺别国而养肥自己”；要求完全摆脱殖民统治，恢复印度独立，提出“建立共和国”；主张以斗争的精神教育群众，唤醒民族自尊心，动员广大民众参加反英斗争。

19-1 巴尔·甘伽达尔·提拉克

在这批人中，提拉克是最杰出的代表。1895年4月，他在自己主办的《狮报》上发表文章，提出了“司瓦拉吉”，即印度“自治”的口号。这是印度第一次提出自治的口号，具有重要意义。为了实现印度自治，提拉克还大力宣传印度教，利用印度教去教育和发动民众，以提高印度人民的斗争意识和民族自尊心。

20世纪初，国大党内部开始分化为两派：以瑙罗吉和郭克雷为首的“温和派”，主张通过议会的合法斗争实现民族的要求和社会改良；以提拉克为首的“激进派”，主张通过群众性的政治斗争来实现印度的完全自治。1905年，在国大党年会上，提拉克发言强调争取“司瓦拉吉”的必要性，但是会议没有通过这个决议。年会期间，各地的激进派领导人第一次举行自己的会议，交换观点，统一策略，决定联合起来为实现“司瓦拉吉”而奋斗。从那时起，全国的激进派建立了紧密的联系，成为国大党内的一个正式的派别。而国大党的领导层及其拥护者则被称为温和派。1906年，在加尔各答举行的国大党年会上，提拉克与奥罗宾多等人合作，说服了温和派领导人，使大会通过了争取印度自治的正式决议。提拉克宣传10年之久的“司瓦拉吉”的要求，终于成为国大党全党共同奋斗的政治纲领。

19-2 郭克雷

1905~1908年，孟加拉人民开展了声势浩大的反“分割”斗争，这个斗争受到了全国人民的支持和声援，从而使印度民族主义运动出现了第一次高潮。在这次运动中，各地的激进派领导人都起了十分重要的作用。在孟加拉，贝平·帕尔和奥罗宾多成为群众运动的公认领袖。他们不仅利用报刊，积极宣传抵制英货和反对分割孟加拉的法令，而且派人到工人和农民中间去，鼓动工农大众参加反英斗争。马哈拉施特拉和旁遮普的激进派也采取各种措施，发动工农，支持孟加拉的斗争。1905年由孟加拉兴起的反分割斗争，很快就发展成为全国性的抵制英货和自产运动。在许多城市，堆积如山的英国纺织品和烟、糖、盐都被当众焚烧，浓浓烈焰伴随着群众的欢呼声冲向蓝天，十分壮观。激进派组织起来的民众运动，对英国殖民统治造成巨大的冲击。1907年，国大党温和派领导人认为激进派发动群众的斗争太过火，因而在苏特拉年会上利用事端，将激进派排除出国大党，致使两派分裂。1908年，殖民当局开始镇压群众运动，矛头直指国大党激进派，激进派领导人相继被捕。同年7月，当局以“煽动叛乱”罪逮捕了提拉克，判其6年徒刑。在审讯期间，孟买10万工人举行大罢工，要求释放提拉克。

1908年，印度第一次民族运动高潮虽然被殖民当局镇压下去，但是它标志着印度民族的真正觉醒。这场运动的历史意义在于：印度人民开始把“司瓦拉吉”作为奋斗的目标，全国亿万民众被动员起来，投入到争取民族自治的斗争之中；原来改良主义的议会斗争方式，被大规模的群众斗争所取代。在这场斗争中，国大党激进派起了重要的推动作用。

1908年以后，民族运动进入低潮。国大党内部两派要求统一的呼声逐渐强烈。1914年6月，提拉克结束6年铁窗生活回到浦那，受到民众的热烈欢迎。此后，他又投身于民族斗争。1916年，在提拉克的呼吁和努力下，国大党温和派和激进派在勒克瑙会议上终于实现了统一。从这次会议以后，提拉克成了国大党最孚众望的领袖，他的政治主张也被国大党全党所接受。他领导国大党一直到1920年他去世为止，这段历史时期有人称之为“提拉克时代”。

（三）甘地掌握运动领导权的时期

1915年初，在南非居住了20年，从事律师工作并成功领导了当地印度人反对种族歧视斗争的甘地返回印度。他在那里积累了丰富的斗争经验，创立了“坚持真理”学说和非暴力的斗争方法。回到祖国后，经过一段时间熟悉情况，他开始活跃在国大党的政治舞台上，成为民族运动的著名活动家。他力图把在南非积累的斗争经验运用到印度的民族运动中。

1919年3月，甘地领导印度人民进行的反对罗拉特法的斗争，就采取了非暴力不合作的方法。他号召全国举行一天总罢业，各行各业都停止工作，举行祈祷和绝食，来反对邪恶的法律。这个号召得到了全国各地的热烈响应，收到了超乎意料的效果，因而甘地的非暴力不合作方法受到了人们的赞许。1920年9月，国大党在加尔各答特别会议上，经过激烈辩论，通过决议接受了甘地的非暴力不合作斗争策略，并把不合作运动作为实现司瓦拉吉的方法。同年12月，国大党在那格浦尔年会上正式通过了不合作案。国大党接受非暴力不合作的策略，就意味着接受甘地的领导。从那时起，甘地便登上国大党的领导地位，成为印度民族运动最具权威的领导人。

在甘地的领导下，印度举行了三次声势浩大的非暴力不合作运动，大大促进了民族独立的进程。

1920~1922年开展了第一次非暴力不合作运动。1920年，在国大党加尔各答和那格浦尔的两次会议上，甘地都郑重宣布，只要全党认真贯彻他提出的非暴力不合作计划和开展手纺等建设性工作，印度在一年之内就可以获得“司瓦拉吉”（意为“自主”）。甘地的号召得到了全党的响应，非暴力不合作运动便迅速开展起来。所谓“不合作”，就是不与英国殖民政府合作，在各个方面抵制政府的活动。例如，放弃殖民政府授予的各种头衔，放弃在政府内的各种职位，抵制法庭，抵制公立学校，抵制英货，等等。1921年，不合作运动在印度各地蓬勃发展，尤其是抵制英货运动给殖民政府造成巨大的经济损失。与此同时，甘地倡导的手纺运动也在全国展开。手纺运动纺出了农民的自尊、自助、自爱、自强精神，对发动农民参加争取民族权利的斗争有巨大的推动作用。1921年下半年，殖民当局开始镇压运动，逮捕了一些领导人。为了抗议殖民政府的行为，国大党根据甘地的建议决定开展文明不服从运动，即实行抗税斗争。正当抗税斗争即将开始的时候，1922年2月5日，在联合省的一个名为曹力曹拉的小村庄，发生了一起暴力事件：愤怒的农民放火烧死了22名警察。甘地得知这个消息后，不顾别人的反对，决定停止开展不服从运动。第一次不合作运动遂自行中止。

1930~1933年，甘地领导了第二次非暴力不合作运动。1930年1月26日被国大党定为“印度独立日”。在这一天，印度各大城市和农村都举行了大规模的群众集会和游行，高呼“独立万岁”、“非暴力不合作是我们的道路”等口号。看到群众的斗争积极性空前高涨，甘地决定开展第二次非暴力不合作运动。这次运动主要采取不服从的形式，故又称为“文明不服从运动”。当时，殖民当局实行着严格的食盐专卖法，不允许印度人自己制盐。甘地把不服从食盐法作为运动的突破口。1930年3月12日，他亲自带领78名真理学院的学员，从萨巴萨里真理学院出发，步行前往海滨村庄丹地，全程约386千米。4月6日，甘地等人到达丹地海边，捡起盐块，向全国人民表示他们敢于破坏殖民政府的食盐法。这就是历史上著名的“食盐进军”，此后便开始了全国性的不服从运动。各地的不服从运动与抵制英货运动结合起来，声势浩大，对殖民政府构成巨大威胁。不久殖民当局开始残酷镇压，5月4日逮捕甘地，6月宣布国大党为非法，后逮捕国大党各级领导者数千人。1931年1月25日，为了缓和局势，印度总督下令释放甘地和国大党工作委员会的成员，并且撤销禁止国大党开会的命令。当时，由于殖民当局的持续镇压，运动的势头已有所减弱。为了使当局停止镇压，3月5日，甘地与总督欧文进行谈判并达成协议，即“甘地-欧文协定”。该协定规定：中止不服从运动，政府停止镇压，并释放全部政治犯。此后，不服从运动暂时停止。1932年1月2日，在甘地的要求下，国大党工作委员会举行会议，决定重新恢复不服从运动。随后，殖民当局又进行了空前的大镇压。1月4日，甘地再次被捕。在接下来的4个月中，就有8万群众被捕入狱，这足以说明当时运动的规模相当大，群众已被广泛地发动起来。1933年8月23日，甘地被释放，他宣布停止个人不服从一年。实际上，全国的不服从运动也到此结束。

1940~1942年甘地领导了第三次非暴力不合作运动。第二次世界大战爆发以后，英国人在没有与印度进行任何磋商的情况下，就把印度拖入了战争。印度人民对此非常愤怒，他们开展了持续不断的反英反战活动。1940年10月17日，甘地宣布开始实行反战的文明不服从运动。这次运动提出的目标有限，只是反战，不服从殖民当局限制发表反战言论的法令，争取宣传反战的自由权。甘地在这次运动中并没有大规模地发动群众，只是采取“个人不服从”的形式。例如，首先由一个人发表反战言论，这个人被捕后再由第二个人继续，这样一个一个地进行。由于没有广大群众参加，到了1941年这场运动的势头就逐渐减弱了。1941年12月，太平洋战争爆发，日本侵略军向东南亚进军，占领了英国的殖民地新加坡和马来亚，并进入缅甸。在这种形势下，英国人一方面迫切需要印度的全力支持，而另一方面又完全拒绝了甘地和国大党提出的印度独立的要求。英国人的态度迫使甘地和国大党采取最后的行动，即开展更大规模的不服从运动，把英国人从印度赶走。1942年8月8日，国大党在孟买召开会议，通过了甘地起草的要求英国退出印度的决议。这就是著名的“退出印度”决议，这个决议宣布动员全国一切力量，开展最广泛的不服从运动，以实现英国退出印度的目标。殖民当局对此非常恐惧，旋即于8月9日开始大逮捕行动。在这一天，他们逮捕了包括甘地、尼赫鲁、巴特尔在内的148位国大党领导人。8月9日的大逮捕，激起了印度的一场猛烈的反英风暴。全国许多城市，如孟买、德里、浦那、阿拉哈巴德都爆发了大规模群众游行示威，罢业、罢市、罢工的行动在各地纷纷展开。有人称这场风暴为“八月革命”。由于甘地和国大党其他领导人的被捕，整个运动缺乏集中统一的领导，因而群众性的自发斗争没有维持太久，进入1943年以后便逐渐趋于消沉。

1945年，第二次世界大战结束。世界反法西斯战争的胜利，大大鼓舞了亚非被压迫民族争取民族独立的斗争。战后，印度人民的反英斗争日益高涨。仅1945年一年，印度各地工人进行的罢工就有800多次，参加者往往达七八十万之众。这些罢工不仅有经济要求，而且带有政治色彩，许多集会和游行都喊出了“印度独立万岁”、“英国人滚出印度”等口号。1946年2月，在孟买爆发了著名的印度海军起义。由于英国军官长期对印度士兵实行种族歧视，孟买的印度水兵首先掀起了反歧视，争平等的斗争。不久，这种斗争就转化为武装起义。孟买海军起义的消息迅速传遍全国，加尔各答、马德拉斯和卡拉奇等地的印度海军纷纷宣布支持，影响波及整个印度海军。与此同时，孟买20万工人也举行了总罢工，支持起义水兵。孟买海军起义标志着印度民族运动已经扩展到军队，英国殖民统治的大厦已经从根基上发生了动摇。在这种形势下，英国政府不得不接受印度民族独立的要求。同年3月，英国首相艾德礼在议会下院宣布：准备承认印度独立。1947年8月，根据蒙巴顿方案，英国政府交出在印度的统治权。8月14日，巴基斯坦自治领正式成立；8月15日，印度自治领正式成立。从此，印度人民获得了真正的宝贵的独立。

在印度争取民族独立的过程中，民族运动的许多领袖，如提拉克、奥罗宾多、甘地等都把印度教作为一种思想武器，借助印度教在广大民众中的影响，去动员群众，教育群众，以争取更多的群众投入到民族解放的斗争之中。他们有的重新解释印度教的古老经典，赋予它新的精神或含义，以鼓励印度教徒为祖国的自由而献身；也有的把印度教的古老教义加以改造，再与西方思想相结合，创造出某种新的学说，把它作为指导人民进行斗争的原则。总之，印度教与民族独立运动有着密切的关系，曾在民族运动中发挥过重要作用。

二、提拉克的“司瓦拉吉”论与印度教

提拉克（Bal Gangadhar Tilak，1856~1920年）是印度民族独立运动的重要领袖，国大党激进派的杰出代表。是他第一个提出了“司瓦拉吉”的口号，是他组织和推动了20世纪初印度第一次民族运动高潮，也是他利用印度教发动广大民众，使民族运动由少数上层人士的改良运动转化为轰轰烈烈的群众性政治运动。应当说，他对印度的民族独立做出了不可磨灭的贡献。

提拉克的一生是战斗的一生。1856年7月23日，他出身于马哈拉施特拉的一个婆罗门种姓家庭，父亲是教师。他的家乡是富有反抗传统的马拉塔人的居住地。他从小就受到爱国主义和民族反抗精神的熏陶，1880年在浦那德干学院毕业后，便积极投入政治和社会活动。他在浦那创办了一所中学——“新英语学校”，同时创办了两份报纸——马拉提语的《狮报》和英语的《马拉塔人报》。由于他的报纸积极宣传爱国主义思想，因此在西印度群众中有重要影响。1897年，因进行反英宣传，殖民当局把他拘捕起来，判处一年半徒刑。在狱中，他写了《吠陀中的北极之乡》一书。在1905~1908年的民族运动高潮中，提拉克始终站在斗争第一线，积极鼓动和领导群众的反英斗争，并把争取印度自治作

为民族运动的政治目标。1908年7月，殖民当局以“煽动叛乱”罪将他逮捕，判处6年苦役，并把他移送到缅甸服刑。在狱中，他进行梵文研究，写成了《薄伽梵歌的奥秘》一书。他用新的精神重新解释印度教经典《薄伽梵歌》，旨在鼓励印度教徒不怕牺牲、积极行动、英勇投入反英斗争。1914年出狱后，他继续参加民族运动，在他的斡旋下促成了国大党两派的统一，以及国大党与穆斯林联盟的联合。1916年他发起并建立了“印度地方自治同盟”，1920年又组织了“国民大会民主党”等。他于1920年8月因病去世。

提拉克是印度民族主义运动激进派的领袖。他的民族主义学说——“司瓦拉吉”论是很有代表性的。其主要内容包括争取民族自治，发展民族工业，倡导民族教育，动员广大民众投身民族运动；在斗争方式上提倡消极抵抗，但不排除暴力斗争的可能。

提拉克从1885年国大党一成立就参加了它的活动，但是他对国大党领导人的改良主义路线极为不满，认为在英国人统治下进行某种改良是不可能获得真正民族权利的。因此，1895年他在《狮报》上发表文章，第一次提出了“司瓦拉吉”的口号。“司瓦拉吉”（Swaraj）一词系印地语音译，意为“自主”。提拉克提出印度要争取“司瓦拉吉”，就意味着印度要摆脱殖民主义的枷锁，获得“自治”、实现“自己管理自己的权利”。“司瓦拉吉”的口号并没有马上被国大党接受，但是经过提拉克十年的宣传和努力，国大党最终在1906年年会上通过决议，决定把“司瓦拉吉”作为全党的政治纲领。此后，印度自治才成为全国民族运动奋斗的目标。提拉克还为印度的未来设计了一个美好的蓝图。他认为印度自治之后应当建立一个“印度联邦共和国”，有行政权、司法权和关税自主权。在这个共和国中，各族人民应当享有充分的自治权，享有言论、出版、集会、结社等基本自由。

他主张，印度要真正获得自治，就必须发展自己的民族工业。印度贫穷的主要原因，在于英国的商品源源不断涌入印度，瓦解了印度的工业和农村手工业。因此，他坚决主张开展“司瓦德希”（Swadesh，意为“本土”和“自产”）和“抵制英货”运动。他把“司瓦德希”和“抵制英货”看作实现印度自治的必要条件。所谓“司瓦德希”，就是印度人需要的一切商品，都应当由印度人自己生产；印度应当多开办工厂，多生产产品，以满足人民的需要。为了发展民族工业，提拉克号召印度的有钱人以民族大义为重，多拿出钱来开办工厂。他把印度人开办工厂视为爱国主义的表现。

他认为，发展民族教育，培养一代新人是实现印度自治的重要方面。在他看来，英国人在印度建立的各种西方式的学校和基督教会学校对印度的未来是有破坏性的，因为它们培养出来的都是洋奴。这些人名义上是印度人，而实际上却忘掉了印度的光荣历史和丰富的文化遗产。因此，他主张建立民族学校，教授民族语言，加强传统文化和爱国主义教育，培养出一代具有自力更生精神，能够开拓印度未来的青年人。

提拉克力主发动广大民众参加反英斗争。他反对国大党温和派领导人那种空谈政治，脱离群众的态度。这些温和派领导人看不到民众的力量，认为工农群众是愚昧的，没有资格谈论政治，因此他们的活动仅限于少数人开会、议论、发请愿书等，根本不去接触和发动下层群众。与这些人相反，提拉克一开始就主张民族运动应当是有广大群众参加的运动，国大党应当成为领导亿万群众进行斗争的组织。在他看来，不发动工农大众，只靠少数人的奋斗，是不可能实现“司瓦拉吉”的。因此，他不仅在报刊上积极宣传鼓动，而且派出许多激进派的骨干深入到工厂农村，接触工农，了解工农的疾苦，对他们进行爱国主义宣传，动员他们参加反英斗争。1908年，为了抗议殖民当局对提拉克的逮捕，孟买举行了长达6天的10万工人大罢工。这一事件生动地说明，激进派领导人发动民众的策略产生了非常好的效果，也说明当时印度的工人阶级已经具有相当的觉悟。

在斗争方式上，提拉克与温和派领导人也有重大分歧。温和派主张通过和平的议会斗争方式来获得某些民族权利，提拉克认为这是一种“政治乞讨”，不可能从英国人那里获得什么权利。他主张，要想实现印度自治，必须广泛发动群众，形成大规模的群众性政治运动，给英国殖民政府造成强大的压力，迫使他们做出让步。1905年，他在国大党激进派的一次会议上，提出了消极抵抗的思想。所谓消极抵抗，就是发动群众采取非暴力的形式进行反英斗争，例如罢工、罢市、抗税、不替英国人做事，等等。与此同时，他也并不排除进行暴力斗争的可能性。他公开宣传说：“如果窃贼进入我们的房屋，我们手中没有足够的力量把他们驱走，那么我们就必须毫不犹豫地把他们关在屋内，把他们活活烧死。”[①]在1905~1908年民族运动高潮中，提拉克非常关心秘密组织的建立和武装起义的准备，并且亲自参加了一些有关的活动。

提拉克的民族主义的核心是“司瓦拉吉”——印度自治，那么，如何实现

① 转引自黄心川著:《印度近现代哲学》，北京：商务印书馆，1989年版，第114~115页。

自治呢？在他看来，印度要实现自治，就必须唤起广大民众的民族自尊心和爱国热情，鼓动他们投入民族斗争的行列。对于提拉克来说，关键问题就是如何发动群众，如何把那些贫穷落后、没有文化的下层群众动员起来。为了解决这个问题，他把目光集中到宗教上。他看到了印度教在民众中的神圣地位和影响力，因此便将印度教作为思想武器，去教育、团结和动员广大群众。

首先，在浩瀚的印度教经典中，提拉克选择了《薄伽梵歌》作为教育群众的理论武器。他赞扬《薄伽梵歌》是世界上最重要的著作，它不仅是印度“吠陀宗教之树上所结的最甜蜜而不朽的果实”，而且也包含了“东西方一切形而上学和伦理的原则”，如佛陀、孔子、苏格拉底、康德、尼采的原则。《薄伽梵歌》是史诗《摩诃婆罗多》中的一部插话，描述的是黑天大神与般度族首领阿周那在战场上的一番对话。阿周那率领大军与俱卢族的军队对阵，面对厮杀，他见敌阵中有许多自己的亲友和师长，便产生恻隐之心，无心再战。这时，化身为阿周那驭手的黑天大神与他展开一番对话，教导他不应考虑个人的荣辱得失，只有坚定不移地履行自己的天职，才是对神的忠诚，才是最高尚的行为。在黑天的教导下，阿周那终于抛弃个人私情，以武士的天职为准则，英勇作战，打败了俱卢族。以前的印度教哲学家们在解释《薄伽梵歌》时，都回避黑天主张行动，主张为正义而战的教导，而去宣扬经典中那些主张消极遁世的伦理道德和瑜伽思想。与他们相反，提拉克在解释《薄伽梵歌》时，所强调的，正是为真理和正义而积极行动、忘我战斗的思想。他明确指出：“我与所有注释者不同。我认为，《薄伽梵歌》教导人们要在这个世界上采取行动。”“积极行动应当成为我们行为的准则。”[①]另外，印度教思想家一般宣扬的是：任何人要想获得真正的解脱，就必须超凡遁世，抛弃一切尘世的欲望，远离现实社会才行。而提拉克却反对这种观点，主张在现实社会上为世人服务，就是为神的意志服务，就可以达到解脱。他在《薄伽梵歌的奥秘》中说：“如果一个人寻求与神相结合，他必须也寻求与他周围的世界相结合，并为这个世界工作；如果不是这样，他和神的结合就是不完善的，因为在三个因素中只有两个因素（人和神）的结合，而把第三个因素——世界遗忘了。……为世界服务，同样也是为神的意志服务，这是最可靠的解脱之道。这种解脱只有在这个世界上才能达实现，而不是抛弃这个世界。”[②]他还说，人们行动的目的，是“为了最大多数人的最大利

① 《提拉克著作和言论集》，马德拉斯，1922年版，第260~261页。

② ［印］提拉克：《薄伽梵歌的奥秘》，浦那，1935年版，第xxvi页。

益——普世和谐中的人类联合”[1]。

提拉克通过对《薄伽梵歌》的解释，宣扬积极行动，“为世界服务，就是为神服务”的思想，其目的是要改变传统印度教悲观厌世、逃避现实的观念，鼓励广大教徒为祖国的独立积极行动起来，投身于民族解放的斗争。《薄伽梵歌》是印度教徒心目中的圣典，家喻户晓，妇孺皆知。一旦印度教徒认识到《薄伽梵歌》教导他们为祖国而战就是为神服务，就可获得解脱，那么他们就会产生无比的宗教激情，毫不犹豫地为神去英勇战斗和献身。提拉克就是借助《薄伽梵歌》的这种巨大影响力，来鼓动和教育民众的。

其次，提拉克利用印度教观念论证“司瓦拉吉”，使民族主义政治纲领与宗教道德理想结合起来。在他看来，印度民众的政治和社会活动都是靠某种信仰的力量来维持和推动的。因此，在印度这个国度，政治离不开宗教，任何政治活动最终都是为了实现民族的“达摩之治”（Dharmarajya），所谓爱国主义、民族主义、民族自治等都属于宗教的“达摩”或宗教的神圣职责。什么叫“达摩”？“达摩”是印度教教义中的核心概念，它的基本含义是“支持”、“支撑”、“维持”，后转化为“本质”、“本性”、“法则”等。从哲学的角度看，它表示“支持事物存在的内在法则”、“万事万物固有的本质”等；从道德的意义上看，它是表示“人必须履行的道德准则或社会义务”。所谓“达摩之治”，就是用印度教的道德伦理法则来治理国家或社会。为了使广大群众易于理解和接受民族主义的纲领——“司瓦拉吉”，提拉克把这个词与印度教的“达摩”联系起来，用“达摩”来论证“司瓦拉吉”的重要性。他说，“司瓦拉吉就是我们的达摩”，“没有司瓦拉吉，我们的人生目的和我们的达摩都无法实现”[2]。为此，他从政治、道德、精神3个方面解释“司瓦拉吉”这个词。从政治上说，它表示自主、自治、印度人自己管理自己的国家；从道德上说，实现印度自治乃是广大印度教徒必须履行的宗教义务和天职，如果不能达到自治，他们就无法实现道德的最高准则；从精神上说，实现自治还是印度教徒所追求的精神目标，只有达到自治，他们才能获得真正的内在的精神自由。

“达摩”是一种深入人心的观念，提拉克用这种观念来解释和论证“司瓦拉吉”，就是要使民族主义的政治纲领深入人心，鼓动印度教徒像履行宗教义务那样去为民族的自治而英勇奋斗。

---

① 提拉克：《薄伽梵歌的奥秘》，浦那，1935年版，第699页。

② ［印］S.巴帕特编：《提拉克著作与言论集》，浦那，1926年版，第333页。

另外，提拉克还发起象头神节的庆祝活动，以团结和教育广大印度教徒。象头神是印度教中一个有名的神祇，传说它具有巨大的力量和强健的记忆能力，能够解决各种难题，排除各种障碍和险阻。因此，它被人们视为力量和智慧的象征。本来，象头神节在印度教中也是个普通节日，一般都只在家里进行祭祀，而不采取公共庆祝的方式。但是，提拉克却选中了象头神，认为它代表神的力量和智慧，能够帮助人民克服前进路上的艰难险阻，创立伟大的事业。因此，他从1893年起就在马哈拉施特拉地区发起了庆祝象头神节的活动。他把这个节日搞成大型的、群众性的喜庆活动，一年一度，持续10天。节日期间，组织各种各样的活动，包括文艺演出、宗教讲演、学术讨论、娱乐活动、游行集会等。所有的印度教徒，不分种姓、性别和贫富，都可以参加。没有几年，象头神节就成了马哈拉施特拉地区规模最大的群众性活动，后又扩展到全国各地。提拉克组织这样的活动，其目的就是要通过民众喜闻乐见的形式，宣传民族传统文化，增强民众的爱国主义和民族自豪感，同时也通过这种形式把广大民众联系和团结在一起。

总之，提拉克就是通过以上各种方法把政治与宗教，把他的民族主义理想与印度教学说紧密地结合起来，利用宗教对群众的吸引力，去发动广大群众投身反英斗争，使民族主义运动从少数人的改良活动转变成声势浩大的群众性运动。

三、奥罗宾多的“精神民族主义”

奥罗宾多·高士（Aurobindo Ghose,1872~1950年）是印度现代著名的哲学家，亦是印度民族主义运动激进派的杰出领袖。他曾在1905~1908年印度民族运动第一次高潮中做出过极为重要的贡献。

19-3 奥罗宾多·高士

1872年8月15日，奥罗宾多出身于加尔各答。7岁时父亲送他到英国读书。1889年毕业于伦敦的圣保罗公学，翌年考入剑桥大学国王学院，学习文学。在校期间，他关心祖国前途，热心政治活动，曾参加印度学生组织的秘密团体“莲花剑社”。1893年回国，起初在巴罗达大学任英文教授，后任副校长。不久，他加入国大党，但对它在民族运动中的软弱和妥协却深感不满。他经常发表文章，批评国大党领导人的温和路线和脱离群众的领导方法。1906年，他辞去巴罗达大学的职务，投身于孟加拉人民的反分割斗争，成为孟加拉民族运动的公认领袖。他领导群众公开抵制英货，并组织秘密团体，准备武装斗争。1908年5月，他被殖民当局逮捕，坐牢一年。出狱后仍然出版报纸，发表演说，号召民众进行非暴力斗争。1910年4月，为了躲避英国殖民当局的迫害，他来到印度的法属殖民地——本地治里（今普度治理）。此后，他脱离政治运动，潜心著书立说，创立修道院，希望用印度教的精神哲学来改造社会和人类，最终实现世界大同的理想。

从1893年回国到1910年脱离政治活动，奥罗宾多从事民族主义运动17年。其间，他创办报刊、出版著作、发表文章、到处做演讲，宣传他的民族主义思想。他的民族主义带有浓厚宗教色彩，故历史学家称之为“精神民族主义”，即以印度教的精神哲学和理想为基础的特殊的民族主义。其内容主要包括：

民族主义就是一种宗教。奥罗宾多深知宗教在印度民众中有巨大影响力，因此他认为，把印度人民的宗教热情和宗教精神注入政治中，乃是印度觉醒和复兴的必要条件。他在一次公开演讲中说：“民族主义并不单纯是政治纲领。民族主义是一种宗教，一种来自神的宗教。”[①]在他看来，自由、平等是神赋予人的天然权利，要求民族自治和平等也是神赋予各个民族的天然权利。因此，民族主义也是一种宗教，民族主义运动正是神发起的，是神的呼唤。印度人民争取“司瓦拉吉”的斗争，就是完成神赋予他们的争取自由的使命，就是对神的崇拜和忠诚。他明确指出：爱国主义是“宗教信条”，民族解放是“宗教祭祀”，消极抵抗是“证悟神灵”，为祖国而牺牲就是“解脱的道路”等。这样，他就把民族主义和宗教完全结合在一起，使民族主义宗教化，从而利用神的力量去组织和鼓动群众投入民族主义斗争。

实现自治是印度作为人类精神指导者的必要条件。奥罗宾多认为，印度不仅仅是一个地理实体，而且是一个精神实体。印度文化的基石是精神性。印度的历史使命是在精神方面指导人类，促使人类追求精神完善，在人类的精神发展方面发挥重要的作用。在他看来，西方文化的特点是唯物质论，即一味地追

① ［印］托马斯·潘塔姆、肯奈特·L 戴尤兹编：《现代印度政治思想》，新德里，1986年版，第192页。

求物质财富和物质享乐，而忽视人们的精神追求和道德完善，因而导致社会的不平等、残酷的竞争、野蛮的侵略和战争等。而印度文化，特别是印度教的吠檀多哲学，则正好相反。它轻视物质享受，而注重精神追求，主张人们应当通过不断的瑜伽修行，抛弃各种私欲，净化灵魂，完善道德，真正建立起人与人之间的相互平等，相互尊重，相互和谐的精神境界。既然印度文化有这样的特点，那么印度就应当承担起作为人类精神指导者的使命，以促进人类的精神进化。奥罗宾多认为，这是一项最伟大的事业，但是，印度要实现这一伟大事业，第一步就必须实现自治，只有实现自治以后才能去指导人类的精神发展。因此，自治是印度履行指导人类精神使命的必要前提。他说："不可能出现那样的时候：没有政治的主权，我们就可以重新实现精神的伟大……作为一个自由的公民，如果没有自由和公开的精神活动，那么人类精神完善的计划也将是无效的。"①又说："民族运动的成功，包括政治运动和精神运动的成功，对印度来说都是十分必要的，对于欧洲更为必要。全世界都希望看到，印度将成为一个自由的国家，从而使印度成为她本来的样子。"②这两句话是说，一旦印度成为自由的国家，它就能够恢复历史的尊严，复兴传统文化，承担起指导人类精神进化的历史使命。

祖国母亲就是女神，为祖国献身是对神的最高奉献。奥罗宾多在他的"精神民族主义"中竭力宣扬祖国的神圣性。他把印度比喻成伟大的母亲，英雄的女神。这位女神具有无限的、神圣的"萨克蒂"（sakti，力），这种"萨克蒂"可以把所有的印度人联合起来，团结成一个强大的统一体。什么是"萨克蒂"呢？在奥罗宾多的家乡孟加拉地区盛行印度教的一个教派——性力派，此派主要崇拜各种女神，如难近母（杜尔迦）、时母（迦利）等。他们认为，女神是最高之神，女神的性力，即"萨克蒂"，是创造宇宙万物的源泉，是最神圣的力量。奥罗宾多力图把这种性力崇拜与他的民族主义思想结合起来，把孟加拉人民对女神的崇敬与热爱转变成对祖国母亲的崇敬与热爱，以此鼓动民众投身民族运动。因此，他主张，每一个印度教徒都应当热爱祖国母亲，热爱祖国母亲就是热爱女神，应当在为祖国的服务中感到无限的欢乐，在为祖国的牺牲中感到自豪和骄傲。他说，如果母亲－女神受到别人的欺凌，我们这些信徒们就应

① 奥罗宾多主编：《敬礼祖国报》，1907年8月2日。

② ［印］托马斯·潘塔姆、肯奈特·L. 戴尤兹编：《现代印度政治思想》，新德里，1986年版，第199页。

太阳神庙，奥里萨邦，13世纪

泰姬陵

五车神庙，默哈伯利布勒姆古迹群，
泰米尔纳德邦，7世纪

舞王雕像残部，中央邦，9世纪

西塔尔演奏大师拉维·香卡

锡克教金庙，阿姆利则，旁遮普邦，15世纪始建，1830年重修

锡克教徒的婚礼

喜马偕尔邦的库鲁族人庆祝十胜节

新德里印度门前的卫兵

雪山神女和她的儿子战神室建陀，石雕，中央邦，笈多王朝，5世纪

亚穆纳河女神像，石雕，中央邦，8世纪

印度发达的航天技术

印度河流域文明时期摩亨佐达罗城遗址

印度的动物：独角犀

印度的动物：恒河鳄

印度的动物：孔雀

印度的动物：仙鹤

印度的动物：野驴

印度的动物：大象

印度教寺庙，克久拉霍，中央邦，10~11世纪

印度特有的珠宝首饰

优美的印度舞姿

游方僧人

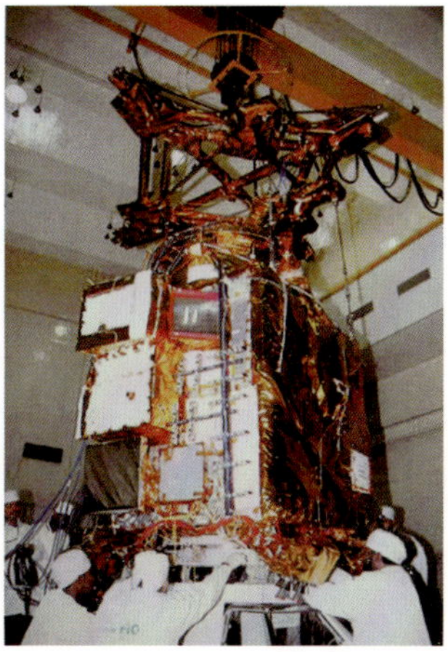

月球飞船一号正在
班加罗尔进行组装

《在高等妓馆里》，石雕，马图拉，
北方邦，贵霜王朝，2世纪

四面湿婆林迦，石雕，马图拉，
北方邦，贵霜王朝，2世纪

街道中随意行走的瘤牛

扎格那特神庙，奥里萨邦，
12世纪

在印度河流域文明遗址发现的所谓“湿婆—兽主”印章

作施无畏印的佛像，那烂陀寺，10～11世纪

奏乐者，石雕，迈索尔，卡纳塔克邦，12世纪

遮娄其风格的难近母神庙顶部，卡纳塔克邦，建于7世纪

当毫不犹豫地为保卫母亲而英勇献身。这种牺牲和献身是最完美的，这种献身的人不仅是政治斗士，而且是宗教圣徒。

奥罗宾多的“精神民族主义”，实质上是一种宗教民族主义，一种把印度教精神哲学与民族主义相融合的政治学说。提拉克只是借助印度教教义来解释和论证他的民族主义，而奥罗宾多则更进一步。他把民族主义直接看作一种宗教，把民族主义完全宗教化了。

四、甘地的非暴力主义和“坚持真理”斗争

甘地（Mohandas Karamchand Gandhi，1869~1948年）是印度现代史上最伟大的人物。他不仅领导印度人民驱逐外国殖民主义者，赢得了民族解放的胜利，而且创立了独具特色的非暴力主义学说，为人类精神宝库留下了一份极其珍贵的遗产。甘地受到印度人民的高度崇敬和爱戴，他在印度人心目中是一位民族大英雄（即“圣雄”）。他甚至受到崇拜，被视为神。

19-4 圣雄甘地塑像

1869年10月2日，甘地出生于今古吉拉特邦的波尔班达尔，父亲在当地的土邦政府做过首相。父母都是虔诚的印度教毗湿奴派信徒，但思想开明，尽力使子女接受现代教育。甘地自幼就是在印度传统宗教、伦理和现代西方教育相混合的环境中成长起来的。1889年他赴英国伦敦大学攻读法学，1891年取得律师资格回国。1893~1914年，他在南非的一家印度商行担任法律顾问。其间，他亲身感受到白人对有色人种的压迫和歧视，毅然领导印度侨民反对南非当局的种族歧视和政治压迫。在这种斗争中，他提出了“坚持真理”和“非暴力抵抗”的学说，并在实践中获得成功，因而赢得广大印度侨民的称颂。1915年，他回到印度并立即投身于民族

解放运动。1920年，他成为国大党的主要领导人，全身心领导印度人民争取民族独立的斗争。在长期的斗争中，他3次被捕入狱，15次绝食，为1947年印度独立做出了杰出的贡献。1948年1月30日，他不幸被印度教极端主义分子所刺杀。

甘地虽为政治家，但他的传统观念和宗教意识相当浓厚。在他看来，政治与宗教是不可分的，离开了宗教，政治就失去了灵魂；而离开了政治，宗教也不能实现任何理想。因此，他一生都力争把政治与宗教结合起来，成为“圣人式的政治家”。甘地在民族运动中所创立的非暴力主义学说，就是政治与宗教相结合的典范。他一直把这种学说当作自己民族主义理论的基础，当作他领导的各种不合作运动和文明不服从运动的指导原则。应当说，这种非暴力学说在鼓动和团结广大民众争取民族独立的斗争中，曾经起过十分重要的作用。

甘地的非暴力主义是在继承印度传统宗教学说的基础上，并吸收基督教和一些西方现代思想而形成的。它主要渊源于印度教的吠檀多哲学以及耆那教和佛教的伦理道德思想，亦受到基督教《新约》、俄国文学家托尔斯泰的“天国就在你的心中”、美国作家亨利·大卫·梭罗的《文明不服从》、英国作家罗斯金的《直到最后一个》等著作和思想的深刻影响。甘地的非暴力主义是一个独特的政治–伦理思想体系，这个体系是以“真理就是神”、“坚持真理”、“非暴力”，以及相关的政治学说为核心的。其主要内容包括：

真理就是神。甘地明确指出：他所说的“真理”就是神。他说：“过去我内心深处一直认为，神虽然是神，但神是高于一切真理的……然而两年以前，我向前迈进了一步，开始说‘真理就是神’……这个结论是我在坚持不懈地寻求真理之后才得出来的。”[1]为什么甘地要把真理与神等同起来呢？在他看来，神这个概念是暧昧的、不精确的。不同的人可以给它以不同的解释，可以把它说成是一神论的、多神论的、泛神论的或自然神论的。另外，各种宗教都有自己崇拜的神，如佛教信仰佛陀，伊斯兰教信仰安拉，基督教信仰上帝，印度教各大教派皆有自己崇信的神明。因此，用某种单一“神”的观念很难使不同信仰的人联合和统一起来。甘地认为，“真理”的概念不同于神，它是明确的，信仰任何宗教的人都不会否认真理的存在。所以，他把真理与神等同起来，就是为了给不同信仰者提供一个大家都能接受的共同观念，使这种观念具有把一切人

---

① 《青年印度》1928年10月11日。

联合起来的力量。他强调“真理就是神”，无非是想借助“真理”一词的号召力，把印度不同信仰、不同民族、不同种姓的人联合起来，共同反对外国殖民者，以实现民族独立的目的。

甘地把真理与神统一起来，构成了他的“真理–神”一元论。要探讨甘地的“真理”的含义，就必须了解他的神的观念。他在许多场合都是从伦理观的角度来描述神的，他把神称为“最高的善”和“爱”，赋予神以道德的含义。他写道：“对我来说，神就是真理和爱，神就是伦理和道德。神是无畏，神是光明和生命的源泉，……神就是良心。”[①]“因为我发现在死亡之中永存着生命，在虚假之中永存着真理，在黑暗之中永存着光明。所以，我推断，神就是生命、真理和光明。他就是爱，是至高无上的善。”[②]善与恶、爱与恨、无畏与怯弱、良心与非良心这些概念本来是世俗社会用以衡量人们行为的道德观念，而甘地却将这些概念与神联系起来，断定神就是“无畏”、“爱”、“良心”和“最高的善”，从而使神的概念拥有了道德意义。甘地从伦理观的角度论述神的目的，是为了使人们的道德规范神圣化，为人类社会找到一种永恒不变的道德法则。

非暴力的核心是爱。甘地继承了印度教戒律中的“戒杀”原则，并吸收西方的某些人道主义思想，创立了他的非暴力学说。“非暴力”（NonViolence）来源于古代梵文“阿希姆萨”（Ahimsa）一词。“阿希姆萨”在古代印度教、佛教和耆那教经典中，作为一种宗教戒律或道德准则，通常有两层含义：一是不杀生，即戒杀；二是不伤害他人感情。甘地的“非暴力”，虽然承袭了“不杀生”和“不伤害他人感情”的传统意义，但是在具体内容上却有所不同。他认为，如果出于自私的目的去杀生，那是一种暴力行为。但是，倘若完全出于无私、爱的目的去伤害生命，这样的行为也不应属于暴力。他说：“假如有一个人手中持刀，到处瞎闯，乱砍乱杀，杀死他遇到的任何人，而没有一个人敢于活捉他。这时，无论是谁杀死这个疯子，都会受到社会的称赞，并被视为慈善的人。”[③]由此看来，甘地并不像耆那教那样主张绝对戒杀，而是把暴力和非暴力的区别与行为的动机联系起来。凡怀着邪恶目的的行为，才是暴力；而怀着善良或爱的动机的行为，即使伤害生命，也属于非暴力范畴。

其实，甘地的非暴力原则包括两方面的意义——消极的方面和积极的方面。

---

① 《青年印度》1925年3月5日。

② ［印］甘地著，M.S.德什潘德编：《通往神的道路》，艾哈迈巴德，1981年版，第8页。

③ 《青年印度》1926年11月4日。

所谓消极的方面，即指上述的“戒杀”或“不伤害他人感情”的含义。积极的方面，则是要人们主动地、自觉地去爱，爱一切人。所以，他说：“非暴力是以积极的形式来对待一切生命的善良意志。非暴力就是纯粹的爱。我在印度教的经典中，在《圣经》和《古兰经》中都读到过它。”[①]两相比较，甘地更强调后者，强调非暴力就是“爱”和“行善”等。

甘地的非暴力学说是以“人性善”的理论为前提的。甘地继承了古代奥义书和吠檀多的“梵我同一”学说，认为世界上的一切事物都是梵或神的显现。那么，人也不例外，人也是梵或神的显现。人内在的本性，又称为“我”，就是神性在人身上的体现。在他看来，人与人之间虽然表面肉体不同，但内在的本性是同一的。人性是神性的代表，人性中先天就含有神圣的善性，但是这种善性往往被表面肉体的私欲所掩盖，而不能显现出来。一旦这种善性被唤醒，即使是恶人也可以转化为善人。因此，甘地主张人们应当通过非暴力手段，即通过自我牺牲和爱的行为，去感化或唤醒犯错误者或敌对者的内在善性，使他们能够改恶从善，改邪归正。如他所说：“非暴力是以一种感化他人的能力为前提的。”[②]

真理与非暴力的关系是目的与手段的关系。甘地的真理学说和非暴力学说，构成了其整个思想体系的基础。那么，两者是什么关系呢？甘地有一段话对此作了生动的解释：“非暴力与真理是交织在一起的，实际上这两者不可分离。它们正如同一个硬币的两面，更确切地说，如同一个光滑的、没有任何印记的金属饼的两面。谁能说出，哪一面是正的、哪一面是反的呢？非暴力是手段，真理是目的。手段之所以是手段，就在于它总是在我们力所能及的范围之内，因此非暴力就是我们的最高义务。如果我们注意运用这种手段，或迟或早一定能够达到目的。”[③]这段话告诉我们：第一，甘地把真理与非暴力看作同一事物的两个方面，两者不可分离；第二，真理是“目的”，非暴力是“手段”。在甘地看来，真理就是神，是宇宙的最高道德准则，也是人类社会统一的基础。内含于每个人的善性是真理或神性的表现；唤醒世上一切人的善性，实现人类的统一和宇宙的最高道德准则，乃是人类的理想和目的。要实现这个目的，只能通过非暴力手段。

甘地虽然把真理和非暴力的关系看作目的与手段的关系，但是他更强调手

---

① 《青年印度》1920年3月9日。

② 《青年印度》1926年8月12日。

③ ［印］N.K.鲍斯编：《甘地文选》，艾哈迈巴德，1978年版，第13~14页。

段的重要性。他认为，目的是神赋予我们的，固定不变，不是人所能支配的；而手段处于人所能及的范围之内，是人能够调整和支配的。因此，对于人们来说，不要过多地考虑“目的”，只需在力所能及的“手段”上下功夫就行了。在甘地看来，只要人们不断地运用非暴力，即爱的手段，就能够揭示真理，实现人类的理想和最高道德法则。所以，他说：“手段就是一切。”①“手段好比一颗种子，目的好比一棵树，手段和目的之间的神圣关系就像种子和树之间的关系。”②甘地突出手段的作用，就是强调非暴力，强调非暴力是人们必须履行的最高义务。

“坚持真理”是运用精神力量去战胜邪恶。甘地的“坚持真理”原则，是他的“真理”和“非暴力”学说在民族运动中的具体运用。“坚持真理”（Satyagraha）一词由两部分组成：“Satya”意为“真理”，“agraha”意为“坚持”或“抓住”，两者合起来则译为“坚持真理”。在英文中这个词常被译为“真理的力量”、“心灵的力量”或“爱的力量”。简单地说，“坚持真理”，就是通过精神的力量或爱的力量去战胜邪恶，战胜罪恶。按照甘地的观点，真理就是神，神性寓居于每个人的心中，每个人内中的神性都包含着善和爱。只要人们牢牢抓住自己内中的神性，依靠内在的善和爱，就会产生巨大的精神力量。通过这种精神力量，可以感化那些犯错误或犯罪的人，启迪或唤醒他们内在的神性。一旦他们的善性被唤醒，或者说，一旦良心发现，他们就会忏悔自己的罪过，改邪归正。甘地的“坚持真理”，就是试图通过这种精神感化的力量去消除社会各种罪恶现象。

甘地的“坚持真理”原则，是以虔诚的宗教信仰和严格的道德修养为前提的。他认为，一个坚持真理者之所以能够依靠自己内在的精神力量，就是因为他坚定地信仰唯一至上之神，确信每个人内中都具有神性。另外，相信印度教再生和业报轮回的观念也是“坚持真理”的必要条件。在甘地看来，一个坚持真理者能够忘我地追求真理，在危难时刻敢于挺身而出，不惜牺牲生命，也是因为他相信善有善报，恶有恶报，即使今生得不到善报，来世也必得善报。正因为有这种信念，他才能产生巨大的精神力量，才能战胜敌人。

甘地的“非暴力”或“坚持真理”学说是一种带有强烈宗教色彩的政治学说，它是以印度教教义为主要思想源泉，在印度教哲学和道德观念的基础之上

① 《青年印度》1924年7月17日。

② ［印］V. 薄伽万：《印度政治思想家》，德里，1976年版，第50页。

建立起来的。为了广泛动员人民投身民族解放斗争，甘地意识到必须找到一种能使广大民众都能接受的精神武器，因此他面向印度教，在继承印度教教义的基础上创立了他的“非暴力”和“坚持真理”学说。他把这些学说当作吸引和团结民众的思想武器，作为指导非暴力不合作运动和文明不服从运动的最高原则。由于甘地身体力行，密切联系群众，以自己的实际行动模范地执行“坚持真理”的原则，因此他的非暴力学说在广大群众中有着广泛的影响力和号召力，在推动民众参加反英斗争上曾经起过巨大的作用。

五、“两个民族”理论与印巴分治

20世纪初，印度民族独立运动不断高涨。英国殖民者为了离间印度人民的反英斗争，故意采取“分而治之”的政策，挑拨印度教徒和穆斯林之间的关系，致使两大宗教的矛盾日益尖锐。一些穆斯林民族主义者认为国大党只代表印度教徒的利益，不能代表他们的利益，因而极力想建立自己的政治组织。1906年，他们在加尔各答成立了一个全国性的穆斯林组织，名为“全印穆斯林联盟”。这个组织具有教派主义色彩，他们把“保卫穆斯林”、“维护穆斯林的利益”作为根本宗旨，甚至把教派利益置于民族利益之上。在1905~1908年孟加拉人民进行反“分割”的斗争中，穆斯林联盟通过了一项决议，认为分割孟加拉对穆斯林有利，因而欢迎英国殖民政府的分割法令，并且反对抵制英货运动。1907年10月16日，即“分割法”生效之日，孟加拉民众把这一天当作“国丧日”以示抗议，而穆斯林上层分子却把它当作节日来庆祝。穆斯林教派主义者的这种分裂行为深深地刺激了印度教徒的宗教感情，也加深了两大宗教的对立情绪。

20世纪30年代，穆斯林和印度教的教派主义思潮不断泛滥。1930年，穆斯林著名诗人、哲学家伊克巴尔当选全印穆斯林联盟阿拉哈巴德年会的主席。这次年会上，他第一个提出了在印度建立“伊斯兰国家”的设想。他在大会上宣布：“我愿意看到旁遮普、西北边境省、信德和俾路支斯坦构成一个单独的国家。无论在英帝国之内自治或是在英帝国之外自治，建立一个巩固的西北印度伊斯兰国家，我认为至少是西北印度穆斯林的必然归宿。”[①]伊克巴尔建立“伊斯兰国家”的设想初次提出时，仅仅被人们看作“一个哲学家的梦想”，就连穆

① ［印］马哈江：《印度现代史》第一卷，新德里，1983年版，第285页。

斯林联盟领导人也不相信这个想法能够实现。但是，随着穆斯林联盟与国大党的关系逐步恶化，这个思想渐渐被穆斯林接受并蔓延开来。

最初，伊克巴尔主张的“伊斯兰国家”概念是不太明确的。1933年，一位在英国剑桥大学留学的印度穆斯林学生，名为拉赫马特·阿里（Rahmat Ali），对这个概念做出了精确的解释。他还为这个新国家创造了一个名字，称为“巴基斯坦”（Pakistan），这个名称是由组成这个国家的一些主要省份的第一个字母所构成，其主要省份有：旁遮普（Punjab）、阿富汗省（Afghan Province，或称西北边境省）、克什米尔（Kashmir）、信德（Sind），再加上俾路支斯坦（Baluchistan）的一部分。事实上后来建立起来的伊斯兰国家确实采用了这个名称，但是当时由于拉赫马特·阿里只是一个学生，他的思想并没有受到应有的重视。

直到1936年，穆斯林联盟主要领导人真纳才真正接受单独成立“伊斯兰国家”的思想。为了给这种思想制造理论根据，他提出了“两个民族”论。他认为，印度的穆斯林和印度教徒是“两个不同的民族”，两者差异太大，甚至在许多方面是对立的，根本不可能在一个国家内和睦相处。他强调说：“把这样两个民族硬捆在一起，置于同一个国家政权之下，一个作为多数民族，一个作为少数民族，这只能导致不满的日益发展，并最终毁灭为管理这个国家而建立起来的任何结构。”[①]因此，他主张，穆斯林既然是一个单独的民族，就理应有“自己的家园，自己的领土和国家”。在真纳的鼓动和宣传下，建立伊斯兰国家的思想逐步被穆斯林联盟所接受。到了1940年3月，在全印穆斯林联盟拉合尔年会上，他们把建立“伊斯兰国家”作为穆斯林联盟奋斗的目标，并且通过了“建立巴基斯坦的决议”，即著名的“拉合尔决议”。

1947年，在印度反英斗争的强大压力下，英国政府不得不决定把它在印度的权力移交给印度人。当年6月，在新任印度总督蒙巴顿的精心策划下，制定出“印度独立方案”，即所谓“蒙巴顿方案”，并公之于众。这个方案明确规定，在穆斯林人口占多数的地区如果他们要求自治，应允许他们成立独立的自治领。按照方案的安排，穆斯林占多数的各省区进行了投票，投票的结果是：东孟加拉、西旁遮普、信德、俾路支、西尔赫特和西北边境省都愿意加入巴基斯坦。7月15日，英国国会正式通过了《印度独立法案》。此法案决定：从1947年8月

① 转引自林承节著：《印度近现代史》，北京：北京大学出版社，1995年版，第638页。

15日起，印度将分为印度和巴基斯坦两个独立的自治领。同年8月14日巴基斯坦自治领成立；8月15日印度自治领成立。从此印巴开始分治。在印巴分治的过程中，印度教徒与穆斯林的矛盾进一步加剧，引发了史无前例的教派大仇杀，造成了几十万人死亡和数百万人无家可归的悲惨局面。英国人“分而治之”的政策和印度教徒与穆斯林之间的争端，为以后印巴两国的矛盾和冲突埋下了祸根。

第二十章

独立后的社会政治学说

1947年，印度结束了近二百年的英国殖民统治，获得了真正的新生。从此印度人民开始掌握自己命运，按照自己的意愿建设新的国家。独立后的印度将建设成一个什么样的国家？这个具有近五千年历史的东方文明古国在新的历史条件下将走向何方？有关这个问题，印度出现了许多新的社会政治理论，这些理论代表着现代印度文明的发展趋势和基本特点。其中最有代表性的是尼赫鲁的世俗主义、民主主义和社会主义以及几种印度教民族主义理论。

一、尼赫鲁三大建国方略——世俗主义、民主主义和社会主义

贾瓦哈拉尔·尼赫鲁（Jawahalal Nehru，1889~1964年）是印度民族解放运动著名的领袖，印度共和国第一任总理。他于1889年11月14日出身于今北方邦阿拉哈巴德市一个声名显赫的家族。其先辈曾在莫卧儿王朝任高官，父亲是国大党元老，担任过高级律师。尼赫鲁15岁赴英国留学，先后在伦敦贵族学校——哈罗公学和剑桥大学读书。1912年回国，后投身于甘地领导的反英斗争，30岁时当选国大党主席，此后成为民族运动的主要领导人。在长期的斗争生涯中，曾九次被捕，在狱中度过了近十个春秋。印度独立后，他担任第一届政府总

20-1 贾瓦哈拉尔·尼赫鲁

理，后连任17年，直至逝世。建国初期，他领导的政府实施了一系列新的建国方针和政策，这些方针政策大大促进了经济的发展、国家的统一和社会的进步，对现代印度产生了深远的影响。

尼赫鲁的世俗主义、民主主义和社会主义学说，被人称为他的“三大建国方略”。这三种学说相辅相成、融会贯通，是其政治哲学的核心，也是他制定各种治国方针的指导思想和理论基础。这些思想代表着独立后印度政治、经济和社会发展的新走向。

（一）世俗主义

自古以来，印度就是一个多民族、多宗教、多文化和多种姓的社会。由于历史原因，印度各宗教之间一直存在着竞争、矛盾、猜疑甚至仇恨。特别是在英国统治时期，殖民当局为了分化瓦解印度民族独立运动，故意采取“分而治之”的政策，离间广大印度教徒和穆斯林的关系，致使这两大教派矛盾重重、冲突不断。1947年，根据英国人精心策划的“蒙巴顿方案”，按照宗教信仰将印度分割为两个国家，这一事件即所谓“印巴分治”。就在印巴分治前后，印度教徒与穆斯林之间爆发了一场空前规模的大仇杀，这种宗教仇杀给以后印度社会的发展埋下了严重的隐患。

尼赫鲁作为民族运动的领袖，深深地体会到宗教冲突给社会带来的巨大危害。早在20世纪30年代，他就发表文章批判各种教派主义思潮。印度独立后，他抵制印度教各种教派主义思潮，反对建立政教合一的国家，坚决主张建立一个世俗主义的国家。他领导印度政府制定了各种世俗主义的方针和政策，并且发表文章和讲演，阐述他对宗教与政治、教派组织与政府、各教派之间关系等问题的看法。这些政策和主张，正是他世俗主义思想的具体体现。其主要内容包括：

1. 印度必须建立一个“世俗的国家”

印度独立后，身为总理的尼赫鲁，首先考虑的问题，就是将印度建成什么样的国家，是神权的国家还是世俗的国家？ 1948年，他在阿里加穆斯林大学发表讲演时明确指出，“印度必须沿着世俗的和民主的路线前进”。1949年11月26日，在他的领导下，印度制宪会议制定并通过了印度第一部宪法。新宪法郑重宣告“印度是一个世俗的国家”。对于“世俗国家”，尼赫鲁解释道：“我们称我们的国家为一个世俗的国家……显然，它并不是指一个不鼓励宗教的国家，它是指宗教和意识的自由，包括不信仰宗教的自由。它意味着一切宗教都有自由，只要它们之间不相互干涉，并且服从我们国家的基本思想。它意味着少数派教团能够从自己的宗教观点出发接受这一主张。它甚至意味着多数派教团也能从自己的宗教观点出发充分接受这一主张。因为这些主要教团有人数上和其他方面的优势，所以不以任何方式利用这一主张来破坏我们的世俗理想，正是它们的责任。”①

20–2 印度独立后定都新德里，
印度门为该市标志性建筑

尼赫鲁认为，印度是一个多种宗教并存的国家，要维护国家的统一和民族的团结，政府就必须公正平等地对待一切宗教，不能把某种宗教定为国教而排斥其他宗教，或者依靠某一教派而轻视其他教派，而应使各种宗教和睦相处。要实现这个目标，印度必须建立一个政教分离的世俗政府。这个政府超越于各种宗教之上，不受任何教派的干预和影响，它制定的各种方针和政策必须是各种信仰者都能接受的，符合全体民众的利益。对宗教组织来说，它们只能从事宗教事务，不得干涉政府，介入政治。有了这样的政府和政策，印度才能社会稳定，民族团结，从而保证经济的发展和人民生活水平的提高。此外，印度只有建立世俗的政体，才能适应现代世界的发展潮流。中世纪的那种神权国家都是把某种宗教作为最高宗教，而视其他宗教为异端，加以排斥和打击。这种国家体制不符合现代世界的民主潮流，也不符合现代印度的国情。

2. 宗教信仰自由，各宗教一律平等

尼赫鲁指出：印度所建立的世俗国家，并不是不允许各种宗教的存在和发

① ［印］萨维帕里·高帕尔编：《尼赫鲁文选》，德里，1980年版，第327页。

展，而是保障一切宗教都能自由发展，甚至保障不信仰宗教者即无神论者的自由。在处理宗教事务时，世俗国家保持中立的态度，决不偏袒某一宗教而打击其他信仰，也不允许某种宗教凌驾于其他宗教之上。它将一切宗教都放在“正常的政治和社会生活水平上”，平等地对待它们。尼赫鲁反复强调：“我们在我们的宪法中宣布，印度是一个世俗的国家。这意味着给一切信仰以同等的尊重，给一切信仰的人以同等的机遇。”①“我们将建立一个自由的，世俗的国家。在这个国家中，任何宗教和信仰都享有充分的自由，受到同样的尊重。”②

3. 不给任何教团以特权，仅保护经济和文化上落后的少数民族或社会集团

多数派教团与少数派教团之间的矛盾在印度一直是很尖锐的。印度独立后，某些少数派教团，如穆斯林和锡克教的社团都提出一些特殊的要求，以保护自身的政治或经济利益。对于宗教少数派及其特权问题，尼赫鲁始终站在世俗主义的立场上予以处理，以促进国家的安定团结。他说：“印度全体人民都应当受到保护，并且有权获得社会、经济和政治上的公正，地位和机遇上的平等，以及思想、语言、信念、信仰、崇拜、择业、结社和行为上的自由，只要这些行为服从法律和公共道德。”③由于尼赫鲁坚持每一个印度公民和社会团体都应当从国家那里得到同样的保护和权利，因此他不主张给予任何少数派教团以特权。在他看来，要求特权的观念，对于少数派教团来说是十分危险的，因为这种特殊的保护和权利，会导致这些集团对外来帮助的依赖，削弱它们的自力更生的精神和能力。这些特权也会使它们脱离其他集团和全体公民，从而产生离群的孤立感。另外，给予少数集团以特权，还会引起其他集团对政府的猜疑和不信任，故影响国家的安定和团结。

虽然尼赫鲁不主张给予任何教团以特权，但是他主张给予那些在经济和文化上落后的少数民族或社会集团以特殊的待遇和保护。他认为，印度有一些少数民族和边远山区的部落民在经济和文化上十分落后，他们的落后是由于各种历史原因造成的，是长期缺乏机遇和被其他集团压制的结果。在现代世界上，任何真正的社会进步都必须由社会的各个集团共同参与，否则落后的民族就会阻碍其他民族的进步。因而，他赞成给予那些经济和文化都非常落后的少数民族特殊的照顾和关怀。

---

① ［印］V.T.帕蒂尔编：《尼赫鲁思想的探索》，新德里，1992年版，第161页。

② 同上。

③ ［印］M.巴拉苏布拉马尼安：《论尼赫鲁的世俗主义》，新德里，1980年版，第72页。

4. 消除种姓差异，主张社会平等

尼赫鲁世俗主义的核心，是要消除以宗教、民族和种姓为基础的一切差别，实现真正的社会平等。他认为，印度教内部施行的种姓制度与教派主义是一样危险的。倘若这种制度继续存在下去，它就会阻碍社会的民主和平等，从而成为破坏世俗国家的基础。因此，他主张消除种姓差别和歧视，对低级种姓和贱民给予特殊照顾，实现种姓之间的平等。

自古以来，印度教社会就是以等级制度为基础的。所有的印度教徒都分别从属于许多大小不同的、等级森严的社会集团，这些集团被称为“种姓”或“次种姓”。印度教法典对各个种姓的职业、婚姻、起居、饮食、礼仪、道德以及各种姓之间关系都做了严格的规定，从而使种姓关系固定下来，成为一种具有法律效力的社会等级制度。种姓制度是以明显的等级差别和等级歧视为根本特征的。这种差别和歧视表现在职业、教育、法律、婚姻、礼仪和日常生活的各个方面。譬如，各种姓的职业是世袭的，而且固定不变；一个印度教徒生下来，就必须按照本种姓的传统职业谋求生路，不得违背。另外，高级种姓者不能与低级种姓者通婚，亦不能与他们一道进餐；低种姓者或贱民被视为“宗教不能拯救的人”，不能学习宗教经典，也不得入庙朝拜神灵。

种姓制度是印度教肌体中的痼疾，尼赫鲁对它进行了深刻的批判。他揭示了种姓制度的种种弊病：首先，这种制度“鼓励分裂，使社会处于四分五裂的状态中”。其次，它“导致某些社会集团被压抑”，使大批人的品格降低，使他们没有机会在教育、文化和经济上摆脱贫穷落后的地位。再次，种姓制度体现了“贵族思想”，“显然与民主和平等观念是背道而驰的”。因此，他指出：“种姓制度可能是我们国家中最危险、最具有隐患的事情。当种姓制度刚出现的时候，它可能是有益的；但是在最近不到一百年的时间内，它削弱了我们的民族和社会。它把我们分割为许多小的集团，把我们分成许许多多的等级，有的人被称为高级种姓，有的人被称为中级种姓，有的人被称为低级种姓。这样就使这种不平等永久化了，一个集团总是被另一个集团所剥削。我认为种姓制度是印度衰败和落后的主要原因。”[1]为了消除种姓差别，尼赫鲁政府明确宣布废除贱民制，并且采取了许多措施，以保护低种姓和贱民的合法权益，提高他们的生活水平。例如，把政府公职人员的一定名额留给贱民，每年大学招生为他们

① ［印］萨维帕里·高帕尔编:《尼赫鲁文选》，德里，1980年版，第329页。

保留相当数量的名额，并在提供助学金和学生宿舍方面给予照顾，以及优先向他们发放信贷，等等。

5. 印度必须在思想和感情上达到统一

尼赫鲁世俗主义的出发点，是维护国家的统一和民族的团结。他在许多场合都反复强调，“印度今天最根本的问题就是要保护国家的统一”。他深知印度作为一个多民族的国度，一方面，各民族之间具有共同的文化、经历和目标，一种感情上的强大纽带把它们联系在一起；另一方面，也确实存在着某些分离主义或分裂主义的势力，它们一遇到风吹草动就会兴风作浪。这些分裂主义势力主要来自教派主义、种姓主义和地方自治主义。印度要实现真正的统一，就必须克服各种分裂主义的倾向，达到思想和感情上的融合。1955年，他在喀拉拉邦的一次演讲中说：“无论走到什么地方，我都强调一个明确的、大家都赞同的道理。我强调的就是印度的统一，这种统一不仅是我们已经获得的政治统一，而且是某种更深远的东西——感情上的统一、思想和心灵上的融合、对分裂主义情绪的克服。”①

为了实现各民族在感情上的统一，尼赫鲁极力提倡一种“宽容精神”。他认为，与西方国家不同，印度自古就有一种伟大的宽容精神。早在佛陀时代印度就倡导这种精神，今天的圣雄甘地又为宣传和实践这种精神而英勇献身。所谓“宽容”，意味着能够容忍别人的观点，包括与自己相同的观点，更包括与自己相异的观点。“宽容”取决于对他人的了解，只要了解了对方的生活和思想，就可以产生对对方行为的理解、同情和尊重。“宽容”是一种心理状态，只要具备这种宽容心理，就能排除一切狭隘的教派偏见和仇恨，也能够消除各种姓之间和各地方之间的思想障碍。尼赫鲁将“宽容精神”视为印度传统文化最主要的特征之一。他认为，在今天激烈变化的社会中尤其应当提倡这种精神，只有依靠这种精神才能使各民族人民在心灵和感情上达到统一，才能实现真正的社会进步。

尼赫鲁的世俗主义学说，不仅是他领导的印度政府，而且也是后来历届政府处理宗教、民族和其他社会问题的指导方针和理论基础。历史事实已经证明，这种学说在很大程度上影响了独立后印度政治、社会和宗教制度的形成和发展，甚至影响到印度的各种法律法规、道德观念、风俗习惯和日常生活的变化。在评论这种学说时，历史学家鲍列斯·查特吉说：“尼赫鲁最伟大的成就之一，就

① ［印］萨维帕里·高帕尔编：《尼赫鲁文选》，德里，1980年版，第328页。

是建立了一个世俗的国家。在这个国家中有4 500万穆斯林没有选择去巴基斯坦，而且能够和平地生活，并信仰着他们所喜欢的宗教。”①现在，印度的穆斯林人口已经超过了孟加拉国，而与巴基斯坦相差无几。

（二）民主主义

尼赫鲁的民主学说也是其治国方针的理论基础。在英国留学期间，他就受到西方人道主义、议会民主和各种政治学说的影响。在民族独立运动过程中，他一直把在印度建立一个自由民主的社会作为自己奋斗的目标。独立以后，在他的领导下，印度政府制定了新宪法，规定了公民的合法权利，并果断实行议会民主、多党制和成人普选制等一系列制度，以确保社会的民主与平等。虽然尼赫鲁深受西方民主思想的影响，但是他并没有照搬西方模式，而是根据印度的国情对民主概念做出新的阐释，创造出一套符合印度国情的民主观点。

他从以下四个方面阐述了自己的民主理念：

1. 民主是实现个人自由与发展的保障

尼赫鲁从实现个人的价值方面论述民主。他一向对个人的自由和发展给予高度重视。他认为，一个民主的国家必须建立一种良好的社会结构，以保障个人的自由发展并促进其人生价值的实现。他在《世界历史掠影》中，多次论及人的思想自由、写作自由和意识自由。1946年12月13日，尼赫鲁在印度制宪会议第一次会议上提出了著名的《目标决议》，这个决议确定了印度宪法的基本方向和目标。他在这个决议中强调指出，印度将成为“主权的共和国”，这个“共和国”将保证全体人民思想、言论、信仰、崇拜、结社、集会和行动的自由。

虽然尼赫鲁强调个人的自由发展，但是他所说的自由并不是无限制的自由或绝对自由。他认为在一个民主社会里个人的自由并不是无限的，而是要受到某种限制，以使它不会干扰其他人的自由。一个人的自由要和其他人的自由，甚至和整个社会生活相互协调，相互平衡，只有这样，社会才会是和谐统一的。1951年，他在一次议会会议上讲：“在一个民主的社会中，个人自由的观念必须与社会自由、个人与社会群体的关系相均衡。一个人的自由不应当侵犯其他人的自由。”②另外，他还提出只有通过法律的手段，才能保证个人的自由与社

---

① ［印］V 薄伽万：《印度政治思想家》，德里，1976年版，第137页。

② 1951年5月18日尼赫鲁在议会上的讲话。见《尼赫鲁言论集》第二卷，第499页。

会相和谐。个人的自由需要法律的保护，但是个人的自由也必须限制在法律允许的范围之内；一旦个人的自由超出了法律的范围，那他就要受到法律的制裁。法律可以制止那些极端利己主义者的行为，以维护社会的正常秩序。

2. 政治的自由平等是民主的基础

尼赫鲁从政治的角度论述民主。他认为，政治的自由和平等是人民最基本的权利。政治的自由和平等是基础，其他的平等都是建立在政治平等之上的。他着重从民众主权、成人选举权、负责任的政党等方面阐述他的政治民主思想。

民众主权。尼赫鲁强调人民的主权在民主社会中的作用。在一个民主社会中，国家的权力是属于人民的，国家和政府使用权力的目的，最终是为了体现人民的意志和利益。他说："我们所承认的唯一的最终权威和最高的权力就是人民的意志，最终起作用的唯一的事情是人民的利益。"[①]在他看来，表达印度人民愿望的最重要的途径，就是通过制宪会议来制定一部体现人民意志和权利的新宪法。首先，通过民众选举的办法选举出制宪会议的代表；然后，必须组织好制宪会议，最大限度地代表民众，制定出一部体现人民意志的宪法。通过制宪会议制定新宪法，是通过民主的方式解决印度政治和社会问题的唯一途径。

20-3 印度国会大厦

① ［印］尼赫鲁著：《印度的统一》，伦敦，1948年版，第31~32页。

民众的主权还表现在人民有权对政府的行为进行监督。人民的这种权利只能通过他们选举出的代表来表达。按照印度新宪法的规定：国会议员是人民选举出来的，国会有权修改宪法并有权监督政府。政府的一切重大政策一定要得到国会的批准，政府各部部长有责任就重大问题向国会报告，并回答议员的质询。国会有权通过对政府的不信任案，迫使不负责任的政府辞职。在一个民主的社会中，政府必须依照人民的意愿行事，它只是“人民意志的反映者”；如果政府不能反映人民的意志，人民则有权改换政府。

成人选举权。尼赫鲁主张，选举是民主政治程序中重要而又不可分割的一部分，是不能舍弃的。人民参政的权利只有靠选举来体现，通过选举可以反映出全体选民对国家重大事务的观点，也可以使选民选出他们信任的代表。政治民主就是建立在人民对国家大事，对选举代表的浓厚兴趣之上的。他深知选举也有弊病，并不是每一次选举人们都能成功地选出反映自己意愿的代表。克服选举弊病的一个重要方法，就是扩大选举人的范围，采取成人选举制。所谓“成人选举制”，是指所有成年人，不分男女，不受任何财产资格和教育程度的限制，一律都有选举权。绝不能因为财产少和教育程度低，而剥夺一些人的选举权。那些不识字的农民在农村问题上，可能比受过教育的知识分子更有发言权。

负责任的政党。他认为，在民主政治中政党的作用是不能忽视的。一个组织良好的、对人民负责任的政党，无论对于政府，还是对于选民，都是不可缺少的。因为民选的政府都是通过政党来组织，通过政党来行使权力的，所以一个对人民负责任的政党对于组织好政府、管理好国家是十分必要的。各个政党在竞选之中把自己的纲领公布于众，并且宣传自己纲领的优点以及其他政党纲领的不足，这样就可以帮助选民做出自己的选择，并促使他们监督各政党纲领的实行。此外，他还认为一个社会中有各种不同的观点和意志，这些观点和意志只能通过多个政党才能充分表达出来，因而他赞成多党制，认为当一个政党执政时，其他政党进行监督是完全必要的。

3. 民主包含着经济与社会的平等

尼赫鲁亦从经济和社会的角度来论述民主。他指出要实现真正的民主，光有政治上的自由平等，还是远远不够的。如果一个人没有经济上的平等权，那么这种政治平等也会伴随着投票的结束而化为乌有。经济的平等与政治的平等是同样重要的；没有经济上的平等，政治上的自由平等就毫无意义。他说：“真正的自由不仅仅是政治的，而且必须是经济上的和精神上的。只有到那个时候，人才能够发展并实现自己的尊严。”①

他还谈到社会平等的重要性。人的平等权利包含于生活的各个方面——政治的平等、经济的平等、社会的平等和文化的平等。生活是一个整体，生活的各个方面是相互影响的。假如一个人在社会方面享受不到平等的权利，那也会影响到他在政治和经济方面的平等权利。因而，在民主理念中，社会平等也是不可忽视的。尼赫鲁所追求的社会平等，就是指机遇均等，即每个人不分民族、宗教、种姓和肤色的差别，都能获得充分发展自己的同等机遇。在他看来，今天的印度社会中还存在着许多的社会差别和歧视，如教派之间的歧视、种姓之间的歧视以及对山区部落民的歧视等。这些社会的不平等严重地阻碍着印度的民主进程。为了促进印度的社会平等，尼赫鲁领导的政府采取了各种措施，以消除社会差别和歧视，保护低级种姓和落后民族的地位与利益。

4. 民主也是公众的自我修养

尼赫鲁还从道德的角度论述民主。他认为民主是最终实现人生价值的一种手段或方法，因此在民主理念中除了包含个人自由、政治和经济的平等之外，还应当包含广大民众的自我教育和自我修养。他所说的自我修养，是指广大民众都必须接受必要的教育，自觉地进行训练和修养，从而提高整个社会的道德和精神水平。在他看来，民主在本质上需要高质量的人，需要自我修养高的人；在一个道德水平不高的社会中，是不可能实现真正的民主的。因此，高尚的道德和精神修养是民主社会不可缺少的东西。在意见不统一的情况下，经过讨论以后，少数人的观点应当服从多数人的观点，就是高尚道德修养的表现。所以，他说：“你可以从一百个方面给民主下定义，但是其中肯定有一个定义就是民众的自我修养。义务训练和自我修养越充分，民主的发展水平就会越高。”②

独立以后，在印度的政治民主化进程中，尼赫鲁做出了不可磨灭的历史性贡献。他的主要功绩还不是在对民主概念的解释上，而是他能够冲破各种阻力，将民主观念转化成各种法律和政策，贯彻到印度社会的各个领域之中。建国初期，印度是一个经济和文化都十分落后的国家，各种封建残余、宗教仇恨、种姓歧视、社会偏见严重地阻碍着印度的民主化进程。在这种情况下，尼赫鲁能够克服各种艰难，排除一切责难和阻力，在印度贯彻推行他的民主理念，从而在印度初步建立起民主制度。这种民主制度对以后历届政府的方针政策和印度

① 1952年12月15日尼赫鲁在议会上的讲话。见《尼赫鲁言论集》第二卷，第86页。

② ［印］V. 薄伽万：《印度政治思想家》，德里，1976年版，第153页。

社会的发展都产生了深远的影响。

（三）社会主义

尼赫鲁早在民族独立运动时期就开始宣传社会主义思想。印度独立后，为了发展生产和提高人民生活水平，他在经济和社会改革方面实行了许多类似社会主义的方针和政策。1955年，他郑重提出了在印度建设“社会主义类型社会”的理论。这个理论是尼赫鲁社会主义思想最集中的体现。所谓“社会主义类型社会”，是一种不同于一般的社会主义，而颇具印度特色的理论。实际上，这种理论是尼赫鲁将他理解的社会主义与西方资本主义的某些东西以及甘地的非暴力主义相结合的产物。其主要内容包括：

1. 实行“混合经济”——公营经济和私营经济并举

尼赫鲁懂得，要建立一个公正平等的社会，就必须发展生产力和不断增加社会财富。只有在生产力发达和社会财富大大丰富的基础上，才能保障人人都有同等的机遇并过上美好的生活。因此，他根据印度的国情，把实行“混合经济”的政策作为发展印度经济和社会生产力的基本战略方针。

独立初期，印度政府从英国殖民者手中接收了铁路、邮电、港口和军火等企业，这是印度最早的公营经济部门。当时，尼赫鲁政府曾打算用高额补偿金的办法将一些私人大企业收归国有，以组成一定规模的公营经济。对此，一些私人企业家反应强烈，放慢或停止了投资，从而导致生产下降。政府马上向这些企业家说明国家并没有制定国有化的计划，以此制止私营企业生产下降的趋势。在这种情况下，政府制定出第一个工业政策，在这个政策中明确提出了公营与私营经济并举的“混合经济”方针。所谓“混合经济”方针，就是允许公私营两种经济部门共同存在于一个社会之中，让它们有各自经营的范围，在发展国民经济中各自发挥作用。公营经济主要集中于投资较大、周转期较长、收益较少的基础工业、重工业、交通运输、军火工业、公共设施、重要的金融机构等。在发展公营经济的同时，政府也大力扶植私人经济的发展，尤其是积极扶植私人大财团的发展。虽然印度政府也采取了一些限制私人垄断资本发展的措施，如实行反垄断法和贸易行为法、工业许可证制度等，但总的说来，扶植是主要的。

在公营经济和私营经济之间的关系上，尼赫鲁说：“……公有企业部门无论在绝对方面，还是在相对方面都必须明显地增长，实际上现在就已经增长了。

但是，私有企业并不是无足轻重的，它将起重要的作用，即使它逐步地或最终将会消失。公有企业将要控制也一定能控制我们经济上的战略重点。私有企业，正如我们在工业政策决议中所宣布的，也会拥有受到某种限制的相当广阔的发展空间。”①在他看来，公营企业在印度国民经济中的比重必须不断扩大，并最终占有主导地位；政府只有通过公营企业，才能宏观控制经济的发展，以防止经济上的无政府状态，并且保证社会财富的公平分配。在发展公营企业的同时，绝不应当忽视私营企业的作用；私营企业是对公营企业的一种补充，也将在国民经济中发挥重要的作用。只有调动公营企业和私营企业的两种积极性，才能真正加速经济的发展和生产力的提高。

2. 制定经济计划，协调各方面发展

制定经济计划，以协调和促进经济发展是尼赫鲁一贯的思想。早在1938年，在国大党的提议下，印度就成立了一个国家计划委员会。它由15个委员加上各省政府的代表和一些愿意合作的土邦代表所组成，委员中有著名的企业家、金融家、经济学家、教授、科学家以及工会和乡村工业协会的代表。当时，尼赫鲁就被选为该委员会的主席。由于他对制定经济计划十分感兴趣，所以他毫不犹豫地接受了这个职务。在他的领导下这个委员会制定了一个国家发展十年计划，目标是使国家财富增长两三倍，尽可能达到自给自足。但是，这个计划在当时英国殖民统治之下是无法实现的。后来，他总结道，在印度任何计划的实现必须有两个先决条件：一个是获得民族独立，排除外国控制；另一个是要有一个健全的、获得民心的政府来组织实施。印度独立后，尼赫鲁领导的政府立即提出主张：实行经济计划，确保发展目标。1950年，在他的建议下，政府成立了计划委员会。他亲自担任该委员会的主席。为了促进经济的发展，1951年印度政府制定并实施了第一个五年计划（1951~1956年）。在第一个五年计划期间，印度国民经济平均年增长率为3.6%，五年工业生产增长25%，农业生产增长22.2%，为以后经济的发展奠定了稳固的基础。此后，尼赫鲁政府又制定并实施了第二个和第三个五年计划（1956~1966年）。

尼赫鲁认为，当一个国家或政府确定了经济发展的目标，就必须制定一个计划加以实施；假如没有一个适当的计划，它的发展目标就很难实现。其次，计划的本质是调整各方面的工作，使之协调发展。一个政府只有通过经济计划，

① ［印］V. 薄伽万：《印度政治思想家》，德里，1976年版，第314页。

才能从宏观上控制经济的发展，检查和协调各个领域和各个部门的工作，使国民经济平衡、持续地发展，以防止经济上的无政府状态。第三，只有通过计划，政府才能合理地开发和利用自然资源，避免不必要的浪费；只有通过计划，才能限制各种差别的扩大，保证财富的公正分配，提高人民的生活水平。

3. 公平分配财富，保证社会平等

尼赫鲁深知，印度是一个贫穷落后的国家，而且存在着严重的社会差别和不平等。经过多年的实践和探索，他认为资本主义不能解决印度的问题，要解决印度的问题只有通过社会主义。因为社会主义主张公有制，主张消除依靠土地和资本的特权集团，所以它才能公平合理地分配社会财富，缩小差别，保障平等。早在1936年4月12日，他在勒克瑙的一次国大党会议上就曾说过："我确信，解决世界问题和印度问题的唯一办法就是社会主义。当我用社会主义这个词的时候，我不是从含糊的人道主义的意义上，而是从科学的经济的意义上来用的。无论如何，社会主义还具有比经济原理更广泛的意义。对我来说，它还是一种人生哲学。我认为，除了社会主义，没有其他道路可以解决印度人民的贫穷、大量失业、落后和被奴役的地位等问题。它将在我们的政治和社会结构上导致一场巨大的革命性的变革，并且消除依赖土地和工业的特权集团以及封建专制的印度国家制度。这意味着除了有限的财产之外消除私有财产，并用合作服务的更高观念来取代现存的利益制度。这意味着我们在本能、习俗和欲望上的最终改变。简言之，这是指一种新的文明，一种与资本主义秩序完全不同的文明。"①

1955年尼赫鲁提出建设"社会主义类型社会"以后，他虽然没能在印度消除私有制，但是他在许多场合都更加强调要给予每一个印度公民以平等的机遇，要公平地分配社会财富，消除社会差别，等等。如他所说："我们的理想是在印度建成社会主义类型的社会。我们的理想是使印度的每一个男人、妇女和儿童都具有同等的机遇，消除他们之间的巨大差别。这个目标是不容易达到的，因为它意味着要依靠训练、教育和许多其他的方法来完善人。"②"从实际的观点出发，在印度的确没有很多的东西供人分配，因为我们还是一个贫穷的国家。我们必须生产更多的财富，然后平等地分配这些财富。"③

① ［印］V.薄伽万:《印度政治思想家》，德里，1976年版，第300页。
② ［印］拉菲克·扎卡里亚编:《尼赫鲁研究》，孟买，1964年版，第484页。
③ ［印］萨维帕里·高帕尔编:《尼赫鲁文选》，德里，1980年版，第310页。

4. 倡导合作精神，提高民众道德水平

尼赫鲁认为，在“社会主义类型的社会”中不仅要提高人民的物质生活水平，而且要提高人民的精神和道德水准。在他看来，资本主义社会的特点是竞争和唯利是图，在这种社会中人和人之间的关系是尔虞我诈、钩心斗角，人们在精神上缺乏安全感，常常处于紧张状态或某种病态之中。而社会主义不仅要改造资本主义社会的经济和社会结构，而且要改造人们的思想意识和道德观念。因此，在他所倡导的社会主义社会中，人们必须培养一种合作的精神、无私奉献的精神、为社会服务的精神和仁爱的精神，要用这种合作和无私奉献的精神来取代唯利是图、贪得无厌的思想，只有这样人们在精神生活上才能真正享受到欢乐和幸福。但是，尼赫鲁强调，培养人们合作精神和无私奉献的精神要经历一个艰难而长期的过程。他说：“关于社会主义可以说很多，但是我想强调一点。资本主义的整个结构是以某种贪得无厌的社会为基础的。从某种程度上说，也许贪得无厌的倾向是我们身上固有的本性。但是，社会主义社会必须摆脱这种贪得无厌的倾向，要用合作的精神来取代它。你不可能用某种法律的办法即刻导致这种变化。这里肯定有一个长期教育人民的过程，没有这个过程你不可能完全成功。”①

5. 提倡民主，主张民主与社会主义相结合

当尼赫鲁宣布在印度建设“社会主义类型的社会”以后，他又进一步发展了他的社会主义思想，主张“把民主与社会主义结合起来”，以至于在他晚年又提出了“民主社会主义”的理念。1957年，他在一次演讲中郑重指出：“我们已经明确地接受民主的方式。为什么我们要接受这种方式呢？原因是多方面的。因为我们认为，民主的方式最终可以促进人和社会的发展；因为我们要像宪法中所规定的那样，实现个人自由的伟大价值；因为我们想使人的创造和冒险精神得以发展。对于我们来说，光生产世界上的物质财富还是不够的。我们还要有更高的生活标准，但是不要以牺牲人的创造精神、创造能力和冒险精神为代价，也不要牺牲各个时代使人保持尊严的一切生活中最美好的东西。民主并不单纯是一个选举的问题。摆在我们面前的问题是，如何通过和平的、符合法律的方式把民主和社会主义结合起来。”②经过几年的实践之后，1964年1月（离他逝世仅数月），他在布巴内斯瓦尔的国大党会议上又进一步阐述了民主与社会

① ［印］萨维帕里·高帕尔编：《尼赫鲁文选》，德里，1980年版，第315页。

② 同上书，第316页。

主义相结合的问题，并且正式提出在印度建立“民主社会主义”的主张。

在尼赫鲁看来，今天世界上有各种各样相互对立的政治经济体系，但主要是两种，即资本主义和社会主义，这两种体系各有其优缺点。他在晚年更加强烈地认识到，社会主义虽然主张经济上的平等，但是缺乏政治上的民主；社会主义只强调集体和国家的利益，而忽视个人的价值和自由；社会主义实行的阶级斗争和无产阶级专政的方法，在印度是不适用的。资本主义虽然缺乏经济上的平等，但是它所实行的议会民主制是有价值的，在印度还是可行的。因此，他想把两者的优点结合起来，创造出自己的理论体系——“民主社会主义”。所谓“民主社会主义”，就是试图把资本主义的议会民主与社会主义的经济平等思想综合起来，融会为一个整体。正如20世纪60年代他对记者R.K.卡兰吉亚所说的:“从印度的经验和试验中可以看出，两种对立意识形态的一种新的综合是可以出现的。这种综合就是通过一种新的经济发展模式把马克思主义的社会主义与资本主义民主制这两者的精华结合起来。”①

6. 反对暴力，主张通过和平手段实现社会主义

由于受甘地思想的影响，尼赫鲁向来不赞成用暴力手段进行社会变革。即使是在20世纪30年代，在尼赫鲁对社会主义兴趣最浓的时期，他对苏联在处理一些问题时所采取的暴力手段也是持反对态度的。他在《尼赫鲁自传》中说:“我早就倾向于社会主义和共产主义，苏联使我很感兴趣。但是，苏联有许多事情我不喜欢——例如残暴地取缔一切反对意见，什么事情都要搞成一模一样，在执行政策时采取不必要的暴力（这是我个人的意见）。”②

20-4 甘地和尼赫鲁

晚年，尼赫鲁则更加倾向采用非暴力手段进行社会变革。他认为用暴力手段解决问题，只能造成人与人、团

① ［印］R.K.卡兰吉亚:《尼赫鲁先生的哲学》，伦敦，1966年版，第69页。

② ［印］J.尼赫鲁著:《尼赫鲁自传》，第410页。

体与团体之间的仇恨和对立，即使问题解决了，也不会产生好的结果。只有通过和平和法律的手段，才能真正解决社会的冲突和矛盾。在实现“社会主义类型社会”的问题上，他反对马克思主义所采用的阶级斗争和无产阶级专政的方法，而主张采取和平的、非暴力的、法制的方法。他曾在许多场合反复强调：“我们的问题是，如何通过和平和法制的方法把民主和社会主义结合起来。这也是今天印度摆在自己面前的问题……我们要做到这一点，不能靠任何强迫或强制的方法，我们必须赢得人民的赞同和合作。”[①]“社会主义包含着合作和消除障碍。关键的事情是要记住，我们必须通过和平与合作的方式来进行变革。”[②]

以上几点是尼赫鲁社会主义学说的基本内容。他所倡导的“社会主义类型社会”和实行的各种社会主义政策，无疑是20世纪中叶印度特定历史条件下的产物。这种社会主义既不同于马克思主义所主张的社会主义，也不同于欧美各国所实行的资本主义，而是一种具有印度特色的社会主义与资本主义的混合物。他的这种思想对独立后印度社会的发展产生了巨大的影响，而且还将对未来印度的发展产生深远的影响。尼赫鲁的世俗主义和民主主义思想在印度都取得了巨大成功。然而，他所倡导的“社会主义类型社会”，在经济上却并没有取得预期的辉煌成果。从总体上看，在他执政期间，印度经济的增长率一直保持在略高于4%这样虽然不算太低但也绝不算太高的水平上。可以说，他的“混合经济”思想，尤其是他的国有化政策，是不太成功的。

二、印度教民族主义

印度教民族主义是印度独立后一种带有教派主义色彩的社会政治思潮。这种思潮的理论核心是排斥穆斯林，“复兴印度教社会”，“振兴印度教传统文化”，在印度建立一个“印度教国家”。它最初产生于民族独立运动时期。独立以后，尼赫鲁政府坚决贯彻对各宗教一视同仁的世俗主义政策，因而教派冲突大幅度减少，此种思潮也一度受到较强的抑制。但是，到了20世纪80年代，由于国际伊斯兰复兴运动和原教旨主义思潮的兴起，印度教民族主义又重新抬头并泛滥开来，对印度社会产生了重要的影响。在这种思潮中，最有代表性的学说有萨瓦尔卡的“印度教国家论”、戈尔瓦卡尔的“国家虔信论”和乌帕迪雅耶的

① ［印］拉菲克·扎卡里亚编：《尼赫鲁研究》，孟买，1964年版，第484页。
② 同上。

“达摩之治论”。

（一）萨瓦尔卡的“印度教国家论”

萨瓦尔卡（Vinayak Damodar Savarkar，1883~1966年）是印度教教派组织——印度教大斋会的领袖。他于1883年5月28日出生在今马哈拉施特拉邦的一个婆罗门种姓家庭。青年时代参加过反英斗争，与其兄组织了一个宣传暴力活动的社团，名为“青年印度会”。1906~1910年，赴英国伦敦学习法律，曾与欧洲社会民主党人接触。1911年被英国殖民当局逮捕，流放到安达曼群岛。1937年，他加入印度教大斋会，后来连续7年当选该组织的主席。从那时起，他一直通过这个组织宣传印度教民族主义思想。其代表作有：《印度教徒特性》、《印度教的意识形态和最近的纲领》和《我们称什么样的人为印度教徒》等。

萨瓦尔卡是印度教民族主义的首倡者。他最先提出了建立“印度教国家”的理论。此理论主要由4个相互关联的概念所组成：“印度教徒”、“印度教”、“印度教民族”和“印度教统一体”。他从教派的立场解释了这些概念，并在此基础上阐发了他的民族主义观。他的主要观点是：

关于“印度教徒”，在他看来，印度教徒是继承了自己祖先的宗教和文化，具有共同的历史、语言、文字、法律、艺术、习俗、仪礼和节日的人们。他们还继承了祖先遗留下来的一块土地——印度斯坦。每一个印度教徒都应当加入宗教社团，他在社会上的一切活动都应以社团成员的身份出现。而其他宗教信徒，如穆斯林、基督教徒，虽然生活在印度已有许多世纪，但是他们既不参加印度教社团，因此也不构成印度教国家的一部分。

所谓“印度教”，他认为，这是一个“由印度教徒建立起来的宗教信仰体系”，也是印度教国家固有的部分。“印度教”这个词，不仅包含宗教信仰的意义，而且也包含这种宗教的历史、哲学、文化、语言、文字、道德、法律等特殊的内涵。因此，信仰印度教的人与其他宗教信仰者有着本质的不同。

关于“印度教民族”，萨瓦尔卡说：“我们印度教徒，尽管内部有许许多多的差异，但是当我们与其他非印度教民族——说英语、日语的民族以及印度穆斯林相比较的时候，我们是靠共同的宗教、文化、历史、种族、语言和其他亲缘关系结合起来的，并由此构成了一个确定的同质的民族。”[1]

---

① ［印］O.V.梅森采瓦：《现代印度的思想斗争——印度教的多种含义》，加尔各答，1988年版，第69页。

至于“印度教统一体”，他认为，印度教就是一个宗教、文化、民族、语言的统一体，这个统一体与其他宗教相区别，并且使它的信徒组成了一个国家。所以，他指出：“我们印度教徒就是一个国家，因为宗教的、种族的、文化的和历史的亲缘关系把我们结合成一个同质的国家。”①

萨瓦尔卡理论的核心是恢复印度教传统文化，增强印度教徒的民族自信心，建立一个印度教统治的国家。其目的是双重的：一方面是反对英国殖民统治者，力图将他们驱逐出印度；另一方面也是针对穆斯林的，想把他们排除在印度这个国家之外。如果说在民族运动中这种理论还曾产生过某种积极意义，那么在印度独立之后，它却为印度教与伊斯兰教之间的教派冲突埋下了隐患。

（二）戈尔瓦卡的“国家虔信论”

印度教民族主义的另一个鼓吹者是戈尔瓦卡（Madhava Sadahiva Golwalkar，1906~1973年），他曾长期担任印度教社团——国民志愿服务团的领导人。他于1906年2月19日，出生在今马哈拉施特拉邦的那格浦尔市。1928年毕业于贝拿勒斯（今瓦腊纳西）的印度教大学，后留校任教。1937年曾去加尔各答参加罗摩克里希那传教会，后回到家乡那格浦尔，加入了国民志愿服务团。1940年，该组织的创始人海德格瓦去世，他被指定为继承人。1940~1973年，他一直担任国民志愿服务团的主要领导人。在这30多年中，他竭力通过这个社团宣传印度教民族主义的思想。主要著作有《我们或我们特定的民族性》、《思想集成》和《戈尔瓦卡大师讲演录》（七卷，1974~1981年）。

戈尔瓦卡继承和发展了萨瓦尔卡的“印度教国家”思想，并进一步提出了“国家虔信论”，主要内容包括3个方面：

1. 印度教徒特质

戈尔瓦卡指出，要给印度教徒下一个准确的定义是很困难的，但是他们确实明显地区别于其他人，不仅创造了一个伟大的文明，而且建立了一种举世无双的社会秩序。印度教徒有许多与其他民族不同的特质，这些特质表现为：

具有崇高的追求。印度教徒的生活不是无目的的，他们的最高理想是要“证悟人的真正本性——潜藏于自身内部的神性”，证悟这种神性就可以使人达到永恒欢乐的境界。在他们看来，这种理想是最崇高的，任何权力、地位、财

① ［印］萨瓦尔卡：《印度教徒特性》，浦那，1942年版，第126页。

富和名誉都无法与之相比。

信奉轮回观念。印度教徒认为，人的灵魂是不死的，肉体死亡以后，灵魂可以转移到另一个躯体中继续生存，人这样不断地生存下去，直至达到永恒欢乐的境界。戈尔瓦卡说："轮回理论是印度教的灯塔，它放射出一种永恒希望的光辉。"①

富有无私奉献精神。印度教主张培养信徒的无私奉献精神，因为有了这种精神，他们才能证悟自己内在的神性，才能实现与神的结合。印度教哲学教导人们，"要以无私忘我的精神去做你的工作，履行你的义务"。"为人类服务，就是为神服务——这是我们人生哲学的一个特点。"

崇尚内在的精神力量。印度教徒与其他民族不同，他们轻贱外在的、物质的东西，重视内在的、精神的东西。其他的民族都崇拜伟大的帝王或军事英雄，但在印度教社会里，反倒是伟大的帝王和军事领袖都崇拜那些隐居于森林之中的半裸体的圣徒，因为他们身上更具有一种内在的精神力量，这种精神力量才是永恒的。

戈尔瓦卡认为，这些特质是其他民族的人所不具有的，只有具备了这些特质的人才称得上是印度教徒。

2. 印度教国家

在论述印度教国家之前，戈尔瓦卡首先提出了构成国家的3个要素：其一，必须具有一块可以确定的、有边界的土地；其二，居住在这块土地上的居民都有一种归属感，这块土地为他们的繁衍、生存提供了保证，他们热爱它，把它视为自己的祖国；其三，居住在这块土地上的人们可能不是一个群体，而是许多群体，但是他们有共同的历史、信仰、文化、情感和传统，他们为共同的追求而集聚在一起。他说，在印度这片土地上生活的人群中，只有印度教徒才符合作为这个国家居民的标准，因为他们热爱印度，把印度视为自己的母亲或祖国。另外，他们在这片土地上结合成一个紧密的、有良好秩序的社会，这个社会有共同的历史、文化、习俗、仪礼，也有共同的利益，以及共同的爱和恨。

戈尔瓦卡断言，印度的穆斯林和基督教徒不属于印度这个国家，因为他们在心理上不忠实于这个国家。为此，他提出了一种检验民族性的心理标准。他说："一个人出生或成长在一片土地上，而不具有与此相适应的心理类型——这

① ［印］戈尔瓦卡：《思想集成》，班加罗尔，1966年版，第49页。

个事实就不能使这个人获得属于这片土地的一个民族的身份。其实，心理的忠诚才是检验民族性的普遍标准。”[①]在他看来，那些在印度生活了许多世纪的穆斯林不属于印度这个国家，因为他们在心理上不热爱、不忠诚于这个国家。他们对印度教的信仰和生活方式“抱有敌意”。至于印度的基督教徒，也是如此。他们自以为是“国际基督教传播运动的代理人”，因而“拒绝忠实于这片土地，拒绝作为这片土地所留下的文化遗产的继承人”。他借助这种理由，把印度的穆斯林和基督教徒都排斥在印度教国家之外。

3. “国家虔信论”

戈尔瓦卡认为，近代印度走向衰弱的主要原因是印度教本身的软弱和分裂，其责任应归于印度教徒。他说:“正是因为印度教徒缺乏民族意识，缺乏作为一个民族统一体的有机分支的感情，结果是为了自私的目的而相互仇恨、忌妒、争吵、不协调——正是这些缺点在过去一千多年中耗掉了我们民族的生命力。”[②]在他看来，重建印度的关键在于复兴印度教的文化和精神哲学，建设一个强大的印度教国家。他把印度教的各种社团看作重建印度教国家的主要工具。要振兴印度教，就必须教育广大教徒，力争把印度教中不统一的东西统一起来，把被人破坏的东西重新建立起来。在这个过程中，要发挥各个社团的积极性，一步一步地恢复印度教的哲学和传统，使每个信徒都具有大无畏的勇气和无私忘我的献身精神，最终建立一个强大的印度教徒的印度。

为了建立强大的印度教国家，他创立了一种“国家虔信论”（Rashtra-Bhakti）。这种理论要求每一个教徒必须把自己的全部思想、感情和力量都贡献给印度教国家，作为它的驯服工具；称这个国家为“祖国母亲”，必须对她绝对虔诚。他提倡一种为印度教国家“履行义务和无私服务的精神”。他指出，今天的印度教社会就是一个活着的神，为印度教社会服务，就是为神服务。

概而言之，戈尔瓦卡理论的基本观点是：印度的土地是印度教的土地，印度的文明是印度教的文明，印度的生活方式是印度教的生活方式，印度的国家是印度教的国家。按照这种逻辑，印度的穆斯林和基督教徒不属于这个国家，因为他们在心理上不忠诚于印度。这种偏激的教派理论，对印度独立以后教派之间的斗争产生了不良的影响。

---

① ［印］戈尔瓦卡:《思想集成》，班加罗尔，1966年版，第49页、第128~129页。

② 同上书，第206页。

（三）乌帕迪雅耶的“达摩之治论”

乌帕迪雅耶（Pandit Deendayal Upadhyaya，1916~1968年）也是印度教民族主义的积极鼓吹者。他曾任印度教政党——印度人民同盟的总书记，1916年出生于斋普尔至阿贾莫尔铁路线旁一个名叫达那吉亚的小村庄，祖父和父亲曾经先后担任该地火车站站长。大学毕业后，他参加国民志愿服务团，投身印度教改革事业，后来成为该社团的重要领导成员。1951年，加入刚刚建立的印度教政党——印度人民同盟，开始从事政治活动。后来，他长期担任人民同盟的总书记。1968年1月，被选为该党主席，但不久去世。其代表作有《国家生活的各种问题》、《整体人道主义》和《国家生活的发展方向》。

乌帕迪雅耶在党内一直被人称为理论家。他的“达摩之治论”产生于20世纪60年代，是独立后很有代表性的印度教民族主义学说。其主要内容包括3个方面：

1. 实行“达摩之治”的必要性

乌帕迪雅耶认为，一个国家的存在，关键在于它是否具有一种独具特色的精神力量或意识形态。国家的兴衰，与这种精神力量能否充分发挥作用有关。每当这种精神力量充分发挥作用之时，国家就兴盛；否则，国家就衰败。国家如此，一个民族也是如此。在他看来，一个民族不单是长期生活在一起的人群的集合，也不单是他们在地理上的聚集。一个民族除了有共同的语言、文字、文化、习俗等基本要素外，还要有一种强大的精神力量。这种精神力量，是这个民族与其他民族相区别的主要依据，也是一个民族内在本质的真正表现。因此，印度要强盛起来，就必须充分发扬自己特有的精神或意识的力量，即建立所谓“达摩之治”。

他指出，独立后的印度所以仍然处于动乱和各种矛盾之中，根本原因就在于印度人把许多西方的思想引进到社会生活中，阻碍了印度特有精神力量的发展。今天的印度政治，反映的不是印度自己的意识，而是西方的这个主义或那个主义。印度的国家生活没有达到一种和谐统一的状态，而是处于各种政治和思想的冲突之中。在他看来，只有排除西方各种“主义”的影响，真正重建印度固有的意识形态——“达摩”，印度才能兴旺起来。

2. 何为“达摩之治”

“达摩”一词出自梵文，在汉译佛经中被译为“法”。“达摩”是印度传统文化中最基本的概念之一，包括多种含义。从广义上说，它是指事物存在的法则，或事物内在发展的规律性。从伦理学的角度说，它是指人们应遵循的行为准则和道德规范，以及应当履行的社会义务。古代印度教伦理学的一个重要特点，就是对不同的人规定了不同的达摩，要求每个人都按照自己的达摩行事，从而使社会达到和谐统一。

乌帕迪雅耶是怎样解释达摩的呢？他说：达摩是指社会上的每个人为实现人类最终目标而应履行的“一切责任和义务的总和”。达摩是真正的“印度意识”，是“维系一切经过教化的生命的力量”，是“印度文明中最有生气的推动力”，是一种“生命气息”。实际上，他继承了古代印度教的基本观点，认为社会上的人应有不同的分工，从事不同工作的人应有不同的达摩，只要每个人都能按照自己的达摩行事，社会就会和谐安定。简言之，他的“达摩之治”，是将所谓“印度意识”——达摩看作全社会的最高原则，并且主张用此种原则治理国家，指导每个人和每个团体的行动，从而消除各种矛盾与冲突，使社会实现和谐和统一。

他认为，西方文化与印度文化在本质上是不同的，西方文化的核心是强调事物之间的冲突与竞争，而印度文化的核心是强调事物之间的和谐与统一。西方人的世界观有一个共同的特点，就是认为人类生活中永远充满着矛盾和斗争。按照西方思想家的观点，在社会生活中，人与人之间，团体与团体之间，都存在着永恒不断的矛盾和冲突，因此竞争与斗争是不可避免的。资本主义的哲学将冲突与竞争视为永恒的真理，而社会主义的哲学亦强调矛盾与斗争，并鼓吹一个阶级消灭另一个阶级。他认为，与西方文化不同，印度的民族精神产生于一种和谐的世界观。这种世界观主张：世界上一切事物都是相互联系、相互依存的，它们之间的和谐统一是第一位的。在社会中，人与人，团体与团体，都是相互依赖的，和谐统一是他们之间永恒的主题。个人的利益和价值，只能在为团体的服务中实现；国家的利益和价值，也只能在为人类的服务中实现。他指出，印度的这种和谐世界观最集中地体现在“达摩论”中。按照“达摩论”，社会上的每一个人都有自己的分工和职责，每个人都应当各守其职，各尽其责，这样社会就可以达到和谐统一。

他提倡的“达摩之治”，就是要恢复印度教的达摩精神，把这种精神当作人与社会关系的根本法则，用以调动每个人生理的、心理的、感情的和精神的种种力量，去为他人和社会服务，以实现自我的价值，达到社会的“相互和谐状态”和“共同欢乐状态”。

3. 如何实现“达摩之治”

乌帕迪雅耶批判了尼赫鲁政府的各种政治经济政策，认为它们只重视物质生产而忽视精神建设，过度引进西方思想而忽视本土文化。他主张发扬传统文化的精华，在印度重建“达摩之治”，消除各种动乱和冲突，实现整个社会的和谐统一。为此他提出了许多措施和建议：社会要为每一个能工作的人提供就业机会，确保每个人都能达到最低生活标准；要想方设法提高人民的知识文化水平，保证每一个人都享有免费教育的权利，以利于发展整个社会的精神文明；要不断地为每个人提供各种机会，以促使他们按照自己的意志，为国家的进步和社会的发展多做贡献。在政治方面，他主张分散权力。一个社会中，政治和经济的功能都集中于一个权力之中，就会产生混乱。因此，政权必须分散，不同的政权中心则靠达摩的精神相互联系，相互协调。在经济方面，他提出要自力更生，不要过分依赖外国。外国的东西，有很多都不合印度的国情，印度人必须依靠自己的智慧和力量建设自己的国家。

实际上，乌帕迪雅耶的“达摩之治”论，就是把印度教“种姓达摩”观念与现代人道主义思想相结合而形成一种综合学说。其目的，是用这种学说来捍卫印度教的传统文明和精神，抵御西方文化的侵袭和影响。

以上几种学说是印度教民族主义的代表。这种思潮在20世纪80年代以后在印度各地迅速传播，对社会稳定和民族团结发生了负面影响。在这种思潮鼓动下，印度教徒中滋长出一种宗教狂热心理和躁动情绪，致使他们与其他教派的冲突不断加剧。1984年11月，印度总理英迪拉·甘地被其锡克卫兵刺杀，此事引起印度教徒的极大愤怒，以致在德里爆发了一场印度教徒大规模杀戮锡克教徒的流血冲突。在短短一周内，就有3 000名锡克人被无辜杀害，大批商店被抢劫或烧毁。与此同时，印度教徒与穆斯林之间的矛盾也逐步升级。1984年，印度教的教派领袖聚集新德里，提出了“重建罗摩庙”、“恢复罗摩盛世”的计划。所谓“重建罗摩庙”，就是要求拆除阿约提亚的巴布里清真寺，在原址上建立罗摩庙。据传说，印度教大神罗摩出生于阿约提亚，古代在这里曾有一座罗摩庙。莫卧儿王朝统治时期，伊斯兰统治者下令拆毁了罗摩庙，在原址建起巴布里清真寺。莫卧儿王朝灭亡后，印度教徒曾多次要求拆掉清真寺，重建罗摩庙。但是由于当时英国殖民当局的阻止，此事被平息下去。印度独立后，阿约提亚地方政府为了避免冲突，下令关闭清真寺。因此，“寺庙之争”又沉寂了30多年。然而，到了20世纪80年代，由于印度教宗教狂热情绪的蔓延，印度教的领袖们又重新打起“重建罗摩庙”的大旗。后来，这场“寺庙之争”导致了一场震惊世界的宗教流血冲突。1992年12月6日，10万印度教徒涌入阿约提亚，一些狂热分子不顾军警阻拦，爬上巴布里清真寺，将其顶部捣毁。这一举动严重地伤害了穆斯林的宗教感情，由此引发出全国性的教派流血冲突。在以后的一个星期内，至少有1 200人丧生，4 000人受伤。此次“寺庙之争”，是印度独立后影响最大、波及范围最广的一次教派冲突。2002年，在古吉拉特再度发生专门针对穆斯林的血腥暴力事件。这些一再发生的教派冲突事件，遭到了包括广大印度教徒在内的具有良知的人们的强烈谴责。

第二十一章

新吠檀多主义哲学

——东西方思想的融合

印度新吠檀多主义哲学，是在近代宗教改革运动基础上兴起的一种哲学思潮。它最初产生于19世纪末，兴盛于20世纪五六十年代，并一直延续至今。吠檀多论是印度教六派正统哲学中最重要的一支，亦是印度传统文化的集中代表。新吠檀多主义哲学就是在变革传统吠檀多论的基础上，大量汲取西方思想与科学成就而逐步形成的一种现代哲学流派。由于它既符合传统又顺应时代潮流，因此对现代印度社会产生了深刻的影响。

一、新吠檀多主义哲学的兴起

19世纪初，以罗姆·摩罕·罗易为代表的一批宗教改革家掀起了轰轰烈烈的印度教改革运动。这场运动不仅是一场宗教改革，而且也是一场思想启蒙运动。在这场运动中，改革家们意识到，要振兴印度，就必须吸收西方的先进科学和文化，废除印度教经院式的旧教育，采用西方的教育体制，把学习自然科学和人文科学结合起来。因此，各个改革社团都大力兴办新式教育，开设各种中小学与女子学校，还创建了几所著名的大学，如加尔各答的印度学院、孟买的艾尔芬斯顿学院、拉合尔的达耶难陀－盎格鲁吠陀学院等。在这些学校中，既用英语也用地方语进行教学，课程包括自然科学和社会科学。随着新型教育的推广和各种报刊的创办，西方先进的思想和自然科学知识源源不断地传入印度。一批受过新式教育的印度青年知识分子，不仅了解到欧洲的自由、平等、博爱的人道主义思想和社会民主的政治学说，而且学习到培根、洛克、康德、黑格尔等西方哲学家的思想和方法。这些新的观念和方法使他们开阔了眼界，增长了见识，为他们重新审视和变革传统印度文化打下了思想基础。

吠檀多论是古代印度教最重要的哲学流派。从8世纪商羯罗的宗教改革以后，其他哲学派别都降至次要地位，而只有吠檀多不二论一枝独秀，在印度教意识形态中占据支配地位，成为印度社会的主导思想。这种哲学不仅主张唯心主义的一元论，突出“梵”的至高地位，而且宣扬“世界虚幻”、“业报轮回”、“灵魂解脱”等学说，竭力否定现实世界的真实性，否定人的价值和人生意义，鼓吹悲观厌世的思想。由于它在印度教意识形态中占据主导地位，因而给社会带来的危害很大。它像一把精神枷锁牢固地束缚着广大印度教徒的头脑，使他们沉迷于逃离现实，甘心忍受的心态之中。19世纪末，一批受过新型教育的知识分子强烈地认识到，要想改革印度教，就必须改革印度教的精神支柱——吠檀多哲学，只有使吠檀多获得新生，印度教才能真正振兴。因此，以斯瓦米·维韦卡南达为代表的一批青年哲学家，便打起了改革吠檀多的大旗。1899年，他创建了一个旨在革新吠檀多的组织——“吠檀多不二论书院”，从此拉开了新吠檀多哲学运动的序幕。

21–1 斯瓦米·维韦卡南达

著名哲学家和宗教改革家斯瓦米·维韦卡南达是新吠檀多思想的首倡者。他于1884年毕业于加尔各答中央学院，在大学期间就对西方哲学颇感兴趣，研究过黑格尔、康德、笛卡尔、斯宾塞等人的学说。毕业后，拜罗摩克里希那为导师，决心献身于印度教改革事业。1893年，他打破了传统印度教不许教徒出海远游的教规，赴美国芝加哥参加世界宗教大会。在美期间，被哈佛大学和哥伦比亚大学聘为梵文和东方哲学讲师，并在美国各地进行了数十场有关印度宗教和吠檀多哲学的演讲，受到美国知识界的普遍欢迎。1896年，他在纽约首创“吠檀多研究会”，开始向美国传播吠檀多思想，此后又访问了英国、瑞士、德国等欧洲国家。归国后，于1899年在喜马拉雅山麓建立了“吠檀多不二论书院”，宗旨是研究和改革吠檀多。主要著作有《吠陀宗教的理想》、《吠檀多哲学》、《理性与宗教》、《业瑜伽》和《信瑜伽》等。

在改革吠檀多的过程中，维韦卡南达批判了商羯罗的吠檀多论，汲取西方近现代哲学和自然科学的方法和内容，重新阐释奥义书和古代吠檀多原理，创立了新的吠檀多体系——“行动吠檀多”。自他以后，印度兴起了一个改革传统吠檀多哲学的运动。在这个思潮中，重要的代表人物和学说有奥罗宾多·高士的“整体吠檀多”、K.薄泰恰里耶的以认识论为基础的吠檀多、薄伽万·达斯以心理学为基础的吠檀多、S.拉达克里希南的“完整经验吠檀多”，等等。新吠檀多哲学的最大特点是，在继承印度传统文化的同时，大量摄取西方近现代哲学和自然科学的内容，将东西方思想融为一体。

二、主要学说与代表人物

从19世纪末至今，在新吠檀多思潮的发展过程中，涌现出许多杰出的哲学家和新吠檀多学说。这些学说代表着传统哲学的革新，也代表着现代印度文明的基本走向。下面介绍几位有代表性的人物及其学说：

（一）维韦卡南达的“行动吠檀多”

维韦卡南达反对古代吠檀多集大成者商羯罗的“世界幻象说”，但是他继承了传统吠檀多的基本原理，并且借用西方哲学的观点和方法重新解释这些原理。他认为，世界的最高本体是梵，又称之为“宇宙理性”。梵是一种纯粹存在，它没有属性、方位、数量和质量的差异。梵是整个宇宙的基础。世界上的任何现象，无论是属于自然界，属于人类社会，还是属于人类思维活动的，都是它的显现。梵显现为世界，是以时间、空间和因果关系为媒介的。时间、空间和因果关系就好像一面镜子，梵借助这面镜子的映射而表现为世界万物。世界是由精神和物质两个方面组成的。他把精神方面称为“精神世界”，把物质方面称为“物质世界”。但他认为这两者不是反映与被反映的关系，而是一种平行的关系，它们都来源于最高本体——梵。

维韦卡南达的本体论带有一种内在的矛盾。他一方面承袭吠檀多的唯心主义原理，另一方面又从西方哲学中汲取不少唯物论和自然科学的内容。在探讨物质世界的意义时，他说整个世界都是经常变化的物质，千差万别的事物皆为物质的表现。他认为在最高本体中不存在时间、空间和因果的关系，但是在物质世界中，一切事物都受时间、空间和因果关系的制约，并且处于运动变化之中。

同本体论一样，他的认识论也是矛盾的。他认为人认识真理的途径有两种：一种是感觉经验的道路，一种是内省直觉的道路。在描述第一种道路时，他说，一切人类的认识都产生于经验。各种理性认识，即从部分到一般或从一般到部分的认识，都是以经验为基础的，离开了经验就不能认识任何东西。但是另一方面，他又坚持吠檀多的传统，认为人还有一种不以经验和逻辑为基础的，天赋的认识能力——直觉。他把这种认识能力称为"自明性"，人们可以利用这种"自明性"获得最高真理。他认为印度教徒都具有这种"自明性"，他们能够通过直觉内观的方式证悟"梵我同一"的最高真理。

维韦卡南达倡导新吠檀多哲学的最终目的，在于革新印度教，用新的思想教育和武装人民，以争取民族的独立。因此，他反对传统吠檀多悲观厌世的人生观，肯定人生的价值和意义，鼓励人民参与社会实践，以实际行动改造社会。因而，他的哲学又被称为"行动吠檀多"。为了实现自己的理想，他提出了一套完整的社会改造纲领，其核心思想是"行动的宗教和统一的印度"。他号召印度各种民族、宗教和种姓的人在印度精神的基础上统一和团结起来，打破宗教的对立和种姓藩篱，普及教育和文化，发展民族工商业，最终达到"用印度的宗教建造一个欧洲式的社会"[①]之目的。

（二）阿贝达南德的"万能吠檀多"

斯瓦米·阿贝达南德（Swami Abhedananda，1866~1939年）是新吠檀多的积极鼓吹者。他在青年时代参加了罗摩克里希那传教会，成为罗摩克里希那的重要弟子之一。1866年他赴英国学习，后定居美国，在欧美生活了25年。在美国期间，他一心致力于印度吠檀多哲学的研究和宣传工作，为新吠檀多思想在欧美的传播做出了突出的贡献。主要著作有《哲学与宗教》、《吠檀多哲学》、《吠檀多的宗教观》、《二十世纪的宗教》、《瑜伽心理学》等。

---

① 黄心川著:《印度近代哲学家辨喜研究》，北京：中国社会科学出版社，1979年版，第38页。

阿贝达南德新吠檀多的一个最突出的特点，就是强调吠檀多是世界上最完善的思想体系，是哲学发展的顶峰。他认为吠檀多是一种包罗万象的学说，在许多方面它不仅优越于欧洲哲学，而且优越于现代科学。用他的话说，吠檀多“已经上升到人类智慧所能达到的哲学思维的最高点……吠檀多具有比康德哲学崇高得多的地位”[①]。在他看来，吠檀多是哲学与宗教的统一。哲学是从理论上阐述人类认识真理的手段与途径，宗教则是从实践上实现认识真理的手段与途径。“在认识的这棵大树上，哲学是花朵，宗教是果实。哲学是宗教的理论方面，宗教是哲学的实践方面。”[②]在世界上的各种哲学中，真正达到哲学与宗教相统一的体系只有吠檀多。因此，他又把吠檀多称为“万能的吠檀多”。

由于阿贝达南德长期在欧美生活，深知科学的价值和作用，所以他并不否认科学对社会和人类生活的巨大影响。他说：“20世纪可以称之为科学理智的世纪。”[③]然而，他又认为，科学的作用毕竟是有限的，它只能认识自然界和与自然界相关的真理。如果我们要探索宇宙终极真理、自然界之外的事物或人们的精神世界，就必须依靠吠檀多哲学。因为吠檀多可以使我们认识“世界的创造者、万物的指导者和宇宙的第一原因”。他认为，吠檀多与其他宗教哲学体系不同。它与现代哲学不相矛盾，本身就是最科学的学说。他曾指出：“吠檀多远比唯物主义的科学一元论更富有逻辑性和科学性。吠檀多为宗教奠定了科学的基础，因为它是运用科学的方法解释宗教的……除了包罗万象的吠檀多宗教，没有一种宗教能够经得起逻辑和科学的检验。科学与宗教之间的冲突，只有在万能的吠檀多宗教中才能消失。”[④]

阿贝达南德这种强调吠檀多与现代科学相统一的观点，是新吠檀多思潮的一个共同特点。他的这种观点与学说对以后的新吠檀多论者产生了重要的影响。

（三）奥罗宾多的“整体吠檀多”

奥罗宾多·高士不仅是印度民族运动激进派的领袖，而且是一位著名的哲学家、新吠檀多思潮的主要代表人物。

奥罗宾多的学说被人称为“整体吠檀多”或“精神进化论”。所谓“整体吠

① ［印］斯瓦米·阿贝达南德：《哲学与宗教》，加尔各答，1951年版，第13页。
② 同上书，第20页。
③ ［印］斯瓦米·阿贝达南德：《20世纪的宗教》，加尔各答，1955年版，第1页。
④ 同上书，第33页。

檀多”，可以从两方面来理解：第一，“整体”意味着“综合”，即把不同哲学派别的观点综合融会于一个整体之中。他把吠檀多各种不同的学说综合起来，消除它们之间的分歧和差异，将它们的精华融会在一个体系中。第二，“整体”亦意味着“调和”，即把各种对立的概念和观点调和在一个统一体中。他利用“精神进化”的方式把吠檀多中各种对立的观念，如梵与世界、精神与物质、一与多、明与无明、善与恶等调和统一起来，使它们成为同一个最高本体的不同方面或不同的等级。

奥罗宾多从吠檀多一元论的立场出发，断定宇宙的最高本体是一种纯粹的、永恒的精神实体，亦即“梵”、“宇宙精神”或“宇宙意识”。他把宇宙的一切现象都看作“梵”的显现形式，即“宇宙精神”的形式。他还进而把这种“精神”按高低顺序划分为若干等级，如梵、超心思、心思、生命和物质。物质被视为“精神”的最低级形式。在探讨宇宙的进化过程时，他把宇宙分为现象界（现实世界）和超然界（本体世界）。现象界包括物质、生命和心思。物质指无机界，即一切无生命现象，如金属、矿物等。生命指一切生命现象，如动植物等。心思指人的心理和思维活动，代表有思维能力的人。超然界包括梵和超心思。梵一方面是宇宙本体，万物的起因；另一方面又是万物进化的终点，无限欢乐的理想境界。超心思是指一种超越人思维的意识，即一种独立存在的超意识。它介于现象界和超然界之间，起着联系两者的媒介作用。

奥罗宾多设计了一个宇宙演化的模式。这个模式包括两个过程：首先是梵以超心思为媒介下降到现象界，然后是现象界万物通过超心思再上升或进化到梵。下降过程，又称“退化过程”，是按照顺序，一级一级下降的。梵通过超心思下降到心思，由心思下降到生命，再由生命下降到物质。这一过程是梵的自我否定和自我退化的过程，亦即由纯精神状态转化为自然界万物的过程。在自然界中，梵披上了自己所显现的各种具体外衣，成为用外壳包裹着的“潜在意识”。这种“潜在意识”隐居于万物之中，有恢复自身本来面目的倾向，故能推动万物向精神的最高等级——梵进化。上升的过程，又称“进化的过程”。它始于物质，从物质进化到生命，从生命进化到心思，再从心思进化到超心思，最后经过超心思的媒介作用，达到梵的最高境界。通过这种“上升”和“下降”的过程，奥罗宾多便把现象界与超然界联系起来，统一于一个进化的体系之中。

其实，奥罗宾多的这种“精神进化论”，就是把整个世界的变化都视为“纯精神”（梵）自我退化和自我进化的过程，也就是从纯精神转化为物质，再由物质转化为纯精神的过程。世界的演化构成了一个圆圈，梵既是演化的起点，又是演化的终点。由此我们发现，奥罗宾多的哲学与黑格尔的哲学颇有相似之处。在黑格尔那里，“绝对精神”从纯概念形式“外在化”或“异化”为自然界。在自然界中，“绝对精神”披上自己所建立起来的各种物质外衣，成为有外壳包裹着的思想和概念，它隐藏于自然万物的背后，操纵着自然现象的变化和发展。在奥罗宾多这里，“宇宙精神”（梵）下降到自然界。“宇宙精神”也披上了自己所显现的物质、生命和心思的外衣，成为有外壳所包裹的“潜在意识”。它隐藏于自然万物之中，推动和主宰着万物的发展和变化。无论是黑格尔的“异化”，还是奥罗宾多的“下降”，都是纯精神创造世界的过程，皆为客观唯心主义世界观的表现。

奥罗宾多“整体吠檀多”的最大特点，是在继承传统吠檀多基本原理的同时，大量吸收西方现代哲学和自然科学的内容，将吠檀多唯心论与唯物论、宗教与科学、超世论与入世论调和起来，融会成一个整体，创造出一个新的体系。这种哲学至今在印度甚至在欧美都有广泛的影响。奥罗宾多生前在印度东南海滨的本地治里创建了一个传播他的思想的组织——“奥罗宾多修道院”。1968年，为了进一步扩大影响，这个修道院又建立一个面向全世界的国际组织，名为“奥罗宾多国际新村”。有来自世界124个国家和地区以及印度22个邦的8 000多名代表参加了国际新村的奠基典礼。现在，每年都有数千名欧美和世界各地的人来此进行精神修炼，还有许多人长期居住在这里，以创造一种新的生活方式和新的精神境界。国际新村的最高宗旨是，通过“整体瑜伽”和精神修炼，塑造无私的人和新的精神境界，创造一个超越一切民族、宗教和国家的新型社会，最终实现奥罗宾多提出的“人类统一”的理想。

（四）薄泰恰里耶的“认识论型吠檀多”

薄泰恰里耶（Krishna Chandra Bhattacharya，1875~1949年）是新吠檀多思潮中学院派的代表人物。他在1891年考入孟加拉省立学院，毕业后终生从事哲学教育和研究工作。1930年担任胡格利学院院长，后任阿马尔内尔的印度哲学研究所所长。1935~1937年，荣获印度哲学教授最高头衔——加尔各答大学哲学系“英王乔治五世讲座教授”。主要著作有《哲学研究》、《吠檀多主义》和《自由的主体》等。

薄泰恰里耶对印度古代哲学，特别是吠檀多不二论、数论、瑜伽论和耆那教哲学，进行了深入的研究；此外，他还通晓德国古典哲学，尤其是康德和黑格尔的思想体系。所以，他的哲学就是在继承吠檀多不二论的基础上，批判性地吸收康德哲学中认识论的内容，进而形成的一种新型吠檀多理论——“认识论型吠檀多”。在他的哲学中，宇宙最高本体被视为一种超越人的一切经验和理性思维的、无法言表的纯精神实体，叫作“绝对”或梵。“绝对”既不是主观的，也不是客观的，而是超越主客观差别的实在，证悟这种“绝对”则是其哲学的最终目的。薄泰恰里耶哲学体系的精华，在于对认识论的研究。在他看来，康德哲学的一个重要错误就是宣布最高本体“绝对”是不可知的。他主张“绝对”是可知的，因此用什么方式去认识“绝对”，就成了他的哲学的重要课题。

如果说辩证思维是黑格尔哲学的核心，那么，否定思维则是薄泰恰里耶哲学的核心。他认为只有通过否定的方法，才能达到最终证悟最高本体——“绝对”的目的。他把否定认识的过程分为四个阶段:（1）在第一阶级中，人的肯定注意力从大量客观事物中收回，而集中于从少量事物中分离出来的一种客观因素。这种客观因素之外的一切事物都被否定，被排斥为非真实的东西。这种阶段的否定，就是排除一切作为幻觉的非客观事物。（2）在第二阶段中，人的注意力不是只集中于客体，也不是只集中于主体，而是游移于两者之间。当注意力盯住客体时，就否定了主体；当注意力盯住主体时，也就否定了客体。在这一阶段，主客体交替受到注意和否定。（3）在第三阶级中，注意力同时集中于主体与客体。主客体是以同一系列的两个方面出现的，这两个方面虽然不是模糊的，但没有一个方面能排斥另一方面。在此阶段中，肯定注意与否定注意之间的区别消失了，主体有时能以客体形式出现，客体有时也能以主体形式出现。（4）在第四阶段中，注意力表面上也表现为肯定的态度，但实际上并不指向任何事物——无论是客观的，还是主观的事物。否定开始作为第一原则，一切限定都被排除了，“只剩下绝对的否定”。薄泰恰里耶认为，为了认识最高本体——“绝对”，必须进行一系列的否定：首先是否定人所感觉到的客体，这种否定导致一种不依赖人的感觉经验的纯粹客体；然后是否定这种纯粹客体，从而形成对主体的确信；最终连主体“我”也加以否定，进而达到超越主客观差别的“绝对”。只要把否定的过程进行到底，就能证悟“绝对”。

薄泰恰里耶的这种“否定哲学”，只不过是对古代奥义书所宣扬的“梵不是这，不是那”的思想做了详尽的阐述和发挥。他的贡献在于运用西方哲学中认识论的概念和方法，从理论上发展了传统吠檀多的直觉证悟方式，促进了吠檀多哲学的现代化。

（五）薄伽万·达斯的“关于‘自我’的科学”

薄伽万·达斯（Bhagavan Das，1869~1958年）也是新吠檀多哲学学院派的代表人物。1886年他毕业于加尔各答大学哲学系，后入贝拿勒斯大学和阿拉哈巴德大学进修，获名誉博士学位。走出校门后．终生从事哲学研究和立法工作。他一生写了大量有关哲学、心理学和社会学的著作，主要有《感情的科学》、《内心清净的科学》、《社会组织的科学》、《神圣世界的科学》、《一切宗教的根本统一》等。

薄伽万·达斯是新吠檀多哲学的杰出代表。他认真研究了西方自然科学和社会科学的各个领域，站在现代科学的立场上对传统吠檀多进行批判性的吸收和改造，建立了一个包括哲学、心理学、社会学和自然科学在内的庞大思想体系。

为了表明自己哲学的科学性，薄伽万·达斯把他的吠檀多体系称为“关于‘自我’的科学”。在他的体系中，吠檀多的最高本体梵被称为“绝对精神”。“绝对精神”在创造世界过程中，既显现为个人灵魂（自我），又显现为世界万物（非我）。因此，他认为“绝对精神”不仅包括主体（自我），而且包括客体（非我），是主体、客体、主客体关系三者的统一。薄伽万·达斯反对传统吠檀多把主客体混为一谈或把主客体相互分离的观点，主张主客体是处于一种相互否定、相互肯定的必然联系之中。

所谓“关于‘自我’的科学”，实质上就是论述“绝对精神”或梵的学说，并且把世界上的一切科学都统摄于这种学说之中。薄伽万·达斯把他的学说分为三个组成部分:（1）有关“自我”（精神）的科学，包括“绝对自我”（梵）的科学，亦称“形而上学”；“个体自我”（灵魂）的科学，又称“心理学”；“个体自我”在人体中的表现，即物理和心理的科学，亦称“物理–心理学”。（2）有关“非我”（物质）的科学，包括物理学、天文学、生物学、地质学等。（3）关于“自我”（精神）与“非我”（物质）之间关系的科学，主要研究各种能量的作用、反作用以及两者相互联系的因果关系。它主要表现为数学，数学又分为时间数学（如算术）、空间数学（如几何学）和运动数学（如力学）等。

在“关于‘自我’的科学”中，薄伽万·达斯把心理学置于十分重要的地位。他对心理学进行了专门的研究，把古代吠檀多–瑜伽心理学与西方现代心理学综合起来，建立起自己的心理学体系。他的心理学，即有关“个体自我”的科学，不仅要研究“个体自我”，而且要探索与“个体自我”相联系的人的肉体、生命和心思。他把心理学分为3个部分：认识科学、欲望科学和行为科学。（1）认识科学。他把人的认识分为3种：对当前事实的认识，即感知；对过去事实的认识，即回忆；对未来事实的认识，即预见或期待。认识科学就是人对大量认识材料进行去伪存真的科学，又称“去伪存真的艺术”。（2）欲望科学。他认为人的欲望有3种表现形式：自我保护、自我增长和自我繁殖。从总体上说，欲望又分两种：一种是引起痛苦的欲望，它会给社会造成仇恨和分裂；一种是引起欢乐的欲望，它能给社会创造出爱、友谊与亲和。因此，欲望科学的作用，就是引导人们培养正确的欲望和情感，培养对任何事情都能做出友善反应的崇高美德和能力。（3）行为科学。他认为，一个人在正确欲望的指导下能够产生正确的行为，但是光有正确的欲望尚不够，还必须有完善的社会组织和正确的法规来制约人们的行为。因此，行为科学就是研究通过什么样的社会组织来管理人类各种行为的科学。

薄伽万·达斯的新吠檀多论的重要意义在于：第一，它将传统吠檀多与现代自然科学和社会科学的内容有机地融会起来，构成一个新的思想体系；第二，在实现人生理想的道路上，它主张建立一种完善的社会组织形式，以使人的义务与权利、个人利益和社会利益能够相互协调，相互制约，平衡发展，从而实现人类社会的和谐与统一。

（六）拉达克里希南的“完整经验吠檀多”

21-2 拉达克里希南

S.拉达克里希南（Sarvepalli Radhakrishnan，1888~1975年）生于马德拉斯，1909年毕业于马德拉斯基督教学院，后从事哲学教育和研究工作。1921年，获得印度最高教授头衔——加尔各答大学哲学系“英王乔治五世讲座教授”。他对印度现代哲学的发展做出了重要的贡献。1925年，在他的积极倡导和组织下成立了印度哲学大会，大会每年召开一次，一直延续至今。印度独立后，他成为著名的社会活动家。1949年任印度驻苏联首任大使，1952年当选印度副总统，1962年当选总统。他一生写了大量哲学著作，主要有《印度哲学》、《印度教人生观》、《东方与西方宗教》、《理想主义人生观》、《东方宗教与西方思想》等。

拉达克里希南毕生从事东西方哲学和宗教的比较研究。他从小受到南印度浓郁的宗教神秘主义的熏陶，青少年时代又受到基督教教会学校所灌输的西方文化的洗礼，这种教育使他既通晓印度文化，又熟知西方思想。他钻研过印度教经典奥义书、《薄伽梵歌》和《梵经》等，同时也大量阅读欧洲古代和现代的哲学著作，其中柏拉图、普罗提诺、康德、布拉德莱、柏格森的思想对他影响尤深。因此，他有能力对东西方哲学进行比较研究，将两种传统调和起来，创立出一种新型的综合性哲学。从总体上看，这种哲学扎根于印度传统吠檀多，但也具有许多西方思想的内容和特色。

拉达克里希南新吠檀多论的特点，是将印度吠檀多不二论和西方的绝对唯心论综合在一个体系中。他把宇宙最高本体有时称为梵，有时又称为“绝对”。他像吠檀多论者那样认为梵是“唯一”，也像绝对唯心论者那样认为万物皆是“唯一”的必然方面。在他看来，梵是“纯意识，纯自由和无限的可能性”①。称之为“纯意识”，是因为梵是一种不可名状的纯粹精神实体，宇宙万物都与它相联系。称之为“纯自由”，是因为梵不受任何事物的限制，能够自由行动。称其有“无限的可能性”，则因为梵蕴藏着取之不尽的潜能，能创造无穷无尽的事物，而我们所寓居的宇宙只是梵所显现的一种可能性。

拉达克里希南强调，梵是超越于世界万物的有意识的精神实在。在他看来，唯物主义的观点是不能解释宇宙现象的，因为“他们把世界看作一种以盲目而无规则的方式不断运动的自动机械，他们把时间世界归于无意识的力量，并把生命、意识和价值变成了这种力量的附属品。他们认为，为了便于理解必须把这个世界分割成许多碎片”。②按照他的观点，唯物主义的解释是以时间的实在性为基础的，仅仅局限于暂时的现象中，而认识不到超越时间的必要性。另外，这种解释虽然力求揭示自然界的秩序和规律，但却忘记了自然秩序不是机械的，是不能用盲目的物质力量来确定的。因此，他继承吠檀多的传统，把宇宙的根本看作一种有意识的“精神”，这种“精神”以自身为依据，同时也是万物的基础，万物皆为它的显现。如他所说：“同一个‘绝对’显现于一切相互有差别的事物之中。终极的实体是在石头之中沉睡着，在植物之中呼吸着，在动物体之

① ［印］S. 拉达克里希南：《理想主义人生观》，伦敦，1947年版，第343页。

② 同上书，第314页。

中感觉着，在人体之中呼唤着自我意识。”①

拉达克里希南虽然肯定宇宙的最终精神本性，但是与古代吠檀多论者不同，他对世界和人，生命的价值和人类的命运采取一种现实主义的态度。他认为人有两个方面：有限的方面和无限的方面。有限方面是指人的肉体，无限方面是指人内心的“自我”，即与宇宙本体梵相同一的“精神”。古代吠檀多论一般强调人的生理方面具有虚幻性，要充分显现灵魂或“精神”的真正本性，就必须使肉体性质完全断灭。与之相反，他却承认肉体生命的实在性和价值，认为肉体是“精神”的一部分，人的内在“精神”并没有割断与肉体生命的联系，否则就破坏了人的生命的整体性。人的精神方面表现在哪里呢？在他看来，人有一种超越自身的愿望，这种愿望推动人向上发展并逐步超越肉体。这种自我超越的愿望和能力就代表着人的精神方面。如他所说：“在人的自身，在他的存在

21-3 中国研究吠檀多哲学的著作

① ［印］S. 拉达克里希南：《现代哲学中的宗教势力》，伦敦，1920年版，第43页。

中心有着某种比理智更深奥的东西，这种东西与至高无上者同属一类。”[①]按照他的观点，人的内在“精神”与最高本体梵是同一不二的，只要通过直觉证悟这种“精神”，人就能与外部世界达到统一，与整个社会相协调，从而达到一种自由欢乐、尽善尽美的理想境界。

拉达克里希南是印度现代哲学史上一位非常有影响的人物。他运用东西方哲学比较研究的方式，重新探讨印度传统思想，创立了一个新型的吠檀多体系。他的体系虽然具有浓重的宗教色彩，但也包含着许多合理和进步的因素。他在吸收西方先进思想，促进吠檀多现代化方面，在传播印度文化，增进东西方思想交流方面，都做出了卓越的贡献。

三、新吠檀多主义哲学的特点

新吠檀多主义哲学是在改革印度教基础上发展起来的一种新型哲学，是印度传统文化与西方思想相结合的产物。这种哲学至今在印度思想领域依然占有重要位置，对现代印度人民的思想和社会生活产生着深刻的影响。应当说，新吠檀多哲学是印度传统文化走向现代化的重要标志。它具有如下几个特点：

（一）变革传统，适应时代需要

19世纪末，印度哲学的发展面临两个方面的挑战，一是来自充满优越感的西方文化和基督教思想的冲击，二是面对着中世纪印度教神学体系的陈腐、落后和愚昧。在这种形势下，印度先进的思想家一方面要革新传统印度教思想，使之适应时代的发展；另一方面又要捍卫印度教的基本原理，以抵制和对抗西方文化的冲击。因此，以维韦卡南达为代表的一批新吠檀多论者不得不到印度古代文化遗产中寻找和发掘自己所需要的思想武器。他们发现古代奥义书和由奥义书而产生的吠檀多哲学，代表着传统文化的精华，有抵御外来文化的能力。所以，复兴奥义书和吠檀多学说，便成为当时的一种时尚，一种需要。新吠檀多思潮就是在此种形势下应运而生的。

具体地说，为了排除印度教神学蒙昧主义所产生的偶像崇拜、烦琐祭仪和各种迷信习俗，新吠檀多论者重新解释奥义书和吠檀多论所阐述的最高本

① ［印］S. 拉达克里希南：《理想主义人生观》，伦敦，1947年版，第103页。

体——梵和“梵我同一”学说；为了动员民众投身于社会斗争，他们宣传“行动吠檀多”和乐观的人生哲学；为了实现民族独立的理想，对抗西方文化的浸染，他们把印度古代精神财富视为民族的骄傲，把复兴古代文化作为表达爱国主义和民族意识的重要手段。无论是先行者维韦卡南达，还是后来的奥罗宾多、薄泰恰里耶、薄伽万·达斯、拉达克里希南，他们的哲学体系都是以古代吠檀多原理为根基的。然而，他们的理论又不是简单的复古，而是托古改制。他们只是从丰富的古代文化中寻找借鉴，挖掘自己需要的东西，然后加以改造和创新，建构起适应时代要求的新的思想体系。

（二）融会东西方思想

印度古代文化是以封建生产关系和宗教唯心主义为基础的。尽管它作为一颗明珠一直被印度人民所珍视，但毕竟不是以大工业和先进的科学技术为基础的西方近现代文化的对手。新吠檀多论者们以古代文化为武器迎拒西方文化的挑战，显然势弱力薄。他们一开始就意识到这一点，因此十分重视学习和吸收西方的先进思想和学说。从生活经历来看，这批新吠檀多论者几乎都受过西方文化的教育——有的在国内接受英国式的教育，有的赴英留学多年，有的甚至侨居英国。这为他们学习和吸收西方先进思想提供了客观条件。

融合东西方思想是新吠檀多哲学的一个最重要的特征。这里说的东方，主要指印度，综合东西方思想也就是将印度传统思想与西方近现代思想融为一体。这种融合表现为两个方面：一是新吠檀多论者运用西方近现代哲学的观点、方法和术语重新诠释和阐述古代吠檀多；二是他们直接汲取西方哲学中的某些学说和内容，使之与传统吠檀多相结合，以构成新的思想体系。在这方面，奥罗宾多和薄泰恰里耶很有代表性。奥罗宾多在继承古代吠檀多原理的同时，吸收达尔文生物进化论的思想，创立了他自己独特的“精神进化论”和“整体吠檀多”体系。薄泰恰里耶把康德的认识论学说与古代吠檀多中“自我证悟”的学说综合起来，创立了他的新吠檀多论。

（三）调和宗教与科学

一般认为，科学与宗教是对立的。科学是以理性为基础，通过感性认识和理性分析，探索自然界和人类社会的发展规律；而宗教则是以非理性为基础，崇拜某种超自然的神灵或力量，并且通过神秘主义的直觉证悟，达到人与神的结合或精神解脱。传统吠檀多论是印度教的宗教哲学、悟性哲学，是以论述精神解脱为最高宗旨的。新吠檀多论者意识到，要使传统吠檀多跟上时代的发展，就必须吸收近现代自然科学的成果和内容，以弥补传统吠檀多的不足，从而使之获得新生。

在调和宗教与科学方面，他们采取了各种不同的方式。有的新吠檀多论者赞美古代吠檀多是最完善的体系，认为它所揭示的基本原理与现代科学是完全一致的。例如，阿贝达南德强调吠檀多哲学为宗教奠定了科学的基础，因为它是用科学方法解释宗教的；在吠檀多体系中，科学与宗教之间并无冲突。奥罗宾多也用现代物理学中的“力”和“能”来说明梵是一种无限永恒的创造力量，以此证明梵是符合现代科学原理的。大多数新吠檀多论者则把自然科学的观点与吠檀多学说糅合起来，以建立自己的思想体系。在这方面表现最为突出的是薄伽万·达斯，他把各种自然科学，如化学、物理学、心理学、生理学、天文学、数学等都纳入自己的哲学体系之中，建立了一个庞大的“关于‘自我’的科学”。所谓“‘自我’的科学”，实质上就是研究梵（绝对自我）、我（个体自我）与自然界（非我）三者之间关系的科学。

（四）宗教倾向减弱，世俗化倾向加强

传统吠檀多是印度教六大哲学流派之一，为一典型的宗教哲学体系。它是以阐述如何实现精神解脱为根本宗旨的。尽管各种新吠檀多论仍然保留着某些传统吠檀多的特征，如强调最高本体是一种超自然的精神实体，强调通过悟性或直觉去证悟人内在的灵魂与宇宙本体的同一性等，但是从总体上说，它们已经摆脱宗教蒙昧主义的束缚，日趋明显地走向世俗化。

这种世俗化的倾向主要表现在如下几个方面：（1）在自然观上，新吠檀多论者无一不批判商羯罗所宣扬的“世界幻相论”，主张物质世界并非虚幻的，而是真实的存在。（2）在认识论上，他们虽然强调直觉内省在认识最高真理中的作用，但是与古代吠檀多论者不同，他们并不否认感觉经验和理性思维在认识客观世界过程中的重要性，认为自然界的真理只有靠感性和理性认识才能获得。（3）在人生观方面，他们注意从西方人道主义思想中汲取营养，批判印度教以神为中心，贬低人生价值的神学蒙昧主义，倡导以人为中心，人即是神的思想；同时也批判印度教所宣扬的超世论和禁欲主义，提倡世俗文化和世俗教育，强调世俗生活和世俗行为的重要性。（4）在人生理想方面，他们反对“业报轮

回”和“弃世解脱”的观念，号召人们相信自己的力量，通过自己现世的努力在人世间建立一个统一和谐，充满自由、平等和普遍之爱的理想社会。

总之，新吠檀多主义哲学代表着现代印度一种进步、革新的思想潮流，它是对印度教传统文化的一种改革、发展和创新。这种思潮在促进传统吠檀多走向世俗化、科学化和理性化，以及用自由、平等、博爱的人道主义思想改造宗教文化方面，都做出了不可磨灭的贡献。时至今日，新吠檀多哲学仍然作为一种重要的力量活跃在印度意识形态领域中，对印度人民的思想和生活产生着巨大的影响。

第二十二章

文学巨人泰戈尔的思想与创作

罗宾德罗纳特·泰戈尔（Rabindranath Tagore）是印度近现代伟大的诗人、作家、艺术家、哲学家和社会活动家。他不但是印度文学史上罕见的巨匠，而且也是世界文学史上少有的大师。随着岁月的流逝，他的作品愈益放射出璀璨的思想光芒，显示出永恒的艺术魅力。泰戈尔的作品被译成多种文字，在世界各地广泛流传，并被编入教材在中学和大学讲授，产生着持久的影响。泰戈尔与圣雄甘地，被认为是印度20世纪的两大伟人。泰戈尔的盛名，甚至超越了印度历史上所有的大师巨匠。

22-1 泰戈尔肖像

泰戈尔在其60年的创作生涯中，始终保持不懈的探索精神和过人的创作精力，以其全面的艺术天才在文学园地里辛勤耕耘，在诗歌、小说、戏剧和散文等领域都取得了卓越的成就，给后世留下了数量惊人、种类繁多的艺术珍品。他毕生创作50余部诗集、十几部中长篇小说、90多篇短篇小说、20余种戏剧，同时著有数量可观的散文作品和其他杂著。这些作品主要收在多达29卷的《泰戈尔文集》之中。此外，

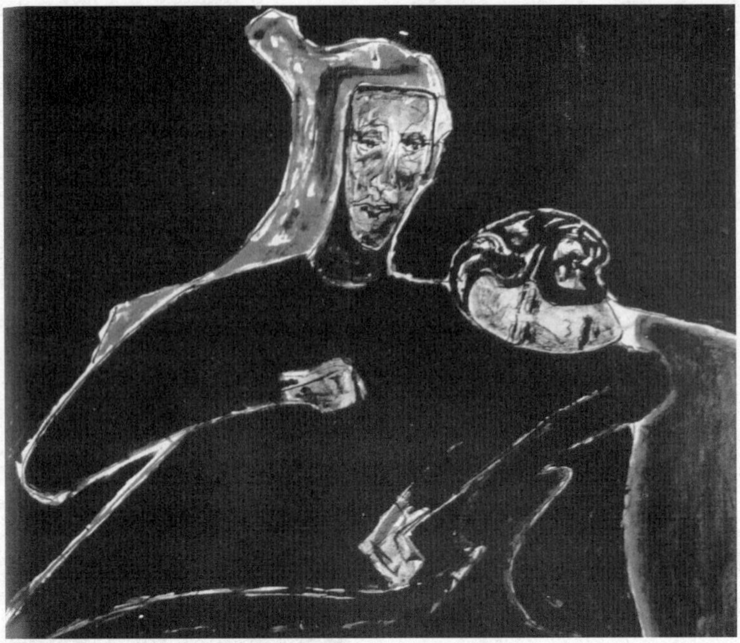

22-2 泰戈尔的绘画作品

他还创作了2 000余首歌曲和大量绘画作品。印度和孟加拉国的国歌词曲均出自他的手笔。

一、生 平

泰戈尔1861年5月7日出生于印度孟加拉省加尔各答市。当时的印度，正处于英国殖民主义者的统治之下，也正处于从传统社会向现代社会转型的重要历史时期。泰戈尔出生时，加尔各答是英属印度的首府，同时也是印度的文化中心。当时，以加尔各答为中心的印度宗教改革运动、文学革新运动和民族主义运动潮流涌动。这三大运动汇流，构成了印度近代伟大的文艺复兴运动。这一为印度赢得民族独立做了思想和人才准备的运动，也被称为印度的启蒙运动。泰戈尔家族是孟加拉的望族之一，在农村拥有大片的地产，在城市拥有豪华的宅邸。这一家族虽然属于婆罗门这一印度最高种姓，但从泰戈尔的祖父德瓦卡纳特·泰戈尔（1794~1846年）起，便不再把种姓制度的“神圣”放在眼里，颇多离经叛道之举。他是印度最早“睁眼看西洋”的人物之一，也是印度最早旅英的人物之一。泰戈尔的父亲戴本德拉纳特·泰戈尔（1817~1905年）通晓印度与西方的哲学，是一位宗教哲学家和社会改革家。他还是印度宗教改革运动的主要领导人之一。他的高尚人格和神秘主义哲学思想对泰戈尔起了潜移默化的作用。泰戈尔是家中的第十四子，上有兄长和姐姐十三人。这些兄长大都多才多艺。他们的非凡才能和家庭浓郁的文学艺术气息，对泰戈尔产生了重大影响。泰戈尔家族是富有的，也是开明的。多少年后，诗人在回忆童年时说，自己的"心智是在一种自由的氛围中成长起来的"①；但"我们的食物谈不上精美。开列一下我们的衣物清单，只会招致现在的孩子们的嘲笑"②。富有而不纵容子女是泰戈尔父亲的治家之道。

泰戈尔没有受过多少正规教育。他先后上过几所学校，但时间都不长。他对这些旧式学校几乎没有留下什么好印象。对于传统教育制度对人的束缚，他深恶痛绝。这一思想贯穿了他的一生。他渊博的学识和深厚的文学素养，主要是靠严格的家庭教育和勤奋的自学获得的。他学习的课程有梵语、孟加拉语、英语、历史、数学、地理、绘画、音乐、体育等。从晨至暮，一天的课表排得满满的。各科均聘有专任教师。他们执教认真，风雨无阻。十岁的时候，他第一次与家人到恒河之滨。他犹如羁鸟脱离樊笼，在绮丽的自然风光中陶醉了。他怀着极大的好奇心观察孟加拉乡村。茅舍、小径、浴场、田野、集市，无不引起他的强烈兴趣。从那时起，他与农村结下了不解之缘。1873年春，他随父到喜马拉雅山旅行。雄伟的雪峰，幽美的林壑，清澈的山溪，激发了他的幻想，孕育了他的情思。

泰戈尔8岁能诗。他于1875年发表第一首长诗《野花》。1878年9月在父兄的安排下赴英国学习法律，但他的主要兴趣和收获却在文学与音乐方面。1880年2月回国。1882年出版抒情诗集《暮歌》，从此正式走上文学创作的道路。19世纪90年代，他遵从父命离开城市到乡下经管祖上的田产，在乡间生活了整整十年。农村丰富的现实生活与旖旎的自然风光唤起了他的创作激情。诗歌、短篇小说、戏剧等多种样式的文学作品从他的笔端源源流出。这是他创作生涯中最多产也最辉煌的黄金时期。从1901年~1913年，是他创作的又一重要阶段。在这一时期，他的生活和思想都发生了较大变化。他的作品从内容到

① ［印］泰戈尔著，刘建译：《人的宗教》，见刘安武等主编：《泰戈尔全集》第20卷，石家庄：河北教育出版社，2000年版，第297页。

② ［印］泰戈尔著：《我的回忆》，纽约：麦克米伦公司，1917年版，第8页。

风格都展现了不同的风貌。他除了创作中长篇小说之外，还沉浸在对宗教哲理的思考之中，写了许多带有神秘主义气息的宗教抒情诗。1901年，他在圣谛尼克坦（意译为寂乡）创办了一所小学。这所学校后来在1921年发展成为著名的国际大学。他的后半生大部分时间都居住在这里，努力实践自己的教育思想。1905年，他积极参加了反对英国殖民者分割孟加拉的民族运动。1913年，他以宗教抒情诗集《吉檀迦利》荣膺诺贝尔文学奖。这是印度人也是亚洲人首次获此殊荣。第一次世界大战的爆发使诗人为人类的命运深深担忧。他的目光转向印度之外的广阔世界。他的作为"世界公民"的国际活动时期开始了。他的足迹遍及欧洲、美洲和亚洲的数十个国家。从此时到辞世，是诗人创作的又一重要时期。1919年，印度发生英国殖民者血腥镇压反英民众的"阿姆利则惨案"，他为此愤然辞去英国政府授予他的爵士头衔。1924年，他应梁启超先生邀请访问中国，对中国文化表示了高度赞赏的态度，对中国人民表示了极其友好的感情。他在离华前的告别讲演中深情地表示："我从来没有像与你们在一起这样快乐过，也从来没有与别的民族这样密切接触过。"①他对中国人民的友谊是真挚的，也是珍贵的，因而是我们永远不能忘怀的。20世纪30年代，帝国主义、军国主义和法西斯主义日益猖獗，泰戈尔拍案而起，强烈谴责它们的暴行。例如，他在中国人民抗日战争期间写诗揭露日本军国主义的残忍和虚伪，在日本军国主义的御用文人野口米次郎试图劝诱他支持日

22–3 1924年泰戈尔访问中国

① [印]泰戈尔著:《在中国的谈话》，加尔各答：加尔各答国际大学出版社，1925年版，第113页。

本侵华时一连给对方写了两封长信，痛斥日本法西斯在中国的战争罪行。他的这些大义凛然之举，体现了令人感佩的伟大人文精神。1941年8月7日，泰戈尔病逝于加尔各答。

尽管泰戈尔多才多艺，但他在本质上却是一个诗人。从他的创作实践看，诗也的确是他毕生最为倾心也最为得心应手的艺术样式。他虽然成功地运用过各种文学体裁，但唯有诗歌被他当作终生的事业。他在写诗时“绝对谈不上心灵的宁静”[①]，而是呕心沥血，苦苦思索。他坚决反对无病呻吟，矫揉造作。他说：“不管有意识还是无意识，我可能做过许多不诚实的事情，但我在诗歌中却从未说过一句假话……”[②]他对于诗歌有许多精辟的见解。例如，他十分重视诗歌的韵律。他认为：“就语言而言，韵律起着河岸的作用，赋予它以形式、美和特征。……为了给语言以力量，韵律的严密束缚是必要的；否则，它就会一再扩散开去，而无法前进。”[③]他又认为：“束缚产生了形式美、运动美和音乐美；界限不但有助于产生美，而且有助于产生力量。”[④]他还认为：“韵律的产生，如同整个宇宙中一切美的产生一样。纳入严格规定的界限之内的思想的河流，赋予律诗动人心弦的力量，这一点，含糊而变化不定的散文是做不到的。”[⑤]丰厚的文学素养、严肃的创作态度和深湛的诗歌理论等因素，使得泰戈尔的诗歌横空出世，独步天下。泰戈尔是公元2千纪印度最伟大的诗人，同时也是印度有史以来最杰出的诗人之一。他的诗歌是印度人民和世界人民共同的宝贵财富；它们将永远在世界文学的宝库中熠熠生辉。

泰戈尔主要用自己的母语孟加拉文写作，但也用英文写了一些诗歌和大量演说。不过，在印度之外，甚至在今印度西孟加拉邦和孟加拉国之外的地区，他的作品主要还是以英文译本流传。他曾经将自己的不少诗歌和一些短篇小说译成英文。他的《吉檀迦利》等英文诗集就是自己翻译的。他的译笔流畅而自然，以至于连英国人都不能发现他的译诗出自一个非英语民族的诗人之手。他的这些英文译诗，被西方学者视为“第二原著”[⑥]。我国的翻译家、学者和读书

---

① ［印］泰戈尔著，刘建译：《孟加拉掠影》，上海：上海译文出版社，1985年版，第87页。

② 同上。

③ 同上书，第99页。

④ 同上书，第99页。

⑤ 同上书，第100页。

⑥ ［捷］雅罗斯拉夫·普什克主编：《东方文学辞典》第二卷，伦敦：乔治·艾伦和昂温公司，1974年版，第157页。

界对泰戈尔一直保持着高度的热情。陈独秀在1915年以五言古诗的形式将四首选自《吉檀迦利》的诗歌译成中文，在《青年杂志》上发表，成为我国介绍泰戈尔作品的开先河者。此后，在泰戈尔来华访问前后，在20世纪50年代和60年代初，以及80年代以来的20年间，我国先后三次出现译介和阅读泰戈尔作品的热潮。众多名家相继参与其事。

二、宗教思想

泰戈尔主要以诗歌名世，而其诗歌又以宗教抒情诗的影响最为深远。1913年，诗人以宗教抒情诗集《吉檀迦利》荣膺诺贝尔文学奖。在经历数十年时间的检验之后，在20世纪的最后一年，《中华读书报》在中国读书界进行调查并披露结果：广大读者认为，《吉檀迦利》是20世纪在中国最有影响的外国诗集。对于印度之外的读者来说，宗教抒情诗是泰戈尔最难解读的文学作品样式；对于众多基本没有宗教信仰的中国读者来说，情况更是如此。理解诗人宗教思想的成因、特点和本质诸问题，对于理解他的诗歌创作和作品本身具有十分关键的意义。

泰戈尔宗教思想的形成，经历了漫长的过程。诗人曾在许多场合或著述中谈到自己的宗教思想。1912年，他曾写过一篇题为《自述》的文章，以阐述自己的宗教信仰及其发展过程。后来经过扩充内容，该文以《我的宗教》为题发表。1912年与1913年之交，他在哈佛大学讲演，随后在1914年出版《人生论》（Sadhana，中文译名尚有《生命的亲证》、《人生的实现》等）。1916年至1917年之交，他再度访美并在各地发表演说，随后在1917年出版讲演集《人格》。1922年，伦敦麦克米伦公司出版他的讲演和论文集《创造的和谐》。他在1924年来华访问时发表的讲演《在中国的谈话》中亦曾谈到自己的宗教信仰。此外，他还在国际大学发表过多篇宗教演说，大多收在孟加拉文版《泰戈尔文集》之中。然而，研究泰戈尔宗教思想最重要的文献当推《人的宗教》（The Religion of Man）。

《人的宗教》是一部集中反映泰戈尔宗教思想的经典著作。1930年5月，他应希伯特基金会的邀请在英国牛津大学曼彻斯特学院发表了一系列关于宗教问题的总名为“希伯特讲座”的讲演。这些讲演原拟于1928年发表，但诗人当年病笃难以成行，倒有了充分的时间进行准备和加工。1930年9月，诗人对原讲稿加以整理并付梓。翌年，这部人类思想史上独树一帜的著作得以刊行，以后在印度和西方不断再版，成为人类思想宝库中的一颗明珠。如诗人在其《序》中所云，这部书包括了他在相当长的时间内在世界各国发表的许多讲演和谈话中有关宗教主题的思想内容。诗人说："一个主题贯彻始终这一事实只是向我证明，'人的宗教'作为一种宗教体验，而不仅仅作为一个哲学话题，一直在我的心灵中发育滋长。事实上，从我在不成熟的少年时期较早的作品到现在，我的作品中有很大一部分，均带有这种成长发育的历史留下的几乎持续不断的痕迹。"[①]因此，诗人在其69岁时撰写的这部著作不仅是一部集大成的精心之作，而且是一部总结其一生宗教思想发展的成熟之作。值得一提的是，在1933年，泰戈尔还曾将《人的宗教》以摘要形式，用孟加拉语再次在加尔各答大学作为讲演发表；在1937年，他在安得拉大学又以《人》(*Man*)为题用英语发表了内容相似的演说。由此可见他对自己这部著作及其中思想蕴涵的珍视。

《人的宗教》原文是非常考究典雅的英文。它的风格不同于泰戈尔的所有其他英文著作。诗人的其他英文著作相对清新质朴，如行云流水，而这部著作则艰难深奥，似汪洋大海。这与诗人的年龄有关，也与他在牛津大学讲演时的听众对象有关。这部著作对于研究泰戈尔的宗教哲学思想和文学艺术思想具有第一手的非常珍贵的价值，但是由于文字艰深，语言转换困难，中译本直至近年方才出现。

泰戈尔在用英语向西方讲述自己的宗教思想时，借用了不少西方的宗教词汇。然而，它们的含义与西方原词并不完全等同。必须将它们置于印度文化背景之下才能准确理解它们的意旨。例如"宗教"一词，诗人在以英语讲演时用religion，而在用孟加拉语讲演时则用dharma，但这两个词的含义其实相差甚远。religion一词含义相对单纯而稳定，dharma一词含义相对宽泛而多变。中国古人在将dharma译成中文时就曾困惑于该词的多重含义而将其音译为"达摩"；当然，古代也有高僧将其译为"法"，近代则有人将其译为"正法"。这一印度宗教哲学中最为重要的术语，系从一个表示"掌握"、"坚持"、"维系"等意的梵文动词派生而来。后来，这一术语逐渐派生出"规律"、"秩序"、"法则"、"道德"、"信仰"等意义。玄奘糅译佛书《成唯识论》卷一云："法谓持规。"其弟子窥基所撰《成唯识论述记》卷一解释云："'规'谓规范，可生物解；'持'谓任持，不舍自相。"根据任继愈先生主编的《宗教词典》有关条目

① [印]泰戈尔著，刘建译：《人的宗教》，见刘安武等主编：《泰戈尔全集》第20卷，石家庄：河北教育出版社，2000年版，第245页。

的解释，“前者谓有一定的规范或规律，人可以认识；后者谓有自性或质的规定性”[①]。在泰戈尔的英文宗教哲学著述中，“达摩”常被用来指后者，即“自性或质的规定性”。他在《人的宗教》第十章《人的天性》中指出：“在梵语中，宗教被称为达摩，其引申义表示将我们稳定地凝聚在一起的关系准则，而其字面义则指事物的品性，即其基本性质；例如，热是火的基本性质……”[②]诗人对“达摩”一词的解释，与窥基的理解是完全一致的。只有理解了此类术语，才好进入泰戈尔宗教思想的宝库，以探其堂奥。

泰戈尔在许多场合说过，自己的宗教是“一个诗人的宗教”或“一个艺术家的宗教”，“既不是一个正统的虔诚的人的宗教，也不是一个神学家的宗教”。[③]

照理，诗人生活在一个宗教气息浓郁的家庭，从小耳濡目染，信奉传统宗教应是非常自然的事情。然而，他的宗教思想的形成，却有其独特之处。他说：“不知什么缘故，我的心灵最初一直保持着自己的清高孤傲，绝对不受任何宗教的丝毫影响。由于我的禀性，我仅仅因为自己周围的人们对某种宗教教义信以为真，就拒不接受任何教义。我无以想象，因为我可以信赖的每一个人都相信宗教的价值，我就也应当信奉宗教。”[④]

作为一个具有独立思想的人，泰戈尔从小就有叛逆性格，不愿盲目随波逐流。同时，他的精神是在一种自由的氛围中成长起来的，“这里所谓的自由，是指不受任何由某种经典确切无疑的权威或某种组织良好的信徒团体认可的信条主宰的自由”[⑤]。童年时期的精神自由，亦即心灵的自由，是他后来成为蜚声世界的诗人和思想家的先决条件。

泰戈尔最初的宗教思想来源于自己的直接经验。诗人说：“在我回首那些岁月时，我似乎觉得，我曾经无意识地沿着自己的吠陀时代的远祖的道路前行，并得到使人联想到至为遥远的‘彼岸’的热带天空的启示。正在聚积的乌云低垂着，满含着即将倾泻的雨水，风暴突然扫过，椰子树行猛烈晃动着，阳光炫目的夏日正午强烈的寂寞之感，秋晨带露的面纱后面静默的日出，所有这些奇

① 任继愈主编：《宗教词典》，上海：上海辞书出版社，1981年版，第724页。

② ［印］泰戈尔著，刘建译：《人的宗教》，见刘安开等主编：《泰戈尔全集》第20卷，石家庄：河北教育出版社，2000年版，第331~332页。

③ 同上书，第297页。

④ 同上书，第296页。

⑤ 同上书，第297页。

观，一直使我的心灵，对一种无所不在的同伴之谊充满亲切之感。"[①]所谓"同伴之谊"，指的就是诗人对神的存在的感觉。诗人的宗教思想，是独对自然时产生的，并且一直沿着"神秘的发展路线前进"[②]，他曾多次谈到自己在18岁时第一次突如其来的宗教体验。他在一个瑰丽的早晨突然对自然，对宇宙，产生了一种强烈的感觉。"我的意识在人类的超个人的世界中猝然扩张。"[③]他处于亢奋的状态达四天之久，仿佛获得了天启。我们相信诗人是真诚的。其实，许多宗教的产生，都是先知们在思索人生的奥秘、探讨人与宇宙的关系之时产生的。

诗人的宗教意识，在19世纪90年代乡居期间有所强化。在20世纪获得诺贝尔文学奖之前的十余年间，特别是在1905年孟加拉民族主义运动失败之后，诗人深深地沉浸在对宗教问题的探索之中，创作了许多宗教抒情诗歌。诗人的宗教思想逐渐趋于成熟，最初的宗教体验演变为"诗人的宗教"，直至最终定型为"人的宗教"。他说："我终于找到了自己的宗教即'人'的宗教……"[④]诗人宗教思想的发展，从朦胧到清晰，前后历时50年之久。在这半个世纪的岁月中，诗人将自己的视野从个人拓展到全人类，探索"人作为人在世界上存在的根本意义"[⑤]这一重要命题。

尽管泰戈尔宗教思想的形成有其个人特色，但不可否认印度传统宗教思想也对他产生了深刻的影响。这种影响是以潜移默化的方式发生的。

泰戈尔的宗教思想，受印度古代奥义书的影响至大至深。他在少年时代就已熟悉奥义书。他在自己的宗教著述中多次引用奥义书中的诗行。他最常引用的是《伊莎奥义书》。例如，他十分喜欢这部奥义书中关于梵的特点的几句话："它动。它不动。它在远方。它在近处。它在万有之内。它在万有之外。"奥义书的核心思想"梵我同一"成为泰戈尔认识人与宇宙关系的根本指导思想。这一点，后文还要谈到。

奥义书之外，泰戈尔的宗教思想还受到吠陀和吠檀多哲学的影响。这从他作品中的引文即可看出。此外，孟加拉地区的印度教毗湿奴派、伊斯兰教苏非

---

① [印]泰戈尔著，刘建译：《人的宗教》，见刘安武等主编：《泰戈尔全集》第20卷，石家庄：河北教育出版社，2000年版，第297页。

② 同上书，第297页。

③ 同上书，第298页。

④ 同上书，第300页。

⑤ [印]N.L.拉伊：《生活中的艺术家》，喀拉拉邦特里凡得琅市：喀拉拉大学出版社，1967年版，第335页。

派、诗圣伽比尔以及孟加拉民间教派巴乌尔派的歌手们，也都对他的宗教思想产生了不同程度的影响。

泰戈尔的宗教思想也受到佛教教义的影响。他的著名的《故事诗》中就有多篇诗歌取材于佛教传说。他终生都对佛陀和佛教怀着浓厚的兴趣，并从中汲取精神力量。他在《人生论·自序》中说："对于我来说，奥义书中的诗歌和佛陀的教诲，向来都是精神方面的东西，因而具有无限的生命力量……"他在《人的宗教》中引用了佛陀的一段劝人向善的话后接着写道："这就证明，佛陀关于'无限'的观念，并不是关于一种在无垠宇宙中活动的精神的观念，而是关于意义在于善与爱的积极理想的'无限'的观念，这只能与人类有关……这就必然意味着自我在爱的真理中的升华，它将所有我们应当寄予同情并提供服务的人们全都纳入自己的胸中。"①泰戈尔对于佛陀慈悲为怀的教诲是衷心赞同的。

除了本土宗教之外，泰戈尔还受到外国宗教的影响。在外国宗教中，琐罗亚斯德教②教义对于泰戈尔的宗教思想产生了重大影响。他在《人的宗教》中将琐罗亚斯德教的创始人琐罗亚斯德称为伟大的先知，高度评价这位波斯哲人在人类宗教思想发展史上的地位。他认为："琐罗亚斯德导致的宗教改革，是伊朗历史上所有引人注目的史实中最重要的一件。几乎毋庸置疑，他是我们所知的第一个明确赋予宗教以道德性质和方向的人，同时也是我们所知的第一个弘扬一神教义，从而给善这一关乎'完美'的理想提供了一个永恒的实在基础的人。所有原始类型的宗教，均试图使人们受到外在仪式诸多规则的约束。琐罗亚斯德是所有早期给人类指明了自由之路的先知中最伟大的一位。这里所谓的自由，是指道德选择的自由，不盲从没有意义的命令的自由，免于重复建立许多神殿从而使我们不能专心致志虔诚拜神的自由。"③显然，泰戈尔十分心仪琐罗亚斯德。他们的宗教理念是相通的。

西方学术中以达尔文的进化论对泰戈尔的宗教思想影响最大。泰戈尔虽然是一个诗人，但对自然科学兴趣浓厚。他所著科普读物《我们的宇宙》至今还在出版。从《人的宗教》看，诗人非常熟悉进化论。他所以服膺进化论是因为

---

① ［印］泰戈尔，刘建译：《人的宗教》，见刘安武等主编：《泰戈尔全集》第20卷，石家庄：河北教育出版社，2000年版，第282页。

② 亦称拜火教或祆教。

③ ［印］泰戈尔，刘建译：《人的宗教》，见刘安武等主编：《泰戈尔全集》第20卷，石家庄：河北教育出版社，2000年版，第285~286页。

进化论科学地揭示了物种起源，阐明了人的演化历史。他在《人的宗教》开篇即讲到进化论。诗人在英国讲进化论是否有班门弄斧、江边卖水之嫌呢？没有。他以诗一样的语言赞颂生命艰难而伟大的进程："鱼类获得各种泳具，以在一种以自己的密度形成障碍的要素中运动。空气则以其轻构成一种更难逾越的障碍；然而，生命精神接受了这一挑战，鸟类被赋予绝妙的双翼，从而顺应空气的微妙规律，并发现空气是一个比坚实的大地上可靠的土壤更好的助手。北极的冰雪竖起自己冷漠的哨兵；热带沙漠以自己灼热的气息，对生命的所有子女大喝一声：'不得越界。'然而，那些专横的禁令遭到蔑视，生命胜利地越过了由死亡惩罚扼守的疆界。"[①]此外，他对人的进化的本质和意义也有自己独到的深刻见解。

泰戈尔热情讴歌人在宇宙中的诞生。他认为，虽然生命的出现是造化的奇迹，但物质层面的进化"范围毕竟有限。沿着这一方向的所有过度发展，都成为一种重负，从而打破生命的自然韵律；那些放任自己的肉体随心所欲狂长的动物，由于体态笨重到了荒诞的程度，已经几乎全部绝迹"[②]。诗人在这里指的显然是恐龙等大型史前动物。他认为，那些庞然大物的灭绝，是"生命实验中的最大败笔"[③]。他解释物种灭绝的原因虽然与自然科学家不同，但似乎也有其道理。然而，人的进化却不同于一般动物的进化。他认为："人类出现并扭转了进化的方向，使之从肉体的无限扩张之路，转向较为精妙完美的自由之路。这就使得人类的发展进步，有可能是无限的，并使得人类能够认识到，自己的力量是无穷的。"[④]在宇宙的产物中，只有人才能领会造化的意义。"我们通过自己的感官和心灵以及人生经验予以观察的这一世界，与我们自身深刻地合为一体。"人的"多细胞的肉体既诞生也死亡；他的多品格的人性却是永恒的"。[⑤]人类具有丰富的想象力，"人类的无与伦比之处是其意识的发展。这种意识，渐次深化并拓宽人对自己的不朽存在、完美和永恒的认识"。人这一生命现象所以不同于其他生命现象，正是由于人有意识，有精神。精神是人这一特殊形态的物质发展到一定程度时才出现的。泰戈尔认为，对于生命而言，精神虽然是一个

① ［印］泰戈尔，刘建译：《人的宗教》，见刘安武等主编：《泰戈尔全集》第20卷，石家庄：河北教育出版社，2000年版，第255~256页。

② 刘安武等主编：《泰戈尔全集》第20卷，石家庄：河北教育出版社，2000年版，第247~248页。

③ 同上书，第257页。

④ 同上书，第248页。

⑤ 同上书，第248页。

外来成分，但却是强大的，而其本质是对自由的追求。人类朝着精神方向进化，于是，人从创造物成为创造者。人开始思索自己与宇宙的关系。“他过去习惯于请求神的帮助，而他的神自己现在就站在他的门口，向他索取献品。作为动物，他仍旧依赖自然；作为人，他是营造并统治自己的世界的君主。”①

中国古代哲人老子也对泰戈尔的宗教思想有所影响。老子被道教奉为教祖。他的思想在印度有很大影响，也引起了泰戈尔的共鸣。诗人在1924年访华讲演时就援引过老子的《道德经》。在《人的宗教》中，他称老子为中国的伟大哲人，在5处引用了《道德经》：（1）“死而不亡者寿。”（2）“生而不有，为而不持，功成而弗居。夫唯弗居，是以不去。”（3）“不知常，妄作——凶。”（4）“有德司契，无德司彻。”（5）“益生曰祥。”老子的哲学思想与印度的哲学思想也有相通之处。例如，老子玄之又玄的“道”就与印度的“法”有异曲同工之妙。泰戈尔赞赏老子的“死而不亡者寿”，意在指出，人的精神生命长于物质生命，重于物质生命，因而也就更为重要，更为实在，更有价值。

这里需要顺便指出的是，从泰戈尔的英文原文看，“益生曰祥”只能解释成“增寿曰福”。这与任继愈先生的说法恰好相反。在任继愈的《老子今译》中，这句话的译文是：“贪求生活享受叫作灾殃。”②陈鼓应先生在其《老子今注今译》中对该句的解释与任继愈先生的说法相似。泰戈尔阅读的是《道德经》的哪一种版本，现在尚不得其详，但可以肯定该句的英译失于望文生义。

泰戈尔的宗教思想，是在博采众家之长的基础上形成的。

泰戈尔的人的宗教思想既然是一种宗教学说，自然就带有一般宗教的特点。

宗教需要回答的一个核心问题是宇宙和人类自身的起源问题。如同所有宗教一样，泰戈尔认为存在着一种神秘的力量，主宰着宇宙与人类社会。他对于这一神秘力量有种种不同的称谓。他在宗教讲演中称之为“永恒的原人”、“至高无上的人”、“永生的人”、“伟大的人”、“最高实在”、“无限人格”、“无限”、“神人”，如此等等，不一而足，但在许多场合则直接借用英文中的God来指称这一超自然的力量。

如果脱离印度文化背景，一般的读者很容易将God理解为上帝。其实，这是一种很严重也很普遍的误解。将God翻译成上帝只能混淆印度教与基督教这两个大异其趣的宗教体系。从本质上讲，泰戈尔的宗教思想属于印度教体系；

① 刘安武等主编：《泰戈尔全集》第20卷，石家庄：河北教育出版社，2000年版，第265页。

② 任继愈著：《老子今译》，北京：古籍出版社，1956年版，第41页。

此外，他根本不信基督教。因此，他笔下的God只能理解为印度教的神，一个主宰一切的大写的神。他认为，井然有序的世界，没有神的存在很难解释。他说，宇宙的运动是与“至高无上的人”的意志联系在一起的。

前面说过，泰戈尔的宗教思想受奥义书的影响最大。可以说，他的宗教思想是以奥义书为本的。奥义书的核心思想认为，万有同源，皆出于梵。它又认为，万有一如，皆归于梵。换言之，梵是宇宙的最高本质和最高实在。宇宙万物皆派生于梵，存在于梵，统一于梵。自然、社会和人都不过是这一宇宙精神的显现，是其存在的不同形式。这显然是一种以精神为本原的唯心主义一元论。泰戈尔承袭了这一思想。他认为，梵是一种无限的存在，而现象世界和人是有限的存在；人的灵魂与宇宙精神具有实质的同一性。这也就是我们通常说的梵我同一之论。诗人追求的最高精神境界，就是在“有限”中证悟“无限”的欢乐。

泰戈尔理解的梵究竟是什么呢？诗人在其发表于美国的著名讲演《什么是艺术？》中说：“西方可能相信人的灵魂，然而它并不真正相信宇宙有一个灵魂。这是东方的信仰，而东方对人类的全部精神贡献都充满了这一理念。”他还说：“我们相信这一宇宙灵魂。”[①]通俗地讲，按照诗人的解释，梵就是宇宙灵魂，就是宇宙精神，就是“无限”，就是God，也就是神。

在奥义书中，对梵有两种对立的说法，一者认为梵是非人格的绝对，一者认为梵是有人格的神。在泰戈尔的笔下，他无可避免地带有梵的双重特点。他似乎是遥远的，又是切近的；他是抽象的，又是具体的；他超越一切，又无所不在。他可以是广阔的天空，也可以是狭小的鸟巢[②]，是“不可思议、不可名状”的“不可知者”[③]，但总的来看，他基本上是一个以不同身份显现的人格神。他时而是荒街上孤独的行人，在雨野里用轻柔的脚步行走；时而在夜阑人静之时，手操竖琴来到诗人身边。人类世界成了神出没的王国。

泰戈尔在《什么是艺术？》中还形象地描绘了他和印度人民心目中的这位由梵演化而来的人格神。他说：“与我们同在的神并不是一个遥远的神；他属于我们的寺庙，也属于我们的家庭。我们在所有关乎恋爱与慈爱的人际关系中，

① ［印］泰戈尔著，刘建译：《什么是艺术？》，见倪培耕等译：《泰戈尔论文学》，上海：上海译文出版社，1988年版，第98页。

② ［印］泰戈尔著，刘建译：《吉檀迦利》第76篇，见冰心等译：《泰戈尔诗选》，北京：人民文学出版社，2000年版。

③ 同上书，第95篇。

都感觉到他与我们的切近，而在我们的喜庆活动中，他是我们尊敬的主宾。在开花与结果的季节，在雨季到来的时候，在秋天的累累果实中，我们看到了他的披风的边缘，而且听到了他的脚步声。我们通过我们崇拜的所有实在对象崇拜他，在举凡我们的爱是真挚的地方，我们爱着他。在善良的女人身上，我们感觉到他，在真诚的男人身上，我们认出了他，在我们的孩子们的身上，他这个'永生的孩子'一次又一次地再生。"[①]可以将这段话看作诗人对神的存在的直接解释。"不可思议、不可名状"的梵成了无所不在、亲切喜人的神。在诗人看来，能否证明神的存在并不要紧；重要的问题在于内心对神的体验和感知、想望和亲近。《吉檀迦利》正是诗人献给这位人格神的热情颂歌。

泰戈尔的宗教思想虽然没有完全脱离印度教的范畴，但却有自己的鲜明特点。

第一，泰戈尔的人的宗教虽然承认神的存在，但却与以往的传统神学不同，不再将神置于绝对的主宰地位。诗人强调的不是神的绝对权威，而是神的人格，神的人性。他的神其实就是一个理想的人，一个完美的人，一个伟大的人，一个真善美的象征。显然，泰戈尔的神是一个具有人性的神，一个体现人的内在本质的神。他在谈到"所有宗教的内在意义"时说："这些宗教从来就与代表宇宙力量的神无关，而是与具有人格的神有关。"[②]

神在泰戈尔的语言中成了一个符号，成了真理、知识和美德的化身，成了他所追求的精神境界的象征。神既超然于人，又与人保持着戚谊。一言以蔽之，神就是人。人的宗教就是要实现人与人、人与自然、人与宇宙的和谐。这不能不说是宗教思想史上的一次重要的认识飞跃。

第二，泰戈尔的人的宗教思想是以人为本的。他认为宗教与科学和哲学分属不同领域。"科学可以将星球世界以及其外更为遥远的世界囊括到自己的认识领域；哲学可以尝试找出作为万物基础的某一普遍原理，但宗教无可避免地专注于人性。"[③]这样一来，人成了宗教的核心。传统神学以神为中心，而泰戈尔则以人为中心。传统宗教让人去膜拜神，敬畏神，但泰戈尔却让神来寻找人，

---

① ［印］泰戈尔著，刘建译：《什么是艺术？》，见倪培耕等译：《泰戈尔论文学》，上海：上海译文出版社，1988年版，第100~101页。

② ［印］泰戈尔著，刘建译：《人的宗教》，见《泰戈尔全集》第20卷，石家庄：河北教育出版社，2000年版，第250页。

③ 同上书，第312页。

接近人。泰戈尔弘扬的人本主义思想，实质上是对传统神学的否定。

在《吉檀迦利》中，神不停地叩击人们的门户。“他在耕耘着坚硬土地的农夫那里，在破碎着石头的筑路工人那里。阳光下，阵雨中，他与他们同在，长袍上蒙着尘土。”①神走出了天庭，走下了祭坛。这就极大地增加了宗教的世俗性，使之成为人们日常生活的一部分。值得注意的是，泰戈尔在认为神具有人性的同时，特别强调人也具有神性。这就拉近了人与神的距离，使人和神实际上处于平等地位。这种对神性的贬抑和对人性的张扬，将传统神学中本末倒置的人与神的关系颠倒了过来。显然，与基督教的原罪说相比，泰戈尔的学说具有极大的进步意义。

第三，泰戈尔的宗教思想既然以人为本，也就自然反对偶像崇拜和烦琐的传统宗教仪式。他说：“将赞颂、歌唱和念珠都丢到一边吧！在门户紧闭的神殿里，在这个孤寂而幽暗的角落，你礼拜谁呢？”②泰戈尔认为，人只有通过完善自我，通过追求真善美，通过爱，才能接近神，证悟神。企图通过诉诸表面形式礼拜神，只能是缘木求鱼。把人从传统宗教的教条、戒律、仪式的禁锢中解放出来，人才能认识宗教的真谛，找到自我，获得精神自由和思想自由。此外，他也反对宗教苦行，反对以宗教的名义放弃对社会事务的责任，主张积极入世，通过对人类的服务来实现对神的服务。

第四，泰戈尔的宗教实质上是一种精神信仰。这是印度传统的一种延续。人们对物质财富的追求其实是一种低层次的追求。用泰戈尔的话说，这有些类似动物的本能，而精神生活是人所独有的。只有高尚的丰富的精神生活才能给予人至高的愉悦，才能体现人存在的意义。泰戈尔关于人的精神追求的言论曾产生巨大的影响。美国著名心理学家和哲学家亚伯拉罕・马斯洛（1908~1970年）把人的需要分为5个层次，即从基本的生理需要、安全感到归属感、尊严感直至自我实现。前两个层次的需求是人们的基本生理需求，后三个层次的需求则属于精神需求。我们从中可以看出泰戈尔宗教思想的影子。在道德沦丧而物欲横流的当代社会，泰戈尔对精神追求的崇尚依然具有很强的现实意义。

文学艺术是人类自我实现的重要形式之一，是一种高尚的精神活动。泰戈尔在《人的宗教》中探讨了宗教与文学艺术的关系，有许多精彩的议论。他认为人的文学艺术等精神活动，其实是人在已经满足基本物质需要之后精力过剩

① ［印］泰戈尔著：《吉檀迦利》第11篇，德里：麦克米伦印度公司，1985年版，第7页。
② 同上书，第6~7页。

的产物。每一个时代都以自己的伟大形式显现自己梦想家的人格。这些表现即令不是有意识的宗教表现，也间接地属于人的宗教这一范畴。他还认为，伟人的意识表现在科学、哲学、艺术和社会伦理之中以及一切具有终极价值的事物之中。"这些都是真正具有精神性的，应当将它们全都协调在一个伟大的人的宗教之中，以体现他为了在重大的意向、行为和梦想方面，在不朽的艺术象征方面，为了追求完善而付出的不懈努力，并揭示他对提高人的尊严的热望。"[①]因此，在泰戈尔看来，艺术表现的内容应当是人性和人的崇高，也就是人的最高价值。

泰戈尔独特的宗教思想影响了他的艺术思想。他指出，文明就是一种艺术创造，是为了使精神上完美的东西得到客观的实现而创造的。佛教问世后曾经给远古时代的印度人民带来一次精神解放，使人类仁爱之心得以弘扬。于是，佛教艺术在东方取得了辉煌的成就。泰戈尔对此赞不绝口。他说："人们为了使这一伟大的人性体验流芳百世，决心为看似不可为之事；他们让危崖说话，顽石唱歌，洞穴记事；他们的表达喜悦与希望的呼喊，沿着山冈和沙漠，穿越荒芜的僻壤和人烟密集的城市，以种种不朽的形态凝固下来。一种声势浩大的创造性活动，不顾咄咄逼人的重重障碍，终以众多令人惊叹的雕刻建立起非凡的功业。在东方大陆多半地区进行的这种宏大的活动，清楚地回答了'什么是艺术'这一问题。这是人的具有创造性的灵魂对'实在'的呼唤的回应。"[②]艺术是人类的一种崇高的精神活动，应当致力于表现人性中的真善美。

可以说，泰戈尔的人的宗教，就是一种以人为核心、以精神为主旨的宗教。

三、诗歌创作与成就

泰戈尔的诗歌创作大体可以分为3个时期。诗人1881年创作的抒情诗集《暮歌》，标志着他诗歌创作的正式开始。1881~1900年是他诗歌创作的前期。这一时期，特别是19世纪90年代，诗人主要生活在地处恒河下游的孟加拉乡间，既能接触丰富多彩的现实生活，又很少受到外界事务对创作的干扰。这是他一生中最多产的时期。诗人许多思想价值和审美价值最高的作品，都产生于这一时期。1901~1913年，是泰戈尔诗歌创作的中期。这一时期，他的诗歌创

① [印]泰戈尔著，刘建译：《人的宗教》，见刘安武等主编：《泰戈尔全集》第20卷，石家庄：河北教育出版社，2000年版，第276页。

② 同上书，第329页。

22-4 泰戈尔在写作

作以宗教抒情诗为主，其次还写了以儿童生活为题材的儿童诗以及大量爱国歌曲。他的宗教抒情诗的代表作是《吉檀迦利》。这部影响巨大的诗集也可以说是他的全部诗歌创作的代表作。1914~1941年是泰戈尔诗歌创作的后期。获得诺贝尔文学奖之后，泰戈尔成了一个“世界公民”，参与了大量国际活动，眼界、胸襟和思想日益开阔。1914年第一次世界大战爆发，随后，印度历史上和世界历史上都发生了许多大事。两次世界大战，中国人民的抗日战争和印度人民争取民族独立的伟大斗争，都对诗人的思想和创作产生了巨大影响。他这一时期的诗作，以那些反殖民主义和反法西斯主义的诗歌最为著名。这些诗歌至今读来仍如雷霆激荡，似风暴怒吼，表现了诗人坚持正义的进步立场和疾恶如仇的凛然正气。终其一生，泰戈尔的诗歌表现了对祖国，对同胞，对人类和对自然的挚爱。他敢于不断打破旧的文学传统，在诗歌题材上广为开拓，在诗的表现手法上和形式上锐意求新，表现出鲜明的创作个性，形成了以抒情为特色的统一而多样化的独特风格。

泰戈尔诗歌创作的前期，是他一生诗歌创作最为丰富的时期，也是他在思想和艺术上成熟的时期。他在深入生活，观察生活的过程中，表现出丰沛而多彩的感情，敏锐而活泼的才思。他的几个蜚声世界的英文诗集中的许多篇章就写于这一时期。

《暮歌》是泰戈尔展现其诗歌创作个性的开端。这部诗集充满了青年诗人的忧郁和痛苦，尚缺乏其日后诗篇所具有的社会意义。诗人后来回忆说：“这些诗的唯一价值，就在于我第一次能够按照自己的意愿写我真正要写的东西。”[①]不过，诗人很快就从个人情感的狭隘天地里走了出来。一天清晨，他伫立在阳台

① ［印］泰戈尔著:《我的回忆》，纽约：麦克米伦公司，1917年版，第203页。

上观看壮丽的日出。整个世界都沐浴在一片瑰丽奇幻的色彩之中。他豁然开朗，领悟了人生的意义，郁积胸中的愁闷和伤感一扫而空。由于大自然的陶冶和启迪，诗人灵感的火花闪射出来。他在欢乐的心情中创作了抒情诗集《晨歌》。1883年秋，他创作诗集《画与歌》。这部诗集内容丰富，色彩斑驳。1886年，他发表诗集《刚与柔》，题材已经比较多样化，其中包括儿童诗、宗教颂歌、爱国主义的诗、爱情诗等。诗人谈到当时的创作情形时说："我那时常常坐在窗边，观察我们草坪对面那些茅舍里的人们的生活，他们的一切活动都使我非常欢喜。我不再囿于自己的情感了，外部世界开始吸引我。"①他写日落时在田野上踽踽独行的少女，也写黎明时在静寂无人的海滨沙滩上行走的苦行者。这些诗集虽然表现了诗人的才情，而且渐入佳境，但诗人自己并不满意。他说："那些诗中，没有物质世界中的实实在在的东西。从童年时起，我就生活在一种与世隔绝的环境中，我哪里能获得掌握它的力量呢？"②他的这一段话，恰好可以与歌德论诗人的一段话相互印证。歌德在与爱克曼的谈话中说："一个人如果想学唱歌，他的自然音域以内的一切音对他是容易的。至于他的音域以外的那些音，起初对他却是非常困难的。但是他既想成为一个歌手，他就必须克服那些困难的音。因为他必须能够驾驭它们。就诗人来说，也是如此。要是他只能表达他自己的那一点主观情绪，他还算不上什么，但是一旦能掌握住世界而且能够把它表达出来，他就是一个诗人了。此后他就有写不尽的材料，而且能写出经常是新鲜的东西。至于主观诗人，却很快就把他的内心生活的那一点材料写完，而且终于陷入习套作风了。"③幸运的是，泰戈尔没有陷入"习套作风"。他开始关注并表达现实世界。

泰戈尔的诗歌真正走向成熟是在19世纪80年代的最后几年。他在大吉岭等地漫游了三年多，陆续写了一些诗，于1890年以《思绪集》为题出版，表现出独特而成熟的艺术风格。19世纪90年代，他在乡间的十年生活，使他置身于孟加拉迷人的自然风光之中，并直接接触到了下层社会的特别是贫苦农民的生活。他为自己的诗歌找到了丰厚的土壤。他的著名的叙事诗《两亩地》就写于

① 泰戈尔与友人谈话记录，见爱德华·汤普森著：《诗人和剧作家泰戈尔》，牛津：牛津大学出版社，1948年版，第52页。

② ［印］泰戈尔著：《我的回忆》，纽约：麦克米伦公司1917年版，第211页。

③ ［德］爱克曼辑录，朱光潜译：《歌德谈话录》，北京：人民文学出版社，1980年版，第97页。

这一时期。诗中写道，可怜的农民巫宾世世代代就靠两亩地活命，“别的一切都在债务中失去”。可是，这两亩地却被一个拥有万顷良田的王爷看中了。他伪造借据，勾结法庭，夺去了巫宾的这两亩地。巫宾被迫背井离乡，四处漂流，乞食为生。可是，他不管走到哪里，“日日夜夜忘不了的还是那两亩地”。16年颠沛流离的生活之后，他回到美丽的孟加拉故乡。诗人以浓郁的抒情笔触，歌颂了祖国的锦绣河山，表达了农民对故土的无限眷恋：

> 顶礼，顶礼，顶礼！美丽的母亲孟加拉大地，
> 恒河岸边柔和的凉风，是你轻轻的呼吸，
> 你脚下的尘土，那苍天低吻着的原野一望无际，
> 浓荫下静谧的小村庄，像鸟巢般躺在你的怀里。
> 枝叶茂密的芒果林，牧牛童子在那里游戏，
> 静止无底的潭水，凉夜一般的深黑、碧绿。
> 胸脯丰满的孟加拉妇女汲了水正走回家去，
> 心里多么渴望叫她一声“孩子”啊，我眼睛里滚落了泪滴。[①]

土地是养育农民的母亲。泰戈尔十分熟悉农民对土地的这种深厚感情，因而能够淋漓尽致地表现他们失去土地的痛苦，从而有力地鞭挞了肆意掠夺农民土地的地主阶级。《两亩地》创造了一种抒情气息浓郁的叙事诗体，因而成为诗人早期的一篇代表作。

《故事诗》是泰戈尔前期诗歌创作中一部极其重要的孟加拉文叙事诗集，在印度历来被视为诗人留给人民的最好的精神遗产之一。诗集收入诗歌24首，并有序诗一篇，初版于1900年。当时，诗人不仅正处于创作上的井喷阶段，同时也处于爱国主义激情汹涌之时。诗集主要取材于印度古代经典作品中的历史传说，其中既有佛教故事、印度教故事和锡克教故事，也有拉其普特人及马拉塔人的英雄传说。

诗人热情歌颂了民族英雄在抵御异族入侵时英勇献身的精神。其中《被俘的英雄》无异于一部锡克教徒英勇斗争的史诗。诗人写了锡克教徒的胜利，更写了他们悲壮的牺牲。在莫卧儿王朝军队的残酷镇压下，英雄们的鲜血洒遍五河之邦，700个英雄连同他们的首领般达都因战败被俘，全部壮烈牺牲。般

① ［印］泰戈尔著，石真等译：《两亩地》，北京：人民文学出版社，1959年版，第7~8页。

达父子在敌人面前尤其表现得泰然自若，视死如归："孩子的嫩脸上闪耀着/英勇无畏的光辉"；父亲"屹立着死去——/不曾发出一声痛苦的叹息。"《戈宾德·辛格》一诗充分表现了锡克教祖师戈宾德·辛格（一译哥宾德·辛格）百折不挠的坚强斗志。他在战斗失败之后仍然对未来信心百倍，怀着豪迈的英雄气概去重整旗鼓，渴望着战斗和胜利，"去把侵略者的胸膛/用利剑刺穿"，"等待着晓日初升的黎明出现"。《洒红节》写拉其普特人用计谋战胜入侵者。《婚礼》表现了一个王子在婚礼上壮别新娘，奔赴疆场，马革裹尸而还的牺牲精神。《践誓》写了一个宁可牺牲也不愿放弃土地，投降敌人的将军。这些诗歌都以动人心魄的艺术力量表现了爱国主义思想和英雄主义精神，读来惊风雨，泣鬼神，荡气回肠，令人感叹。

《故事诗》的创作，并不是为了发思古之幽情，而是为了适应当时印度日益发展的民族主义运动的需要。这部以艺术形式再现印度历史，歌颂远祖先贤优秀品质的诗集，极大地激励了印度人民反抗英国殖民者的斗争意志，增强了印度人民的民族自信心和民族自豪感。正因为如此，这部诗集迄今仍然是印度学校的语文教材，是一部名副其实的爱国主义教科书。

《故事诗》中不时出现写景的诗节。它们犹如一幅幅生动的印度风情画，让我们看到了那里绮丽多姿的风光。它们是诗中故事发生的背景，也蕴含着诗人丰富的感情。读着它们，我们嗅到了盛开的茉莉与素馨，听见了杜鹃婉转的啼鸣和晚祷的钟声，看到了高大的娑罗树和雨季的浓云。诗人在写景时常常采用白描的手法，但却能以三言两语写出动人的意境。《故事诗》充分体现了诗人在驾驭语言艺术方面的巨大才能。

《吉檀迦利》这部英文宗教抒情诗集是泰戈尔中期诗歌创作的最重要的代表作，也是20世纪世界文坛上影响最大的一部诗集。诗集共收诗歌103首，1912年在伦敦出版后随即风靡西方世界。这些诗歌，是诗人从其同名孟加拉文诗集和另外几部孟加拉文宗教抒情诗集选译而来的。孟加拉文《吉檀迦利》有着严格的韵律，而英文《吉檀迦利》则以散文为体。"吉檀迦利"的意思是"献歌"。

纵观诗集，我们不难看出，它是诗人献给一位神的。在诗人笔下，这位神有着种种名称和身份。诗人时而称他为"主人"，时而称他为"朋友"，时而称他为"父亲"，时而又称他为"国王"，但更多的时候还是直接称他为"神"，或干脆将他称为"你"。在翻译这部诗集时，诗人借用了英语中"God"一词，但他诗中的"God"并不是基督教的上帝，而是从印度哲学中的"梵"这一抽象概念演化而来的一个具有人格的宗教神。两者虽然同为宇宙的创造者和主宰者，但却属于不同的宗教哲学范畴。

达到梵我一如是诗人追求的最高精神境界，在“有限”中证悟“无限”的欢乐，是他宗教抒情诗歌创作的主题。他在《吉檀迦利》第75篇中写道：“人们从诗人的字句里，选取自己心爱的意义；但是诗句的最终意义是指向着你。”这就清楚地说明了《吉檀迦利》的创作主旨。

宗教广泛渗透到人们的精神生活和日常生活之中，也强烈地影响着文学的发展，因而形成了印度文学的宗教传统。泰戈尔在《什么是艺术？》中概括了这种历史现象。他指出：“对于印度来说，无限（神的别名——笔者注）不单纯是哲学思辨的材料；它对于她犹如阳光一样实在。她在日常生活中非得看到它，感觉到它，并利用它。所以，它大量出现在她的表达崇拜的象征体系之中，出现在她的文学之中。”他进而指出，“在印度，我们的文学的大部分是宗教性的”①。诗人的这些论断对于我们理解《吉檀迦利》不乏启迪意义。可以说，在泰戈尔生活的时代，宗教问题还是印度面临的一个重大现实问题。在他创作的中期，宗教诗歌成为他诗歌创作的主体。他毕生没有中断对宗教问题的思考和探索。宗教诗歌便是他借以进行这些思考和探索的手段和产物。

《吉檀迦利》中的诗歌排列似乎随心所欲，杂然无序。其实它是匠心独运，有章可循。诗集的结构犹如一部交响乐。作为一部献给神的歌集，采取这样的结构自然是非常相宜的。第1~7篇是序曲，唱出了诗人作歌的缘由，即听从神的命令，以“永新的旋律”、“优美的和声”唱出生命的献歌，从而实现自己与神合一的愿望。第8~35篇是第一乐章，主题是对神的思念。诗人先写神就在普通劳动者中间，继而倾诉自己对神的渴慕与求索，表白自己愿意抛弃一切世俗欲念，把爱无私地献给神，最后归结到让神唤醒自己的祖国，让她“进入那自由的天国”。第36~56篇为第二乐章，主题是与神的会见。神接受了诗人的祈求，赐予他新的力量，于是“新的旋律从心底涌起”（第37篇）。诗人以更加炽烈的感情呼唤着神的降临，想象着神到来时的情景。结果，神来到诗人心中，来到诗人茅舍门前。神的爱与诗人的爱融会在一起，人与神圆满地合为一体。第57~85篇是第三乐章，主题是欢乐颂。诗人先纵情歌唱神带给世界无限的欢乐和光明，接着凄然低吟人与神分离的痛苦。神创造人之后，两者自然分

① ［印］泰戈尔著，刘建译：《什么是艺术？》，见倪耕等译：《泰戈尔论文学》，上海：上海译文出版社，1988年版，第100页。

离。然而，正是神的这种“自我分离”才显出神存在的意义，并让人看到神的面貌。只有在人留下生命的果实返回神的殿堂之后，这种分离的痛苦才会结束。第86~100篇是第四乐章，主题是死亡颂。诗人操着“生命之琴”，弹着“永恒的音符”，渴望着“死于不死之中”，亦即获得新的、永恒的生命，真正达到与神合一的境界。最后三篇是尾声，概括了诗集的内容和意义。诗人表明自己一直在用歌寻找神。他把神的故事编成不朽的歌，借以倾吐自己心中的秘密。他祈望自己的所有诗歌汇聚成一股洪流，注入静寂的大海，让自己的生命启程回到永恒的家中。不难看出，四个具有分主题的乐章围绕着梵我一如的主旋律表现出丰富多彩、变化无穷的复杂思想感情。诗集给人的印象就像茫茫大野上盛开的奇葩，苍苍群山中清澈的泉流，炎暑中吹来的阵阵凉风，秋夜明净天空中璀璨的星辰，使人得到无限的审美享受。

如果说《吉檀迦利》是泰戈尔的代表作，那么其中第35篇则是这部代表作中的代表作。印度一位知名学者认为，即使泰戈尔没有创作别的诗歌，仅《吉檀迦利》第35篇也足以让诗人流芳百世。尝鼎一脔，我们不妨看一看这首诗：

在那里，心灵是无畏的，头颅是高昂的；在那里，知识是自由的；在那里，世界没有被国家狭隘的壁垒分隔成碎片；在那里，话语出自真诚深处；在那里，不懈的努力向着完美伸臂；在那里，理性的清流没有迷失在积习的荒漠之中；在那里，心灵在你的指引下向着不断开阔的思想与行动前进——进入那自由的天国，我的父亲啊，让我的祖国醒来吧。这是一首意旨十分高远的诗，充满了理想主义的色彩，表现了诗人对一个理想世界的无限憧憬。陈独秀是中国最早选译《吉檀迦利》之人。他以五言古诗的形式从中选译了四首诗歌，其中之一即为上面所引之诗，以《赞歌》为题刊登于1915年出版的《青年杂志》（即《新青年》）第一卷第二号上。从选诗标准和译笔不难判断，陈氏的国学功底和诗歌素养均非寻常。一般读者难以见到陈氏译诗，这里不妨抄录如下：“远离恐怖心，矫首出尘表。慧力无尽藏，体性遍明窈。语发真理源，奋臂赴完好。清流径寒碛，而不迷中道。行解趣永旷，心径资灵诏。挈临自在天，使我长皎皎。”后来，《吉檀迦利》的中文译本迭有出现，其中以冰心的译本最为流行。《吉檀迦利》是一部以形象化的手法表现诗人宗教哲学思想的抒情诗集。诗人将深奥抽象的印度宗教哲学观念融化在印度人民喜闻乐见的诗歌形式之中。从根本上讲，诗集中包含的宗教哲学思想是唯心主义的，带有神秘主义和泛神论的色彩，但其中不少哲理又闪射出唯物主义或辩证法的光芒，因而还是富于教益的。诗集中表现出来的热爱人民和祖国的赤诚之情感人至深。诗人对自然、人生、欢乐、光明的歌颂洋溢着奋发、热烈、乐观的情绪。诗集中关于神在自然界和人类社会显现的描写，蕴含着现实主义的因素，飘散着浓郁的生活气息。在艺术上，诗歌语言朴素自然，清新流利；感情热烈真挚，含蓄细腻；意境宁谧深邃，耐人寻味；形象鲜明具体，生动活泼。诗集熔哲理与诗情于一炉，充分体现了泰戈尔诗人兼哲人的本色。

在泰戈尔的后期诗歌创作中，政治抒情诗占有显著地位。它们表现了诗人维护正义和疾恶如仇的凛然正气。《问》、《非洲》、《敬礼佛陀的人们》、《边沿集》第18首和《生辰集》第10首等都是名篇。面对世界上弱肉强食、侵略横行的现实，他在《问》一诗中表达了对宗教泛爱之说的强烈质疑。《非洲》表达了对深受奴役的非洲人民的深切同情，抒发了诗人对殖民者蹂躏非洲人民的强烈义愤。《敬礼佛陀的人们》揭露了日本军国主义侵略中国的战争罪行和虚伪面目。《边沿集》第18首也写于法西斯主义猖獗的年代。年近八旬的诗人大义凛然，发出强烈的正义的呼吁：

蠕动的群蛇用它们那有毒的呼吸
污染了周围的空气。
和平的轻言细语
不过是无聊的揶揄。
所以，在我离去之前
我向每一个家庭呼吁
准备战斗吧，
抗击那披着人皮的野兽！

这些诗篇，表现了诗人对人类命运难已的殷忧，喷射着正义的怒火。我国已故著名作家谢冰心先生在其为泰戈尔的诗集《诗选》写的“译者附记”中指出：“这是泰戈尔人格中严霜烈日之一面，与《吉檀迦利》集中所表现的霁月光风，是有其不同的情调的。”[①]可谓一语破的，深中肯綮。可以说，“霁月光风”与“严霜烈日”是诗人天性和创作的两个不同侧面。前者是诗人的基调，后者是诗人的变奏。与那些在邪恶面前屈服或保持缄默的怯懦文人相比，泰戈尔的

① ［印］泰戈尔著，冰心等译：《泰戈尔诗选》，北京：人民文学出版社，1997年版，第191页。

精神和作品无疑是极其伟大的，体现了一种令人感佩的浩然之气。

泰戈尔逝世前出版的《生辰集》是他诗歌创作的又一个顶峰。其中第10首被认为是诗人为自己写的墓志铭。诗人在这首诗中回顾并反省了自己的一生。一个学富五车、著作等身、声名卓著的诗人能够这样审视自己，实属难能可贵，让人景仰。

泰戈尔在其一生诗歌创作的不同阶段所关注的对象尽管有所差异，但他的作品中却始终体现着对真善美的追求。他对印度锦绣山川的钟情，对祖国和人民的挚爱，对宗教哲理的思索和对世界大事的关注，成为他诗歌创作的主要内容。他的不同诗集，具有一些共同的特点：浓郁的抒情性，丰富的哲理，清丽的语言，奇妙的意象。一言以蔽之，泰戈尔的完美人格与天赋诗才使人文精神和审美价值在其诗歌中达到了高度的统一。

四、短篇小说的创作与成就

泰戈尔以诗人著称于世，他在各种场合多次说过他只是个诗人。他的诗歌取得了举世公认的辉煌成就，但他的短篇小说也具有很高的认识价值和非凡的艺术价值。他既是个伟大的抒情诗人，也是个杰出的短篇小说作家。他以诗集《吉檀迦利》和短篇小说创作获得诺贝尔文学奖，充分说明了世界对他在这两个领域里的成就的肯定。

泰戈尔的短篇小说，深刻反映了19世纪后期、20世纪前期的印度社会生活，广泛触及了这一社会的种种问题，成功地塑造了一系列性格鲜明的人物形象，表现出强烈的反封建、反殖民主义的进步倾向。在短篇小说的艺术技巧方面，他显示出了大师的本色，将诗人的才华运用在创作中，形成了以浓郁的抒情性为主要特色的独特艺术风格。他的艺术成就使他在世界短篇小说之林卓尔不群。他与几乎与他处于同一时代的世界短篇小说圣手莫泊桑、契诃夫可谓鼎足而立，各有千秋。

泰戈尔是印度孟加拉语短篇小说的开创者与奠基人。在泰戈尔之前，在体裁上与短篇小说相近的民间故事，主要是基于往世书及其他神话传说和宗教故事。这些故事对于现实生活中的问题很少直接涉及。19世纪上半叶，罗姆·莫罕·罗易发动了印度近代启蒙运动，创立了孟加拉语文学中的散文文体，作为传播新思想的工具。随后，发生了孟加拉全面的文艺复兴运动，以迅速反映现实生活为主的短篇小说应运而生。泰戈尔犹如一位拓荒者，在这一新的文学领域纵横驰骋，从1877年发表处女作到逝世，他一生共写了近百篇短篇小说。

19世纪90年代不但是泰戈尔诗歌创作的井喷阶段，也是他短篇小说创作的全盛时期。他的创作激情沿着两条渠道奔涌：作为一个诗人，他不时驰骋在浪漫瑰丽的遐想之中；作为一个小说家，他又常常徘徊在苦难重重的大地上。1890年底，他在父亲的再三坚持下只身来到孟加拉东北部帕布纳县经管祖上的田产。他以船为家，在烟波浩渺的帕德玛河（意译为莲花河，系流经孟加拉境内的恒河之别称）及其大小支流上任意东西。他深入观察生活，找到了取之不尽的创作源泉。他从来没有像现在这样与下层社会大众广泛接触过。他在每日上午处理农事，接见佃户，倾听他们的呼声。此外，他还接触过乡村教师、邮局职员、学生、村妇、木匠、船夫、渔民等各种各样的人物。他在与这些淳朴善良的人们的交往中，体验到了一种前所未有的快乐。他曾这样写道："我在这里还有别样的乐事。有时，我们的质朴而又忠实的老佃户当中，会有这个人或那个人前来看我——他们的崇敬之情毫不做作！他们的敬意之中蕴涵着质朴和诚挚，在这方面，他们比我伟大多了。"[①]他十分珍惜农民对他的这种感情。他

22–5泰戈尔在圣蒂尼克坦的居所

① ［印］泰戈尔著，刘建译:《孟加拉掠影》，上海：上海译文出版社，1985年版，第89页。

“透过他们那衰弱、皱缩、老迈的躯体”，看到了他们那“柔弱而又质朴得光彩夺目的灵魂，闪射出光芒”。一个出身豪门望族的青年诗人，能对普通农民怀有这样的感情，无论在什么时代均属难能可贵。

广大农民的深重苦难引起了泰戈尔的由衷同情，激发了他的人道主义思想和对理想社会的热切向往。他在1892年5月10日写道：“我不知道，比较平等地分配财富的社会主义理想能否实现，如果不能，上天的安排就实在太残酷了，而人也真是一种不幸的生物。如果在这个世界上必须有苦难存在，那就让它存在吧；但总应该留下一线光明，至少留下一点希望的闪光，以促使人类中较高尚的部分，怀着希望，不停地奋斗，以减轻这种苦难。”[①]字里行间，表现了诗人对贫富悬殊、人剥削人的黑暗社会的不满，表现了他对劳苦大众的同情，表现了他对一种理想社会的憧憬。从那时起，人道主义思想使他一直关心着农民的命运，构成了他短篇小说创作的基调。

19世纪90年代，泰戈尔的短篇小说创作主要集中在1891~1895年。5年中他写了40多篇小说，大约每年9篇，占他全部短篇小说创作总量的一半左右。他的许多优秀短篇小说都写于这一时期。其中有《还债》、《邮政局长》、《隔阂》、《少爷的归来》、《委托保管的财产》、《弃绝》、《是活着，还是死了？》、《流失的金钱》、《喀布尔人》、《假日》、《素芭》、《摩诃摩耶》、《太阳和乌云》、《赎罪》、《法官》、《深夜》、《吉莉芭拉》、《饕石》、《如愿》等。19世纪90年代后期，泰戈尔写了十数篇短篇小说。他的所有短篇小说约有2/3创作于他乡居生活的十年期间。这些作品主要反映了当时孟加拉地区的农村生活。长期的封建压迫、殖民统治及频繁的天灾，使得广大农民过着贫困、悲惨、愚昧、麻木的生活。泰戈尔在各种体裁的文学作品中对这种社会现实均有所揭示，但以短篇小说反映得最为强烈，最为集中，也最为深刻。他这一时期的短篇小说大都充满了浓郁的生活气息，为后世留下了一幅幅色彩斑斓的社会生活画卷。

泰戈尔于1901年底离开乡间。他的生活和思想从此发生了很大的变化。农村生活的源头活水消失了，他的短篇小说的创作盛期过去了。作家在其人生的后40年中，短篇小说的创作断断续续，作品数量约20余篇。其中《埋藏的珍宝》、《教师先生》、《妻子的信》、《艺术家》、《偷来的宝物》均属名篇。他晚年创作的《实验室》等作品带有实验性质。这些属于作家短篇小说创作后期的作品，接触到现代社会的许多问题，妇女地位和妇女解放的主题十分突出。他在

① ［印］泰戈尔著，刘建译:《孟加拉掠影》，上海：上海译文出版社，1985年版，第88页。

对封建阶级和资产阶级社会的批判中表现了前所未有的勇气。他因此招致封建势力的恶毒攻击，也有人借此贬低他的这些作品的艺术价值。从艺术上讲，泰戈尔后期的一些短篇小说读来不及其前期作品那样感人，但他对艺术表现手法不断探索的精神还是值得肯定的。实际上，他在后期也写了一些相当优秀的作品。作家晚年曾无限感慨地总结道："青年时代，我所看到的一切都以十分强烈的动情力吸引着我。所以，我早期的短篇小说自然流畅，有着较高的文学价值。然而，现在情况不同了。我后期的短篇小说虽然有了必要的技巧，但我还是希望能再次返回到昔日的生活中去。"①泰戈尔对自己前后两期作品的这种看法是中肯的，也是恰当的。

反封建是泰戈尔短篇小说最重要的主题。长期的封建统治使印度处于极其落后的状态。泰戈尔认为，封建制度是印度政治、经济、文化和社会发展的主要障碍。不批判这种制度，人民的精神就不能解放，社会就不能前进。所以，批判封建主义是历史发展的必然要求，是时代不可阻挡的潮流。泰戈尔反对封建制度主要表现在对封建婚姻制度与种姓制度的否定与批判上。正是这两种制度，集中体现了印度封建制度的野蛮性与残酷性。在泰戈尔的短篇小说中，反对封建婚姻制度的作品数量最多。对于这种制度的种种弊端，如童婚制、妆奁制、一夫多妻制、寡妇殉夫制、禁止寡妇再婚、禁止不同种姓通婚等，他都给予揭露和鞭挞。《河边的台阶》描写一个叫苦森的女子的厄运。她在7岁时就嫁作人妇，婚后只与丈夫见过一面就成了寡妇。寡妇殉夫制是印度封建婚姻制度残酷性的突出表现。仅在1818年，孟加拉地区就有800名寡妇殉夫。由于罗姆·莫罕·罗易的斗争，英国殖民当局于1829年从法律上废除了这一制度，但这样的事情在民间仍时有发生。泰戈尔在《摩诃摩耶》中描绘了这种人间惨剧。美丽多情的姑娘摩诃摩耶被迫嫁与一个行将就木的老婆罗门，翌日就成了寡妇，又被迫按照印度教惯例殉葬，活生生与丈夫的尸体一同火化。只是由于天降暴雨，她才得以死里逃生，但却永远失去了原先的美丽。这一作品因其典型性而具有震撼人心的艺术力量。

泰戈尔诗人的气质赋予他的短篇小说以惊人的艺术美。可以说，他是以写诗的笔调来写短篇小说的。因此，他的短篇小说透着浓烈的抒情气息，在语言

① 《泰戈尔与苏达尔山等四人畅谈自己的短篇小说创作》，载《前进报》1936年2月23日，转引自《泰戈尔短篇小说集》（孟加拉文）附录，加尔各答：加尔各答国际大学出版社，1977年版，第1009页。

上表现出高度的诗意美，具有巨大的艺术感染力。别林斯基说过，在一切批评家中，时间是最严厉、最无情也是最公正的。泰戈尔的短篇小说在将近一个世纪的悠长岁月里经受了各国无数读者的检验，牢牢奠定了自己在世界文学宝库中的地位。

泰戈尔的长篇小说《戈拉》、《沉船》等也取得了很高的艺术成就。他的剧本《邮局》、《红夹竹桃》等语言洗练优美。他的散文作品《孟加拉掠影》、《我的回忆》、《童年》、《人的宗教》等都属于上乘之作。他以伟大的人格和精美的作品为自己树立了一座永恒的丰碑。

五、泰戈尔是中国人民的伟大朋友

他一生始终对中国人民表示了无限的友谊与深厚的同情。1881年，泰戈尔在年仅20岁时就发表了一篇题为《在中国的死亡贸易》的论文，强烈谴责英国殖民者在中国倾销鸦片，毒害中国人民。他指控英国人用枪迫使中国人吞下鸦片，自己攫取巨额利润。这可能是世界上最早谴责鸦片贸易罪恶的正义的呼声。[①]从那时起至其逝世的60年间，中国一直在泰戈尔的心目中占有特殊的地位。泰戈尔对中国人民怀着深厚的感情，对中国的前途充满了信心。1916年，他于赴日本途中在香港停留。他从在码头上干活的中国劳工身上看到了中华民族的伟大力量。他写道："看到劳作中巨大的力量、技巧和喜悦如是集中于一处，我认识到，这个伟大的民族的整个大地上蕴藏着一种多么巨大的活力。当这样一种巨大的活力拥有了自己的现代工具，当它掌握了科学，世界上又有什么力量能够阻挡它呢？到那时，这个民族的劳作天赋还会得到进行劳作的资料的助益。现在，所有正在享用着地球上的果实的国家，都惧怕中国的觉醒，并想要推迟它们所不欢迎的那一天的到来。"[②]泰戈尔90多年以前所说的"正在享用着地球上的果实的国家"，指的是当时正在掠夺中国、印度等落后国家的西方列强。他真诚地期望中国觉醒过来，希望中国繁荣富强。他的预言体现了一种博大的胸怀和善意，更透露出一种罕见的睿智与远见。泰戈尔对中国人民的伟大友谊和衷心热爱在其1924年访华期间喷涌而出。他无论走到哪里，总要情

① 参见［印］K.克里帕拉尼:《泰戈尔传》，加尔各答：加尔各答国际大学出版社，1980年版，第105页尾注部分。

② 转引自上书，第266页。

不自禁地赞颂中印之间源远流长的友好关系。他非常珍视中印友谊，对那些曾为两国文化交流做出过巨大贡献的前人充满景仰之情。他在回顾历史时说：“那是多么伟大的朝圣之旅！那是历史上多么伟大的时代！那些了不起的英雄，为了自己的信仰，冒着生命危险，甘愿在漫长的岁月中远离故国，自我流放。许多人在中途倒下，身后了无痕迹。少数人幸存下来，向我们讲述他们的故事，但大多数人却没有机会给后世留下只言片语。”[①]令泰戈尔感到欣慰的是，他发现中印两国的先辈用生命缔造的珍贵友谊一直延续了下来。他在杭州的一次演讲中说道：“置身诸君之中，对于本不应有的种族之感或传统差异，我的心灵没有丝毫的担心。相反，我倒想起了印度称你们为兄弟并向你们表示友爱的时代。我希望，那种关系现在依然存在，珍藏在我们东方所有的人的心中。可能在若干世纪之中，建立这一关系的道路已经长满荒草，但我们仍将寻觅它的遗迹。”[②]他希望中印之间能够弥合由岁月造成的情感裂隙。他呼吁中国人民“重新开启交流的渠道”，希望“中国走近印度，印度走近中国，……”[③]他一再强烈主张中印人民、亚洲人民乃至全世界的人民团结起来。泰戈尔高度评价了中国人民的道德水平。他说：“你们是历史最为悠久的民族，因为你们拥有古老的智慧。是你们对善的信仰，而不是单纯对力量的信仰，哺育了你们的智慧。这就使你们有了辉煌的历史。”[④]在考察中国社会之后，他说道：“你们中国人不是分散的个体。你们的社会本身就是你们的团结精神的产物。”“你们并不穷兵黩武。”“你们执着地热爱这个世界和你们身边的万物，但并不将你们的财富封闭在孤立的围墙之中。”[⑤]他断言中国人民已经“本能地掌握了事物的韵律……这是一种伟大的天赋，因为只有神才能懂得这一奥秘”。[⑥]在离开中国前夕，他动地说：“你们非常有人性。我也感触到了你们内心中的人性，我已经，或至少我觉得，我已经与你们的心贴近了。我的心里不是仅仅充满了仰慕与惊异之感，而是充满了爱的情感，特别是对那些我密切接触过的人们。”[⑦]他数度提到，中国人热爱生活，具有让大地果实丰盈、万物瑰丽的巨大爱心和天赋。泰戈尔衷

① 泰戈尔：《在中国的谈话》，第110页。

② 同上书，第59~60页。

③ 同上书，第64页。

④ 同上书，第73页。

⑤ 同上书，第89页。

⑥ 同上书，第93页。

⑦ 同上书，第117页。

心热爱中国文明。他在鉴赏中国古代绘画时说："中国人是一个伟大的民族。他们创造了一个美的世界。"[①]他在1918年访问美国时发表的著名演讲《什么是艺术？》中说："东方艺术的伟大与瑰丽，特别是在日本与中国，就在于那里的艺术家们看到了事物的灵魂，并且相信它。"泰戈尔熟悉中国古代的一些诗人。他告诉中国听众："我一直在读你们的诗集的译本，我被你们的文学中的神韵所迷醉。它具有自己与众不同的特点，我在我所了解的文学之中没有见到过任何与之类似的东西。"[②]他在中国发表的著名讲演《文明与进步》中多次引证中国古代伟大的哲人老子《道德经》中的诗句。他认为中国文明是富于人性的、一以贯之的和注重精神的。他说："出现过无数代树木的古老森林赖以繁荣滋长的土壤，会由于落叶与落花而变得深厚、肥沃和多产。你们古老的文明已经使心灵的土壤变得丰润。它那持续不断的人性，无论接触到任何属于它的东西，都有一种使之富于生命力的作用。如果中国文明不是充满了精神生命，它不可能延续如此长久。"[③]他认为，中国的文学以及其他所有自我表现的艺术形式都天然具有一种好客与亲和的精神，所以他在这个文明古国居留期间颇有一种宾至如归的感觉。泰戈尔对中印友谊的诚挚动人的话语和他对中国人民和中国文明的评价不胜枚举。他怀着"重启古代精神交流渠道"的使命来到中国。他受印度人民的委托前来告诉中国人民："我们印度人对你们心中有爱，我们也渴望接受你们的爱。"[④]作为伟大的印度人民的杰出代表，铭记着中印两国历久弥新的友谊，他圆满地完成了自己的历史使命。与此同时，他也永远活在了中国人民的心中。他与中国人民的友谊，是两国传统友谊的新的篇章。这固然与他对人类的挚爱有关，但更与他对中国的不同寻常的情感有关。1937年，泰戈尔在圣蒂尼克坦创办中国学院，开印度现代研究中国之先河，同时表明了他对促进中印两国文化交流的殷切希望与务实态度。中国学院从中国购得许多中文书籍。一些中国知名学者应邀在该学院任教。湖南茶陵人谭云山先生出任该学院首任院长。作家许地山、画家徐悲鸿、教育家陶行知也曾在该院讲学。一时气氛活跃，盛况空前。泰戈尔与他们都建立了深厚的友谊。1940年，徐悲鸿为泰戈尔画了一幅彩色肖像画。这一名作现藏于北京徐悲鸿纪念馆。泰戈尔虽然名满天下，

---

① 泰戈尔：《在中国的谈话》，第116页。

② 同上书，第135页。

③ 同上书，第33~34页。

④ 同上书，第107页。

但即使对一名中国留学生也眷顾有加。当时在国际大学留学的魏风江先生是泰戈尔唯一的中国学生。他虽然十分忙碌，但却经常偷闲与这位青年交谈。他还用英文给魏风江写了一封短信，谦虚地表示自己并非什么教师或向导，而是和大家一样的人。魏风江先后在晚年写了一本深情怀念恩师泰戈尔的书，记录了中印关系史上的这段佳话。泰戈尔对中国人民的深厚友谊中最令人铭感的是他在艰苦卓绝的抗日战争中对我们的真诚的同情和正义的支持。泰戈尔曾经访问过日本。他对日本工业的崛起表示赞赏，但对其军国主义对世界的潜在威胁则深感忧虑。他警告日本统治者："绝不要以为你们对其他民族造成的伤害对你们自身不会有任何影响，也绝不要以为你们在自己家门口播下的敌意会在未来成为保护你们的壁垒。"[①]然而，日本政客和军阀对这位哲人和先知充满理性的规劝置若罔闻。

日本侵略军于1931年占领中国东北，于1937年发动全面侵华战争，残忍地屠杀了成千上万的平民，叫嚣要在3个月内灭亡中国。面对此情此景，泰戈尔大义凛然，对日本表示彻底失望，并坚定地站在了中国人民一边。他在多种场合明确表示深切同情中国人民，严厉谴责日本的侵略战争。1938年7月，泰戈尔写了著名的《致中国人民书》，谴责日本"叫嚣武力，残酷无情地不加区别地大肆屠杀生命，摧毁教育中心，麻木不仁地蔑视人类所有的文明准则"，预言日本必将"承载失败的致命重负"。[②]泰戈尔于1937年9月和10月分别写的致日本诗人野口米次郎的两封信更是充满正义之声。数年前，野口米次郎曾经访问国际大学，受到泰戈尔的款待。他在中日战争爆发后，两度向泰戈尔写信为日本侵华辩护，说那是"在亚洲大陆建立伟大的新世界的必要手段"，也是让中国人民过上"更好的日子和更有智慧"的必要手段。他呼吁泰戈尔与印度人民理解并支持日本军国主义者。在认清了野口米次郎的法西斯真面目之后，泰戈尔满腔义愤地给他写了回信。他辛辣地嘲讽了野口米次郎的所谓亚洲观。泰戈尔确信："中国是不可征服的，她的文明展现出神奇的资源，她的空前团结的人民正在以奋不顾身的忠诚，为自己的祖国开创一个崭新的时代。""虽然是在毫无防备的情况下被强加在自己人民头上的巨大战争机器所困扰，中国却坚定不移。任何暂时的失败都不能击溃她那已经觉醒的精神。"他痛斥日本军队轰炸中国城市的罪行和他们在中国的"死亡之舞"，拒绝在此时访问日本，以免看到日

① ［印］泰戈尔著:《民族主义》，新德里，卢帕出版公司，1992年版，第37页。

② 泰戈尔著:《致中国人民书》，载《泰戈尔研究》，1977年，第28页。

本人民“被他们的统治者运输到邻国造下没有人性的罪孽，从而在人类的记忆之中永留污名”。泰戈尔在其第二封信的末尾表示，希望他所热爱的日本人不能得逞，而是要懊悔。泰戈尔的这两封信，代表了人类的良知和印度人民的心声，对于处于最艰苦岁月中的中国人民是一种莫大的鼓舞。从他在同一时期所写的其他书简中，我们可以看出，即使在第二次世界大战爆发后，中国的情况也一直令他忧心难已。除了生死与共的真挚的朋友，谁又能做到这一点呢？他还在自己的名诗《敬礼佛陀的人们》中以艺术的形式揭露了日军在中国的暴行，讽刺了他们的虚伪，表现了对法西斯的深切仇恨和仗义执言的凛然正气。泰戈尔对中国的关切与热爱是没有止境的。1941年，他在身患重病之际依然念念不忘中国，渴望获得有关中国人民抗日战争的好消息。他曾对普拉桑塔·马哈诺比斯说，中国人民“是被迫与疯狂的侵略进行战斗的。他们与邪恶战斗，因而是光荣的。他们即使（暂时）遭到失败，也并不耻辱。他们的荣耀在于，他们抵抗了压迫。”①他甚至在1941年4月14日发表的最后一次公开演说《文明的危机》中，也没有忘记谴责日本肆无忌惮的侵略。2000年5月30日，季羡林先生在印度总统纳拉亚南代表印度政府赠送北京大学泰戈尔铜像揭幕仪式上发表讲话。他说：“泰戈尔是印度伟大的诗人、伟大的爱国者和伟大的贤哲，也是中国伟大的朋友。”他还说：“中国与印度是邻国，至少在两千余年来一直是好邻居。我们在包括哲学、宗教、艺术乃至自然科学和技术在内的不同领域里不断进行交流，从而使我们两国的文化丰富起来。我认为，这是中印传统友谊的基础。”他指出，“泰戈尔推进了这一传统友谊”。他还指出，泰戈尔的“预言完全实现了”，他“终其一生都是中国人民的伟大朋友，一直与我们同甘共苦”。因此，他认为，“泰戈尔无论在印度还是在中国都是中印友谊的象征”。②季羡林先生简短而深情的讲话，就泰戈尔对中印友谊的巨大贡献做出了高度评价。中国人民永远感怀泰戈尔在我们抵抗侵略的严酷战斗中给予我们的坚定不移而又始终如一的支持、他对中国文化富于真知灼见的评价和他对中国以及中国人民的无与伦比的热爱。中国人民永远不会忘记这位伟大而真诚的朋友。他和柯棣华、白求恩一样，唯一的区别是，后者拿的是锋利的手术刀，而他拿的是一支如椽巨笔。

---

① 《国际大学季刊》，加尔各答：加尔各答国际大学出版社，1949年8~10月号。

② 季羡林撰，刘建译：《中印友谊的又一象征——在印度政府赠送北京大学泰戈尔铜像揭幕仪式上发表讲话》，载《南亚研究》，2000年第2期，第3页。

第二十三章

现代教育与科学技术的发展

23–1 课堂上的印度学生

教育与科学技术，犹如文明的双翼。印度的教育至少有三千余年的历史。然而，在古代，知识和教育的权利主要掌握在统治阶级的手里。在印度教社会中，婆罗门主宰着教育事业。因此，在很长的历史时期内，受教育者与未受教育者形成了极大的反差，或学富五车，或目不识丁。伴随英国殖民统治在印度的巩固，西方现代教育制度逐步在印度建立起来。独立以来，印度教育一直在以较高的速度发展着。同样，印度现代科学技术，在殖民地时代就有所发展，并且出现过像拉曼那样荣膺诺贝尔物理学奖的杰出科学家。独立以后的印度现代科学技术获得长足进步，取得了举世瞩目的成就。教育与科学技术的力量，正在稳步改变着印度的面貌，塑造着印度文明的未来。

一、现代教育体制的建立与发展

印度教育的历史，可以追溯到吠陀时代早期，即公元前2千纪中叶。当时的教师主要是被后世称为“仙人”（risi）的一批圣者或先知。他们远离尘嚣，居住在森林中修道。因此，他们的栖息地被称为净修林（arshram）。他们的学生主要是从不同地方慕名而来的弟子及自己的子女。这些受教育者主要属于婆罗门、刹帝利和吠舍3个上层种姓，上学期间就住在老师家里。所传授的知识基本源于《梨俱吠陀》及其余3部吠陀。后来，吠陀支、梵书、森林书和奥义书也成为教学内容。学校就设在森林中。不过，属于刹帝利种姓的王子公孙却要学习军事技术与治国之道。因此，作为教育家的泰戈尔说过："我们在印度看到的一件最奇妙的事情是，其文明的源头在于森林而非城市。"奥义书被解释为师生对坐所传授的"秘密教义"。印度古代教育的特征，由此可见。显然，教育内容是宗教性的和哲理性的。再后来，数学、天文学、医学和权术等属于科学和世俗范围的学问，也被纳入教育范畴。印度古代数学、天文学和医学的成就十分辉煌，当与净修林中的教育有密切关系。教育方法主要是口传心授。但也应当看到，这种教育是自发的，零星的，分散的。

约公元前6世纪至前5世纪时，印度佛教诞生，对古老的婆罗门教教育体制形成巨大冲击。释迦牟尼对自己的弟子传授佛法，形成印度古代教育辉煌的篇章。他曾经在印度的许多森林中传教。当时，犍陀罗国首府咀叉始罗（今巴基斯坦塔克希拉）是印度西北部商业中心，同时也是一座学术重镇，以医学、法律和军事科学发达而闻名遐迩。恒河流域的许多青少年长途跋涉前来这里学习吠陀和技艺。也有很多中亚和西亚的学生来这里学医。咀叉始罗还是当时印度最为著名的佛教学府之一。后来，一些宗教及世俗的教育中心建立起来。在公元前3世纪至公元5世纪之间，在今印度比哈尔邦的那烂陀、泰米尔纳杜邦的康契普腊姆（古名建志补罗）等地，一些规模可观的佛教学术中心次第出现。其中名声最隆的那烂陀寺，在全盛时期拥有数百名杰出的学者，另有近万名学生学习佛教、医学、哲学、逻辑学、数学、天文学及语法等不同学科。那烂陀寺实质上是古代印度的一所规模最为宏伟的大学，所以它又被人称为那烂陀大学。这所给古代印度带来卓著声誉的佛教大学，比牛津大学和剑桥大学问世早得多。我国唐代高僧玄奘就曾在那烂陀大学留学和授课。随着印度教的复兴和重新崛起，这些佛学中心渐趋衰落。

公元1000年前后，穆斯林开始从西北方大举侵入印度，并逐步建立起自己的政权。伊斯兰文化和学术随着他们的足迹传入印度。伊斯兰教的建筑、绘画和音乐等艺术门类不胫而走。穆斯林在德里、阿格拉、勒克瑙、拉合尔等北部重镇建立了数以千计的学术教育中心。南印度的穆斯林统治者也建立了一些类似的学校。人们通常以阿拉伯语词“马德拉沙”（madrasah）称呼这些学校。学生除了学习《古兰经》等宗教课程外，也学习语言、文学、数学乃至自然科学。穆斯林统治者明白，没有自己的文化教育，任何外来民族都可能消融在印度文明的汪洋大海之中。

19世纪上半叶，印度近现代教育随着英国在印度建立殖民统治而肇始。当时，对于印度教育究竟应当奉行什么样的方针和走什么样的道路，“英语学派”和“东方学派”曾经有过长期的争论。1835年，印度总督本廷克勋爵核准《麦考莱教育备忘录》，以英语为教学媒介的西方教育成为印度教育的基础。传统宗教学校教育逐渐遭到冷落。殖民者在印度推行和确立英语教育制度，旨在为其殖民政权培养行政和管理人才，传播西方文化和价值观念。1854年7月19日，英国东印度公司监察委员会主席查尔斯·武德提出一份关于健全印度教育体系的“急件”，为印度现代教育体制的确立奠定了基础。他提出了建立从初等教育到高等教育的完善教育体系、设立教育管理部门等一系列方针、政策和措施。1857年，印度各省成立公共教育部。同年，依照武德教育文件，在英属印度政府的三大管区分别按伦敦大学的模式建立了加尔各答大学、孟买大学和马德拉斯大学。鉴于该文件对印度教育的巨大意义和贡献，它被称为“印度教育大宪章”。1947年独立之前，印度已经建立了19所大学。

独立以后，印度现代教育开始获得长足发展。尼赫鲁从一开始就十分重视教育问题。他提出，印度的整个教育基础都应当重新调整。独立最初的数年间，大学教育委员会（由著名学者S.拉达克里希南任主席）、初等教育委员会和中等教育委员会相继成立。1950年开始生效的印度宪法规定，任何印度公民都享有接受教育的权利。然而，依照英国模式建立的高等教育体系却缺乏英国大学自由的办学精神。大学虽然得到了政府的资助，但也受到官方的过多控制，存在着结构刻板和运转不灵等弊病，难以适应国家建设和经济发展的需要。直到1966年，国家教育政策才逐步趋于完善。以著名物理学家D.S.科塔里教授为主席的教育委员会在该年提出题为《教育与国家发展》的报告，分析了印度教育体制与国家发展目标的关系，确认教育在国家建设、经济发展和社会进步中的重大作用，建议改革现存教育体制，大力培养和开发人力资源，并对各级教育发展提出了全面系统的建议。该报告强调了有关发展教育的7个目标：（1）对14岁以下的学龄儿童提供免费义务教育；（2）提高教师的地位和工资，并为他们提供进修机会；（3）以3种语言（英语、印地语和一种当地语言）进行教学，扶植地方语言；（4）教育机会均等，重视科学教育和科学研究；（5）为农业和工业发展培养人才；（6）教材要价廉质优；（7）将国家财政收入的6%投资于教育。该报告在全国引起广泛讨论。1968年，印度政府根据该报告的建议制定并通过国家教育政策，断然对国家教育体制进行改革，采取了包括确立新学制、实行免费义务教育等多项改革。在全国范围内，教育基本设施得以大力发展。全国形成统一的教育结构，普遍推行10+2+3的教育体制，亦即学制。这一学制由10年普通教育、2年高级中等教育和3年高等教育（获取大学第一级学位的教育）这样3个阶段组成。10年普通教育又可分为两个阶段，其中前8年为初级教育，属于义务教育阶段，后2年为初级中等（初中）教育阶段。初级教育的宗旨，在于向6~14岁的儿童提供宪法规定的免费义务教育，其中1~5年级为初级小学（初小）教育阶段，6~8年级为高级小学（高小）教育阶段。高级中学、中等专业或中等职业教育学制一律2年，1968年国家教育政策为印度教育的迅猛发展提供了依据和保障，因而成为独立以来教育史上的辉煌篇章。

1986年，印度议会进一步通过《国家教育政策》，旨在使教育成为“将印度导向21世纪的有效工具”。同时，议会还通过了实施这一国策的《行动方案》（1992年，该方案被更新）。1986年的国家教育政策强调采取断然措施普及初等教育，大力发展成人教育。为此，国家确定的课程体系既包含一个共同的核心，也允许地方根据自身特点灵活增添其他成分。这一核心对不同的课程领域均有影响，旨在培养有关民族文化、民主主义、世俗主义、男女平等、环境保护、人口控制、社会公正、科学精神等方面的重要价值观念。该政策强调为大众拓展教育机会，主张巩固现存高等教育和技术教育体制，同时强调国家教育投资至少应当达到国民收入的6%。1986年国家教育政策和1992年修订的《行动方案》，预期在21世纪开始之前实现向14岁以下的所有学龄儿童提供优质免费义务教育。政府承诺将国内生产总值的6%拨给教育部门，其中50%用于初等教育。

印度政府虽然尚未完全实现国家教育政策预期的投资目标，但多年来对教育部门划拨的教育经费却一直在大幅度增长。在第一个五年计划期间（1951~1956年），国家教育经费预算为15.3亿卢比，到第八个五年计划期间（1992~1997年），增加到744.3亿卢比。在1951~1952年度，教育经费占国内生产总值的0.7%，到1999~2000年度，这一比例增加到了3.94%。第九个五年计划（1997~2002年）制定的教育预算是第八个五年计划的2.7倍，即从744.3亿卢比增加到了2038.164亿卢比。换言之，中央政府安排的教育经费从1995~1996年度的182.5亿卢比增加到了2000~2001年度的545亿卢比。这一数字在2001~2002年度又增加到了592亿卢比。这一增长幅度为印度独立以来所仅见。同时，拨款数量开始明显向初等教育倾斜。在2001~2002年度，初等教育经费占全部教育经费的64.19%。在第九个五年计划的最后三年，印度政府拨付总额达452.674亿卢比的经费为小学生提供午餐营养资助。这笔资金不在教育经费之列。

印度政府除了制定政策和拨款之外，还负有对教育事业的领导和管理责任。1976年颁布的宪法修正案第42条确立了中央政府对教育的直接责任。此前，中央政府仅对少数民族教育承担责任。宪法第43条确立了向所有14岁以下儿童提供免费义务教育的目标，并赋予各邦政府在其管辖范围之内自行决定教育标准的权利。虽然管理教育的责任由中央和邦两级政府承担，但负责制定五年计划、教育政策和拨付教育经费的中央政府的责任是主要的。

印度教育部履行中央政府对教育事务的职责。该部隶属于中央政府人力资源部。部长与各邦协调制定规划，为实验项目提供资金，并通过大学拨款委员会和国家教育研究与培训理事会行使职权。这些机构负责制定教育标准、开发教学材料和设计各种教材。国家教育研究与培训理事会还负责搜集教育资料和指导教育研究。邦级教育部负责协调地方教育事项。各城市设立教育委员会，受邦教育部和市政府双重监督。在农村地区，县教育委员会或村委会（panchayat）负责监督学校董事会。

（一）初等教育

根据印度宪法和国家教育政策，6~14岁的儿童享有接受免费义务教育的权利。小学学制8年，分为初级和高级两个阶段。6~11岁儿童上初级小学，分5个年级，即1~5年级。11~14岁儿童上高级小学，分3个年级，即6~8年级。

独立以来，印度的初等教育发展相当迅速。普及初等教育既是印度的一项基本国策，也是一项长期国家目标。印度人口众多，情况复杂，基础薄弱，经济滞后，实现这一目标绝非易事。由于中央和邦两级政府的持续努力，印度农村地区94%的学龄儿童可以在1千米之内就近上初级小学。在高级小学阶段，84%的儿童可以在3千米的距离内上学。小学阶段的儿童入学率已从

1950~1951年度的42.60%提高到1999~2000年度94.90%。初高级小学校的数量从1950~1951年度的22.3万所增加到1999~2000年度的83.9万所。初高级小学教师数量从1950~1951年度的62.4万人增加到1999~2000年度的321.7万人。①

小学阶段着重培养学生的语文和计算等基本技能。印度政府鼓励学习古典语言、现代语言和部落语言，以尽可能使悠久的民族文化和众多的地方语言能够一代代地传承下去。在非印地语邦，除母语外，鼓励开设印地语课。同时，许多学校开设英语课。所以，各个年级的学生需要学习不止一种语言。此外，还要对学生进行艺术教育、科学教育和环境教育，并为此开设相应课程。

印度的小学大多是公立的，但各种形式的私立小学也不罕见。许多学校是纯私立的，设立在远离闹市的幽僻之处。也有的学校享有政府拨款，但由私人经营管理。不少私立学校是由宗教机构主办的。例如，在印度穆斯林居民中，附属于清真寺的马德拉沙就在儿童教育中起重要作用。在全印度一年级新生中，约10%上私立学校。私立学校的辍学率几乎为零。一般来说，中产阶级才能将自己的子女送进私立学校。公立学校的资金和设施一般不如私立学校。但近年来，私立学校的沉重学业负担和高额学费也招致了社会批评。

印度小学教育中最大的问题是学生辍学率偏高。虽然法律禁止工厂雇用童工，但并没有禁止他们在家庭、餐馆、农田等地方劳动。在经济落后的邦，特别是在农村地区，贫困家庭的子女很容易辍学，其中尤以女童的辍学率为高。为了解决辍学儿童的教育问题，印度政府于1979~1980年度实施非正规教育方案，主要为10个教育落后的邦以及其他邦的城市贫民窟、山区、部落和沙漠等地区的6~14岁失学儿童提供非正规教育。现在已有数十万非正规教育中心分布在这些地区。近几年来，印度政府采取了一些积极措施降低贫困儿童的辍学率。例如，由于印度最高法院将在学校获得免费午餐规定为儿童应当享有的权利，来自贫困家庭的学生的出勤率大幅度提高，他们的家长也表示十分满意。这一积极措施不但解决了儿童无故旷课的问题，而且也解决了与之密切相关的儿童营养不足问题。②

---

① 印度政府新闻和广播部编：《印度年鉴》，2002年版，第79页。

② 参见［印］阿马蒂亚·森著：《惯于争鸣的印度人》，伦敦：企鹅书局，2005年版，第219页脚注。

（二）中等教育

学生在完成8年初等教育之后，开始进入中等教育阶段。中等教育分为初中和高中两个阶段。初中学制两年，分为九、十两个年级；高中学制亦为两年，分为十一和十二两个年级。中等教育的初级阶段为十年普通教育的最后两年。中等教育是初等教育与高等教育之间的桥梁或过渡阶段。中等教育的目的，在于帮助14~18岁年龄组的青少年做好就业准备，或帮助他们做好接受高等教育的准备。

独立以来，印度的中等教育发展较为迅速。中学生人数从1950年的150万人增加到1998~1999年度的2 780万人。经过半个多世纪的发展，目前学生人数约为独立初期学生人数的20倍。然而，接受中等教育的学生人数仅占该年龄组青少年总数的1/3，即入学率为33%。换言之，约有2/3的青少年置身中等教育系统之外。目前，印度约有11万所中等学校，每所中学的平均人数约为250人。印度2001年人口普查数据显示，识字率已经从1991年的52.21%提高到2001年的65.38%，其中接受并完成中等教育的人尚属少数。因此，扩大中等教育的规模，还有相当的余地。一些印度学者认为，中学数量在近期必须增加50%才能适应民众和社会的需要。

初中阶段的课程除了语文、数学、艺术、体育等基本课程外，自然科学课程有所增强。一般而言，语言学习依然同小学阶段一样为3种，即一种地方语言、英语和印地语。无论哪种语言的教学，都十分注重古典语言材料的使用。由于英语教学历史悠久，兼之英语语言环境良好，印度中学生的英语能力全面而卓异。自然科学课程包括物理、化学和生物。此外，大多数学校开设计算机课程，并进行环境保护及人口理论教育。大约50%的初中毕业生（十年级）可以升入高中。实际升入高中学习的人数约为40%，即1 100余万。

高中阶段的教育分为普通教育和职业教育两种，学生因而出现分流。大约25%的学生接受职业教育，学习职业性课程，以掌握一些通用的专门知识和技术，为将来就业或自谋生路做好准备。另外，75%的学生学习普通高中课程，即偏重学术性的课程，进而为接受高等教育做准备。

（三）高等教育

印度政府一向十分重视高等教育的发展。在独立之后的第二年（1948年）就成立了大学教育委员会，负责制定发展高等教育的政策和文件。独立半个多世纪以来，印度的高等教育已经形成完备的体系。其特点是，学校布局合理，专业设置齐全，师资力量雄厚，教育质量上乘，科研水平高超。许多印度大学在国际上享有盛誉，为国家培养了大量高水准的科技、管理和人文等方面的人才。

印度目前共有259所大学。其中16所为中央大学，其他大学则根据各邦的有关法案运作。学院总数为11 089所。根据1956年大学拨款委员会法案，有49所学院被认为具备大学资格。目前在校生总数为741.8万人，教师总数为34.2万人。

独立前，接受高等教育基本是富人和特权阶层的专利。独立以来，上大学成了几乎所有高中毕业生的热望。在1950~1951年度，大专院校在校生人数约为36万。到印度开始经济改革的1990~1991年度，大学生人数已经增加到接近400万，40年时间增加了10多倍。20世纪90年代以来，大学生人数更呈直线上升之势，10年间几乎翻了一番。

印度的大学可以分为4个类型。大多数大学属于综合性大学，由大量学院组成。这类大学有的规模相当庞大，学生人数多者可达十几万乃至20万。例如，马德拉斯大学学生人数已经突破20万。加尔各答大学、孟买大学等十余所大学的学生在校数量都在10万以上。这些综合大学之中有多所在世界上名列前茅，为世界一流大学。专业大学属于第二类型，如阿拉哈巴德大学、勒克瑙大学等。26所农业大学属于第三类型，它们分布在各邦并由各邦管理。理工大学属于第四类型。20世纪80年代后期以来，为了适应国家经济建设的需要，更多的理工大学应运而生。有些理工大学以培养一流计算机人才而著称。例如，以培养高级计算机人才而闻名天下的印度理工学院（IITs）便是其中的佼佼者。它在世界大学排行榜中居第50位，在工科院校中的名气则仅次于美国麻省理工学院（MIT）。印度大部分大学由各邦建立，管理和资助。

印度的学院分为3类。第一种类型的学院，即政府学院，分布在私营企业薄弱的邦，一般由邦政府创立。第二种类型的学院由宗教组织和私营部门控制。这些学校主要是由富有的工商业者和政治人物在印度独立以来创办的。第三种学院是职业学院，主要由医学院、师范学院、工程学院、法学院和农学院组成，其中50%由政府主办。为了保证教学质量，中央和邦两级政府对于成立新的理工学院持谨慎和限制态度。

（四）职业教育

印度的职业教育起步虽然不算太晚，但发展一直较为缓慢。1952年，全国中等教育委员会提出在普通中学开设基本职业教育课程，主要涉及纺织、木工、缝纫、印刷等传统行业。从20世纪70年代后期起，无缘接受高等教育的普通高中毕业生等青年劳力就业压力增大。印度政府认识到应当大力推行职业教育。1986年制定的国家教育政策决定，在中等教育中加强技术教育和职业教育，以使学生在就业前获得必要的知识和技能。该政策还认为，技术教育和职业教育的范围应当适度扩大，囊括农业、工业、商业、贸易、医疗、卫生、家政、艺术、手工艺、文秘等行业。

从1998年起，印度一直在推行由中央政府资助的中等教育职业化方案。1999年8月，中央政府要求各邦提交扩展职业教育的计划。许多邦已经采取积极步骤，加强和充实这一方案。喀拉拉邦、中央邦、哈里亚纳邦、阿萨姆邦和北方邦已经开始让更多的学校扩大接受职业教育学生的范围，开设为社会就业所迫切需要的实用课程。例如，在印多尔、维沙卡帕特南和卢迪亚纳的3所公立学校中，就开设了时装和普通服装制造课程。20世纪90年代中期，大约10%的中学生在接受职业教育；到2000年时，这一比例提高到了25%。

23-2 发达的服装业

显而易见，印度的职业教育虽然取得了一定的成就，但却依旧处于初始阶段。

（五）成人教育

成人教育对于印度这样一个文盲众多的国家具有重要意义，而识字教育又是成人教育的基础环节。1951年人口普查时，印度人的识字率仅为18.33%，文盲率高达81.67%。面对这样的国情，印度政府在着重做好初等教育工作的同时开始重视成人教育。经过50多年的不懈努力，到2001年时，印度人的识字率已达到65.38%，文盲率下降到34.62%。20世纪80年代以来，印度政府对成人识字教育工作愈加重视。印度政府于1988年成立国家扫盲委员会，并拟在1995年底之前扫除8 000万15~35岁的文盲。脱离正规教育的9~14岁的儿童，也属于扫盲教育的范围。

开放大学是印度成人教育的另外一种重要形式。1982年，安得拉邦建立印度第一所开放大学。1985年9月，遵循印度议会的一项法案，英迪拉·甘地国家开放大学建成，负责全国开放大学和远程教育体系，并为之制定各种相关标准。该大学的重要任务是为大量无缘进入正规大学的成人提供接受高等教育的机会，组织、举办函授教育，为特定人群提供特殊高等教育项目。学校对于学生年龄、录取标准、课程安排、学习进度、教学方法等一律持灵活开放的态度，现已采用多媒体教学战略。分布在全国各地的44个地区中心和626个教学中心形成了一个庞大的教育网络。2001年，19.1万余人注册进行各种专业课程的学习。该大学成立的远程教育理事会是负责协调和制定全国远程教育标准的最高权威机构。1991年5月，印度国家电视台开始播放该大学的教学节目。1992年初，全印广播电台孟买站和海得拉巴站开始播送课程讲座。2000年1月26日，该大学专用电视教学频道启用。

除英迪拉·甘地国家开放大学外，印度还有9所开放大学十分著名。分别是B.R.安贝卡开放大学（安得拉邦海得拉巴市，1982年）、科塔开放大学（拉贾斯坦邦科塔市，1987年）、那烂陀开放大学（比哈尔邦，1987年）、雅什旺特·拉奥·查万马哈拉施特拉开放大学（马哈拉施特拉邦纳希克市，1989年）、中央邦博杰开放大学（中央邦博帕尔市，1991年）、安贝卡开放大学（古吉拉特邦阿默达巴德市，1994年）、卡纳塔克邦开放大学（卡纳塔克邦迈索尔市，1996年）、内塔吉·苏巴什开放大学（西孟加拉邦加尔各答市。1997年）和拉杰里希·坦登开放大学（北方邦阿拉哈巴德市，1999年）。其中最后两所开放大学是在印度的第九个五年计划（1997~2002年）实施初期建成的。除了学士学位课程外，这些公开大学大多开设硕士以及博士课程。此外，另有13所开放大学也建成于这一五年计划期间。

成人教育也是印度正规大学教学体系的有机组成部分。全国40所大学拥有函授学院，提供函授课程教学。接受成人教育的学生年龄一般在25岁以上。在

20世纪80年代末，接受成人远程教育的学生数量已达到40多万，约相当于当时大学在校生数量的1/10。

（六）国际交流

印度是一个社会开放程度较高的国家。国际教育交流的历史至少始于我国东晋高僧法显5世纪初游学印度之时。7世纪，我国唐代高僧玄奘不但在印度留学，而且在学成之后曾在那烂陀大学执教。用现代术语讲，他们可以归入印度最早的留学生和客座教授之列。英国殖民政府统治印度期间，一些英国学者曾在印度从事教育和研究工作。他们给印度的教育带来了新的教育理念和课程。印度近现代许多伟人，如圣雄甘地、泰戈尔和尼赫鲁等都曾留学英伦。1921年，泰戈尔在今西孟加拉邦创办国际大学时，就先后延请了多位英国学者任教。在1937年创办中国学院后，多名中国学者先后在该院讲授汉语和中国文化。印度社会从传统走向现代与教育的国际交流关系殊深。

印度独立后，逐渐增强了与国际社会的教育交流。现在，印度政府每年向国外派遣公费留学人员数百名。他们之中的绝大多数前往美国、英国、德国、法国、加拿大、日本和澳大利亚等发达国家。英国是印度人留学的传统对象国，但20世纪80年代以来，留学美国的学生人数明显增加。不过，2004年9月20日，印度总理曼莫汉·辛格和英国首相托尼·布莱尔在伦敦发表题为《印度与联合王国：朝着新的富于活力的伙伴关系前进》的联合宣言，旨在加强和深化两国之间全面的战略合作伙伴关系，使之提升到一个新的水平。按照有关计划，到2008年时，印度和英国之间将实现让25 000名留学生在对方学校和其他学术机构学习的目标。留学费用主要由对象国提供。印度也根据双边教育交流协议向发展中国家派遣留学生。多年来，中国和印度两国政府每年交换留学人员数十名。

印度每年接受1万多名外国留学生来印度学习。印度教育部和隶属外交部的印度文化交流委员会具体负责有关交流项目。赴印度的外国留学生主要来自南亚邻国、非洲国家和阿拉伯国家。奖学金主要由印度政府提供。印度政府除有计划地与其他国家交换留学生外，对自费出国留学或从事科研工作的人员持积极鼓励态度。据不完全统计，印度每年有4~5万人自费出国留学或在国外科研机构工作。

印度与世界上60多个国家签订了教育交流协议，每年都有教育和学术代表团互访。政府对教育机构的国际交流予以积极支持。印度不少教授在许多国家的大学里担任语言等学科的教职或合作进行社会科学与自然科学等领域的研究工作。同样，邀请国外学者在大学任教和从事科研工作也是印度大学现在的通行做法。

二、现代科学技术的发展与成就

印度是一个具有悠久的科学技术传统的国家。印度古代在数学和天文学等领域都曾对人类文明做出过巨大贡献。近现代以来，印度涌现出一批对世界科学技术进步做出了重要贡献的杰出科学家。独立后的50余年间，印度制定了指引科学技术事业健康发展的政策，建立了完备的科学技术管理体制，在许多重要科学技术领域取得了举世瞩目的辉煌成就。尤其重要的是，印度政府大力发展高等教育，造就了大批具有优异素质的科学技术人才。现在，印度科技人员总数达到350余万，在世界上排名第三，仅次于美国和俄罗斯。印度的科学技术研究体系已经羽翼丰满。印度制定了2020年技术远景规划，届时，印度完全有可能成为世界科学技术强国。

独立以来，历届领导人和中央政府都十分重视科学技术的发展，制定并逐渐完善了国家科学技术政策和战略。经过半个多世纪的努力，印度已经建立起基本可以满足国家需要的相关基础设施，建立了一支数量可观、质量优异的科学技术队伍，并在许多重要领域取得了引人注目的成就。

印度首任总理尼赫鲁对于印度政府制定正确的科学技术政策发挥了关键作用。尼赫鲁是一个学识渊博而又目光远大的政治家，他于20世纪初在英国留学时就认识到科学技术的重要性。他认为，印度沦为英国殖民地的一个重要原因就是印度近代科学技术落伍造成的国力衰微。独立初期，尼赫鲁多次谈到科学技术与国家经济现代化的关系。他把科学称为“生活的本质”。他说：“只有科学，才能解决饥饿和贫困、不洁和无知、迷信和陋俗等问题。”他还说：“未来属于科学和热爱科学的人们。”他指出：“摆脱发达国家政府控制的关键是经济独立，没有科学技术方面的自力更生，就不可能实现经济独立。”印度后来的绿色革命、教育改革、工业和军事领域的科学技术研究、大规模水利工程、数百个科学实验室的建设和跻身空间技术的前沿等成就，都与他早年的科学决策有关。在他的指导下，印度政府于1958年制定并颁布了《科学政策决议》，表明了大力发展科学技术事业的坚定决心。该决议呼吁“运用一切适当手段，开展科学研究”，并鼓励发挥个人首创精神。

在尼赫鲁之后，印度历届政府都同样重视科学技术教育事业，采取措施促进科学技术的发展。在英迪拉·甘地任总理时期，印度政府于1983年1月颁布《技术政策声明》，在强调国际合作与普及科学知识的重要性的同时，着重主张自力更生精神和发展本土技术。此时，印度的绿色革命取得很大成绩，粮食产量大幅度提高，为第三世界国家发展农业提供了有益的经验。在一些新科技领域，如免疫学与微生物学的实际应用、血浆的物理作用及临床应用等方面，印度处于世界先进行列。拉吉夫·甘地在母亲遇刺身亡之后出任总理。他曾在英国剑桥大学学习机械工程，具有坚实的科学技术知识和现代观念。他非常重视高科技的发展，敏锐地洞察到电子技术在国家现代化建设中的巨大作用。他说：“我们已经错过了工业革命，决不可再错过电子革命。”1986年12月，印度政府颁布《计算机软件出口开发和培训政策》，揭开了印度电子业迅猛发展的序幕。拉吉夫·甘地亦被誉为“计算机总理”。

进入20世纪90年代，印度政府开始实行经济改革，把发展高科技作为提高综合国力的一个重要方面。纳拉辛哈·拉奥总理一直强调，发展科学技术与经济改革必须同步进行。他还提出把发展原子能和航天工业作为第八个五年计划的重点。在印度独立50周年纪念会上，时任总理的阿塔尔·比哈里·瓦杰帕伊也曾明确表示，印度要在2010年时成为信息技术大国、核大国和生物技术大国。近年来，印度一再以科学技术领域的诸多突破让世人刮目相看。

印度在独立以来的50余年间，逐渐建立了一套完善的科学技术体制。该体制主要由中央政府、各邦政府、高等教育部门、公营和私营产业部门这4个层次或4个方面组成。印度的科学技术研究与开发活动基本在这一涵盖广泛的体制下进行。此外，一些非营利机构和协会也属于这一体系。

印度中央政府对科学技术政策的制定和科学技术活动负有直接领导责任。从总理到相关各部部长、有关机构对科学技术活动实行自上而下的领导和管理。有关命令由总理办公室直接发布。首席科学顾问和科学咨询委员会对总理决策提供直接咨询服务。科学咨询委员会是印度政府最高科学技术咨询机构，成立于1981年，由各领域的杰出科学家和高级工程技术专家组成，在国家计划委员会的领导下工作。它的主要任务是为总理和隶属于内阁的科学技术委员会提供科学技术方面的情报和资料，加强科研、教育及企业间的联系，促进国际科学技术交流与合作等。它对印度科学技术方针政策的制定产生重要影响。同年成立的国家科学技术委员会是印度科学技术最高决策机构，由总理亲任主席。总理通过国家科学技术委员会掌管科学技术方针政策，科学技术国务部长掌管日常科学技术活动，原子能、空间技术、电子技术和海洋开发均有专任部长负责。其他各部、司也有相应的科学技术部门，其科学技术事务由部长向总理负责。管理农业、化学、化肥、民航、旅游、煤炭、国防、环保、食品、林业、卫生、内务、人力资源开发、石化、石油和天然气等领域的部门均设科学技术管理机构。部属科学咨询委员会负责制定所辖领域长期科研规划和有关技术认证。国家级的科研组织部门还包括直接从事研究与开发活动的政府组织，如科学与工业研究理事会、印度农业研究理事会、印度医学研究理事会等。印度科学技术部成立于1971年5月，负责制定科学技术政策和指导方针，促进新科学领域的研究工作，组织、协调并推动全国的科学技术活动，向科学研究机构提供资助。该部在确定和促进前沿学科和科研重点方面起关键作用，每年审批约1 000个科研项目，大多数项目属于基础科学和工程研究范畴。

各邦政府都设有科学技术研究与开发管理机构，主要负责农业、畜牧业、灌溉、公共卫生等方面的科研活动。邦一级的科研活动主要依托地方农业大学进行，虽然有地域研究任务，但受中央有关部门的领导、资助和协调。

大学系统、私立研究组织、公营部门研究与开发机构，以及私营产业中的研究与开发中心，是印度科学技术领域的重要组成部分。大学中从事重大科研活动的机构由政府控制或资助。科学技术部下属的国家研究和开发公司负责将政府资助取得的有关科技成果向公营和私营产业部门转移，以使科学技术商业化，乃至推向国际市场。目前，印度公营、私营产业部门和合资企业等拥有的研究与开发中心数以千计。

在过去的半个多世纪中，印度政府制定的正确的科学技术政策和完备的管理体系、较为充足的经费和对高素质人才的持续培养等因素，使印度的科学发展水平一直在稳步提高，在许多重要领域取得了显著成就。印度在科学技术基础设施、人才和成就等方面已经处于世界前列。印度在原子能研究、空间技术、信息技术、生物技术和海洋研究等高新科技领域均取得了举世瞩目的辉煌成就。

（一）原子能研究

印度在独立伊始就于1948年成立了原子能委员会，负责制定相关政策和确定研究项目。1954年，印度又成立原子能部，负责控制核科学研究项目和推进印度对原子能开发及和平利用的计划。尼赫鲁总理亲自兼任该部部长，足见他对原子能研究的关注。印度政府之所以高度重视原子能研究是因为印度人口众多而又存在常规矿物能源短缺问题。当然，印度政府也有其长远的军事战略考虑。1998年的核试验证明了这一点。原子能部下设5个研究中心：巴巴原子能研究中心、英迪拉·甘地原子能研究中心、高级技术中心、可变能回旋加速器中心及原子矿物勘探与研究理事会。经过几代人的顽强奋斗，印度现已建立起包括核燃料勘探、开采、提炼，重水生产，反应堆设计、建设和运行，以及核废料处理等在内的完整生产体系。

1. 核发电

印度核电业发展成就卓著。原子能部的核电计划包括建立加压重水反应堆、快中子增殖反应堆和钍反应堆，也包括与反应堆的运行和维护、核废料处理、安全及环境检测有关的技术开发。印度已经完全掌握了设计、建设和运行加压重水反应堆的综合能力。印度的第一座核电站由美国援助，于1969年在马哈拉施特拉邦的塔拉普尔建成运行。1972、1980年，印度又与加拿大合作在拉贾斯坦邦的拉瓦特帕达建成两座加压重水反应堆。1984、1986年，印度自行研制的两座加压重水反应堆在泰米尔纳杜邦金奈市附近的卡尔帕卡姆建成，标志着印度已经完全具备了设计、建设和运行核电站的能力。现在，印度共有9座核电站和14座核发电反应堆（2座沸水反应堆，12座加压重水反应堆）在运行之中，总装机容量为272万千瓦。2000年，总发电量超过149亿度。可以预料，随着近来《印美民用核能合作协定》的签署，印度的核发电能力将再度获得迅速发展。

2. 快中子技术

原子能部的核电计划的实施分为3个阶段。在20世纪60年代初期，印度开始进行快中子增殖反应堆的研究与开发。1972年，快中子增殖实验反应堆建设项目启动。1996年10月28日，一座以U–233为燃料的30千瓦的研究反应堆正式开始运行。这是世界上第一座用U–233作燃料的反应堆，因此被列为该年世界重要科技成就之一。印度是第三世界唯一拥有设计快中子反应堆能力的国家。

3. 核武器

印度在研究和开发适于和平用途的核能的同时，也在进行核能用于军事的研究。1974年，印度在拉贾斯坦邦博克兰引爆第一个1.2万~1.5万吨TNT当量的核装置。24年后，印度于1998年5月11日和13日在同一地点持续进行了5次规模不等的总当量相当于5.6万吨TNT的地下核试验，从而成为世界上第六个有制造核武器能力的国家。这次核试验爆炸了一个裂变装置，一个低能量装置和一个热核装置。印度总理瓦杰帕伊的高级助手米什拉事后在记者招待会上说，“印度可以设计适用于不同目的的和不同系统的核武器”，并“已经拥有可靠的核威慑力量”。

此外，印度还将核放射技术应用于农业、工业和医学等领域，并有不少相关产品问世。

（二）空间技术

印度高速发展的空间技术已使之成为世界上第七个空间技术强国。印度空间技术研究始于1961年。当时，中央政府将空间技术研究及和平利用外层空间的任务托付给原子能部。翌年，印度政府成立印度国家空间技术研究委员会，开始着手其空间技术研究计划。当时，该委员会隶属于原子能部。1972年，又专门设立空间技术部和空间技术委员会，负责空间技术计划的实施和相关政策的制定。卫星、运载工具和相关地面系统的开发均属于空间计划的组成部分。成立于1969年的印度空间技术研究组织和四个独立研究项目均在空间技术部的领导下运作。4个空间技术项目为：印度国家卫星空间部分工程、自然资源管理系统、国家遥感署和物理研究实验室。该部还资助各种学术和研究机构的有关研究项目。印度空间技术研究组织总部设在班加罗尔，其诸多下属单位分布在全国22个地方。印度空间技术开发和应用的主要领域包括电讯、电视节目播送、气象研究、资源勘测和管理等。各种空间计划主要通过上述印度空间技术研究组织、国家遥感署和物理研究实验室执行。在短暂的几十年间，印度空间计划取得长足进步。印度空间计划的主要成就为设计、生产和发射遥感卫星和通信卫星。

1. 印度卫星系统

1975年4月19日，印度成功发射第一颗实验卫星，随后4次发射通信卫星和遥感卫星。1983年，随着INSAT-1B号卫星投入运营，印度国家卫星系统建成。目前，该卫星系统中还包括印度空间技术研究组织制造的INSAT-2C、INSAT-2E和INSAT-3B三颗卫星以及1997年10月从阿拉伯卫星系统获得的INSAT-2DT号卫星。1995年12月发射的INSAT-2C卫星除装备有INSAT-

2A和INSAT-2B两颗卫星所有的通信转发器之外，还加装了用于商业通信的Ku波段转发器，使印度电视节目的受众扩展到东南亚和中东。INSAT-2C和INSAT-2B是两颗地球同步轨道卫星。近年来，印度开始发射INSAT-3系列卫星。2000年3月发射的INSAT-3B号卫星携有12个加长C波段转发器、3个Ku波段转发器和CxS汽车卫星服务转发器。2005年12月22日，印度研制的重达3 086公斤的INSAT4A卫星由法国用阿丽亚娜-5G型火箭在法属圭亚那库鲁航天中心成功发射，从而进一步增强了印度INSAT卫星系统的功能。印度还计划发射其余属于同一系列的6颗卫星。

2. 遥感卫星

1988年3月，随着印度遥感卫星IRS-1A的升空，印度遥感卫星系统开始运行，为国家自然资源管理系统提供遥感数据服务。后来，印度又用自己的运载火箭发射了IRS-P3、IRS-1D、IRS-P4三颗遥感卫星。1995年12月8日，IRS-1C号遥感卫星由俄罗斯火箭成功发射。1997年9月29日，印度又自行发射了IRS-1D号遥感卫星。这些属于第二代的卫星极大地增强了印度遥感卫星系统的功能。它们的空间分辨率、光谱带、立体成像、视野覆盖面和频繁再现功能均超越了第一代遥感卫星。1996年3月21日发射的IRS-P3号卫星装备有一个由德国研制的模数光电子扫描器和一个宽视野遥感器，用于植被动态研究和宇宙X射线研究。1999年5月26日发射的IRS-P4号卫星用于海洋观察和研究。2003年10月17日和2005年5月5日，印度空间发射中心分别用国产火箭成功发射IRS-P6（Resourcesat-1）和IRS-P5（Cartosat-1号）两颗卫星，前者为主要服务于农业资源勘察和自然资源管理的资源卫星，后者为高分辨率遥感制图卫星，用于绘制更为精确的地球表面图。这些印度遥感卫星还为渔业、林业、水利、矿业和城市规划等许多行业和部门提供应用服务。

3. 运载火箭技术

在开发卫星系统的同时，印度开始稳步发展运载火箭技术。虽然印度卫星曾由苏联、美国和欧洲空间总署帮助发射，但它在1980年已经开始用国产运载工具发射实验卫星。现在，印度运载火箭技术已经走过四个阶段。第一代运载火箭SLV-3，为四级固体燃料火箭，长22.7米，重17吨，可将40公斤级的卫星送入近地轨道。1980年7月8日，它将35公斤重的罗希尼卫星送入太空。第二代运载火箭ASLV为五级固体燃料火箭，长23.5米，重39吨，可将150公斤级的卫星送入低地轨道。第三代运载火箭型号为PSLV，系极地轨道卫星运载火箭，长44.18米，重275吨，可将1000公斤级的卫星送入距地900千米的极地轨道。1994年10月15日，印度用PSLV–D2运载火箭将IRS–P2遥感卫星送入预定的极地轨道，从而成为继美国、俄罗斯、中国、法国和日本之后的第六个具备把卫星送入极地轨道能力的国家。第四代同步卫星运载火箭GSLV，是阿丽亚娜四型火箭的改进型。它可将2000公斤级的卫星送入地球同步转移轨道。1999年5月26日，印度用GSLV四级极地卫星运载火箭成功实现“一箭三星”的发射。印度运载火箭技术实现历史性突破。

印度还在空间科学的许多领域进行了卓有成效的研究，并计划在不久的将来发射载人航天飞行器。

23–3 发展中的航天技术

（三）信息技术

信息技术是印度发展速度最快的技术部门。经过20余年的努力，印度已经后来居上，成为举世公认的软件超级大国，取得了不同凡响的成就。根据最近的一项民意调查，连印度人自己也认为，信息技术革命是导致印度在当代发生巨变的最重要的事件。

1981年11月，印度政府颁布计算机工业政策，对计算机技术、材料、设计及软件进口放宽控制。印度政府认识到，信息技术将深刻影响经济发展和人民生活。1985年，拉吉夫·甘地总理提出“用电子革命把印度带入21世纪”的口号，开始推动计算机工业的自由化。印度政府充分利用科技人才的优势，着力扶持和刺激计算机软件工业的发展。1986年，印度政府颁布《计算机软件出口、开发和培训政策》，为计算机软件的发展提供了政策依据。1990年，印度政府颁布《软件技术园计划》。1991年6月，印度第一家软件技术园区在卡纳塔克邦首府班加罗尔建立。注册公司很快由1992年3月的142家发展到现在的5552家。班加罗尔也早已以印度的硅谷而闻名于世。在10年时间里，印度在全国共建立了18个软件技术园区。纳拉辛哈·拉奥就任总理后，采取了许多实际措施支持计算机产业的发展，特别是计算机软件的出口。1998年，瓦杰帕伊总理明确提出，要把印度建成一个名副其实的信息技术超级大国。1999年10月，印度政府成立信息技术部和由瓦杰帕伊总理兼任组长的国家信息技术特别工作小组，同时制定了《印度信息技术行动计划》。2000年10月17日起，印度政府当年颁布的《2000年信息技术法案》开始生效。

在国家优惠政策指引和法律的保障下，印度软件业异军突起，成为印度经济领域发展最快的部门。在2003年之前的5年间，它一直在以50%以上的年增长率向前迈进。例如，2000~2001年度，它的产值为83亿美元，其中出口产品总值占62亿美元。即使是在多年连续超高速增长之后，印度信息技术产业和相关服务业也依然在保持着高速增长。在2007年3月31日结束的上一财政年度，印度信息技术与相关服务产业的产值（包括硬件）高达478亿美元，其中软件和服务出口额达310亿美元，增长率为32.6%，而国内销售额为159亿美元，增长率为21%。印度政府计划，到2008年让印度软件业出口总值达到500亿美元，而印度全国软件和服务公司协会已将原定2010年软件和服务出口目标600亿美元调高到750亿美元。[①]看来，这些目标均将如期实现。如果世界经济和国际政治不发生大的意外，从目前印度软件业方兴未艾的势头看，这一目标甚至还有些保守。目前，印度软件及相关服务业已经占印度国内生产总值的5.4%，

---

① 参见孙培钧、华碧云:《喜中有忧的当前印度经济形势》，载《南亚研究》，2007年第1期，第4页。

而根据《麦金西报告》，印度软件业到2008年时将占其国内生产总值的7.7%。在2000~2001年度，印度软件及服务出口占440亿美元出口总值的14%。到2008年时，这一数字将上升为35%。

印度软件从业人员以其优质的技术、产品和服务为国家赢得了巨大的声誉。美国《财富》杂志所列1 000家全球性大公司中有260多家向印度购买软件。大批印度软件公司已获得国际质量认证。在印度400家一流软件大公司中，已有250家获得ISO9000认证。更重要的是，27家公司已经获得软件最高质量标准SEICMM五级的资格认证。截至2001年12月底，印度软件产业共雇用约41万名专业科技人员。

印度在成为软件技术强国的同时，并没有忽略硬件技术的发展。1986年印度政府制定了开发超级计算机的计划。20世纪90年代初，印度高级计算机研究中心研制的Param–9000超级计算机，运算能力达到每秒160亿次，在性能上优于世界同类产品。1998年3月面世的Param–10000超级计算机，运算能力更达到每秒1 000亿次。

印度信息技术日新月异的发展，除了国家正确的政策、坚实的高等教育基础等条件外，也与印度文明在数学方面的深厚积淀，以及印度人高超的英语能力有关。还有一点也很重要，就是印度科学家工资优渥，生活优裕，不必亲自操持工作和生活中的琐事，因而可以心无旁骛，埋头工作。这是包括中国在内的许多国家的科学家所无法完全做到的。

（四）海洋开发技术

印度是一个三面环海的半岛国家，拥有漫长的海岸线和辽阔的海洋国土。印度洋蕴藏的丰富资源对印度的经济发展具有巨大的战略意义。了解、开发和利用这些资源一直是印度政府十分关注的事情，因而促进了相关科学技术的研究与开发。从20世纪60年代起，印度政府开始大力支持海洋科学技术的研究与开发，在沿海大学设立海洋科学研究中心。1966年，印度成立海洋研究所。1981年7月，成立海洋开发局，以组织、协调和促进国家海洋开发活动。海洋开发局的主要目标是：（1）与海底探矿、采掘和海洋能有关的技术开发；（2）为极地科学的前沿研究做出贡献；（3）探索海洋资源及其与海洋学参数的相互关系，通过研究确定探索参数和战略；（4）开发涉及探索和合理利用海洋生物及非生物资源的技术和基础设施；（5）与海岸和海洋区域管理、沿海社区发展、海洋信息服务等相关的开发活动;（6）开展海洋科学技术的基础研究。科学家、资源计划和政策分析人员共同对专属经济区的重要问题进行研究分析，负责制定海洋政策。海洋开发局直属总理办公室领导。印度在沿海和一些岛屿设立了15个物理、化学和生物研究站，同时拥有6艘海洋调查船，对其专属经济区进行渔业、碳化氢、矿产、生物资源、气象等方面的探测，就开发海洋热能、潮汐能等展开研究，并对环境污染进行监测。设在喀拉拉邦科钦的海洋渔业研究所、设在泰米尔纳杜邦金奈的海洋管理研究所和设在古吉拉特邦珀瓦纳加的中央海盐及海洋化学物质研究所，都是重要的海洋研究机构。印度政府颁布的《海洋政策声明》是一份有关海洋研究的纲领性文件。

从20世纪80年代起，印度政府展开大规模海洋资源调查。印度大陆石油资源不足，自给率约为50%。因此，开发和利用近海石油资源对印度具有重大意义。现已初步探明，印度大陆架200米深处石油蕴藏量约10亿吨，天然气蕴藏量约2 710亿立方米，数量大于陆上同类资源。现在，从孟买近海开采的石油已占到全国石油产量的2/3。1982年，由于在深海海底探测领域的开拓性工作，特别是在多金属结核的定位和加工方面的成就，印度被联合国确认为一个深海“开拓投资国”。1987年8月，印度洋中部一块面积达15万平方千米的矿区被有关国际机构分配给印度开发。该地区的多金属结核蕴藏量估计有3.8亿吨，钴、镍、铜、锰齐备。印度的深海开采技术已经可以与发达工业国家相颉颃。

从1981年起，印度开始持续对南极进行科学考察和研究活动，迄今已派遣20余支科学考察队前往南极。此外，在海水淡化和海洋能利用等方面，印度也取得了显著成就。

（五）生物技术

1982年，印度政府设立国家生物技术局。1986年，该局更名为生物技术局，隶属于科学技术部。该局的主要任务是促进生物技术领域的研究与开发以及制造活动。它通过国内生物技术研究机构和新技术中心执行这些任务。印度的生物技术研究开发中心共有20多个，著名的有：设在新德里的国家免疫学研究所，设在浦那的国家细胞科学中心，设在新德里的国家脑研究中心，设在新德里尼赫鲁大学的国家植物基因组研究中心，设在金奈的DNA酶解图谱和诊断中心，设在昌迪加尔的微生物技术研究所，设在德里的国家植物遗传资源研究所，以及设在浦那大学的动物组织培养室等。1986年以来，有关研究和开发项目达1 500余个。生物技术局每年都与5 000多名科学家保持联系，以充分利用这些生物技术专家的专业技能。经过10多年的努力，生物技术已成为印度的重点科技领域之一。信息技术和生物技术是印度重点发展的两大知识型产业。

印度的生物技术研究涉及农业、医学、动物、植物、海洋生物、生物多样性保护等许多领域。在农业生物技术方面，已经培养出具有抗病和抗虫害基因的作物，建立起有特殊药用和芳香价值的植物基因库，并掌握了繁育优质高产乳牛的技术，从而促成了印度的“白色革命”，对印度成为世界第一乳制品大国做出了贡献。印度在转基因技术、生物肥料、生物杀虫剂、生物灭虫等方面也获得了很多突破性进展。印度对棉花、水稻、绿豆和番茄4种主要农作物实施基因工程，以增强其抗病能力，提高它们的产量和质量。转基因技术是在国家植物基因资源局的严格控制下进行的，以防止有害的转基因植物材料的扩散。在动物生物技术方面，印度同样在转基因技术和克隆技术方面取得了巨大进步。技术开发的重点放在提高家畜的产量上。在医学方面，主要开发早期诊断一些严重危害人民健康的疾病的生物技术和预防有关疾病的疫苗。对于印度这样一个人口大国，开发有关农作物和利于人民健康的实用技术，显然具有十分重要的意义。

近年来，印度被视为正在崛起的软件技术大国，还被视为“世界的办公室”。其实，这仅是印度科学技术发展最引人注目的一个方面。印度在原子能研究、空间技术、海洋开发技术和生物技术等重大科学技术领域都取得了非凡的成就。例如，印度的制药等行业就已经达到了世界一流的水平。此外，印度的电信业已经发生了革命性的变化。显然，印度的发展，将更多地依靠其高科技产业，而非传统的低技能制造业。科技在印度经济的崛起中发挥了巨大作用，而经济的发展又会为其科技的腾飞提供坚实的物质基础。

（六）国际交流

印度在自力更生发展科学技术的同时，也十分重视相关领域的国际交流。这种交流的方式既有与发达国家和发展中国家的双边合作，也有与南盟、东盟、欧盟等地区组织成员国的地区合作，还有通过不结盟科技中心、联合国教科文组织等国际组织进行的多边合作。截至2001年底，印度已经与世界上53个国家建立了双边科学技术合作关系，囊括了世界上的所有发达国家和主要的发展中国家。合作形式多样，合作范围广阔。

印度由于自身科技水平的不断进步，与发达国家的科学技术合作开展得十分广泛。印度与英国已在进行生物技术、医疗、制药、汽车、工程、集成电路技术以及其他高技术领域的合作。两国业已建立了一个科学技术联合委员会，同意在民用核能、民用空间计划和高技术贸易等领域拓展合作，同时决定在现存的合作领域之外，寻求在大气变化、可持续和洁净能源技术、环境科学，以及生物信息科学、纳米技术、农业、医学的商业性应用等新领域进行合作的机会。近年来，印法先进技术研究促进中心促成的印度与法国的双边合作，包括18个新的合作项目，涉及分子生物学、遗传学、医学、材料科学等领域。2005年9月12日，印度总理曼莫汉·辛格与法国总统希拉克在巴黎发表联合声明，再次确认了两国之间的战略伙伴关系，并表示愿意在能源安全、环境保护、民用核能、军事技术和空间技术等领域加强交流。同美国及英国一样，法国也支持印度发展核能的计划，并许诺将竭尽全力帮助印度获得民用核技术及有关设备。法国是民用核能技术与装备的大国，拥有的核反应堆数量在世界上仅次于美国。可以预见，有了美、英、法三个发达的核大国的全力支持，印度的民用核能产业将获得迅猛发展。同时，法国还是核供应国集团（NGS）的重要成员，愿意努力促使该组织取消在核装备和技术方面对印度的限制。随着经济的持续发展，印度对电力的需求愈来愈大，但电力不足却成为制约其经济发展的瓶颈之一。虽然印度早就开始发展核电站并取得了相当的成就，但要实现跨越式发展以满足日益增长的实际需求，还需要西方发达国家在技术和装备方面的切实帮助以及充分的核燃料供应。在空间技术方面，印度空间研究组织与法国空间署在探索和研究和平利用外层空间方面的长期合作业已结出硕果，从而成为两国科学技术合作的一个光辉典范。2001年以来，根据印德双边安排，每年约有20名杰出的印度青年科学家前往德国的博登湖畔林道（Lindau/Bodensee）参加年度诺贝尔奖得主会议，让他们了解当前世界尖端科学的发展状况，以启迪思路，开阔眼界。会后，德国研究基金会还组织他们前往德国名列前茅的研究机构访问一周。2004年10月，在格哈特·施罗德总理访印期间，德国的马克斯–普兰克学会与印度科技部签署了一项基本协定，涉及两国的联合研究项目、联合研讨会和科学家交流。同年，德国研究基金会与印度科技部签署另外一项协定，旨在大幅拓宽两国的科技合作范围，将以个人为主的合作方式转变成为以项目为中心的合作研究。截至目前，两国已经完成了1 500多个联合研究项目。其间，科学家之间的长短期交流达5 000余人次，发表联合研究报告、论文等1 700余篇，举办印德科学技术研讨会300场。目前两国正在执行的合作研究项目为150余个。印度与德国科学家通过这些合作研究项目，不仅提高了各自的科研水平，而且增进了两国人民之间的了解和友谊。在印德科技合作中，印方受益不少。印度的科技实力在德国的帮助下，呈现出日新月异的发展景象。德国最负盛名的洪堡基金会也对印德科学技术交流做出了很大贡献。迄今为止，该基金会共向1 424名印度科学家提供了研究基金。如果从数量上讲，在获得该基金会资助的国家中，印度仅次于美国和日本，位居世界第三。此外，根据德国学术交流部（DAAD，German Academic Exchange Service）的伞形综合计划的安排，目前有2 500名印度研究人员在德国研修。2004年12月，马克斯–普兰克合作计划在德里的印度理工学院启动。印德科学技术委员会负责审查两国之间的科学技术合作。该委员会定期轮流在印度和德国举行会议。它所认定的核心领域包括生物技术、遗传工程、信息技术、环境技术、医学研究、空间技术、材料科学，而纳米技术和聚合物技术尤受重视。此外，印度与德国的合作还包括机械、重型车辆、化工产品、技术咨询服务、电器等领域。印德之间的科技交流与合作，已经具有相当巨大的规模，也具有相当的广度和深度。当然，合作是互惠互利的。德国就希望印度优异的信息技术能够为其新经济助一臂之力。印度与欧盟于2001年11月在新德里举行的第二次印度–欧盟峰会上，签署了一项科学技术合作协定，表达了在科学技术领域加强关系的强烈愿望。近年来，欧盟和欧洲空间总署（ESA）联合启动伽利略计划。该计划与美国的全球定位系统和俄罗斯的类似系统的不同之处在于，前两者是由各自的军事机构控制的，而伽利略计划则是第一个专门为民用目的而设计的卫星定位和导航系统，可在2008年投入使用。它预示着一场类似于移动电话那样的技术革命的到来。第三国可以参加这一计划。印度在2003年第四次印欧峰会上就表示了强烈的参与兴趣。该计划对于双方的经济和社会发展均具有重大意义。双方表示将签署一项相关协定，以使印度能够平等参与该计划。2005年9月7日，双方在第六次印度–欧盟峰会上签署该协定，保证印度可以在本土利用该计划提供的高质量的服务。鉴于印度近年来业已充分证实了自己在空间技术、卫星技术和导航技术活动中的非凡能力，该协定将积极推动印度和欧洲在许多高技术领域的产业合作。印度成为继中国、以色列和乌克兰之后第四个参加国际伽利略计划的国家。在2004年11月举行的第五次印欧峰会上，双方认定，科学技术是双方合作的一个主要增长领域。除了让印度参加伽利略计划之外，欧洲空间总署还将与印度空间研究组织合作实施印度的无人探月计划。印度和欧洲科学家将能够通过紧密的信息网络联系交流总的研发信息。2005年9月7日第六次印欧峰会发表的《印度–欧盟战略伙伴关系政治宣言》表示："我们将加强在科学技术领域的协作，尤其要通过在基因组学（genomics）、纳米技术和高能物理学一类领域中共同主持合作研究项目来做到这一点。在生物技术领域，我们将合作对抗艾滋病、肺结核及疟疾造成的全球性挑战。"印度与意大利签订的1998~2001年科学技术合作计划，包括材料科学技术、医学、能源、环境科学、物理学等领域的合作研究项目。根据印日合作计划，日本向印度提供了进行材料、蛋白质晶体学、高能物理实验等基础研究所需的设施。印度与俄罗斯的科学技术合作时间最长，领域最多。两国最近签署的一项计划涉及127个项目。

印度在重要科学技术领域的国际合作十分活跃。例如，国际合作在印度空间计划中便占有重要地位。印度在一系列技术领域与美国、俄罗斯（包括苏联）、法国、欧洲空间总署等有合作关系。此外，与中国、法国、德国、加拿大、匈牙利、毛里求斯、挪威、瑞典、叙利亚、荷兰、乌克兰等国家也签订了合作协议。印度积极参与和大气研究有关的国际项目。1995年11月，联合国亚太地区空间教育中心在印度设立。在生物技术领域，印度与以色列、斯里兰卡、瑞士、瑞典、英国、美国都有双边合作项目。此外，印度还在积极拓展与埃及、法国、日本、哈萨克斯坦、波兰、俄罗斯、突尼斯在这一领域的合作项目。印度和俄罗斯目前正在建立联合生物技术中心。印度与美国正在执行8个有关避孕和生殖健康的新项目，正在拟议中的项目则达10个。2001年2月15日，印度与德国签订双边生物技术合作协定。

印度与中国在历史上的科学技术交流在世界文明史上是独一无二的。20世纪90年代以来，两大文明古国的科学技术合作与交流，在新的历史条件下开始稳步发展。中印科技合作小组1991年7月在北京举行第二次会议，确定将激光和材料、地球物理、化学工程、医学、生物技术、农业和渔业、电子、空间和遥感作为两国优先合作的领域。近年来，根据中印两国有关方面的合作协定，中国科学院中国遥感卫星地面站完成了印度IRS–P6（Resourcesat–1）的卫星数据接受与处理系统的升级改造工作，业已开始向全国遥感用户提供有关数据服务。

第二十四章

印度文明与世界

印度文明从古至今，已有近五千年的历史。它历经沧桑、起伏跌宕，既有昌盛辉煌的时代，也有衰落低沉的时期。在漫长的发展岁月中，印度文化伴随着商贸往来和人员流动，传播到世界五大洲的各个地方，并对各地的思想文化产生了很大影响。早在公元前3世纪的阿育王时代，印度佛教就向南传到锡兰（今斯里兰卡），向东传到缅甸，向西传到叙利亚和埃及。公元前后，印度教也随着印度移民传播到东南亚各国，如缅甸、越南、柬埔寨、马来西亚、印度尼西亚等国。公元前327年马其顿国王亚历山大率大军侵入印度以后，印度的思想与文化开始流入欧洲。公元前后，佛教传入中国，以后又从中国传到朝鲜和日本。到了近现代，印度教的吠檀多思想已在欧洲北美广泛流传。20世纪六七十年代，在美国还建立起一些以印度教教义为主旨的宗教社团，其影响波及欧洲，在西方青年中间产生了广泛的影响。

一、印度文明与南亚

印度文明在远古即产生于南亚次大陆。从历史的角度看，古代的印度，是指当时的整个南亚次大陆，包括现在的印度、巴基斯坦、孟加拉国、斯里兰卡、尼泊尔和不丹等国。但是后来，随着历史的发展，南亚次大陆逐步演变分化为现在的这些国家。为了便于理解，下面我们将以今天的国家概念分别阐述印度文明在南亚其他各国的影响。

（一）尼泊尔

尼泊尔是佛教最早流行的地区之一。公元前6世纪，佛教创始人释迦牟尼就出生在尼泊尔迦毗罗卫的兰毗尼。相传释迦牟尼成佛以后，曾带领弟子到尼泊尔传播佛法。公元前249年前后，印度孔雀王朝著名国王阿育王为了推广佛教，曾带女儿前往尼泊尔，朝拜了释迦牟尼的出生地兰毗尼，并在此竖立一石柱以示纪念。同时，阿育王还派印度僧人到尼泊尔传播佛教，因而尼泊尔成为当时佛教徒的朝拜中心。8世纪以后，由于印度教在尼泊尔逐渐占据统治地位，佛教开始衰落下来。

印度教传到尼泊尔也是很早的。据说在佛陀时代，印度教就已传入尼泊尔。当时，居住在吠舍离（在今北印度比哈尔邦）的离车部落，被摩揭陀国阿阇世王打败，逃到尼泊尔，在尼泊尔建立了离车王朝。离车人把他们所信仰的印度教带到尼泊尔。离车王朝的国王们，多数崇信湿婆神，也有少数推崇毗湿奴神。在当时的尼泊尔，既流行印度教信仰，又流行佛教信仰，二教并行不悖。8世纪，尼泊尔国王把印度教著名改革家商羯罗大师请到尼泊尔，大力宣讲印度教，并排斥佛教，因而使印度教获得较大发展。14世纪，马拉王朝著名的国王贾耶斯提蒂·马拉（1382~1422年）极力弘扬印度教，使种姓制度得以确立于尼泊尔。此后，马拉王朝的历代国王都尊崇印度教，并不断修建神庙，迎请印度的婆罗门担任神庙祭司，供奉梵天、湿婆和毗湿奴三大神，使印度教在尼泊尔的影响逐步超过佛教。13世纪穆斯林统治印度以后，大批的印度王公和婆罗门为了逃避伊斯兰教的迫害而涌入尼泊尔，也促成了印度教在尼泊尔的势力的壮大。到18世纪，印度教在尼泊尔已经占据主导地位。

现在，印度教是尼泊尔的国教，全国人口的89.5%都信奉该教，约有信徒1 600多万人。其次是佛教，有5.7%的人信仰。印度教徒遍布于尼泊尔各地，特别是西部和南部的谷地，而佛教徒则多集中在山区。

首都加德满都寺庙林立，据说有大小寺庙2 500多座，内中以印度教神庙为主，也有少数佛教寺庙。加德满都附近，有两座最著名的印度教神庙。一座名为帕舒帕底（兽主）庙，位于加德满都东北约3千米处，供奉湿婆大神。寺院的主体建筑为塔式，四周有许多小寺环抱，湿婆神的爱兽——神牛难底的高大塑像与群寺并立，十分雄伟壮观。这里的香火非常旺盛，每年都有大批国内外的印度教信徒来此朝圣。另一座名为章古纳拉扬寺，位于加德满都以东约13千米，该寺供奉毗湿奴大神，寺中的神像精美绝伦，远近闻名。

尼泊尔的印度教徒对神灵十分虔诚，每家每户都在厅堂上供奉神像。信徒每天都要向神像祈祷多次，而且严格规定不敬神不能进食。不分大人小孩，不论在家里还是在庙中，都必须空腹敬神，否则就是对神灵的不诚。尼泊尔的印度教徒特别尊崇黄牛，风俗跟印度略有不同，印度的印度教徒更为尊崇白色的母牛。在尼泊尔，黄牛被视为神，黄色的母牛被尊称为母亲。黄牛不仅受到人们的尊崇，而且得到法律的保护。法律规定黄牛不许杀、不许食，违规者会被拘留、罚款或受到别的刑事处分。在农村，一律不许用黄牛拉车、耕地，只用于放生行善。

另外，尼泊尔的印度教还有一种特殊的风俗，即崇拜“童女神”。尼泊尔语称此为“古玛利黛维”，“古玛利”意为童女，“黛维”意为女神。尼泊尔全国共有3位童女神，分别供奉在加德满都市、帕坦市和波格德布尔市。她们都是从尼瓦尔族沙迦种姓中挑选出来的童贞女孩，大约3岁时就被列入族谱，7岁时被选中。选童女神的条件非常严格，她们必须五官端正、牙齿整齐、皮肤洁净、性格温柔而勇敢。入选后，要从家里接至庙中，有专人侍奉和培养。每年只在因陀罗节那一天，这些活女神才被抬出来巡游市区，与信徒们见面。平时，她们被关在庙中，只有当善男信女前来求神问卜时，才在庙内楼上的窗口中偶然出现。在每年的因陀罗节，女神头顶镶满珠宝的金冠，颈戴蛇状金链，身穿金缕红衣，周身金光闪耀。她们坐在轿中，行进在大街上，受到成千上万崇信者的朝拜。但是，一旦长大，青春期来临后，她们就被送至家中，不再在庙中现身。据说，这种崇拜童女神的风俗早在古代就开始流行，一直延续至今。

（二）斯里兰卡

斯里兰卡（原名锡兰）是印度洋上的一个岛国，与印度隔海相望，两者最近之处只隔35千米。这种地理位置决定了斯里兰卡的历史文化必然受到印度的强烈影响。

在古代，印度教传入斯里兰卡要比佛教早。大约在公元前5世纪，印度的一些雅利安人就渡海来到斯里兰卡岛定居，并与当地的维达人逐渐融合，形成了以后的僧伽罗族。伴随着印度移民，印度教传入这里，当时的斯里兰卡既流行印度教，又流行土著民族的多神崇拜。另外，公元前3世纪左右，南印度信仰印度教的泰米尔族人开始向斯里兰卡岛的北部移民，又一次把印度教带到岛上。后来泰米尔人大量涌入，主要聚居在斯里兰卡的北部和东部，因此印度教就在这里扎下根来。

佛教传入斯里兰卡，是在公元前3世纪。当时，阿育王派其子摩晒陀到岛上传播佛教，受到僧伽罗国王的欢迎和支持。摩晒陀在首都阿努罗达普罗兴建了著名的佛教寺院——大寺。随后，摩晒陀又创建了斯里兰卡佛教的重要派别——大寺派，大寺也成是当时上座部佛教的中心。此后，僧伽罗人逐渐接受佛教而放弃了印度教。大约在公元前后，斯里兰卡僧人与来此传教的印度和尚法喜在无畏山建造了无畏山寺，并创建了另一个佛教派别——无畏山寺派。到了4世纪，斯里兰卡的萨伽利长老又在祇多林寺建立了一个派别——祇多林派。4~5世纪，这3个佛教派别在斯里兰卡并行发展。从那时以后，佛教在僧伽罗族民众中流传开来。16世纪以后，由于葡萄牙人、荷兰人和英国人的入侵，推行基督教，打击佛教，使后者遭到很大破坏。19世纪末，斯里兰卡掀起佛教改革和复兴运动，佛教再次获得迅速发展。

现今，斯里兰卡的主要宗教是佛教和印度教。居民中有67%信奉佛教，大多数是僧伽罗族人，主要居住在南部；16%信奉印度教，大多数是泰米尔族人，主要居住在北部。

24-1 斯里兰卡康提佛牙寺

印度教文化传到斯里兰卡以后，发生了变化，带上了强烈的斯里兰卡特色。虽然斯里兰卡的印度教徒也实行种姓制度，但是由于社会和历史的差异，这里的种姓观念与印度的种姓观念已大不相同。在斯里兰卡，种姓主要以职业、土地占有数量和所在的地区来划分。婆罗门种姓的人数在这里并不多，而且也不掌握政治经济权力。在日常生活中，真正占统治地位的是瓦拉拉种姓（即土地占有者），其次是卡拉亚尔种姓和穆库亚尔种姓，地位最低的是不可接触者。不可接触者在斯里兰卡泰米尔人中约占1/4，他们在政治和经济上都受到歧视和压迫，处于社会的最底层。19世纪末，一个名为“湿婆传道会”的组织成立。他们反对种姓制度，提出不可接触者应当同其他种姓一样，也可进入印度教神庙朝拜。此后，不可接触者还成立了“全锡兰少数泰米尔人大会”、“全锡兰印度教大会”等组织，为争取自己的权利，与高级种姓展开斗争。一些不愿忍受种姓压迫而改信佛教的不可接触者，建立了“全锡兰泰米尔佛教徒联合会”，也加入到反种姓斗争的行列。1949年12月，切尔瓦那亚卡姆创立了联邦党，它是泰米尔印度教徒的主要政党之一。该党的领导层虽然都是高级种姓，但是他们却反对种姓制度，主张取消不可接触制和种姓歧视。

令人感兴趣的是，斯里兰卡的僧伽罗人虽然信仰佛教，但也实行种姓制度。早在公元前5世纪印度雅利安人移居岛上，就带来了种姓观念。后来他们与当地的达维人融合，形成僧伽罗族，种姓制度亦在该族中保留下来。起初，僧伽罗人的种姓制与印度的种姓制基本相同，也有四大种姓：婆罗门、刹帝利、吠舍和首陀罗。但是后来，随着历史的变迁，僧伽罗人的种姓制度发生了很大变化。到17~18世纪，他们基本形成了一套与印度完全不同的种姓体系。在这一种姓体系中，原来地位最高的婆罗门已下降到附属的位置，刹帝利种姓也基本消失；而吠舍则上升为最高种姓，在僧伽罗语中称为“瞿维种姓”，即农民种姓；从事各种手工业的首陀罗种姓，也不再称为首陀罗，而是以他们的具体职业作为种姓称呼，如汉纳利（裁缝种姓）、杜罗伐（酿酒者种姓）、赫纳（洗衣工种姓）、帕尼基（理发匠种姓）等。在政治和经济上，瞿维种姓都占有绝对优势，而且人数也最多。在今天，种姓制度仍然在僧伽罗人生活的各个方面起着重要作用。例如，各个政党的领袖和政府首脑几乎都出身于高级种姓——瞿维种姓，参加竞选的政治领导人能否取胜，种姓地位往往是一个重要因素。

应当指出，佛教是反对种姓制度的，然而斯里兰卡的僧伽罗人虽然信仰佛教，但也实行种姓制度——这是一种很奇特的社会文化现象。这种现象的形成，是有其深远的历史和社会原因的。从这一点我们不难看出，印度文化对斯里兰卡的影响不仅十分久远，而且非常深刻。

（三）其他南亚国家

孟加拉国于1971年12月16日建立，此前属于巴基斯坦，即所谓“东巴基斯坦”，而在1947年印巴分治之前，它属于印度。孟加拉国是一个伊斯兰教国家，伊斯兰教被定为国教，全国人口约1.4亿，其中87%信奉此教。但是，由于历史原因，现在的孟加拉国仍有12%的居民信仰印度教。印度教徒约有1 680万人，主要分布于库尔纳、杰索尔、迪纳杰普尔和锡尔赫特等地区。印度教的三大派别毗湿奴派、湿婆派和性力派在孟加拉都有信徒，性力派的势力较大。他们没有全国性的统一组织。

巴基斯坦也是一个伊斯兰教国家，96%以上的居民信仰伊斯兰教，只有极少数的人信奉印度教和基督教。

不丹是喜马拉雅山南麓的一个小王国，人口约130万。主要宗教是藏传佛教和印度教，75%的人信奉佛教，25%的人信奉印度教。印度教徒约有33万，主要是尼泊尔移民，还有一些印度移民，大部分居住在不丹的南部和西南部。他们的信仰和习俗基本与尼泊尔的印度教徒相同。

马尔代夫是印度洋中部的一个岛国，位于斯里兰卡南方约650千米，全国人口约36万（2006年7月统计）。这里的居民主要信奉伊斯兰教，但是也有许多信仰印度教的印度移民。印度教文化在这里有很大影响。

二、印度文明与东南亚

早在公元前，印度文化就已经传入东南亚的一些地区。它向东南亚的传播一般通过两条路线：一条是陆路，即从印度的阿萨姆进入缅甸，再由缅甸传入湄公河流域；另一条是海路，即从印度的东海岸出发，经过马六甲海峡，到达马来半岛和印度尼西亚。

（一）缅　甸

由于缅甸与印度毗邻，至少在公元前5世纪以前，印度教就已经传入缅甸。关于佛教传入缅甸，有两种说法：一种说法认为，公元前3世纪阿育王曾派印度佛教僧人到下缅甸传教。另一种说法认为，佛教先传到斯里兰卡，斯里兰卡的一些僧人为了逃避国内僧团的派系斗争和迫害而来到下缅甸，从而把上座部佛教传入缅甸。据我国史籍记载：4世纪以后，在中缅甸建立了一个王国，名为“骠国”。骠国的首都是室利差呾罗，其宗教信仰是印度教和佛教的一种混合体。11世纪，缅甸建立起统一的王朝，即蒲甘王朝。该王朝信奉大乘佛教，但是他们的大乘佛教是密宗化了的佛教，包含着许多印度教的影响。15世纪，缅甸国王达摩悉提在全国范围内开展了一场佛教净化运动。当时，全缅甸有僧众数十万，但是戒律不统一，各行其是。为了纯净佛教，国王下令精选八百长老，限期严格受戒，重新组织僧团，统一戒律。此后，佛教迅速发展。

现在，缅甸的主要宗教仍是佛教，人口的80%以上是佛教徒。但是，也有少数人信仰印度教。他们大约占人口的3%，主要是印度移民，居住在缅甸西部。印度教徒的组织有印度教友谊协会、罗摩克里希那传教会等。罗摩克里希那传教会总部设在印度，但是在缅甸的活动非常活跃，在这里建立了许多活动中心和道院。

（二）泰　国

24-2 泰国清迈附近阿育王石柱的仿制品，13世纪

大约公元前3世纪左右，佛教和印度教就已传入泰国。5世纪，扶南王朝占领的泰国地区，印度教和佛教都很盛行。13世纪中期，泰族人在素可泰地区建立了独立的部落国家。素可泰王朝的统治者支持佛教，建立了完善的僧伽制度，加强了管理，致使佛教信仰深入民间。1361年，素可泰王朝第五代国王又从锡兰请来佛教高僧，传播上座部佛教的戒律和礼仪。这样，上座部佛教在国王的支持下，逐步取代了原来在这里流行的与大乘佛教结合的密教。此后，佛教迅速发展，并分为

两大派别——城市的说教派和山林的习禅派。佛教对泰国的政治、经济和文化都有很大的影响。1932年以后，泰国制定的各部宪法都规定上座部佛教为国教，国王必须是佛教的皈依者和最高维护者。泰国的国旗为三色旗，其中的白色即代表佛教；泰国实行的历法，也是佛历。每一个泰国男子一生必须出家一次，方可受到社会的尊重。

13世纪以后，印度教在泰国逐渐衰落。但是在大城王朝时期（14~18世纪），王宫中仍然聘请印度教的婆罗门祭司担任宫廷太师，让他们主持各种仪式。从大城王朝一直到今天，王宫的重大活动仍保持着佛教和印度教的礼仪。婆罗门的最高领导中心是“泰国婆罗门教会”，由12人组成。

现在，泰国90%以上的居民信奉佛教。但是，也有少量居民信奉印度教，主要是印度移民。泰国的印度教徒分属于毗湿奴派和湿婆派，他们的最高领导中心是“印度教达摩大会”，总部设在曼谷的毗湿奴神庙中。此外，还有一些组织，如印度教徒平等协会、罗摩克里希那传教会等。印度教徒平等协会是一个改革派组织，反对印度教的偶像崇拜，主张消除种姓歧视等。

24-3 泰国佛寺

（三）柬埔寨和老挝

东南亚历史上第一个大的王国就是扶南国。它建立于1世纪左右，在湄公河畔，包括现在的柬埔寨和越南的南部，势力可能也达到了今日的泰国和缅甸南部。当时，印度教已传入扶南王国，并占主导地位。公元375年，统治扶南的是竺旃檀王。据考证，这是一个印度化的名字。据《梁书·扶南传》记载，竺旃檀王死后，其继承者是一个来自印度的婆罗门，姓乔陈如，名耶跋陀。这位来自印度的国王曾经“复改制度，用天竺法”。乔陈如死后，扶南国逐渐衰落。7世纪，在湄公河中游又兴起一个高棉人的王国，中国史书称之为“真腊”。真腊王国的位置，在今天柬埔寨北部和老挝南部。真腊的第一代国王叫拔婆跋摩，意思是“被拔婆保护的人”，拔婆是印度教大神湿婆的名号。真腊王国的历代国王也都崇信印度教。

大约公元前后，上座部佛教已传入柬埔寨等中南半岛地区。3世纪左右，大乘佛教又从印度和中国传到这里。实际上，印度教和佛教在中南半岛一直并存着。7世纪真腊王国时期，这里的佛教与印度教相互融合，由于受印度教三位一体观念（梵天、毗湿奴、湿婆三神一体）的影响，也形成了以佛陀、莲花目、莲花生三位一体为特征的真腊佛教。从9~13世纪，是佛教和印度教在这里同时盛行的时期。12~13世纪，在柬埔寨修建的吴哥寺等著名宗教建筑，就体现出佛教和印度教两种宗教文化的融合。14世纪，这个地区由于泰国人的不断入侵，斯里兰卡的上座部佛教传到这里。此后，印度教在这个地区渐渐衰落，上座部佛教兴盛，并逐步占据了主导地位。

（四）马来西亚和新加坡

早在公元之前，印度教和佛教就已经传入今马来西亚。马来西亚是一个具有多民族和多元文化的国家。它有30多个民族，其中最大的民族是马来族，占全国人口的62%；其次是华族，即中国移民，占全国人口的29%；第三是印度系的各族，即从印度来的移民，如泰米尔族、齐提族等，占总人口的8%，约有100万，主要信仰印度教。

马来族是马来西亚最大的民族。虽然它现在信奉伊斯兰教，但是在古代却深受印度教和佛教的影响。据考证，15世纪以前，马来族主要信仰印度教和佛教。15世纪初，他们在马六甲建立了马来王朝。由于马来王朝的支持和鼓励，马来族才逐渐放弃印度教和佛教，改信伊斯兰教。因此，马来族在衣、食、住、行等方面都带有印度文化的强烈色彩。另外，在家庭制度、婚礼、医药、戏剧、舞蹈等方面也大量保存着印度文化的古老形式。

泰米尔族和齐提族早在公元前就已移居今马来西亚并带来了印度文化。公元初期，他们在这里建立了几个印度式的封建王国，这也是南印度泰米尔人大量移居今马来西亚的时候。英国殖民者统治马来半岛以后，他们从印度南方招募了大批的泰米尔人来这里充当劳工。这些泰米尔劳工和以前的泰米尔移民，构成了今天的泰米尔族。齐提族，是指移居今马来西亚的印度雅利安人。“齐提”一词原意是指贷款商人。据史籍记载，最早来今马来西亚的印度人主要是商人，他们原属雅利安人种。在人数上，他们比泰米尔人少，但大都经营贷款生意，所以当地人都叫他们为“齐提”。后来，人们就把信奉印度教的雅利安人称为“齐提族”。

泰米尔族和齐提族都信奉印度教。他们对神灵特别虔诚，凡是在他们居住的地方，都集资修建一座印度教神庙，作为日常朝拜神灵和节日集会的神圣场所。这里的印度教徒十分注重宗教节日，其主要节日有大宝森节、屠妖节和踏火节。每逢节日，他们皆热烈庆祝，其仪式之隆重、场面之盛大，都是其他民族的节日所难以比拟的。在大宝森节，信徒们纷纷走出家门，送湿婆大神出游，并举行扶乩谢恩仪式。屠妖节是印度教徒欢庆黑天大神消灭恶魔，并迎接幸运女神的日子。在这一天，他们都拥到神庙中，向黑天大神顶礼膜拜，并设宴迎接幸运女神。踏火节时，人们举行隆重的踏火典礼，每个人都要赤脚走过火坑，以表示对玛里安曼女神的崇敬。

新加坡是马来半岛南端的一个岛国，原属马来西亚的一部分，1965年独立。该国75%以上的人口是华人，主要信奉佛教和道教；15%的人是马来人，信奉伊斯兰教；6.5%的人是印度移民，大多信仰印度教。印度移民主要是泰米尔人，在英国殖民统治时期移居这里。英国人占领新加坡后，为了开拓这块新殖民地，从南印度贩运了大批泰米尔人前来充当劳工，开辟种植园，从事城市建筑和卫生等繁重苦役。

现在，新加坡的印度教徒大约有13万人，共有神庙31座，其中最古老的有两座：一座是1843年建造的室利·摩里亚曼寺，一座是1859年建的檀底楼特波尼寺。主要的宗教组织有印度教咨询会、印度教布施基金会和罗摩克里希那传教会等。印度教咨询会成立于1917年，是一个行政组织，主要职能是督促政府关心印度裔的宗教、生活习俗和各种涉及印度裔的公共福利事务。印度教布施基金会是根据1968年的印度教徒布施法案而建立的，主要负责管理各大印度教寺院，以及布施财产的分配工作。

（五）印度尼西亚

印度尼西亚在历史上深受印度文化的影响。早在公元初，随着印度与印度尼西亚之间的商贸往来，印度教传到这里，并获得很大发展。印尼历史上3个最古老的王国，即3~6世纪的古泰王国（在今加里曼丹）、4~6世纪的多罗摩王国（在今爪哇岛茂物附近）和诃陵王国（在今爪哇），都是印度人所建，皆奉印度教为国教。古泰和多罗摩王国遗留下来的碑文使用的都是梵文，石碑上刻有笈多王朝时期流行的印度教神像，如湿婆神、象头神、神牛等，碑文上有国王赐予婆罗门黄金、土地的记载。公元414年，我国东晋高僧法显赴印度取经归来，途经耶婆提国（今爪哇）时，看到那里的居民崇信印度教。他在《法显传》里写道：当地“外道婆罗门盛行，佛法不足言”。

7世纪，在苏门答腊建立的室利佛逝王国，主要信仰佛教，并且建造了举世闻名的婆罗浮屠佛塔。但是，就是在这里，也流行着印度教的信仰，一些人曾把印度教经典《摩诃婆罗多》的一部分译成爪哇当地语言，从而成为印尼最早的散文著作。

24–4 婆罗浮屠佛塔

9世纪，爪哇地区信奉印度教的势力再度兴起。在爪哇中部建立的马打兰王国，有四位国王崇信湿婆教。其中一个国王用时几十年，在巴兰巴南建筑了一群供奉湿婆的神庙，数量约达250座之多，是印尼也是东南亚最大的印度教寺庙群。这些建筑物气势宏伟，工艺精良，其工程和艺术价值，都不下于婆罗浮屠。

13世纪末，伊斯兰教开始传入印尼，到14世纪中期，已盛行于印尼各群岛。从那时起，印度教和佛教的影响逐渐衰落。

现在，印尼87%的人口信仰伊斯兰教。只有居住在巴厘岛和龙目岛上的巴厘人信奉印度教，另有爪哇岛上的两个少数民族信奉印度教与佛教的混合宗教，总人数约200多万。

三、印度文明与欧美

大约在公元前6世纪，印度人就开始与希腊人有了接触。当时正值波斯帝国时期，幅员辽阔的波斯帝国东起印度河，西至地中海沿岸，帝国的子民中既包括印度人，也包括希腊人。随着印度人与希腊人的交往，印度的宗教和文化也传到欧洲。希腊著名哲学家、宗教领袖毕达哥拉斯（约公元前580~前500年）所宣扬的灵魂轮回、人通过智慧能与神相结合，以及不杀生、不食肉等思想，都与印度教的教义及习俗极为相似。毕达哥拉斯出生于地中海东部的萨莫斯岛，曾漫游过许多地方。他研究过埃及人、亚述人、印度人的神秘教义。因此，一些学者断言："毕达哥拉斯与其说是受埃及，倒不如说是受印度的影响。毕达哥拉斯的弟子所教的几乎全部宗教、哲学和数学理论，印度在公元前6世纪都已通晓，而且他的弟子像耆那教徒和佛教徒一样，不杀生，不食肉，还认为吃某些植物如豆类是禁忌。"①"灵魂转生论在希腊，几乎如同它在印度宗教思想中一样起重大作用。"②

公元前4世纪初，马其顿王国在希腊的东部兴起。它日渐强盛，很快控制了希腊。此后，它制定了一个向东方侵略的计划。公元前330年，马其顿国王亚历山大率大军攻陷波斯首都，消灭了波斯帝国。公元前326年春天，亚历山

① ［印］A.L.巴沙姆主编，闵光沛等译：《印度文化史》，北京：商务印书馆，1997年版，第630页。

② 同上。

大又挥师通过兴都库什山脉隘口攻入印度，然后顺印度河而下，一直打到印度河河口。亚历山大在印度停留了一年多，于公元前325年10月率军西归。两年后，他在巴比伦死于热病。亚历山大在印度期间，其随行人员中有一些学者和科学家对当时印度教学术中心——呾叉始罗非常感兴趣。他们收集了许多资料，带回希腊。有人说，亚历山大最大的贡献在于他推倒了阻隔东西方的壁垒，由他建立起来的东西方之间的联系、印度与欧洲之间的联系从此便再也没有间断。

在孔雀王朝时期（公元前321~前185年），印度国王与留驻西北印度的希腊王公联姻，形成并巩固了双方的联盟。希腊王公经常派使节到印度，他们长驻在孔雀帝国的首都华氏城。其中一个最重要的使臣名为梅伽斯梯尼，他多次访问华氏城，详细记述了孔雀王朝的事迹。他还对印度教哲学十分感兴趣，认为它与希腊哲学非常相似。他评论道，印度教的学说“在许多方面与希腊人的教导相一致，例如，世界在时间上有始终，它的形状为球形；作为世界主宰者和缔造者的神贯穿一切。……关于生殖和灵魂，还有别的许多事情，他们的教导也与希腊的学说相似。他们还像柏拉图一样，编造灵魂永生，在彼世受惩处判决的故事等等”①。

3世纪，在罗马帝国出现了一个新的哲学流派，即新柏拉图派。该派的创始人为普罗提诺（204~270年），对印度相当了解，并深受印度教哲学的影响。因此，新柏拉图学说与印度教的吠檀多哲学和瑜伽学说极为相似。普罗提诺宣扬神秘主义，他描述个人灵魂被世界灵魂吸收的用语，具有典型的印度特征：“纯洁的、失去了对肉体吸引力的灵魂，就不再依赖身体了。灵魂这样分离之后，就会进入神与实在的境界。”②

到了近现代，伴随着西方对印度的入侵和占领，印度教的思想与文化就更广泛地传播到欧美，并对欧美思想产生了一定的影响。1785年，查尔斯·威尔金斯首次把印度教著名经典《薄伽梵歌》由梵文翻译成英文并出版。几年以后，梵文研究的先驱、皇家孟加拉亚洲学会的创立者威廉·琼斯（1746~1794年）把印度教的《摩奴法论》译成英文。1789年，他又把印度最有名的剧本《沙恭达罗》译成英文。此书在欧洲出版后，曾经轰动一时。1875年，著名梵文学者马克斯·缪勒把古代印度教经文翻译成英文，并编入大型系列丛书《东

---

① ［印］A.L.巴沙姆主编，闵光沛等译：《印度文化史》，北京：商务印书馆，1997年版，第634页。译文略经修订。

② 同上书，第642页。

方圣书》。这使得印度教经文可供一般读者阅读，促成了印度教梵文经典的普及化。马克斯·缪勒曾说，对他一生影响最大的有两本书：一本是印度的《梨俱吠陀》，一本是康德的《纯粹理性批判》。

印度教思想传入德国后，对德国哲学家和文学家产生了很大的影响。例如，德国哲学家、唯意志论的创始人叔本华便对印度教经典奥义书推崇至极。他说："奥义书的每一句话中都有深奥、新奇而高尚的思想出现，整部书中弥漫着崇高、圣洁而认真的精神……在全世界之内，没有一种学问能像研究奥义书那样有益和使人提高。……它们是最高智慧的产物。……注定要成为人民的信仰。"还说："奥义书是我一生的安慰，也将是我死后的安慰。"① 德国大诗人歌德对印度文学和戏剧也十分赞赏。1791年《沙恭达罗》译成德文后，受到歌德的热烈欢迎，其热烈程度不亚于叔本华之对奥义书。他曾订出一个计划，准备改编《沙恭达罗》，将它搬上德国舞台。在歌德的诗集《神与舞女》和《贱民》3部曲中，他所使用的素材都是一些印度的故事或传说。在《贱民》3部曲中，第一部描述贱民向梵天大神祈祷。第二部写一个婆罗门的妻子因为信仰不虔诚，被其丈夫砍了头，他的儿子想使她复活，却把她的头错接到一个被处死的妇女身躯上，这样造成的那个新人就成了所有贱民的保护神。第三部写贱民对神的感恩。由此可见，印度教的思想与文化对歌德的影响是很深的。另一位德国著名诗人海因里希·海涅（1795~1856年）对印度文化也颇感兴趣，他在波恩和柏林多次听德国梵文学家讲解印度的思想和文化。他在自己的散文著述中一再评论西方印度学的最新成就，反对那种带有偏见的解释印度文化的观点。他在自己的诗作《歌集》中，也多次提及印度教的神话和神灵。

印度教哲学在美国先验主义运动中也曾起过重要作用。美国先验主义运动是在柏拉图、斯威登堡和德国唯心主义思想影响下形成的奇特的混合物。该运动的主要人物之一爱默生，尽管不是东方学家，但却读过许多梵文、巴利文和波斯文的文学作品译本。他从这些作品中吸收了丰富的印度思想，而且不时地把它们运用到他的诗歌和各种有关灵魂轮回的短论中。他和印度吠檀多思想家一样，认为灵魂源出于无限，又回归于无限。他的一首名诗《梵天》，更充分地表现出印度思想对他的影响。

俄国文学家列夫·托尔斯泰（1828~1910年）也深受印度思想的影响。他

① ［印］J. 尼赫鲁著，齐文译：《印度的发现》，北京：世界知识出版社，1956年版，第105页。

在喀山大学读书时开始接触东方文化，对印度文化尤感兴趣，逐渐对印度思想有了深刻的了解。托尔斯泰把印度教和佛教思想与相应的基督教概念融为一体，提出了他的非暴力原则。这种原则既有印度教和佛教的“戒杀”思想，也包含着许多现代人道主义的因素。托尔斯泰还专写过一封《致印度教徒的信》。圣雄甘地对托尔斯泰一直非常崇拜，自认为是这位俄国作家的弟子，他们之间长期保持着通信联系。甘地非暴力主义的一个重要渊源就是托尔斯泰的思想，他在南非还建立了一个农场，把它叫作“托尔斯泰农场”。

法国著名作家罗曼·罗兰（1866~1944年）因受托尔斯泰的影响而逐步深刻了解了印度思想。高尔基把他称为“法国的列夫·托尔斯泰”。罗曼·罗兰写过许多有关印度思想家的专著。例如，他写了评论甘地的专著，在他的《论印度的神秘主义与作用》中论述了印度教改革家罗摩克里希那及其弟子维韦卡南达的思想，他还为他们二人写了传记。罗曼·罗兰对印度思想家不可思议的洞察力和高尚人格均给予极高评价。

自19世纪后半叶以来，越来越多的欧洲人声称他们信仰印度的宗教。1875年，俄国贵族布拉瓦茨基夫人和美国军官奥尔考特在美国纽约创立了一个新的宗教派别——神智学会。这种新型宗教实际上是把印度教和佛教教义与西方神秘主义结合起来，鼓吹通过修行、断念、净化等神秘活动达到与神的交往。神智学会在欧美的知识分子中很流行。爱尔兰诗人威廉·巴特勒·叶芝深受神智学会和布拉瓦茨基夫人的影响，他也信仰印度宗教，并在爱尔兰创立了一个“奥妙社”。1882年，布拉瓦茨基夫人把神智学会的总部由美国纽约迁到印度马德拉斯市（今金奈）附近的阿迪耶尔，并以此为基地向印度和欧美各地传教。

在向西方传播印度思想的过程中，印度教改革家、哲学家斯瓦米·维韦卡南达曾起过重要作用。1893年，他赴美国芝加哥参加世界宗教大会。会后，他在美国和欧洲停留3年多。其间，他游历美国各地，发表了数十场有关印度教和吠檀多哲学的讲演，使美国人更多地了解了印度思想。随后，他又访问英国、德国、瑞士等欧洲国家，到处宣讲吠檀多思想，弘扬印度教的信仰与人生哲理。1896年，他在纽约首创吠檀多研究会。1899年，他在印度加尔各答创立罗摩克里希那传教会。这些组织在欧美都有很大影响，尤其是在美国的加利福尼亚。

独立以后，印度与西方的文化交流更加频繁。到了20世纪六七十年代，印度教向美国和西方世界的传播达到高潮。其间，印度教传教士在欧美建立了几个颇有影响的印度教社团，发展了大批的欧美人，尤其是青年人。在这些社团中，国际黑天意识会是影响最大的一个。

24–5 斯瓦米·普拉布帕达

国际黑天意识会（The International Society for Krishna Consciousness，简称ISKCON），亦称“哈里，克里希那”。1966年7月，该组织在美国纽约创立，创始人是印度教大师斯瓦米·普拉布帕达（A. C. Swami Prabhupada，1896~1977年），其法名为帕克蒂吠檀多（Bhaktivedanta）。此人生于加尔各答，1922年毕业于加尔各答苏格兰长老会学院，获化学学士学位。同年，拜印度教瑜伽派圣者帕克蒂吠檀多·萨拉斯瓦吉为宗教导师，导师见他英文极好，要求他用英文宣传印度教教义和吠陀知识。后来，他用英文撰写了《薄伽梵歌评注》，并于1944年创办了发行量颇大的英文杂志《回归神性》。1950年，他放弃家庭生活，全身心地投入印度教古代文献的整理和研究之中，宣传印度教毗湿奴派的教义。1965年，他只身渡海来到美国波士顿，后移居纽约。1966年7月，他在纽约下东区创建了国际黑天意识会。这个教会颇受美国失意青年人的欢迎，不久就在他们中间迅速发展起来。普拉布帕达以美国为基地，不断地将自己的教会向全世界扩展。在生命的最后12年中，他周游世界14次，几乎走遍了五大洲，到各地传教，并在各国建立起国际黑天意识会的分支机构。

该社团尊崇印度教黑天派教祖阇多尼耶为祖师，认为他就是黑天大神在人世间的化身，把他的教导与《薄伽梵歌》视为根本经典。其教义强调每个信徒都应有狂热的宗教感情，因此对失意落魄、思想空虚的青年一代颇有吸引力。在组织内部，实行新的种姓制度。他们把人分为4个种姓，但是种姓的划分不是根据出身和家世，而是根据个人的才干。信徒们都相信，人由灵魂和肉体所组成，其中，人的灵魂是黑天大神的精神力量构成的，而人的肉体则是由黑天大神的物质力量创造的。因此，只要真心诚意地崇信黑天大神，服从黑天大神在世间的代表——灵性导师的教诲，用敬拜黑天的各种方法进行修炼，就可以获得黑天意识，并最终达到解脱和永生。

该组织严禁信徒赌博、吸毒、食肉和拥有非法的性关系。在他们的各个修道院中，未婚男女一律分住，已婚夫妇另设宿舍。每个修道院都有专职管理人员，要求信徒遵守印度教习俗，并着印度教服装。修道院经费的来源，主要是依靠信徒的募捐，以及销售他们所出版的各种宗教书刊的收入。

国际黑天意识会在西方青年中间的影响相当大。在美国或其他西方国家的大街上，经常可以看见一队队身穿黄色长袍，手持黄色旗帜的青年人，一边行进，一边高唱“哈里，克里希那”的赞歌。“哈里，克里希那”是该团的会歌，是赞美和呼唤黑天和罗摩的颂歌。“哈里”是印度教徒敬拜神灵，呼唤神灵的用语；“克里希那”即黑天大神。该组织为了表示对黑天的虔诚和忠贞不贰，要求信徒们在举行宗教仪式时或列队行走在大街上，必须反复唱这首歌。因此，人们又把该组织叫作“哈里，克里希那”。

现在，国际黑天意识会已经发展成一个世界性宗教组织。它在美国、英国、法国、德国、俄罗斯以及世界其他地方设有百余分会，并且建立了许多修道院、寺庙、学校和农业社团。1972年该组织成立了自己的出版社，名为“帕克蒂吠檀多图书托拉斯”。他们每年出版大量普拉布帕达的著作，用英、法、德、意、俄等30多种文字印刷，在全世界发行。此外，他们的《回归神性》也发展成了用几十种语言出版的期刊。

四、印度文明与中国

至少在公元前2世纪，中国就与印度有了商贸往来和文化交流。在我国秦朝（公元前221~前206年）时，印度古人就用“秦”来称呼中国，并与中国进行丝绸贸易。大约在公元前后，佛教已从印度传入中国。关于佛教传入的具体时间，历史学界多有不同看法，一般倾向于两种意见：一则为西汉哀帝元年（公元前2年），“博士弟子景卢受大月支王使伊存口授《浮屠经》”[①]；二则是东汉明帝永平十年（公元67年），中天竺和尚摄摩腾和竺法兰，“白马驮经”来到洛阳，翌年在洛阳建白马寺。总之，一般认为，佛教在公元前后的汉朝已传入我国。随着佛教的传入，中印之间文化交流日趋频繁。

① 见《魏略·西戎传》。

印度佛教传入中国，主要有4个途径:（1）由印度的西北部经克什米尔，越葱岭，沿着天山南北两路，到达阳关和玉门关，即众所周知的“丝绸之路”。（2）从印度科罗曼德尔海岸，经马六甲海峡、马来群岛，至我国的广州、泉州等海港，这条路线被称为“海上丝绸之路”。（3）由印度阿萨姆地区进入缅甸，再由缅甸通往我国云南省和西南地区。（4）从印度经尼泊尔，穿越喜马拉雅山，进入我国西藏地区。

佛教初入中国时，只是在宫廷里流传，被少数王公贵族所崇信，大约经过很长一段时间才逐渐被普通百姓所接受。从汉代起，经过三国两晋南北朝几百年的发展，到了7~8世纪的隋唐时代，佛教在中国达到了鼎盛时期。在这一时期，外来的佛教已经基本上本土化了，形成了具有中国特色的八大佛教宗派——天台宗、三论宗、慈恩宗、华严宗、禅宗、净土宗、密宗和律宗。当时，佛教在思想领域占据主导地位，对中国社会和文化有深刻影响。在这8个宗派中，影响较大的要数禅宗和净土宗的思想。宋代以后，佛教在中国逐渐衰微。宋明理学占据了思想领域的主导地位，佛教则走上了儒、释、道三教合流之路。汉地佛教之外，藏传佛教大约是在11世纪形成的。7世纪时，佛教从中国汉地和印度分别传到西藏。佛教刚传入西藏时，与当地的民间宗教——本教发生冲突，两者既相互斗争，又相互吸收和融合。9世纪中期，吐蕃王朗达玛为了扶植本教，

24-6 存有佛指舍利的中国法门寺

搞了一次禁佛运动，使当地佛教受到很大挫折。10世纪末，佛教又从今天的青海地区传入西藏，得到吐蕃王室的支持和保护，迅速发展起来。佛教徒一方面大力兴建寺庙，另一方面又从印度请了不少高僧大德来西藏译经传教，著名的密教高僧阿底峡（982~1054年）就是其中之一，他对佛教在西藏的发展有很大贡献。到了11世纪，佛教逐步深入民间，形成了有西藏特色的藏传佛教，俗称喇嘛教。15世纪，宗教领袖宗喀巴（1357~1419年）创立的格鲁派成为西藏佛教的主流派。此派的教义与西藏上层统治者的思想相融合，形成了后来西藏政教合一的政治体制。这种宗教与政权结合的体制对西藏社会的发展产生了深远的影响。

在中印佛教文化的交往中，许多拜佛求经的香客和学者络绎不绝地往来于中印之间。为求宗教真理，他们跋涉戈壁沙漠，穿越丛林峻岭，历经千难万险，遭受千辛万苦。在这十分艰苦而又充满危险的旅程中，不知有多少印度人和中国人死在半途。据说这些香客的死亡率高达90%。在中印文化交流中，有许多著名的僧人做出了杰出的贡献。例如，在印度高僧中，以摄摩腾（1世纪）、鸠摩罗什（5世纪）、舍那掘多（5世纪）、菩提达摩（6世纪）为代表，他们不远万里来到中国，把大量的佛教经典翻译成汉文，同时也把印度文化带到中国。隋唐时代曾有大批印度僧人居住在中国。6世纪时，据说单在洛阳城内外就有3 000名以上的印度和尚和1万多户的印度家庭，可见当时中印佛教交流的规模之大。此外，在赴印度取经的中国高僧中，最著名的是法显（5世纪）、玄奘（7世纪）和义净（7世纪），他们不仅从印度带回了大批的佛教经典，而且也向中国人广泛介绍了印度的历史与文化。例如，玄奘在他的《大唐西域记》中，这样描绘印度的教育制度和各种古代科学技艺："开蒙诱进，先导十二章。七岁之后，渐受五明大论：一曰声明，释诂训字，诠目流别。二工巧明，技术机关，阴阳历数。三医方明，禁咒闲邪，药石针艾。四曰因明，考定正邪，研核真伪。五曰内明，究畅五乘因果妙理。"[①]此外，对于当时印度各地的地理、历史、宗教、文化、社会习俗、语言文字等，玄奘也做了许多记载。

应当说，在古代中国吸收的外来文化中，印度佛教的影响是最重要的。佛教传入后，对中国思想文化的各个领域——哲学、文学、绘画、雕刻、音乐、舞蹈、科技、建筑等方面都有很大影响。此种事例，不可胜数，现仅列举一二。

① 玄奘、辩机著:《大唐西域记》，上海：上海人民出版社，1977年版，第36页。

例如，在哲学方面，宋明理学就是在吸收佛学思想的基础上形成的。佛教学者认为“一切众生悉有佛性”，“皆能成佛”，要求把人生的全部活动都纳入促使“佛性”实现的轨道中。这种思想与儒家的“性善”、“尽性”说和“先知先觉”说融通起来，就形成了宋明理学中“心即是理”的主观唯心主义学说。在文学方面，唐代出现了一种新的文学形式——变文，这种文学形式也是在佛教的影响下产生的。所谓“变文”，指的是一种说唱体的文学作品，又称敦煌变文，原来中国没有，由于受佛教的影响才产生出来。唐代的佛教十分兴旺，老百姓中信佛的人非常多，一般人对佛教教义难以理解，需要一种用浅显通俗语言来讲解佛教深奥教义的文学形式。为了适应这种社会需求，变文应运而生。变文属于说唱艺术，在表演时往往与图画相配合，一边向听众展示图画，一边说唱故事。其内容有两大类：一类是讲述佛经故事，宣讲佛教经义；一类是讲述历史传说和民间故事。在建筑方面，伴随着佛教的传入，中国出现了一种新的建筑形式——塔。塔起源于印度，是一种用来收藏僧人舍利和经卷的佛教建筑。汉语中原来没有“塔”一词，它是魏晋以后专门造出来的。印度人称塔为Stupa，按梵文之音，中国人把它译为“窣堵波”、“浮屠”或“佛图”等。佛教传入后，佛教的这种建筑形式也传到中国。古印度建筑的塔外形多呈半球型，后在东南亚多呈铃型，但是传到中国后，与中国传统建筑形式相结合，产生了多种形式：楼阁式的塔，如山西应县的木塔、河南开封佑国寺的琉璃塔；密檐式的塔，如河南登封嵩岳寺塔、北京天宁寺塔；喇嘛塔，如北京妙应寺的白塔；金刚宝座塔，如北京大觉寺塔，等等。在雕刻方面，中国的石雕艺术受到佛教艺术的深刻影响。印度的石雕历史悠久，早在阿育王时期，印度的石柱雕刻技艺就已达到很高的水平。1~6世纪，

24-7 中国翻译出版的印度文学作品之一

由于受希腊的影响，在印度形成了著名的犍陀罗雕刻艺术。这些艺术品主要是石雕，雕刻的是佛像、菩萨像以及佛本生故事。佛教传入后，中国也兴起了以雕刻佛像为主的石窟建筑形式，陆续出现了许多石窟艺术群，其中最著名的是敦煌、云冈和龙门三大石窟。从三大石窟的佛像雕刻中，可以明显地看到印度犍陀罗艺术的影响。以山西大同云冈石窟为例，此处第十二窟中的大佛像，高13.7米，呈坐姿，胸部和肩部十分宽厚，与印度的古佛像很相似。佛像的鼻子高高隆起，鼻梁上的轮廓分明，鼻梁上端与眉毛平齐相连。佛陀的袈裟紧紧贴身，带有水纹状皱褶，给人以透明感。这些特点都与犍陀罗佛像雕刻十分接近。中国的石雕艺术受印度佛教艺术的影响是十分明显的。

伴随着中印佛教僧人的交往，印度教的思想与文化也传入中国。古代印度教的一些经典和文献，很早就传到中国。现在我国还保留着不少非常珍贵的印度教梵文原典手抄本。我国南北朝时期高僧陈真谛，把印度教六派哲学之一的数论派哲学经典《金七十论》由梵文译成中文，一直保留至今。这是印度教数论哲学经典中最古老的一种，学术价值极高，现在印度已经失传。印度人为了研究经典，不得不将其从中文倒译成梵文。此外，唐玄奘所译的印度教胜论派哲学经典《胜宗十句义论》，一直完好地保存在我国，但是此书的原本在印度早已散佚。

印度佛教是在反对印度教的沙门思潮中产生的，但是它在理论和实践上都吸收了许多印度教的东西。特别是进入大乘佛教阶段以后，大乘空宗和其他一些派别在理论上与印度教吠檀多逐渐接近，在实践上也吸收了许多印度教的民间信仰、神祇和仪式等。因此，随着佛教的传入，印度教许多基本概念和禁制，如轮回、业报、化身、五戒等也在我国得到广泛传播。印度教的一些神祇被佛教吸收为护法神，他们也出现在我国的佛寺中，被佛教徒所崇拜。例如，阎罗王原为印度教神话中一个主管阴间的神，在《梨俱吠陀》中就已经出现。后来，佛教继承这种说法，称它为管理地狱的魔王。佛教传入我国后，阎罗王也传入我国，被中国老百姓所接受，人们称他为“阎王爷”，一直延续至今。此外，佛教的密宗在崇拜对象和修持仪式方面更是吸收了印度教性力派的大量内容，所以印度教性力派的许多神灵和仪礼也自然而然地传到了我国，在藏传佛教中表现得十分明显。

大约在4世纪，印度教的瑜伽术已经传入我国。瑜伽是印度教徒为了实现精神解脱而采用的重要修行方法，分为许多种，其思想和实践都非常复杂。瑜伽术对我国的佛教、道教、儒教、医学、武术和气功等都产生了一定的影响。我国佛教禅宗所修的“上乘禅”、天台宗提倡的“六妙法门”、净土宗的“念佛三昧”等修行法，皆可以明显地看出印度瑜伽的影响。我国古代的一些健身术也与印度的瑜伽有过交流。例如，南北朝时流行的“易筋经”、唐朝流行的“天竺按摩法”、宋代流行的“婆罗门导引法”都是从印度传进来的。据说，“易筋经”就是少林寺的开山老祖达摩大师所传。另外，如果把宋代流行的“婆罗门导引法”与印度教的诃陀瑜伽相比较，就会发现它们在名称和具体修行方法上都有许多相似之处。

印度教的神庙也在我国出现过。据史书记载，唐朝天宝年间，在广州就建有印度教神庙3座，并有许多印度教僧人在此居住。宋代，泉州港也建起了一些印度教庙宇，里面供奉着湿婆大神的化身——“林伽”（男根）。20世纪80年代，在泉州出土了200多件印度教文物，其中有大量石头制成的“林伽”，以及其他神灵，如毗湿奴、湿婆、黑天、罗摩、吉祥天女的石刻雕像等。此外还发现了史诗《摩诃婆罗多》、《罗摩衍那》和往世书中神话故事的浮雕，以及用古泰米尔文写成的与印度教有关的碑铭。

总之，在两千多年的中印文化交往中，印度文明对我国古代思想文化产生过重要的影响。佛教和印度教的许多思想、观念、神祇、礼仪、戒律和修行方式都在传入中国后，经过长时间与中国本土文化的融合逐步扎根。我们至今仍然可以看到它们的诸多影响。

主要参考文献

中 文

常任侠编著:《印度与东南亚美术发展史》，上海：上海人民美术出版社，1980年。

陈明著:《印度梵文医典〈医理精华〉研究》，北京：中华书局，2002年。

法显撰，章巽校注:《法显传校注》，上海：上海古籍出版社，1985年。

黄心川主编:《南亚大辞典》，成都：四川人民出版社，1998年。

黄心川著:《印度哲学史》，北京：商务印书馆，1989年。

季羡林主编:《印度古代文学史》，北京：北京大学出版社，1991年。

蒋忠新译:《摩奴法论》，北京：中国社会科学出版社，1986年。

金克木著:《梵语文学史》，北京：人民文学出版社，1980年。

金克木著:《印度文化论集》，北京：中国社会科学出版社，1983年。

林承节著:《印度古代史纲》，北京：光明日报出版社，2000年。

王镛著:《印度美术史话》，北京：人民美术出版社，1999年。

吴文俊主编:《中国数学史大系》副卷第一卷（早期数学文献），北京：北京师范大学出版社，2004年。

玄奘、辩机著，季羡林等校注:《大唐西域记校注》，北京：中华书局，1985年。

义净著，王邦维校注:《南海寄归内法传校注》，北京：中华书局，1995年。

朱明忠、尚会鹏著:《印度教：宗教与社会》，北京：世界知识出版社，2003年。

朱明忠著:《尼赫鲁》，台北：东大图书公司，1999年。

[法]雷奈·格鲁塞著，常任侠、袁音译:《印度的文明》，北京：商务印书馆，1965年。

[印]巴萨姆·库马尔·拉尔著，朱明忠译:《印度现代哲学》，北京：商务印书馆，1991年。

[印]德·恰托巴底亚耶著，黄宝生、郭良鋆译:《印度哲学》，北京：商务印书馆，1980年。

[印]尼赫鲁，齐文译:《印度的发现》，北京：世界知识出版社，1956年。

[印]泰戈尔著，刘建译:《人的宗教》，见刘安武等主编《泰戈尔全集》第二十卷，石家庄：河北教育出版社，2000年。

[英]C.法布里著，王镛、孙士海译:《印度雕刻》，北京：文化艺术出版社，1987年。

[英]韦罗尼卡·艾恩斯著，孙士海、王镛译:《印度神话》，北京：经济日报出版社，2001年。

外　文

Amartya Sen, *The Argumentative Indian*, London:Penguin Books, 2005.

Altekar, A. S.,*State and Government in Ancient India*, Delhi:Motilal Banarsidass Publishers, 1992.

Basham A.L.ed., *A Cultural History of India*, Oxford:Oxford University Press, 1975, repr. 2000.

Basham, A.L.,*The Wonder That Was India*, New Delhi:Rupa, 1967, repr. 1999.

Brij Kishore Goyal, *Thoughts of Gandhi*,Delhi:Nehru and Tagore, 1984.

Craven, R. C., *Indian Art, A Concise History*,New York:Thames & Hudson Inc., 2001.

Dasgupta, S., *Development of Moral Philosophy in India*,New York:Frederick Ungar Publishing Co.,1965.

Graham, B.D.,*Hindu Nationalism and Indian Politics*,Cambridge:Cambridge University Press, 1990.

Hanna Myer et al ed., *India 2001, Reference Encyclopedia*,Bangalore:Indmark Publishing, 1995.

Heather Elgood, *Hinduism and the Religious Arts*,London:Cassell, 1999.

Jan Gonda ed., *A History of Indian Literature*,Wiesbaden:Otto Harrassowitz, 1976.

John Keay, *India: A History*, New York:Grove Press, 2000.

Keyes, C. F.,Daniel, E. V.and Karma, *An Anthropological Inquiry*, Berkeley: University of California Press, 1983.

Khatri, J. D. ,*Hindu Religion*,New Delhi:Shri Sanatan Dharma Sabha, 1981.

Kosambi, D.D.,*The Culture and Civilization of Ancient India in Historical Outline*,New Delhi:Vikas Publishing House, 1970.

Kosambi, D.D.,*An Introduction to the Study of Indian History*,Bombay:Popular Prakarshan, 1975.

Kotnala, M. C. ,*Raja Ram Mohun Roy and Indian Awakening*, New Delhi:Gitanjali Prakashan, 1975.

Krishna Kripalani, *Rabindranath Tagore: A Biography*,Calcutta:VisvaBharati, 1980.

Madeleine Biardeau, *Hinduism: The Anthropology of a Civilization*,Oxford:Oxford University Press, 1995.

Majumdar, R. C., *Ancient India,* Delhi:Motilal Banarsidass Publishers, 1977.

Milo Cleveland Beach, *The New Cambridge History of India:Mughul and Rajput Painting*,Cambridge:Cambridge University Press, 1992.

Ministry of Information & Broadcasting, Government of India, *India 2002*, New Delhi:A Reference Annual, 2002.

O'Flaherty, W. D.,*Karma and Rebirth in Classical Indian Tradition*,Berkeley: University of California Press, 1980.

Percival Spear, *The Oxford History of Modern India*, New Delhi: Oxford University Press, 1978.

Raychoudhary, S. C.,*Social, Culture, and Economic History of India*, Delhi: Surjeet Publications, 1981.

Rizvi, S.A.A., *The Wonder That Was India*,vol.2, London:Sidgwick & Jackson, 1987, New Delhi:Rupa, repr.1999.

Robert Bradnock, *India Handbook, Footprint Handbooks*,England:Bath, 1996.

Romila Thapar, *A History of India*,London:Penguin Books, 1987.

Theos Bernard, *Hindu Philosophy*, Delhi:Motilal Banarsidass, 1981.

Thomas Pantham and Kenneth Deutsch ed., *Political Thoughts in Modern India*, New Delhi:Sage Publications, 1996.

Vishnoon Bhagwan, *Indian Political Thinkers*,Delhi:Atma Ram & Sons, 1976.

索　引

J

K

L

M

N

P

Q

R

S

T

W

X

Y

Z

后　记

2004年2月，《印度文明》初版，由中国社会科学出版社印行。2004年3月14日，全国哲学社会科学规划办公室、中国社会科学院科研局和中国社会科学出版社，邀集院内外硕学之士，联合召开由汝信先生主持的国家社科基金重点项目成果“世界文明大系”出版座谈会，本书受到与会前辈师长的好评。此外，本书甫一问世，中印文化关系史专家薛克翘先生即在当年《南亚研究》第一期发表书评《开启神秘之门——读〈印度文明〉》，由衷称赞它为“我国在该领域到目前为止最好的书”。他认为，三位作者“以其一贯的严肃、认真、负责的态度，以其丰富的学识和对印度文化的总体认知锻造出该书的权威性”。他还认为，“这部书好，好就好在它新。将前人的成果拿来参考，加进自己的研究心得，重新编写，这是一新。整理旧的研究资料，进行综合和对比分析，提出新的观点，这是二新。介绍别人没有介绍过的内容，翻译别人没有翻译的作品，将它们运用于本书，这是三新。这个新不是花样翻新，而是创新，是进步。就凭这点进步，后人要想写一部赶上或者超过此书的书，恐怕也得付出几十年的努力”。薛克翘先生的高度评价使我们感到欣慰，但我们也为在该书中发现的一些问题觉得遗憾，希望能够在再版之时予以补正。2007年，《印度文明》先后获中国社会科学院亚洲太平洋研究所优秀科研成果奖和第六届中国社会科学院优秀科研成果奖。暮春时节，《世界文明大系》编委会与福建教育出版社决定再版这一书系。由于这些年来在中国出现的印度热，渴望了解印度文明的读者群在明显扩大。我们用了几个月的时间分头通读此书，加以修改，然后将有关意见汇总一处。我们根据最新资料变动了一些数据，根据国内外的最新研究成果补充了一些内容。例如，有关阿利耶毗陀在公元5世纪对圆周率的计算，我们就查证了由我国著名数学家吴文俊先生主编的《中国数学史大系》副卷第一卷中所收录的早期印度数学文献，从而使有关史实得到进一步确认。我们也借机修改了初版中的错别字，以及原来表述得不够清晰、准确或存在错误的地方，并对很多词句再三推敲。经过该次修订，全书增加了篇幅和图片。2008年3月，福建教育出版社推出《印度文明》新版。

20世纪90年代以来，印度实行大刀阔斧的经济改革，很快即呈现出与中国同时崛起的态势。印度同中国一样，成为全球发展最快的经济体之一，引起世界瞩目。此外，印度在其软实力方面亦有不同凡响的表现。古老的印度文明之所以一直具有非凡的生命力，一个重要的秘密或许就在于其文脉的绵延不绝。我们在长期的研究过程中认识到，印度文明，无论古今，都在世界上占有极其重要的地位。作为我们最重要的邻国，印度与我国文明的交流，至少有两千多年的历史。在所有外来文化中，只有印度文化对中国文化的影响最为久远和广泛。印度文明的许多成果，已在漫长的岁月中逐渐融入中华文明之中。因此，要完全厘清中国文化的来龙去脉，就必须学习和研究印度文化；要弘扬优秀的传统文化和建设现代文化，也应当以印度文化为有益的借镜。这是我国不止一代学者的共识。

印度和中国在数千年的文明发展历程中，有过许多类似的阶段。释迦牟尼在印度创立佛教时，孔子在中国创立了儒家学说。印度在佛教诞生之时异说纷呈，中国在春秋战国时期百家争鸣。阿育王统一印度不久之后，秦始皇开始统一中国。印度的笈多王朝与中国的唐朝先后成为两国政治、经济、文学、艺术、科学、技术等全面发展的黄金时代。印度的莫卧儿帝国与中国的清王朝在全盛时期占世界经济总量的一半。印度于1947年获得独立，中华人民共和国在1949年建立。20世纪后期，中印两国先后推行经济改革，目前又在同时全面崛起。此外，两国在人口规模、发展程度等基本国情方面也存在着明显的相似之处。

近代，中印两国不幸衰落。两个曾经辉煌的伟大文明黯然失色。然而，20世纪中叶，我们两个伟大民族终于将命运完全操在自己手中。半个多世纪以来，无论是中国还是印度，都发生了旷古未有的深刻变化。如果以历史的眼光看问题，不难发现，中印两国在近代的落后，不过是一时的现象。对于历史老人来说，一二百年的挫折是短暂的。所以，我们应该相信这样的结论：既然中印两国在过去都曾长期兴盛，那么我们的重新崛起也就是历史的必然。现在，中国与印度的经济和社会都在高速发展。到21世纪50年代，如果没有极其意外的情况发生，中印两国的实力都将与美国并驾齐驱。研究印度文明的意义，不仅在于认识历史上的印度，也在于悟往知来，从宏观上了解它的走向，以为我们自己的参照。

然而，中国与印度毕竟还有许多不同之处。两国的传统文化和政治制度大不相同，经济模式和发展战略也存在着重大差异。正因为如此，两大新兴经济体才具有互补性，才需要相互学习与相互合作。可是，作为两个相邻并且友好相处达数千年之久的亚洲大国，中国与印度在最近几十年的相互了解和交往却很不够。例如，我们知道印度现在已经成为信息技术超级大国，但又有多少人知道，印度在原子能、空间技术、生物技术、海洋开发技术等领域也取得了长足的进步？几十年来，绿色革命使印度粮食产量自给有余，白色革命使印度的牛奶产量稳居世界首位。印度虽然并不富裕，却能够为全国1.5亿6~11岁的小学生提供免费午餐。印度的高等教育水平明显高于中国。印度一般博士生的英文写作水平远在我们的一般教授之上。印度早已是仅次于英美两国的英语出版大国。印度约有3亿中产阶级，有将近5亿人能够使用英语。20世纪80年代以来，印度以年产电影一千部左右的骄人业绩成为世界最大电影生产国……他山之石，可以攻玉。我们在追赶西方发达国家的同时，也应不断了解我们的伟大邻邦在不声不响之中发生的变化，俾能取长补短，使我们的民族复兴大业从中受益。我们希望本书能够帮助读者了解印度的过去，并进而理解它的现在。

在时隔近7年之后，本书有幸被选入中国大百科全书出版社出版印行的“南亚研究丛书”系列。由于时间仓促，我们仅仅修订了一些已经发现的错别字。我们吸收了同行的一些修订建议，谨在此对他们的指正表示衷心感谢。

值此新版付梓之际，我们依然衷心希望广大读者和各路方家一如既往，不吝赐教，以帮助我们纠正依然可能存在的不妥乃至错误之处。

作 者

2014年10月